# Sistema de Clasificación Decimal Dewey

# Sistema de Clasificación Decimal Dewey

Diseñado originalmente por MELVIL DEWEY

Traducción de la Edición 20 en Inglés

Traducido bajo la dirección general de
OCTAVIO G. ROJAS L.

y la dirección técnica de
MARGARITA AMAYA DE HEREDIA

Volumen 4
Indice • Manual

Santafé de Bogotá,
1995

ROJAS EBERHARD EDITORES LTDA.
INFORMATION HANDLING SERVICES DE MEXICO S.A. DE C.V.

Título original en inglés: Dewey Decimal Classification and Relative Index
Devised by Melvil Dewey. Edition 20
Edited by
John P. Comaromi, Editor
Julianne Beall, Assistant Editor
Winton E. Matthews, Jr., Assistant Editor
Gregory R. New, Assistant Editor
Published by Forest Press, a Division of OCLC Online Computer Library Center, Inc.
Albany, New York, 1989.

Catalogación en la publicación:
**Dewey, Melvil, 1851-1931**
    Sistema de Clasificación Decimal Dewey / diseñado
originalmente por Melvil Dewey. -- Ed. 20 / editada por Octavio
G. Rojas L., Margarita Amaya de Heredia
    Contenido: v. 1. Introducción. Tablas -- v. 2-3. Esquemas --
v.4. Indice. Manual.
    1. Clasificación Decimal Dewey I. Rojas L., Octavio II. Amaya
de Heredia, Margarita. III. Rojas Eberhard Editores Ltda. IV.
Information Handilng Services. V. Título
CDD 025.431 / D519 / 1995

**ISBN** 958-9121-03-9

Composición: Rojas Eberhard Editores Ltda.

# Contenido

## Volumen 1

## Volumen 2

# Contenido

## Volumen 3

## Volumen 4

# Indice Relativo

# Uso del Indice

En la introducción al Sistema de Clasificación Decimal Dewey que aparece en el volumen 1 de esta obra (pag. xxiii) se encuentran instrucciones completas para el uso del Indice

La alfabetización es palabra por palabra. Una palabra con guión se toma como dos palabras. Las abreviaturas se alfabetizan como se deletrean. De acuerdo con la tendencia general expresada por las academias de la lengua, según consulta hecha al Instituto Linüístico Caro y Cuervo de colombia, las letras *ch, ll* y *rr* ya no se alfabetizan como una letra individual sino como dos letras en cada caso, por lo tanto intercaladas consecuencialmente en la *c, l* y *r.*

Los dígitos se imprimen en grupos de tres solamente para fácil lectura y copiado. Los espacios no son parte de los números y los grupos no se relacionan con la segmentación que aparece en los números Dewey (DDC) que aparecen en los registros de catalogación de la Biblioteca del Congreso de los Estados Unidos.

# Abreviaturas Usadas en el Indice

| | | | | | | |
|---|---|---|---|---|---|---|
| T 1 | Tabla 1 | Subdivisiones Comunes | T3C | Tabla 3–C | Notación a Ser Agregada |
| T 2 | Tabla 2 | Areas Geográficas, Períodos Históricos, Personas | | | Según Instrucción en la Tabla 3–B y en 808–809 |
| T 3 | Tabla 3 | Subdivisiones para literaturas individuales, para Géneros Literarios Específicos | T 4 | Tabla 4 | Subdivisiones de Lenguas Individuales |
| T3A | Tabla 3–A | Subdivisiones para Obras por o acerca de Autores Individuales | T 5 | Tabla 5 | Grupos Raciales, Etnicos, Nacionales |
| T3B | Tabla 3–B | Subdivisiones para Obras por o acerca de Más de Un Autor | T 6 | Tabla 6 | Lenguas |
| | | | T 7 | Grupos de Personas | |

| | | | | |
|---|---|---|---|---|
| A.C | Antes de Cristo | | N.H. | New Hampshire |
| Ala. | Alabama | | N.J. | New Jersey |
| Alta. | Alberta | | N.M. | Nuevo México |
| Ariz. | Arizona | | N.S. | Nueva Escocia |
| Ark. | Arkansas | | N.Y. | Nueva York |
| Calif. | California | | N.Z. | Nueva Zelanda |
| Colo. | Colorado | | Neb. | Nebraska |
| Conn. | Connecticut | | Nev. | Nevada |
| D.C. | Distrito de Columbia | | Okla. | Oklahoma |
| Del. | Delaware | | Ont. | Ontario |
| Depto. | Deparatamento | | Or. | Oregon |
| Fla. | Florida | | P.R. | Puerto Rico |
| Ga. | Georgia | | Pa. | Pennsylvania |
| Ill. | Illinois | | R.I. | Rhode Island |
| Ind. | Indiana | | S.C. | Carolina del Sur |
| Kan. | Kansas | | S.D. | Dakota del Sur |
| Ky. | Kentucky | | URSS | Unión de Repúblicas Socialistas Soviéticas |
| La. | Louisiana | | | |
| Man. | Manitoba | | Tenn. | Tennessee |
| Mass. | Massachusetts | | Tex. | Texas |
| Md. | Maryland | | Va. | Virginia |
| Me. | Maine | | Vic. | Victoria |
| Mich. | Michigan | | Vt. | Vermont |
| Minn. | Minnesota | | v.a. | véase además |
| Miss. | Mississippi | | W.Va. | West Virginia |
| Mo. | Missouri | | Wash. | Washington |
| Mont. | Montana | | Wis. | Wisconsin |
| N.B. | New Brunswick | | Wyo. | Wyoming |
| N.C. | North Carolina | | Yucon | Yucon Territory |
| N.D. | North Dakota | | | |

# A

| | |
|---|---|
| Aberturas (Fisiografía) | T2—144 |
| Abetos | 585.2 |
| maderas | 674.144 |
| silvicultura | 634.975 4 |
| Abetos rosados | 585.2 |
| madera | 674.144 |
| silvicultura | 634.975 2 |
| Abhidhammapitaka | 294.382 4 |
| Abia (Nigeria) | T2—669 45 |
| Abintestato | 346.052 |
| Abiogénesis | 577 |
| Abismos (Fisiografía) | T2—144 |
| Abititi Lake (Canadá) | T2—713 142 |
| Abititi (Canadá: Condado Municipal Regional) | T2—714 13 |
| Abititi-Ouest (Canadá: Condado Municipal Regional) | T2—714 13 |
| Abititi-Téminscaningue (Canadá: Región Administrativa) | T2—714 13 |
| Abkhaz (ex URSS) | T2—475 8 |
| Ablandadores | |
| tecnología de alimentos | 664.4 |
| Ablandamiento del agua | |
| agua caliente | 696.6 |
| ingeniería sanitaria | 628.166 6 |
| plomería | 696.12 |
| Abogados | 340.092 |
| ética profesional | 174.3 |
| grupo profesional | T7—344 |
| Abolicionismo | 326 |
| historia de Estados Unidos | 973.711 4 |
| política | 326 |
| sociología | 306.362 |
| Abominable hombre de las nieves | 001.944 |
| Abono de orígen animal | 631.86 |
| tecnología de desechos | 628.746 6 |
| uso en agricultura | 631.86 |
| Abonos | |
| uso en la agricultura | 631.86 |
| Aborígenes | 306.08 |
| grupo social | 306.08 |
| situación legal | 342.087 2 |
| Aborígenes de Australia | T5—991 5 |
| Aborígenes norteamericanos | 305.987 |
| | T5—97 |
| tropas | |
| Guerra de 1812 | 973.524 2 |
| Guerra Mundial II | 940.540 3 |

| | |
|---|---|
| Aborígenes norteamericanos tropas (continuación) | |
| Revolución de los Estados Unidos | 973.343 |
| Aborto | 363.46 |
| cirugía | 618.88 |
| criminología | 364.185 |
| derecho | 344.041 92 |
| efectos democráticos | 304.667 |
| ética | 179.76 |
| religión | 291.569 76 |
| budismo | 294.356 976 |
| cristianismo | 241.697 6 |
| hinduismo | 294.548 697 6 |
| islamismo | 297.5 |
| judaísmo | 296.385 697 6 |
| problema social | 363.46 |
| Aborto criminal | 364.185 |
| derecho | 345.028 5 |
| Aborto espontáneo | |
| obstetricia | 618.392 |
| Aborto quirúrgico | 363.46 |
| medicina | 618.88 |
| Abrasión | |
| herramientas para | 621.92 |
| Abrasiones | |
| medicina | 617.13 |
| Abrasivos | |
| geología económica | 553.65 |
| tecnología del jabón | 668.127 |
| Abreviaturas | 411 |
| diccionarios | 413.1 |
| lenguas específicas | T4—31 |
| materias específicas | T1—014 8 |
| lenguas específicas | T4—011 |
| materias específicas | T1—014 8 |
| Abrigos | 391 |
| confección doméstica | 646.45 |
| costumbres | 391 |
| manufactura | 687.14 |
| v.a. Vestuario | |
| Abruzzo (Italia) | 945.71 |
| | T2—457 1 |
| Abscesos alveolares | |
| odontología | 617.632 |
| v.a. Odontología | |
| Abscesos pulmonares | |
| medicina | 616.244 |
| pediatría | 618.922 44 |
| v.a. Sistema respiratorio | |

| | |
|---|---|
| Académicos | |
| grupo social | T7—090 1 |
| Acadia | 971.601 |
| | T2—716 |
| Acadia (Estados Unidos: | |
| Parroquia) | T2—763 56 |
| Acadio (Lengua) | 492.1 |
| | T6—921 |
| Acadio (Literatura) | 892.1 |
| Acadios | T5—921 |
| historia de Mesopotamia | 935.01 |
| Acadios en Canadá | T5—114 |
| expulsión | 971.018 7 |
| Acahay (Paraguay) | T2—892 123 4 |
| Acaia (Grecia) | T2—495 2 |
| antigua | T2—387 |
| Acajutla (El Salvador) | T2—728 413 3 |
| Acanthaceae | 583.81 |
| Acanthocephala | 595.13 |
| paleozoología | 565.1 |
| Acanthodii | 567.2 |
| Acanthopterygii | 597.58 |
| paleozoología | 567.5 |
| Acanto | 583.81 |
| Acaponeta (México) | T2—723 43 |
| Acapulco (México) | T2—727 33 |
| Acari | 595.42 |
| paleozoología | 565.4 |
| portadores de enfermedades | 614.433 |
| Acarigua (Venezuela) | T2—874 53 |
| Acarreadores | |
| minería | 622.6 |
| Acarreo | |
| minería | 622.6 |
| Acarreo de tierra y rocas | |
| ingeniería hidráulica | 627.132 |
| Acarreo manual | |
| minería | 622.65 |
| Acatlán (México) | T2—724 83 |
| Acceso a la información | |
| derechos civiles | 323.445 |
| Accesorios de seguridad | |
| vehículos | 629.276 |
| Accesorios domésticos en tela | |
| manufactura | 684.3 |
| Accesorios para iluminación | 621.32 |
| administración de la casa | 645.5 |
| arquitectura religiosa | 726.529 8 |
| cerámica | 738.8 |
| decoración | 749.63 |
| manufactura | 683.83 |

| | |
|---|---|
| Accesorios para vestuario | 391.44 |
| confección doméstica | 646.48 |
| costumbres | 391.44 |
| cuidado | 646.6 |
| economía doméstica | 646.3 |
| manufactura | 687.19 |
| v.a. Vestuario | |
| Accidentes | 363.1 |
| lesiones | |
| medicina | 617.102 8 |
| negligencia criminal | 346.032 2 |
| psicología | 155.936 |
| seguridad personal | 613.69 |
| servicio social | 363.1 |
| administración pública | 350.783 |
| central | 351.783 |
| local | 352.3 |
| derecho | 344.047 |
| sicología | 155.936 |
| Accidentes aéreos | 363.124 |
| derecho | 346.032 2 |
| Accidentes al aterrizar | 363.124 92 |
| v.a. Seguridad en el transporte | |
| Accidentes al despegar | 363.124 92 |
| Accidentes en autopistas | 363.125 |
| Accidentes en la industria | |
| seguros | 368.7 |
| Accidentes en motocicletas | 363.125 9 |
| v.a. Seguridad en el transporte | |
| Accidentes escolares | |
| responsabilidad | |
| derecho | 344.075 |
| Accidentes espaciales | 344.075 |
| Accidentes ferroviarios | 363.122 |
| v.a. Seguridad en el transsporte | |
| Accidentes nucleares | 363.179 9 |
| seguridad pública | 363.179 9 |
| tecnología | 621.483 5 |
| v.a. Seguridad | |
| Accidentes profesionales | 363.11 |
| seguros | 368.56 |
| seguro social | 368.41 |
| Accidentes vehiculares | 363.125 |
| v.a. Seguridad en el transporte | |
| Accidentes (Filosofía) | 111.1 |
| Acción | |
| antropología filosófica | 128.4 |
| psicología | 150 |
| Acción de las olas | 551.36 |
| Acción de masas (Química) | 541.392 |

| | | | |
|---|---|---|---|
| Acelga | 641.354 2 | Acetobacteriaceae | 589.95 |
| botánica | 583.913 | Achacachi (Bolivia) | T2—841 24 |
| cocina | 641.654 2 | Achao (Chile) | T2—835 6 |
| horticultura | 635.42 | Achariaceae | 583.456 |
| Acento (Poesía) | 808.1 | Achatocarpaceae | 583.138 |
| Acentos | | Achicoria (Bebida) | 641.337 8 |
| lingüística | 414.6 | agricultura | 633.78 |
| lenguas individuales | T4—16 | botánica | 583.55 |
| Aceptación social | 302.14 | cocina | 641.637 8 |
| Aceptaciones comerciales | 332.77 | preparación doméstica | 641.877 |
| derecho | 346.096 | producción industrial | 663.97 |
| instrumentos de cambio | 332.55 | Achicoria (Ensalada) | 641.355 4 |
| Acequias | | agricultura | 635.54 |
| ingeniería de vías | 625.734 | botánica | 583.55 |
| Aceraceae | 583.28 | cocina | 641.655 4 |
| Aceras | 388.411 | producción industrial | 664.805 54 |
| ingeniería | 625.88 | Achiote | 583.138 |
| transporte | 388.411 | Achromatiaceae | 589.96 |
| urbanismo | 711.74 | Achuachapán (El Salvador) | T2—728 411 |
| Acercamiento | | Achuapa (Nicaragua) | T2—728 512 4 |
| vuelos circunterrestres y lunares | 629.454 4 | Acicalamiento de animales | 636.083 3 |
| Acero | 669.142 | Acicalamiento personal | 646.7 |
| barcos | | accesorios | 646.7 |
| construcción | 623.820 7 | manufacutura | 688.5 |
| diseño | 623.818 21 | puericultura | 649.63 |
| economía de la producción | 338.476 691 42 | Acidez de suelos | 631.42 |
| ingeniería estructural | 624.182 1 | control de | 631.821 |
| manufactura | 672 | Acidimetría | 545.22 |
| materiales de construcción | 691.7 | Acido clorihídrico | |
| materiales para cimentaciones | 624.153 7 | ingeniería química | 661.23 |
| materiales de ingeniería | 620.17 | Acido desoxirribonucleico (ADN) | 574.873 282 |
| construcción | 693.71 | Acido fosfórico | |
| metalografía | 669.951 42 | ingeniería química | 661.25 |
| metalurgia | 669.142 | Acido muriático | |
| metalurgia física | 669.961 42 | ingeniería química | 661.23 |
| Acero al crisol | 669.142 9 | Acido nítrico | |
| Acero Bessemer | 669.142 3 | ingeniería química | 661.24 |
| Acero dulce | 669.142 3 | Acido ribonucleico (ARN) | 574.873 283 |
| Acero duplex | 669.142 3 | Acido sulfhídrico | 665.89 |
| Acertijos | | tecnoligía de los gases | 665.89 |
| belles-lettres | 808.882 | toxicología | 615.91 |
| folclor | 398.6 | Acido sulfúrico | |
| pasatiempo | 793.735 | ingeniería química | 661.22 |
| Acetabularia | 589.47 | Acidos | 546.24 |
| Acetato de celulosa | | ingeniería química | 661.2 |
| textiles | 677.464 | química | 546.24 |
| v.a. Textiles | | química orgánica | 547.037 |
| Acetatos | 668.423 | aplicada | 661.86 |
| Acetilenos | 547.413 | toxicología | 615.921 |
| ingeniería química | 661.814 | v.a. Sustancias químicas | |
| tecnología del gas | 665.85 | | |

| | |
|---|---|
| Acrobacias | 796.47 |
| circos | 791.34 |
| deportes | 796.47 |
| Acróbatas | 796.470 92 |
| circos | 791.340 92 |
| grupo | T7—791 3 |
| deportes | 796.470 92 |
| grupo | T7—796 4 |
| Acromegalia | 616.47 |
| v.a. Sistema endocrino | |
| Acrónimos | 411 |
| diccionarios | 413.1 |
| lenguas específicas | T4—31 |
| materias específicas | T1—014 8 |
| lenguas específicas | T4—11 |
| materias específicas | T1—014 8 |
| Acróstico | 793.73 |
| Acrothoracica | 595.35 |
| paleozoología | 565.35 |
| Acta Constitucional, 1971 | |
| historia de Canadá | 971.028 |
| Acta de constitución de las | |
| Naciones Unidas | 341.232 |
| Acta de Quebec, 1774 | 971.022 |
| Acta de Unión, 1840 | |
| historia del Canadá | 971.039 |
| Acta del Gobierno de Irlanda, 1920 | 941.608 21 |
| Actas de Navegación | |
| historia de los Estados Unidos | 973.311 2 |
| ACTH (Humana) | |
| farmacología | 615.363 |
| producción | |
| fisiología humana | 612.492 |
| v.a. Sistema endocrino | |
| Actinidiaceae | 583.166 |
| Actínidos | 669.292 |
| metalurgia | 669.292 |
| química | 546.42 |
| v.a. Metales, Sustancias químicas | |
| Actinio | |
| metalurgia | 669.292 1 |
| química | 546.421 |
| v.a. Metales, Sustancias químicas | |
| Actinomycetaceae | 589.92 |
| Actinomycetales | 589.92 |
| Actinopoda | 593.13 |
| Actinopterygii | 597.5 |
| paleozoología | 567.5 |
| Actinoterapia | |
| medicina | 615.842 |

| | |
|---|---|
| Actitudes | 152.4 |
| psicología | 152.4 |
| sociología | 303.38 |
| Activación química | |
| análisis de | 545.822 |
| Actividades auxiliares | 651.37 |
| administración pública | 350.714 |
| central | 351.714 |
| local | 352.164 |
| Actividades bancarias | 332.1 |
| administración pública | 351.825 2 |
| cooperativa | 334.2 |
| derecho | 346.082 |
| derecho internacional | 341.751 |
| Actividades bancarias | |
| internacionales | 332.15 |
| derecho | 346.082 15 |
| Actividades culturales | |
| administración pública | 350.85 |
| central | 351.85 |
| local | 352.945 |
| papel de la biblioteca | 021.26 |
| Actividades de museos | 069 |
| | T1—075 |
| Actividades de promoción | |
| bibliotecas | 021.7 |
| Actividades en la playa | 796.53 |
| Actividades internacionales de | |
| los partidos | 324.1 |
| Actividades para escolares | 371.89 |
| Actividades recreativas | 790 |
| actividades de la iglesia | 259.8 |
| administración pública | 350.858 |
| central | 351.858 |
| local | 352.945 8 |
| áreas de la casa | 643.55 |
| decoración de interiores | 747.791 |
| economía doméstica | 643.55 |
| equipos | |
| manufactura | 688.7 |
| ética | 175 |
| religión | 291.565 |
| cristianismo | 241.65 |
| fisiología humana | 612.044 |
| fuentes de contaminación | 363.731 |
| fuerzas armadas | 355.346 |
| influencia sobre el crimen | 364.25 |
| música | 781.594 |
| prevención del crimen | 364.44 |
| puericultura | 649.5 |

| | | | |
|---|---|---|---|
| Administración del cambio | 658.406 | Administración participativa | 331.011 2 |
| Administración del capital | 658.152 | del personal | 658.315 2 |
| Administración del endeudamiento | | v.a. Participación en la | |
| público | 336.36 | administración de empresas | |
| administración pública | 350.72 | Administración por objetivos | 658.401 2 |
| central | 351.72 | administración pública | 350.007 8 |
| local | 352.1 | central | 351.007 8 |
| finanzas públicas | 336.36 | local | 352.000 478 |
| política macroeconómica | 339.523 | Administración pública | 350 |
| Administración del endeudamiento | | central | 351 |
| (Empresas) | 658.152 6 | ética | 172.2 |
| Administración del endeudamiento | | v.a. Etica política | |
| (Personal) | 332.024 02 | fuerzas armadas | 355.6 |
| Administración del hogar | 640 | local | 352 |
| colectividad | 647 | relación con las bibliotecas | 021.8 |
| Administración del riesgo | 658.155 | Administraciones fiduciarias | |
| Administración del tiempo | | derecho | 346.059 |
| economía doméstica | 640.43 | derecho tributario | 343.064 |
| negocios | 650.1 | Administraciones fiduciarias | |
| ejecutivos | 658.409 3 | internacionales | |
| sociología | 304.23 | derecho | 341.27 |
| Administración del tiempo | 650.1 | Administraciones filantrópicas | |
| v.a. Empleo del tiempo | | bienestar social | 361.763 2 |
| Administración estatal | 351 | derecho | 346.064 |
| derecho | 432.042 | derecho tributario | 343.066 8 |
| Administración estratégica | 658.401 2 | Administradores escolares | 371.200 92 |
| Administración federal | 351 | grupo ocupacional | T7—371 |
| Administración financiera | 658.15 | Administradores penitenciarios | 351.849 5 |
| | T1—068 1 | grupo ocupacional | T7—365 |
| administración pública | 350.72 | Administradores públicos | 350.000 92 |
| central | 351.72 | biografías | 350.000 92 |
| local | 352.1 | administración central | 351.000 92 |
| fuerzas armadas | 355.622 | local | 352.000 92 |
| Administración gerencial | 658.4 | derecho | 342.068 |
| | T1—068 4 | directorios | 350.02 |
| administración pública | 350.007 | administración central | 351.2 |
| central | 351.007 | local | 352.005 2 |
| local | 352.000 47 | grupo profesional | T7—35 |
| Administración internacional | 354.1 | investigación | 350.992 |
| Administración judicial | 347.013 | administración central | 351.992 |
| contabilidad | 657.47 | local | 352.002 |
| derecho | 346.078 | Admisibilidad de pruebas | 347.062 |
| faltas contra la | 364.134 | derecho penal | 345.062 |
| Administración local | 320.8 | Admisión | |
| administración pública | 352 | a escuelas | 371.21 |
| derecho | 342.09 | a universidades | 378.105 |
| edificios | | Admisión a la iglesia | |
| arquitectura | 725.13 | rito cristiano | 265.9 |
| Administración papal | 262.136 | ADN (Acido desoxirribonucleico) | 574.873 282 |

| | |
|---|---|
| Adultos (continuación) | |
| aspectos sociales | 305.24 |
| bautismo | 234.161 3 |
| sacramento | 265.13 |
| guías de vida cristiana | 248.84 |
| periodismo | 070.483 4 |
| psicología | 155.6 |
| salud | 613.043 4 |
| teología social | 291.178 342 4 |
| cristianismo | 261.834 24 |
| Adunata | 593.91 |
| paleozoología | 563.91 |
| Advaita (Filosofía) | 181.482 |
| Adventistas | 286.7 |
| asociaciones religiosas | 267.186 7 |
| biografía | 286.709 2 |
| culto público | 264.067 |
| derecho eclesiástico | 262.986 7 |
| doctrinas | 230.67 |
| catecismo | 238.67 |
| educación religiosa | 268.867 |
| gobierno de la iglesia | 262.067 |
| parroquias | 254.067 |
| grupo religioso | T7—267 |
| guías de vida cristiana | 248.486 7 |
| misiones | 266.67 |
| seminarios | 207.116 7 |
| teología | 230.67 |
| teología moral | 241.046 7 |
| Adviento | 263.91 |
| literatura devota | 242.33 |
| música | 781.722 |
| sermones | 252.61 |
| Adygea (ex URSS) | T2—475 2 |
| Adzhar (ex URSS) | T2—475 8 |
| Aegicerataceae | 583.677 |
| Aepyornithiformes | |
| paleozoología | 568.5 |
| Aereación | |
| tratamiento de aguas | 628.165 |
| Aerobics | |
| danza | 613.715 |
| ejercicio | 613.71 |
| Aerodeslizadores | 388.35 |
| ingeniería militar | 623.748 |
| tecnología | 629.3 |
| transporte acuático | |
| vías interiores | 386.22 |
| transporte marítimo | 387.2 |
| transporte terrestre | 388.35 |

| | |
|---|---|
| Aerodinámica | 533.62 |
| aeronaútica | 629.123 3 |
| ingeniería | 620.107 4 |
| vuelo espacial | 629.415 1 |
| Aeroelasticidad | |
| aeronáutica | 629.132 362 |
| Aerófonos | 788 |
| Aerófonos con teclas | 786.5 |
| Aerófonos libres | 788.29 |
| Aerófonos mecánicos | 786.68 |
| Aerógrafo | |
| dibujo | 741.29 |
| pintura | 751.494 |
| Aerojeeps | 629.133 35 |
| Aerolitos | |
| astronomía | 523.51 |
| Aeromecánica | 533.6 |
| aeronáutica | 629.132 3 |
| ingeniería | 620.107 |
| Aeronáutica | 629.13 |
| derecho | 343.097 |
| Aeronaves | 387.73 |
| carreras | 797.52 |
| deporte | 797.5 |
| derecho | 343.097 5 |
| derecho internacional | 341.756 75 |
| equipo militar | 358.418 3 |
| higiene pública | 363.729 3 |
| influencia psicológica | 155.965 |
| ingeniería | 629.133 |
| ingeniería militar | 623.746 |
| pilotaje | 629.132 52 |
| pilotos automáticos | 629.135 2 |
| pruebas e inspecciones en tierra | 629.134 52 |
| servicios de transporte | 387.73 |
| empleo | 387.740 44 |
| v.a. Aviones | |
| Aeronaves de adiestramiento | |
| ingeniería militar | 623.746 2 |
| Aeroplanos | 629.133 34 |
| v.a. Aviones | |
| Aeropuertos | 387.736 |
| administración de la planta física | 647.963 9 |
| administración pública | 350.877 736 |
| central | 351.877 736 |
| local | 352.917 736 |
| aeronáutica | 629.132 362 |
| arquitectura | 725.39 |
| derecho | 343.097 7 |
| derecho internacional | 341.756 77 |
| ingeniería | 629.136 |

| | |
|---|---|
| Agallas | |
| fitopatología | 581.2 |
| plagas | |
| agricultura | 632.2 |
| Agamuzado | |
| tecnología del cuero | 675.25 |
| Agapes | |
| rito cristiano | 265.9 |
| Agaricaceae | 589.222 |
| Agaricales | 589.222 |
| Agavaceae | 584.43 |
| Agavales | 584.43 |
| Agave | 584.43 |
| cultivo de fibra | 633.577 |
| Agdestidaceae | 583.913 |
| Agencias de empleo | 331.128 |
| v.a. Servicios de empleo | |
| Agencias de noticias | 070.435 |
| Agencias de noticias por cable | |
| periodismo | 070.435 |
| Agencias de publicidad | 659.112 5 |
| Agentes biológicos | |
| derecho | 341.735 |
| ingeniería militar | 623.459 4 |
| Agentes de bolsa | 332.62 |
| Agentes de seguros | 368.009 2 |
| grupo profesional | T7—368 |
| Agentes físicos | |
| enfermedades por | 616.989 |
| Agentes gelatinificadores | |
| tecnología de alimentos | 664.25 |
| Agentes literarios | |
| editoriales | 070.52 |
| Agentes mecánicos | 530 |
| biofísica | 574.191 3 |
| hombre | 612.014 41 |
| materiales de ingeniería | 620.112 3 |
| Agentes secretos | |
| consecución de pruebas | 363.252 |
| fuerzas armadas | 355.343 209 2 |
| Agentes teratógenos | |
| medicina | 616.043 |
| Ageo | |
| Antiguo Testamento | 224.97 |
| Aggadah | 296.19 |
| Aggadah (Pascua) | 296.437 |
| Agitación estudiantil | 371.81 |
| Aglutinación | |
| inmunología | 574.295 |
| inmunología humana | 616.079 5 |

| | |
|---|---|
| Agnatha | 597.2 |
| paleozoología | 567.2 |
| Agneo (Dialecto) | 491.994 |
| | T6—919 94 |
| Agnosia | |
| medicina | 616.855 2 |
| v.a. Disminución del habla | |
| Agnosticismo | 211.7 |
| filosofía | 149.72 |
| historia de la iglesia | 273.8 |
| polémica cristiana | 239.7 |
| polémica islámica | 297.297 |
| Agnósticos | 211.709 2 |
| grupo religioso | T7—291 |
| Agnus Dei | 264.36 |
| música | 782.323 2 |
| Agonía | |
| música | 781.588 |
| Agorafobia | |
| medicina | 616.852 125 |
| v.a. Enfermedades mentales | |
| Agotamiento por calor | |
| medicina | 616.852 125 |
| Agracejos | 583.117 |
| horticultura | 634.74 |
| Agrafía | |
| medicina | 616.855 2 |
| v.a. Disminución del habla | |
| Agrafos | 229.8 |
| Agramatismo | |
| medicina | 616.855 2 |
| v.a. Disminución del habla | |
| Agranulocitosis | 616.154 |
| Agregados | 553.62 |
| extracción | 622.362 |
| geología económica | 553.62 |
| materiales de ingeniería | 620.191 |
| Agregados económicos | |
| macroeconomía | 339.3 |
| Agresión | 302.54 |
| derecho de guerra | 341.62 |
| psicología | 155.232 |
| psicología social | 302.54 |
| emoción | 152.47 |
| impulso | 153.8 |
| rasgos de la personalidad | 155.23 |
| Agresividad | 302.54 |
| psicología | 155.232 |
| psicología social | 302.54 |
| emoción | 152.47 |

| | | | |
|---|---|---|---|
| Albúminas | 574.192 452 | Alcoholes (continuación) | |
| bioquímica | 574.192 452 | química | 547.031 |
| química | 547.752 | química aromática | 547.631 |
| v.a. Proteínas | | farmacodinámica | 615.782 8 |
| Albuminuria | | toxicología | 615.951 31 |
| medicina | 616.63 | Alcohólicos Anónimos | 362.292 86 |
| v.a. Sistema urinario | | Alcoholismo | 362.292 |
| Alcachofa | 641.353 2 | bienestar social | 362.292 |
| agricultura | 635.32 | derecho | 344.044 61 |
| botánica | 583.55 | medicina | 616.861 |
| cocina | 641.653 2 | salud personal | 613.81 |
| tecnología de alimentos | 664.805 32 | teología social | 291.178 322 92 |
| Alcaldes | | cristianismo | 261.832 292 |
| administración pública | 352.008 | v.a. Abuso de sustancias | |
| Alcalimetría | 545.22 | Alcorn (Estados Unidos: | |
| Alcalinidad | | Condado) | T2—762 993 |
| edafología | 631.42 | Alcyonaria | 593.6 |
| control de | 631.825 | Aldabas | |
| Alcalis | 546.32 | manufactura | 683.31 |
| ingeniería química | 661.3 | metalistería | 739.48 |
| toxicología | 615.922 | Aldehídos | 547.036 |
| Alcaloides | 574.192 42 | ingeniería química | 661.85 |
| bioquímica | 574.192 42 | química aromática | 547.636 |
| humana | 612.015 72 | Alderney (Ganado) | |
| farmacognosia | 615.321 | producción animal | 636.224 |
| química | 547.72 | zoología | 599.735 8 |
| v.a. Abuso de sustancias | | Alderney (Inglaterra) | T2—423 43 |
| Alcanfores | 547.71 | Aleaciones | 669 |
| Alcanos | 547.411 | construcción de naves | 623.820 7 |
| ingeniería química | 661.814 | diseño de barcos | 623.818 2 |
| Alcantarillado | 628.2 | diseño estructural | 624.182 |
| conexiones domiciliarias | 628.25 | ingeniería estructural | 624.182 |
| v.a. Aguas negras | | materiales de cimentación | 624.153 6 |
| Alcantarillas | | materiales de ingeniería | 620.16 |
| ingeniería | 625.734 | metalografía | 669.95 |
| v.a. Aguas negras | | metalurgia | 669 |
| Alcantarinos | 255.3 | química | 546.3 |
| v.a. Franciscanos | | Aleaciones cobreberilio | 669.3 |
| Alcaravanes | 598.34 | v.a. Cobre | |
| Alcaravea | 583.43 | Aleaciones cuproaluminio | 669.3 |
| Alcas | 598.33 | v.a. Cobre | |
| Alcatraces | 598.42 | Alegatos | |
| Alcaudones | 598.862 | derecho | 347.072 |
| Alcedine | 598.892 | derecho penal | 345.072 |
| Alces | 599.735 7 | Alegoría | |
| Alcidae | 598.33 | Biblia | 220.68 |
| Alcohol graso | 668.14 | literatura | 808.801 5 |
| Alcoholes | 547.031 | historia y crítica | 809.915 |
| combustibles | 662.669 | literaturas específicas | T3B—080 15 |
| para cocina | 641.585 | historia y crítica | T3B—091 5 |
| ingeniería química | 661.82 | pintura | 753.6 |

| | |
|---|---|
| Alfombras navajas | |
| arte | 746.72 |
| v.a. Tapetes | |
| Alfonso XII, Rey de España | |
| historia de España | 946.074 |
| Alfonso XIII, Rey de España | |
| historia de España | 946.076 |
| Alforfón | 641.331 2 |
| botánica | 583.917 |
| cocina | 641.631 2 |
| cultivo del campo | 633.12 |
| tecnología de alimentos | 664.725 |
| Alfredo el Grande, Rey de Inglaterra | |
| historia de Inglaterra | 942.016 4 |
| Algarroba | 583.322 |
| horticultura | 634.46 |
| Algarrobo (Chile) | T2—831 633 |
| Algarve (Portugal) | T2—469 6 |
| Algas | 589.3 |
| paleobotánica | 561.93 |
| Algas doradas | 589.48 |
| Algas marinas | 589.45 |
| acuicultura | 639.89 |
| Algas pardas | 589.45 |
| Algas rosadas | 589.41 |
| Algas verdeamarillas | 589.486 |
| Algas verdeazul | 589.46 |
| Algas verdes | 589.47 |
| Algebra | 512 |
| combinada con la aritmética | 513.12 |
| geometría sobre algebras | 516.186 |
| Algebra C* | 512.55 |
| Algebra de Banach | 512.55 |
| Algebra de Boole | 511.324 |
| Algebra de Cayley | 512.5 |
| Algebra de Clifford | 512.57 |
| Algebra de conjuntos | 512.324 |
| Algebra de Frechet | 512.55 |
| Algebra de Hopf | 512.55 |
| Algebra de Jordán | 512.24 |
| Algebra de Lie | 512.55 |
| Algebra de Neumann | 512.55 |
| Algebra de operadores | 512.55 |
| Algebra de Spinor | 512.57 |
| Algebra de Stein | 512.55 |
| Algebra de Stenrod | 512.55 |
| Algebra de tensores | 512.57 |
| Algebra diferencial | 512.56 |
| Algebra flexible | 512.24 |
| Algebra independiente | 512.24 |

| | |
|---|---|
| Algebra lineal | 512.5 |
| combinada con el análisis | 515.14 |
| Algebra moderna | 512 |
| Algebra multidimensional | 512.5 |
| Algebra no asociativa | 512.24 |
| Algebra numérica | 512 |
| Algebra reductiva | 512.55 |
| Algebra topológica | 512.55 |
| Algebra uniforme | 512.55 |
| Algebra universal | 512 |
| Algebra vectorial | 512.5 |
| Algebra W* | 512.55 |
| Algebras de Fréchet | 512.55 |
| Algebras multilineales | 512.5 |
| Algeciras (Colombia) | T2—861 543 |
| Algicidas | 668.652 |
| ingeniería química | 668.652 |
| tecnología para el control | |
| de plagas | 628.97 |
| uso agrícola | 632.952 |
| Algodón | 583.17 |
| cultivo de fibra | 633.51 |
| economía agrícola | 338.173 51 |
| industria textil | 677.21 |
| artes | 746.042 1 |
| v.a. Textiles | |
| Algodón hibisco | 583.167 |
| Algoritmos | 511.8 |
| programación de computadores | 005.1 |
| Alheña | 583.44 |
| Aliados | 355.031 |
| fuerzas militares | 355.356 |
| Guerra Mundial I | 940.332 |
| Guerra mundial II | 940.533 2 |
| Alianza con Dios | |
| cristianismo | 231.76 |
| judaísmo | 296.311 |
| Alianza (Honduras) | T2—728 352 3 |
| Alianzas | 327.116 |
| Alianzas militares | 355.031 |
| | T2—171 8 |
| Alianzas políticas | T2—171 2 |
| Alicante (España) | T2—467 65 |
| Alicarnaso | T2—392 4 |
| Alienación | 302.544 |
| Aliento de bebé | 583.152 |
| Alimentación de animales | 636.084 |
| Alimentación de pecho | 649.33 |
| fisiología humana | 612.664 |
| puericultura | 649.33 |
| salud | 613.26 |

| | | | |
|---|---|---|---|
| Aludes | 551.307 | Amárico (Lengua) | 492.87 |
| nieve | 551.578 48 | | T6—928 7 |
| Alumbrado | 621.32 | Amárico (Literatura) | 892.87 |
| v.a. Iluminación | | Amarilis | 584.25 |
| Alumbrado público | 628.95 | Amarre de barcos | |
| Alúmina | 553.67 | estructura para | 627.32 |
| geología económica | 553.67 | Amaryllidaceae | 584.25 |
| tecnología | 666.72 | Amaryllidales | 584.25 |
| Aluminio | 669.722 | Amas de casa | 640.92 |
| arquitectura | 721.044 772 2 | | T1—088 649 |
| artes decorativas | 739.57 | | T7—649 |
| construcción de naves | 623.820 7 | grupo social | 305.436 49 |
| construcciones | 693.772 2 | situación legal | 346.016 3 |
| diseño de barcos | 623.818 26 | Amasya (Turquía) | T2—563 |
| geología económica | 553.492 6 | Amatistas | 553.87 |
| ingeniería estructural | 624.182 6 | Amatitlán (Guatemala) | T2—728 113 |
| ingeniería química | 661.067 3 | Amazonas (Brasil) | T2—811.3 |
| litografía | 763.23 | Amazonas (Colombia) | T2—861 7 |
| materiales de cimentación | 624.153 86 | Amazonas (Perú) | T2—854 6 |
| materiales de construcción | 691.872 2 | Amazonas (Venezuela) | T2—876 4 |
| materiales de ingeniería | 620.186 | Ambar | 553.29 |
| metalistería | 663.722 | geología económica | 553.29 |
| metalurgia | 669.722 | tallado | 736.6 |
| metalurgia física | 669.967 22 | Ambato (Ecuador) | T2—866 152 |
| minería | 622.349 26 | Amber Valley (Inglaterra) | T2—425 16 |
| química | 546.673 | Amberes (Bélgica) | T2—493 2 |
| toxicología | 615.925 673 | Ambición | |
| v.a. Metales, Sustancias químicas | | psicología social | 302.54 |
| Alunita | | Ambientación | |
| mineralogía | 549.755 | literatura | 808.802 2 |
| Aluviones | | historia y crítica | 809.922 |
| minería | 622.292 7 | literatura específica | T3B—080 22 |
| Alvarado, Gonzalo de | | historia y crítica | T3B—092 2 |
| historia de El Salvador | 972.840 2 | representaciones | 792.025 |
| Alvarado, Pedro de | | cine | 791.430 25 |
| historia de El Salvador | 972.840 2 | teatro | 792.025 |
| historia de Guatemala | 972.8102 | televisión | 791.450 25 |
| historia de Nicaragua | 972.850 2 | Ambiente cortesano | |
| Alvéolos dentales | | música | 781.536 |
| enfermedades | 617.632 | Ambiente doméstico | |
| Alvsborg (Suecia) | T2—486 | música | 781.535 |
| Alyn y Deeside (Gales) | T2—429 36 | Ambiente físico | |
| Amador (Estados Unidos: | | influencia psicológica | 155.91 |
| Condado) | T2—794 42 | influencia sobre la criminalidad | 364.22 |
| Amambay (Paraguay) | T2—892 137 | Ambiente gerencial | 658.409 5 |
| Amanoris | 589.41 | Ambiente laboral | 331.25 |
| Amapá (Brasil) | T2—811 6 | administración de personal | 658.38 |
| Amapala (Honduras) | T2—728 352 4 | administración pública | 350.161 |
| Amapolas de agua | 584.73 | central | 351.161 |
| Amaranthaceae | 583.913 | local | 352.005 161 |
| Amaranto | 583.913 | economía | 331.25 |

| | | | |
|---|---|---|---|
| Amiiformes | 597.41 | Amoníaco | 546.711 22 |
| paleozoología | 576.4 | ingeniería química | 661.34 |
| Amilasas | | Amonita (lengua) | 492.6 |
| bioquímica | 574.192 54 | | T6—926 |
| química | 547.758 | Amor | |
| v.a. Enzimas | | ética | 177.7 |
| Amiloidosis | 616.399 5 | religión | 291.5 |
| Amin, Idi | | budismo | 294.35 |
| historia de Uganda | 967.610 4 | cristianismo | 241.4 |
| Aminación | 547.25 | hinduismo | 294.548 |
| ingeniería química | 660.284 45 | islamismo | 297.5 |
| Aminas | 547.042 | judaísmo | 296.385 |
| ingeniería química | 661.894 | filosofía | 128.4 |
| Aminoácidos | 574.192 45 | folclor | 398.27 |
| bioquímica | 574.192 45 | sociología | 398.354 |
| humana | 612.015 75 | hechizos y encantamientos | 133.442 |
| química | 547.75 | integración social | 302.3 |
| v.a. Proteínas | | literatura | 808.803 54 |
| Amis (Formosa) | T5—992 5 | historia y crítica | 809.933 54 |
| Amish | | literaturas específicas | T3B—080 353 |
| cocina | 641.566 | historia y crítica | T3B—093 54 |
| iglesias | 289.73 | psicología | 152.41 |
| v.a. Iglesias menonitas | | Amor de Dios | 212.7 |
| Amistad | 177.6 | cristianismo | 231.6 |
| influencia psicológica | 155.925 | religión comparada | 291.211 |
| literatura | 808.803 53 | Amor sexual | 306.7 |
| historia y crítica | 809.933 53 | Amoritas | T5—921 |
| literaturas específicas | T3B—080 353 | Amortiguadores | |
| historia y crítica | T3B—093 53 | automóviles | 629.243 |
| psicología aplicada | 158.25 | Amortiguamiento | |
| psicología social | 302.34 | areonaútica | 629.132 634 |
| v.a. Problemas éticos | | sonido | |
| Amite (Estados Unidos: | | física | 534.208 |
| Condado) | T2—762 24 | Amortiguamiento del sonido | 534.208 |
| Amitosis | 574.876 22 | aeronaves | 629.134 42 |
| Amman (Jordania) | T2—569 58 | edificios | 693.834 |
| Ammonitoidea | 564.53 | Amortización | |
| Amnesia | | contabilidad | 657.73 |
| medicina | 616.852 32 | derecho tributario | 343.052 34 |
| v.a. Enfermedades mentales | | Amós | |
| Amnistía | 364.65 | Antiguo Testamento | 224.8 |
| penología | 364.65 | Amotinamiento | 355.133 4 |
| Amoblamiento urbano | | Amoy (Dialecto) | 495.17 |
| arquitectura del paisaje | 717 | | T6—951 7 |
| Amoebida | 593.117 | Amperímetros | 621.374 4 |
| Amonestación | 658.314 4 | Amphibia | 597.6 |
| administración de personal | 658.312 7 | Amphipoda | 595.371 |
| administración pública | 350.14 | paleozoología | 565.37 |
| central | 351.14 | Ampiés, Juan de | |
| local | 352.005 14 | historia de Venezuela | 987.02 |

| | |
|---|---|
| Análisis de redes | |
| telefonía | 621.385 1 |
| uso en administración | 658.403 2 |
| Análisis de regresión | 519.536 |
| Análisis de sangre | |
| investigación criminal | 363.256 2 |
| medicina | 616.075 61 |
| Análisis de sistemas | 003 |
| administración pública | 350.007 3 |
| central | 351.007 3 |
| local | 352.000 473 |
| ciencia de los computadores | 004.21 |
| | T1—028 542 |
| ingeniería | 621.392 |
| para tipos específicos de | |
| computadores | 004.25 |
| redes | 004.65 |
| uso en la administración | 658.403 2 |
| Análisis de Spinor | 515.63 |
| Análisis de tiempo-series | 519.55 |
| Análisis de varianza | 519.538 |
| Análisis de visión | |
| inteligencia artificial | 006.37 |
| Análisis del cabello | |
| investigación criminal | 363.256 2 |
| Análisis del discurso | |
| lingüística | 401.41 |
| lenguas específicas | T4—014 1 |
| retórica | 808.001 4 |
| Análisis del error | 511.43 |
| Análisis del gas | |
| cualitativo | 544.4 |
| química | 543.8 |
| Análisis dionfático | 512.73 |
| Análisis eléctrico | |
| química | 543.087 1 |
| Análisis electromagnético | |
| química | 543.087 |
| Análisis espectroquímico | 543.085 8 |
| Análisis estructural | 624.171 |
| construcción | 690.21 |
| estructura naval | 623.817 1 |
| Análisis factorial | 519.535 4 |
| Análisis fluorofotométrico | 543.085 2 |
| Análisis formal | |
| música | 781.8 |
| Análisis fotométrico | 543.085 2 |
| Análisis funcional | 515.7 |
| Análisis gástrico | |
| medicina | 616.075 63 |

| | |
|---|---|
| Análisis global | 515 |
| topología | 514.74 |
| Análisis grafológico | 155.282 |
| adivinación | 137 |
| investigación criminal | 363.256 5 |
| selección de personal | 658.311 2 |
| Análisis gravimétrico | 543.083 |
| cualitativo | 544.93 |
| cuantitativo | 545.1 |
| Análisis interferométrico | |
| análisis cuantitativo | 545.813 |
| química analítica | 543.085 3 |
| Análisis matemático | 515 |
| Análisis microquímico | 543.081 3 |
| Análisis microscópico | |
| química | 543.081 2 |
| Análisis multivariado | 519.535 |
| Análisis nefelométrico | 543.085 2 |
| Análisis numérico | 515 |
| aplicado | 519.4 |
| Análisis óptico | |
| química | 543.085 |
| Análisis polarimétrico | 543.085 6 |
| Análisis polariscópico | 543.085 6 |
| Análisis polarográfico | 543.087 2 |
| Análisis por difusión | 544.5 |
| Análisis por materia | |
| ciencia de la información | 025.4 |
| Análisis por radioactivación | 543.088 2 |
| Análisis potenciométrico | 543.087 12 |
| Análisis químico | 543 |
| metalúrgia | 669.92 |
| Análisis químico magnético | 543.087 7 |
| Análisis radioisotópico | |
| medicina nuclear | 616.075 75 |
| Análisis radioquímico | 543.088 |
| Análisis refractométrico | 543.085 3 |
| Análisis secuencial | 514.54 |
| Análisis situs | 514 |
| Análisis tensorial | 515.63 |
| Análisis termogravimétrico | 545.4 |
| Análisis termométrico | 543.086 |
| Análisis transaccional | 158.9 |
| psiquiatría | 616.891 45 |
| psicología aplicada | 158.2 |
| Análisis turbidimétrico | 543.085 2 |
| Análisis vectorial | 515.63 |
| Análisis volumétrico | 545.2 |
| Analistas de sistemas | 003.092 |
| grupo profesional | T7—090 3 |

| | | | |
|---|---|---|---|
| Ancianos (continuación) | | Anestesia epidural | |
| teología social | 291.178 342 6 | cirugía | 617.964 |
| cristianismo | 261.834 26 | Anestesia espinal | |
| vida personal | 646.79 | cirugía | 617.964 |
| Ancistrocladaceae | 583.167 | Anestesia intravenosa | |
| Anclas | 623.862 | cirugía | 617.962 |
| Ancud (Chile) | T2—835 6 | Anestesia local | |
| Andacollo (Chile) | T2—832 32 | cirugía | 617.966 |
| Andahuaylas (Perú) | T2—852 94 | Anestesia peridural | |
| Andalgalá (Argentina) | T2—824 53 | cirugía | 617.964 |
| Andali (Calabria) | T2—457 83 | Anestesia por bloqueo en silla | |
| Andalucía (España) | T2—468 | cirugía | 617.964 |
| Andalucita | | Anestesia por inhalación | |
| mineralogía | 549.62 | cirugía | 617.962 |
| Andamaneses | T5—991 1 | Anestesia rectal | |
| Andenes | 388.411 | cirugía | 617.962 |
| ingeniería de vías | 625.88 | Anestesia regional | |
| servicios de transporte | 388.411 | cirugía | 617.964 |
| Anderson (Estados Unidos: | | Anestesia (Enfermedad) | |
| Condado) | T2—768 73 | medicina | 616.856 |
| Anderson, Tex. (Estados | | v.a. Sistema nervioso | |
| Unidos: Condado) | T2—764 229 | Anestésicos | |
| Andes | T2—8 | farmacodinámica | 615.781 |
| Andes (Colombia) | T2—861 263 | Anestesiología | 617.96 |
| Andesita | | derecho | 344.041 2 |
| petrología | 552.2 | Anestesiólogos | 617.960 92 |
| Andhra (Grupo lingüístico) | 494.82 | derecho | 344.041 2 |
| | T6—948 2 | grupo profesional | T7—617 |
| Andhra (Lengua) | 494.827 | Aneurismas | |
| | T6—948 27 | medicina | 616.133 |
| Andhra (Literatura) | 894.827 | v.a. Sistema cardiovascular | |
| Andorra | 946.7 | Anexión de territorios | 320.12 |
| | T2—467 9 | administración local | 320.859 |
| Andreales | 588.2 | derecho | 342.041 3 |
| Andrews (Estados Unidos: | | gobierno | 320.12 |
| Condado) | T2—764 856 | Anfetaminas | |
| Andrógenos | 612.61 | abuso | 362.299 |
| v.a. Sistema genital masculino | | asistencia social | 362.299 |
| Andropogoneae | 584.92 | medicina | 616.864 |
| Androsterona | 547.734 3 | salud personal | 613.84 |
| Anea | 584.613 | v.a. Abuso de sustancias | |
| Anécdotas | | Anfibios | 597.6 |
| literatura | 808.882 | caza | 639.13 |
| literaturas específicas | T3B—802 | caza deportiva | 799.257 6 |
| autores individuales | T3A—8 | dibujo | 743.676 |
| Anemia | | paleozoología | 567.6 |
| medicina | 616.152 7 | producción animal | 639.37 |
| v.a. Sistema cardiovascular | | recursos económicos | 333.957 |
| Anémonas | 583.111 | representación artística | 704.943 2 |
| Anémonas de mar | 593.6 | Anfíboles | |
| | | mineralogía | 549.66 |

| | | | |
|---|---|---|---|
| Antologías | 080 | Antropólogos | 301.092 |
| | T1—08 | grupo profesional | T7—309 |
| literatura | 808.8 | Antropólogos culturales | 306.092 |
| literaturas específicas | T3B—08 | grupo profesional | T7—309 |
| Antón (Panamá) | T2—728 721 4 | Antropólogos sociales | 306.092 |
| Antoniaceae | 583.74 | grupo profesional | T7—309 |
| Antonianos | 255.18 | Antropometría | 573.6 |
| historia de la iglesia | 271.18 | Antropomorfismo | |
| Antónimos | | religión comparada | 291.211 |
| diccionarios | | teología natural | 211 |
| lenguas específicas | T4—31 | Antroposofía | 299.935 |
| temas específicos | T1—03 | Anualidades | |
| Antorchas | 621.323 | seguros | 368.37 |
| Antracenos | 547.616 | Anuarios | 050 |
| ingeniería química | 661.816 | | T1—05 |
| Antracita | 553.25 | almanaques | 030 |
| extracción | 622.335 | enciclopedias | 030 |
| geología económica | 553.25 | publicación | 070.572 |
| propiedades | 662.622 5 | Anuarios escolares | 371.805 |
| Antracita grafítica | 553.25 | producción | 371.897 6 |
| extracción | 622.335 | Anudamiento | |
| geología económica | 553.25 | técnica | 677.028 2 |
| propiedades | 662.622 5 | arte | 746.422 |
| Antrax | | manufactura | 677.028 2 |
| incidencia | 614.561 | Anulación del matrimonio | 346.016 6 |
| medicina | 616.956 | Anunciación | 232.912 |
| v.a. Enfermedades infecciosas | | Anunciadores (Sonido) | 621.389 |
| Antrim (Irlanda del Norte) | T2—416 1 | Anuncios en vehículos | 659.134 4 |
| Antropogénesis | 573.2 | Anuncios publicitarios | 659.14 |
| Antropogeografía | 304.2 | ilustraciones | 741.67 |
| Antropoides | 599.88 | radio | 791.443 |
| Antropología | 301 | televisión | 791.453 |
| filosofía | 128 | Anura | 597.8 |
| relaciones con la religión | 291.175 | paleozoología | 567.8 |
| cristianismo | 261.55 | Anvers (Bélgica) | T2—499 22 |
| teología natural | 215.72 | Anwei (China) | T2—512 |
| teología | 291.22 | Anyi | T5—963 385 |
| cristianismo | 233 | Anyi (Lengua) | 496.338 5 |
| teología natural | 218 | | T6—963 385 |
| Antropología criminal | 364.2 | Anzoátegui (Venezuela) | T2—875 2 |
| Antropología ecológica | 304.2 | Anzuelos | |
| Antropología económica | 306.3 | manufactura | 688.791 |
| Antropología educativa | 370.19 | Añasco (Puerto Rico) | T2—729 545 4 |
| Antropología filosófica | 128 | Añejamiento | |
| Antropología física | 573 | bebidas alcohólicas | 663.17 |
| Antropología médica | 306.461 | Año académico | 371.23 |
| Antropología social | 306 | derecho | 344.079 2 |
| Antropología teológica | 291.22 | educación superior | 378.14 |
| cristianismo | 233 | Año escolar | 371.23 |
| teología natural | 218 | | |

| | | | |
|---|---|---|---|
| Año litúrgico | 263.9 | Aparatos peligrosos | 363.18 |
| cronología | 529.44 | administración pública | 350.783 |
| devocionarios | 242.3 | central | 351.783 |
| fiestas | 394.268 28 | local | 352.3 |
| música | 781.72 | derecho | 344.047 2 |
| sermones | 256.6 | Aparcería | 306.365 |
| Año nuevo | 394.261 4 | economía | 333.335 563 |
| costumbres | 394.261 4 | Aparceros | 305.63 |
| judías | 394.267 | | T1—086 23 |
| Años | | clase social | 305.563 |
| cronología | 529.2 | Aparejos | |
| Aomori (Japón) | T2—521 12 | ingeniería naval | 623.862 |
| Aorta | | Apariciones de Jesús | 232.97 |
| anatomía humana | 611.13 | Apariciones de María | 232.917 |
| enfermedades humanas | | Apariencia personal | 646.7 |
| medicina | 616.138 | costumbres | 391.6 |
| fisiología humana | 612.133 | ética | 177.4 |
| v.a. Sistema cardiovascular | | Apartamentos | 643.2 |
| Apache (Estados Unidos: | | administración del hogar | 647.92 |
| Condado) | T2—791 37 | arquitectura | 728.314 |
| Apache (Lenguas) | 497.2 | economía doméstica | 643.2 |
| | T6—972 | problemas sociales | 363.5 |
| Apaches | T5—972 | ventas domésticas | 381.195 |
| Apan (México) | T2—724 63 | administración | 658.87 |
| Aparador (Mueble) | | Apartheid | 305.800 968 |
| manufactura | 648.16 | ideología política | 320.560 968 |
| Aparato cardiovascular | 591.11 | Apastepeque (El Salvador) | T2—728 427 3 |
| v.a. Sistema cardiovascular | | Apatía | |
| Aparato de Golgi | 574.873 4 | psicología social | 302.117 |
| Aparatos | T1—028 | Apatitos | 553.64 |
| Aparatos a gas | | mineralogía | 549.72 |
| economía doméstica | 643.6 | química | 546.393 24 |
| manufactura | 683.88 | Apátridas | 323.632 |
| Aparatos acústicos | | derecho | 642.083 |
| audiología | 617.89 | derecho internacional | 341.486 |
| v.a. Oídos | | política | 623.632 |
| Aparatos agrícolas | 631.3 | Apatzingán de la Constitución | |
| Aparatos de precisión | 681 | (México) | T2—723 73 |
| Aparatos de radio | 621.384 18 | Apelaciones | |
| automóviles | 629.277 | administración de personal | 658.315 5 |
| Aparatos de registro | 621.382 34 | administración pública | 350.176 |
| control y registro de datos | 350.7 | derecho | 347.08 |
| manufactura | 681.2 | Apelambrado (Pieles) | 675.22 |
| Aparatos de telegrafía | 621.383 | Apellidos | 929.42 |
| Aparatos domésticos | 643.6 | Apéndice vermiforme | |
| manufactura | 683.8 | anatomía humana | 611.345 |
| seguridad del producto | 363.19 | cirugía | 617.554 5 |
| Aparatos eléctricos | 643.6 | enfermedades humanas | |
| manufactura | 683.83 | medicina | 616.34 |
| Aparatos ortopédicos | 617.307 | fisiología humana | 612.33 |
| manufactura | 681.761 | v.a. Sistema digestivo | |

| | | | |
|---|---|---|---|
| Aprendizaje | 153.15 | Apuestas (continuación) | |
| psicología | 153.15 | derecho penal | 345.027 2 |
| animales | 156.315 | ética | 175.9 |
| niños | 155.413 15 | matemática | 519.2 |
| psicología de la educación | 370.152 3 | sociología | 306.482 |
| Aprendizaje de memoria | | Apulia (Italia) | T2—457 5 |
| educación | 371.39 | antigua | T2—377 |
| psicología | 153.152 2 | Apuntalamientos | |
| Aprendizaje por asociación | | ingeniería de cimentaciones | 624.152 |
| psicología | 153.152 6 | Apuntes | |
| Aprendizaje por discriminación | | método de estudio | 371.302 812 |
| psicología | 153.152 8 | Apure (Venezuela) | T2—874 2 |
| Aprendizaje por imitación | | Apurimac (Perú) | T2—852 94 |
| psicología | 153.152 3 | Apurito (Venezuela) | T2—874 25 |
| Aprendizaje por repetición | | Aqaid | 297.2 |
| psicología | 153.152 2 | Aquifoliaceae | 583.271 |
| Aprendizaje programado | 371.394 42 | Aquila (Italia) | T2—457 11 |
| electrónico | 371.334 | Aquilariaceae | 583.933 |
| no electrónico | 371.394 42 | Aquin (Haití) | T2—729 464 |
| Aprobación del balance | | Aquitania (Francia) | T2—447 |
| administración pública | 350.722 3 | Arabe (Lengua) | 492.7 |
| central | 351.722 3 | | T6—927 |
| local | 352.123 | Arabe (Literatura) | 892.7 |
| Apropiación ilícita | 364.162 | Arabes | T5—927 |
| derecho | 345.026 2 | Arabescos | 784.189 4 |
| Aproximación (Matemática) | 511.4 | Arabia | 953 |
| aritmética | 513.24 | | T2—53 |
| álgebra | 512.924 | antigua | 939.49 |
| Aproximaciones diofánticas | 512.73 | | T2—394 9 |
| Aptandraceae | 583.26 | Arabia del Sur | T5—929 |
| Apterygiformes | 598.54 | Arabia Desértica | 939.47 |
| paleozoología | 568.5 | | T2—394 7 |
| Apterygota | 595.71 | Arabia Felix | 939.49 |
| paleozoología | 565.71 | | T2—394 9 |
| Aptitud física | 613.7 | Arabia palestina | T5—927 4 |
| administración pública | 350.773 | Arabia Petrea | 939.48 |
| central | 351.773 | | T2—394 8 |
| local | 352.4 | Arabia Saudita | 953.8 |
| salud | 613.7 | | T2—538 |
| Aptitudes | | Aracaju (Brasil) | T2—814 12 |
| psicología | 153.9 | Arachnida | 595.4 |
| Apuestas | 306.482 | paleozoología | 565.4 |
| actividades recreativas | 795 | portador de enfermedades | 614.433 |
| carreras de caballos | 798.401 | Arad (Rumania) | T2—498 4 |
| control público | 363.42 | Arado | 631.51 |
| administración pública | 350.76 | Aradoidea | 595.754 |
| central | 351.76 | Araeoscelidia | 567.93 |
| local | 352.936 | Aragón (España) | T2—465 5 |
| costumbres | 394.3 | Aragonito | |
| criminología | 364.172 | mineralogía | 549.785 |
| derecho | 344.054 2 | Aragua (Venezuela) | T2—873 4 |

| | | | |
|---|---|---|---|
| Arenisca | 553.53 | Aristocracia | 305.52 |
| extracción | 622.353 | | T1—086 21 |
| geología económica | 553.53 | sistemas de gobierno | 321.5 |
| materiales de construcción | 691.2 | Aristolochiaceae | 583.922 |
| materiales de ingeniería | 620.132 | Aristolochiales | 583.922 |
| petrología | 552.5 | Aristotelismo | 185 |
| Arenques | 597.55 | moderno | 149.91 |
| pesca comercial | 639 275 5 | Aritmética | 513 |
| Arequipa (Perú: Ciudad) | T2—853 24 | educación primaria | 372.72 |
| Arequipa (Perú: Departamento) | T2—853 2 | Aritmética comercial | 650.015 13 |
| Aretes | 391.7 | Aritmética de negocios | 650.015 13 |
| costumbres | 391.7 | Aritmética modular | 513.6 |
| joyería | 739.728 | Arizona (Estados Unidos) | 979.1 |
| Arévalo, Juan José | | | T2—791 |
| historia de Guatemala | 972.810 52 | Arkansas (Estados Unidos: | |
| Arezzo (Italia) | T2—455 9 | Condado) | T2—767 86 |
| Argamasas de cal | 666.93 | Arkansas (Estados Unidos: | |
| Argentina | 982 | Estado) | 976.7 |
| | T2—82 | | T2—767 |
| Argentinos | T5-688 2 | Armada | 355.31 |
| Argentita | | Armada Española, 1588 | 942.055 |
| mineralogía | 549.32 | Armadillos | 599.31 |
| Argoba (Dialecto) | 492.877 | Armaduras | 623.441 |
| | T6—928 7 | arte en metal | 739.75 |
| Argólida | T2—495 2 | Armagh (Irlanda del Norte) | T2—416 6 |
| antigua | T2—388 | Armamentos | 355.82 |
| Argón | | control de | 355.82 |
| geología | 553.97 | ingeniería militar | 623.4 |
| química | 546.753 | pruebas | |
| tecnología | 665.822 | cooperación internacional | 341.733 |
| v.a. Sustancias químicas | | Armarios | 645.4 |
| Argona (Francia) | T2—443 8 | manufactura | 684.16 |
| Argot | 417.2 | Armarios de entrepaños | |
| lenguas específicas | T4—7 | manufactura | 684.16 |
| Argovia (Suiza) | T2—494 56 | uso en los archivos | 651.54 |
| Arguloida | 595.34 | Armas | 355.82 |
| paleozoología | 565.34 | ciencia militar | 355.82 |
| Argumentación jurídica | 340.11 | costumbres | 399 |
| Argumentación legal | 340.11 | ingeniería | 623.4 |
| Argumento | | metalistería | 739.7 |
| lógica | 168 | Armas blancas | 623.441 |
| Argyll (Escocia) | T2—414 23 | metalistería | 739.72 |
| Ariana | T2—396 | Armas de fuego | |
| Arias, Arnulfo | | control | 363.33 |
| historia de Panamá | 972 870 51 | administración pública | 350.75 |
| Arica (Chile: Ciudad) | T2—831 23 | central | 351.75 |
| Arica (Chile: Provincia) | T2—831 23 | local | 352.935 |
| Arige (Francia) | T2—448 8 | derecho | 344.053 3 |
| Ariquemes (Brasil) | T2—811 1 | derechos civiles | 323.43 |
| Arismendi (Venezuela) | T2—874 33 | seguridad pública | 363.33 |
| | | deportes | 799.202 83 |

| | |
|---|---|
| Arqueología bajo el agua | 930.102 804 |
| Arqueología industrial | |
| aspecto económico | 338.09 |
| aspecto histórico | 900 |
| aspecto tecnológico | 609 |
| Arqueología prehistórica | 930.1 |
| Arqueólogos | 930.130 2 |
| grupo profesional | T7—93 |
| Arqueozoica | 511.712 |
| paleontología | 560.171 |
| Arqueros | 799.320 92 |
| grupo deportivo | T7—799 3 |
| Arquitectos | 720.92 |
| grupo profesional | T7—92 |
| Arquitectos paisajistas | 712.092 |
| grupo profesional | T7—71 |
| Arquitectura | 720 |
| pintura | 758.7 |
| representación artística | 704.944 |
| significado religioso | 291.37 |
| cristianismo | 246.9 |
| Arquitectura acústica | |
| construcción | 690.2 |
| Arquitectura antigua | 722 |
| Arquitectura árabe | |
| medieval | 723.3 |
| Arquitectura barroca | 724.16 |
| Arquitectura bizantina | 732.2 |
| Arquitectura budista | 720.95 |
| Arquitectura chipriota | |
| fenicia | 722.32 |
| Arquitectura churrigueresca | 720.946 090 32 |
| Arquitectura clásica | 722.8 |
| Arquitectura colonial | 724.1 |
| Arquitectura cristiana antigua | 723.1 |
| Arquitectura de bases de datos | 005.74 |
| Arquitectura de palestina antigua | 722.33 |
| Arquitectura de redes de | |
| comunicación | 004.65 |
| ingeniería | 621.398 1 |
| Arquitectura del computador | 004.22 |
| ingeniería | 621.392 |
| tipos específicos | 004.25 |
| Arquitectura del paisaje | 712 |
| ingeniería | 624 |
| Arquitectura doméstica | 728 |
| Arquitectura egea | 722.61 |
| Arquitectura etrusca | 722.62 |
| Arquitectura fenicia | 722.31 |
| Arquitectura georgina | 724.19 |

| | |
|---|---|
| Arquitectura gótica | 723.5 |
| Arquitectura griega | 722.8 |
| Arquitectura helénica | 722.8 |
| Arquitectura hindú | 720.954 |
| Arquitectura isabelina | 720.942 090 31 |
| Arquitectura jaína | 720.954 |
| Arquitectura medieval | 723 |
| Arquitectura micénica | 722.61 |
| Arquitectura minóica | 722.61 |
| Arquitectura moderna | 724 |
| Arquitectura naval | 623.81 |
| Arquitectura neoclásica | 724.2 |
| Arquitectura normanda | 723.4 |
| Arquitectura occidental antigua | 722.6 |
| Arquitectura oriental | 720.95 |
| antigua | 722.1 |
| Arquitectura palestina antigua | 722.33 |
| Arquitectura renacentista | 724.12 |
| Arquitectura rococó | 724.19 |
| Arquitectura romana | 722.7 |
| Arquitectura románica | 723.4 |
| Arquitectura sarracénica medieval | 723.3 |
| Arquitectura subterránea | 720.473 |
| Arquitectura victoriana | 724.5 |
| Arraiján (Panamá) | T2—728 731 3 |
| Arranque | |
| automóviles | 629.257 |
| Arrasamiento | |
| edificios | 690.26 |
| Arrastramiento | 551.307 |
| Arrayán brabántico | 583.42 |
| Arrecife Great Barrier | T2—943 |
| Arrecifes | 551.4 |
| | T2—142 |
| biología | 574.91 |
| ecología | 574.526 367 |
| geografía | 910.914 2 |
| geografía física | 910.021 42 |
| geomorfología | 551.424 |
| Arrecifes de coral | T2—142 |
| Arreglo de la mesa | 642.7 |
| Arreglo de vestidos | 646.408 |
| comerciales | 687.044 |
| confección doméstica | 646.408 |
| Arreglo musical | 781.37 |
| Arreglos atómicos espaciales | 541.243 |
| Arreglos florales | 745.92 |
| Arreglos musicales | 781.38 |

| | | | |
|---|---|---|---|
| Arte cinético | 709.040 73 | Arte pop | |
| escultura | 735.230 473 | escultura | 735.230 471 |
| Arte comercial | 741.06 | pintura | 759.067 1 |
| Arte conceptual | 700 | Arte popular | 745 |
| bellas artes | 709 040 75 | Arte postal | 709.04 |
| escultura | 735.230 475 | Arte primitivo | 700 |
| pintura | 759.067 5 | pueblos iletrados | 709.011 |
| Arte cristiano | | Arte protestante | |
| significado religioso | 246 | significado | 246.4 |
| Arte cristiano antiguo | 709.021 2 | Arte religioso | 704.948 |
| decoración | 745.442 | Arte renacentista | 709.024 |
| escultura | 734.222 | arquitectura | 724.12 |
| pintura | 559.021 2 | resurgimiento | 724.52 |
| significado religioso | 246.2 | decoración | 745.443 |
| Arte culinario | T1—021 2 | escultura | 735.21 |
| cocina | 641.5 | música | 780.903 1 |
| Arte de la calle | 751.73 | pintura | 759.03 |
| Arte de la cerámica | 738 | significado religioso | 246.4 |
| Arte de la cestería | | Arte románico | 709.021 6 |
| artesanía | 746.412 | arquitectura | 723.4 |
| Arte de la espada | 796.86 | resurgimiento | 724.52 |
| Arte de la narración | 808.543 | decoración | 745.442 |
| educación primaria | 372.642 | escultura | 734.24 |
| puericultura | 649.58 | pintura | 759.021 6 |
| retórica | 808.543 | significado religioso | 246.2 |
| Arte de trinchar | 642.6 | v.a. Románico | |
| Arte de vender | 658.85 | Arte rupestre | 709.011 3 |
| Arte del espectáculo | 790.2 | escultura | 732.23 |
| Arte del libro | | pintura | 759.011 3 |
| tecnología | 686 | Arte tierra (Earthworks) | 709.040 76 |
| Arte doméstico | 640 | Artemisa (Botánica) | 583.55 |
| Arte en metal | 739 | Artemisa (Cuba) | T2—729 113 1 |
| Arte erótico | 704.942 8 | Arterias | |
| Arte espacial | 709.040 79 | anatomía humana | 611.13 |
| escultura | 735.230 479 | cirugía | 617.413 |
| Arte folclórico | 745 | enfermedades humanas | |
| Arte gótico | 709 022 | medicina | 616.13 |
| Arte industrial | 745.2 | fisiología humana | 612.133 |
| Arte lítico | 709.011 3 | v.a. Sistema cardiovascular | |
| Arte medieval | 709.02 | Arteriosclerosis | |
| Arte moderno | 709.04 | medicina | 616.136 |
| significado religioso | | v.a. Sistema cardiovascular | |
| cristianismo | 246.4 | Arteriosclerosis coronaria | |
| Arte múltiple | 709.040 78 | medicina | 616.123 2 |
| escultura | 735.230 478 | v.a. Sistema cardiovascular | |
| Arte náutico | 623.88 | Artes de ejecución | 790.2 |
| Arte óptico | 709.040 72 | Artes decorativas | 745 |
| escultura | 735.230 472 | Artes florales | 745.92 |
| pintura | 759.067 2 | Artes gráficas | 760 |
| Arte oriental | 709.5 | Artes marciales | 796.8 |
| Arte pictórico | 760 | entrenamiento físico | 613.714 8 |

| | | | |
|---|---|---|---|
| Ascidiacea | 596.2 | Asfalto | |
| ASCII | | pavimentación (continuación) | |
| código digital | 005.72 | ingeniería de vías | 625.85 |
| Asclepiadaceae | 583.72 | productos del petróleo | 665.538 8 |
| Ascomycetes | 589.23 | tecnología | 665.4 |
| Ascope (Perú) | T2—851 63 | Asfixia | |
| Ascothoracica | 595.35 | medicina | 617.18 |
| paleozoología | 565.35 | Ashanti | 966.701 |
| Aseguradores | 368.012 092 | | T2—667 |
| grupo profesional | T7—368 | Ashanti (Pueblo africano) | T5—963 386 |
| Asellota | 595.372 | Ashfield (Inglaterra) | T2—425 25 |
| Asentamiento | | Ashley (Estados Unidos: | |
| economía de la tierra | 333.31 | Condado) | T2—767 83 |
| Asentamientos humanos | 307.14 | Ashur (Ciudad antigua) | T2—35 |
| Aseo de la casa | 648.5 | Asia | 950 |
| Asepsia | | | T2—5 |
| cirugía | 617.910 1 | Asia central | 958 |
| obstetricia | 618.89 | | T2—58 |
| salud pública | 614.48 | antigua | 939.6 |
| Aserrado | | | T2—396 |
| herramientas para | 621.93 | Asia central ex Soviética | 958.4 |
| silvicultura | 634.98 | | T2—584 |
| tecnología | 674.2 | Asia del Sur | 954 |
| Aserrín | | | T2—54 |
| combustibles | 662.65 | Asia menor | 956.1 |
| tecnología | 674.84 | | T2—561 |
| Asesinato | 364.152 3 | antigua | 939.2 |
| derecho | 345.025 24 | | T2—392 |
| político | 364.152 4 | Asia sudoriental | 959 |
| Asesoramiento | | | T2—59 |
| trabajo social | 361.320 8 | Asiáticos | T5—95 |
| Asesores administrativos | 658.46 | Asiáticos del sur | T5—914 |
| Asesores de inversiones | 332.62 | Asiento de sapo | 589.222 |
| derecho | 346.092 6 | Asientos contables | 657.2 |
| economía | 332.62 | Asientos tapizados | |
| Asesores económicos | | manufactura | 684.12 |
| administración pública | 350.820 422 | Asignación de frecuencias | |
| central | 351.820 422 | radio | 384.545 2 |
| local | 352.942 | televisión | 384.552 1 |
| Asesores legales | | Asignación de la notación interna | |
| administración | 658.12 | tratamiento bibliotecario | 025.428 |
| Asesores militares | 355.6 | Asilos | |
| Asesores tributarios | | para ancianos | 362.61 |
| derecho tributario | 343.052 044 | para niños | 362.732 |
| Asfalto | 553.27 | Asimilación | 574.133 |
| geología económica | 553.27 | fisiología animal | 591.133 |
| materiales de construcción | 691.96 | fisiología humana | 612.39 |
| materiales de ingeniería | 620.196 | fisiología vegetal | 581.133 |
| minería | 623.337 | v.a. Metabolismo | |
| pavimentación | 625.85 | Asimilación (Sociología) | 303.482 |
| andenes | 625.885 | | |

| | | | |
|---|---|---|---|
| Asiria | 935.03 | Asistentes de docencia | |
| | T2—35 | papel y funciones | 341.24 |
| dominación palestina | 933.03 | voluntarios | 371.14 24 |
| Mesopotamia | 935.03 | Asistentes dentales | |
| Asirio (Lengua) | 492.1 | derecho | 344.041 3 |
| | T6—921 | papel y funciones | 617.6023 33 |
| Asirio (Literatura) | 892.1 | Asistentes médicos | 610.695 3 |
| Asiriobabilonense | 492.1 | Asistentes sociales | 361.309 2 |
| | T6—921 | grupos profesionales | T7—362 |
| Asirios | T5—921 | Asma | |
| Asistencia a la escuela | 371.24 | medicina | 616.238 |
| derecho | 344.079 2 | pediatría | 618.922 38 |
| sociología | 370.193 41 | v.a. Sistema respiratorio | |
| Asistencia agrícola | | Asma bronquial | 616.238 |
| derecho internacional | 341.759 2 | v.a. Sistema respiratorio | |
| Asistencia de navegación | 387.155 | Asman (Argelia) | T2—653 |
| ingeniería | 627.92 | Asmera (Eritrea) | T2—635 |
| transporte | 387.155 | Asmizcleros | 599.735 8 |
| Asistencia económica | | Asnos | 599.725 |
| administración pública | 350.72 | producción animal | 636.18 |
| central | 351.72 | Asociación | 302.3 |
| local | 352.1 | derechos civiles | 323.47 |
| derecho | 343.074 | Asociación de ideas | |
| derecho internacional | 341.759 | psicología | 153.22 |
| política internacional | 327.111 | Asociación Europea de Libre | |
| Asistencia económica al exterior | 338.91 | Comercio | 341.242 |
| Asistencia judicial | 345.052 | comercio | 382.914 3 |
| Asistencia militar | 355.032 | derecho internacional | 341.242 |
| derecho | 342.041 2 | economía | 337.143 |
| derecho internacional | 341.728 | Asociación Internacional de | |
| Asistencia pública | 361.6 | Asambleas de Rebeca | 366.38 |
| derecho | 344.031 6 | Asociación para delinquir | 345.02 |
| v.a. Servicios de asistencia | | Asociaciones comerciales | 380.106 |
| Asistencia social | 361 | derecho | 346.064 |
| administración pública | 350.84 | Asociaciones de ahorros y | |
| central | 351.84 | préstamos | 332.32 |
| ministerios | 351.84 | derecho | 346.082 32 |
| local | 352.944 | Asociaciones de Amigos de la | |
| derecho | 344.032 | Biblioteca | 021.7 |
| grupos específicos | 362 | Asociaciones de estudiantes | 371.625 |
| Asistencia social gubernamental | 361.6 | arquitectura | 727.38 |
| Asistencia social remunerada | | Asociaciones de letras griegas | 371.85 |
| servicios sociales | 361.04 | Asociaciones de padres y maestros | 370.193 12 |
| Asistencia técnica | | Asociaciones de préstamo para | |
| derecho internacional | 341.759 | vivienda | 332.32 |
| economía | 338.91 | Asociaciones esótericas | 366 |
| finanzas públicas | 336.185 | Asociaciones militares | 369.2 |
| Asistentes de biblioteca | | miembros | 369.209 2 |
| empleo técnico | 023.3 | grupo social | T7—369 2 |

| | | | |
|---|---|---|---|
| Atacama (Chile) | T2—831 4 | Aterrizaje | |
| Atacamita | | accidentes | 363.124 92 |
| mineralogía | 549.4 | aeronáutica | 629.132 521 3 |
| Atalaia (Brasil) | T2—813 54 | dispositivos para | 629.134 381 |
| Atalayas | | operaciones militares | 355.422 |
| arquitectura | 725.97 | sistemas | |
| Atamasco | 584.25 | aeronaves | 629.134 381 |
| Atapascano | T6—972 | naves espaciales | 629.474 2 |
| Ataque de Jameson | 968.204 75 | naves espaciales no tripuladas | 629.464 2 |
| Ataque militar | 355.4 | naves espaciales tripuladas | 629.458 8 |
| táctica | 355.422 | vuelos espaciales tripulados | 629.458 8 |
| Ataques aéreos | 358.414 | Atharvaveda | 294.592 15 |
| defensa civil | 363.35 | Athens (Estados Unidos) | T2—758 18 |
| v.a. Defensa civil | | Atheriniformes | 597.53 |
| Guerra del Golfo | 956.704 424 8 | Atiquizaya (El Salvador) | T2—728 411 3 |
| Guerra del Vietnam | 959.704 348 | Atitlán (Guatemala) | T2—728 16 |
| Guerra Mundial I | 940.442 | Atkinson (Estados Unidos: | |
| Guerra Mundial II | 940.544 2 | Condado) | T2—758 822 |
| Ataques de comandos | 355.422 | Atlanta (Estados Unidos) | T2—758 231 |
| Atascosa (Estados Unidos: | | Atlantic City (Estados Unidos) | T2—749 85 |
| Condado) | T2—764 443 | Atlantic Coastal Plain | T2—75 |
| Ataturk, Kemal | | Atlántico norte | 551.461 1 |
| historia de Turquía | 956.102 4 | | T2—163 1 |
| Atavismo | 575.137 | Atlántico sur | 551.464 |
| animales | 591.15 | | T2—163 5 |
| plantas | 581.15 | Atlántico (Colombia) | T2—861 15 |
| Ataxia hereditaria de Friedrich | 616.83 | Atlántida | 001.94 |
| v.a. Sistema nervioso | | folclor | 398.234 |
| Ataxia locomotriz | 616.838 | sociología | 398.42 |
| Ateísmo | 211.8 | literatura | 808.803 72 |
| polémica cristiana | 239.7 | historia y crítica | 809.933 72 |
| polémica islámica | 297.297 | literaturas específicas | T3B—080 372 |
| posición de la religión | 291.172 | misterios | 001.94 |
| cristianismo | 261.21 | Atlántida (Honduras) | T2—728 312 |
| religión comparada | 291.14 | Atlas | 912 |
| Atenas (Costa Rica) | T2—728 653 | | T1—022 3 |
| Atenas (Grecia) | T2—495 12 | catalogación | 025.346 |
| antigua | T2—385 | geografía | 912 |
| supremacía ateniense | 938.04 | históricos | 911 |
| Atención | | ilustraciones | T1—022 2 |
| psicología | | tratamiento bibliotecario | 025.176 |
| aprendizaje | 153.153 2 | Atlas ferroviario | 385.022 3 |
| percepción | 153.733 | áreas específicas | 385.09 |
| trastorno | | Atletas | 796.092 |
| medicina | 616.858 9 | aptitud física | 613.711 |
| pediatría | 618.928 589 | ética profesional | 174.979 6 |
| Atenuadores | | grupo deportivo | T7—796 |
| circuitos electrónicos | 621.381 536 2 | salud | 613.711 |
| Ateos | 211.809 2 | Atletismo | 796.4 |
| grupo religioso | T7—291 | de pista y campo | 796.42 |
| | | Atlixco (México) | T2—724 85 |

| | |
|---|---|
| Autoorganización | |
| sistemas de | 003.7 |
| Autopistas | 388.122 |
| deportes | 796.720 68 |
| panorámicas | 388.411 |
| transportes | 388.12 |
| Autopsias | 616.075 |
| medicina legal | 614.1 |
| Autorealización | |
| sistema ético | 171.3 |
| Autores | |
| grupo ocupacional | T7—8 |
| literatura | 809 |
| biografías | 809 |
| literaturas específicas | T3B—09 |
| relación con editores | 070.52 |
| Autoría de la Biblia | 220.66 |
| Autoridad | 303.36 |
| control social | 303.36 |
| ética | 171.1 |
| cristianismo | 241.2 |
| teología eclesiástica | |
| cristianismo | 262.8 |
| Autoridad autónoma | |
| administración pública | 350.009 1 |
| central | 351.009 1 |
| local | 352.009 2 |
| Autoridad intermunicipal | |
| administración local | 352.009 5 |
| Autoridades | |
| de distritos | 352.009 4 |
| de servicios urbanos | 352.009 3 |
| de zonas metropolitanas | 352.009 4 |
| intermunicipales | 352.009 5 |
| Autoritarismo | 320.53 |
| Autotipos | 686.231 4 |
| Autovalores (Matemáticas) | 512.943 4 |
| Autovectores (Matemáticas) | 512.943 4 |
| Auvernia (Francia) | T2—445 9 |
| Auxiliares de enfermería | 610.730 92 |
| papel y funciones | 610.730 698 |
| v.a. Enfermería | |
| Auxiliares de vuelo | 387.742 092 |
| grupo profesional | T7—387 7 |
| Auxilios en la guerra | 363.349 88 |
| Auxinas | |
| fisiología | 581.31 |
| química | 547.734 2 |
| Avalanchas | 551.307 |
| nieve | 551.578 48 |

| | |
|---|---|
| Avalúo | |
| valor y precio de la tierra | 333.332 |
| Avaricia | 179.8 |
| Ave del paraíso | 598.865 |
| Aveiro (Portugal) | T2—469 35 |
| Avellana | 583.976 |
| agricultura | 634.54 |
| Avellaneda, Río Negro | |
| (Argentina) | T2—827 34 |
| Avellaneda, Santiago del | |
| Estero (Argentina) | T2—825 23 |
| Avellano | 583.976 |
| Avellino (Italia) | T2—457 2 |
| Avemaría | 242.74 |
| Avena | 641.331 3 |
| botánica | 584.93 |
| cocina | 641.631 3 |
| cultivo | 633.13 |
| forraje | 633.253 |
| tecnología de alimentos | 664.725 |
| Aveneae | 584.93 |
| Aventura | 904 |
| colecciones de narraciones | 904 |
| del mundo antiguo | 913.04 |
| lugares específicos | 930-990 |
| Aventuras marinas | 910.45 |
| música | 781.595 |
| Averrhoaceae | 583.24 |
| Aves | 598 |
| animales dañinos para la | |
| agricultura | 632.68 |
| control | |
| caza | 639.12 |
| ingeniería sanitaria | 628.968 |
| caza deportiva | 799.24 |
| dibujo | 743.68 |
| economía de los recursos | 333.958 |
| paleozoología | 568 |
| peligros para el transporte aéreo | 363.124 12 |
| portadoras de enfermedades | 614.434 |
| producción animal | 636.5 |
| representación artística | 704.943 2 |
| tecnología de la conservación | 639.978 |
| Aves acuáticas | 598.292 4 |
| caza comercial | 639.124 |
| caza deportiva | 799.244 |
| Aves cantoras | 598.8 |
| producción animal | 636.68 |
| Aves culebra | 598.43 |

| | | | |
|---|---|---|---|
| Aviones turbohélice | 387.733 43 | Ayacucho (Perú: | |
| ingeniería | 629.133 343 | Departamento) | T2—852 9 |
| servicios de transporte | 387.733 43 | Ayatolas | 297.092 |
| Aviones ultraligeros | 387.733 43 | papel y funciones | 297.61 |
| servicios de transporte | 387.733 | sectas específicas | 297.8 |
| Aviónica | 629.135 | Ayolas (Paraguay) | T2—892 125 3 |
| aeronaves militares | 623.746 049 | Ayolas, Juan | |
| Avis, casa real | | historia de Paraguay | 989.202 |
| historia de Portugal | 946.902 | Ayrshire (Escocia) | T2—414 6 |
| Avisos | | Ayrshire (Ganado) | |
| clasificados | 659.132 | producción animal | 636.225 |
| de tráfico | | zoología | 599.735 8 |
| calles | 388.413 12 | Ayub Khan, Mohammad | |
| carreteras | 388.312 | historia de Pakistán | 954.904 5 |
| ingeniería de transporte | 629.042 | Ayuda extranjera | 338.91 |
| v.a. Anuncios publicitarios, | | ciencia militar | 355.032 |
| Propaganda, Publicidad | | derecho económico | 343.074 8 |
| Avisos eléctricos | | derecho internacional | 341.759 |
| publicidad | 659.136 | economía | 338.91 |
| Avisos luminosos | | relaciones internacionales | 321.111 |
| publicidad | 659.136 | derecho | 342.041 2 |
| Avispas | 595.79 | Ayuda financiera (Bienestar social) | 361.05 |
| Avispas verdaderas | 595.798 | para estudiantes universitarios | 378.3 |
| Avitaminosis | | prevención del delito | 364.44 |
| medicina | 616.39 | servicios sociales | 362.58 |
| v.a Sistema digestivo | | Ayudas de navegación | 387.155 |
| Avituallamiento | 388.041 | ingeniería hidráulica | 627.92 |
| aviones | 387.736 4 | servicios de transporte | 387.155 |
| barcos | 387.168 | Ayudas educativas | 371.307 8 |
| botes | 387.168 | | T1—078 |
| buses | 388.33 | Ayuno | |
| trenes | 385.26 | práctica religiosa | 291.447 |
| v.a. Abastecimiento de alimentos | | budismo | 294.344 47 |
| Avocetas | 598.33 | cristianismo | 248.47 |
| Avon (Inglaterra) | T2—423 9 | hinduismo | 294.544 7 |
| Avoyelles (Estados Unidos: | | salud | 613.25 |
| Parroquia) | T2—763 71 | teología moral islámica | 297.53 |
| Awadhi (Lengua) | 491.4 | Ayurveda | 615.53 |
| | T6—914 9 | Ayutthaya | |
| Awadhi (Literatura) | 891.49 | historia de Tailandia | 959.302 3 |
| Axinita | | Azabache | |
| mineralogía | 549.64 | geología económica | 553.22 |
| Axiología | 121.8 | propiedades | 662.622 2 |
| Axiomas | 160 | Azafrán | 584.24 |
| lógica matemática | 511.3 | Azaleas | 583.62 |
| Axum (Reino) | 963.501 | floricultura | 635.933 62 |
| | T2—635 | Azar | |
| Aya-ayes | 599.81 | antítesis de causa | 122 |
| Ayacucho (Argentina) | T2—826 23 | metafísica | 123.3 |
| Ayacucho (Perú: Ciudad) | T2—852 92 | Azbara | 584.43 |
| | | Azcapotzalco (México) | T2—725 34 |

# B

| | | | |
|---|---|---|---|
| Bacterias | 589.9 | Bahamas | 972.96 |
| microbiología médica | 616.014 | | T2—729 6 |
| recuperación mejorada de crudo | 622.338 27 | aguas | T2—163 63 |
| Bacterias curvas | 589.9 | Bahameños | T5—969 729 6 |
| Bacterias encapsuladas | 589.9 | Bahía Baffin | 551.468 7 |
| Bacterias espirales | 589.9 | | T2—163 27 |
| Bacterias fototrópicas | 589.9 | Bahía Blanca (Argentina) | 551.464 68 |
| Bacterias termofílicas | 589.92 | | T2—163 68 |
| Bacterias tropicales | 589.909 093 | Bahía de Bengala | 551.467 64 |
| Bactericidas | 668.653 | | T2—165.64 |
| ingeniería química | 668.653 | Bahía de Biscayne | 551.461 48 |
| uso agrícola | 632.953 | | T2—163 48 |
| Bactericidas | 668.653 | Bahía de Bristol | 551.466 34 |
| ingeniería química | 668.653 | | T2—164 34 |
| uso agrícola | 632.953 | Bahía de Buzzards | 551.461 46 |
| Bacterinas | | | T2—163 46 |
| farmacología | 615.372 | Bahía de Cabo Cod | 551.461 45 |
| Bacteriófagos | 576.648 2 | | T2—163 45 |
| Bacteriología | 589.9 | Bahía de Caráquez (Ecuador) | T2—866 345 |
| medicina | 616.014 | Bahía de Chesapeake | 551.461 47 |
| Bacteriólogos | 589.900 92 | | T2—163 47 |
| grupo profesional | T7—589 | Bahía de Delagoa | 551.467 24 |
| Bactriana | T2—396 | | T2—165 24 |
| Badajoz (España) | T2—462 7 | Bahía de Fundy | 551.461 45 |
| Baden (Alemania) | T2—434 6 | | T2—163 45 |
| Baden-Wurttenberg (Alemania) | T2—434 6 | Bahía de Gascuña (Francia) | T2—163 38 |
| Badenoch (Escocia) | T2—411 92 | Bahía de Hawke (Nueva | |
| Badiraguato (México) | T2—723 24 | Zelanda) | T2—931 25 |
| Badminton | 796.345 | Bahía de Hudson | 551.468 7 |
| jugadores | 796.345 092 | | T2—163 27 |
| grupo deportivo | T7—796 34 | Bahía de Massachusetts | 551.461 45 |
| Bagaces (Costa Rica) | T2—728 664 | | T2—163 45 |
| Bagadó (Colombia) | T2—861 273 | Bahía de Monterrey | 551.466 32 |
| Bagaza, Jean Baptiste | | | T2—164 32 |
| historia de Burundi | 967.572 04 | Bahía de Narrangassett | 551.461 46 |
| Bagazo | | | T2—163 46 |
| tecnología del combustible | 662.88 | Bahía de Nueva York | 551.461 46 |
| tecnología del papel | 676.14 | | T2—163 46 |
| tecnología del plástico | 668.411 | Bahía de Raleigh | 551.461.48 |
| Bagdad (Iraq) | T2—567 47 | | T2—163 48 |
| Bagheli (Lengua) | 491.49 | Bahia Delagoa | T2—165 24 |
| | T6—914 9 | Bahía Delaware | 551.461 46 |
| Bagheli (Literatura) | 891.49 | | T2—163 46 |
| Bagre | 597.52 | Bahía Grande | 551.464 68 |
| Bagua (Perú) | T2—854 63 | | T2—163 68 |
| Baguíos | 551.552 | Bahía Grande (Uruguay y | |
| Bahai | 297.93 | Argentina) | T2—163 68 |
| biografía | 297.930 92 | Bahía Honda (Cuba) | T2—729 112 2 |
| grupo religioso | T7—297 9 | Bahía Inútil (Chile) | T2—833 844 |
| | | Bahía Negra (Paraguay) | T2—892 273 |
| | | Bahía (Brasil: Estado) | T2—814 2 |

| | |
|---|---|
| Balance electrolítico | |
| humano | 612.015 22 |
| Balance hídrico | |
| bioquímica | |
| humana | 612.015 22 |
| Balance hidrológico | 551.48 |
| Balanceo de máquinas | 621.816 |
| Balances | |
| administración financiera | 658.151 2 |
| análisis para inversión | 332.632 042 |
| contabilidad | 657.3 |
| Balances consolidados | 657.3 |
| Balanitaceae | 583.214 |
| Balanophoraceae | 583.94 |
| Balanopsidales | 583.961 |
| Balanza comercial | 382.17 |
| Balanza de pagos | 382.17 |
| banca internacional | 332.152 |
| comercio internacional | 382.17 |
| Balas | |
| ingeniería militar | 623.455 |
| Balasto | |
| vías férreas | 625.141 |
| Balaustradas | 721.8 |
| arquitectura | 721.8 |
| arquitectura religiosa | 726.529 6 |
| carpintería | 694.6 |
| construcción | 690.18 |
| trabajo en hierro artístico | 739.48 |
| Balboa (Panamá) | T2—728 731 4 |
| Balboa, Vasco Núñez de | |
| historia de Panamá | 972.870 21 |
| Balbuceo | |
| educación especial | 371.914 2 |
| medicina | 616.855 4 |
| pediatría | 618.928 554 |
| Balcones | |
| arquitectura | 721.84 |
| carpintería | 694.64 |
| construcción | 690.184 |
| diseño y decoración | 645.8 |
| elementos ornamentales | |
| trabajos en metal | 739.48 |
| jardinería | 635.967 1 |
| muebles | 645.8 |
| v.a. Muebles exteriores | |
| Balcones | 721.84 |
| arquitectura | 721.84 |
| construcción | 690.184 |
| Baldaquines | |
| arquitectura religiosa | 726.529 3 |

| | |
|---|---|
| Baldes | |
| manufactura | 683.82 |
| Baldomir, Alfredo | |
| historia de Uruguay | 989.506 2 |
| Baldosas | |
| cerámica | 738.6 |
| construcción arquitectónica | 721.044 3 |
| ingeniería estructural | 624.183 6 |
| materiales de ingeniería | 620.142 |
| materiales de cimentación | 624.153 42 |
| muebles | 645.4 |
| manufactura | 684.106 |
| productos en caucho | 678.34 |
| revestimiento de pisos | 698.9 |
| Balduino I | |
| historia de Bélgica | 949.304 3 |
| Baldwin, Ala. (Estados Unidos: | |
| Condado) | T2—761 21 |
| Baldwin, Ga. (Estados Unidos: | |
| Condado) | T2—758 573 |
| Baleares (España) | T2—467 5 |
| Balenicipites | 598.34 |
| Bali (Indonesia) | T2—598 6 |
| Balinado | |
| manufatura | 677.028 22 |
| textiles | 6777.028 22 |
| arte | 746.12 |
| Balinés (Lengua) | 499.22 |
| | T6—992 2 |
| Balinés (Literatura) | 899.22 |
| Balística | 531.55 |
| análisis de pruebas | 363.256 2 |
| electrónica | 537.532 |
| exterior | |
| ingeniería militar | 623.514 |
| física | 531.55 |
| ingeniería | |
| ingeniería militar | 623.51 |
| interna | |
| ingeniería militar | 623.513 |
| mecánica | 531.55 |
| terminal | 623.516 |
| Balizas | 387.155 |
| construcción | 627.924 |
| náutica | 623.894 4 |
| servicio de transporte | 387.155 |
| Ballena austral | 599.51 |
| Ballenas | 599.5 |
| caza comercial | 639.28 |
| economía | 333.959 |
| paleozoología | 569.5 |

| | | | |
|---|---|---|---|
| Bancos (Finanzas) | 332.1 | Bandas de chantajistas | 364.106 7 |
| administración pública | 351.825 2 | Bandas de marcha | 784.83 |
| contabilidad | 657.833 3 | Bandas elásticas | |
| cooperativas | 334.2 | manufactura | 678.35 |
| derecho internacional | 341.751 | Bandas militares | 784.4 |
| reglamentación del crédito | | Bandas musicales | 785.067 |
| derecho | 346.082 | música para percusión | 785.43 |
| política macroeconómica | 339.53 | música rítmica | 785.43 |
| Bancos centrales | 332.11 | Bandeirantes | |
| política macroenómica | 339.53 | historia de Brasil | 981.033 |
| Bancos comerciales | 332.12 | Bandera (Estados Unidos: | |
| operación internacional | 332.15 | Condado) | T2—764 885 |
| servicios | 332.17 | Banderas | 929.92 |
| Bancos de crédito agrario | 332.31 | derecho | 344.09 |
| Bancos de datos | 025.4 | fuerzas armadas | 355.15 |
| v.a. Bases de Datos | | señales | |
| Bancos de iglesia | 247.1 | ingeniería militar | 623.731 2 |
| arquitectura religiosa | 726.529 3 | ingeniería náutica | 623.856 12 |
| Bancos de industriales | 332.37 | significado religioso | |
| Bancos de inversión | 332.66 | cristianismo | 246.55 |
| Bancos de ojos | 362.178 3 | Bandicuts | 599.2 |
| Bancos de órganos | 362.178 3 | Bandoneón | 788.84 |
| Bancos de plasma | 362.178 4 | Banes (Cuba) | T2—729 133 2 |
| Bancos de sangre | 362.178 4 | Banff (Escocia) | T2—412 25 |
| derecho | 344.041 94 | Bangiales | 589.41 |
| Bancos de tejidos | 362.178 3 | Bangladesh | 954.92 |
| Bancos internacionales | 332.15 | | T2—549 2 |
| Bancos locales | 332.122 4 | Bangui (Rep. Centroafricana) | T2—674 1 |
| Bancos nacionales | 332.122 3 | Baní (Rep. Dominicana) | T2—729 373 2 |
| Bancos privados | 332.123 | Baniano | 583.962 |
| Banda ancha (Computación) | 004.64 | Bánica (Rep. Dominicana) | T2—729 343 6 |
| ingeniería | 621.398 1 | Banjo | 787.88 |
| redes | 004.68 | Banjul (Gambia) | T2—665 1 |
| ingeniería | 621.398 | Banks (Estados Unidos: | |
| Banda básica (Computación) | 004.64 | Condado) | T2—758 143 |
| ingeniería | 621.398 1 | Bannockburn, batalla de, 1314 | 941.102 |
| redes | 004.68 | Baños | 613.41 |
| ingeniería | 621.398 1 | costumbres | 391.64 |
| Banda ciudadana | 384.53 | cuidado personal | 646.71 |
| ingeniería | 621.384 54 | de animales | 636.083 3 |
| servicio de comunicaciones | 384.53 | higiene | 613.41 |
| v.a. Radiotelefonía | | puericultura | 649.63 |
| Banda de viento | 784.4 | terapia | 615.853 |
| Banda (Argentina) | T2—825 24 | Baños de sol | |
| Banda, H. Kamusu | | higiene | 613.193 |
| historia de Malawi | 968.970 4 | Baños públicos | 363.729 4 |
| Bandas criminales | | tecnología | 628.45 |
| criminología | 364.106 6 | Baños turcos | |
| psicología social | 302.34 | arquitectura | 725.73 |
| Bandas de bandidos | 356.15 | cuidado personal | 646.75 |
| Bandas de bronces | 784.9 | Baños (Ecuador) | T2—866 153 |

Barcos (continuación)
  servicios sanitarios    363.729 3
    v.a. Control de desechos
  unidades navales    359.32
Barcos cisterna    387.245
  ingeniería    623.824 5
  tecnología del petróleo    665.543
Barcos contenedores    387.544 2
Barcos de abastecimiento
  militares    359.985 83
    diseño    623.812 65
    equipo naval    359.958 83
    ingeniería    623.826 5
Barcos de carga    387.245
  a motor    387.245
    diseño    623.812 45
    ingeniería    623.824 5
  a vela    387.224
    ingeniería    623.822 4
  diseño    623.812 24
  tecnología del petróleo    665.543
Barcos de guerra
  a motor    359.83
    diseño    623.812 5
    equipo naval    359.83
    ingeniería    623.825
  antiguos    359.832
    diseño    623.812 1
    ingeniería    623.821
    maniobras    623.882 1
  equipo naval    359.83
    unidades navales    359.32
  impulsados por el viento    359.832
    diseño    623.812 25
    ingeniería    623.822 5
Barcos de hélice    387.22
  diseño    623.812 2
  ingeniería    623.822
  servicios de transporte    387.22
  v.a. Barcos
Barcos de motor    387.204 4
  diseño    623.812 044
  ingeniería    623.820 4
  maniobras    623.881 4
Barcos de pasajeros
  a motor    387.243
    diseño    623.812 43
    ingeniería    623.824 3

Barcos de remolque    386.229
  diseño    623.812 9
  ingeniería    623.829
  servicios de transporte    386.229
Barcos de sondeo
  diseño    623.812 8
  extracción de petróleo    622.338 19
  ingeniería    623.828
Barcos de transporte
  militares    359.985 83
    diseño    623.812 64
    equipo naval    359.985 83
    ingeniería    623.826 4
Barcos de vela
  carreras    797.14
  deporte    797.124
Barcos en botella    745.592 8
Barcos fabriles    387.284
  diseño    623.812 48
  ingeniería    623.824 8
  servicios de transporte    387.284
Barcos faro    387.28
  asistencia a la navegación    623.894 3
  ingeniería    623.828
Barcos fluviales    386.224 36
  diseño    623.812 436
  ingeniería    623.824 36
  servicio de transporte    386.224 36
    de carga    386.244
    de pasajeros    386.242
  v.a. Barcos
Barcos hospital    359.836 4
  diseño    623.812 64
  equipo naval    359.836 4
  militares
    ingeniería    623.826 2
    unidad naval    359.326 4
Barcos mercantes    387.2
  a motor    387.24
    diseño    623.812 4
    transporte    387.24
  a vela    387.224
    diseño    623.812 24
    guías    623.882 24
    ingeniería    623.822 4
    transporte    387.224
  diseño    623.812
  ingeniería    623.82
  servicios de carga    387.544
  transporte    387.2

| | |
|---|---|
| Barcos pequeños | 387.204 2 |
| diseño | 623.812 042 |
| ingeniería | 623.820 2 |
| maniobras | 623.881 2 |
| servicios de transporte | 387.204 2 |
| v.a. Barcos | |
| Barcos pesqueros frigoríficos | |
| ingeniería | 623.824 8 |
| Barcos taller | 387.248 |
| diseño | 623.812 48 |
| ingeniería | 623.824 8 |
| servicios de transporte | 387.248 |
| Bardana | 583.917 |
| Bares | 647.95 |
| administración | 647.95 |
| arquitectura | 725.72 |
| economía doméstica | 643.4 |
| manuales | 641.874 |
| Bari (Italia) | T2—457 5 |
| Barillas (Guatemala) | T2—728 171 4 |
| Bariloche (Argentina) | T2—827 35 |
| Barinas (Venezuela) | T2—874 32 |
| Barinitas (Venezuela) | T2—874 34 |
| Bario | 669.725 |
| ingeniería química | 661.039 5 |
| metalurgia | 669.725 |
| metalurgia física | 669.967 25 |
| química | 546.395 |
| v.a. Sustancias químicas | |
| Bariones | 539.721 64 |
| Barita | 553.662 |
| mineralogía | 549.752 |
| Barítono | 782.88 |
| Barlovento | 972.98 |
| | T2—729 84 |
| Barlow, George, Gobernador | |
| historia de India | 954.031 2 |
| Barnabitas | 255.52 |
| historia de la iglesia | 271.52 |
| Barnices | |
| cerámica | 738.12 |
| del enmaderado | 698.34 |
| manufactura | 667.7 |
| de goma laca | 667.79 |
| de pulimento | 667.72 |
| del Japón | 677.8 |
| impermeabilizantes | 667.79 |
| vítreos | 666.2 |
| Barnices de alcohol | 667.79 |
| Barnices de japón | 667.8 |
| Barnices impermeabilizantes | 667.79 |

| | |
|---|---|
| Barnizado | 667.9 |
| cerámica | 738.144 |
| del enmaderado | 698.34 |
| industria del cuero | 675.25 |
| métodos | |
| revestimiento | 667.9 |
| Barnizado a esmalte negro | 745.723 |
| Barotse | |
| historia de Zambia | 968.940 1 |
| Barquisimeto (Venezuela) | T2—827 52 |
| Barra de São Francisco (Brasil) | T2—815 24 |
| Barra do Corda (Brasil) | T2—812 14 |
| Barra (Escocia) | T2—411 4 |
| Barracuda | 597.58 |
| Barrancabermeja (Colombia) | T2—861 253 |
| Barrancas (Colombia) | T2—861 173 |
| Barrancas (Venezuela) | T2—874 35 |
| Barrancos | T2—144 |
| Barranquilla (Colombia) | T2—861 152 |
| Barranquitas (Puerto Rico) | T2—729 582 9 |
| Barras | |
| deportes | 796.44 |
| Barras paralelas (Gimnasia) | 796.44 |
| Barras (Brasil) | T2—812 24 |
| Barras (Ingeniería estructural) | 624.177 4 |
| Barreminas | 359.836 2 |
| diseño | 623.812 62 |
| equipo naval | 359.836 2 |
| ingeniería | 623.826 2 |
| unidades navales | 359.326 2 |
| Barrenado | |
| minería | 622.24 |
| Barrenas | |
| manufacturas | 621.952 |
| Barrera de globos cautivos | |
| ingeniería militar | 623.744 |
| Barrera del sonido (Aeronáutica) | 629.132 304 |
| Barreras comerciales | 382.7 |
| Barreras coralinas | T2—142 |
| biología | 574.91 |
| geografía | 910.914 2 |
| geografía física | 910.021 42 |
| Barreras mecánicas | |
| ingeniería militar | 623.31 |
| Barreras protectoras | |
| carreteras | 625.795 |
| Barreras para control de inundaciones | |
| ingeniería | 627.42 |
| Barreras vivas | |
| uso agrícola | 631.27 |

| | |
|---|---|
| Barrientos, René | |
| historia de Bolivia | 984.052 |
| Barriles | 688.8 |
| de madera | 674.82 |
| Barrios (Urbanismo) | 307.336 2 |
| centros recreacionales | 790.068 |
| sociología | 307.3 |
| Barro cocido | |
| construcción arquitectónica | 721.044 3 |
| construcción de edificios | 693.3 |
| materiales de construcción | 691.4 |
| materiales de cimentación | 624.153 42 |
| materiales de ingeniería | 620.142 |
| Barroco | |
| arquitectura | 724.16 |
| arte | 709.032 |
| decoración | 745.443 |
| escultura | 735.21 |
| música | 780.903 2 |
| pintura | 759.046 |
| Barrow (Estados Unidos: | |
| Condado) | T2—758 195 |
| Bartow (Estados Unidos: | |
| Condado) | T2—758 365 |
| Baruc | |
| Antiguo Testamento | 224.37 |
| apócrifo | 229.5 |
| Baruta (Venezuela) | T2—873 53 |
| Basalto | 552.26 |
| Basamento | |
| muros | 721.2 |
| construcción | 690.12 |
| Basárides | 599.744 43 |
| Basel-Stadt (Suiza) | T2—494 32 |
| Basellaceae | 583.913 |
| Basenjis | |
| producción animal | 636.753 |
| v.a. Perros | |
| Bases aéreas | 358.417 |
| Guerra del Golfo, 1991 | 956.704 424 8 |
| Guerra del Vietnam | 959.704 348 |
| Guerra Mundial, I | 940.443 |
| Guerra Mundial II | 940.544 3 |
| ingeniería militar | 623.66 |
| Bases de datos | 025.04 |
| arquitectura | 005.74 |
| ciencia de los computadores | 005.74 |
| ciencia de la información | 025.04 |
| derecho | 343.099 9 |
| diseño | 005.74 |

| | |
|---|---|
| Bases de datos (continuación) | |
| privacidad | |
| derecho civil | 323.448 3 |
| uso en la administración | 658.403 801 1 |
| validación de datos | 005.74 |
| Bases de datos distribuidas | 005.758 |
| Bases de datos jerárquicas | 005.755 |
| Bases de datos relacionales | 005.756 |
| Bases de datos reticulares | 005.754 |
| Bases espaciales | |
| ingeniería | 629.441 |
| servicios de transporte | 387.8 |
| v.a. Transporte espacial | |
| Bases militares | 355.7 |
| derecho | 343.01 |
| derecho internacional | 341.725 |
| Bases navales | 359.7 |
| Guerra Civil (Estados Unidos) | 973.75 |
| Guerra de 1812 | 973.525 |
| Guerra del Golfo, 1991 | 956.704 424 5 |
| Guerra de Vietnam | 959.704 345 |
| Guerra Hispano-Americana | 973.895 |
| Guerra con México | 973.625 |
| Guerra Mundial I | 940.453 |
| Guerra Mundial II | 940.545 3 |
| ingeniería militar | 623.64 |
| Revolución de los Estados Unidos | 973.35 |
| Bases (Química) | 546.32 |
| ingeniería química | 661.3 |
| v.a. Sustancias químicas | |
| Bashkortostan (ex URSS) | T2—474 3 |
| Basidiomycetes | 589.22 |
| Basilea (Suiza: Cantón) | T2—494 32 |
| Basilea (Suiza: Ciudad) | T2—494 33 |
| Basilianos | 255.17 |
| historia de la iglesia | 271.17 |
| Basilicata (Italia) | T2—457 7 |
| antigua | T2—377 |
| Basilio III, Zar de Rusia | |
| historia de Rusia | 947.04 |
| Basommatophora | 594.38 |
| paleozoología | 564.38 |
| Basrah (Iraq) | T2—567 5 |
| Basset | 636.753 |
| Bastardilla | |
| imprenta | 686.224 |
| Bastiat, Frédéric | |
| teoría económica | 330.153 |
| Bastidas, Rodrigo de | |
| historia de Colombia | 986.102 |
| Bastimentos (Panamá) | T2—728 712 4 |

| | | | |
|---|---|---|---|
| Bencenos | 547.611 | Benue (Nigeria) | T2—669 5 |
| combustible | 662.669 | Beocia (Grecia) | T2—495 15 |
| ingeniería química | 661.816 | antigua | T2—384 |
| toxicología | 615.951 1 | Beowulf | 829.3 |
| Bendel (Nigeria) | T2—669 3 | Berberidaceae | 583.117 |
| Bendición de la mesa | | Berberidales | 583.117 |
| cristianismo | 248.3 | Berbice Oriental (Guayana) | T2—881.7 |
| judaísmo | 296.72 | Bereberes | T5—933 |
| Benedictinos | 255.1 | Berenjena | 641.356 46 |
| historia eclesiástica | 271.1 | botánica | 583.79 |
| mujeres | 255.97 | cocina | 641.656 46 |
| historia eclesiástica | 271.97 | horticultura | 635.646 |
| Benedictus | 264.36 | tecnología de alimentos | 664.805 646 |
| música | 782.323 2 | Bérgamo (Italia) | T2—452 4 |
| Beneficios de la pensión | 331.252 | Bergen (Noruega) | T2—483 |
| Beneficios suplementarios | 331.255 | Bergsonismo | 143 |
| administración pública | 351.835 | Beriberi | 616.392 |
| administración de personal | 658.3 | Berilio | 669.724 |
| administración pública | 350.123 4 | geología económica | 553.942 3 |
| central | 351.123 4 | ingeniería química | 661.039 1 |
| local | 352.005 123 4 | materiales de ingeniería | 620.189 4 |
| ejecutivos | 658.407 25 | metalografía | 669.957 24 |
| economía | 331.255 | metalurgia | 669.724 |
| Benevento (Italia) | T2—457 23 | metalurgia física | 669.967 24 |
| Benevolencia | 177.7 | minería | 622.349 23 |
| Bengala Occidental (India) | T2—541 4 | química | 546.391 |
| Bengala Oriental (Bangladesh) | T2—549 2 | toxicología | 615.925 391 |
| Bengala (India) | T2—541 4 | v.a. Metales, Sustancias químicas | |
| Bengalí (Lengua) | 491.4 | Berilo | |
| | T6—914 4 | mineralogía | 549.64 |
| Bengalí (Literatura) | 891.44 | Berith milah | 296.442 2 |
| Bengalíes | T5—914 4 | Berkeley (Estados Unidos) | T2—794 67 |
| Bengasi (Libia) | T2—612 | Berkelio | 546.444 |
| Bengedid, Chadhli | | Berkshire (Inglaterra) | T2—422 9 |
| historia de Argelia | 965.05 | Berlín (Alemania) | T2—431 55 |
| Benguet (Filipinas) | T2—599 1 | Berlín (El Salvador) | T2—728 431 3 |
| Beni (Bolivia) | T2—844 2 | Bermas (Ingeniería civil) | 625.761 |
| Beni-Mellal (Marruecos) | T2—664 | Bermudas | 972.99 |
| Benin (Nigeria: Ciudad) | T2—669 32 | | T2—729 9 |
| Benin (Nigeria: Estado) | T2—669 3 | Berna (Suiza: Cantón) | 494 54 |
| Benjamín Aceval (Paraguay) | T2—892 237 | Berna (Suiza: Ciudad) | T2—494 542 |
| Benjui | 583.931 | Bernalillo (Estados Unidos: | |
| Bennet, Richard Bedford | | Condado) | T2—789 61 |
| historia del Canadá | 971.062 3 | Bernardinos | 255.12 |
| Bennettitales | 561.592 | Berrien, Ga. (Estados Unidos: | |
| Benque Viejo (Belice) | T2—728 266 | Condado) | T2—758 862 |
| Benton, Miss. (Estados | | Berro | 583.123 |
| Unidos: Condado) | T2—762 89 | Berro de agua | 583.123 |
| Bentonita | 553.61 | Berro de la India | 583.216 |
| extracción | 622.361 | Bertrand, Francisco | |
| geología económica | 553.61 | historia de Honduras | 972.830 52 |

| | |
|---|---|
| Blenorragia | 616.951 5 |
| incidencia | 614.547 8 |
| Bloque afroasiático | T2—171 65 |
| Bloque comunista | T2—171 7 |
| Bloque de paises no alineados | T2—171 6 |
| Bloque occidental | T2—171 3 |
| Bloqueos | 355.44 |
| Guerra Mundial I | 940.452 |
| Guerra Mundial II | 940.545 2 |
| derecho internacional | 341.584 |
| de guerra | 341.63 |
| operaciones militares | 355.44 |
| Bloques de escoria | |
| construcción | 693.4 |
| materiales de construcción | 691.3 |
| materiales de ingeniería | 620.139 |
| Bloques de hormigón | |
| construcción | 693.4 |
| ingeniería estructural | 624.183 2 |
| materiales de construcción | 691.3 |
| materiales de ingeniería | 620.139 |
| manufactura | 666.894 |
| Bloques huecos | |
| construcción | 693.4 |
| Blount, Ala. (Estados Unidos: | |
| Condado) | T2—761 72 |
| Bluefields (Nicaragua) | T2—728 532 4 |
| Bluemenau (Brasil) | T2—816 43 |
| Blues | 781.643 |
| Blusas | 391.2 |
| confección doméstica | 646.435 |
| costumbres | 391.2 |
| manufactura | 687.115 |
| Boa Vista (Brasil) | T2—811 42 |
| Boaco (Nicaragua: Ciudad) | T2—728 526 3 |
| Boaco (Nicaragua: | |
| Departamento) | T2—728 526 |
| Bobas | 598.43 |
| Boca | |
| anatomía humana | 611.31 |
| irugía | 617.522 |
| enfermedades humanas | 616.31 |
| fisiología humana | 612.31 |
| órgano del lenguaje | 612.78 |
| v.a. Sistema digestivo | |
| Boca de Pozo (Venezuela) | T2—875.44 |
| Bôca do Acre (Brasil) | T2—811 34 |
| Bôca do Jari (Brasil) | T2—811 63 |
| Bocas de alcantarillas | 628.25 |
| Bocas del Ródano (Francia) | T2—449 1 |
| Bocas del Toro (Panamá: Ciudad) | |

| | |
|---|---|
| Bocas del Toro (Panamá: | |
| Provincia) | T2—728 712 |
| Bocio | |
| cirugía | 617.539 |
| medicina | 616.42 |
| v.a. Sistema endocrino | |
| Boconó (Venezuela) | T2—871 44 |
| Bocoyes de madera | |
| manufactura | 674.82 |
| Bodas | |
| arreglos florales | 745.926 |
| artesanías | 745.594 1 |
| decoración de interiores | 747.93 |
| costumbres | 392.5 |
| trajes de | 392.54 |
| cristianismo | |
| sermones | 252.1 |
| etiqueta | 395.22 |
| música | 781.587 |
| objetos decorativos | 745.594 1 |
| Bodegas | |
| administración | 658.785 |
| arquitectura | 725.35 |
| ubicación | |
| administración | 658.21 |
| Boden See | T2—434 62 |
| Alemania | T2—434 62 |
| Suiza | T2—494 69 |
| Bodoni | 686.224 7 |
| Bóer (Lengua) | 439.36 |
| | T6—393 6 |
| Bóer (Literatura) | 839.36 |
| Bóers | |
| historia natal | 968.404 |
| historia de Sudáfrica | 968.04 |
| historia de Transvaal | 968.204 |
| Bog of Allen (Irlanda) | T2—418 5 |
| Bogotá (Colombia) | T2—861 4 |
| Bohemia (Reino) | 943.702 |
| | T2—437 |
| Bohemia (Rep. Checa) | T2—437 1 |
| Böhm-Bawerk, Eugen von | |
| teoría económica | 330.157 |
| Boiacu (Brasil) | T2—811 43 |
| Boicoteo | |
| economía laboral | 331.893 |
| derecho | 344.018 93 |
| política internacional | 327.117 |
| derecho internacional | 341.582 |
| restricción al trabajo | 338.608 4 |
| derecho | 343.072 3 |

| | |
|---|---|
| Bombay (India) | T2—547 923 |
| Bomberos | 363.370 92 |
| grupo ocupacional | T7—363 3 |
| Bomberos | 363.370 92 |
| grupo ocupacional | T7—363 3 |
| Bombillas | |
| alumbrado | 621.322 |
| Bombones | |
| cocina | 641.853 |
| tecnología | 664.153 |
| Bombos | 786.95 |
| Bombycillidae | 598.852 |
| Bombycoidea | 595.781 |
| Bombyliidae | 595.771 |
| Bon (Religión) | 299.54 |
| Bonaire (Antillas Holandesas) | T2—729 86 |
| Bonanza (Nicaragua) | T2—728 532 5 |
| Bonao (Rep. Dominicana) | T2—729 369 3 |
| Bonaparte, José | |
| historia de España | 946.065 1 |
| Bondad | 177.7 |
| Bondad de Dios | 214 |
| cristianismo | 231.8 |
| religión comparada | 291.211 |
| Bongos | 599.735 8 |
| Boniato | 583.79 |
| cocina | 641.652 2 |
| horticultura | 635.22 |
| tecnología de alimentos | 664.805.22 |
| Bonin (Japón) | T2—528 5 |
| Bonitos (Zoología) | 597.58 |
| Bonn (Alemania) | T2—435 518 |
| Bonnemaisoniales | 589.41 |
| Bonnettiaceae | 583.166 |
| Bonnyrigg y Lasswade | |
| (Escocia) | T2—413 5 |
| Bonos corporativos | 332.632 34 |
| Bonos de promoción | |
| ventas | 658.82 |
| Bonos del tesoro | 332.632 32 |
| inversión económica | 332.632 32 |
| Bonos (Finanzas) | 332.632 3 |
| administración financiera | |
| administración de la deuda | 658.152 6 |
| adquisición de capital | 658.152 24 |
| contabilidad | 657.75 |
| derecho comercial | 346.066 6 |
| derecho tributario | 343.052 46 |
| inversión económica | 332.632 3 |
| Bonote | |
| industria textil | 677.18 |

| | |
|---|---|
| Bonsai | 635.977 2 |
| Boquerón (Paraguay) | T2—892 24 |
| Boquete (Panamá) | T2—728 711 4 |
| Boquillas | |
| manufactura | 688.4 |
| Boracita | |
| mineralogía | 549.735 |
| Boraginaceae | 583.77 |
| Boraginales | 583.77 |
| Boratos | 553.633 |
| geología económica | 553.633 |
| mineralogía | 549.735 |
| Bórax | 553.633 |
| geología económica | 553.633 |
| mineralogía | 549.735 |
| Borba (Brasil) | T2—811 35 |
| Borbones | |
| historia de España | 946.054 |
| historia de Francia | 944.03 |
| Borbonesado (Francia) | T2—445 7 |
| Bordaberry, Juan M. | |
| historia de Uruguay | 989.506 5 |
| Bordado a máquina | 677.77 |
| arte | 746.440 28 |
| manufactura | 677.77 |
| Bordado de hilo contado | 746.443 |
| Bordado en canutillo | 746.5 |
| Bordado en lienzo | 746.442 |
| Bordados | 746.44 |
| arte | 746.44 |
| industria textil | 677.77 |
| Bordeaux (Francia) | T2—447 14 |
| Borden (Estados Unidos: | |
| Condado) | T2—764 853 |
| Borden, Robert Laird | |
| historia del Canadá | 971.061 2 |
| Border Country (Escocia) | T2—413 7 |
| Borders (Escocia) | T2—413 7 |
| Bordillos | 625.888 |
| Borgoña (Francia) | T2—444 |
| Borgoña, casa real | |
| historia de Portugal | 946.901 |
| Borgoñón (Lengua) | 439.9 |
| | T6—399 |
| Borgoñón (Literatura) | 839.9 |
| Boris Godunov, Zar de Rusia | |
| historia de Rusia | 947.044 |
| Borneo | |
| Indonesia | T2—598 3 |
| Malasia | T2—595 3 |
| Bornholm (Dianamarca) | T2—489 2 |

| | |
|---|---|
| Botes de remos | 386.229 |
| carreras | 797.14 |
| deporte | 797.123 |
| diseño | 623.812 9 |
| ingeniería naval | 623.829 |
| servicios de transporte | 386.229 |
| Botes salvavida | 387.29 |
| diseño | 623.812 9 |
| ingeniería | 623.829 |
| servicio de transporte | 387.29 |
| v.a. Barcos | |
| Botha, Louis | |
| historia de Sudáfrica | 968.052 |
| Botha, P.W. | |
| historia de Sudáfrica | 968.063 |
| Botón de Oriente | 616.936 4 |
| incidencia | 614.534 |
| Botón de oro | 583.138 |
| Botones | 391.45 |
| confección doméstica | 646.19 |
| costumbres | 391.45 |
| manufactura | 687.8 |
| v.a. Vestuario | |
| Botswana | 968.8 |
| | T2—688 3 |
| Botulismo | 616.931 5 |
| incidencia | 614.512 5 |
| Bougie (Argelia) | T2—655 |
| Bouira (Argelia) | T2—653 |
| Boujdour (Marruecos) | T2—648 |
| Boulaida (Argelia) | T2—653 |
| Boulemane (Marruecos) | T2—643 |
| Bourbon | 641.252 |
| producción industrial | 663.52 |
| Bourbonnais (Francia) | T2—445 7 |
| Bournonita | |
| mineralogía | 549.35 |
| Boutiques | |
| administración | 658.875 |
| Bóvedas | 721.43 |
| arquitectura | 721.43 |
| construcción | 690.143 |
| Bovinos | 599.735 8 |
| zootecnia | 636.2 |
| Bovoideos | 599.735 8 |
| zootecnia | 636.2 |
| Bowell, Mackenzie | |
| historia de Canadá | 971.055 |
| Bowfins | 597.41 |
| Bowie (Estados Unidos: Condado) | T2—764 197 |
| Boxeadores | 796.830 92 |
| grupo deportivo | T7—796 8 |
| Boxeo | 796.83 |
| derecho | 344.099 |
| ética | 175.6 |
| Boxers | |
| producción animal | 636.73 |
| v.a. Perros | |
| Boy Scouts | 369.43 |
| Boyacá (Colombia) | T2—861 37 |
| v.a. Batalla de Boyacá | |
| Boyas | |
| ingeniería hidráulica | 627.924 |
| de amarre | 627.32 |
| náutica | 623.894 4 |
| Bozcada (Turquía) | T2—499 |
| Brabante (Bélgica) | T2—493 3 |
| Brabante (Holanda) | T2—492 4 |
| Brachiopoda | 594.8 |
| paleozoología | 564.8 |
| Brachyura | 595.384 2 |
| Bracknell Forest (Inglaterra: Distrito) | T2—422 98 |
| Bracknell (Inglaterra: Borough) | T2—422 98 |
| Bradford (Inglaterra) | T2—428 17 |
| Bradford, Fla. (Estados Unidos: Condado) | T2—759 15 |
| Bradyodonti | 567.3 |
| Braga (Portugal) | T2—469 12 |
| Bragança (Brasil) | T2—811 55 |
| Braganza, casa real | |
| historia de Portugal | 946.903 |
| Brahma Samaj | 294.556 2 |
| Brahmanas | 294.592 1 |
| Brahmanes | |
| biografía | 294.509 2 |
| grupo religiosos | T7—294 5 |
| Brahmanismo | 294.5 |
| filosofía | 181.4 |
| Brahua (Lengua) | 494.83 |
| | T6—948 3 |
| Brahua (Literatura) | 894.83 |
| Braille | 411 |
| caracteres | 686.212 |
| impresión | 686.282 |
| empresas editoriales | 070.579 2 |
| bibliografías | 011.63 |
| catalogación | 025.349 2 |
| lenguas específicas | |
| tratamiento bibliotecario | 025.179 2 |

| | | | |
|---|---|---|---|
| Bristol (Inglaterra) | T2—423 93 | Bronquios | |
| Británicos | T5—2 | anatomía humana | 611.23 |
| British North America Act, 1867 | 971.049 | cirugía | 617.544 |
| Brocado | 677.616 | enfermedades humanas | |
| Brochadoras | | medicina | 616.23 |
| tecnología | 621.954 | fisiología humana | 612.2 |
| Brochas | | v.a. Sistema respiratorio | |
| tecnología de la pintura | 698.102 82 | Bronquitis | 616.23 |
| Broches | | v.a. Sistema respiratorio | |
| confección doméstica | 737.24 | Bronx (Estados Unidos: | |
| manufactura | 687.8 | Condado) | T2—747 275 |
| Broches de campaña política | 324.028 | Brooks, Ga. (Estados Unidos: | |
| numismática | 737.242 | Condado) | T2—758 874 |
| Broches eléctricos | 324.028 | Brooks, Tex. (Estados Unidos: | |
| numismática | 737.242 | Condado) | T2—764 475 |
| Brócoli | 641.353 5 | Broome, N.Y. (Estados Unidos: | |
| botánica | 583.123 | Condado) | T2—747 75 |
| cocina | 641.653 5 | Brown, Tex. (Estados Unidos: | |
| horticultura | 635.35 | Condado) | T2—764 548 |
| procesamiento comercial | 664.805 35 | Brozas | |
| Brócoli | 583.123 | agricultura | 631.61 |
| Brokopondo (Surinam) | T2—883 9 | silvicultura | 634.955 |
| Bromas | | Brucella | 589.95 |
| literatura | 808.82 | Brucelosis | |
| literaturas específicas | T3B—802 | incidencia | 614.565 |
| autores individuales | T3A—8 | medicina | 616.957 |
| Bromberg (Polonia) | T2—438 2 | veterinaria | 636.208 969 57 |
| Bromeliaceae | 584.22 | v.a. Enfermedades contagiosas | |
| Bromeliales | 584.22 | Brucio (Italia) | T2—377 |
| floricultura | 635.934 22 | Brucita | 549.53 |
| Bromo | 584.93 | Brujas (Ocultistas) | 133.430 92 |
| geología económica | 553.6 | folclor | 398.21 |
| ingeniería química | 661.073 3 | historia y crítica | 398.45 |
| química | 546.733 | grupo | T7—13 |
| química orgánica | 547.02 | persecución por la iglesia | 272.8 |
| aplicada | 661.891 | Brujería | 133.43 |
| Bromo (Botánica) | 584.93 | v.a. Hechicería | |
| Bromóleo | | Brujos | 133.430 92 |
| fotografía | 773.8 | grupo | T7—13 |
| Bromuro de plata | | jefes religiosos | 291.092 |
| proceso fotográfico | 773.1 | papel y funciones | 291.62 |
| Bronce | 669.3 | persecución | 272.8 |
| artes decorativas | 739.512 | Brújula | 522.7 |
| escultura | | Bruma (Meteorología) | 551.575 |
| materiales de ingeniería | 620.182 | Brunei | 959.55 |
| metalurgia | 669.3 | | T2—595 57 |
| metalografía | 669.953 | Brunelliaceae | 583.397 |
| Bronquiectasia | 616.23 | Bruniaceae | 583.394 |
| v.a. Sistema respiratorio | | Bruñido de metales | 671.72 |
| | | Bruñidores | |
| | | tecnología | 621.922 |

| | |
|---|---|
| Bukovina | T2—498 4 |
| Rumania | T2—498 4 |
| Ucrania | T2—477 9 |
| Bulas pontificias | 262.91 |
| Bulawayo (Zimbabwe) | T2—689 1 |
| Bulbo raquídeo | 612.828 |
| v.a. Médula oblongata | |
| Bulbos | 584.041 65 |
| anatomía | 584.044 6 |
| floricultura | 635.944 |
| producción en viveros | 631.526 |
| propagación de plantas | 631.532 |
| Bulbos comestibles | |
| horticultura | 635.2 |
| Bulganin, N.A. | |
| historia de Rusia | 947.085 2 |
| Bulgaria | 949.77 |
| | T2—497 7 |
| antigua | 939.8 |
| | T2—398 |
| Búlgaro antiguo | 491.8 |
| | T6—918 17 |
| Búlgaro (Lengua) | 491.81 |
| | T6—918 11 |
| Búlgaro (Literatura) | 891.81 |
| Búlgaros | T5—918 11 |
| Bulimia | 616.852 63 |
| v.a. Enfermedades mentales | |
| Bulldog | |
| producción animal | 636.72 |
| v.a. Perros | |
| Bulldozers | 629.225 |
| Bulloch (Estados Unidos: Condado) | T2—758 766 |
| Bullock (Estados Unidos: Condado) | T2—761 483 |
| Bulnes (Chile) | T2—833 423 |
| Bumeranes | |
| caza y tiro | 799.202 82 |
| ingeniería militar | 623.441 |
| lanzamiento | |
| deportes | 796.435 |
| Bumyoro | |
| historia de Uganda | 967.610 1 |
| Bundling | |
| costumbres | 392.4 |
| Bungalows | |
| arquitectura | 728.373 |
| Bunyavirus | 576.648 4 |

| | |
|---|---|
| Buques | |
| aljibes | |
| ingeniería naval | 623.820 4 |
| transporte | 387.544 |
| faros | |
| ingeniería hidráulica | 627.923 |
| náutica | 623.894 3 |
| fuerzas navales | 359.32 |
| transporte marítimo | 387.2 |
| transporte fluvial | 386.22 |
| v.a. Barcos, Botes | |
| Buques de vapor | 387.204 4 |
| ingeniería | 623.820 4 |
| servicios de transporte | 387.204 4 |
| Buques petroleros | 387.245 |
| ingeniería | 623.824 5 |
| tecnología del petroleo | 665.543 |
| Burbujas | 530.427 5 |
| física | 530.427 |
| ingeniería química | 660.293 |
| química | 541.33 |
| Burdur (Turquía) | T2—562 |
| Burgenland (Austria) | T2—436 15 |
| Burghiba, Habib | |
| historia de Túnez | 961.105 1 |
| Burgos (España) | T2—463 53 |
| Burguesía | 305.55 |
| | T1—086 22 |
| Burgundo | 439.9 |
| | T6—399 |
| Buriato | 494.2 |
| | T6—942 |
| Buriti dos Lopes (Brasil) | T2—812 25 |
| Burke, Ga. (Estados Unidos: Condado) | T2—758 65 |
| Burkina Faso | 966.25 |
| | T2—662 5 |
| Burleson (Estados Unidos: Condado) | T2—764 241 |
| Burlon | 598.841 |
| Burmanniaceae | 584.13 |
| Burmanniales | 584.13 |
| Burnet (Estados Unidos: Condado) | T2—764 63 |
| Burocracia | 302.35 |
| administración pública | 350.001 |
| central | 351.001 |
| local | 352 |
| sociología | 302.35 |
| Bursa (Turquía) | T2—563 |
| Burseraceae | 583.24 |

Caballos morgan
  producción animal — 636.17
  zoología — 599.725
Caballos orientales
  producción animal — 636.11
  zoología — 599.725
Caballos pequeños
  producción animal — 636.133
  zoología — 599.725
Caballos persas
  producción animal — 636.11
  zoología — 599.725
Caballos standardbred
  producción animal — 636.17
  zoología — 599.725
Caballos suffolk
  producción animal — 636.15
  zoología — 599.725
Caballos tártaros
  producción animal — 636.11
  zoología — 599.725
Caballos trotones
  producción animal — 636.12
  zoología — 599.725
Caballos turcos
  producción animal — 636.11
  zoología — 599.725
Caballos (Ajedrez) — 794.144
Cabañas — 643.1
  arquitectura — 728.73
  economía doméstica — 643.1
Cabaret
  representación teatral — 792.7
Cabeceo
  aeronáutica — 629.132 364
Cabello — 599.018 58
  anatomía humana — 611.78
  análisis
    indagación sobre la realidad — 363.256 2
  cirugía — 617.477 9
  cuidado personal — 646.724
  enfermedades humanas
    incidencia — 614.595 46
    medicina — 616.546
  farmacodinámica — 615.779
  fisiología humana — 612.799
  geriatría — 618.976 546
  pediatría — 618.925 46
  tintura
    cuidado personal — 646.724 2
Cabello de ángel — 583.76

Cabeza
  anatomia humana — 611.91
  cirugía — 617.510 59
  fisiología humana — 612.91
  medicina regional — 617.51
  músculos
    anatomía humana — 611.732
    v.a. Sistema musculoesquelético
  ortopedia — 617.371
Cabila — 493.3
  T6—933
Cabildeo — 324.4
  cuerpo legislativo — 328.38
  derecho — 342.05
Cabimas (Venezuela) — T2—872 33
Cabinas balnearias
  arquitectura — 728.9
Cabinas de cápsulas — 629.134 386
Cabinas (Aeronaves) — 629.134 45
Cabinda (Angola) — T2—673 1
Cable de fibra óptica
  ciencia de los computadores — 004.64
    ingeniería — 621.398 1
Cableado interno — 621.319 24
Cables
  circuitos eléctricos — 621.319 34
  ingeniería estructural — 624.177 4
  ingeniería de la producción — 004.64
    ingeniería — 621.398 1
  metálicos — 671.84
Cabo Charles — T2—163 46
Cabo Cod — T2—163 45
Cabo de año — 394.268 3
  costumbres — 394.268 3
  judaico — 394.268 296 431
Cabo de Buena Esperanza — 968.7
  T2—687
Cabo Delgado (Mozambique) — T2—679 8
Cabo Gracias a Dios
  (Nicaragua) — T2—728 532
Cabo Rojo (Puerto Rico) — T2—729 562 4
Cabo San Roque — T2—163 67
Cabo Verde (Senegal) — T2—663
Cabo (Brasil) — T2—813 42
Cabombaceae — 581.111
Caborca (México) — T2—721 74
Cabotaje — 387.524
Cabra de angora
  producción animal — 636.398 5
  zoología — 599.735 8
Cabral (Rep. Dominicana) — T2—729 324 5

| | | | |
|---|---|---|---|
| Cabras | 599.735 8 | Cachemira (India) | T2—546 |
| carne | 641.363 9 | Cachemira (Paquistán) | T2—549 13 |
| cocina | 641.663 9 | Cachemiros | T5—914 99 |
| tecnología de alimentos | 664.92 | Cachoeira do Sul (Brasil) | T2—816 53 |
| lana | 677.33 | Cachoeiro de Itapemirín | |
| leche | 641.371 7 | (Brasil) | T2—815 26 |
| cocina | 641.371 7 | Cachorro | 591.3 |
| procesamiento industrial | 637.17 | animales domésticos | 636.07 |
| producción animal | 636.39 | mamíferos | 599.03 |
| Cabras | 599.735 8 | Cacomistles | 599.744 43 |
| Cabrera (Rep. Dominicana) | T2—729 364 6 | Cactaceae | 583.47 |
| Cabrestante | 621.864 | fruticultura | 634.775 |
| Cabrias | 621.872 | Cactales | 583.47 |
| Cabricán (Guatemala) | T2—728 182 3 | Cactos | 583.47 |
| Cabuya | 584.43 | fruticultura | 634.775 |
| Cacahuete | 641.356 596 | CAD (Computer aided desing) | 620.004 202 85 |
| botánica | 583.322 | CAD/CAM | 670.285 |
| v.a. Maní | | Cadáveres | |
| Cacao | | disposición de | |
| comidas | 641.337 4 | costumbres | 393.4 |
| bebidas | | derecho | 344.045 |
| procesamiento industrial | 663.92 | salud pública | 614.6 |
| cocina | 641.637 4 | Caddo (Estados Unidos: | |
| preparación doméstica | 641.877 | Parroquia) | T2—763 99 |
| plantas | 583.19 | Cadena de Markov | 519.233 |
| agricultura | 633.74 | Cadena de negocios | 381.12 |
| semillas | 583.19 | administración | 658.870 2 |
| agricultura | 633.74 | v.a. Comercio | |
| Cacaopera (El Salvador) | T2—728 433 2 | Cadena Great Dividing | T2—94 |
| Cacatúas | 598.71 | Cadenas | |
| producción animal | 636.686 5 | comunicación | 384.545 5 |
| Cacatúas | 598.71 | radio | 791.443 |
| Cáceres (Brasil) | T2—817 24 | Cadenas alimentarias | |
| Cáceres (España) | T2—462 8 | animales | 591.53 |
| Cacería | 639.1 | ecología | 574.53 |
| comercial | 639.1 | Cadenas bancarias | 332.16 |
| deportes | 799.2 | Cadencias (Elementos musicales) | 781.254 |
| derecho | 346.046 954 | Cadencias (Formas musicales) | 784.186 |
| ética | 175 | Caderas (Humanas) | 612.98 |
| pintura | 758.3 | cirugía | 617.581 059 |
| representación artística | 704.943 2 | fisiología humana | 612.98 |
| Cacería con trampas | 639.1 | huesos | |
| Cacería de brujas | | anatomía humana | 611.718 |
| ocultismo | 133.43 | medicina | 616.72 |
| Cacerolas | | medicina regional | 617.581 |
| eléctricas | 641.586 | músculos | 611.738 |
| manufactura | 683.82 | ortopedia | 617.376 |
| Cachalote | 599.53 | v.a. Extremidades inferiores | |
| Cachapoal (Chile) | T2—833 2 | Cadiriés | 297.835 |
| Cachemir | 491.499 | Cádiz (España) | T2—468 8 |
| | T6—914 99 | | |

| | | | |
|---|---|---|---|
| Cadmio | 669.56 | Caguas (Puerto Rico) | T2—729 582 4 |
| ingeniería química | 661.066 2 | Caibarién (Cuba) | T2—729 123 2 |
| materiales de ingeniería | 620.184 6 | Caicara (Venezuela) | T2—875 64 |
| metalistería | 673.56 | Caico (Brasil) | T2—813 24 |
| metalografía | 669.955 6 | Caída de energía | |
| metalurgia | 669.56 | ingeniería eléctrica | 621.319 |
| metalurgia física | 669.965 6 | Caída de la humanidad | 233.14 |
| química | 546.662 | cristianismo | 233.14 |
| toxicología | 615.925 662 | islamismo | 297.22 |
| v.a. Sustancias químicas | | Caimamera (Cuba) | T2—729 136 4 |
| Caducidad | | Caimanes | 597.98 |
| seguros | 368.016 | caza mayor | 799.279 8 |
| Caducifoglios | | producción animal | 639.398 |
| silvicultura | 634.975 | Caimito | 583.685 |
| Caecilia | 597.7 | fruticultura | 634.43 |
| Caedmon | 829.2 | Cainguás (Argentina) | T2—822 33 |
| Caenagnathiformes | | Cairo (Egipto) | T2—621 6 |
| paleozoología | 568.5 | Caithness (Escocia) | T2—411 6 |
| Caernarvonshire (Gales) | T2—429 2 | Caja | |
| Caesalpiniaceae | 583.323 | clase de capital | |
| Caesium | 669.725 | administración financiera | 658.152 44 |
| química | 546.385 | contabilidad | 657.72 |
| v.a. Cesio | | Caja fuerte | 683.34 |
| Caetano, Marcelo, 1968-1974 | | Cajabamba (Perú) | T2—851 54 |
| historia de Portugal | 946.904 | Cajamarca (Perú: Ciudad) | T2—851 52 |
| Café | 641.337 3 | Cajamarca (Perú: | |
| agricultura | | Departamento) | T2—851 5 |
| botánica | 583.52 | Cajas de ahorro | 332.21 |
| cocina | 641.637 3 | Cajas de ahorro cooperativo | 332.21 |
| economía agrícola | 338.173 73 | Cajas de ahorro postal | 332.22 |
| preparación doméstica | 641.877 | Cajas de amortización | |
| producción industrial | | finanzas públicas | 336.363 |
| economía | 338.476 639 3 | Cajas de empaque | 688.8 |
| tecnología | 663.93 | cartón | 676.32 |
| Café Filho, Joao | | Cajas de madera | 674.82 |
| historia de Brasil | 981.062 | Cajas de música | 786.65 |
| Cafeína | | v.a. Instrumentos musicales | |
| abuso | 362.299 | mecánicos | |
| asistencia social | 362.299 | Cajas de reloj | |
| medicina | 616.864 | arte | 739.3 |
| salud personal | 613.84 | arte decorativo | 749.3 |
| v.a. Abuso de sustancias | | Cajas registradoras | |
| Cafés (Locales) | 647.95 | tecnología | 681.14 |
| administración | 647.95 | Cajola (Guatemala) | T2—728 182 4 |
| arquitectura | 725.72 | Cajón | |
| Cafeterías | 647.95 | hidráulica | 624.157 |
| administración | 647.95 | Cajones | 645.4 |
| escuelas | 371.625 | artes decorativas | 749.3 |
| Cagliari (Italia) | T2—459 1 | manufactura | 684.16 |
| Cagua (Venezuela) | T2—873 43 | | |

| | | | |
|---|---|---|---|
| Caldas (Colombia) | T2—861 35 | Calendario chino | 529.329 51 |
| Caldeo (Dialecto) | 492.1 | religión | 299.51 |
| | T6—921 | Calendario cristiano | 529.4 |
| Caldeos | T5—921 | Calendario ecleciástico | 263.9 |
| historia de Mesopotamia | 935.04 | cronología | 529.44 |
| Caldeos (Ordenes religiosas) | 255.8 | Calendario escolar | 371.23 |
| Caldera (Chile) | T2—831 45 | derecho | 344.079 2 |
| Caldera, Rafael | | Calendario gregoriano | 529.43 |
| historia de Venezuela | 987.063 3 | Calendario hebreo | 529.32 |
| Calderas | | religión | 296.43 |
| calefacción de edificios | 697.07 | Calendario judicial | 347.013 |
| a vapor | 697.507 | Calendario juliano | 529.42 |
| funcionamiento | 621.194 | Calendarios | 529.3 |
| seguros | 368.7 | cronología | 529.3 |
| Calderón Guardia, Rafael Angel | | ilustración | 741.682 |
| historia de Costa Rica | 972.860 44 | religiones | 291.36 |
| Caldwell (Estados Unidos: | | cristianismo | 263.9 |
| Parroquia) | T2—763 76 | islamismo | 297.36 |
| Caldwell, Tex. (Estados | | Calendarios occidentales | 529.4 |
| Unidos: Condado) | T2—764 33 | Calendarios (Libro litúrgico) | 264 |
| Calefacción | | anglicano | 264.031 |
| administración de la planta física | 647.996 | católico | 264.021 |
| administración de la casa | 644.1 | Caléndulas | 583.55 |
| administración de plantas | 658.25 | Calentadores | |
| aeronaves | 629.134 42 | edificios | 697.07 |
| automóviles | 629.277 | manufactura | 683.88 |
| edificios | 697 | v.a. Calefacción | |
| bibliotecas | 022.8 | Cales | |
| costumbres | 392.36 | mampostería | 666.93 |
| museos | 069.29 | Calesas orientales | 388.341 |
| naval | 623.853 7 | construcción | 688.6 |
| salud | 613.5 | Calgary (Canadá) | T2—712 338 |
| Calefacción central | 697.03 | Calhoun, Ala. (Estados | |
| Calefacción con celdas de aire | | Unidos: Condado) | T2—761 63 |
| edificios | 697.3 | Calhoun, Fla. (Estados | |
| Calefacción con paneles radiantes | | Unidos: Condado) | T2—759 943 |
| edificios | 697.72 | Calhoun, Ga. (Estados | |
| Calefacción con vapor | 621.1 | Unidos: Condado) | T2—758 956 |
| edificios | 697.5 | Calhoun, Miss. (Estados | |
| Calefacción eléctrica | 621.402 8 | Unidos: Condado) | T2—762 81 |
| edificios | 697.045 | Calhoun, Tex. (Estados | |
| Calefacción nuclear | | Unidos: Condado) | T2—764 121 |
| edificios | 697.79 | Cali (Colombia) | T2—861 522 |
| Calefacción por convención | | Calibración | 681.2 |
| edificios | 697.2 | instrumentos eléctricos | 621.372 |
| Calefacción por irrigamiento | | Calibradores | 681.2 |
| edificios | 697.1 | Calicanto (Botánica) | 583.42 |
| Calefacción solar | 621.47 | Cálices | 739.228 2 |
| edificios | 697.78 | religión | 247.892 282 |
| Calefacción única | | Calicosis | 616.244 |
| edificios | 697.02 | Calidad de vida | 306 |

| | | | | |
|---|---|---|---|---|
| Calumnia | 364.156 | Camarones | 595.384 3 |
| derecho penal | 345.025 6 | alimento | 641.395 |
| ética | 177.3 | procesamiento comercial | 664.94 |
| Calvados (Francia) | T2—442 2 | cocina | 641.695 |
| Calvicie | | pesca | |
| medicina | 616.546 | economía | 338.372 538 43 |
| Calvillo (México) | T2—724 25 | tecnología | 639.543 |
| Calvinistas | | Camas | |
| biografía | 284.2092 | artes decorativas | 749.3 |
| grupo religioso | T7—242 | manufactura | 684.15 |
| Calycanthaceae | 583.374 | de campamento | 685.53 |
| Calyceraceae | 583.53 | turcas | 684.12 |
| Calzadas | 385.312 | Cambio | 116 |
| Calzado | 391.413 | administración ejecutiva | 658.406 |
| costumbres | 391.413 | ciencias políticas | 320.011 |
| tecnología comercial | 685.3 | filosofía | 116 |
| v.a. Vestuario | | sociología | 303.4 |
| CAM (Computer aided | | Cambio de actitudes | |
| manufacture) | 670.427 | sociología | 303.38 |
| Camafeos | 736.222 | Cambio de agujas (Ferrovías) | 625.163 |
| Camagüey (Cuba) | T2—729 156 | Cambio de cultivos | |
| Camajuaní (Cuba) | T2—729 123 3 | técnica agrícola | 631.581 8 |
| Camalote | ʾ584.324 | Cambio de divisas | 332.45 |
| horticultura | 635.26 | derecho | 343.032 |
| Camaná (Perú) | T2—853 25 | derecho internacional | 341.751 |
| Cámara Alta (Cuerpo legislativo) | 328.31 | Cambio de estado | |
| Cámara anterior | | física | 536.401 |
| fisiología humana | 612.841 | química física | 541.363 |
| Cámara Baja (Cuerpo legislativo) | 328.32 | termoquímica | 541.363 |
| Cámara de aire | 678.35 | Cambio de forma | |
| Cámara de niebla de Wilson | | materiales de ingeniería | 620.112 5 |
| física nuclear | 539.777 | Cambio de inclinación y rumbo | |
| Cámaras automáticas | 771.32 | aeronaves | 629.135 2 |
| Cámaras de celdas de aire | | Cambio fluctuante | 332.456 2 |
| maduración de la madera | 674.384 | Cambio lingüístico | 417.7 |
| Cámaras de Comercio | 380.106 | lenguas específicas | T4—7 |
| arquitectura | 725.25 | Cambio político | 320.011 |
| comercio interno | 381.06 | Cambio social | 303.4 |
| Cámaras de compensación | 332.12 | Cambio (Botánica) | |
| Cámaras de ionización | | anatomía de las plantas | 581.41 |
| física nuclear | 539.772 | Cambios de fase | 530.474 |
| Cámaras de televisión | | física | 530.474 |
| ingeniería | 621.388 34 | física del estado fluido | 530.424 |
| Cámaras fotográficas | 771.3 | ingeniería química | 660.296 3 |
| tecnología | 681.418 | materia condensada | 530.414 |
| Cámaras fotográficas automáticas | 771.32 | termoquímica | 541.363 |
| Cámaras fotográficas en miniatura | 771.32 | Cambios estacionales | 508 |
| Cámaras fotográficas instantáneas | 771.32 | adaptaciones alimentarias | 591.543 |
| Camarines Norte (Filipinas) | T2—599 1 | adaptaciones ecológicas | 574.543 |
| Camarines Sur (Filipinas) | T2—599 1 | astronomía | 525 2 |

Camp (Estados Unidos:
   Condado)         T2—764 219
Campamentos         796.54
   actividades de la iglesia    259
   adiestramiento militar    355.544
   cocina        641.578 2
   equipos        685.53
   opraciones militares    355.412
   servicio de comida    642.3
Campamentos de evangelización
   prácticas de religión cristiana    269.24
Campamentos diurnos    796.542 3
Campamentos escolares    796.542 2
Campamentos sobre la nieve    796.54
Campana de plata    583.686
Campanales    583.57
Campanarios
   arquitectura    725.97
Campanas    786.884 8
   v.a. Instrumentos de percusión
Campania (Italia)    945.72
               T2—457 2
Campanillas    583.57
Campanillas blancas    584.25
Campánula    583.57
Campanulaceae    583.57
Campánulas    583.57
Campaña del Sinai, 1956    956.044
Campañas de prensa    070.41
Campañas electorales    324.9
   finanzas    324.78
   nominaciones    324.5
   técnicas    324.7
Campañas militares    355.4
   análisis    355.48
Campañas políticas
   derecho    342.078
Campañas publicitarias    659.113
Campbelitas    286.6
   v.a. Discípulos de Cristo
Campbell, Kim
   historia de Canadá    971.064 7
Campeado
   cerámica    738.4
Campeche (México)    T2—726 4
Campeonatos mundiales
   béisbol    796.357 646
   fútbol    796.334 668
Camper    388.346
   actividades recreativas    796.79
   cocina    641.575

Camper (continuación)
   ingeniería    629.226
   v.a. Casas motorizadas
Campesinos    305.563 3
               T1—086 24
Campesteguy, Juan
   historia de Uruguay    989.506 2
Campina Grande (Brasil)    T2—813 37
Campo Alegre (Venezuela)    T2—874 63
Campo Grande (Brasil)    T2—817 25
Campo magnético permanente    538.72
Campoalegre (Colombia)    T2—861 544
Campobasso (Italia)    T2—457 192
Campos (Matemáticas)    512.3
Campos atléticos    796.420 68
Campos de aterrizaje    387.736
   v.a. Aeropuertos
Campos de concentración    365.45
   Guerra Anglo-Boer    968.048 1
   Guerra Civil (Estados Unidos)    973.71
   Guerra con México    973.621
   Guerra del Vietnam    959.704 31
   Guerra Hispano–Americana    973.891
   Guerra Mundial I    940.317
   Guerra Mundial II    940.531 7
   penología    365.45
   v.a. Instituciones penales
Campos de detención    365.45
   Guerra Anglo-Boer    968.048 1
   Guerra Civil (Estados Unidos)    973.71
   Guerra del Vietnam    959.704 31
   Guerra Hispano–Americana    973.891
   Guerra con México    973.621
   Guerra Mundial I    940.317
   Guerra Mundial II    940.531 7
   penología    365.45
   v.a. Instituciones penales
Campos de evangelización
   práctica religiosa cristiana    269.24
Campos de exterminio
   Guerra Mundial II    940.531 8
Campos de fútbol    796.334 068
Campos de Guage
   física    530.143 5
Campos de juego    796.068
   al aire libre    796.068
Campos de prisioneros de guerra    355.71
   condiciones de vida    355.129 6
   Guerra Anglo-boer    968.048
   Guerra Civil (Estados Unidos)    973.77
   Guerra con México    973.627

| | | | |
|---|---|---|---|
| Canarios | 598.883 | Candidatos | |
| Canasta | | partidos políticos | |
| juegos | 795.418 | nominación | 324.5 |
| Canatlán (México) | T2—721 53 | Candler (Estados Unidos: | |
| Canberra (Australia) | T2—947 1 | Condado) | T2—758 773 |
| Cancelación falsa | | Canea (Grecia) | T2—495 9 |
| filatelia | 769.562 | Canela | 583.931 |
| Cáncer | 362.196 994 | agricultura | 633.83 |
| bienestar social | 362.196 994 | Canellaceae | 583.138 |
| cirugía | 616.994 059 | Canelones (Uruguay: Ciudad) | T2—895 142 |
| enfermería | 610.736 98 | Canelones (Uruguay: | |
| geriátrico | 618.976 994 | Departamento) | T2—895 14 |
| incidencia | 614.599 9 | Canendiyú (Paraguay) | T2—892 133 |
| medicina | 616.994 | Cangilones | |
| pediatría | 618.929 94 | transporte en minas | 622.68 |
| veterinaria | 636.089 699 4 | Cangrejo hermitaño | 595.384 4 |
| zoología | 591.2 | Cangrejos | 595.384 |
| Canchas de bolos | 794.6 | alimento | 641.395 |
| arquitectura | 725.84 | tecnología de alimentos | 664.94 |
| Cancilleres | | cocina | 641.695 |
| administración pública | 351.003 13 | industria de la pesca | 338.372 538 43 |
| grupo profesional | T7—351 2 | economía | 338.372 538 43 |
| Canciones | 782.42 | tecnología | 639.543 |
| arte | 782.421 68 | zooología | 595.384 3 |
| blues | 782.421 643 | Canguros | 599.2 |
| coros y voces mixtas | 782.542 | producción animal | 638.91 |
| estudiantiles | 782.420 883 75 | Canibalismo | |
| folclóricas | 782.421 62 | costumbres | 394.9 |
| literatura folclórica | 398.87 | Canidae | 599.744 42 |
| nacionales | 782.421 599 | producción animal | 636.7 |
| para niños | 782.420 83 | Cánidos | 599.744 42 |
| patrióticas | 782.421 599 | Canje | 025.26 |
| populares | 782.421 63 | Cannabiaceae | 583.962 |
| rock | 782.421 66 | Cannabis | 633.79 |
| sacras | 782.25 | abuso | |
| seculares | 782.42 | bienestar social | 362.95 |
| voces individuales | 783.094 2 | medicina | 616.863 5 |
| Canciones a varias voces | 783.1 | salud personal | 613.835 |
| Canciones callejeras | 398.87 | farmacodinámica | 615.782 7 |
| Canciones de arte | 782.421 68 | v.a. Abuso de sustancias | |
| Canciones sin palabras | 784.189 6 | Cannaceae | 584.21 |
| Candelabros | | Canoas | 386.229 |
| artes decorativas | 749.63 | carreras | 797.14 |
| Candelaria de la Frontera | | diseño | 632.812 9 |
| (El Salvador) | T2—728 412 3 | Canoas | |
| Candeleros | 621.323 | ingeniería | 623.829 |
| artes decorativas | 749.63 | servicio de transporte | 386.229 |
| artesanías | 745.593 3 | Canoidae | 599.744 4 |
| cerámica | 738.8 | Canon de la Biblia | 220.12 |
| Candelilla | | Cánones (Formas musicales) | 784.187 8 |
| ceras industriales | 665.12 | | |

| | |
|---|---|
| Cañones (Formación terrestre) | 551.442 |
| | T1—144 |
| geografía | 910.914 4 |
| geografía física | 910.021 44 |
| geomorfología | 551.442 |
| Cañuela | 584.93 |
| Caoba | 583.25 |
| Caolín | 553.61 |
| cerámica | 738.12 |
| geología económica | 553.61 |
| minería | 622.361 |
| Caolinita | |
| mineralogía | 549.67 |
| Cap-Haitien (Haití) | T2—729 432 |
| Capa E | 538.767 3 |
| Capa F | 538.767 4 |
| Capa límite | 532.051 |
| aeronáutica . | 629.132 37 |
| física | 532.051 |
| ingeniería | 620.106 4 |
| vuelos espaciales | 629.415 1 |
| Capacidad térmica | 536.6 |
| Capacidad (Derecho) | 346.013 |
| Capacitación | |
| administración de personal | 358.312 4 |
| | T1—068 3 |
| administración pública | 350.15 |
| central | 351.15 |
| local | 352.005 15 |
| ejecutivos | 658.407 124 |
| v.a. Adiestramiento | |
| Capacitancia eléctrica | 621.374 2 |
| Capadocia | T2—393 4 |
| Capas | 391 |
| confección doméstica | 646.457 |
| costumbres | 391 |
| manufactura | 687.147 |
| modas | 391 |
| v.a. Vestuario | |
| Capas de Appleton | 538.767 4 |
| Capas de Kennelly-Heaviside | 538.767 3 |
| Capas estratificadas | |
| geología económica | 553.14 |
| Capas ionosféricas | 583.767 |
| Capas (Física) | |
| estructura nuclear | 539.743 |
| Capatarida (Venezuela) | T2—872 43 |
| Capayán (Argentina) | T2—824 55 |
| Capela, Alagoas (Brasil) | T2—813 56 |
| Capela, Sergipe (Brasil) | T2—814 13 |
| Capellanes carcelarios | 259.5 |

| | |
|---|---|
| Capellanes de hospitales | 259.4 |
| Capellanes militares | 355.347 |
| Guerra del Golfo, 1991 | 956.704 427 |
| Guerra Mundial I | 940.478 |
| Guerra Mundial II | 940.547 8 |
| Capetos, casa reinante | 944.021 |
| Capilaridad | 541.33 |
| física | 530.427 |
| ingeniería química | 660.293 |
| Capilla mortuoria | |
| arquitectura | 726.8 |
| Capillas | |
| arquitectura | 726.4 |
| Capillas laterales | |
| arquitectura | 726.595 |
| Capitación | 336.25 |
| administración pública | 350.724 |
| central | 351.724 |
| local | 352.135 |
| finanzas públicas | 336.25 |
| Capital | 332.041 |
| administración | 658.152 |
| distribución | |
| macroeconomía | 339.21 |
| economía financiera | 332.041 |
| formación | 332.041 5 |
| relación con el trabajo | 331.011 |
| Capital a corto plazo | 332.041 2 |
| administración financiera | 658.152 44 |
| Capital a largo plazo | |
| administración financiera | 658.152 42 |
| Capital de trabajo | 332.041 2 |
| administración financiera | 658.152 44 |
| Capital fijo | 332.041 4 |
| administración financiera | 658.152 42 |
| Capitalismo | 330.122 |
| economía | 330.122 |
| sociología | 306.342 |
| Capitalización (Finanzas) | 658.152 |
| Capitán Bado (Paraguay) | T2—892 137 6 |
| Capitán Meza (Paraguay) | T2—892 126 3 |
| Capitán Prat (Chile) | T2—836 28 |
| Capiteles | 721.3 |
| Capparidaceae | 583.131 |
| Capparidales | 583.131 |
| Caprellidea | 595.371 |
| Caprifoliaceae | 583.52 |
| Caprimulgi | 588.99 |
| Caprimulgiformes | 598.99 |
| paleozoología | 568.9 |

| | | | |
|---|---|---|---|
| Carbohidratos conjugados | 574.192 483 | Carbono (continuación) | |
| bioquímica | 574.192 483 | química orgánica | 547 |
| química | 547.783 | aplicada | 661.8 |
| Carbón | 553.24 | v.a. Sustancias químicas | |
| economía de la producción | 338.272 4 | Carbunco | 616.956 |
| economía de los recursos | 333.822 | dermatología | 616.523 |
| edificios | | incidencia | 614.561 |
| calefacción | 697.042 | Carburadores | 621.437 |
| extracción | 622.334 | automóviles | 629.253 3 |
| derecho | 343.077 52 | Cárceles | 365 |
| geología económica | 553.24 | administración pública | 350.849 5 |
| ingeniería química | 662.62 | central | 351.849 5 |
| procesos fotográficos | | local | 352.944 95 |
| prospección | 622.182 4 | bibliotecas | 027.665 |
| impresión | 773.1 | administración | 025.197 665 |
| transporte | 388.57 | desarrollo de colecciones | 025.218 766 5 |
| Carbón activado | 662.93 | estudios de usuarios | 025.587 665 |
| Carbón animal | 662.92 | derecho | 344.035 |
| Carbón colorante | 662.93 | edificios | 365.5 |
| Carbón de madera | | arquitectura | 725.6 |
| ingeniería química | 662.74 | influencia psicológica | 155.962 |
| uso en la cocina | 641.58 | reforma | 365.7 |
| Carbón de madera absorvente | 662.93 | urbanismo | 711.556 |
| Carbón de turba | 553.21 | Cárceles de máxima seguridad | 365.33 |
| extracción | 622.331 | Cárceles de mujeres | 365.43 |
| geología económica | 553.221 | Cárceles de seguridad media | 365.33 |
| propiedades | 662.622 1 | Cárceles de seguridad mínima | 365.33 |
| uso en agricultura | 631.826 | Cárceles para hombres | 365.44 |
| Carbón mate | 553.23 | Carchi (Ecuador) | T2—866 11 |
| geología económica | 553.23 | Carcinomas | 616.994 |
| propiedades | 662.622 3 | v.a. Cáncer | |
| Carbón pardo | 553.22 | Cardado | |
| extracción | 622.332 | industria textil | 677.028 21 |
| geología económica | 553.22 | arte | 746.11 |
| propiedad | 662.622 2 | manufactura | 677.028 21 |
| Carbonado | 553.65 | Cardadores de lana | |
| Carbonato de potasio | 546.383 22 | enfermedad de los | 616.956 |
| ingeniería química | 661.334 | v.a. Enfermedades contagiosas | |
| Carbonato de sodio | 546.382 24 | Cardamomo | 584.21 |
| ingeniería química | 661.324 | Cardanes | |
| Carbonatos | | automóviles | 629.245 |
| mineralogía | 549.78 | Cardeldale (Inglaterra) | T2—428 12 |
| Carboncillo | | Cardenales | 282.092 |
| dibujo | 741.22 | eclesiología | 262.135 |
| Carbones absorventes | 662.93 | Cardenales (Zoología) | 598.883 |
| Carbonífero | 551.75 | Cárdenas (Cuba) | T2—729 121 2 |
| paleontología | 560.172 | Cárdenas (México) | T2—724 42 |
| Carbono | | Cárdenas, Lázaro | |
| ingeniería química | 661.068 1 | historia de México | 972.082 5 |
| materiales de ingeniería | 620.193 | Cardiff (Gales) | T2—429 8 |
| química | 546.681 | | |

| | | | |
|---|---|---|---|
| Carlos V, Emperador del Sacro | | Carnívoros | 599.74 |
| Imperio Romano | | paleozoología | 569.76 |
| historia de Alemania | 943.031 | Carnívoros marinos | 599.745 |
| historia de España | 946.042 | Carnívoros terrestres | 599.744 |
| Carlos V, Rey de Francia | | Carnoustie (Escocia) | T2—412 6 |
| historia de Francia | 944.025 | Caro, Josef de | |
| Carlos VI, Emperador del Sacro | | fuentes judaícas | 296.182 |
| Imperio Romano | | Carolina del Norte (Estados | |
| historia de Alemania | 943.052 | Unidos) | 975.6 |
| Carlos VI, Rey de Francia | | | T2—757 |
| historia de Francia | 944.026 | Carolina del Sur (Estados | |
| Carlos VII, Emperador del Sacro | | Unidos) | 975.7 |
| Imperio Romano | | | T2—757 |
| historia de Alemania | 943.054 | Carolingios, dinastía | |
| Carlos VII, Rey de Francia | | historia de Alemania | 943.014 |
| historia de Francia | 944.026 | historia de Francia | 944.014 |
| Carlos VIII, Rey de Francia | | historia de Italia | 945.02 |
| historia de Francia | 944.027 | Carora (Venezuela) | T2—872 54 |
| Carlos X, Rey de Francia | | Carpa dorada | 597.52 |
| historia de Francia | 944.062 | Carpas | 597.52 |
| Carlow (Irlanda) | T2—418 82 | pesca comercial | 639.275 2 |
| Carmelitas | 255.73 | pesca deportiva | 799.175 2 |
| historia de la iglesia | 271.73 | producción animal | 639.375 2 |
| mujeres | 255.971 | Carpintería en madera | 694 |
| historia de la iglesia | 271.971 | de acabados | 694.6 |
| Carmelo (Uruguay) | T2—895 113 | naval | 623.844 |
| Carmen de Bolivar (Colombia) | T2—861 143 | rústica | 694.2 |
| Carmen (El Salvador) | T2—728 434 5 | Carpintería metálica | 671 |
| Carmen (Uruguay) | T2—895 245 | economía de la producción | 338.476 71 |
| Carmen, Choco (Colombia) | T2—861 275 | naval | 623.843 |
| Carmen, Norte de Santander | | taller doméstico | 684.09 |
| (Colombia) | T2—861 246 | tecnología | 671 |
| Carnalita | 553.636 | Carpinteros | 694.092 |
| mineralogía | 549.4 | grupo ocupacional | T7—694 |
| Carnauba | 665.12 | Carpinteros (Zoología) | 598.72 |
| Carnavales | 394.25 | Carracas | 598.892 |
| costumbres | 394.25 | Carranza, Venustiano | |
| diversión | 791.6 | historia de México | 972.082 1 |
| Carne roja | 641.36 | Carraspique | 583.123 |
| conservación doméstica | 641.492 | Carrera a campo traviesa | 796.428 |
| tecnología de alimentos | 664.92 | Carrera de pista con obstáculos | 355.544 |
| Carne sintética | 664.64 | Carrera (Atletismo) | 796.42 |
| Carneros | 599.735 8 | aptitud física | 613.717 2 |
| producción animal | 636.3 | deporte | 796.42 |
| Carnes | 641.36 | Carrera, Rafael | |
| alimentos | 636.087 6 | historia de Guatemala | 972.810 44 |
| cocina | 641.66 | Carreras | 796 |
| conservas domésticas | 641.49 | aeronaves | 797.52 |
| seguridad de los productos | 363.192 9 | animales | 798 |
| tecnología de alimentos | 664.902 8 | caballos | 798.4 |
| | | al trote | 798.46 |

| | | | |
|---|---|---|---|
| Cartas crédito | 332.765 | Cartílago fibroso | |
| derecho | 346.073 | histología humana | 611.018 3 |
| economía crediticia | 332.765 | v.a. Sistema musculoesquelético | |
| servicios bancarios | 332.178 | Cartílago hialino | |
| Cartas débito | 332.76 | histología humana | 611.018 3 |
| economía crediticia | 332.76 | v.a. Sistema musculoesquelético | |
| servicios bancarios | 332.178 | Cartílagos elásticos | |
| Cartas formato | | histología humana | 611.018 3 |
| servicios de oficina | 651.752 | v.a. Sistema musculoesquelético | |
| Cartas geográficas | 912 | Cartografía | 526 |
| | T1—022 3 | ingeniería militar | 623.71 |
| aeronáutica | 629.132 54 | servicios de | |
| cartografía | 526 | fuerzas armadas | 355.343 2 |
| ingeniería militar | 623.71 | v.a. Cartas, Mapas | |
| catalogación | 025.346 | Cartomancia | 133.324 2 |
| edición | 070.579 3 | Cartón | |
| geografía | 912 | ingeniería estructural | 624.189 7 |
| impresión | 686.283 | materiales de ingeniería | 620.197 |
| lectura | 912.014 | Cartonemataceae | 584.38 |
| tratamiento bibliotecario | 025.176 | Cartones aisladores | 676.183 |
| Cartas viales | 912 | Cartones de pulpa prensada | 676.183 |
| Cartas (Correspondencia) | 383.122 | Cartones grises | 676.183 |
| biografía | 920 | Cartones para productos | |
| | T1—092 | alimenticios | 676.288 |
| etiqueta | 395.4 | Cartuchos (Municiones) | 683.406 |
| manejo postal | 383.122 | ingeniería militar | 623.455 |
| v.a. Servicio postal | | manufactura | 683.406 |
| publicidad directa | 359.133 | Cartujos | 255.71 |
| servicios de oficina | 651.75 | historia de la iglesia | 271.71 |
| Cartas (Formas literarias) | 808.86 | mujeres | 255.97 |
| crítica | 809.6 | historia de la iglesia | 271.97 |
| teoría | 801.956 | Cartulina | 676.288 |
| historia | 809.4 | Cartulina bristol | 676.288 |
| literaturas específicas | T3B—6 | Caruaru (Brasil) | T2—813 43 |
| de autores individuales | T3A—6 | Carúpano (Venezuela) | T2—875 35 |
| retórica | 808.6 | Carurú (Colombia) | T2—861 653 |
| Cartas (Juego) | 795.4 | Carvajal, Juan de | |
| Carteleras | | historia de Venezuela | 987.02 |
| educación | 371.335 6 | Caryocaraceae | 583.166 |
| uso en la administración | 658.455 | Caryophyllaceae | 582.152 |
| Carteleras electrónicas | 004.693 | Caryophyllales | 583.152 |
| servicio de comunicaciones | 384.33 | Casa de niveles | |
| Carteles empresariales | 338.87 | arquitectura | 728.373 |
| economía | 338.87 | Casa de remolque | 388.346 |
| economía internacional | 338.88 | actividades recreativas | 796.79 |
| Cárter de automóvil | 629.252 | arquitectura | 728.79 |
| Carter, James Earl | | conducción | 629.284 6 |
| historia de Estados Unidos | 973.926 | ingeniería | 629.226 |
| Carteras | 685.51 | reparación | 629.287 6 |
| Cartier, Jaques | | v.a. Casas motorizadas | |
| historia de Quebec | 971.401 2 | | |

| | | | |
|---|---|---|---|
| Casetes (Computación) | 004.56 | Castellón de la Planta (España) | T2—467 61 |
| ingeniería | 621.397 6 | Castellón, Jácome | |
| Casetes (Videos) | | historia de Venezuela | 987.02 |
| bibliografía | 011.37 | Castelo Branco (Portugal) | T2—469 33 |
| catalogación | 025.347 3 | Castelo Branco, Humberto | |
| tratamiento bibliotecario | 025.177 3 | historia de Brasil | 981.072 2 |
| Casettes (Sonido) | | Castelo Melhor | |
| bibliografías | 011.38 | historia de Portugal | 946.904 122 |
| catalogación | 025.348 2 | Castidad | |
| reproducción del sonido | 621.389 324 | ética | 176 |
| tratamiento bibliotecario | 025.178 2 | religión | 291.566 |
| Casia | 583.931 | budismo | 294.356 6 |
| Casigua (Venezuela) | T2—872 34 | cristianismo | 241.66 |
| Casinos | | hinduismo | 294.548 66 |
| arquitectura | 725.76 | islamismo | 297.5 |
| Casiterita | | judaísmo | 296.385 66 |
| mineralogía | 549.524 | práctica religiosa | 291.447 |
| Casma (Perú) | T2—852 16 | budismo | 294.344 47 |
| Caso | | cristianismo | 248.47 |
| filosofía | 123.3 | hinduismo | 294.544 7 |
| probabilidades | 519.2 | Castigo | |
| Casos | | control social | 303.36 |
| derecho | 347.075 | criminología | 364.6 |
| v.a. Jurisprudencia | | cárceles | 365.644 |
| Caspa | | disciplina escolar | 371.54 |
| medicina | 616.546 | fuerzas armadas | 355.133 25 |
| v.a. Cabello | | teología social | 291.178 336 |
| Cass, Tex. (Estados Unidos: | | cristianismo | 261.833 6 |
| Condado) | T2—764 195 | Castigo corporal | 364.67 |
| Cassava | 641.336 82 | derecho | 345.077 3 |
| botánica | 583.95 | educación | 371.542 |
| cultivo de fécula | 633.682 | penología | 364.67 |
| tecnología de alimentos | 664.23 | Castilla la Nueva (España) | T2—464 |
| v.a. Yuca | | Castilla la Vieja (España) | T2—463 5 |
| Castaña | 641.345 3 | Castilla (España) | T2—463 |
| agricultura | 634.53 | Castilla, dinastía | |
| Castanhal (Brasil) | T2—811 58 | historia de España | 946.034 4 |
| Castaño | 583.976 | reino | 946.033 |
| maderas | 674.142 | y Aragón | 946.04 |
| silvicultura | 634.972 4 | Castilla-La Mancha (España) | T2—464 |
| Castaño de agua | 583.44 | Castilla-León (España) | T2—462 |
| Castaño de indias | 583.28 | Castillo Armas, Carlos | |
| Castaño enano | 583.976 | historia de Guatemala | 972.810 53 |
| Castañola | 597.58 | Castillo (Rep. Dominicana) | T2—729 367 4 |
| Castañuelas | 789.4 | Castillos | |
| Castellano | 460 | arquitectura | 728.81 |
| | T6—61 | militares | |
| Castellanos (Argentina) | T2—822 43 | arquitectura | 725.18 |
| Castelli, Juan | | residenciales | |
| historia de Bolivia | 984.04 | arquitectura | 728.81 |

| | |
|---|---|
| Catálogos en línea | 025.313 2 |
| Catálogos legibles por máquina | |
| formato | 025.316 |
| Catálogos por autores | 025.315 |
| bibliografía | 018 |
| bibliotecología | 025.315 |
| Catálogos por materia | |
| bibliografía | 017 |
| Catálogos temáticos | 780.216 |
| de compositores individuales | 780.92 |
| Catálogos (Materiales bibliográficos) | 025.31 |
| bibliografías | 017 |
| bibliotecología | 025.31 |
| Catalpas | 583.54 |
| Cataluña (España) | T2—467 |
| Catamarca (Argentina: Ciudad) | T2—824 5 |
| Catamarca (Argentina: Provincia) | T2—824 5 |
| Catamayo (Ecuador) | T2—866 256 |
| Cataño (Puerto Rico) | T2—729 523 |
| Catanzaro (Italia: Ciudad) | T2—457 811 |
| Catanzaro (Italia: Provincia) | T2—457 81 |
| Catapultas | 623.441 |
| Catarama (Ecuador) | T2—866 334 |
| Cataratas | T2—169 4 |
| geomorfología | 551.484 |
| Cataratas del Niagara (Ontario y Nueva York) | T2—713 39 |
| Nueva York | T2—747 99 |
| Ontario | T2—713 39 |
| Cataratas Victoria | T2—689 1 |
| Cataratas (Oftalmología) | 617.742 |
| v.a. Ojos | |
| Catarina (Nicaragua) | T2—728 514 3 |
| Cataristas (Iglesia) | 284.4 |
| Catarro común | 616.205 |
| Catárticos | |
| farmacología | 615.732 |
| v.a. Sistema digestivo | |
| Catástrofes | 904 |
| aspectos administrativos | 658.477 |
| derecho | 344.053 4 |
| derecho internacional | 341.766 |
| efectos sociales | 303.485 |
| enfermería | 610.734 9 |
| psicología | 155.935 |
| seguros | 368.122 |
| seguridad personal | 613.69 |
| v.a. Aseguradores | |

| | |
|---|---|
| Catástrofes (continuación) | |
| servicios sociales | 363.34 |
| administración pública | 350.754 |
| central | 351.754 |
| local | 352.935 4 |
| Catástrofes (Matemáticas) | 514.74 |
| Catchword | |
| indización | 025.486 |
| Catecismo | 291.2 |
| cristianismo | 238 |
| Catecoles | 547.633 |
| Catedrales | |
| arquitectura | 726.6 |
| mobiliario | 247.1 |
| v.a. Edificios religiosos | |
| sistema de gobierno | |
| cristianismo | 262.3 |
| Categorías abelianas | 512.55 |
| Categorías (Matemáticas) | 511.3 |
| álgebra topológica | 512.55 |
| Catellón (España) | T2—467 61 |
| Catepsinas | |
| bioquímica | 574.192 56 |
| Catequismo | |
| puericultura | 649.7 |
| Catequesis | 268 |
| Caterma (Chile) | T2—831 663 |
| Cathartidae | 598.912 |
| Catia La Mar (Venezuela) | T2—877 3 |
| Cationes | 544.12 |
| Catleya | 584.15 |
| Catolicidad | 262.72 |
| Catolicismo | 282 |
| áreas de influencia | T2—176 12 |
| v.a. Iglesia católica | |
| Católicos | 282.092 |
| grupo religioso | T7—22 |
| Católicos del rito oriental | 281.5 |
| v.a. Iglesia Oriental | |
| Catoosa (Estados Unidos: Condado) | T2—758 326 |
| Catron (Estados Unidos: Condado) | T2—789 93 |
| Cattaraugus (Estados Unidos: Condado) | T2—747 94 |
| Cattle Landing (Belice) | T2—728 255 |
| CATV | 384.554 6 |
| Cauca (Colombia) | T2—861 53 |
| Cáucaso | T2—475 |
| antiguo | T2—395 |
| Caucasoides | T5—034 |

| | | | |
|---|---|---|---|
| Cazuelas | 641.821 | Cefalonia (Grecia) | T2—495 5 |
| CD (Discos compactos) | | Cefalopoda | 594.5 |
| grabación del sonido | 621.389 32 | paleozoología | 564.5 |
| CD-ROM | 004.56 | Cefalotaceae | 583.38 |
| bibliografía | 011.3 | Cefalotaxaceae | 585.2 |
| ingeniería | 621.397 6 | paleobotánica | 561.52 |
| CDD (Clasificación Decimal | | Cefeidas | 523.844 25 |
| Dewey) | 025.431 | Ceguera | 617.712 |
| CDU (Clasificación Decimal | | bienestar social | 362.41 |
| Universal) | 025.432 | incidencia | 614.599 7 |
| Ceará (Brasil) | T2—813 1 | oftalmología | 617.712 |
| Ceará Mirim (Brasil) | T2—813 25 | v.a. Ojos | |
| Cebada | 641.331 6 | Ceguera para los colores | |
| botánica | 584.93 | incidencia | 614.599 7 |
| cocina | 641.631 6 | oftalmología | 617.759 |
| cultivo | 633.16 | Ceiba (Puerto Rico) | T2—729 593 4 |
| cultivo forrajero | 633.256 | Ceibas | 583.19 |
| Cebidae | 599.82 | Ceilán | 954.93 |
| Cebolla | 641.352 5 | | T2—549 3 |
| botánica | 584.324 | Ceilaneses | T5—914 13 |
| cocina | 641.652 5 | Celastraceae | 583.271 |
| horticultura | 635.25 | Celastrales | 583.271 |
| tecnología de alimentos | 664.805 25 | Celdas combustibles | 621.312 429 |
| Cebolleta | 641.352 6 | Celdas fotovoltaicas | 621.381 542 |
| botánica | 584.324 | Celdas monásticas | |
| cocina | 641.652 6 | arquitectura | 726.79 |
| horticultura | 635.26 | Celdas solares | 621.312 44 |
| Cebollino | 584.324 | Célebes (Indonesia) | T2—598 4 |
| Cebras | 599.725 | Celebraciones | 394.2 |
| caza mayor | 799.277 25 | administración pública | 350.859 |
| producción animal | 636.18 | central | 351.859 |
| Cebu (Filipinas) | T2—599 5 | local | 352.945 9 |
| Cebúes | 599.735 8 | cocina | 641.568 |
| producción animal | 636.291 | costumbres | 394.2 |
| Cebúes | 599.735 8 | fuerzas militares | 355.16 |
| Cecilias | 597.7 | Guerra Sudafricana | 968.048 6 |
| Cedro | 585.2 | Guerra Civil (Estados Unidos) | 973.76 |
| maderas | 674.144 | Guerra de 1812 | 973.526 |
| silvicultura | 634.975 6 | Guerra del Golfo, 1991 | 956.704 426 |
| CEE | 341.242 2 | Guerra del Vietnam | 959.704 36 |
| v.a. Comunidad Económica | | Guerra Hispano-Amerciana | 973.896 |
| Europea | | Guerra con México | 973.626 |
| Cefalalgia | 616.849 1 | Guerra Mundial I | 940.46 |
| v.a. Sistema nervioso | | Guerra Mundial II | 940.546 |
| Cefalea | | Revolución de los Estados Unidos | 973.36 |
| sintomatología | | Celecantos | 597.46 |
| enfermedades neorológicas | 616.849 1 | Celentéreos | 593.46 |
| v.a. Sistema nervioso | | paleozoología | 563.5 |
| Cefalea concentrada | | Celesta | 786.83 |
| sintomatología | | v.a. Instrumentos de percusión | |
| enfermedades neurológicas | 616.849 1 | | |

| | | | |
|---|---|---|---|
| Cenozoico | 551.78 | Centro de gravedad | |
| geología | 551.78 | aeronaves | 629.134 57 |
| paleontología | 560.178 | Centro-norte de los Estados | |
| Censos | | Unidos | 977 |
| administración pública | 351.819 | | T2—77 |
| fuentes genealógicas | 929.3 | Centro-sur de Estados Unidos | 976 |
| informes estadísticos | 310 | | T2—76 |
| Censura | 363.61 | Centroamérica | 972.8 |
| administración pública | 350.75 | | T2—728 |
| central | 351.75 | Centrolepidaceae | 584.45 |
| local | 352.935 | Centrómeros | 574.876 23 |
| bibliotecas | 025.213 | Centros agrícolas | T2—173 4 |
| control social | 303.376 | Centros bibliográficos | |
| derecho | 344.053 1 | cooperación | 021.64 |
| Centauros | | Centros cívicos | 307.33 |
| folclor | 398.21 | arquitectura | 725.1 |
| sociología | 398.45 | aspectos sociales | 307.33 |
| Centelleos | | urbanismo | 711.551 |
| física nuclear | | Centros comerciales | 381.1 |
| contadores | 539.775 | administración | 658.87 |
| óptica atmosférica | 551.565 | administración de la planta física | 647.962 1 |
| Centeno | 641.331 4 | arquitectura | 725.21 |
| botánica | 584.93 | urbanismo | 711.552 2 |
| cocina | 641.631 4 | Centros culturales | |
| cultivos | 633.14 | arquitectura | 725.804 2 |
| forrajes | 633.254 | urbanismo | 711.57 |
| tecnología de alimentos | 664.725 | Centros de contratación | 331.889 4 |
| Central Lowlands (Escocia) | T2—413 | economía | 331.889 4 |
| Central Lowlands (Paraguay) | T2—892 122 | Centros de convenciones | |
| Centrales hidroelétricas | 621.312 134 | administración de la planta física | 647.969 1 |
| Centrales nucleares | 621.483 | arquitectura | 725.91 |
| derecho | 343.092 5 | Centros de documentación | 027 |
| Centrales (Botánica) | 589.481 | operaciones | 025 |
| Centralismo | | publicaciones por | 070.594 |
| historia de México | 972.043 | relaciones | 021 |
| Centralismo democrático | 335.43 | v.a. Bibliotecas | |
| economía | 335.43 | Centros de información | 027 |
| Centralitas privadas | | operaciones | 025 |
| telefonía | 621.385 8 | publicaciones | 070.594 |
| Centralitas telefónicas | | v.a.Bibliotecas | |
| inhalámbricas | 384.535 | Centros de materiales educativos | 027.7 |
| servicios de comunicaciones | 384.65 | bibliotecas universitarias | 027.7 |
| Centralización | | bibliotecas escolares | 027.8 |
| administración pública | 350.007 3 | Centros de procesos técnicos | |
| central | 351.007 3 | bibliotecología | 025.2 |
| local | 352.000 473 | Centros de recreación | 790.068 |
| sistemas bibliotecarios | 021.6 | actividades recreativas | 790.068 |
| Centrifugación | | arquitectura | 725.804 2 |
| látex | 678.522 | construcción | 690.580 42 |
| tratamiento de aguas negras | 628.34 | Centros de recursos escolares | 027.8 |

| | | | |
|---|---|---|---|
| Centros de rehabilitación | 365.34 | Cerargirita | |
| instituciones penales | 365.34 | minerología | 549.4 |
| delincuencia juvenil | 365.42 | Ceras | 665.1 |
| jóvenes desadaptados | 362.34 | bioquímica | 574.192 47 |
| Centros deportivos | | materiales para escultura | 731.2 |
| arquitectura | 725.804 3 | pintura | 751.46 |
| Centros para espectáculos | | química | 547.77 |
| arquitectura | 725.83 | tallado | 736.93 |
| urbanismo | 711.558 | Ceras animales | 665.13 |
| Centros residenciales | | Ceras mezcladas | 665.19 |
| urbanismo | 711.45 | Ceras minerales | 665.4 |
| Centros rurales | 307.72 | Ceras para pulir | 667.72 |
| Centros sanitarios | 362.12 | Ceras vegetales | 665.12 |
| Centros sociales | | Ceratodiformes | 597.48 |
| actividades recreativas | 790.068 | Ceratofilaceae | 583.111 |
| arquitectura | 727.9 | Ceratomorpha | 599.72 |
| urbanismo | 711.55 | paleozoología | 569.72 |
| Centros urbanos | 307.333 16 | Ceratophyllaceae | 583.111 |
| planificación urbana | 711.552 2 | Cerbatanas | |
| renovación urbana | 307.342 | deporte | 799.202 82 |
| sociología de la comunidad | 307.333 16 | Cercamiento de tierras comunales | |
| Centrosomas | 574.873 4 | economía | 333.2 |
| Ceolitas | | Cercano Oriente | 956 |
| mineralogía | 549.68 | | T2—56 |
| Cephalocarida | 595.31 | Cercas | |
| Cepillos de carpintería | 621.912 | agricultura | 631.27 |
| Cepillos de cerda | | arquitectura del paisaje | 717 |
| manufactura | 679.6 | Cerchas | |
| Cera | | arquitectura naval | 623.817 73 |
| pintura | 751.46 | ingeniería estructural | 624.177 3 |
| tallado | 736.93 | Cercidiphylaceae | 583.114 |
| Cera candelilla | 665.12 | Cercopithecidae | 599.82 |
| Cera de abejas | 638.17 | Cercopoidea | 595.752 |
| Cera de caña de azúcar | 665.12 | Cerda | |
| Cera de lino | 665.12 | productos | 679.6 |
| Cera de mirto | 665.12 | Cerdeña | T2—459 |
| Cera de parafina | | antiguo | T2—379 |
| natural | 665.4 | Cerdos | 599.734 |
| producto del petróleo | 665.538 5 | producción animal | 636.4 |
| Cera-perdida | | Cereales | |
| escultura | 731.456 | alimento para animales | |
| metales | 671.255 | tecnología de alimentos | 664.762 |
| Cerambycoidea | 595.764 8 | cultivos de campo | 633.1 |
| Ceramiales | 589.41 | cultivos forrajeros | 633.25 |
| Cerámica | 666 | Cereales para el desayuno | 641.331 |
| arte | 738 | cocina | 641.631 |
| materiales de ingeniería | 620.14 | tecnología de alimentos | 664.756 |
| tecnología | 666.3 | Cerebelo | 596.018 8 |
| Ceramistas | 738.92 | anatomía humana | 611.81 |
| grupo ocupacional | T7—738 | cirugía | 617.481 |
| | | incidencia | 614.598 |

| | |
|---|---|
| Cerebelo | |
| cirugía (continuación) | |
| medicina | 616.8 |
| fisiología de vertebrados | 596.018 8 |
| fisiología humana | 612.82 |
| v.a. Sistema nervioso | |
| Cerebro | |
| anatomía humana | 611.81 |
| fisiología humana | 612.825 |
| v.a. Sistema nervioso | |
| Ceremoniales | |
| liturgia católica | 264.022 |
| militares | 355.17 |
| Ceremonias | 390 |
| costumbres | 390 |
| fuerzas armadas | 355.17 |
| oficiales | |
| costumbres | 394.4 |
| Ceremonias religiosas | |
| cristianismo | 264 |
| islamismo | 297.38 |
| judaísmo | 296.4 |
| religión comparada | 291.38 |
| religión natural | 217 |
| v.a. Culto, Ritos | |
| Cereté (Colombia) | T2—861 124 |
| Cerezas | 641.342 3 |
| botánica | 583.372 |
| cocina | 641.642 3 |
| fruticultura | 634.23 |
| Cerezo | 583.372 |
| silvicultura | 634.973 372 |
| Ceriflor | 583.932 |
| Cerifolio | 583.48 |
| Cerigo (Grecia) | T2—495 2 |
| Cerio | |
| geología económica | 553.494 3 |
| química | 546.412 |
| Cernido de granos | |
| tecnología de alimentos | 664.720 4 |
| Cerraduras | |
| construcción | 721.8 |
| manufactura | 683.2 |
| Cerraduras de automóviles | 629.275 |
| Cerrajería | 683.3 |
| Cerritos (México) | T2—724 43 |
| Cerro Chato (Uruguay) | T2—895 224 |
| Cerro de Pasco (Perú) | T2—852 35 |
| Cerro Largo (Uruguay) | T2—895 23 |
| Certámenes musicales | 780.79 |

| | |
|---|---|
| Certeza | |
| epistemología | 121.63 |
| Certidumbre | |
| epistemología | 121.6 |
| Certificaciones | |
| administración pública | 350.8 |
| central | 351.8 |
| local | 352.8 |
| Certificados | |
| de defunción | 614.12 |
| de nacimiento | 614.11 |
| prematrimonial | 614.17 |
| Certificados de crédito | |
| finanzas públicas | 336.32 |
| Certificados de depósito | 332.175 2 |
| Certificados hipotecarios | 332.632 3 |
| Certiidae | 598.823 |
| Cerusita | |
| mineralogía | 549.785 |
| Cerveza | 641.23 |
| cocina | 641.623 |
| preparación doméstica | 641.873 |
| procesamiento industrial | 663.42 |
| Cervicitis | |
| ginecología | 618.142 |
| Cervoidea | 599.935 7 |
| producción animal | 636.294 |
| Cesalpiniaceae | 583.323 |
| Cesar (Colombia) | T2—861 23 |
| Cesárea | |
| cirugía | 618.86 |
| Ceshire (Inglaterra) | T2—427 1 |
| Cesio | 669.725 |
| geología | 553.499 |
| ingeniería química | 661.35 |
| metalurgia | 669.725 |
| química | 546.385 |
| Césped | |
| arquitectura del paisaje | 716 |
| botánica | 584.93 |
| floricultura | 635.964 |
| Cestacea | 599.5 |
| paleozoología | 569.5 |
| Cestas de mar | 593.94 |
| Cestoda | 595.121 |
| enfermedades causadas por | 616.964 |
| Cestodaria | 595.121 |
| Cestos | |
| artesanías | 746.412 |
| Cetonas | 547.036 |
| ingeniería química | 661.85 |

| | |
|---|---|
| Charlton (Estados Unidos: Condado) | T2—758 752 |
| Charolado del cuero | 675.25 |
| Chasis (Automóviles) | 629.24 |
| Chateaux arquitectura | 728.8 |
| Chatham (Nueva Zelanda) | T2—931 1 |
| Chatham, Ga. (Estados Unidos: Condado) | T2—758 724 |
| Chattahoochee (Estados Unidos: Condado) | T2—758 476 |
| Chattisgarhi (Lengua) | 491.4 |
| | T6—914 9 |
| Chattisgarhi (Literatura) | 891.4 |
| Chattooga (Estados Unidos: Condado) | T2—758 344 |
| Chautauqua, N.Y. (Estados Unidos: Condado) | T2—747 95 |
| Chaves (Estados Unidos: Condado) | T2—789 43 |
| Chavetas | 621.883 |
| Chávez, Federico historia de Paraguay | 989.207 1 |
| Chebyshev (Polinomiales) | 515.55 |
| Chechén (Lengua) | 499.96 |
| | T6—999 6 |
| Chechenes | T5—999 6 |
| Chechenia-Ingushetia (ex URSS) | T2—475 2 |
| Checo (Lengua) | 491.86 |
| | T6—918 6 |
| Checo (Literatura) | 891.86 |
| Checos | T5—918 6 |
| Checoslovacos | T5—918 6 |
| Checoslovaquia | 943.703 |
| | T2—437 |
| Cheddar (Queso) | 641.373 54 |
| Chedicerata | 595.5 |
| Cheilostomata | 594.71 |
| Chekiang (China) | T2—512 42 |
| Chelati | 541.225 3 |
| Chelmosford (Inglaterra) | T2—426 752 |
| Chelonia | 597.92 |
| paleozoología | 567.92 |
| Chelsea, Londres (Inglaterra) | T2—421 34 |
| Cheltenham (Inglaterra) | T2—424 16 |
| Chelyabinsk (ex URSS) | T2—474 3 |
| Chemung (Estados Unidos: Condado) | T2—747 78 |
| Chenango (Estados Unidos: Condado) | T2—747 73 |
| Chenopodiaceae | 583.913 |
| Chenopodiales | 583.913 |
| Chepang (Lengua) | 495.49 |
| | T6—954 9 |
| Chepang (Pueblo) | T5—95 |
| Chépica (Chile) | T2—833 233 |
| Chepigana (Panamá) | T2—728 743 |
| Chepo (Panamá) | T2—728 731 6 |
| Cheques derecho | 346.096 |
| economía | 332.76 |
| Cher (Francia) | T2—445 52 |
| Cheremis (Lengua) | 494.56 |
| | T6—945 6 |
| Cheremises | T5—945 6 |
| Cherkasy (ex URSS) | T2—477 6 |
| Chernenko, K.U. (Kontantin Ustinovich) historia de Rusia | 947.085 4 |
| Chernihiv (ex URSS) | T2—477 6 |
| Chernivtsy (ex URSS) | T2—477 9 |
| Cherokee (Lengua) | 497.5 |
| | T6—975 |
| Cherokee, Ala. (Estados Unidos: Condado) | T2—761 65 |
| Cherokee, Ga. (Estados Unidos: Condado) | T2—758 253 |
| Cherokee, Tex. (Estados Unidos: Condado) | T2—764 183 |
| Cheroqué (Lengua) | 497.5 |
| | T6—975 |
| Cheroqués | T5—975 |
| Cheshire (Ganado) | 636.484 |
| Cheshire (Inglaterra) | T2—427 1 |
| Chester White (Ganado) | 636.484 |
| Chester (Inglaterra) | T2—427 14 |
| Chesterfield (Inglaterra) | T2—425 12 |
| Chetumal (México) | T2—726 74 |
| Chewa (Lengua) | 496.391 8 |
| | T6—963 918 |
| Chewa (Pueblo) | T5—963 918 |
| Chianti (Italia) | T2—455 1 |
| Chiantla (Guatemala) | T2—728 171 6 |
| Chiapas (México) | T2—727 5 |
| Chibcha | 498.2 |
| | T6—982 |
| América del Norte | 497.8 |
| | T6—978 |
| Chibchas (Grupo indígena) | T5—982 |
| Chicacao (Guatemala) | T2—728 165 4 |
| Chicago (Estados Unidos) | T2—773 11 |

| | |
|---|---|
| Chiquimula (Guatemala: | |
| Departamento) | T2—728 141 |
| Chiquimulilla (Guatemala) | T2—728 144 4 |
| Chiquinquirá (Colombia) | T2—861 373 |
| Chirilagua (El Salvador) | T2—728 432 5 |
| Chirimoya | 583.115 |
| fruticultura | 634.41 |
| Chirimoya | 583.115 |
| Chiriqui Grande (Panamá) | T2—728 712 6 |
| Chiriquí (Panamá) | T2—728 711 |
| Chirivía | 583.48 |
| agricultura | 635.14 |
| Chiromyiidae | 595.774 |
| Chironomidae | 595.771 |
| Chiroptera (Murciélagos) | 599.4 |
| Chismografía | |
| ética | 177.2 |
| psicología social | 302.24 |
| Chitagong (Bangladesh) | T2—549 23 |
| Chitas | 599.744 28 |
| producción animal | 636.89 |
| Chitons | 594.19 |
| Chitral (Pakistán) | T2—549 122 |
| Chitré (Panamá) | T2—728 724 2 |
| Chittagong (Bangladesh) | T2—549 23 |
| Chivacoa (Venezuela) | T2—872 65 |
| Chlaenaceae | 583.166 |
| Chlamydiales | 589.93 |
| Chlorantaceae | 583.925 |
| Chlorideae | 584.93 |
| Chlorococcales | 589.47 |
| Chloromonadida | 593.18 |
| Chloromonadophyta | 589.4 |
| Chlorophyta | 589.47 |
| Choapa (Chile) | T2—832 38 |
| Chocanta (Venezuela) | T2—871 33 |
| Chochas | 598.33 |
| Chochines | 598.833 |
| Chockwe-Luchazi (Lengua) | 496.399 |
| | T6—963 99 |
| Chocó (Colombia) | T2—861 27 |
| Chocolate | 641.337 4 |
| bebidas | |
| procesamiento industrial | 663.92 |
| cocina | 641.637 4 |
| tecnología de alimentos | 664.5 |
| Choctaw | 497.3 |
| | T6—973 |
| Choctaw, Ala. (Estados | |
| Unidos: Condado) | T2—761 395 |

| | |
|---|---|
| Choctaw, Miss. (Estados | |
| Unidos: Condado) | T2—7762 694 |
| Chokwe (Lengua) | 496.399 |
| | T6—963 99 |
| Chokwe (Pueblo) | T5—963 99 |
| Chola | 583.47 |
| Choloma (Honduras) | T2—728 311 3 |
| Choluteca (Honduras: Ciudad) | T2—728 351 2 |
| Choluteca (Honduras: | |
| Departamento) | T2—728 351 |
| Chonchi (Chile) | T2—835 65 |
| Chondirchthyes | 597.3 |
| paleozoología | 567.3 |
| Chondrophora | 593.71 |
| Chondrostei | 587.44 |
| Chone (Ecuador) | T2—866 347 |
| Chong-kie | 794.18 |
| Chontales (Nicaragua) | T2—728 527 |
| Chopi (Lengua) | 496.397 |
| | T6—963 7 |
| Chopis | T5—963 97 |
| Choque quirúrgico | 617.21 |
| Choque tramáutico | 617.21 |
| Choques de barcos | |
| prevención | |
| seguridad naval | 623.888 4 |
| Chordariales | 589.45 |
| Chordata | 596 |
| paleozoología | 566 |
| Chorley (Inglaterra) | T2—427 615 |
| Chorlitos | 598.33 |
| Chos-Malal (Argentina) | T2—827 24 |
| Chow Chows | |
| producción animal | 636.72 |
| v.a. Perros | |
| Choya (Argentina) | T2—825 25 |
| Chrétien, Jean | |
| historia de Canadá | 971.064 8 |
| Christchurch (Inglaterra) | T2—423 39 |
| Christchurch (Nueva Zelanda) | T2—931 55 |
| Chrolitos | 598.33 |
| Chroococcales | 589.46 |
| Chrysocapsales | 589.487 |
| Chrysomanadida | 593.18 |
| Chrysomeloidea | 595.764 8 |
| Chrysomonadales | 589.487 |
| Chrysomonadida | 593.18 |
| Chrysophyceae | 589.487 |
| Chrysophyta | 589.48 |
| Chrysosphaerales | 589.487 |
| Chrysotrichales | 589.487 |

| | | | |
|---|---|---|---|
| Ciegos | 305.908 161 | Ciencia ficción (continuación) | |
| | T1—087 1 | películas | 791.436 15 |
| | T7—081 61 | programas de radio | 791.44615 |
| educación | 371.911 | programas de televisión | 791.456 15 |
| grupo social | 305.908 161 | Ciencia física | 500.2 |
| libros parlantes | | Ciencia forestal | 634.9 |
| bibliografía | 011.38 | administración pública | 351.823 38 |
| servicios bibliotecarios | 027.663 | Ciencia jurídica | 340 |
| servicio de museos | 069.17 | Ciencia militar | 355 |
| servicios sociales | 362.41 | Ciencia náutica | 623.88 |
| Cielo | 291.23 | Ciencia política | 320 |
| cristianismo | 236.24 | Ciencias | T1—015 |
| culto religioso | 291.212 | administración pública | 351.855 |
| islamismo | 297.23 | bibliotecas | 026.5 |
| Cielos rasos | | ciencias naturales | 500 |
| edificios | 698 | conocimiento total | 001 |
| Ciempies | 595.62 | representación artística | 704.949 5 |
| paleozoología | 565.62 | sistemas de información | 025.065 |
| Cien Días, 1815 | | Ciencias actuariales | 368.01 |
| historia de Francia | 944.05 | Ciencias aplicadas | 600 |
| Ciénaga de Oro (Colombia) | T2—861 125 | Ciencias botáncas | 580 |
| Ciénaga (Colombia) | T2—861 163 | Ciencias de la tierra | 550 |
| Ciénagas | | sistemas de información | 025.065 5 |
| ecología | 574.526 32 | Ciencias de la vida | 570 |
| Ciénagas Pripet (ex URSS) | T2—478 | religión | 291.175 |
| Ciencia | 500 | cristianismo | 261.55 |
| derecho | 344.095 | teología natural | 215.7 |
| educación primaria | 372.35 | Ciencias del mar | 551.46 |
| proyectos de ciencias | 507.8 | Ciencias domésticas | 640 |
| efectos sociales | 303.483 | Ciencias espaciales | 509.2 |
| folclor | 398.26 | grupos profesionales | T7—5 |
| sociología | 398.36 | polémica cristiana | 239.8 |
| literatura | 808.803 56 | polémica islámica | 297.298 |
| literaturas específicas | T3B—080 356 | Ciencias médicas | 610 |
| historia y crítica | T3B—093 56 | folclor | 398.27 |
| historia y crítica | 809.933 56 | sociología | 398.353 |
| sociología | 306.45 | sistemas de información | 025.066 1 |
| uso en agricultura | 338.16 | Ciencias naturales | 500 |
| Ciencia actuarial | 368.01 | administración pública | 351.855 |
| Ciencia biológica | 570 | Ciencias ocultas | 133 |
| Ciencia cristiana | 289.5 | Ciencias puras | 500 |
| v.a. Denominaciones cristianas | | Ciencias sociales | 300 |
| Ciencia de la información | 020 | educación primaria | 372.83 |
| Ciencia de los computadores | 004 | Ciencias sociales | |
| | T1—028 5 | sistemas de información | 025.063 |
| Ciencia del comportamiento | 300 | Ciencias zoológicas | 590 |
| psicología | 150 | Cienfuegos (Cuba) | T2—729 143 |
| Ciencia ficción | 808.838 762 | Cieno activado | 628.354 |
| historia y crítica | 809.387 15 | ingeniería hidráulica | 627.122 |
| literaturas específicas | T3B—308 762 | tratamiento | |
| autores individuales | T3A—3 | abonos | 631.869 |

| | | | |
|---|---|---|---|
| Citas | 080 | Ciudadanos (continuación) | |
| literatura | 808.882 | relaciones con el ejecutivo | |
| de autores individuales | T3A—8 | administración pública | 350.003 |
| literaturas específicas | T3B—802 | central | 351.003 |
| Citas (Indización) | 025.48 | local | 352.008 |
| Citeres (Grecia) | T2—495 2 | relaciones con el estado | 323 |
| Citoesqueleto | 574.873 4 | Ciudades | 307.76 |
| Citófonos | | administración pública | 352.007 24 |
| servicios de oficina | 651.79 | gobierno | 320.85 |
| Citogenética | 574.873 22 | influencia psicológica | 155.942 |
| Citología | 574.87 | influencia sobre la precipitación | 551.577 5 |
| v.a. Célula | | planificación | 307.121 6 |
| Citología comparada | 574.87 | administración pública | 350.823 26 |
| Citología diagnostica | | central | 351.823 26 |
| medicina | 616.075 82 | local | 352.96 |
| Citopatología | 574.876 5 | urbanismo | 711.4 |
| humana | 611.018 15 | sociología | 307.76 |
| Citoplasma | 574.873 4 | Ciudades industriales | 307.766 |
| Citoquímica | 574.876 042 | urbanismo | 711.45 |
| Citoquinesis | | Ciudades mineras | 307.766 |
| citología | 574.876 2 | Ciudades universitarias | |
| Cítricos | 583.24 | urbanismo | 711.57 |
| agricultura | 634.3 | Ciuffolotti | 598.883 |
| limas | 634.337 | Civetas | 599.744 22 |
| limones | 634.334 | Civetas | 599.744 22 |
| cocina | 641.643 04 | Civilización | 909 |
| fruticultura | 634.304 | Biblia | 220.95 |
| tecnología de alimentos | 664.804 304 | historia | 909 |
| Citrus (Estados Unidos: | | antigua | 930 |
| Condado) | T2—759 72 | lugares específicos | 930–990 |
| Ciudad de Londres (Inglaterra) | T2—421 2 | pintura | 758.99 |
| Ciudad de México | T2—725 3 | sociología | 306 |
| Ciudad del cabo (Sudáfrica) | T2—687 355 | Civilización antigua | 930 |
| Ciudad del Vaticano | 945.634 | Civilización extraterrestre | 999 |
| | T2—456 34 | Civilizaciones prearias (India) | 934.01 |
| Ciudadadelas empresariales | 307.767 | Cizallamiento | |
| urbanismo | 711.45 | herramientas para | 621.93 |
| Ciudadanía | 323.6 | materiales de ingeniería | 620.112 45 |
| derecho | 342.083 | Clackmannan (Escocia) | T2—413 1 |
| derecho internacional | 341.482 | Cladocera | 595.32 |
| educación primaria | 372.832 | paleozoología | 565.32 |
| ética | 172.1 | Cladocopos | 595.33 |
| v.a. Etica política | | paleozoología | 565.33 |
| política | 323.6 | Cladoforales | 589.47 |
| Ciudadanos | | Cladoselacios | 567.3 |
| bienestar social | 361.25 | Claiborne (Estados Unidos: | |
| participación | 323.042 | Parroquia) | T2—763 94 |
| campaña electoral | 324.72 | Clairborne, Miss. (Estados | |
| prevención del crimen | 364.43 | Unidos: Condado) | T2—762 285 |
| | | Clamidomonas | 589.47 |

| | | | |
|---|---|---|---|
| Cloruros | | Coagulantes | |
| ingeniería química | 661.42 | farmacodinámica | 615.718 |
| Cloruros de vinilideno | 668.423 7 | v.a. Sistema cardiovascular | |
| Clostridium | 589.95 | Coahoma (Estados Unidos: | |
| Club atlético | | Condado) | T2—762 44 |
| edificio | | Coahuila (México) | T2—721 4 |
| arquitectura | 725.85 | Coamo (Puerto Rico) | T2—729 573 |
| Club de equitación | | Coarí (Brasil) | T2—811 37 |
| edificio | | Coatepeque (El Salvador) | T2—728 412 4 |
| arquitectura | 725.88 | Coatíes | 599.744 43 |
| Club del libro | 070.5 | Coatzacoalcos (México) | T2—726 23 |
| Clubes | | Cobaceae | 583.54 |
| administración | 647.94 | Cobalto | 669.733 |
| directivos | 335.36 | geología económica | 553.483 |
| edificios | | ingeniería química | 661.062 3 |
| arquitectura | 728.4 | materiales de ingeniería | 620.189 33 |
| socios | T7—367 | metalografía | 669.957 33 |
| Clubes de estudio | 367 | metalurgia | 669.733 |
| Clubes de grupos nacionales | 369.2 | metalurgia física | 669.967 33 |
| Clubes de oficiales | 355.346 | minería | 622.348 3 |
| Clubes de servicios | 369.5 | química | 546.623 |
| miembros | 369.509 2 | química orgánica | 547.056 23 |
| Clubes de servicios comunitarios | 369.5 | aplicada | 661.895 |
| Clubes de suboficiales | 355.346 | v.a. Metales, Sustancias químicas | |
| Clubes deportivos | | Cobán (Guatemala) | T2—728 151 2 |
| arquitectura del paisaje | 712.7 | Cobardía | |
| Clubes políticos | 324.3 | ética | 179.6 |
| Clubes sociales | 367 | v.a. Vicios | |
| Cluniacenses | 255.14 | Cobb (Estados Unidos: | |
| historia de la iglesia | 271.14 | Condado) | T2—758 245 |
| Clupeiformes | 597.55 | Cobertizos para maquinaria y | |
| Clupeomorpha | 567.5 | equipo | 631.25 |
| Clusiacease | 583.163 | Cobertura ampliada | |
| Clwyd (Galles) | T2—429 3 | aprobación | 368.129 |
| Clyde (Escocia) | T2—414 1 | endoso | 368.12 |
| Clydebank (Escocia) | T2—414 32 | v.a. Seguros | |
| Clydesdoles | 636.15 | Cobertura de suelos | |
| Cneoraceae | 583.271 | agricultura | 631.452 |
| Cnidaria | 593.5 | floricultura | 635.964 |
| paleozoología | 563.5 | Cobija (Bolivia) | T2—844 35 |
| Cnidosporidios | 593.19 | Cobijas | 643.53 |
| Coacción | 345.04 | artes textiles | 746.97 |
| Coadjutores | | confección doméstica | 646.21 |
| sermones | 252.592 | equipo doméstico | 643.53 |
| Coagulación | | manufactura | 677.626 |
| tratamiento del agua | | Coblenza (Alemania: Ciudad) | T2—434 323 |
| potable | 628.162 2 | Coblenza (Alemania: Distrito) | T2—434 32 |
| Coagulación de la sangre | | Cobre | 669.3 |
| enfermedad humana | | arquitectura | 721.044 73 |
| medicina | 616.157 | construcción | 693.73 |
| fisiología humana | 612.115 | geología económica | 553.43 |

| | | | |
|---|---|---|---|
| Coco | 584.5 | Código de zonas postales | 383.145 |
| alimento | 641.346 1 | v.a. Servicios postales | |
| cocina | 641.646 1 | Código Morse | 384.14 |
| cultivo alimenticio | 634.61 | Códigos anotados | 348.027 |
| cultivo de fibra | 633.58 | Códigos de catalogación | 015.32 |
| textiles | 677.18 | descripción bibliográfica | 025.324 |
| Cocoa | | Códigos de conducta | |
| economía doméstica | 641.877 | cristianismo | 241.5 |
| técnica | 663.92 | v.a. Teología moral | |
| Cocodrilos | 597.98 | Códigos de señales | 384.14 |
| caza mayor | 799.279 8 | Códigos digitales | 005.82 |
| producción animal | 639.398 | Códigos secretos | |
| Cocolmeca | 584.323 | ciencia de los computadores | 005.82 |
| Cocombrero | 583.114 | Códigos telegráficos | 384.14 |
| Coconino (Estados Unidos: | | v.a. Telegrafía | |
| Condado) | T2—791 33 | Códigos (Derecho) | 348.023 |
| Cocorote (Venezuela) | T2—872 64 | Codó (Brasil) | T2—812 16 |
| Cocos | 584.5 | Codornices | 598.617 |
| cocina | 641.646 1 | Codorniz | 598.617 |
| comida | 641.346 1 | Codos (Humanos) | 612.97 |
| cultivos de | 634.61 | cirugía | 617.574 |
| cultivos de fibras | 633.58 | fisiología humana | 612.97 |
| textiles | 677.18 | medicina regional | 617.574 |
| v.a. Textiles | | v.a. Extremidades superiores | |
| Cocos (Keeling) | 969.9 | Codpa (Chile) | T2—831 23 |
| | T2—699 | Coeducación | 376 |
| Cocteles | 641.874 | Coeficiente de dilatación | 536.41 |
| Cocuyos | 595.765 | Coeficiente de Poisson | 531.381 |
| Codependencia | 362.291 3 | Coeficiente de restitución | 531.382 |
| alcoholismo | 362.292 3 | Coenopteridales | 561.73 |
| bienestar social | 362.292 3 | Coenzimas | 574.192 |
| medicina | 616.861 9 | química | 547.758 |
| bienestar social | 362.291 3 | v.a. Enzimas | |
| medicina | 616.869 | Coerción | |
| Codex Iuris Canonici | | sociología | 303.36 |
| 1917 | 262.93 | Coerción fiscal | |
| 1983 | 262.94 | derecho | 343.04 |
| Codicia | 179.8 | finanzas públicas | 336.206 |
| Codificación | | Cofactores | |
| de datos | 005.72 | bioquímica | 574.192 5 |
| programación | 005.13 | Coffee, Ala. (Estados Unidos: | |
| Codificaciones (Derecho) | 348.004 | Condado) | T2—761 34 |
| derecho internacional | 341.026 7 | Coffee, Ga. (Estados Unidos: | |
| Codificaciones (Sistemas) | 003.54 | Condado) | T2—758 823 |
| Código de barras | | Cofradías | |
| barrido | 004.2 | cristianismo | 248.06 |
| ingeniería | 621.399 | Cogeneración | 333.793 |
| Código de jurisprudencia | | derecho | 343.092 9 |
| comentados | 348.047 | recursos económicos | 333.793 |
| Código de Manu | 294.592 6 | vapor | 621.199 |

| | | | |
|---|---|---|---|
| Colegios electorales (continuación) | | Colisión | |
| manipulación | 328.334 55 | prevención | |
| Colegios militares | 355.077 11 | seguridad marítima | 623.888 4 |
| Coleidea | 594.5 | Colisiones | |
| Coleman (Estados Unidos: | | física del estado sólido | 530.416 |
| Condado) | T2—764 725 | partículas nucleares | 539.757 |
| Colemanita | | Colisiones (Física) | |
| mineralogía | 549.735 | de las partículas | 539.757 |
| Coleoptera | 595.76 | del estado sólido | 530.416 |
| paleozoología | 565.76 | Colitis | 616.344 7 |
| Cólera | 616.932 | v.a. Sistema digestivo | |
| incidencia | 614.514 | Collage | 702.812 |
| Cólera (Psicología) | 152.47 | pintura | 751.493 |
| ética | 179.8 | Collares | 391.7 |
| Coleraine (Irlanda del Norte) | T2—416 2 | arte | 739.278 |
| Colesterol | 574.192 431 | costumbres | 391.7 |
| bioquímica | 574.192 431 | Collembola | 595.715 |
| fisiología | 612.12 | paleozoología | 565.71 |
| química | 547.731 | Collie | |
| Colfax, N.M. (Estados Unidos: | | producción animal | 636.737 |
| Condado) | T2—789 | v.a. Perros | |
| Colgaduras | 645.2 | Collier (Estados Unidos: | |
| administración del hogar | 645.2 | Condado) | T2—759 44 |
| artes textiles | 746.3 | Colligsworth (Estados Unidos: | |
| confección doméstica | 642.21 | Condado) | T2—764 831 |
| decoración de interiores | 747.3 | Collin (Estados Unidos: | |
| manufactura | 684.3 | Condado) | T2—764 556 |
| Colibríes | 598.899 | Collipulli (Chile) | T2—834 5 |
| Coliflor | 641.353 5 | Collor de Mello, Fernando | |
| botánica | 583.123 | Alfonso | |
| cocina | 641.653 3 | historia de Brasil | 981.064 |
| horticultura | 635.35 | Colmena | |
| tecnología de alimentos | 664.805 35 | uso | 638.142 |
| Coliformes | 598.75 | Colmenares | |
| paleozología | 568.7 | emplazamiento de | 638.1 |
| Colima (México: Ciudad) | T2—723 62 | explotación de | 638.14 |
| Colima (México: Estado) | T2—723 6 | Colombia | 986.1 |
| Colimas | 551.436 | | T2—861 |
| | T2—143 | Colombianos | T5—688 61 |
| geografía | 910.914 3 | Colombo (Sri Lanka) | T2—549 3 |
| geografía física | 910.021 43 | Colon | 611.347 |
| geomorfología | 551.436 | anatomía humana | 611.347 |
| Colimbo | 598.443 | cirugía | 617.554 7 |
| Colinabo | 621.351 26 | fisiología humana | 612.36 |
| botánica | 583.123 | Colon sigmoideo | |
| cocina | 641.651 26 | anatomía humana | 611.347 |
| cultivo | 635.126 | cirugía | 617.554 7 |
| tecnología de alimentos | 664.805 126 | fisiología humana | 612.360 |
| Colinas (Honduras) | T2—728 385 4 | v.a. Sistema digestivo | |
| Coliralsano | 583.123 | Colón (Argentina) | T2—822 13 |
| | | Colón (Cuba) | T2—729 121 3 |

| | | | |
|---|---|---|---|
| Columnatas | 721.2 | Comayaguela (Honduras) | T2—728 371 4 |
| arquitectura | 721.2 | Combado | |
| construcción | 690.12 | materiales de ingeniería | 620.112 44 |
| Columnillas | 721.3 | Combarbalá (Chile) | T2—832 35 |
| arquitectura | 721.3 | Combate con cuchillo | |
| construcción | 690.13 | adiestramiento básico | 355.548 |
| Colusa (Estados Unidos: | | Combate en las calles | 355.426 |
| Condado) | T2—794 33 | Combate sin armas | 796.81 |
| Colusión | 364.134 | adiestramiento militar | 355.548 |
| derecho | 345.023 4 | deporte | 796.51 |
| Colydioidea | 595.769 | Combates casa por casa | 355.426 |
| paleozoología | 565.76 | Combates entre animales | 791.8 |
| Colymbiformes | 598.443 | ética | 175.6 |
| paleozoología | 568.4 | representaciones | 791.8 |
| COM (Computer Output in | | Combatientes | |
| Microfilm) | | derecho bélica | 341.67 |
| catálogos | | Combinación | |
| bibliotecología | 025.313 | manufactura del caucho | 678.23 |
| equipos | 004.77 | Combinación nórdica | 796.932 |
| ingeniería | 621.398 7 | Combinaciones de empresas | 338.8 |
| manufactura | 681.6 | administración | 658.046 |
| Coma | | contabilidad | 657.96 |
| sintomatología | 616.849 | creación | 658.114 6 |
| enfermedades neurológicas | 616.849 | derecho internacional | 341.753 |
| v.a. Sistema nervioso | | economía | 338.8 |
| Comadrejas | 599.744 47 | Combinaciones horizontales | |
| Comadronas | | de empresas | 338.804 2 |
| derecho | 344.041 5 | Combinaciones verticales de | |
| papel y función | 618.202 23 | empresas | 338.804 2 |
| Comagene | T2—393 6 | Combinaciones (Matemáticas) | 511.64 |
| Comal (Estados Unidos: | | aritmética | 513.25 |
| Condado) | T2—764 887 | teoría de los números | 512.72 |
| Comala (México) | T2—723 64 | álgebra | 512.925 |
| Comalapa (Guatemala) | T2—728 161 3 | Combretaceae | 583.42 |
| Comalcalco (México) | T2—726 34 | Combustible diesel | 665.538 4 |
| Comanche, Tex. (Estados | | Combustibles | 662.6 |
| Unidos: Condado) | T2—764 554 | abastecimiento militar | 355.83 |
| Comandante Fernández | | aeronaves | 629.134 351 |
| (Argentina) | T2—823 43 | automóviles | 629.253 8 |
| Comandos | 356.167 | calefacción de edificios | 697.04 |
| ataques | 355.422 | economía de los recursos | 333.82 |
| Comandos | | hornos metalúrgicos | 669.81 |
| fuerzas armadas | 356.167 | ingeniería del vapor | 621.182 |
| operaciones militares | 355.422 | ingeniería química | 662.6 |
| Comapa (Guatemala) | T2—728 143 4 | ingeniería térmica | 621.402 3 |
| Comasagua (El Salvador) | T2—728 422 5 | motores marinos | 623.874 |
| Comayagua (Honduras: | | naves espaciales | 629.475 |
| Ciudad) | T2—728 372 3 | no tripuladas | 629.465 |
| Comayagua (Honduras: | | reactores nucleares | 621.483 35 |
| Departamento) | T2—728 372 | | |

| | | | |
|---|---|---|---|
| Comercio mayorista (continuación) | | Comités | 302.34 |
| distribución | 381.2 | v.a. Comisiones | |
| administración | 658.86 | Comités de acción política | 324.4 |
| Comerío (Puerto Rico) | T2—729 582 6 | derecho | 342.078 |
| Cometa Halley | 523.642 | relaciones con el estado | 322.4 |
| Cometas | 523.6 | Commelinaceae | 584.38 |
| | T2—993 | Commelinales | 584.38 |
| Cometas (Recreación) | 796.15 | Commodities | 338.02 |
| Comida para bebés | 641.300 832 | economía de la inversión | 332.632 8 |
| Comidas | 642 | administración pública | 351.826 |
| costumbres | 394.1 | especulación | 332.632 8 |
| servicios de transporte | 388.042 | producción | 338.02 |
| v.a Servicios a pasajeros | | Como (Italia) | T2—452 3 |
| Comidas a domicilio | 642.4 | Cómodas | |
| Comidas contratadas | 642.4 | artes decorativas | 749.3 |
| Comidas en común (Agapes) | | manufactura | 684.16 |
| ritos cristianos | 265.9 | Comodidad | |
| Comidas en familia | 642.1 | para automóviles | 629.277 |
| Comidas en los patios | 641.578 | para aeronaves | 629.134 42 |
| Comidas escolares | 371.716 | Comoro | 969.4 |
| derecho | 344.079 42 | | T2—694 |
| Comidas ligeras | 642 | Compactación | |
| cocina | 641.53 | ingeniería de caminos | 625.733 |
| costumbres | 394.15 | ingeniería de ferrocarriles | 625.123 |
| tecnología de alimentos | 664.6 | Compactación de datos | 005.746 |
| Comidas para el hogar | 642.1 | Compaginación (Artes gráficas) | |
| Comidas precocidas | | composición | 686.225 |
| cocina | 641.555 | diseño de páginas | 686.225 2 |
| Cominform | 324.175 | Compañeros de trabajo | |
| Comino | 583.48 | influencia psicológica | 155.926 |
| Comisionados (Administradores) | 350.009 092 | psicología aplicada | 158.26 |
| grupo profesional | T7—352 3 | Compañía de India Oriental | |
| Comisiones | | historia de India | 954.031 |
| administración pública | 350.009 | Compañía de India Oriental | |
| central | 351.009 | Holandesa | |
| cuerpos legislativos | 328.365 | historia de Indonesia | 959.802 |
| local | 352.09 | Compañía de Jesús | 255.53 |
| psicología social | 302.34 | historia de la iglesia | 271.53 |
| Comisiones de investigación | | Compañia de Nueva Francia | |
| administración pública | 350.009 3 | (Historia de Canadá) | 971.016 2 |
| central | 351.009 3 | Compañía (Sociedad) | 338.74 |
| local | 352.009 | administración | 658.045 |
| Comisiones especiales | | dirección | 658.114 5 |
| administración pública | 350.009 | contabilidad | 675.95 |
| central | 351.009 | derecho | 346.066 |
| local | 352.009 | economía | 338.74 |
| Comisiones rogatorias | 341.78 | Compañías de seguros | 386.006 5 |
| Comisuras cerebrales | | administración pública | 351.825 5 |
| fisiología humana | 612.826 | contabilidad | 657.836 |
| v.a. Sistema nervioso | | funciones de crédito | 332.38 |
| Comitancillo (Guatemala) | T2—728 184 3 | Compañías fiduciarias | 332.26 |

| | |
|---|---|
| Comportamiento violento | |
| medicina | 616.858 2 |
| v.a. Enfermedades mentales | |
| Composición escrita | 808 |
| educación primaria | 372.623 |
| lenguas específicas | T4—8 |
| retórica | 808 |
| Composición por computador | |
| música | 781.34 |
| Composición tipográfica | 686.225 |
| automática | 686.225 44 |
| manual | 686.245 42 |
| Composición (Arte) | 701.8 |
| dibujo | 741.018 |
| diseño arquitectónico | 729.11 |
| Composiciones a máquina | |
| imprenta | 686.225 4 |
| Composiciones al azar | |
| música | 781.32 |
| Composiciones aleatorias | |
| música | 781.32 |
| Composiciones florales | |
| occidentales | 745.922 4 |
| orientales | 745.922 5 |
| Composiciones indeterminadas | |
| música | 781.32 |
| Composiciones manuales | |
| imprenta | 686.225 3 |
| Composiciones musicales | 781.3 |
| Compositae | 583.55 |
| Compositores | 780.92 |
| grupo profesional | T7—78 |
| Compositores tipográficos | 686.225 092 |
| grupo profesional | T7—686 2 |
| Compostela (México) | T2—723 44 |
| Compotas | 641.852 |
| preparación doméstica | 641.852 |
| producción industrial | 664.152 |
| Compra | 695 |
| Comprensión perceptiva | 153.7 |
| Comprensión social | 302.12 |
| Compresibilidad | |
| mecánica de fluidos | 532.053 5 |
| mecánica de gases | 533.28 |
| mecánica de líquidos | 532.58 |
| Compresión de aire | 621.51 |
| Compresión de datos | 005.746 |
| Compresores de aire | 621.51 |
| Compromiso de 1850 | |
| historia de Estados Unidos | 973.64 |
| causa de la Guerra Civil | 973.711 3 |

| | |
|---|---|
| Compromiso de Missouri, 1820 | 973.54 |
| causa de la Guerra Civil | 973.711 3 |
| Compromisos y bodas | 395.22 |
| Compuertas | |
| ingeniería de embalses | 627.882 |
| ingeniería de canales | 627.135 2 |
| Compuestos | 709.040 7 |
| bidimencionales | 760 |
| técnicas artísticas | 702.81 |
| Compuestos abrasivos | 668.127 |
| Compuestos alifáticos | 547.4 |
| ingeniería química | 661.8 |
| Compuestos alogenados | |
| ingeniería química | 661.891 |
| química aromática | 547.62 |
| química orgánica | 547.02 |
| toxicología | 615.951 2 |
| Compuestos aromáticos | 547.6 |
| dihidroxilos | 547.633 |
| ingeniería química | 661.8 |
| polihidroxilos | 547.633 |
| trihidroxilos | 547.63 |
| Compuestos cíclicos | 547.5 |
| ingeniería química | 661.8 |
| Compuestos de fósforo | 547.071 |
| ingeniería química | 661.87 |
| Compuestos hetrocíclicos | 547.59 |
| ingeniería química | 661.8 |
| Compuestos hidroxi | 547.03 |
| química aromática | 547.63 |
| Compuestos intermetálicos | |
| metalurgia | 669.94 |
| Compuestos macromoleculares | |
| bioquímica | 574.192 |
| química | 547.7 |
| Compuestos nitro | 547.041 |
| ingeniería química | 661.894 |
| Compuestos orgánicos | 547 |
| bioquímica | 574.192 4 |
| humana | 612.015 7 |
| Compuestos organometálicos | 547.05 |
| ingeniería química | 661.895 |
| toxicología | 615.951 5 |
| Compuestos oxigenados | 547.03 |
| ingeniería química | 661.8 |
| Compuestos químicos | 546 |
| ingeniería química | 660 |
| química | 546 |
| Compulsión de defraudar | |
| medicina | 616.858 45 |
| v.a. Enfermedades mentales | |

| | |
|---|---|
| Confederación Peruano-Boliviana | 984.044 |
| historia de Bolivia | 984.044 |
| historia de Perú | 985.05 |
| Confederaciones | 321.02 |
| Conferencia de Charlottetown, 1864 | 971.049 |
| Conferencia de Quebec, 1864 | 971.049 |
| Conferencia General Bautista de América | 286.5 |
| v.a. Bautistas | |
| Conferencia General de la Iglesia de Dios | 286.73 |
| v.a. Adventistas | |
| Conferencia Sinodal Luterana Evangélica de América del Norte | 284.132 |
| v.a. Iglesias luteranas | |
| Conferencia Unidad de las Iglesias Metodistas | 287.532 |
| v.a. Iglesias metodistas | |
| Conferencias | 060 |
| métodos de enseñanza | 371.396 |
| servicios de museos | 268.632 |
| Conferencias de paz | 341.73 |
| Confesión de Ausburgo | 238.41 |
| Confesión de Dositeo | 238.19 |
| Confesión de Genadio II | 238.19 |
| Confesión de Metrófanes | 238.9 |
| Confesión ortodoxa de Pedro Mogila | 238.19 |
| Confesión (Ritos Cristianos) | 234.166 |
| culto público | 265.62 |
| Confesionarios | 247.1 |
| arquitectura | 726.529 1 |
| Confesiones de fé | 291.2 |
| cristianismo | 238 |
| culto público | 264.5 |
| Confesiones (Derecho) | 345.06 |
| Confiabilidad | |
| computadores | 004 |
| equipos | 004 |
| ingeniería | 621.39 |
| ingeniería | 620.004 52 |
| programas | 005 |
| teoría de la | 519.287 |
| Confianza en sí mismo | |
| psicología | 131.32 |
| ética | 179.9 |
| Configuraciones | |
| geometría | 516.15 |
| Confirmación | |

| | |
|---|---|
| cristianismo | 234.162 |
| culto público | 265.2 |
| etiqueta | 395.24 |
| música | 781.583 |
| Confites | |
| cocina | 641.853 |
| tecnología de alimentos | 664.153 |
| Conflicto chino-japonés, 1937-1945 | 940.53 |
| 1937-1941 | 931.042 |
| 1941-1945 | 940.53 |
| Conflicto de roles | 302.15 |
| Conflicto industrial | |
| sociología | 306.34 |
| Conflicto Iraq-Irán | |
| 1980-1988 | 955.054 |
| Conflicto Isrrael-Libano-Siria | |
| 1982-1985 | 956.052 |
| Conflicto jurisdiccional | 340.9 |
| interno | 342.042 |
| Conflicto racial | 305.8 |
| influencia sobre el crimen | 364.256 |
| Conflicto religioso | 306.6 |
| influencia sobre el crimen | 364.256 |
| Conflicto social | 303.6 |
| influencia sobre el crimen | 364.256 |
| Conflicto somalí-etiope, 1979-1989 | 963.071 |
| Conflictos | 303.6 |
| grupos sociales | 305 |
| política internacional | 327.16 |
| psicología del subconciente | 154.24 |
| sociología | 303.6 |
| Conflictos de deberes | |
| sistema ético | 171.6 |
| Conflictos de intereses | |
| administración pública | 350.995 |
| central | 351.995 |
| local | 352.002 |
| derecho | 342.068 4 |
| ética política | 172 |
| ética profesional | 174 |
| Conflictos internacionales | 327.16 |
| derecho | 341.5 |
| v.a. Guerra | |
| Confluencia (Argentina) | T2—827 23 |
| Conformismo | 303.32 |
| psicología | 153.854 |
| Confraternidades | 548.06 |
| Confucianismo | 181.112 |
| filosofía | 181.112 |
| religión | 299.512 |
| representación artística | 704.948 995 12 |

| | |
|---|---|
| Conmutadores | |
| ingeniería eléctrica | 621.316 |
| transmisión telefónica | 621.387 |
| Conmutadores telefónicos | |
| servicios de comunicación | 384.65 |
| telefonía | 621.387 |
| Connacht (Irlanda) | T2—417 1 |
| Connaraceae | 583.28 |
| Connecticut (Estados Unidos) | 974.6 |
| | T2—746 |
| Conocimiento | 001 |
| psicología | 153.4 |
| representación | |
| ciencia de los computadores | 006.33 |
| sociología | 306.42 |
| teoría del conocimiento | 001.1 |
| filosofía | 121 |
| Conocimiento de Dios | 212.6 |
| cristianismo | 231.042 |
| religión comparada | 291.211 |
| Conocimiento (Dones del | |
| Espíritu Santo) | 234.12 |
| Conocimientos controversiales | 001.9 |
| Conodontos | 562.2 |
| Conquista normanda | |
| historia de Gran Bretaña | 941.02 |
| Conrado I | |
| historia de Alemania | 943.022 |
| Consagraciones | |
| ritos cristianos | 265.92 |
| sermones | 252.7 |
| Conscripción militar | 355.223 63 |
| derecho | 343.012 2 |
| Consecución de fondos | |
| asistencia social | 361.706 81 |
| iglesia cristiana local | 254.8 |
| Consecución de pruebas | |
| investigación criminal | 363.252 |
| Consecuciones | |
| derecho | 345.052 2 |
| investigación | 363.252 |
| Consecuencialismo | |
| ética | 171.5 |
| Consejería | 361.323 |
| administración de personal | 658.385 |
| administración pública | 350.16 |
| central | 351.16 |
| local | 352.005 16 |
| educativa | 371.4 |
| derecho | 344.079 4 |
| fuerzas armadas | 355.347 |

| | |
|---|---|
| Consejería (continuación) | |
| prevención del crimen | 364.48 |
| psicología | 158.3 |
| servicios para detenidos | 365.66 |
| teología pastoral | 291.61 |
| cristianismo | 253.5 |
| trabajo social | 361.323 |
| ancianos | 362.66 |
| Consejería de grupo | 158.35 |
| Consejo de administración | 658.422 |
| Consejo de Europa | T2—4 |
| derecho | 341.242 |
| Consejo de Seguridad de las | |
| Naciones Unidas | |
| derecho internacional | 341.232 3 |
| Consejo del poder ejecutivo | 350.004 |
| administración pública | 350.004 |
| central | 351.004 |
| local | 352.008 |
| Consejo para Asistencia | |
| Económica Mutua | 341.242 7 |
| Consejo (Belice) | T2—728 224 |
| Consejo (Dones del Espírutu | |
| Santo) | 234.12 |
| Consejos de administración | |
| empresarial | 658.422 |
| Consejos de administración | |
| interconectados | 338.87 |
| administración | 658.046 |
| economía | 338.87 |
| Consejos de estado | 351.004 |
| Consejos de ministros | 351.004 |
| miembros | |
| grupo | T7—352 1 |
| Consejos escolares | 379.153 1 |
| educación pública | 379.153 1 |
| Consentimiento expreso | 344.041 2 |
| Conservación | |
| arte | 702.88 |
| materiales bibliográficos | 025.84 |
| museología | 069.53 |
| Conservación bajo líquido | |
| comidas | 664.028 6 |
| conservación doméstica | 641.46 |
| elaboración industrial | 664.028 6 |
| patrones biológicos | 579.2 |
| Conservación de la energía | 531.62 |
| administración pública | 350.823 2 |
| central | 351.823 2 |
| local | 352.942 32 |
| derecho | 346.046 791 6 |

| | | |
|---|---|---|
| Contenedores (continuación) | | |
| porcelana | 666.58 | |
| arte | 738.28 | |
| tecnología | 666.58 | |
| tecnología | 688.8 | |
| trabajos en hierro | | |
| arte | 739.48 | |
| vidrio | 666.19 | |
| arte | 748.8 | |
| tecnología | 666.19 | |
| Conteo | 513.211 | |
| Conteo de votos | | |
| elecciones | 324.65 | |
| Contestadores telefónicos | | |
| ingeniería | 621.386 7 | |
| Continencia | 176 | |
| Continentes | 551.41 | |
| | T2—141 | |
| geografía | 910.914 1 | |
| geografía física | 910.021 41 | |
| geomorfología | 551.41 | |
| Contingencia | 123 | |
| Continuidad | | |
| análisis matemático | 515.222 | |
| Continuo | 781.47 | |
| Contómetros | | |
| equipo de oficina | 651.82 | |
| Contorno corporal | 646.75 | |
| acicalamiento | 646.75 | |
| costumbres | 391.62 | |
| Contornos | | |
| metodos de cultivo | 631.455 | |
| Contorsiones | | |
| deportes | 796.47 | |
| Contra Costa (Estados Unidos: | | |
| Condado) | T2—794 63 | |
| Contraataques | | |
| operaciones militares | 355.422 | |
| Contrabajones | 788.59 | |
| Contrabajos | 787.5 | |
| Contrabando | 364.133 | |
| derecho | 345.023 3 | |
| Contrabando de licores | 364.133 | |
| Contracción | | |
| corazón | | |
| fisiología humana | 612.171 | |
| efectos del calor | 536.41 | |
| músculos | | |
| fisiología humana | 612.741 | |
| v.a. Músculos | | |

| | | |
|---|---|---|
| Contracción (continuación) | | |
| piel | | |
| fisiología humana | 612.791 | |
| v.a. Piel | | |
| v.a. Aparato cardiovascular | | |
| Contracción (Física) | | |
| efectos del calor | 536.41 | |
| Contrachapadas | 674.834 | |
| Contracultura | 306.1 | |
| Contradanzas | 793.34 | |
| Contradicción | | |
| lógica | 165 | |
| principio de | 111 | |
| Contraespionaje | 327.12 | |
| fuezas militares | 355.343 3 | |
| v.a. espionaje | | |
| Contrafuertes | 721.3 | |
| ingeniería | 624.16 | |
| Contrafulgor | 523.59 | |
| Contraindicaciones | | |
| farmacología | 615.14 | |
| Contrainteligencia | 355.343 3 | |
| Contrainterrogación | 347.075 | |
| derecho penal | 345.075 | |
| Contramaestre (Cuba) | T2—729 135 2 | |
| Contraminas (Operaciones) | 623.31 | |
| Contrapunto | 781.286 | |
| formas musicales | 784.187 | |
| Contrarreforma | 270.6 | |
| historia de Alemania | 943.03 | |
| Contraseñas | | |
| numismática | 737.7 | |
| Contraseñas de fábrica | | |
| promoción de ventas | 658.827 | |
| Contratación | | |
| administración pública | 350.711 | |
| administración de materiales | 658.723 | |
| central | 351.711 | |
| local | 352.161 | |
| construcción | 692.8 | |
| Contratación colectiva | 331.89 | |
| administración pública | 351.832 | |
| administración de personal | 658.315 4 | |
| administración pública | 350.174 | |
| central | 351.174 | |
| local | 352.005 174 | |
| derecho | 344.018 9 | |
| economía | 331.89 | |
| negociación colectiva | 331.479 | |
| Contratación de servicios | 346.024 | |
| Contratemas musicales | 781.248 | |

Control de inundaciones (continuación)
estructuras
    urbanismo    711.8
    ingeniería    627.4
    silvicultura    634.99
Control de inventario
  administración de materiales    658.787
Control de la contaminación
  tecnología    628.5
    aeromóviles    629.134 35
    automotores    629.25
    azúcares    664.119
    manufactura del caucho    678.29
    manufactura del papel    676.042
    manufactura textil    677.029
    petróleo    665.538 9
    productos de madera    674.84
    procesos de teñido    667.36
    tecnología de los gases    665.78
    tecnología del plástico    668.419 2
    tecnología del vidrio    666.14
Control de la imprenta    363.31
  v.a. Censura
Control de la industria por el
    trabajador    338.6
  economía de la producción    338.6
  teorias del sindicato    331.880 1
Control de la información    363.31
  v.a. Censura
Control de la potencia
  instrumentos    621.812
Control de la producción    338.9
  administración pública    350.82
    central    351.82
    local    352.942
  derecho    343.075
Control de las enfermedades    614.44
  administración pública    350.776
    central    351.776
    local    352.4
  derecho    344.043
  salud pública    614.44
Control de los animales nocivos    367.78
  v.a. Plagas, Control de plagas
Control de plagas    363.78
  administración pública    350.772
    central    351.772
    local    352.6
  agricultura    632.9
  derecho    344.04
  portadores de enfermedades    614.43

Control de plagas (continuación)
  sanidad doméstica    648.7
  servicios sociales    363.78
  tecnología    628.96
Control de precios
  administración pública    351.820 424
Control de procesos    003.5
    T1—011 5
  administración de la producción    658.5
  industria manufacturera    670.427
  ingeniería química    660.281 5
  ingeniería del control automático    629.8
Control de procesos computarizados 629.895
  ingeniería    629.895
  ingeniería química    660.281 5
  tecnología de manufactura    670.427 5
Control de recursos naturales
  economía    333.717
Control de sistemas    003.5
Control de velocidad
  instrumentos    621.812
Control del clima    551.68
Control del disparo
  artillería militar    623.558
Control del enjambre
  apicultura    638.146
Control del tiempo atmosférico    551.68
Control del tráfico    388.041
  errores    363.120 1
  servicios de policía    363.233 2
  transporte ferroviario    385.204 2
    errores    363.122 1
    ingeniería    625.165
  transporte aéreo    387.740 42
    errores    363.124 18
    v.a. Tráfico aéreo
  transporte vial    388.312
    administración pública    350.878 31
      central    351.878 31
      local    352.918 31
    derecho    343.094 6
    ingeniería    625.794
    urbano    388.413 12
  vías de agua internas    386.240 42
Control demográfico    363.96
  administración pública    351.815
  conservación de los animales    639.93
  demografía    304.66
  derecho    344.048
  teología social    291.178 366 6
    cristianismo    261.836 66

Conversaciones (continuación)
| | |
|---|---|
| etiqueta | 395.59 |
| literatura | 808.856 |
| literaturas específicas T3B—506 | |
| psicología social | 302.346 |
| retórica | 808.56 |

Conversión
| | |
|---|---|
| calor | 536.25 |
| Conversión de aguas salinas | 628.167 |
| Conversión de datos | 005.72 |
| Conversión de desechos | 628.445 |

Conversión retrospectiva
| | |
|---|---|
| registros catalográficos | 025.317 3 |
| Conversión (Esperanza religiosa) | 291.46 |
| cristianismo | 248.24 |

Conversos
| | |
|---|---|
| órdenes religiosas | 255.093 |
| historia de la iglesia | 271.093 |

Convertiaviones
| | |
|---|---|
| ingeniería | 629.133 35 |
| Convertidor Bessemer | 669.142 3 |

Convertidores
| | |
|---|---|
| circuitos electrónicos | 621.381 532 2 |
| ingeniería eléctrica | 621.313 |

Convertidores de señal analógica
| | |
|---|---|
| a digital | 004.64 |
| ingeniería | 621.398 14 |

Convertidores de señal digital a
| | |
|---|---|
| analógica | 004.64 |
| ingeniería | 621.398 14 |
| Convertidores sincrónicos | 621.313 5 |
| Convertidores termoiónicos | 621.312 43 |
| Convivencias | 306.735 |
| costumbres | 392.56 |
| Convolvulaceae | 583.79 |

Convulsiones
sintomatología
| | |
|---|---|
| enfermedades neurológicas | 616.845 |
| v.a. Sistema nervioso | |

Cónyuges
| | |
|---|---|
| | 306.872 |
| | T1—086 55 |
| grupo social | 305.906 55 |
| guías de vida cristiana | 248.844 |
| psicología | 155.645 |
| relaciones familiares | 306.872 |

Cook, Ga.(Estados Unidos:
| | |
|---|---|
| Condado) | T2—758 876 |

Cooke (Estados Unidos:
| | |
|---|---|
| Condado) | T2—764 533 |
| Cookstown (Irlanda del Norte) | T2—416 43 |
| Cool jazz | 781.655 |

Coolidge, Calvin
| | |
|---|---|
| historia de Estados Unidos | 973.915 |
| Cooperación | 158.5 |
| procesos sociales | 303.34 |
| psicología social | 302.14 |
| Cooperación bibliotecaria | 021.64 |
| servicios de información | 025.523 |

Cooperación económica
| | |
|---|---|
| economía internacional | 337.1 |

Cooperación internacional
| | |
|---|---|
| derecho | 341.7 |
| economía | 3375 |
| en la investigación | |
| derecho | 341.767 5 |
| política | 327.17 |
| Cooperación interuniversitaria | 378.104 |

Cooperativas
| | |
|---|---|
| | 334 |
| administración | 658.047 |
| creación | 658.114 7 |
| contabilidad | 657.97 |
| derecho | 346.066 8 |
| economía | 334 |
| sociología | 306.344 |
| Cooperativas agrícolas | 334.683 |
| economía | 334.683 |
| Cooperativas bancarias | 334.2 |
| Cooperativas de construcción | 334.1 |
| economía | 334.1 |
| Cooperativas de consumidores | 334.5 |
| administración | 658.870 7 |
| Cooperativas de crédito | 334.2 |
| derecho | 346.066 8 |

Cooperativas de crédito para
| | |
|---|---|
| construcción | 332.32 |
| Cooperativas de la producción | 334.6 |
| Cooptación | 324.52 |

Coordenadas
| | |
|---|---|
| navegación astronómica | 527 |
| Coordenadas celestes | 522.7 |
| Coordenadas geodésicas | 526.6 |

Coordinación
| | |
|---|---|
| psicología | 152.385 |
| psicología infantil | 155.4124 |
| social | 303.3 |

Coordinación del movimiento
| | |
|---|---|
| psicología | 152.385 |
| Coos (Lengua) | 497.41 |
| | T6—974 1 |
| Coos (Pueblo) | T5—974 |

Coosa (Estados Unidos:
| | |
|---|---|
| Condado) | T2—761 59 |

| | | | |
|---|---|---|---|
| Copa del mundo | 796.334 668 | Coray (Honduras) | T2—728 352 6 |
| Copán (Honduras) | T2—728 384 | Corazón | |
| Copas | | anatomía humana | 611.12 |
| orfebrería | 739.228 4 | enfermedades humanas | |
| Copeland (Inglaterra) | T2—427 84 | cirugía | 617.412 |
| Copenhague (Dinamarca) | T2—489 13 | cocina | 641.563 11 |
| Copepoda | 595.34 | medicina | 616.12 |
| paleozoología | 565.34 | fisiología humana | 612.17 |
| Copiah (Estados Unidos: | | transplante | 617.412 059 2 |
| Condado) | T2—762 52 | v.a. Sistema cardiovascular | |
| Copiapó (Chile: Ciudad) | T2—831 452 | Corazón artificial | |
| Copiapó (Chile: Provincia) | T2—831 45 | cirugía | 617.412 059 2 |
| Copias | | Corbatas | 391.41 |
| arte | 702.872 | v.a. Accesorios para vestuario | |
| diseño técnico | 686.45 | Córcega (Región) | T2—449 45 |
| pintura | 751.5 | antigua | T2—379 |
| Copias fotostáticas | | Córcega del sur (Francia) | T2—449 452 |
| tecnología | 686.45 | Córcega (Francia) | T2—449 45 |
| Copilotos | T7—629 1 | Corcho | 674.9 |
| Copolimerización | | materiales de construcción | 691.95 |
| ingeniería química | 660.284 48 | Cordados | 596 |
| química | 547.28 | paleozoología | 566 |
| Copto (Lengua) | 493.2 | Cordaitales | |
| | T6—932 | paleobótanica | 561.55 |
| Copto (Literatura) | 893.2 | Cordaiteae | 561.55 |
| Coptos | T5—932 | Cordaje | |
| Copyright | 346.048 2 | equipos navales | 623.862 |
| administración pública | 351.824 | ingeniería estructural | 624.189 9 |
| derecho | 346.048 2 | materiales para escultura | 731.2 |
| derecho internacional | 341.758 2 | materiales de ingeniería | 620.197 |
| Coque | | nudos y empalmes | 623.888 2 |
| calefacción con | 697.042 | textiles | 677.71 |
| ingeniería química | 662.72 | Cordelería | 677.7 |
| Coque del petróleo | 665.538 8 | Cordeles | 677.71 |
| Coquimbo (Chile: Ciudad) | T2—832 324 | Cordiales | 641.255 |
| Coquimbo (Chile: Región) | T2—832 3 | procesamiento industrial | 663.55 |
| Cor Pulmonale | | Cordierita | |
| medicina | 616.12 | mineralogía | 549.64 |
| v.a Sistema cardiovascular | | Cordillera (Paraguay) | T2—892 135 |
| Coraciformes | 598.892 | Cordita | 662.26 |
| paleozoología | 568.8 | ingeniería militar | 623.452 6 |
| Coracios | 598.892 | Córdoba (Argentina) | T2—825 4 |
| Coracora (Perú) | T2—852 95 | Córdoba (Colombia) | T2—861 12 |
| Coraje | | Córdoba (España) | T2—468 4 |
| ética | 179.6 | Córdoba (México) | T2—726 24 |
| v.a. Virtudes | | Cordófonos | 787 |
| Corales | 593.6 | Cordófonos de teclado | 786 |
| paleozoología | 563.6 | v.a. Instrumentos de teclado | |
| recolección | 639.736 | Cordón umbilical | |
| Corales (Formas musicales) | 784.189 925 | complicaciones | |
| Corán | 297.122 | obstetricia | 618.58 |

| | | | |
|---|---|---|---|
| Cordones | 677.76 | Córnea | |
| artes textiles | 746.27 | anatomía humana | 611.84 |
| Corea | 951.9 | fisiología humana | 612.841 |
| | T2—519 | oftalmología | 617.719 |
| Corea del Norte | T2—519 3 | v.a. Ojos | |
| Corea del Sur | T2—519 5 | Corneja | 598.864 |
| Corea (Enfermedad) | | Cornejos | 583.687 |
| medicina | 616.851 | Corneta | 788.96 |
| v.a. Sistema nervioso | | Cornezuelo de centeno | 589.23 |
| Coreano (Lengua) | 495.7 | Córnico (Lengua) | 491.67 |
| | T6—957 | | T6—916 7 |
| Coreano (Literatura) | 895.7 | Córnico (Literatura) | 896.67 |
| Coreanos | T5—957 | Cornisas | 721.5 |
| Corégono | 597.55 | arquitectura | 721.5 |
| pesca comercial | 639.275 5 | construcción | 690.15 |
| Corégono | 597.55 | Cornisas de nieve | 551.578 47 |
| Coreografía | 792.82 | Cornish | 636.587 2 |
| espectáculos musicales | 792.62 | Cornuales Norte (Inglaterra) | T2—423 71 |
| Coreógrafos | 729.820 92 | Cornuales (Inglaterra) | T2—423 7 |
| grupo ocupacional | T7—792 8 | Cornualleses | T5—916 |
| Coreoidea | 595.754 | Cornwallis, Charles | |
| Coreología | 792.082 | 1786-1793 | 950.031 1 |
| Coreología de Benesh | 792.82 | 1805 | 954.031 2 |
| Coreología de Labanotation | 792.82 | historia de India | 954.031 1 |
| Corfú (Grecia) | T2—495 5 | Coro   (Venezuela) | T2—872 42 |
| Corgi galés | | Coroatá (Brasil) | T2—812 17 |
| producción animal | 636.737 | Corocoro (Bolivia) | T2—841 25 |
| v.a. Perros | | Coroico (Bolivia) | T2—841 26 |
| Coriariaceae | 583.29 | Coroides | |
| Corindón | 553.65 | fisiología humana | 612.842 |
| materiales de ingeniería | 620.198 | v.a. Ojos | |
| mineralogía | 549.523 | Corona solar | 523.75 |
| Corintia (Grecia) | T2—495 22 | Coronaciones | |
| antigua | T2—387 | costumbres | 394.4 |
| Corintios (Libros bíblicos) | 227.2 | Coronados | 593.73 |
| Corinto (Colombia) | T2—861 536 | Coronas (Física) | 537.52 |
| Corinto (El Salvador) | T2—728 433 4 | Coronas (Odontología) | 617.692 |
| Corinto (Nicaragua) | T2—728 511 4 | v.a. Odontología | |
| Coririales | 583.29 | Coronavirus | 576.648 4 |
| Coriza | | Coronel Bogado (Paraguay) | T2—892 126 4 |
| medicina | 616.205 | Coronel Oviedo (Paraguay) | T2—892 134 2 |
| v.a. Sistema respiratorio | | Coronel (Chile) | T2—833 433 |
| Cork (Irlanda: Condado) | T2—419 5 | Coronie (Surinam) | T2—883 2 |
| Cork (Irlanda) | T2—419 56 | Coronógrafos | |
| Cormoranes | 598.43 | astronomía | 523.702 8 |
| Cornaceae | 583.687 | Coros (Arquitectura) | 726.593 |
| Cornamusas | 788.49 | Coros (Música) | 782.506 |
| Cornamusas de doble lengueta | 788.49 | sagrados | 782.522 06 |
| Cornamusas de lengueta simple | 788.49 | Corozal (Bélice: Ciudad) | T2—728 222 |
| | | Corozal (Bélice: Distrito) | T2—728 22 |
| | | Corozal (Puerto Rico) | T2—729 524 |

Corrientes de agua (continuación)
| | |
|---|---|
| pisicultura | 639.313 |
| recursos económicos | 333.916 2 |
| recursos recreativos | 333.784 5 |
| uso recreativo | 797 |
| Corrientes de agua dulce | T2—169 2 |
| Corrientes de aire | 551.517 |
| aeronaútica | 629.132 4 |
| Corrientes de estudio | 375 |
| | T1—071 |
| Corrientes de Foucault | 621.310 42 |
| Corrientes de marea | 551.470 8 |
| Corrientes hidrográficas | |
| tablas de navegación | 623.894 9 |
| Corrientes magnéticas | |
| geomagnetismo | 538.748 |
| Corrientes occidentales | 551.518 3 |
| Corrientes oceánicas | 551.470 1 |
| Corrientes orientales polares | 551.518 3 |
| Corrientes parásitas | 621.310 42 |
| Corrientes terrestres | |
| geomagnetismo | 538.748 |
| Corrientes (Argentina) | T2—822 2 |
| Corroción | 620.112 23 |
| Corrodentia | 595.732 |
| paleozoología | 565.73 |
| Corrupción en el gobierno | 364.132 3 |
| administración pública | 350.994 |
| central | 351.994 |
| local | 352.002 |
| derecho | 345.023 23 |
| Corrupción policial | 364.132 3 |
| v.a. Corrupción en el gobierno | |
| Corrupción política | 364.132 3 |
| v.a. Corrupción en el gobierno | |
| Corrupción pública | 364.132 3 |
| Corsages | |
| artes decorativas | 745.923 |
| Corsés | |
| manufactura | 687.25 |
| Corsiaceae | 584.13 |
| Corsos | T5—58 |
| Cortafuegos | 628.922 |
| Corte | |
| confección de vestuario | 687.043 |
| gemas | 736.202 8 |
| herramientas para | 621.93 |
| metales | 671.53 |
| papel | 736.98 |

Corte (continuación)
| | |
|---|---|
| vidrio | 666.12 |
| arte | 748.6 |
| tecnología | 666.12 |
| Corte de cristalografía | 548.842 |
| Corte de pelo | 646.724 |
| costumbres | 391.5 |
| cuidado | 646.724 |
| Corte en agricultura | 631.55 |
| Corte en costura | 646.4 |
| Corte internacional de justicia | 341.552 |
| Corte suprema | 347.035 |
| Cortejo | 306.734 |
| costumbres | 392.4 |
| ecología animal | 591.562 |
| ética | 177.6 |
| música | 781.586 |
| sociología | 306.734 |
| vida personal | 646.77 |
| Cortes de apelación | 347.03 |
| Cortes marciales | 343.014 3 |
| Cortés (Honduras) | T2—728 311 |
| Cortés, Hernan | |
| historia de Honduras | 972.830 2 |
| Cortesía | |
| ética | 177.1 |
| etiqueta | 395 |
| Corteza | 582.047 |
| producto forestal | 634.985 |
| Corteza cerebral | |
| anatomía humana | 611.81 |
| fisiología humana | 612.825 |
| v.a. Sistema nervioso | |
| Cortina (Hormona) | 596.014 2 |
| fisiología | 596.014 2 |
| química | 547.734 5 |
| Cortinas | |
| artes textiles | 746.94 |
| decoración de interiores | 747.5 |
| economía doméstica | 645.3 |
| confección | 646.21 |
| manufactura | 684.3 |
| Cortisona | |
| farmacología | 615.364 |
| v.a. Sistema endocrino | |
| Cortland (Estados Unidos: | |
| Condado) | T2—747 72 |
| Corúas | 598.43 |
| Corumbá (Brasil) | T2—817 26 |
| Corvidae | 598.864 |

| | |
|---|---|
| Cotopaxi (Ecuador) | T2—866 14 |
| Cotorras | 636.686 5 |
|   zoología | 598.71 |
| Cottage (Queso) | 637.356 |
| Cottbus (Alemania) | T2—431 51 |
| Cottle (Estados Unidos: | |
|   Condado) | T2—764 751 |
| Cotuí (Rep. Dominicana) | T2—729 368 2 |
| Cotylosauria | 567.92 |
| Coupar Angus (Escocia) | T2—412 8 |
| Courland (ex URSS) | T2—479 6 |
| Cournot, Antoine Augustin | |
|   teoría económica | 330.154 3 |
| Court tenis | 796.34 |
| Couvade | |
|   costumbres | 392.12 |
| Coventry (Inglaterra) | T2—424 9 |
| Covington, Ala. (Estados | |
|   Unidos: Condado) | T2—761 27 |
| Covington, Miss. (Estados | |
|   Unidos: Condado) | T2—762 545 |
| Coweta (Estados Unidos: | |
|   Condado) | T2—758 423 |
| Coyoacán (México) | T2—725 35 |
| Coyotes | 599.744 42 |
| Coyotes | 599.744 42 |
| Coyunturas | |
|   anatomía humana | 611.72 |
|   cirugía | 617.472 |
|   enfermedades | |
|     medicina | 616.72 |
|   extremidades | |
|     cirugía | 617.58 |
|   fisiología humana | 612.75 |
|   v.a. Sistema musculoesquelético | |
| Cozumel (México) | T2—726 78 |
| CPM (Técnica de análisis) | 658.403 2 |
| CPU (Computadores) | 004 |
| Cracidae | 598.614 |
| Cracovia (Polonia) | T2—438 6 |
| Craigavon (Irlanda del Norte) | T2—416 6 |
| Crak | |
|   abuso | 362.298 |
|     medicina | 616.864 7 |
|     salud personal | 613.84 |
|     servicios sociales | 363.298 |
|   v.a. Abuso de sustancias | |
| Crane (Estados Unidos: | |
|   Condado) | T2—764 915 |

| | |
|---|---|
| Cráneo | |
|   anatomía humana | 611.715 |
|   cirugía | 617.514 |
|   fisiología humana | 612.75 |
|   medicina | 616.75 |
|   ortopedia | 617.371 |
|   v.a. Sistema musculoesquelético | |
| Craneología | |
|   antropología física | 573.7 |
| Craneotomía | |
|   cirugía obstétrica | 618.83 |
| Craniatos | 596 |
|   paleozoología | 566 |
| Craps | 795.12 |
| Craqueo | 665.533 |
| Crasulaceae | 583.38 |
| Cráteres | 551.21 |
| | T2—144 |
|   de meteoritos | 551.397 |
|   geografía | 910.914 4 |
|   geografía física | 910.021 44 |
|   geología | 551.21 |
| Crato (Brasil) | T2—813 13 |
| Cravo Norte (Colombia) | T2—861 384 |
| Crawford, Ga. (Estados | |
|   Unidos: Condado) | T2—758 562 |
| Creación | |
|   cosmogonía | 523.12 |
|   filosofía | 113 |
|   religión | 291.24 |
|     cristianismo | 231.765 |
|     islamismo | 297.34 |
|     judaísmo | 296.34 |
|     teología natural | 213 |
| Creación contínua (Cosmogonía) | 523.18 |
| Creación de partículas nucleares | 539.75 |
| Creatividad | 153.35 |
|   administración de personal | 658.314 |
|     administración pública | 350.147 |
|       central | 351.147 |
|       local | 352.005 147 |
|   arte | 701.15 |
|   literatura | 801.92 |
|   objetivos educativos | 370.118 |
| Crecimiento | 574.31 |
|   animales | 591.31 |
|   biología del desarrollo | 574.31 |
|   células | 574.876 1 |
|   fisiología humana | 612.6 |
|   plantas | 581.31 |
| Crecimiento demográfico | 312.8 |

| | | | |
|---|---|---|---|
| Cromoplástidos | 574.873 3 | Cruce pacífico | |
| Cromoproteínas | 574.192 454 | derecho | 341.4 |
| bioquímica | 574.192 454 | Cruceros | |
| química | 547.754 | diseño de naves | 623.812 53 |
| v.a. Proteínas | | equipo naval | 359.853 3 |
| Cromósfera | 523.75 | ingeniería | 623.825 3 |
| Cromosomas | 574.873 2 | unidades navales | 359.325 3 |
| Cromwell, Oliver | | Cruces | |
| historia de Escocia | 941.106 4 | significado religioso | 246.558 |
| historia de Gran Bretaña | 941.064 | Cruces a distinto nivel | |
| historia de Inglaterra | 942.064 | transporte terrestre | 388.13 |
| Cromwell, Ricardo | | Cruces ferroviarios | 625.123 |
| historia de Escocia | 941.106 5 | Cruces (Cuba) | T2—729 122 2 |
| historia de Gran Bretaña | 941.065 | Cruciales | 583.123 |
| historia de Inglaterra | 942.065 | Cruciferae | 583.123 |
| Crónica | | Crucifijos | |
| periodismo | 070.43 | significado religioso | 246.558 |
| Crónicas | 900 | Crucifixión de Jesús | 232 963 |
| v.a. Historia | | Crucigramas | 793.732 |
| Crónicas (Biblia) | 222.6 | Crueldad | |
| Cronobiología | 574.188 2 | ética | 179 |
| Cronógrafos | | Crueldad con los animales | |
| astronomía | 522.5 | criminología | 364.187 |
| tecnología | 681.118 | derecho penal | 345.028 7 |
| Cronología | 529 | ética | 179 |
| Cronologías | 902.02 | religión | 291.569 3 |
| | T1—020 2 | budismo | 294.356 93 |
| Cronometría | 529.7 | cristianismo | 241.693 |
| Cronómetros | | hinduismo | 294.548 693 |
| astronomía | 522.5 | islamismo | 297.5 |
| tecnología | 681.118 | judaísmo | 296.385 693 |
| Cronoscopios | | Crumhorns | 788.5 |
| tecnología | 681.118 | Crup | 616.201 |
| Croquet | 796.354 | pediatría | 618.922 01 |
| Croquis | | v.a. Sistema respiratorio | |
| ingeniería militar | 623.71 | Crustáceos | 595.3 |
| Crosby (Estados Unidos: | | alimento | 641.395 |
| Condado) | T2—764 848 | tecnología de alimentos | 664.94 |
| Cross River (Nigeria) | T2—669 44 | cocina | 641.695 |
| Crossing over | 575.29 | cría y pesca | 639.5 |
| Crossopterygii | 597.46 | paleozoología | 565.3 |
| paleozoología | 567.4 | Cruz Alta (Argentina) | T2—824 33 |
| Crossosomataceae | 583.112 | Cruz Roja | 361.77 |
| Crotón | 583.95 | Guerra Sudafricana | 968.048 7 |
| Crow (Lengua) | 497.5 | Guerra del Golfo, 1991 | 956.704 427 |
| | T6—975 | Guerra de Vietnam | 959.704 427 |
| Crow (Pueblo) | T5—975 | Guerra Mundial I | 940.477 1 |
| Crowsnest Pass (Canadá) | T2—712 34 | Guerra Mundial II | 940.547 71 |
| Crozet | 969.9 | internacional | 361.77 |
| | T2—699 | | |

| | |
|---|---|
| Cúbito | |
| anatomía humana | 611.717 |
| Cubomedusae | 593.73 |
| Cubos | |
| geometría | 516.15 |
| Cubulco (Guatemala) | T2—728 152 3 |
| Cucarachas | 595.722 |
| Cuchillería | |
| limpieza | 648.56 |
| manufactura | 683.82 |
| Cuchillo | 621.932 |
| arte en metal | 739.72 |
| ingeniería militar | 623.441 |
| Cuchillos de monte | |
| ingeniería militar | 623.441 |
| Cucos | 598.74 |
| Cucujoidea | 595.764 |
| Cúculi | 598.74 |
| Cuculiformes | 598.74 |
| paleozoología | 568.7 |
| Cucurbitaceae | 583.46 |
| Cucurbitales | 583.46 |
| Cúcuta (Colombia) | T2—861 242 |
| Cuello | |
| anatomía | 611.93 |
| cirugía | 617.530 59 |
| deformidades del | 617.371 |
| fisiología humana | 612.93 |
| fracturas | |
| medicina | 617.151 |
| medicina regional | 617.53 |
| ortopedia | 617.371 |
| Cuello del útero | |
| anatomía humana | 611.66 |
| cirugía | 618.145 |
| fisiología humana | 612.62 |
| ginecología | 618.14 |
| v.a. Sistema genital femenino | |
| Cuellos | |
| manufactura | 687.19 |
| de piel | 685.24 |
| vestuario | 646.48 |
| Cuelmo | 583.158 |
| Cuenca de Donec | T2—477 4 |
| Cuenca (Ecuador) | T2—866 243 |
| Cuenca (España) | T2—464 7 |
| Cuencamé (México) | T2—721 55 |
| Cuencas | |
| oceánicas | T2—182 |
| marítimas | T2—182 |
| recursos naturales | 333.917 |

| | |
|---|---|
| Cuentas | |
| macroeconomía | |
| de insumo-producto | 339.23 |
| de flujo de fondos | 339.26 |
| nacionales | 339.3 |
| producto interno bruto | 339.31 |
| Cuentas bancarias | 332.175 2 |
| Cuentas corrientes | |
| bancos | 332.175 2 |
| Cuentas de ahorro | |
| bancos | 332.175 2 |
| Cuentas de egresos | |
| administración financiera | 658.151 2 |
| Cuentas de flujo de fondos | |
| financieros | |
| macroeconomía | 339.26 |
| Cuentas de ingresos | |
| administración financiera | 658.151 2 |
| Cuentas de insumo-producto | |
| macroeconomía | 339.23 |
| Cuentas de pérdidas y ganancias | |
| administración financiera | 658.151 2 |
| Cuentas individuales de jubilación | 332.024 01 |
| derecho tributario | 343.052 33 |
| Cuentas interindustriales | |
| macroeconomía | 339.23 |
| Cuentas por cobrar | 658.152 44 |
| Cuentas por pagar | |
| administración financiera | 658.152 6 |
| contabilidad | 657.74 |
| Cuentistas | T7—83 |
| Cuentos | 808.831 |
| historia y crítica | 809.31 |
| literaturas específicas | T3B—301 |
| autores individuales | T3A—3 |
| Cuentos de fantasmas | 133.1 |
| folclor | 398.25 |
| sociología | 398.47 |
| narrativa | 808.838 733 |
| historia y crítica | 809.387 33 |
| literaturas específicas | T3B—308 733 |
| autores individuales | T3A—3 |
| ocultismo | 133.1 |
| Cuentos de horror | 808.838 738 |
| historia y crítica | |
| literaturas específicas | T3B—308 738 |
| autores individuales | T3A—3 |
| Cuerdas | |
| ingeniería naval | 623.862 |
| maniobras náuticas | 623.888 2 |
| materiales de ingeniería | 620.197 |

| | |
|---|---|
| Cuidado dental | |
| odontología | 617.6 |
| bienestar social | 362.797 6 |
| seguros | 368.382 3 |
| Cuidado diario | 362.712 |
| bienestar social | 362.712 |
| centros educativos | 372.21 |
| Cuidado médico | 362.1 |
| estructura | 711.555 |
| seguros | 368.382 2 |
| Cuidado pos-parto | |
| obstetricia | 618.6 |
| Cuidado prenatal | |
| obstetricia | 618.24 |
| Cuidado terminal | 362.175 |
| bienestar social | 362.165 |
| derecho | 344.041 97 |
| enfermería especializada | 610.736 1 |
| medicina | 616.029 |
| teología social | 291.178 321 75 |
| cristianismo | 261.832 175 |
| Cuidado y tratamiento médico | 362.1 |
| v.a. Servicios de salud | |
| Cuidados intensivos | 362.174 |
| bienestar social | 362.174 |
| enfermería | 610.736 1 |
| mediciana | |
| v.a. Servicios de salud | |
| Cuilapa (Guatemala) | T2—728 144 2 |
| Cuilco (Guatemala) | T2—728 171 5 |
| Cuisnahuat (El Salvador) | T2—728 413 5 |
| Cuitlateca | 497.9 |
| | T6—979 |
| Culberson (Estados Unidos: | |
| Condado) | T2—764 94 |
| Culiacán (México) | T2—723 23 |
| Culicidae | 595.771 |
| Cullman (Estados Unidos: | |
| Condado) | T2—761 73 |
| Culombímetros | 621.374 4 |
| Culpa | |
| cristianismo | 233.4 |
| Culpa recíproca | 346.032 |
| Culpabilidad | 345.04 |
| Cultivadores directos | 630.92 |
| clase social | 305.555 |
| gupo ocupacional | T7—631 |
| Cultivo | 631.5 |
| Cultivo de regadío | |
| agricultura | 631.587 |
| Cultivo de secano | |
| agricultura | 631.586 |
| Cultivo forzado | |
| agricultura | 631.583 |
| Cultivo hidropónico | 631.585 |
| Cultivo retardado | |
| agricultura | 631.583 |
| Cultivos | 630 |
| patología | 632 |
| plagas | 632.6 |
| rotación | |
| conservaión del suelo | 631.452 |
| economía | 338.162 |
| técnica del cultivo | 631.582 |
| seguros | 368.12 |
| Cultivos alcaloides | 581.63 |
| agricultura | 633.7 |
| Cultivos de almíbar | 633.6 |
| Cultivos de azúcar | 633.6 |
| Cultivos de campo | 633 |
| Cultivos de campo en escala | 633 |
| alimentos para animales | 086 |
| Cultivos de cobertura | |
| conservación del terreno | 631.452 |
| Cultivos de contorno | |
| agricultura | 631.455 |
| Cultivos de covertura | |
| agricultura | 631.452 |
| Cultivos de huerto | 635 |
| Cultivos en fajas | |
| conservación del suelo | 631.456 |
| Cultivos en gran escala | |
| agricultura | 636 |
| Cultivos forrajeros | 633.2 |
| Cultivos forrajeros | 633.2 |
| Cultivos múltiples | 631.58 |
| Cultivos nitrificadores | 631.847 |
| Culto | 291.43 |
| budismo | 294.344 3 |
| cristianismo | 248.3 |
| hinduismo | 294.543 |
| islamismo | 297.43 |
| judaísmo | 296.72 |
| v.a. Culto público | |
| Culto de iniciación | 291.38 |
| constumbres | 392.14 |
| cristianismo | 234.161 |
| culto público | 265.1 |
| etiqueta | 395.24 |
| música | 781.57 |

| | |
|---|---|
| Curiosidades | |
| libros | 030 |
| Curitiba (Brasil) | T2—816 22 |
| Curling (Deporte) | 796.964 |
| Currais Novos (Brasil) | T2—813 26 |
| Currículos | 375 |
| | T1—071 |
| derecho | 344.077 |
| educación superior | 378.199 |
| política gubernamental | 379.155 |
| Currie (Escocia) | T2—413 4 |
| Curry, N.M. (Estados Unidos: | |
| Condado) | T2—789 27 |
| Cursivos (Imprenta) | 686.224 7 |
| Cursos de estudio | 375 |
| | T1—071 |
| Cursos electivos | |
| currículo | 375.004 |
| Cursos nocturnos | |
| educación superior | 378.154 4 |
| Cursos por correspondencia | 374.4 |
| | T1—071 54 |
| Curtido de pieles | 675.23 |
| Curtido del cuero | 675.23 |
| Curtidores | 675.230 92 |
| | T7—675 |
| Curuguaty (Paraguay) | T2—133 4 |
| Curuzú Cuatía (Argentina) | T2—822 23 |
| Curvas analíticas | 516.362 |
| Curvas de aprendizaje | 153.158 |
| Curvas interpolares | 511.42 |
| Curvas mínimas | 516.362 |
| Curvas (Formas geométricas) | 516.15 |
| geometría algebráica | 516.352 |
| geometría diferencial | 516.36 |
| geometría integral | 516.36 |
| Curvatura de metales | |
| artes decorativas | 739.14 |
| escultura | 731.41 |
| Curvatura (Matemáticas) | 516.362 |
| Curzon, George Nathaniel, | |
| Gobernador de India | |
| historia de India | 954.035 5 |
| Cuscatlán (El Salvador) | T2—728 424 |
| Cúscuta | 583.76 |
| Cuscutaceae | 583.76 |
| Cushamen (Argentina) | T2—827 44 |
| Cusitas | T5—935 |
| Custodia compartida | 306.89 |
| Custodia de los hijos | 346.017 |
| Cutleriales | 589.45 |

| | |
|---|---|
| Cuyotenango (Guatemala) | T2—728 165 3 |
| Cuzco (Perú: Ciudad) | T2—853 72 |
| Cuzco (Perú: Departamento) | T2—853 7 |
| Cyanophyta | 589.46 |
| Cyatheaceae | 587.31 |
| Cycadaceae | 585.9 |
| Cycadales | 585.9 |
| paleobotánica | 561.591 |
| Cycadeoidaceae | 561.592 |
| Cyclanthaceae | 584.62 |
| Cyclanthales | 584.62 |
| Cyclopodia | 595.34 |
| Cyclopteris | 561.597 |
| Cyclorrhapha | 595.774 |
| Cyclostomata (Moluscos) | 594.71 |
| Cyclostomata (Peces) | 597.2 |
| paleozoología | 567.2 |
| Cynewulf | 829.4 |
| Cynocrambaceae | 583.913 |
| Cynon Valley (Gales) | T2—429 73 |
| Cyperales | 584.84 |
| Cypriniformes | 597.52 |
| Cyprinodontes | 597.53 |
| Cyrallaceae | 583.271 |
| Cystobacteriaceae | 598.98 |
| Cytinaceae | 583.922 |
| Czestochowa (Polonia) | T2—438 5 |

## D

| | |
|---|---|
| D.N.A. (Genética) | 54.873 282 |
| Dacca (Bangladesh) | T2—549 22 |
| Dachshunds | |
| producción animal | 636.753 |
| v.a. Perros | |
| Dacia | T2—398 |
| Dacorum (Inglaterra) | T2—425 84 |
| Dactilografía | |
| investigación criminal | 363.256 5 |
| Dactilógrafos | 641.374 109 2 |
| grupo ocupacional | T7—651 |
| servicios de oficina | 651.374 1 |
| Dactilología | 419 |
| Dactylopteriformes | 597.58 |
| Dadaísmo | 709.040 62 |
| escultura | 735.230 462 |
| pintura | 759.066 2 |
| Dade, Fla. (Estados Unidos: | |
| Condado) | T2—759 38 |
| Dade, Ga. (Estados Unidos: | |
| Condado) | T2—758 342 |

| | | | |
|---|---|---|---|
| Danza sobre hielo | 796.912 | Datos (continuación) | |
| Danzadores | 792.802 809 2 | comunicación | 004.6 |
| grupo ocupacional | T7—792 8 | ingeniería | 621.398 1 |
| Danzas africanas | | conversión | 005.72 |
| formas musicales | 784.188 6 | diccionarios | 005.742 |
| Danzas asiáticas | | elaboración óptica | 621.367 |
| formas musicales | 784.188 5 | en sistemas de computación | 005.7 |
| Danzas de guerra | 399 | | T1—028 557 |
| Danzas de la suite clásica | 784.188 3 | estructura | 005.73 |
| Danzas latinoamericanas | | preparación | 005.72 |
| formas musicales | 784.188 8 | procesamiento | 004 |
| Danzas norteamericanas | | | T1—028 5 |
| formas musicales | 784.188 7 | recolección automática | 006 |
| Danzas (Formas musicales) | 784.188 | representación | 005.72 |
| Danzig (Polonia) | T2—438 2 | seguridad | 005.8 |
| Daphniphyllaceae | 583.394 | | T1—028 558 |
| Dar es Salaam (Tanzania) | T2—678 232 | transmisión | |
| Dardos | 794.3 | comunicación entre computadores | |
| Dardos (Pueblo) | T5—914 99 | validación | 005.72 |
| Darfur al-Janubiyah (Sudán) | T2—627 | creación de archivos | 005.74 |
| Darfur al-Shamaliyah (Sudán) | T2—627 | Datos estadísticos | 310 |
| Darién (Panamá) | T2—728 74 | análisis | 001.422 5 |
| Darlignton (Inglaterra) | T2—428 63 | presentación | 001.422 6 |
| Darmstadt (Alemania:Distrito) | T2—434 16 | recolección | 001.422 2 |
| Darmstadt (Alemania) | T2—434 167 | tabulación | 001.422 4 |
| Darom (Israel) | T2—569 49 | Datos legibles por la máquina | |
| Dársenas | | representación | 005.72 |
| ingeniería | 627.31 | Daule (Ecuador) | T2—866 325 |
| instalaciones portuarias | 387.15 | Dauphiné (Francia) | T2—449 6 |
| Dartford (Inglaterra) | T2—422 312 | Davao del Norte (Filipinas) | T2—599 7 |
| Dartmoor (Inglaterra) | T2—423 53 | Davao del Sur (Filipinas) | T2—599 7 |
| Darwinismo | 576.016 2 | Daventry (Inglaterra) | T2—425 56 |
| Dascilloidea | 595.764 6 | David, Rey de Israel | 933.02 |
| Dasycladales | 589.47 | Dawson, Ga. (Estados Unidos: | |
| DAT (Digital audio sound | | Condado) | T2—758 263 |
| reproduction) | 621.389 3 | Dawson, Tex. (Estados Unidos: | |
| Dátiles | 641.346 2 | Condado) | T2—764 854 |
| agricultura | 634.62 | Daza (Lengua) | 496.5 |
| botánica | 584.5 | | T6—965 |
| cocina | 641.646 2 | Daza (Pueblo africano) | T5—965 |
| tecnología de alimentos | 664.804 62 | De Aar (Sudáfrica) | T2—687 13 |
| Dátiles de mar | 594.11 | De Baca (Estados Unidos: | |
| Datiscaceae | 583.46 | Condado) | T2—789 44 |
| Datos | | De Kalb, Ala. (Estados Unidos: | |
| admisión | 005.72 | Condado) | T2—761 66 |
| análisis | 001.422 5 | De Kalb, Ga. (Estados Unidos: | |
| archivos | 005.74 | Condado) | T2—758 225 |
| Datos | | De Soto (Estados Unidos: | |
| bases de datos | 025.04 | Parroquia) | T2—763 63 |
| compactamiento | 005.746 | De Soto, Fla. (Estados Unidos: | |
| compresión | 005.746 | Condado) | T2—759 59 |

De Soto, Miss. (Estados
   Unidos: Condado)     T2—762 87
De Witt, Tex. (Estados Unidos:
   Condado)          T2—764 259
Deaf Smith (Estados Unidos:
   Condado)          T2—764 835
Debates
   literatura            808.853
     historia y crítica      809.53
     literaturas específicas   T3B—503
       autores individuales  T3A—5
     retórica          808.53
Deber
   religión            291.5
     budismo         294.35
     cristianismo       241
     hinduismo       294.548
     islamismo       297.5
     judaísmo       296.385
Deberes ciudadanos     323.65
Debilidad mental
   medicina         616.858 8
   v.a. Enfermedades mentales
Debilidades          179.8
Debugging          004.24
   ingeniería        621.392
   programación      005.14
Debut en sociedad
   costumbres       392.15
   etiqueta         395.24
   música          781.584
Decadencia
   cambio social      303.45
Decaimiento alfa      539.752 2
Decaimiento beta     539.752 3
Decaimiento gamma   539.752 4
Decálogo          222.16
   v.a. Diez mandamientos
Decantación
   tratamiento del agua potable  628.162 2
Decapoda         595.384
   paleozoología     565.38
Decapoda (Moluscos)  594.58
   paleozoología     564.58
Decatur (Estados Unidos:
   Condado)          T2—758 993
Deccan (India)      T2—548
Decisiones
   derecho internacional   341.026 8
   textos           348.044

Declamación coral     808.855
   literatura         808.855
     historia y crítica    809.55
     literaturas específicas   T3B—505
       autores individuales  T3A—5
   música         782.96
   retórica         08.55
Declaración de independencia,1776
   historia de Estados Unidos  973.313
Declaración de renta
   derecho tributario    343.052 044
Declaraciones de testigos
   derecho         348.01
Declinación (Gramática)  415
   lenguas específicas   T4—5
Decloración del agua   628.166 2
Deconstrucción
   filosofía         149
Decoración         745.4
   arte           745.5
   automóviles      629.26
Decoración arquitectónica  729
Decoración con colores  745.7
Decoración con tinte
   edificios         698.32
Decoración de dulces   641.865 3
Decoración de esgrafiado  666.45
   arte           738.15
   tecnología       666.45
Decoración de estructuras  729
Decoración de interiores  747
   arte           747
   economía doméstica   645
Decoración floral     745.92
Decoración pictórica
   arquitectura      729.4
Decoraciones en madera
   arte ornamental    749.5
   artesanado ornamental  745.51
Decoraciones navideñas  394.266 3
   artesanado      745.594 12
   costumbres      394.266 3
Decoradores de interiores  747.2
   grupo profesional    T7—747
Decorados
   representaciones escénicas  792.025
Découpage        745.546
   escuela primaria    372.55
Decretos papales     262.91
Dedalera          583.81

| | |
|---|---|
| Dedicaciones | |
| rito cristiano | 265.92 |
| Dedos | |
| técnicas musicales | 784.193 68 |
| Deducción de impuestos | 336.206 |
| derecho fiscal | 343.052 3 |
| finanzas públicas | 336.206 |
| Deducción lógica | 162 |
| Deeside (Escocia) | T2—412 4 |
| Defecación | |
| fisiología humana | 612.36 |
| v.a. Sistema digestivo | |
| Defensa | |
| derecho | 347.052 |
| Defensa antiaérea | 355.422 |
| Guerra del Golfo,1991 | 956.704 424 8 |
| Guerra del Vietnam | 959.704 348 |
| Guerra Mundial I | 940.44 |
| Guerra Mundial II | 940.544 |
| Defensa antimisiles | 358.174 |
| Defensa civil | 363.35 |
| administración pública | 350.755 |
| central | 351.755 |
| local | 352.935 5 |
| derecho | 344.053 5 |
| derecho internacional | 341.72 |
| Defensa costera | 355.45 |
| Defensa gratuita | 362.58 |
| bienestar social | 362.58 |
| derecho | 347.017 |
| derecho penal | 345.01 |
| derecho social | 344.032 58 |
| Defensa legal | 347.05 |
| derecho penal | 345.050 44 |
| Defensa militar | 355.4 |
| derecho | 343.01 |
| derecho internacional | 341.72 |
| ingeniería | 623.3 |
| Defensa personal | 613.66 |
| adiestramiento militar | 355.548 |
| seguridad personal | 613.66 |
| Defensa (Fútbol) | 796.334 25 |
| Defensas antiaéreas | 355.422 |
| Guerra del Golfo, l991 | 956.704 424 8 |
| Guerra del Vietnam | 959.704 348 |
| Guerra Mundial I | 940.44 |
| Guerra Mundial II | 940.544 |
| Defensor público | 350.91 |
| administración pública | 350.91 |
| central | 351.91 |
| local | 352.002 |

| | |
|---|---|
| Defensor público (continuación) | |
| derecho | 342.066 7 |
| poder legislativo | 328.345 2 |
| Defensores de oficio | 345.01 |
| Deficiencia alimenticia | |
| medicina | 616.39 |
| v.a. Sistema digestivo | |
| Deficiencia mental | 362.3 |
| bienestar social | 362.3 |
| medicina | 616.858 8 |
| v.a. Retardo mental | |
| Deficiencias del aprendizaje | 371.9 |
| medicina | 616.858 89 |
| Déficit agrícola | |
| economía agrícola | 338.17 |
| industrias secundarias | 338.47 |
| producción | 338.02 |
| recursos naturales | 333.711 |
| Déficit de mano de obra | 331.136 |
| Déficit presupuestal | |
| administración pública | 350.722 4 |
| Deflación | 332.41 |
| Defluorización | 628.166 7 |
| Deformación | 531.38 |
| análisis estructural | 624.176 |
| arquitectura naval | 623.817 6 |
| cristales | 548.842 |
| física | 531.38 |
| geología | 551.8 |
| materiales de construcción | 620.112 3 |
| Deformación elástica | 531.382 |
| Deformación permanente | 531.38 |
| materiales de ingeniería | 620.112 42 |
| materiales de construcción | 620.112 33 |
| Deformación plástica | 531.38 |
| análisis estructural | 624.176 |
| arquitectura naval | 623.817 6 |
| cristales | 548.842 |
| física | 531.38 |
| materiales de ingeniería | 620.112 3 |
| Deformación temporal | |
| física | 531.382 |
| materiales de ingeniería | 620.112 32 |
| Deformación viscosa | |
| materiales de ingeniería | 620.112 33 |
| Deformidades | |
| biología | 574.22 |
| influencia psicológica | 155.916 |
| ortopedia | 617.37 |

Demanda
  determinación de la tasa de cambio 332.456 2
  industria de la comunicación    384.041
  microeconomía    338.521 2
  pronósticos    338.02
    agricultura    338.17
    industrias secundarias    338.47
    producción    338.02
  recursos naturales    333.712
  servicios de transporte    388.049
Demanda de alimentos
  economía    338.19
Demanda de trabajo    331.123
Demencia precoz    616.898
Demencia senil
  geriatría    618.976 898 3
  medicina    616.898 3
  v.a. Enfermedades mentales
Dementes
  condición legal    346.013
Demerara Oriental (Guyana)    T2—881 5
Democracia
  educación    370.115
  sistema de gobierno    321.8
Democracia cristiana    324.218 2
  organizaciones internacionales    324.182
Democracia industrial    331.011 2
  economía    331.011 2
  teoría del sindicalismo    331.880 1
Democracia moderna    321.8
Democracia participativa    323.042
Democracia proletaria    324.245 07
Democracia pura    321.4
Democracia social    320.531 5
Demócrito    182.7
Demodulación
  electrónica    621.381 536
Demoduladores
  circuitos electrónicos
    de microondas    621.381 326
    de ondas de radio    621.381 536
    microelectrónica    621.381 736
Demografía    304.6
Demolición
  edificios    690.26
  estudios
    análisis estructural    624.176
  ingeniería militar    623.27
    carga    623.454 5
  operación militar    358.23
    submarina    359.984

Demonología    133.42
  cristianismo    235.4
  religión    291.216
Demospongiae    593.46
  paleozoología    563.4
Demostración
  gnoseología    121.65
Demostraciones publicitarias    659.15
Demótico (Griego moderno)    489.3
                    T6—89
Demótico (Griego moderno)
  (Literatura)    889
Demulcentes
  farmacodinámica    615.735
  v.a. Sistema digestivo
Denbigshire (Gales)    T2—429 3
Dendrobatidae    597.87
Dendrochirotida    593.96
Dendrología    582.16
Dengue
  incidencia    614.571
  medicina    616.921
  v.a. Enfermedades infecciosas
Denis
  historia de Portugal    946.901
Denjoy
  cálculo    515.43
Denominaciones cristianas    280
  asociaciones religiosas    267.18
  concilios generales    262.51-.59
  culto público    264.01-.09
  derecho canónico    262.98
  doctrina    230.1-.9
    catesismos y credos    238.1-.9
  educación religiosa    268.8
  gobierno de la iglesia    262.01-.09
    parroquias    254.01-.09
  guías de vida cristiana    248.48
  misiones    266.1-.9
  seminarios    207.11
  teología    230.1-.9
  teología moral    241.04
  órdenes religiosas    255
    historia de la iglesia    271
Densidad    531.14
  cristalografía    548.845
  mecánica de fluídos    532.04
  mecánica de los líquidos    532.4
  mecánica de los sólidos    531.54
Densidad de la población    304.61

| | | | |
|---|---|---|---|
| Depósitos agrícolas (continuación) | | Depresivos (continuación) | |
| construcción | 690.892 2 | salud personal | 613.8 |
| uso | 631.22 | v.a. Abuso de sustancias | |
| Depósitos bancarios | 332.175 2 | Depresores cardíacos | 615.716 |
| garantía del estado | 332.1 | Depuración | |
| rentas públicas | 336.15 | aceites y gases | 665.028 3 |
| seguros | 368.854 | destilados del petróleo | 665.534 |
| derecho | 346.086 854 | Dera (Siria) | T2—569 14 |
| Depósitos de abastecimiento | | Derbesiales | 589.47 |
| fuerzas armadas | 355.75 | Derby (Inglaterra) | T2—425 27 |
| Depósitos de ahorro | 332.175 2 | Derbyshire nororiental | |
| Depósitos de cadáveres | 363.75 | (Inglaterra) | T2—425 14 |
| arquitectura | 725.597 | Derbyshire (Inglaterra) | T2—425 1 |
| Depósitos de garantías | 346.043 73 | Derecho | 340 |
| Depósitos de madera | 674.32 | jurisdicciones específicas | 349 |
| Depósitos en demanda | 332.175 2 | literatura | 808.803 55 |
| Depósitos ferroviarios | 385.314 | historia y crítica | 809.933 55 |
| derecho | 343.095 2 | literaturas específicas | T3B—080 355 |
| ingeniería | 625.18 | historia y crítica | T3B—093 55 |
| transporte | 385.314 | sistemas de información | 025.063 4 |
| Depósitos minerales | | Derecho a desempeñar cargos | |
| orígenes | 553.1 | públicos | 323.5 |
| Depósitos para locomotoras | | Derecho a la educación | |
| arquitectura | 725.33 | derecho | 344.079 |
| Depreciación | 657.73 | Derecho a la vida privada | 323.448 |
| Depresión de el-Qattara | | Derecho a ser representado | 323.5 |
| (Egipto) | T2—622 | Derecho administrativo | 342.06 |
| Depresión post-parto | 618.76 | Derecho agrario | 343.076 |
| medicina | 618.76 | Derecho al bienestar social | 361.614 |
| v.a. Enfermedades mentales | | Derecho al defensor | 345.056 |
| Depresión (Nerviosa) | 362.25 | Derecho al trabajo | 323.46 |
| bienestar social | 362.25 | Derecho antiguo | 340.53 |
| medicina | 616.852 7 | Derecho bizantino | 340.54 |
| v.a. Enfermedades mentales | | Derecho canónico | 262.9 |
| Depresiones económicas | | teología moral cristiana | 241.57 |
| ciclos económicos | 338.542 | v.a. Derecho religioso | |
| finanzas personales | 332.024 02 | Derecho civil | 340.56 |
| Depresiones y aberturas | 551.44 | Derecho civil (Sistema legal) | 340.56 |
| | T2—144 | Derecho comercial | 346.07 |
| geografía | 910.914 4 | derecho internacional | 341.754 |
| geografía física | 910.021 44 | Derecho comparado | 340.2 |
| geomorfología | 551.44 | Derecho común | 340.57 |
| Depresiones (Fisiogeografía) | 551.4 | Derecho común del matrimonio | 306.84 |
| | T2—144 | derecho | 346.016 |
| geografía | 910.914 4 | Derecho constitucional | 342 |
| geografía física | 910.021 44 | Derecho consuetudinario | 340.5 |
| geomorfología | 551.44 | Derecho de asilo | 323.631 |
| Depresivos | | derecho | 342.083 |
| abuso | 362.299 | derecho internacional | 341.488 |
| bienestar social | 362.299 | Derecho de asociación | 323.47 |
| medicina | 616.86 | Derecho de familia | 346.015 |

| | |
|---|---|
| Derechos de usufructo | |
| derecho | 343.055 |
| Derechos del trabajador | 331.011 |
| v.a. Derecho laboral | |
| Derechos económicos | 323.46 |
| Derechos humanos | 323 |
| derecho internacional | 341.481 |
| teoría del derecho | 340.112 |
| v.a. Derecho civil | |
| Derechos matrimoniales | 346.016 3 |
| Derechos naturales | 323.01 |
| derecho | 340.112 |
| derecho internacional | 341.481 |
| Derechos políticos | 323.5 |
| derecho | 342.085 |
| Derechos ribereños | 346.043 2 |
| Deriva continental | 551.136 |
| Derivaciones numéricas | 515.623 |
| Derivaciones ordinarias | 515.33 |
| Derivaciones parciales | 515.33 |
| Derivaciones totales | 515.33 |
| Derivadas direccionales | 515.33 |
| Derivadas totales | 515.33 |
| Derivadores | |
| de corriente | 621.374 2 |
| Dermaptera | 595.721 |
| paleozoología | 565.72 |
| Dermatitis | |
| medicina | 616.51 |
| v.a. Piel | |
| Dermatitis atópica | |
| medicina | 616.521 |
| v.a. Piel | |
| Dermatología | 616.5 |
| v.a. Piel | |
| Dermatosis alérgica | 616.973 |
| Dermoptera | 569.34 |
| Derqui, Santiago | |
| historia de Argentina | 982.04 |
| Derrames de petróleo | 363.738 2 |
| ingeniería de la contaminación | |
| hídrica | 628.168 33 |
| Derrape | 629.132 364 |
| Derretimiento | 536.42 |
| Derrubios glaciares | |
| formas geológicas | 551.315 |
| Derry (Irlanda del Norte) | T2—416 2 |
| Des Moines (Iowa) | T2—777 |
| Desaceleración | |
| biofísica | 574.191 34 |
| humanos | 612.014 414 |

| | |
|---|---|
| Desadaptados | T1—087 4 |
| Desaeración del agua | 628.165 |
| Desagües | |
| plomería | 696.13 |
| techos | 695.96 |
| Desagües de aguas negras | 363.728 4 |
| desagües | 363.728 4 |
| ingeniería militar | 623.753 |
| servicio social | 363.728 4 |
| tecnología | 628.362 |
| v.a. Control de desechos | |
| Desagües gaseosos | |
| tecnología | 628.53 |
| Desagües subterráneos | 363.728 |
| lodo | 628.366 |
| tecnología del desecho sólido | 628.445 66 |
| Desagües urbanos | 363.728 4 |
| ingeniería | 628.214 |
| servicios sociales | 263.728 4 |
| v.a. Control del desecho | |
| Desai, Morarji | |
| historia de India | 954.052 |
| Desajuste social | |
| criminal | 364.256 |
| Desalines (Haití) | T2—729 443 |
| Desalinización | 628.167 |
| Desalinización por refrigeración | 628.167 5 |
| Desamparados (Costa Rica) | T2—728 633 |
| Desarme | 327.174 |
| ciencia militar | 355.03 |
| derecho | 341.733 |
| ética | 172.4 |
| religión | 291.562 4 |
| cristianismo | 241.624 |
| v.a. Etica política | |
| política internacional | 327.174 |
| teología social | 291.178 7 |
| cristianismo | 261.87 |
| Desarrollo | 338.9 |
| administración pública | 350.007 8 |
| central | 351.007 8 |
| local | 352.000 468 |
| economía de los recursos | 338.9 |
| recursos naturales | 333.715 |
| administración pública | 350.722 253 6 |
| central | 351.722 253 6 |
| local | 352.122 536 |
| Desarrollo | |
| biológico | 574.3 |
| animales | 591.3 |
| células | 574.876 1 |

| | |
|---|---|
| Dialypetalanthaceae | 583.52 |
| Diamagnetismo | 538.42 |
| Diamantes | 553.82 |
|   extracción | 622.382 |
|   geología económica | 553.82 |
|   glíptica | 736.23 |
|   joyería | 739.27 |
|   sintéticos | 666.88 |
| Diamantes industriales | 553.65 |
| Diapensiaceae | 583.62 |
| Diapositivas | 778.2 |
|   bibliografías | 011.37 |
|   catalogación | 025.347 3 |
|   educación | 371.335 22 |
|   tratamiento bibliotecario | 025.177 3 |
| Diapsida | 567.9 |
| Diarios | 920 |
| | T1—092 |
|   biografía | 920 |
|   literatura | 808.883 |
|     literaturas específicas | T3B—803 |
|     autores individuales | T3A—8 |
| Diarios de ruta | |
|   aeronáutica | 629.132 54 |
| Diarrea | |
|   medicina | 616..342 7 |
|   v.a. Sistema digestivo | |
| Diarrea epidémica | |
|   incidencia | 614.517 |
|   medicina | 616.342 7 |
|   v.a. Sistema digestivo | |
| Días | 529.1 |
|   folclor | 398.236 |
|     sociología | 398.33 |
|   música | 781.522 |
| Días de ayuno | 291.36 |
|   cocina | 641.567 |
|   costumbres | 394.2 |
|   cristianismo | 263.9 |
| Días de fiesta | |
|   cocina | 641.567 |
|   costumbres | 394.2 |
|   cristianismo | 263.9 |
|   religión | 291.36 |
| Días de fiesta budistas | 294.343 6 |
|   costumbres | 394.265 43 |
| Días de fiesta confusianistas | 299.512 36 |
|   costumbres | 394.265 951 2 |
| Días de fiesta cristianos | 263.9 |
|   costumbres | 394.266 |

| | |
|---|---|
| Días de fiesta hindú | 294.536 |
|   costumbres | 394.265 45 |
| Días de fiesta judaicos | 296.43 |
|   costumbres | 394.267 |
| Días de fiesta patrióticos | 394.26 |
|   costumbres | 394.2668 4 |
| Días de fiesta religiosos | 291.36 |
|   costumbres | 394.265 |
| Días de fiesta seculares | 394.26 |
| Días de fiesta taoistas | 299.514 36 |
|   costumbres | 394.264 951 4 |
| Días de independencia | 294.26 |
| Días de Témporas | 242.37 |
|   literatura piadosa | 242.37 |
|   liturgia católica | 264.027 2 |
|   observancia | 263.97 |
|   sermones | 252.67 |
|   v.a. Fiestas religiosas | |
| Días santos | 291.36 |
|   costumbres | 394.265 |
| Dias, Bartolomeu | |
|   historia de Portugal | 946.902 |
| Diaspora (Historia judaica) | 909.049 24 |
| Diásporo | 549.525 |
|   mineralogía | 549.525 |
| Diastasa | 615.35 |
| Diastrofismo | 551.87 |
| Diatermia | |
|   terapéutica | 615.832 3 |
| Diatomeas | 589.481 |
| Diatrymiformes | 586.3 |
| Díaz de Pineda, Gonzalo | |
|   historia de Ecuador | 986.602 |
| Díaz de Solís, Juan | |
|   historia de Belice | 972.820 2 |
| Díaz Ordaz, Gustavo | |
|   historia de México | 972.083 1 |
| Díaz, Porfirio | |
|   historia de México | 972.081 4 |
| Diazepam | |
|   farmacodinámica | 615.788 2 |
|   v.a. Enfermedades mentales | |
| Diazinas | 547.593 |
|   ingeniería química | 661.894 |
| Diazoación | 547.25 |
|   ingeniería química | 660.284 45 |
| Diazonitrofenol | 662.27 |
| Diazotipia | 773.7 |
| Dibujantes | |
|   arte | 741.092 |
|     grupo profesional | T7—743 |

| | | | |
|---|---|---|---|
| Dientes artificiales | | Difracción | |
| odontología | 617.69 | cristalografía | 548.83 |
| v.a. Odontología | | luz | 535.4 |
| Diesel | | Difteria | |
| combustibles | 665.538 4 | incidencia | 614.512 3 |
| máquinas | 621.436 | medicina | 616.931 3 |
| Dietas | | Difuntos | |
| educación primaria | 372.37 | culto | 291.213 |
| salud | 613.7 | disposición | 363.75 |
| Dietas | | costumbres | 393 |
| observancia reliosa | 291.446 | música | 781.588 |
| judaísmo | 296.73 | Difusión (Física) | 530.475 |
| cocina | 641.567 | física del estado gaseoso | 530.43 |
| Dietas altas en fibra | | física del estado líquido | 530.425 |
| salud | 613.26 | física nuclear | 539.758 |
| Dietas bajas en calorías | | luz | |
| salud | 613.26 | meteorología | 551.566 |
| Dietas hipocalóricas | | Difusión (Química) | 541.34 |
| salud | 613.25 | análisis químico | 544.5 |
| Dietoterapia | | ingeniería química | 660.294 |
| medicina | 615.854 | Difusividad | |
| Diez Mandamientos | 222.16 | calor | 536.201 4 |
| teología moral | | Digenea | 595.122 |
| cristianismo | 241.52 | Digestión | 574.132 |
| judaísmo | 296.385 | animales | 591.132 |
| Diez reinos (Historia de China) | 951.018 | fisiología humana | 612.3 |
| Difamación | 364.156 | plantas | 581.132 |
| calumnia | 346.034 | v.a. Sistema digestivo | |
| derecho penal | 345.025 6 | Digestivos | |
| ética | 177.3 | farmacodinámica | 615.734 |
| Difaqane (Historia de Sudáfrica) | 968.041 | v.a. Sistema digestivo | |
| Difenilmetano | 667.254 | Digestos | |
| Diferenciación | | de jurisprudencia | 348.046 |
| numérica | 515.623 | de leyes | 348.026 |
| ordinaria | 515.33 | Digitación (Música) | 784.193 68 |
| Diferenciación celular | 574.876 12 | Digital | |
| Diferenciación sexual | | farmacodinámica | 615.711 |
| animales | 591.36 | v.a. Sistema cardiovascular | |
| biología del desarrollo | 574.36 | Digitalizadoras | 006.62 |
| plantas | 581.36 | ingeniería | 621.399 |
| Diferenciales | 621.833 | Dignidad del trabajo | 331.013 |
| automotores | 629.245 | Dijes | 133.44 |
| Diferenciales de remuneración | 331.22 | Dilaecto escocés | 427.941 1 |
| Diferenciales (Matemáticas) | 515.33 | | T6—21 |
| Diferencias finitas | 515.62 | Dilatación | |
| Diferencias raciales | | corazón | |
| psicología | 155.82 | fisiología humana | 612.171 |
| Diferencias sexuales | | v.a. Sistema cardiovascular | |
| psicología | 155.33 | Diletantes | |
| | | grupos sociales | T7—090 9 |

Echinodera 595.185
Echinodermata 593.9
  paleozoología 563.9
Echinoidea 593.95
  paleozoología 563.95
Echiurida 595.17
Echols (Estados Unidos:
  Condado) T2—758 814
Eckankar 299.93
Eclampsia
  enfermedades puerperales
    obstetricia 618.75
Eclecticismo
  arquitectura 724.5
  filosofía 148
Eclesiastés 223.8
Eclesiástico (Biblia) 223.98
Eclesiología
  cristianismo 262
Eclipses 523.99
  luna 523.38
  sol 523.78
Ecografía
  diagnósticos 616.075 43
Ecología 574.5
  animales 591.5
  antropología física 573
  educación primaria 372.357
  ética 179.1
    religión 291.569 1
      budismo 294.356 91
      cristianismo 341.691
      hinduismo 294.548 691
      judaísmo 296.385 691
  microorganismos 576.15
  planta 581.5
  sociología 304.2
  teología social 291.178 362
    cristianismo 261.836 2
Ecología agraria 574.526 4
Ecología humana 304.2
  teología social 291.178 362
    cristianismo 261.836 2
Ecología marina 574.526 36
Ecología terrestre 574.526 4
Ecología urbana
  biología 574.526 8
Econometría 330.015 195
  toma de decisiones
    administrativas 658.403 3

Economía 330
  administración pública 350.82
    central 351.82
      ministerios 351.082
    local 352.942
  biblioteca 026.33
  literatura 808.803 55
    historia y crítica 809.933 5
    literaturas específicas T3B—080 355
      historia y crítica T3B—093 55
  política internacionel 327.111
  sistemas de información 025.063 3
  teología social 291.178 5
    cristianismo 261.85
Economía abierta 330.122
Economía agraria 338.1
Economía clásica 330.153
Economía de escala 338.514 4
Economía de la empresa 338.5
Economía de la oferta 330.15
Economía de la producción 338
Economía de la tierra 333
Economía de mercados 330.122
Economía del trabajo 331
Economía doméstica 640
  costumbres 392.3
  educación primaria 372.82
Economía financiera 332
Economía forestal 634.9
Economía industrial 338
Economía internacional 337
Economía matemática
  teoría económica 330.154 3
Economía mixta 330.126
Economía neoclásica 330.157
Economía planificada 330.124
Economistas 330.092
  grupo profesional T7—339
Ecos
  física 534.204
Ecos bizantinos 781.264
Ecosistema 574.5
Ecosonda
  navegación 623.893 8
  prospeccion geofísica 622.159 2
Ecrebous (Inglaterra) T2—423 49
Ectocarpales 589.45
Ectoparasitosis 616.968
  incidencia 614.558
Ectoplasma 133.92
Ectoprocta 594.7

| | |
|---|---|
| Educación social | 303.32 |
| educación | 370.115 |
| Educación superior | 378 |
| | T1—071 1 |
| finazas | |
| derecho | 344.076 84 |
| finanzas estudiantiles | 378.3 |
| pública | 379.118 |
| Educación universitaria | 378 |
| v.a. Educación superior | |
| Educación vocacional | 370.113 |
| educación de adultos | 374.013 |
| Educadores | 379.92 |
| derecho | 344.078 |
| grupo profesional | T7—37 |
| Edwards, Tex. (Estados Unidos: | |
| Condado) | T2—764 882 |
| Edwy, Rey de Inglaterra | |
| historia de Inglaterra | 942.017 2 |
| Efecto | |
| filosofía | 122 |
| Efecto de Raman | 535.846 |
| Efecto del placebo | |
| medicina | 615.5 |
| Efecto Doppler | |
| acústica | 534.32 |
| Efecto Jahn-Teller | 530.416 |
| Efecto Josephson | 530.416 |
| Efectos de campo | |
| física del estado sólido | 530.416 |
| Efectos de Hall | |
| semiconductores | 537.622 6 |
| Efectos de sonido | 792.024 |
| Efectos especiales | 792.024 |
| espectáculos | 792.024 |
| cine | 791.430 24 |
| radio | 791.440 24 |
| teatro | 792.024 |
| televisión | 791.450 24 |
| fotografía | 778.8 |
| cine | 778.534 5 |
| Efectos secundarios | |
| medicamentos | |
| farmacodinámica | 615.704 2 |
| Efectos visuales | |
| espectáculos teatrales | 792.024 |
| Efedrina | |
| abuso | 362.299 |
| asistencia social | 362.299 |
| medicina | 616.864 |

| | |
|---|---|
| Efedrina (continuación) | |
| salud personal | 613.84 |
| v.a. Abuso de sustancias | |
| Efemérides | 528 |
| Efemérides astrológicas | 133.55 |
| Efesios | |
| epístolas | 227.5 |
| Efeso | T2—392 3 |
| Effingham, Ga. (Estados | |
| Unidos: Condado) | T2—758 722 |
| Eficiencia | |
| administración de personal | 658.314 |
| administración de la producción | 658.515 |
| administración pública | 350.147 |
| central | 351.147 |
| local | 352.005 147 |
| economía | 338.06 |
| economía agraria | 338.16 |
| industria de las comunicaciones | 384.041 |
| industria minera | 388.26 |
| industria secundaria | 338.45 |
| servicios de transporte | 388.049 |
| Eficiencia personal | |
| negocios | 650.1 |
| dirigentes | 658.409 3 |
| Eficiencia productiva | 338.06 |
| economía | 338.06 |
| economía agraría | 338.16 |
| industria minera | 338.26 |
| industria secundaria | 338.45 |
| Efigies | 736.5 |
| EFTA (Asociación Europea de | |
| Libre Comercio) | 341.242 |
| Egbert, rey de Inglaterra | |
| historia de Inglaterra | 942.016 1 |
| Egipcio demótico (Lengua) | 493.1 |
| | T6—931 |
| Egipcio demótico (Literatura) | 893.1 |
| Egipcios antiguos | T5—931 |
| Egipcios modernos | T5—927 62 |
| Egipto | 962 |
| | T2—62 |
| antiguo | 932 |
| | T2—32 |
| Egipto Medio | T2—622 |
| Eglefino | 597.53 |
| Ego | |
| psicología | 154.22 |
| Egoismo | |
| sistemas éticos | 171.9 |
| Ehertiaceae | 583.88 |

| | |
|---|---|
| Einstenio | 546.449 |
| v.a. Sustancia química | |
| Eire | 941.7 |
| | T2—417 |
| historia de Irlanda | 941.708 22 |
| Eisenhower, Dwight D. | |
| historia de Estados Unidos | 973.921 |
| Eje para encuñar madera | 674.43 |
| Eje para unión longitudinal | 674.43 |
| Ejecución de sentencias | 347.077 |
| Ejecución musical | 780.78 |
| Ejecución testamentaria | 346.056 |
| Ejecuciones | |
| música | 780.78 |
| Ejercicios espirituales | 248.3 |
| Ejercicios físicos | 613.71 |
| eficiencia física | 613.71 |
| fisiología humana | 612.76 |
| puericultura | 649.57 |
| terapia | 615.82 |
| Ejercicios gimnásticos | 613.714 |
| Ejercicios isométricos | 613.714 9 |
| Ejercicios tácticos | 355.54 |
| Ejercicios terapéuticos | |
| medicina | 615.82 |
| Ejercicios (Educación) | T1—076 |
| Ejército de salvación | 287.96 |
| v.a. Denominaciones cristianas | |
| Ejércitos | 355.31 |
| Ejércitos coloniales | 355.352 |
| Ejércitos voluntarios | 355.223 62 |
| Ejes | 621.823 |
| ingeniería ferroviaria | 625.21 |
| vehículos terrestres | 629.245 |
| Ejes anteriores | |
| automóviles | 629.247 |
| Ejes posteriores | |
| automóviles | 629.245 |
| El Adelanto (Guatemala) | T2—728 143 5 |
| El Amparo de Apure | |
| (Venezuela) | T2—874 24 |
| El Angel (Ecuador) | T2—866 114 |
| El Banco (Colombia) | T2—861 164 |
| El Baúl (Venezuela) | T2—874 64 |
| El Bene (Bolivia) | T2—844 2 |
| El Callao (Perú: Ciudad) | 985.042 |
| | T2—852 63 |
| El Callao (Perú: Provincia) | T2—852 6 |
| El Callao (Venezuela) | T2—876 35 |
| El Cambur (Venezuela) | T2—873 24 |
| El Carmen (Argentina) | T2—824 13 |

| | |
|---|---|
| El Cercado (Rep. Dominicana) | T2—729 342 5 |
| El Chol (Guatemala) | T2—728 152 4 |
| El Congo (El Salvador) | T2—728 412 6 |
| El Corpus (Honduras) | T2—728 351 4 |
| El Doncello (Colombia) | T2—861.644 |
| El Dorado (Estados Unidos: | |
| Condado) | T2—794 41 |
| El Estado | 320.1 |
| administración pública | 351 |
| derecho internacional | 341.26 |
| sistemas de gobiernos | 321 |
| El Furrial (Venezuela) | T2—875 67 |
| El Loa (Chile) | T2—831 35 |
| El Oro (Ecuador) | T2—866 31 |
| El Palmar (Venezuela) | T2—876 36 |
| El Pao (Venezuela) | T2—874 65 |
| El Paraíso (Honduras) | T2—728 34 |
| El Paso, Tex. (Estados Unidos: | |
| Condado) | T2—764 96 |
| El Pilar (Venezuela) | T2—875 45 |
| El Porvenir (El Salvador) | T2—728 412 7 |
| El Progreso (Guatemala) | T2—728 153 |
| El Recreo (Venezuela) | T2—877 4 |
| El Rosario (El Salvador) | T2—728 425 3 |
| El Salvador | 972.84 |
| | T2—728 4 |
| El Sauce (Nicaragua) | T2—728 512 5 |
| El Seibo (Rep. Dominicana: | |
| Ciudad) | T2—729 384 2 |
| El Seibo (Rep. Dominicana: | |
| Provincia) | T2—729 |
| El Tambo (Colombia) | T2—861 537 |
| El Tocuyo (Venezuela) | T2—872 56 |
| El Tránsito (El Salvador) | T2—728 432 6 |
| El Viejo (Nicaragua) | T2—728 511 |
| El Vigía (Venezuela) | T2—871 3 |
| Elam | T2—35 |
| Elamita (Lengua) | 499.93 |
| | T6—999 3 |
| Elamitas | T5—999 3 |
| | T6—999 3 |
| historia de la Mesopotamia | 935.01 |
| Elands | 599.735 8 |
| Elasipodida | 593.96 |
| Elasmobranchii | 597.3 |
| Elásticas | 678.35 |
| Elasticidad | 531.382 |
| cristales | 548.842 |
| materiales de ingeniería | 620.112 32 |
| mecánica de fluidos | 532.053 5 |
| mecánica de gases | 533.28 |

Elasticidad (continuación)
mecánica de líquidos ....... 532.58
mecánica de sólidos ........ 539.382
músculos
  fisiología humana ........ 612.741
  v.a. Sistema musculoesquelético
Elastómeros ................. 678
materiales de cimentación ... 624.153 94
materiales de ingeniería .... 620.194
  ingeniería estructural ... 624.189 4
química .................... 547.842
técnología ................. 678
  manufactura de equipos ... 681.766 8
Elastómeros termoplásticos ... 678
Elateroidea ................. 595.765
Elatinaceae ................. 583.152
Elazig (Turquía) ........... T2—566 7
Elbert, Ga. (Estados Unidos:
  Condado) ............... T2—758 163
Elblag (Polonia) ........... T2—438 2
Eleagnaceae ................. 583.279
Elección
matemática ................. 511.65
psicología ................. 153.83
Elección de entrada
catalogación ............... 025.322
Elección de jurado .......... 347.075 2
Elección social ............. 302.13
Elecciones .................. 324
colegios electorales ....... 324.63
derecho .................... 324.07
faltas ..................... 364.132 4
impugnación ................ 324.6
poder del cuerpo legislativo . 328.345 4
sermones cristianos ........ 252.68
sindicatos ................. 331.874
sistemas ................... 324.63
Elecciones fraudulentas ..... 324.66
criminología ............... 364.132 4
derecho .................... 345.023 24
Elecciones primarias ........ 324.54
Elecciones (Doctrina cristiana) . 234
Electretos .................. 537.24
Electricidad ................ 333.793 2
administración de plantas ... 658.26
astrofísica ................ 523.018 7
biofísica .................. 574.191 7
  humana ................... 612.014 42
conversión nuclear directa .. 621.312 5
economía ................... 333.793 2
energía solar .............. 621.312 44

Electricidad (continuación)
física ..................... 537
generación ................. 621.312 1
generación directa de energía . 621.312 4
generación solar ........... 621.312 44
  generación nuclear de vapor . 621.483
Electricidad atmosférica .... 551.563
Electricistas ............... 621.319 240 92
grupo profesional .......... T7—621 3
Electrificación ............. 333.793 2
tecnología ................. 621.319
Electrocapilaridad .......... 537.24
Electrochoque
terapia
  psiquiatra ............... 616.891 22
v.a. Enfermedades mentales
Electrodeposición ........... 543.087 4
látex ...................... 678.527
Electrodiagnóstico
diagnóstico ................ 616.075 47
Electrodiálisis ............. 541.372
desalinización ............. 628.167 42
ingeniería química ......... 660.297 2
Electrodinámica ............. 537.6
ingeniería ................. 621.31
Electrodinámica cuántica .... 537.67
Electrodinamómetros ......... 621.374 6
Electrodos .................. 541.372 4
ingeniería química ......... 660.297 24
química .................... 541.372 4
Electroencefalografía
medicina ................... 616.804 754 7
v.a. Sistema nervioso
Electroestricción ........... 537.24
Electrofisiología ........... 574.191 27
biofísica .................. 612.813
fisiología ................. 574.191 27
fisiología humana .......... 612.014 27
Electrófonos ................ 786.7
banda y orquesta ........... 784
construcción ............... 786.719 23
  a mano ................... 786.719 23
  a máquina ................ 681.867
mixtos ..................... 285.2–.5
música de cámara ........... 785
  de un solo tipo .......... 785.67
Electrófonos de teclado ..... 786.59
v.a. Instrumentos de teclado
Electrófonos monofónicos .... 786.73
Electrofóresis .............. 541.372
ingeniería química ......... 670.297 2

| | |
|---|---|
| Enfermedades del corazón | |
| cirugía | 617.412 |
| cocina para | 641.563 11 |
| medicina | 616.12 |
| v.a. Sistema cardiovascular | |
| Enfermedades del perimetrio | |
| ginecología | 618.13 |
| v.a. Sistema genital femenino | |
| Enfermedades dentales | 614.599 6 |
| incidencia | 614.599 6 |
| odontología | 617.6 |
| Enfermedades emocionales | 362.2 |
| bienestar social | 362.2 |
| psiquiatría | 616.89 |
| v.a. Enfermedades mentales | |
| Enfermedades eruptivas | |
| incidencia | 614.52 |
| medicina | 616.91 |
| v.a. Enfermedades infecciosas | |
| Enfermedades físicas | |
| medicina | 362.1 |
| v.a. Enfermedades humanas | |
| Enfermedades gastrointestinales | |
| medicina | 616.33 |
| v.a. Sistema digestivo | |
| Enfermedades genéticas | |
| medicina | 616.042 |
| Enfermedades geriátricas | 362.198 97 |
| incidencia | 614.599 2 |
| medicina | 618.97 |
| servicios sociales | 362.198 97 |
| Enfermedades hemorrágicas | |
| medicina | 616.157 |
| v.a. Sistema cardiovascular | |
| Enfermedades hereditarias | |
| medicina | 616.042 |
| Enfermedades hidátides | |
| incidencia | 614.554 |
| medicina | 616.964 |
| Enfermedades isquémicas del corazón | |
| medicina | 616.123 |
| v.a. Sistema cardiovascular | |
| Enfermedades laborales | |
| medicina | 616.980 3 |
| salud | 613.62 |
| v.a. Enfermedades ambientales | |
| Enfermedades mentales | 362.2 |
| defensa legal | 345.04 |
| enfermería | 610.736 8 |
| geriatría | 618.976 81 |
| influencia sobre el crimen | 364.24 |

| | |
|---|---|
| Enfermedades mentales (continuación) | |
| pediatría | 618.928 9 |
| psiquiatría | 616.89 |
| servicios sociales | 362.2 |
| v.a. Servicios de salud mental | |
| Enfermedades metabólicas | |
| medicina | 616.39 |
| v.a. Sistema digestivo | |
| Enfermedades neurológicas | |
| sintomatología | 616.84 |
| v.a. Sistema nervioso | |
| Enfermedades neuromusculares | |
| medicina | 616.744 |
| v.a. Sistema musculoesquelético | |
| Enfermedades nutricionales | |
| medicina | 616.39 |
| v.a. Sistema digestivo | |
| Enfermedades parasitarias | 574.23 |
| incidencia | 614.55 |
| medicina | 616.96 |
| Enfermedades parasitarias de la piel | |
| medicina | 616.57 |
| v.a. Piel | |
| Enfermedades por deficiencias | |
| inmunológicas | 616.979 |
| incidencia | 614.599 3 |
| medicina | 616.979 |
| v.a. Enfermedades | |
| Enfermedades profesionales | |
| derecho | 344.043 |
| medicina | 616.980 3 |
| salud | 613.62 |
| seguridad social | |
| derecho | 344.021 8 |
| v.a. Enfermedades ambientales | |
| Enfermedades protozoarias | |
| agricultura | 632.631 |
| cultivos | 632.631 |
| incidencia | 614.53 |
| medicina | 616.936 |
| Enfermedades puerperales | |
| obstetricia | 618.7 |
| Enfermedades renales | 616.61 |
| v.a. Sistema urinario | |
| Enfermedades respiratorias | |
| medicina | 616.2 |
| v.a. Sistema respiratorio | |
| Enfermedades reumáticas del corazón | |
| medicina | 616.127 |
| v.a. Sistema cardiovascular | |

| | |
|---|---|
| Enfermos (continuación) | |
| atención domiciliaria | 649.8 |
| cocina | 641.563 1 |
| grupo social | 305.908 14 |
| recreación | 790.196 |
| al aire libre | 796.087 7 |
| bajo techo | 793.019 6 |
| servicios de salud | 362.1 |
| servicios sociales | 362.1 |
| Enfermos mentales | 305.908 24 |
| | T1—087 4 |
| | T7—082 4 |
| bienestar social | 362.2 |
| v.a. Servicios de salud mental | |
| condiciones legales | 346.013 8 |
| delincuentes | 364.38 |
| instituciones penales | 365.46 |
| educación | 371.94 |
| grupo social | 305.908 24 |
| servicios de salud | |
| derecho | 344.044 |
| Enfield (Inglaterra) | T2—421 89 |
| Enfisema | |
| medicina | 616.248 |
| pediatría | 618.922 38 |
| v.a. Sistema respiratorio | |
| Enganches (Ferrovías) | 625.25 |
| Engastes | |
| arte de los adornos | 749.5 |
| English revised version Bible | 220.520 4 |
| Engranaje de dentadura espiral | 621.833 3 |
| Engranajes | 621.833 |
| relojes | 681.112 |
| Engranajes angulares | 621.833 2 |
| Engranajes cónicos | 621.833 2 |
| Engranajes de tornillos sin fin | 621.833 3 |
| Engranajes hidráulicos | 621.21 |
| Engranajes rectos | 621.833 1 |
| Enigmas | 001.94 |
| actividades recreativas | 793.73 |
| Enigmática | 793.73 |
| Enlace | |
| en metales | 671.58 |
| en encuadernación | 686.35 |
| Enlace cerámica-metales | 666 |
| Enlaces (Matemáticas) | 514.224 |
| Enlaces atómicos | 541.244 |
| Enlaces heteropolares | 541.244 |
| Enlaces homopolares | 541.244 |
| Enlaces moleculares | 541.224 |

| | |
|---|---|
| Enlatados | |
| alimentos | 664.028 2 |
| conservación doméstica | 641.42 |
| conservación industrial | 664.028 2 |
| Enmiendas constitucionales | 342.03 |
| Enoc | |
| apócrifos | 229.913 |
| Enopla | 595.124 |
| Enredadera trompeta | 583.54 |
| Enredadera virginiana | 583.279 |
| Enredaderas | 582.18 |
| arquitectura del paisaje | 715.4 |
| floricultura | 635.974 |
| Enredaderas herbáceas | 582.14 |
| Enredaderas leñosas | 582.18 |
| Enrique I, Rey de Francia | |
| historia de Francia | 944.021 |
| Enrique I, Rey de Inglaterra | |
| historia de Inglaterra | 942.023 |
| Enrique II, Rey de Francia | |
| historia de Francia | 944.028 |
| Enrique II, Rey de Inglaterra | |
| historia de Inglaterra | 942.031 |
| Enrique III, Rey de Francia | |
| historia de Francia | 944.029 |
| Enrique III, Rey de Inglaterra | |
| historia de Inglaterra | 942.034 |
| Enrique IV, Rey de Francia | |
| historia de Francia | 944.031 |
| Enrique IV, Rey de Inglaterra | |
| historia de Inglaterra | 942.041 |
| Enrique V, Rey de Inglaterra | |
| historia de Inglaterra | 942.042 |
| Enrique VI, Rey de Inglaterra | |
| historia de Inglaterra | 942.043 |
| Enrique VII, Rey de Inglaterra | |
| historia de Inglaterra | 942.051 |
| Enrique VIII, Rey de Inglaterra | |
| historia de Inglaterra | 942.052 |
| Enriquecimiento del cargo | |
| administración de personal | 658.314 22 |
| Enriquecimiento ilícito | 346.029 |
| Ensaladas | 341.83 |
| cocina | 341.83 |
| Ensambladores (Programas para | |
| computadores) | 005.456 |
| Ensamblaje (Arte) | 702.814 |
| Ensamble | |
| proceso en línea | 670.42 |
| administración de la producción | 658.533 |
| tecnología | 670.42 |

| | | | |
|---|---|---|---|
| Enuresis | | Epeirogenia | 551.8 |
| medicina | 616.849 | Ephedrales | 585.1 |
| pediatría | 618.928 49 | Ephemeroptera | 595.734 |
| v.a. Sistema nervioso | | paleozoología | 565.73 |
| Envases de bebidas | | Ephydridae | 595.774 |
| desechos | 363.728 8 | Epicaridea | 595.372 |
| v.a. Control de desechos | | Epidemia (Matemática) | 519.85 |
| Envases de cartón | 676.32 | Epidemiología | 614.4 |
| artesanías | 745.54 | Epidermis | |
| Envases de cartón lizo | 676.32 | anatomía | 574.47 |
| Envases de cartón ondulado | 676.32 | anatomía animal | 591.47 |
| Envases de cartón para alimentos | 676.34 | anatomía vegetal | 581.47 |
| Envases de papel | 676.32 | fisiología animal | 591.185 8 |
| artesanías | 745.54 | Epidoto | |
| Envejecimiento | | mineralogía | 594.63 |
| animales | 591.372 | Epifanía | 263.91 |
| biología del desarrollo | 574.372 | música | 781.724 |
| fisiología humana | 612.67 | Epífisis | |
| plantas | 581.372 | anatomía humana | 611.47 |
| Envenenamiento | | enfermedades humanas | |
| toxicología | 615.9 | medicina | 616.48 |
| Envidia | 152.4 | fisiología humana | 612.492 |
| ética | 179.8 | v.a. Sistema endocrino | |
| Envios en volumen | | Epiglotis | |
| servicios postales | 383.124 | anatomía humana | 611.22 |
| Environment (Arte) | 709.040 74 | cirugía | 617.533 |
| Envoltura de regalos | 745.54 | enfermedades humanas | |
| Envolturas (Tejido nervioso) | | medicina | 612.22 |
| histología humana | 611.018 8 | v.a. Sistema respiratorio | |
| v.a. Sistema mervioso | | Epigramas | 808.882 |
| Enzimas | 574.192 5 | autores individuales | T3A—8 |
| bioquímica | 574.192 5 | literaturas específicas | T3B—802 |
| animal | 591.192 5 | Epilepsia | |
| humana | 612.015 1 | medicina | 616.853 |
| vegetal | 581.192 5 | v.a. Enfermedades mentales | |
| farmacología | 615.35 | Epiro (Grecia y Albania) | T2—495 3 |
| química | 547.758 | Albania | T2—496 5 |
| tecnología | 660.634 | Grecia | T2—495 3 |
| Enzimas lipolíticas | 574.192 53 | antigua | T2—382 |
| Enzimas oxidantes | 574.192 58 | Episcopado | 262.12 |
| Enzimas proteolíticas | 574.192 56 | Episiotomía | |
| Enzimas reductoras | 574.192 58 | cirugía obstétrica | 618.85 |
| Enzimas sacarolíticas | 574.192 54 | Epistemología | 121 |
| Eoacanthocephala | 595.13 | Epístola a los Corintios | 227.2 |
| Eoceno | 551.784 | Epístola a los Efesios | 227.5 |
| geología | 551.784 | Epístola a los Filipenses | 227.6 |
| paleontología | 560.178 | Epístola a los Gálatas | 227.4 |
| Eolítico | 930.11 | Epístola a los Hebreos | 227.87 |
| Epacridaceae | 583.62 | Epístola a los Romanos | 227.1 |
| Epectroscopía de masas | 543.087 3 | Epístola a los Tesalonicenses | 227.81 |
| análisis químico | 543.087 3 | Epístola a Timoteo 1 | 227.83 |

| | | | |
|---|---|---|---|
| Equipo rodante (continuación) | | Equipos domésticos | 643 |
| minería | 622.66 | economía doméstica | 643 |
| monorrieles | 385.5 | Equipos eléctricos | 643.6 |
| ingeniería | 625.28 | equipo doméstico | 643.6 |
| operaciones | 385.204 2 | manufactura | 683.83 |
| servicios de transporte | 385.37 | uso en química | 542.8 |
| sistemas locales | 388.42 | Equipos electrónicos | |
| ingeniería | 625.4 | uso en química | 524.8 |
| Equipo sanitario | | Equipos fotográficos | 771 |
| administración de planta | 658.28 | para desarrollo | 771.49 |
| Equipos | T1—028 | Equipos hidráulicos | |
| abastecimiento | 658.72 | edificios | 696.1 |
| administración pública | 350.712 4 | Equipos mecánicos | |
| central | 351.712 4 | tecnología textil | 677.028 5 |
| local | 352.162 4 | uso agrícola | 631.37 |
| administración de planta | 658.27 | Equipos para calentar | 621.402 5 |
| fuerzas armadas | 355.8 | accesorios decorativos | 749.62 |
| administración | 658.2 | acondicionamiento del ambiente | |
| | T1—068 2 | edificios | 697.932 2 |
| administración pública | 350.713 4 | barcos | 623.853 7 |
| central | 351.713 4 | instalaciones en edificos | 697.07 |
| local | 352.163 4 | Equipos para cuartos de baño | 643.52 |
| parroquia | 254.7 | economía doméstica | 643.52 |
| uso educativo | T1—078 | instalación hidraúlica | 696.182 |
| Equipos agrícolas | 631.3 | Equipos para extinción de incendios | |
| tecnología | 681.763 | barcos | 623.865 |
| uso | 631.3 | ingeniría de aereopuertos | 629.136 8 |
| Equipos audiovisuales | | militares | 623.688 |
| bibliotecas | 022.9 | Equipos salvavidas | |
| museos | 069.32 | barcos | 623.865 |
| Equipos bibliotecarios | 022.9 | Equipos tecnológicos | |
| Equipos de diagnóstico | | manufactura | 681.56 |
| manufactura | 681.761 | Equisetales | 587.2 |
| Equipos de oficina | | paleobotánica | 561.72 |
| abastecimiento | 658.72 | Equitación | |
| | T1—068 7 | deporte | 798.2 |
| fuerzas armadas | 355.81 | fuerzas armadas | 357.2 |
| servicios de oficina | 651.2 | Equivalencia de masa y energía | 530.11 |
| Equipos de salvamento | | Er Rachidia (Marruecos) | T2—645 |
| aeronaves | 629.134 386 | Era algonquiana | 551.715 |
| aeronaves militares | 623.746 049 | geología | 551.715 |
| Equipos de seguridad | 621.992 | Era Arqueana | 551.712 |
| Equipos de trabajo | | geología | 551.712 |
| administración de personal | 658.312 8 | Era geológica | 551.701 |
| administración pública | 350.14 | Era precámbrica | 551.71 |
| central | 351.14 | geología | 551.71 |
| local | 352.005 14 | paleontología | 560.171 |
| Equipos de transmisión | | Era precámbrica inferior | 551.712 |
| ingeniería de comunicaciones | 621.382 3 | geología | 551.712 |
| Equipos de transmisiones | | Era precámbrica superior | 551.715 |
| ingeniería de comunicaciones | 621.382 3 | geología | 551.715 |

| | |
|---|---|
| Erupciones vesiculares | |
| medicina | 616.52 |
| v.a. Piel | |
| Erupciones volcánicas | |
| servicio social | 363.349 5 |
| v.a. Catástrofes | |
| Erupciones (Extracción del petróleo) | 622.338 2 |
| Erwinia | 589.95 |
| Erythropalaceae | 583.271 |
| Erythroxylaceae | 583.214 |
| Erzurum (Turquía) | T2—566 2 |
| Escalafón de servicios | |
| economía del trabajo | 331.259 6 |
| retribuciones | 658.322 2 |
| Escalas musicales | 781.246 |
| Escalas salariales | |
| administración de personal | 658.322 2 |
| Escalas (Mapas) | 912.014 8 |
| Escaldaduras | |
| medicina | 617.11 |
| Escaleras | 721.832 |
| arquitectura | 721.832 |
| arquitectura del paisaje | 717 |
| construcción | 690.183 2 |
| Escaleras móbiles | 621.867 6 |
| arquitectura | 721.832 |
| construcciones | 690.183 2 |
| Escalloniaceae | 583.397 |
| Escalpar | |
| costumbres de guerra | 399 |
| Escambia, Ala. (Estados | |
| Unidos: Condado) | T2—761 265 |
| Escambia, Fla (Estados | |
| Unidos: Condado) | T2—759 99 |
| Escandio | 699.290 1 |
| geología económica | 553.494 2 |
| ingeniería química | 661.040 1 |
| metalurgia | 669.290 1 |
| química | 546.401 |
| toxicología | 615.925 396 |
| v.a. Metales, Sustancias químicas | |
| Escapolita | |
| mineralogía | 549.68 |
| Escarabajo de corteza | 595.768 |
| Escarabajo de junio | 595.764 9 |
| Escarabajo pelotero | 595.764 9 |
| Escarabajo perforador de madera | 595.764 8 |
| Escarabajo soldado | 595.764 4 |
| Escarabajo tigre | 595.762 |
| Escarabajos de suelo | 595.762 |

| | |
|---|---|
| Escarabajos enterradores | 595.764 2 |
| Escarabajos hocicudos | 595.768 |
| Escaramuzas | 355.422 |
| Escarcha | 551.574 4 |
| Escarola | 583.55 |
| Escatología | 291.23 |
| cristianismo | 236 |
| islamismo | 297.23 |
| judaísmo | 296.33 |
| teología natural | 218 |
| Escavadoras mecánicas | 621.865 |
| Escena (Espectáculo) | 792.025 |
| cine | 791.430 25 |
| teatro | 792.025 |
| televisión | 791.450 25 |
| Escenario teatral | |
| pintura | 751.75 |
| Escenarios | 792.025 |
| cine | 791.430 25 |
| teatro | 792.025 |
| televisión | 791.450 25 |
| Escenas de variedad | |
| literaturas dramáticas | 808.824 1 |
| historia y crítica | 809.241 |
| literaturas específicas | T3B—204 1 |
| de autores individuales | T3A—2 |
| Escenas marinas | |
| pintura | 758.2 |
| representación artística | 704.943 7 |
| Escenificación de cinematografía | 791.437 |
| cine | 791.437 |
| literaturas | 808.823 |
| crítica | 809.23 |
| literaturas específicas | T3B—203 |
| de autores individuales | T3A—2 |
| música | 780 |
| ensayo | 780.268 |
| retórica | 808.23 |
| Escepticismo | |
| filosofía | 149.73 |
| religión natural | 211.7 |
| Escherichia | 589.95 |
| Escitia | T2—395 1 |
| Escitias | T5—915 |
| Escitodrávidas | T5—948 |
| Esclavitud | 306.362 |
| derecho | 342.087 |
| economía laboral | 331.117 34 |
| ética | 117.5 |
| política | 326 |

Estaciones de buses (continuación)
transportes 388.33
urbanos 388.473
v.a. Transporte en bus
Estaciones de radioaficionados
ingeniería de la radio 621.384 16
Estaciones de radiodifusión 384.545 3
estructura 384.545 3
arquitectura 725.23
ingeniería 621.384
organizaciones comerciales 384.540 65
Estaciones de servicio
arquitectura 725.38
ingeniería de los automóviles 629.286
Estaciones de televisión 384.552 2
estructura 384.552 2
arquitectura 725.23
ingeniería 621.388 6
organizaciones 384.550 65
Estaciones de televisión de baja
potencia 384.55
v.a. Televisión
Estaciones espaciales 629.442
Estaciones experimentales agrícolas 630.724
Estaciones ferroviarias 385.314
administración de establecimientos
de uso colectivo 647.963 1
arquitectura 725.31
derecho 343.095 2
ingeniería 625.18
ferrocarriles especiales 625.3–.6
transporte 385.314
ferrocarriles especiales 385.5
urbanos 388.472
urbanismo 711.75
Estaciones militares 355.7
Estaciones para transmisiones 384.545 3
radio 384.545 3
estructuras 384.545 3
ingeniería 621.384
organizaciones comerciales 384.540 65
televisión 384.552 2
estructuras 384.552 2
organizaciones comerciales 384.550 65
Estaciones telegráficas
industria de las comunicaciones 384.15
Estaciones termales
salud 613.122
terapia 615.853
Estadios 796.068
arquitectura 725.827

Estadios de fútbol 796.334 068
Estadística
métodos para recolección de datos 001.422
Estadística cuántica 530.133
Estadística de Boltzmann 530.132
Estadística de Bose-Einstein 530.133 2
Estadística de Fermi-Dirac 530.133 4
Estadística de precios 338.528
Estadística general 310
T1—021
Estadística matemática 519.5
economía 330.015 195
Estadísticas descriptivas 519.53
Estadísticas judiciales 347.013
Estadísticos 310.92
grupo profesional T7—31
Estado 320.1
relaciones con la iglesia 322.1
teología social 291.177
budismo 294.337 7
cristianismo 261.7
hinduismo 294.517 7
islamismo 297.197 7
judaísmo 296.387 7
Estado cooperativo
sistemas políticos 321.94
Estado de ánimo 152.4
Estado intermedio
cristianismo 236.4
Estado Libre de Orange 968.504 5
T2—685
Estado libre del Congo 965.510 22
T2—675 1
Estado mayor 355.330 42
Estados alterados de la conciencia
psicología 154.4
Estados balcánicos 949.6
T2—496
Estados Confederales de
América 973.713
T2—75
Estados de la Costa del Golfo 976
T2—76
Estados de la Costa Pacífica 979
T2—79
Estados de la iglesia T2—456
historia 945.6
Estados de la materia 530.4
física 530.4
ingeniería química 660.04
química 541.042

Estanques (continuación)
  economía de los recursos   333.916 3
  hidrología   551.482
  piscicultura   639.311
Estantes   684.16
  administración de la casa   645.4
  bibliotecas
    administración de la planta
      física   022.4
    mantenimiento de colecciones   025.81
  tecnología manufacturera   684.16
Estática   531.12
  aire   533.61
    ingeniería   620.107 3
  fluidos   532.02
    ingeniería   620.106 3
  gases   533.12
    ingeniería   620.107 3
  ingniería   620.103
  líquidos   532.2
    ingeniería   620.106 3
  partículas   531.162
  sólidos   531.2
    ingeniería   620.105 3
Estática determinada   624.171 3
Estática gráfica
  análisis estructural   624.171 2
  mecánica   531.12
  sólidos   531.2
Estática indeterminada   624.171 3
Estatorreactores de aeronaves   629.134 353 5
Estatuto legal   348.022
Estatutos
  administración pública   350.8
    central   351.8
    local   352.8
  derecho administrativo   342.066
  derecho constitucional   342.02
  derecho privado   346.06
  organizaciones   060
Estatutos municipales   342.02
Estatutos vigentes   348.022
Estaurolita
  mineralogía   549.61
Estearatos   668.125
Estearatos de aluminio   668.125
Esteatitas   553.55
  extracción   622.355
  geología económica   553.55
  materiales de construcción   691.2

Esteatornites   598.99
Esteban
  historia de Inglaterra   942.024
Estefanita
  mineralogía   549.35
Estegnospermaceae   583.141
Estelí (Nicaragua: Ciudad)   T2—728 524
Estelí (Nicaragua:
  Departamento)   T2—728 524
Estenografía   651.374 109 2
  servicios de oficinas   651.374 1
  tribunales   374.106
Estenografía judicial   653.18
Estenografía médica   653.18
Estenografía (Taquigrafía)   653
Estenomeridaceae   584.27
Estenotipia   653.3
Estepas   551.453
    T2—145
  geografía   910.914 5
  geografía física   910.021 45
  geomorfología   551.453
Estequiometría   541.26
  aplicada   660.7
Estequiometría industrial   660.7
Ester (Biblia)   222.9
  deuteronomio   229.27
Esterasas   574.192 53
  v.a. Enzimas
Esterculiaceae   583.19
Estéreo multiplex
  sistema de radio   621.384 152
Estereoquímica   541.223
Estereoscopia
  cine
    fotografía   778.534 1
  fotografía   778.4
  proyección   778.554 1
Estereotipos
  sociología   303.385
Estereotipos (Artes gráficas)   686.231 4
Esteres   547.038
  ingeniería química   661.83
  química aromática   547.638
Esterificación   547.24
  ingeniería química   660.284 44
Esterilidad
  ginecología   618.178
  medicina   616.692
  v.a. Sistemas genitales

| | |
|---|---|
| Estolones | |
| floricultura | 635.946 |
| propagación | 631.533 |
| Estómago | |
| anatomía humana | 611.33 |
| cirugía | 617.553 |
| enfermedades humanas | |
| medicina | 616.33 |
| fisiología humana | 612.32 |
| v.a. Sistema digestivo | |
| Estomas | |
| anatomía vegetal | 581.42 |
| Estonia (ex URSS) | T2—479 8 |
| Estonio (Lengua) | 494.545 |
| | T6—945 45 |
| Estonio (Literatura) | 894.545 |
| Estonios | T5—945 45 |
| Estoque | 584.24 |
| Estoraques | 583.686 |
| Estorninos | 598.863 |
| Estornutatorios | 615.72 |
| Estrabismo | |
| oftalmología | 617.762 |
| v.a. Ojos | |
| Estrada Cabrera, Manuel | |
| historia de Guatemala | 972.810 5 |
| Estrada Palma, Tomás | |
| historia de Cuba | 972.910 62 |
| Estrada Rávago, Juan de | |
| historia de Costa Rica | 972.860 2 |
| Estramonio | 583.44 |
| Estrangulación | |
| medicina | 617.18 |
| Estrategia de búsqueda | |
| ciencias de la información | 025.524 |
| Estrategia electoral | 324.72 |
| Estrategia (Ciencia militar) | 355.02 |
| Guerra Sudafricana | 968.048 4 |
| Guerra Civil (Estados Unidos) | 973.730 1 |
| Guerra con México | 973.623 |
| Guerra de 1812 | 973.523 |
| Guerra del Golfo, 1991 | 956.704 424 |
| Guerra del Vietnam | 959.704 34 |
| Guerra Hispano-Americana | 973.893 |
| Guerra Mundial I | 940.401 |
| Guerra Mundial II | 940.540 1 |
| objetivos militares | 355.02 |
| operaciones militares | 355.4 |
| Revolución de los Estados | |
| Unidos | 973.33 |

| | |
|---|---|
| Estratificación | |
| geología | 551.81 |
| geología económica | 553.14 |
| Estratificación social | 305 |
| grupos sociales | 305.512 |
| Estratigrafía | 551.7 |
| Estratosfera | 551.5 |
| | T2—161 3 |
| Estrecho Dardanelos | 551.462 9 |
| | T2—163 89 |
| Estrecho de Bass | 551.467 76 |
| | T2—165 76 |
| Estrecho de Bering | 551.465 51 |
| | T2—164 51 |
| Estrecho de Cook | 551.465 78 |
| | T2—164 78 |
| Estrecho de Corea | 551.465 54 |
| | T2—164 54 |
| Estrecho de Davis | 551.461 42 |
| | T2—163 42 |
| Estrecho de Dinamarca | 551.468 4 |
| | T2—163 24 |
| Estrecho de Dover | 551.461 36 |
| | T2—163 36 |
| Estrecho de Drake | 551.469 3 |
| | T2—167 3 |
| Estrecho de Formosa | 551.465 57 |
| | T2—164 57 |
| Estrecho de Georgia | T2—164 33 |
| Estrecho de Gibraltar | 551.462 1 |
| | T2—163 81 |
| Estrecho de Gibraltar | 541.462 1 |
| | T2—163 81 |
| Estrecho de Hécate | T2—164 33 |
| Estrecho de Juan de Fuca | 551.456 32 |
| | T2—164 32 |
| Estrecho de Karimata | 551.465 72 |
| | T2—164 72 |
| Estrecho de Kattegat | 551.461 3 |
| | T2—163 34 |
| Estrecho de la Pérouse | 551.465 53 |
| | T2—164 53 |
| Estrecho de la Reina Carlota | 551.466 33 |
| | T2—164 33 |
| Estrecho de Long Island | 551.461 46 |
| | T2—163 46 |
| Estrecho de Luzón | 551.465 58 |
| | T2—164 58 |
| Estrecho de Macasar | 551.465 73 |
| | T2—164 73 |

| | | | |
|---|---|---|---|
| Estructuras públicas | | Estudios ambientales | |
| arquitectura | 725 | currículo | 375.008 3 |
| decoración de interiores | 747.85 | educación primaria | 372.357 |
| Estructuras (Matemáticas) | 511.33 | Estudios bíblicos | 220.07 |
| geometría | 516 | Estudios de accidentes | |
| topología | 514 | aeronáutica | 629.132 55 |
| topología combinatoria | 514.224 | análisis estructural | 624.176 |
| Estuardos | | arquitectura naval | 623.817 6 |
| historia de Gran Bretaña | 941.06 | automotores | 629.282 6 |
| historia de Inglaterra | 942.06 | marinería | 623.888 5 |
| historia de Irlanda | 941.506 | Estudios de desempeño | |
| Estuarios | 551.460 9 | administración de personal | 658.314 |
| ecología | 574.526 362 | Estudios de fatiga | |
| economía de los recursos | 333.916 4 | administración de la producción | 658.544 |
| ingeniería | 627.124 | Estudios de impacto | 333.714 |
| Estucadores | 693.609 2 | protección del ambiente | 363.7 |
| grupo ocupacional | T7—693 | derecho | 344.046 |
| Estuches | | recursos naturales | 333.714 |
| de cámaras fotográficas | 771.38 | Estudios de monotonía | |
| de reloj | | administración de la producción | 658.544 |
| muebles | 749.3 | Estudios de operaciones | |
| Estucos | 693.6 | administración de la producción | 658.542 |
| arquitectura | 721.044 6 | Estudios de televisión | |
| Estudiantes | 371.8 | ingeniería | 621.388 6 |
| biografía | 371.809 2 | Estudios de transmisión | |
| grupos | T7—375 | ingeniería de las comunicaciones | 621.382 3 |
| relaciones con los maestros | 371.102 3 | ingeniería de las transmisiones | 621.384 |
| situación legal | 344.079 | Estudios étnicos | |
| sociología | 370.193 4 | currículo | 375.008 4 |
| Estudiantes de aprendizaje lento | 371.926 | Estudios fotográficos | 771.1 |
| Estudiantes delincuentes | 371.93 | Estudios internacionales | |
| Estudiantes excepcionales | 371.9 | currículos | 375.008 2 |
| Estudiantes extranjeros | 371.829 | Estudios legales | |
| Estudiantes hiperactivos | 371.93 | contabilidad | 657.834 |
| Estudiantes migratorios | 371.967 5 | Estudios médicos | |
| Estudiantes perturbadores | 371.93 | contabilidad | 657.834 |
| Estudiantes problemáticos | 371.93 | edificios | |
| Estudiantes superdotados | 371.95 | arquitectura | 725.23 |
| Estudio | 001.2 | Estudios sobre uso de la biblioteca | 025.58 |
| métodos | 371.302 81 | Estudios sociales | 300 |
| Estudio artístico (Forma | | educación primaria | 372.83 |
| instrumental) | 784.189 49 | Estudios (Locales) | 643.58 |
| Estudio de casos | | decoración de interiores | 747.73 |
| método histórico | 001.432 | economía doméstica | 643.58 |
| | T1—072 2 | Estufas | |
| Estudio de movimientos | | calefacción de edificios | 697.22 |
| administración de la producción | 658.542 3 | cerámica | 738.8 |
| psicología | 152.3 | equipo de cocina | 641.502 8 |
| Estudio de tiempos | | implementos domésticos | 644.1 |
| administración de la producción | 658.542 1 | manufactura | 683.88 |
| Estudio de títulos | 346.043 8 | | |

| | | | |
|---|---|---|---|
| Etnógrafos | 305.800 92 | Euglenida | 593.18 |
| grupo profesional | T7—309 | Euglenoides | 589.44 |
| Etnolingüística | 306.440 89 | Euglenophyta | 589.44 |
| Etnología | 305.8 | Eumalacostraca | 595.37 |
| relaciones con la religión | 291.175 | paleozoología | 565.37 |
| teología natural | 215.72 | Eumycetozoida | 593.115 |
| Etnología cultural | 305.8 | Eumycophita | 589.2 |
| Etnología del dere●ho | 340.52 | Euphausiacea | 595.385 |
| Etnología física | 572 | paleozoología | 565.38 |
| Etnólogos | 305.800 92 | Euphorbiales | 583.95 |
| grupo profesional | T7—309 | Eupomatiaceae | 583.115 |
| Etnopsicología | 155.82 | Eurasia | T2—5 |
| niños | 155.457 | Eure (Francia) | T2—442 4 |
| Etolia (Grecia) | T2—495 18 | Eure-et-Loir (Francia) | T2—445 1 |
| antigua | T2—383 | Eurimantia (Grecia) | T2—495 15 |
| Etología | | Eurobonos | |
| zoología | 591.51 | finanzas públicas | 336.31 |
| Etowah (Estados Unidos: | | Eurocomunismo | |
| Condado) | T2—761 67 | ideología política | 320.532 309 4 |
| Etruria | T2—375 | Europa | 940 |
| Etrusco (Lengua) | 499.94 | | T2—4 |
| | T6—999 4 | antigua | 936 |
| Etruscos | T5—999 4 | | T2—36 |
| Ettrick (Escocia) | T2—413 85 | Europa central | 943 |
| Eubacteriales | 589.95 | | T2—43 |
| Eubea (Grecia) | T2—495 15 | Europa del norte | 948 |
| antigua | T2—384 | | T2—48 |
| Eucalipto | 583.42 | antigua | 936 |
| Eucaristía | 234.163 | | T2—36 |
| culto público | 264.36 | Europa occidental | 940 |
| Anglicana | 264.030 36 | | T2—4 |
| textos | 264.03 | antigua | 936 |
| Católica Romana | 264.020 36 | | T2—36 |
| textos | 264.023 | Europa oriental | 947 |
| Eucestoda | 595.121 | | T2—47 |
| Eucommiaceae | 583.394 | Europa sudoriental | 949.6 |
| Eucryphiaceae | 583.163 | | T2—496 |
| Eudorina | 589.47 | antigua | 939.8 |
| Euechinoidea | 593.95 | | T2—398 |
| paleozoología | 563.95 | Europio | |
| Eufonios | 788.975 | geología económica | 553.494 3 |
| Eugenecia | 363.92 | química | 546.415 |
| control de la población | 363.98 | v.a. Tierras raras | |
| ética médica | 174.25 | Euros (Grecia) | T2—495 7 |
| prevención del crimen | 364.4 | Euryapsida | 567.93 |
| salud | 613.94 | Eurypterida | 565.391 |
| servicios de esterilización | 363.97 | Eurypygae | 598.31 |
| servicio social | 363.92 | Eusebio Ayala (Paraguay) | T2—892 135 5 |
| v.a. Etica médica | | Eutanasia | |
| Euglenales | 589.44 | derecho | 344.041 97 |

| | | | |
|---|---|---|---|
| Explosivos de alto poder | 662.27 | Expulsión de estudiantes | 371.543 |
| ingeniería miliatar | 623.452 7 | Extensímetros | |
| Explosivos de baja potencia | 662.26 | ciencia de los materiales | 620.112 302 87 |
| Explosivos de bajo poder | | Extensión (Seguros) | 368.016 |
| (Deflagrantes) | 662.26 | Extensión agrícola | 630.715 |
| Explotación de aluviones | 622.292 | Extensión de los cuerpos | |
| Exponentes | 512.922 | teoría de los números | 512.74 |
| álgebra | 512.922 | Extinción (Sonido) | |
| aritmética | 513.22 | elementos musicales | 781.235 |
| Exportación | 382.6 | Extinción de incendios | |
| administración pública | 352.827 6 | aeropuertos | 629.136 8 |
| comercio | 382.6 | tecnología | 628.925 |
| derecho | 343.087 8 | Extinción de las especies | 575.7 |
| distribuciones | 382.6 | Extinción de mamíferos | 569 |
| administración | 658.848 | extinción en eras recientes | 599.004 2 |
| impuestos | 382.7 | Extorsión | 364.165 |
| finanzas públicas | 336.263 | derecho | 345.026 5 |
| licencias | 382.64 | seguros | 368.82 |
| derecho | 343.087 8 | Extracción (Arte minero) | 622 |
| subsidios | 382.63 | petróleo | 622.338 |
| Exposiciones | 907.4 | Extracción (Ingeniería química) | 660.284 2 |
| | T1—074 | aceites y gases | 665.028 2 |
| civilización | 907.4 | Extracción de minerales | |
| comercio | 381.1 | industrias secundarias | 338.47 |
| costumbres | 394.6 | Extracción de radicales (Matemática) | 512.923 |
| tecnología | 607.34 | aritmética | 513.23 |
| Exposiciones científicas | 507.8 | Extracción dental | 617.66 |
| Expresión escénica | | Extracción electrolítica | 669.028 4 |
| cine | 791.430 28 | Extracción subacuática | 622.295 |
| radio | 791.440 28 | Extracciones (Obstetricia) | 618.82 |
| teatro | 792.028 | Extractos | |
| televisión | 791.450 28 | farmacia práctica | 615.42 |
| Expresiones gráficas | | Extractos catastrales | 346.043 8 |
| psicología | 152.384 5 | Extractos hepáticos | |
| Expresiones vocales | | farmacología | 615.367 |
| psicología | 152.384 2 | v.a. Sistema digestivo | |
| Expresionismo | 709.040 42 | Extractos paratiroideos | |
| arquitectura | 724.6 | farmacología | 615.362 |
| escultura | 735.230 442 | v.a. Sistema endocrino | |
| pintura | 759.064 2 | Extractos tiroideos | |
| Expresionismo abstracto | 709.040 52 | farmacología | 615.362 |
| escultura | 735.230 452 | v.a. Sistema endocrino | |
| pintura | 759.0645 2 | Extradición | 345.052 |
| Expropiación | 338.924 | derecho internacional | 341.488 |
| derecho | 343.025 2 | Extrañeza (Física nuclear) | 539.721 6 |
| derecho internacional | 341.484 6 | Extranjerismos | 412 |
| economía de la producción | 338.924 | lenguas específicas | T4—24 |
| economía de la tierra | 333.13 | Extranjeros | 323.631 |
| Expropiación por utilidad pública | 343.025 2 | | T1—086 93 |
| derecho internacional | 341.484 6 | | T7—069 3 |
| economía de la tierra | 333.13 | condición jurídica | 342.083 |

# F

Fábricas
administración de la planta física 647.964
arquitectura 725.4
arquitectura del paisaje 712.7
industria manufacturera
organización de la producción 338.65
tecnología 670
Fábulas 398.21
folclor
sociología 398.45
Fachadas
diseño arquitectónico 729.1
Facsímil 384.14
ingeniería 621.382 35
Factores de la producción 338.01
distribución del ingreso 339.21
economía agrícola 338.14
industrias mineras 338.26
industrias secundarias 338.45
microeconomía 338.512
Factores genéticos
influencia sobre el crimen 364.24
tecnología física 572.3
Fáculas 523.74
Faenza (Cerámica) 738.37
Fagales 583.976
madera 674.142
silvicultura 634.972 5
Fair organs 786.68
v.a. Instrumentos musicales
mecánicos
Faisal I
historia de Iraq 956.704 1
Faisal II
historia de Iraq 956.704 2
Faisanes 598.617
producción animal 636.594
Faiyum (Egipto) T2—622
Fajardo (Puerto Rico) T2—729 593 5
Fajas climáticas 551.62
Fal (Inglaterra) T2—423 78
Falangéridos 599.2
Falanges
anatomía humana 611.718
v.a. Sistema musculoesquelético
Falanges (Unidad militar) 355.31
Falangia 595.43
Falangismo
economía 335.6
ideología política 320.533

Falansterianismo
economía 335.23
Faláropos 598.33
Falcón (Venezuela) T2—872 4
Falcone (Sicilia) T2—458 114
Falconidae 598.918
Falconiformes 598.91
paleozoología 568.9
Faldas 391
confección doméstica 646.437
costumbre 391
economía doméstica 646.34
manufactura 687.117
v.a. Vestuario
Falena 595.789
Falencias
bancos 332.1
v.a. Bancarrota
Falisco 479.4
T6—794
Falkirk (Escocia) T2—413 18
Falkland 997.1
T2—971 1
Fallas (Materiales de ingeniería) 620.112
Falls (Estados Unidos:
Condado) T2—764 286
Falsa acacia 583.322
Falsedad
ética 177.3
Falsete 782.86
v.a. Voces de falsete
Falsificación 364.163
derecho 345.026 3
economía
instrumentos financieros 332.9
Falsificaciones
arte 702.874
libros 098.3
museología 069.54
pinturas 751.58
Falso arresto 346.033
Falsos escorpiones 595.47
Falsos testimonios 364.134
derecho 345.023 4
Falsos tubérculos 589.221
Falster (Dinamarca) T2—489 3
Faltas contra el tráfico 364.147
estado de embriaguez
causas de accidentes 363.125 1
derecho

Fantasmas (continuación)
narrativa 808.838 733
  historia y crítica 809.387 33
  literaturas específicas T3B—308 733
    autores individuales T3A—3
ocultismo 133.1
Fantasmas vivientes 133.14
Fante (Lengua) 496.338 5
  T6—963 385
Faraón (Juegos) 795.42
Fareham (Inglaterra) T2—422 775
Faringe
  anatomía humana 611.32
  enfermedades
    curigía 617.532
    medicina 616.32
  fisiología humana 612.31
  v.a. Sistema digestivo
Fariseos 296.12
Farmacéuticos 615.109 2
  derecho 344.041 6
  grupo profesional T7—615
Farmacia 615.1
  derecho 344.041 6
  servicios de salud 362.178 2
Farmacia práctica 615.4
Farmacias 615.1
  v.a. Medicamentos
Farmacocinética 615.7
Farmacodinámica 615.7
Farmacognosia 615.321
Farmacología 615.1
  veterinaria 636.089 51
Farmacólogos 615.109 2
  grupo profesional T7—615
Farmacopea 615.11
Farmacoterapia
  medicina 615.58
  psiquiatría 616.891 8
  v.a. Enfermedades mentales
Faro (Portugal) T2—469 6
Faros 387.155
  ingeniería 627.922
  lista de luces
    náutica 623.894 5
  navegación 623.894 2
  transportes 387.155
Farr (Escocia) 411 65
Fars (Iran) T2—557 2

Farsa
  literatura dramática 808.825 23
  historia y crítica 809.2552 3
  literaturas específicas T3B—205 23
    autores individuales T3A—2
Faruk I, Rey de Egipto
  historia de Egipto 962.052
Fasce di Van Allen 538.766
Fascismo
  economía 335.6
  historia de Italia 945.091 5
  ideología política 320.533
Fase
  mediciones de
    electricidad 621.374 9
  moduladores de
    circuitos electrónicos
    de ondas de radio 621.381 536 4
Fases fluidas 530.424
  física del estado líquido 530.424
Fases líquidas
  física del estado líquido 530.424
Fases lunares 523.32
Fatalismo
  filosofía 149.8
Fatiga
  administración de la producción 658.544
  psicología 152.188 6
  tejido muscular
    fisiología 612.744
    v.a. Sistema muscoloesquelético
Fatiga crónica 616.852 8
Fatiga de materiales 620.112 6
Fauna 591
  v.a. Animales
Fausto
  literatura 808.803 51
  historia y crítica 809.933 51
  literaturas específicas T3B—080.351
    historia y crítica T3B—093 51
Fauvismo 709.040 43
  escultura 735.230 443
  pintura 759.064 3
Fayette, Ala. (Estados
  Unidos: Condado) T2—761 87
Fayette, Ga. (Estados Unidos:
  Condado) T2—758 426
Fayette, Tex. (Estados Unidos:
  Condado) T2—764 251

| | |
|---|---|
| Felsitas | |
| petrología | 552.2 |
| Fémina | 305.4 |
| | T1—082 |
| acicalamiento personal | 664.704 2 |
| guías de vida cristiana | 248.843 |
| religión | 291.082 |
| cristianismo | 208.2 |
| teología social | 291.178 344 |
| salud | 613.042 4 |
| teología social | 291.178 344 |
| v.a. Mujeres | |
| Fenicia | 934.44 |
| | T2—394 4 |
| Fenicias (Lenguas) | 492.6 |
| | T6—926 |
| Fenicios | T5—926 |
| Fénix (Animal imaginario) | |
| folclor | 398.245 4 |
| sociología | 398.469 |
| Fenland (Inglaterra) | T2—426 53 |
| Fenoles | 547.632 |
| ingeniería química | 661.82 |
| Fenomenalismo | 142.7 |
| Fenomenología | 142.7 |
| Fenómenos críticos | 530.474 |
| Fenómenos de circo | 791.35 |
| Fenómenos de transporte | 530.475 |
| física | 530.475 |
| física del estado gaseoso | 530.43 |
| física del estado líquido | 530.425 |
| física del estado sólido | 530.415 |
| ingeniería química | 660.284 2 |
| semiconductores | 537.622 5 |
| Fenómenos electromagnéticos | |
| estrellas | 523.82 |
| Fenómenos energéticos | |
| física del estado sólido | 530.416 |
| Fenómenos magnéticos | 538.3 |
| Fenómenos mediumnísticos | 133.92 |
| Fenómenos naturales | 508 |
| v.a. Naturaleza | |
| Fenómenos nocturnos | |
| meteorología | 551.556 |
| Fenómenos parafóticos | 535 |
| astrofísica | 523.015 |
| física | 535 |
| ingeniería | 621.36 |
| Fenómenos paranormales | 130 |
| folclor | 398.4 |

| | |
|---|---|
| Fenómenos psíquicos | 133.8 |
| Fenómenos transitorios | |
| electricidad | 621.319 21 |
| Fenotipos | 575.12 |
| Fens (Inglaterra) | T2—426 |
| Ferias | |
| administración | 658.84 |
| canales de distribución | 381.18 |
| costumbres | 394.6 |
| Fermanagh (Irlanda del Norte) | T2—416 3 |
| Fermentación | 547.29 |
| bebidas alcohólicas | 663.13 |
| ingeniería química | 660.284 49 |
| tecnología de alimentos | 664.024 |
| Fermentantes | 664.68 |
| Fermio | 546.449 |
| v.a. Sustancias químicas | |
| Fermiones | 539.721 |
| Fernando de Noronha (Brasil) | T2—813 6 |
| Fernando I, Emperador del Sacro Imperio Romano | |
| historia de Alemania | 943.032 |
| Fernando II, Emperador del Sacro Imperio Romano | |
| historia de Alemania | 943.042 |
| Fernando III, Emperador del Sacro Imperio Romano | |
| historia de Alemania | 943.043 |
| Fernando Po (Guinea Ecuatorial) | T2—671 86 |
| Fernando V, Rey de España | |
| historia de España | 946.03 |
| Fernando VI, Rey de España | |
| historia de España | 946.05 |
| Fernando VII, Rey de España | |
| historia de España | 946.072 |
| Ferocarril de cremallera | 385.6 |
| ingeniería | 625.33 |
| transporte | 385.6 |
| v.a. Transportes ferroviarios | |
| Feroe (Lengua) | 439.699 |
| | T6—396 99 |
| Feroe (Literatura) | 839.699 |
| Feroeses | T5—396 9 |
| Ferrara (Italia) | T2—454 5 |
| Ferré, Luis | |
| historia de Puerto Rico | 972.950 5 |
| Ferreñafe (Perú) | T2—851 43 |
| Ferretería | 683 |
| Ferrimagnetismo | 583.45 |

| | | | |
|---|---|---|---|
| Fertilizantes fosforados | 631.85 | Fibra (Dieta) | |
| ingeniería química | 668.625 | salud | 613.26 |
| uso | 631.85 | Fibra (Histología) | |
| Fertilizantes minerales | 553.64 | histología humana | 611.018 2 |
| agricultura | 631.8 | Fibra animal | 338.476 773 |
| Fertilizantes nitrogenados | 631.84 | ciencia de los materiales | 620.197 |
| ingeniería química | 668.624 | economía de la producción | 338.476 773 |
| uso | 631.84 | tejidos | 677.3 |
| Fertilizantes orgánicos | | arte | 746.043 |
| ingeniería química | 668.63 | Fibra artificial | 677.4 |
| uso | 631.86 | fibra | 677.4 |
| Fertilizantes potásicos | 631.83 | arte | 746.044 |
| ingeniería química | 668.623 | v.a. Textiles | |
| uso | 631.83 | Fibra de madera | 674.84 |
| Fertilizantes vegetales | | Fibra de vidrio | 666.157 |
| uso en la agricultura | 631.87 | cascos de naves | 623.845 8 |
| Ferungulados | 599.7 | construcción de naves | 623.820 7 |
| paleozoología | 569.7 | diseño en materiales específicos | 623.818 38 |
| Festival | 394.26 | materiales de ingeniería | 620.144 |
| | T1—079 | materiales de escultura | 731.2 |
| arte | 700.79 | textiles | 677.52 |
| costubres | 394.26 | arte | 746.045 2 |
| religión | 291.36 | v.a. Textiles | |
| cristianismo | 236 | Fibra dura | |
| Festividades estacionales | 394.268 3 | cultura | 633.57 |
| costumbres | 394.268 3 | Fibra elástica | 677.55 |
| Festividades nacionales | 394.26 | Fibra óptica | |
| costumbres | 394.268 4 | cables | |
| derecho | 344.091 | ciencia de los computadores | 004.64 |
| Festivos pagados | 331.257 6 | ingeniería | 621.398 1 |
| administración de personal | 658.312 2 | comunicaciones | 621.382 75 |
| economía del trabajo | 331.257 6 | ingeniería | 621.369 2 |
| Festuca | 584.93 | Fibras | |
| Festuceae | 584.93 | materiales de fibras | 677.028 32 |
| Fetichismo | | materiales de ingeniería | 620.197 |
| religión | 291.21 | Fibras blandas | |
| Fetichismo sexual | 306.77 | cultura | 633.5 |
| Feto | | Fibras vegetales | |
| disturbios | | textiles | 677.54 |
| medicina | 618.32 | v.a. Textiles | |
| fisiología humana | 612.647 | Fibrina | |
| Feudalismo | | fisiología humana | 612.115 |
| derecho | 340.55 | v.a. Sistema cardiovascular | |
| período histórico | 940.14 | Fibrinoplastina | |
| sistema político | 321.3 | fisiología humana | 612.115 |
| tenencia feudal | 333.322 | v.a. Sistema cardiovascular | |
| Fez (Marruecos) | T2—643 | Fibrosis quística | |
| Fezzan (Libia) | T2—612 | medicina | 616.37 |
| Fianza (Derecho) | 345.056 | v.a. Sistema digestivo | |
| Fianzas | 346074 | Ficción | |
| seguros | 368.84 | lógica | 165 |

| | | | |
|---|---|---|---|
| Fiestas de máscaras | 791.1 | Filemón | |
| costumbres | 394.25 | epístolas paulinas | 227.86 |
| espectáculo | 791.1 | Fileteadoras | |
| Fiestas religiosas | 291.36 | herramienta | 621.944 |
| budismo | 294.343 6 | Filetes | |
| costumbres | 394.268 2 | encuadernación | 686.36 |
| cristianismo | 263.9 | Filiales de bancos | 332.16 |
| literatura devota | 242.37 | Filicales | 587.31 |
| hinduismo | 294.536 | paleobotánica | 561.73 |
| islamismo | 297.36 | Filicineae | 587.3 |
| judaísmo | 296.43 | paleobotánica | 561.73 |
| Fife (Escocia) | T2—412 9 | Filipenses | |
| Fifeshire nororiental (Escocia) | T2—412 92 | epístolas paulinas | 227.6 |
| Figalia (Grecia) | T2—388 | Filipinas | 959.9 |
| Figuig (Marrueco) | T2—643 | | T2—599 |
| Figura atlética | 646.75 | Filipino (Lengua) | 499.211 |
| Figura del discurso | | | T6—992 11 |
| retórica | 808 | Filipino (Literatura) | 899.211 |
| Figura humana | | Filipinos | T5—992 11 |
| diseño | 743.4 | Fillmore, Millard | |
| pintura | 757 | historia de Estados Unidos | 973.64 |
| representación artística | 704.942 | Filmes | 791.43 |
| Figuras desnudas | 704.942 2 | administración pública | 351.874 8 |
| diseño | 743.5 | bibliografía | 011.37 |
| pintura | 757.23 | catalogación | 025.347 3 |
| Figuras geométricas | 516.15 | cine | 791.43 |
| Figurillas | | comunicación | 384.8 |
| cerámica | 738.82 | educación | 371.355 23 |
| técnica | | educación de adultos | 374.27 |
| de loza | 666.68 | espectáculo | 791.43 |
| de porcelana | 666.58 | sociología | 306.485 |
| Figurines de moda | 741.672 | influencia sobre el crimen | 364.154 |
| Fijación de precios | 364.168 | música | 781.542 |
| derecho | 343.072 5 | periodismo | 070.18 |
| Fijación de rutas | 388.041 | sociología | 302.234 3 |
| administración de la producción | 658.53 | tratamiento bibliotecario | 025.177 3 |
| Fijación del complemento | | uso en publicidad | 659.152 |
| inmunología | 574.295 | Filmes de material plástico | 668.495 |
| Fijadores (Pinturas) | | Filmes didácticos | |
| arte | 751.2 | periodismo | 070.18 |
| Filadelfia (Estados Unidos) | T2—748 11 | uso para la enseñanza | 371.335 23 |
| Filantropía | | Filmes documentales | |
| bienestar social | 361.74 | periodismo | 070.18 |
| ética | 177.7 | Filmes para el hogar | 791.433 |
| Filántropos | 361.740 92 | Filminas | 778.2 |
| grupo profesional | T7—361 | bibliografías | 011.37 |
| Filarias | | catalogación | 025.347 3 |
| incidencia | 614.555 2 | educación | 371.335 22 |
| medicina | 616.965 2 | tratamiento bibliotecario | 025.177 3 |
| Filariasis | 616.965 2 | Filodendron | 584.64 |
| Filatelia | 769.56 | | |

Flores artificiales
  artesanía    745.594 3
  selección    745.92
Flores del campo    582.13
  floricultura    635.967 6
Flores para corte    635.966
Flores para el ojal    745.923
Flores silvestres    582.13
  floricultura    635.967 6
Flores (Guatemala)    T2—728 122
Flores (Uruguay)    T2—895 26
Flores, Juan José
  historia de Ecuador    986.606 1
Florianópolis (Brasil)    T2—816 42
Floricultura
  flores y plantas ornamentales    635.9
Florida (Estados Unidos)    975.9
    T2—759
Florida (Puerto Rico)    T2—729 534 6
Florida (Uruguay)    T2—895 25
Florina (Grecia)    T2—495 6
Flotación
  beneficio de las menas    622.752
Flotas (Unidades Navales)    359.31
Flotilla    359.31
Flox    583.76
Floyd, Ga. (Estados Unidos:
  Condado)    T2—758 35
Floyd, Tex. (Estados Unidos:
  Condado)    T2—764 841
Fluctuaciones económicas    338.54
  influencia sobre desocupación    331.137 47
Fluctuaciones (Matemática)    519.85
Flugelhorns    788.97
Fluídica    629.804 2
Fluidización
  ingeniería química    660.284 292
Fluido interno
  física del estado sólido    530.416
Fluidos
  bioquímica    574.192 12
    humana    612.015 22
  estados de la materia    530.42
  transferencia de calor    536.25
Fluidos circulatorios    574.113
  fisiología humana    612.1
  planta    581.113
  v.a. Sistema cardiovascular
Fluidos hidráulicos    621.204 24

Flujo
  aerodinámica    533.62
  ingeniería    620.106 4
  mecánica    531.11
  mecánica de fluidos    532.051
  mecánica de gases    533.21
  mecánica de líquidos    532.51
  sólidos    531.3
Flujo compresible    532.053 5
  aeronáutica    629.132 323
  mecánica de líquidos    532.58
  mecánica de gases    533.28
Flujo continuo    532.052
  mecánica de gases    533.21
  mecánica de líquidos    532.51
Flujo de aire
  aeronáutica    629.132 32
Flujo de conciencia
  literatura    808.802 5
    historia y crítica    809.925
    literaturas específicas    T3B—080 25
      historia y crítica    T3B—092 5
Flujo de datos transfrontera
  comunicación por computadores
    servicios    384.3
  derecho    341.767 2
    mantenimiento de la reserva    342.085 8
Flujo de fase múltiple
  mecánica de líquidos    532.56
Flujo de fondos
  contabilidad    657.48
Flujo de trabajo
  diseño
    administración pública    350.007 3
    central    351.007 3
    local    352.000 473
Flujo de tráfico    388.31
  urbano    388.413
Flujo elástico    532.053 5
  mecánica de líquidos    532.58
  mecánica de gases    533.28
Flujo en transición    532.052 6
  mecánica de gases    533.216
  mecánica de líquidos    532.516
Flujo hipersónico    533.276
  aerodinámica    533.62
  aeronáutica    629.132 306
Flujo incompresible
  aeronáutica    629.132 322

| | | | |
|---|---|---|---|
| Fondo marino (continuación) | | Forín Mariscal Estigarribia | |
| expansión | 551.136 | (Paraguay) | T2—892 245 |
| minas | 622.295 | Forjado | 671.332 |
| topografía | 551.460 84 | artes decorativas | 739.14 |
| Fondo monetario internacional | | escultura | 731.41 |
| (FMI) | 332.152 | forja pequeña | 682 |
| derecho | 341.751 | Forli (Italia) | T2—454 8 |
| Fondos comunes de inversión | 332.632 7 | Forma | |
| Fondos comunitarios | 361.8 | arte | 701.8 |
| Fondos de mercadeo de dinero | 332.632 7 | diseño | 741.018 |
| Fondos de pensiones | | filosofía | 117 |
| inversiones | 332.671 54 | Forma binaria | 781.822 2 |
| internos | 332.672 54 | instrumentales | 784.182 2 |
| Fondos internacionales | | Forma de rapsodia | 784.189 45 |
| finanza pública | 336.188 | Forma de sonata | 784.183 |
| Fondos mutuos | 332.632 7 | Forma estrófica | 781.823 |
| derecho | 346.092 2 | instrumental | 784.182 3 |
| Fondos públicos | | Forma pavana | 784.188 23 |
| apropiación | 350.722 36 | Forma ternaria | 781.822 3 |
| administración central | 351.722 36 | instrumental | 784.182 2 |
| local | 352.123 6 | Formación a zona | |
| Fondues | 641.81 | fútbol | 796.334 22 |
| cocina | 641.81 | Formación de campo | 355.544 |
| Fonética | 414 | Formación de colecciones | T1—075 |
| educación primaria | 372.622 | actividades recreativas | 790.132 |
| lenguas específicas | T4—15 | especímenes biológicos | 579.6 |
| Foninas | 599.53 | museología | 069.4 |
| Fonógrafos | 621.389 33 | método descriptivo | 001.433 |
| Fonología | | Formación de hielo | |
| lenguas específicas | T4—15 | aeronáutica | 629.132 4 |
| Fonones | | Formación de reservas (Fisiología) | 574.133 |
| física del estado sólido | 530.416 | plantas | 581.133 8 |
| Fonseca (Colombia) | T2—861 174 | Formación del carácter | |
| Foochow (Dialecto) | 495.17 | puericultura doméstica | 649.7 |
| | T6—951 7 | Formación moral | |
| Foochow (Lengua) | 495.17 | puericultura doméstica | 649.7 |
| | T6—951 7 | Formación vocacional | 370.113 |
| Foraminífera | 593.12 | economía | 331.259 2 |
| paleozoología | 563.12 | educación de adultos | 374.03 |
| Forcipulatida | 593.93 | educación secundaria | 373.246 |
| paleozoología | 563.93 | Formaciones | |
| Ford, Gerald R. | | deportes | |
| historia de Estados Unidos | 973.925 | fútbol | 796.334 22 |
| Forest Health (Inglaterra) | T2—426 43 | fútbol americano | 796.332 22 |
| Forest Of Dean (Inglaterra) | T2—424 13 | Formaciones atmosféricas | 551.551 |
| Forestación | 333.751 53 | Formaciones escálicas | 781.246 |
| derecho | 346.046 751 53 | Formaciones terrestres | 551.41 |
| economía de los recursos | 333.751 53 | | T2—14 |
| silvicultura | 634.956 | geografía | 910.914 |
| Forfar (Escocia) | T2—412 6 | geomorfología | 551.41 |
| | | geografía física | 910.021 4 |

| | | | |
|---|---|---|---|
| Foz do Iguaçú (Brasil) | T2—816 23 | Franciscanas | 255.3 |
| Foz do Jordâo (Brasil) | T2—811 26 | historia de la iglesia | 271.3 |
| Fraccionamiento | | mujeres | 255.973 |
| aceites y gases | 665.028 3 | historia de la iglesia | 271.973 |
| aire | | Franciscanos | 255.3 |
| tecnología del gas | 665.82 | Francisco Beltrão (Brasil) | T2—816 24 |
| Fracciones | 513.26 | Francisco I, Emperador del | |
| Fracciones continuas | 515.243 | Sacro Imperio Romano | |
| teoría de los números | 512.72 | historia de Alemania | 943.055 |
| Fractables | 514.74 | Francisco I, Rey de Francia | |
| Fractura | | historia de Francia | 944.028 |
| cristalografía | 548.842 | Francisco II, Rey de Francia | |
| mecánica | 620.112 6 | historia de Francia | 944.029 |
| mineralogía | 549.121 | Francisco Morazán (Honduras) | T2—728 371 |
| Fracturas | | Franco (Dialecto) | 437.3 |
| medicina | 617.15 | | T6—32 |
| Fragatas | 598.43 | Franco, Francisco | |
| Fragilidad | | historia de España | 946.082 |
| materiales de ingeniería | 620.112 6 | Francoaceae | 583.38 |
| Fragmentación de rocas | | Francocanadienses | T5—114 |
| acción de las heladas | 551.382 | Franconianos (Alemania) | T2—433 |
| Fragmentos metálicos | 363.728 8 | Francos | |
| metalurgia | 669.042 | historia de Italia | 945.02 |
| servicios sociales | 363.728 8 | Francotiradores | |
| Fraile Muerto (Uruguay) | T2—895 236 | fuerzas armadas | 356.162 |
| Frailecillos | | Franela | 677.624 |
| zoología | 598.33 | Franja de Gaza | T2—531 |
| Frambuesas | 641.347 11 | Frankeniaceae | 583.158 |
| botánica | 583.372 | Frankfurt del Main (Alemania) | T2—434 164 |
| cocina | 641.647 11 | Frankfurt del Oder (Alemania: | |
| horticultura | 634.711 | Distrito) | T2—431 53 |
| tecnología de alimentos | 664.804 711 | Frankfurt del Oder (Alemania) | T2—431 532 |
| Francés antiguo | 447.01 | Frankiaceae | 589.92 |
| | T6—41 | Franklin (Estados Unidos: | |
| Francés medio | 447.02 | Parroquia) | T2—763 77 |
| | T6—41 | Franklin (Estados Unidos) | 976.8 |
| Francés (Lengua) | 440 | | T2—768 |
| | T6—41 | Franklin, Ala. (Estados | |
| Franceses | T5—41 | Unidos: Condado) | T2—761 913 |
| Francfort del Main (Alemania) | T2—434 1 | Franklin, Fla. (Estados | |
| Francfort del Oder (Alemania) | T2—431 5 | Unidos: Condado) | T2—759 91 |
| Francia | 944 | Franklin, Ga. (Estados | |
| | T2—44 | Unidos: Condado) | T2—758 135 |
| antigua | 936.4 | Franklin, Miss. (Estados | |
| | T2—364 | Unidos: Condado) | T2—762 27 |
| Francio | 669.725 | Franklin, N.Y. (Estados | |
| metalúrgica | 669.725 | Unidos: Condado) | T2—747 55 |
| química | 546.386 | Franklin, Tex. (Estados | |
| v.a. Sustancia química | | Unidos: Condado) | T2—764 213 |

| | |
|---|---|
| Fricción (continuación) | |
| mecánica de gases | 533.28 |
| mecánica de líquidos | 532.58 |
| mecánica de sólidos | 531.4 |
| resistencia de materiales | 620.112 92 |
| Fricción interna | |
| física del estado sólido | 530.416 |
| Friedel-Crafts | |
| reacciones químicas | 547.21 |
| Friedensfeld (Paraguay) | T2—892 246 |
| Friesland del norte (Alemania) | T2—435 12 |
| Friesland (Alemania) | T2—435 917 |
| Frigia | T2—392 6 |
| Frigidez | |
| medicina | 616.858 32 |
| v.a. Enfermedades mentales | |
| Frigio | 491.993 |
| | T6—919 93 |
| Frignano (Italia) | T2—454 24 |
| Fríjoles | 641.356 52 |
| botánica | 583.322 |
| cocina | 641.656 52 |
| cultivo de campo y plantación | 633.372 |
| horticultura | 635.652 |
| tecnología de alimentos | 664.805 652 |
| Fríjoles de lima | 641.356 53 |
| botánica | 583.322 |
| cocina | 641.656 53 |
| horticultura | 635.653 |
| tecnología de alimentos | 664.805 633 |
| Fríjoles de ojo | 641.356 592 |
| botánica | 583.322 |
| cocina | 641.656 592 |
| cultivo de campo y plantación | 633.33 |
| horticultura | 635.652 |
| tecnología de alimentos | 664.805 659 2 |
| Frima | 583.88 |
| Fringílidos | 598.883 |
| Fringillidae | 598.883 |
| Frío | 536.56 |
| biofísica | 574.191 65 |
| humana | 612.014 465 |
| física | 536.56 |
| Frio (Estados Unidos: | |
| Condado) | T2—764 442 |
| Frisbee | 796.2 |
| Frisia (Holanda) | T2—492 13 |
| Frisia Oriental (Alemania) | T2—435 917 |
| Frisón (Lengua) | 439.2 |
| | T6—392 |

| | |
|---|---|
| Frisón (Literatura) | 839.2 |
| Frisón antiguo | 439.1 |
| | T6—391 |
| Frisón antiguo (Literatura) | 839.1 |
| Frisones | T5—392 |
| Frito | 641.77 |
| Friulano (Lengua) | 459.9 |
| Friulano (Literatura) | 859.9 |
| Friuli-Venezia Giulia (Italia) | 945.39 |
| | T2—453 9 |
| Frivolité | |
| artes textiles | 746.436 |
| industria textil | 677.663 |
| Fromm, Erich | |
| sistemas psicológicos | 150.195 7 |
| Frondizi, Arturo | |
| historia de Argentina | 982.063 |
| Frontera Noroccidental | |
| (Pakistán) | T2—549 12 |
| Fronteras | |
| defensa | 355.45 |
| tropas | 355.351 |
| Frontones | 721.5 |
| arquitectura | 721.5 |
| construcción | 690.15 |
| Frosinone (Italia) | T2—456 221 |
| Frottole | 782.43 |
| Fructoso | 574.192 481 3 |
| bioquímica | 574.192 481 3 |
| química | 547.781 3 |
| v.a. Carbohidratos | |
| Frustraciones | 152.47 |
| Frutales | |
| agricultura | 634 |
| Frutas | 582.130 416 6 |
| anatomía | 582.046 4 |
| planta de flores | 582.130 446 |
| arreglo de | 745.924 |
| cocina | 641.64 |
| comida | 641.34 |
| comidas para animales | 636.087 4 |
| cultivo | 634 |
| dibujo | 743.7 |
| fisiología | 582.130 416 6 |
| paleobotánica | 561.14 |
| preparación doméstica | 641.4 |
| representación artística | 704.943 4 |
| silvicultura | 634.987 |
| tecnología de alimentos | 664.8 |

| | |
|---|---|
| Fulgoroidea | 595.752 |
| Fulham (Londres, Inglaterra) | T2—421 33 |
| Fúlica | 598.31 |
| Fulmares | 598.42 |
| Fulminato de mercurio | 662.27 |
| Fulton, Ga. (Estados Unidos: | |
| Condado) | T2—758 23 |
| Fulton, N.Y. (Estados Unidos: | |
| Condado) | T2—747 47 |
| Fumariaceae | 583.122 |
| Fumarolas | 551.23 |
| Fumigación | |
|    control de plagas | 623.94 |
|      agricultura | 632.94 |
|    salud pública | 614.48 |
| Fumigantes | 668.65 |
|    ingeniería química | 668.65 |
|    uso en agricultura | 632.95 |
| Funchal (Portugal) | T2—469 8 |
| Función de Bessel | 515.53 |
| Función de Legendre | 515.53 |
| Función de Neumann | 515.53 |
| Función del sexo | 305.3 |
| Función pública | 350.1 |
|    administración central | 351.1 |
|    local | 352.005 |
| Función zeta | 515.56 |
| Funcionales | 515.74 |
| Funcionalismo (Escuela psicológica) | 150.193 |
| Funcionalismo (Escuelas artísticas) | |
|    arquitectura | 724.6 |
|    arte | 709.040 2 |
|    escultura | 735.230 42 |
|    pintura | 759.062 |
| Funcionarios jurídicos | 347.016 |
| Funciones | |
|    diseño arquitectónico | 729.2 |
| Funciones (Matemáticas) | 511.33 |
|    cálculo | 515.25 |
|    teoría de los números | 512.73 |
| Funciones analíticas | 515.73 |
| Funciones armónicas | 515.53 |
| Funciones automórficas | 511.33 |
|    cálculo | 515.9 |
|    teoría de los números | 512.7 |
| Funciones beta | 515.52 |
| Funciones continuas | 511.33 |
|    espacios | 515.73 |
| Funciones de Bessel | 515.53 |
| Funciones de Hankel | 515.53 |
| Funciones de Laplace | 515.53 |

| | |
|---|---|
| Funciones de linea | |
|    fuerzas armadas | 355.330 41 |
| Funciones de Mathieu | 515.54 |
| Funciones de valor complejo | 515.7 |
| Funciones de valores vectoriales | 515.7 |
| Funciones de variables complejas | 515.9 |
| Funciones de variables reales | 515.8 |
| Funciones elípticas | 515.983 |
| Funciones enteras | 515.98 |
| Funciones especiales | 515.5 |
| Funciones gamma | 515.52 |
| Funciones legislativas | 328.34 |
|    derecho | 342.052 |
| Funciones locomotoras | |
|    fisiología | |
| | 574.18 |
|    fisiología humana | 612.7 |
|      localización en el cerebro | 612.825 2 |
|    psicología | 152.3 |
| Funciones meromórficas | 515.982 |
| Funciones modulares | 515.982 |
| Funciones multiformes | 515.223 |
| Funciones racionales | 512.96 |
| Funciones recursivas | 511.35 |
| Funciones sensoriales | |
|    animales | 591.182 |
|    fisiología humana | 612.8 |
|    localización | |
|      fisiología humana | 612.825 5 |
|    v.a. Sistema nervioso | |
| Funciones seudoanalíticas | 515.98 |
| Funciones simétricas | 515.22 |
| Funciones uniformes | 515.223 |
| Fundación de empresa | |
|    comerciales | 658.11 |
| | T1—068 1 |
| Fundación (Colombia) | T2—861 165 |
| Fundaciones (Organizaciones) | 060 |
|    bienestar social | 361.763 2 |
|    derecho | 346.064 |
| Fundamentalismo | |
|    teología cristiana | 230.046 |
| Fundas de almohadas | |
|    administración de la casa | 645.4 |
|    arte | 746.97 |
|    confección doméstica | 646.21 |
|    tecnología | 684.3 |
| Fundas para muebles | 645.4 |
|    administración de la casa | 645.4 |
|    arte | 746.95 |
|    confección doméstica | 646.21 |

| | |
|---|---|
| Fundentes | |
| metalurgia | 669.84 |
| Fundición | 671.2 |
| tecnología | 671.2 |
| Fundición en arena | |
| escultura | 731.45 |
| metales | 671.252 |
| Fundición en cemento | |
| escultura | 731.452 |
| Fundición en plástico | |
| escultura | 731.453 |
| Fundición en yeso | |
| escultura | 731.452 |
| Funerales | 393.9 |
| arreglos florales | 745.926 |
| costumbres | 393.9 |
| etiqueta | 395.23 |
| judaísmo | 296.445 |
| música | 781.588 |
| ritos budistas | 294.343 8 |
| ritos cristianos | 265.85 |
| ritos hindúes | 294.538 |
| ritos islámicos | 297.38 |
| ritos religiosos | 291.38 |
| sermones | |
| cristianismo | 252.1 |
| Fungicidas | 668.652 |
| ingeniería química | 668.652 |
| uso agrícola | 632.952 |
| Funiculares | 385.6 |
| ingeniería | 625.32 |
| transporte | 385.6 |
| v.a. Ferrocarriles | |
| Furanos | 547.592 |
| ingeniería química | 661.8 |
| Furgones | 388.343 |
| conducción | 629.284 3 |
| ingeniería | 629.223 |
| reparación | 629.287 3 |
| Furgones de equipaje | |
| ferrocarriles | 625.23 |
| Furgones personalizados | 388.344 |
| conducción | 629.284 3 |
| ingeniería | 629.223 |
| reparación | 629.287 3 |
| v.a. Camiones | |
| Fusagasugá (Colombia) | T2—861 45 |
| Fuselajes | |
| aeronaves | 629.134 34 |
| Fusibilidad | |
| cristalografía | 548.86 |

| | |
|---|---|
| Fusibles | 621.317 |
| Fusiles | 683.422 |
| caza deportiva | 799.213 |
| deportes | 799.202 832 |
| equipos militares | 355.824 25 |
| ingeniería militar | 623.442 5 |
| manufactura | 683.422 |
| metalistería | 739.744 25 |
| tiro al blanco | 799.31 |
| Fusiles aire comprimido | 683.4 |
| armas de fuego | 739.73 |
| Fusiles automáticos | |
| equipos militares | 355.824 24 |
| ingeniería militar | 623.442 4 |
| Fusiles de caza | 683.426 |
| caza | 799.213 |
| deportes | 799.202 834 |
| manufactura | 683.426 |
| tiro al blanco | 799.31 |
| Fusión | 536.42 |
| encasillamiento de caracteres | 686.221 |
| física del calor | 536.42 |
| ingeniería química | 660.284 296 |
| metales | 671.24 |
| Fusión de datos | 005.748 |
| Fusión nuclear | 539.764 |
| Fusión por zonas eléctricas | 669.028 4 |
| Fusiones | 338.83 |
| administración | 658.16 |
| bancos | 332.16 |
| contabilidad | 657.96 |
| derecho | 346.066 26 |
| economía | 338.83 |
| Fustete | 583.28 |
| Futaleufú (Argentina) | T2—827 46 |
| Fútbol | 796.334 |
| Fútbol aficionado | 796.334 62 |
| Fútbol americano | 796.332 |
| Fútbol australiano | 796.336 |
| Fútbol canadiense | 796.335 |
| Fútbol de seis jugadores | 796.332 8 |
| Fútbol profesional | 796.334 092 |
| Futbolistas | 796.334 092 |
| grupo deportivo | T7—796 33 |
| Futurismo | 709.040 33 |
| escultura | 735.230 433 |
| pintura | 759.063 |
| Futurología | 003.2 |
| cambio social | 303.49 |
| ocultismo | 133.3 |
| Fylde (Inglaterra) | T2—427.662 |

# G

G.R.E. (Graduate Record
  Examination) 378.166
Gã (Lengua) 496.33
  T6—963 3
Gã (Pueblo africano) T5—963 3
Ga-Rankuwa (Sudáfica) T2—682 94
Gabarras
  ingeniería naval 623.829
Gabinetes gubernamentales
  administración pública 351.004
Gabinetes (Muebles)
  artes decorativas 749.3
  tecnología de manufactura 684.16
Gabletes 721.5
  arquitectura 721.5
  construcción 690.15
Gabón 967.21
  T2—672 1
Gaboneses T5—967 21
Gaborone (Botswana) T2—688 3
Gabros 552.3
Gabrovo (Bulgaria) T2—497 76
Gabrovski okrug (Bulgaria) T2—497 76
Gacelas 599.735 8
Gacetas oficiales
  administración pública 351.000 5
  v.a. Publicaciones en serie
Gadaba (Lengua dravidiana) 494.82
  T6—948 2
Gadaba (Lengua munda) 495.95
  T6—959 5
Gadiformes 597.53
Gado 597.53
Gadolinio
  geología 553.494 7
  química 546.416
  v.a. Tierras raras
Gadsden (Estados Unidos:
  Condado) T2—759 925
Gaélico (Lengua) 491.6
  T6—916
Gaélico (Literaturas) 891.6
Gaélico de Escocia 491.63
  T6—916 3
Gaélico de Irlanda 491.62
  T6—916 2
Gafas 617.752 2
Gagauz (Lengua) 494.36
  T6—943 6

Gahnita 549.526
Gaimán (Argentina) T2—827 47
Gaines (Estados Unidos:
  Condado) T2—764 855
Gaitas 788.49
Gajos
  agricultura 631.532
Galacia T2—393 2
Galactosa 547.781 3
Gálagos 599.81
Gálatas
  Epístolas a los 227.4
Galaxias 523.112
Galbulae 598.72
Galcha (Lenguas) 491.593
  T6—915 93
Galcha (Literaturas) 891.593
Galchas (Pueblo iraní) T5—915 9
Galena
  mineralogía 549.32
Galeones 387.22
  diseño 623.812 2
  ingeniería 623.822
  servicios de transporte 387.22
  v.a. Barcos
Galeras 387.21
  diseño 623.812 1
  ingeniería naval 623.821
  maniobras 623.882 1
  servicios de transporte 387.21
  v.a. Barcos
Galerías de arte 708
  arquitectura 727.7
  derecho 344.093
Galerías del coro
  arquitectura religiosa 726.593
Galerías (Museos) 069
  T1—074
  v.a. Museos
Galés (Lengua) 491.66
  T6—916 6
Gales 942.9
  T2—429
  antiguo 936.29
  T2—362 9
Gales Central T2—429 5
Gales del Norte T2—429 1
Gales del Sur T2—429 4
Galeses T5—916 6
Galia 936.4
  T2—364

| | |
|---|---|
| Ganglios | |
| anatomía humana | 611.83 |
| fisiología humana | 612.81 |
| v.a. Sistema nervioso | |
| Ganglios basales | |
| enfermedades humanas | 616.83 |
| v.a. Sistema nervioso | |
| Ganoidei | 597.4 |
| paleozoología | 567.4 |
| Ganoideos cartilaginosos | 597.44 |
| Ganoideos óseos | 597.41 |
| Gansos | 598.41 |
| caza deportiva | 799.248 41 |
| producción animal | 636.598 |
| Gansterismo | 364.106 6 |
| Gansu Sheng (China) | T2—514 5 |
| Ganyesa (Sudáfrica) | T2—682 94 |
| Garajes | |
| arquitectura | 725.38 |
| domésticos | |
| arquitectura | 728.9 |
| construcción | 690.89 |
| ingeniería automotriz | 629.286 |
| Garamond | 686.224 7 |
| Garantías | |
| derecho | 343.08 |
| Garantías individuales | |
| restricción | 323.49 |
| Garantías sobre créditos | |
| administración de crédito | 658.88 |
| Garay, Juan de | |
| historia de Argentina | 982.02 |
| Garbanzos | 641.356 57 |
| botánica | 583.322 |
| cocina | 641.656 57 |
| horticultura | 635.657 |
| tecnología de alimentos | 664.805 657 |
| García Moreno, Gabriel | |
| historia de Ecuador | 986.606 |
| García, Carlos | |
| historia de Filipinas | 959.904 4 |
| Gard (Francia) | T2—448 3 |
| Gardenia | 583.52 |
| Garfield, James A. | |
| historia de Estados Unidos | 973.84 |
| Garganta | |
| anatomía humana | 611.32 |
| cirugía | 617.531 059 |
| fisiología humana | 612.31 |
| medicina regional | 617.531 |
| v.a. Sistema digestivo | |

| | |
|---|---|
| Gárgolas | |
| decoración arquitectónica | 729.5 |
| Garitas domésticas | |
| arquitectura | 728.9 |
| Garnierita | |
| mineralogía | 549.67 |
| Garrapatas | 595.42 |
| transmisoras de enfermedades | 614.433 |
| Garryaceae | 583.982 |
| Garryales | 583.982 |
| Garza (Estados Unidos: | |
| Condado) | T2—764 852 |
| Garzas | 598.34 |
| Garzón (Colombia) | T2—861 545 |
| Gas | |
| Distribución | |
| administración pública | 350.872 3 |
| central | 351.872 3 |
| local | 352.912 3 |
| servicios públicos | 363.63 |
| urbanismo | 711.8 |
| calor específico | 536.65 |
| capacidad térmica | 536.65 |
| en la atmósfera | 551.511 2 |
| estados de la materia | 530.43 |
| expansión y contracción | 536.412 |
| flujo de calor | 536.25 |
| instalación de tuberías | |
| edificios | 696.2 |
| química | 541.042 3 |
| transmisión del sonido (Física) | 534.24 |
| uso en la cocina | 641.584 |
| uso para calefacción | |
| edificios | 697.043 |
| Gas natural | 553.285 |
| economía de los recursos | 333.823 3 |
| economía extractiva | 338.272 85 |
| administración pública | 351.823 27 |
| derecho | 346.046 823 3 |
| extracción | 622.338 5 |
| administración pública | 351.823 88 |
| derecho | 343.077 2 |
| geología económica | 553.285 |
| prospección | 622.182 5 |
| servicios públicos | 363.63 |
| derecho | 343.092 6 |
| tecnología | 665.7 |
| economía | 338.476 657 |
| transporte por tubería | 388.56 |
| ingeniería | 665.744 |

| | | | |
|---|---|---|---|
| Gastroenteritis | | Gavotte | 784.188 3 |
| medicina | 616.33 | Gayuba | |
| v.a. Sistema digestivo | | agricultura | 634.732 |
| Gastroenterología | 616.33 | Gaza (Mozambique) | T2—679 2 |
| v.a. Sistema digestivo | | Gazankulu (Sudáfrica) | T2—682 92 |
| Gastronomía | 641.013 | Gazapo | 599.62 |
| Gastropoda | 594.3 | Gaziantep (Turquía) | T2—564 |
| paleozoología | 564.3 | Gdansk (Polonia) | T2—438 2 |
| Gastrotricha | 595.183 | Gê (Lengua) | 498.4 |
| paleozología | 565.1 | | T6—984 |
| Gateshead (Inglaterra) | T2—428 73 | Gê (Pueblo indígena) | T5—984 |
| Gatos | 599.744 28 | Geez (Lengua) | 492.8 |
| animales de laboratorio | | | T6—928 |
| medicina | 619.8 | Geez (Literatura) | 892.8 |
| control de pestes | 628.969 7 | Gegenschein | |
| producción animal | 636.8 | astronomía | 523.59 |
| Gatos (Herramientas) | 621.877 | Geiger-Müller | |
| Gatos abisinios | | contadores | 539.774 |
| producción animal | 636.826 | Geisel, Ernesto | |
| Gatos angora | | historia de Brasil | 981.063 |
| producción animal | 636.83 | Géiseres | 551.23 |
| Gatos birmanos | | Geissolomataceae | 583.933 |
| producción animal | 636.825 | Gelatina cruda | 668.34 |
| Gatos chinchilla | | Gelatina de frutas | 641.852 |
| producción animal | 636.83 | preparación doméstica | 641.852 |
| Gatos domésticos de pelo corto | | tecnología de alimentos | 664.152 |
| producción animal | 636.82 | Gelatinas | 641.864 |
| Gatos domésticos de pelo largo | | preparación doméstica | 641.864 |
| producción animal | 636.83 | tecnología de alimentos | 664.26 |
| Gatos himalayos | | Gelderland (Holanda) | T2—492 18 |
| producción animal | 636.83 | Geles | 541.345 13 |
| Gatos Manx | | ingeniería química | 660.294 513 |
| producción animal | 636.823 | química coloidal | 541.345 13 |
| Gatos mecánicos | 621.877 | Gelidiales | 589.41 |
| Gatos persas | | Gelsenkirchen (Alemania) | T2—435 618 |
| producción animal | 636.83 | Gemas | 553.8 |
| Gatos rusos azules | | extracción | 622.38 |
| producción animal | 636.826 | geología económica | 553.8 |
| Gatos siameses | | joyería | 739.27 |
| producción animal | | materiales de ingeniería | 620.198 |
| GATT (Comercio) | 382.92 | prospección | 622.188 |
| derecho | 341.754 3 | tallado | 736.2 |
| Gaviales | 597.98 | Gemas artificiales | 666.88 |
| Gaviformes | 598.442 | Gemas sintéticas | 666.88 |
| paleozología | 568.4 | Gemelos | |
| Gavilanes | 598.916 | psicología | 155.444 |
| Gavillas | | relaciones familiares | 306.875 |
| topología | 514.224 | Gemelos (Instrumentos ópticos) | 681.411 |
| Gaviotas | 598.338 | Genciana | 583.75 |
| Gavleborg (Suecia) | T2—487 | Genealogía | 929.1 |

| | |
|---|---|
| Gente común | |
| costumbres | 390.24 |
| vestuario | 391.024 |
| Gentianaceae | 583.75 |
| Gentianales | 583.75 |
| Gentileza | 179.9 |
| v.a. Virtudes | |
| Geodesia | 526.1 |
| Geodesia física | 526.7 |
| Geodésicas | |
| geometría | 516.362 |
| Geofísica | 550 |
| Geografía | 910 |
| Biblia | 220.91 |
| educación primaria | 372.891 |
| Geografía astronómica | 525 |
| Geografía de la población | 304.6 |
| Geografía económica | 330.9 |
| Geografía estratégica | 355.47 |
| Geografía física | 910.02 |
| Geografía histórica | 911 |
| Geografía humana | 304.2 |
| Geografía matemática | 526 |
| Geografía médica | 614.42 |
| Geografía militar | 355.47 |
| Geógrafos | 910.92 |
| grupo profesional | T7—91 |
| Geología | 551 |
| teología natural | 215.5 |
| Geología aplicada | 553 |
| Geología económica | 553 |
| Geología estructural | 551.8 |
| Geología física | 551 |
| Geología histórica | 551.7 |
| Geología marina | 551.460 8 |
| Geología oceonográfica | 551.460 8 |
| Geología submarina | 551.460 8 |
| Geología técnica | 624.151 |
| carreteras | 625.732 |
| ferrovías | 625.122 |
| Geólogos | 551.092 |
| grupo profesional | T7—553 |
| Geomagnetismo | 538.7 |
| Geomancia | 133.333 |
| Geometría | 516 |
| combianda con aritmética | 513.13 |
| Geometría afín | 516.4 |
| Geometría algebráica | 516.35 |
| Geometría analítica | 516.3 |
| combinada con cálculo | 515.15 |
| combinada con álgebra | 512.14 |

| | |
|---|---|
| Geometría circular | 516.184 |
| Geometría clásica | 516.02 |
| Geometría combinatoria | 516.13 |
| Geometría constructiva | 516.13 |
| Geometría de Bolyai | 516.9 |
| Geometría de Cartan | 516.376 |
| Geometría de Cartan | 516.376 |
| Geometría de Einstein | 516.374 |
| Geometría de Finsler | 516.375 |
| Geometría de Gauss | 516.9 |
| Geometría de incidencia | 516.2 |
| Geometría de Kawaguchi | 516 37 |
| Geometría de Lobacevsky | 516.9 |
| Geometría de los números | 512.75 |
| Geometría de Minkowski | 516.374 |
| Geometría de Sasakian | 516.373 |
| Geometría descriptiva | 516.6 |
| aplicada | 604.201 516 6 |
| Geometría diferencial | |
| intrínseca | 516.363 |
| local | 516.363 |
| Geometría enumerativa | 516.35 |
| Geometría euclidiana | 516.2 |
| combinada con álgebra | 512.12 |
| diferencial métrica | 516.372 |
| Geometría hiperbólica | 516.9 |
| Geometría integral | 516.362 |
| Geometría inversiva | 516.9 |
| Geometría lineal | 516.183 |
| Geometría métrica | 516.1 |
| euclidiana | 516.2 |
| Geometría moderna | 516.04 |
| Geometría modular | 516.185 |
| Geometría no euclidiana | 516.9 |
| Geometría plana | 516.05 |
| analítica | 516.32 |
| euclidiana | 516.22 |
| Geometría proyectiva | 516.5 |
| Geometría riemanniana | 516.373 |
| Geometría sólida | 516.06 |
| analítica | 516.33 |
| euclidiana | 516.23 |
| Geometría vectorial | 516.182 |
| Geometrías diferenciales métricas | 516.37 |
| Geometrías duales | 516.35 |
| Geometrización | 709.040 3 |
| escultura | 735.230 43 |
| pintura | 759.063 |
| Geometroidea | 595.781 |
| Geomorfología | 551.41 |
| Geomorfología submarina | 551.460 84 |

| | | | |
|---|---|---|---|
| Gila (Estados Unidos: | | Ginkgoales | 585.7 |
| Condado) | T2—791 55 | paleobotánica | 561.57 |
| Gilan (Irán) | T2—551 | Ginkgos | 585.7 |
| Gilchrist (Estados Unidos: | | Ginseng | 583.687 |
| Condado) | T2—759 78 | farmacología | 615.323 687 |
| Giliaca | 494.6 | plantas medicinales | 633.883 687 |
| | T6—946 | Giolitti, Giovanni | |
| Gillespie (Estados Unidos: | | historia de Italia | 945.091 2 |
| Condado) | T2—764 65 | Giraffoidea | 599.735 7 |
| Gillingham (Inglaterra) | T2—422 325 | Girardot (Colombia) | T2—861 46 |
| Gilmer, Ga. (Estados Unidos: | | Girasol | 583.55 |
| Condado) | T2—758 295 | tecnología de alimentos | 664.725 |
| Gimnasia | 796.44 | Girls scouts | 369.463 |
| Gimnasia deportiva | 796.44 | Girohorizontes | 629.135 2 |
| Gimnasia médica | | Girón (Colombia) | T2—861 252 1 |
| terapéutica | 615.824 | Girón (Ecuador) | T2—866 245 |
| Gimnasia rítmica | 796.44 | Gironda (Francia) | T2—447 1 |
| Gimnasios (Deportes) | 796.406 8 | Giros | |
| arquitectura | 725.85 | derecho | 346.096 |
| deportes | 796.406 8 | economía | 332.76 |
| uso educativo | 371.624 | Giroscopios | |
| Gimnasios (Educación | | aeronaútica | 629.135 2 |
| secundaria) | 373.241 | física | 531.34 |
| | T1—071 2 | manufactura | 681.753 |
| Gimnastas | 796.440 92 | Gitano (Lengua) | 491.499 |
| grupos | T7—796 4 | | T6—914 99 |
| Gimnospermas | 585 | Gitano (Literatura) | 891.499 |
| paleobotánica | 561.5 | Gitanos | T5—914 97 |
| silvicultura | 634.975 | Giza (Egipto) | T2—622 |
| Ginebra | 641.255 | antigua | T2—32 |
| producción industrial | 663.55 | Glaciares | 551.312 |
| Ginebra (Suiza) | T2—494 51 | Glaciología | 551.31 |
| Ginecología | 618.1 | Glades (Estados Unidos: | |
| anestesiología | 617.968 1 | Condado) | T2—759 51 |
| cirugía | 618.105 9 | Gladiolos | 584.24 |
| cáncer | 616.994 65 | floricultura | 635.934 24 |
| enfermería | 610.736 78 | Glamorgan (Gales) | T2—429 7 |
| enfermedades | | Glándula cebácea | |
| incidencia | 615.599 2 | anatomía humana | 611.77 |
| geriatría | 618.978 1 | enfermedades humanas | |
| pediatría | 618.920 98 | medicina | 616.53 |
| Ginecología endocrina | 618.1 | fisiología humana | 612.792 1 |
| Ginecólogos | 618.100 92 | v.a. Piel | |
| derecho | 344.041 2 | Glándula mamaria | 599.03 |
| grupo profesional | T7—618 1 | anatomía humana | 611.49 |
| papel y funciones | 618.102 32 | cirugía | 618.19 |
| v.a. Sistema genital femenino | | cáncer | |
| Gingivitis | | medicina | 616.994 49 |
| odontología | 617.632 | fisiología animal | 559.03 |
| Ginkgo | 585.7 | fisiología humana | 612.664 |
| Ginkgoaceae | 585.7 | ginecología | 618.19 |

Glándula pineal
  anatomía humana    611.47
  enfermedades humanas
    medicina    616.48
  fisiología humana    612.492
  v.a. Sistema endocrino
Glándula pituitaria
  anatomía humana    611.47
  enfermedades humanas
    medicina    616.4
  fisiología humana    612.492
  v.a. Sistema endocrino
Glándula salival
  anatomía humana    611.316
  enfermedades humanas
    medicina    616.316
  fisiología humana    612.313
  v.a. Sistema digestivo
Glándula sudorípara
  anatomía humana    611.77
  enfermedades humanas
    medicina    616.56
  fisiología humana    612.792 1
  v.a. Piel
Glándulas    591.14
  anatomía humana    611.4
  enfermedades humanas
    medicina    616.4
  fisiología humana    612.4
  v.a. Sistema endocrino
Glándulas carótidas
  anatomía humana    611.47
  enfermedades humanas
    medicina    616.48
  fisiología humana    612.492
  v.a. Sistema endocrino
Glándulas linfáticas
  anatomía humana    611.46
  fisiología humana    612.42
  v.a. Sistema linfático
Glándulas paratiroides
  anatomía humana    611.44
  cirugía    617.539
  enfermedades humanas
    medicina    616.445
  fisiología humana    612.44
Glándulas suprarrenales
  anatomía humana    611.45
  cirugía    617.461
  enfermedades humanas
    medicina    616.45

Glándulas suprarrenales (continuación)
  fisiología humana    612.45
  v.a. Sistema endocrino
Glanford (Inglaterra)    T2—428 32
Glaris (Suiza)    T2—494 74
Glascock (Estados Unidos:
  Condado)    T2—758 666
Glasgow (Escocia)    T2—414 43
Glasscock (Estados Unidos:
  Condado)    T2—764 872
Glauberita
  mineralogía    549.752
Glaucoma
  incidencia    614.599 7
  oftalmología    617.741
  v.a. Ojos
Glauconita
  mineralogía    549.67
Gleicheniaceae    587.31
Glengary (Canadá)    T2—713 77
Glenn (Estados Unidos:
  Condado)    T2—794 31
Glicéridos
  farmacología    615.42
Glicerina
  técnica    668.2
Glíptica    736.2
Glires    599.32
  paleozoología    569.32
Globo ocular
  anatomía humana    611.84
  fisiología humana    612.84
  oftalmología    617.74
  v.a. Ojos
Globos aerostáticos
  ingeniería    629.133 22
  ingeniería militar    623.744
Globos cautivos
  ingeniería    629.133 22
  ingeniería militar    623.744
Globos de barrera
  ingeniería militar    623.744
Globos libres
  ingeniería    629.133 22
  ingeniería militar    623.742
Globos (Aeronaves)
  deportes    797.51
  ingeniería    629.133 22
  ingeniería militar    623.742
  pilotaje    629.132 522
  v.a. Aeronaves

| | | | |
|---|---|---|---|
| Globulariaceae | 583.87 | Glutamato de sodio | |
| Globulinas | 574.192 452 | tecnología de alimentos | 664.4 |
| bioquímica | 574.192 452 | Glyndwr (Gales) | T2—429 37 |
| química | 547.752 | Glynn (Estados Unidos: | |
| v.a. Proteínas | | Condado) | T2—758 742 |
| Globulinas gamma | | Gnathobdellida | 595.145 |
| farmacología | 615.39 | Gneis | 552.4 |
| Glóbulos blancos | | Gnetales | 585.1 |
| fisiología humana | 612.112 | paleobotánica | 561.51 |
| histología humana | 611.018 5 | Gneticae | 585.1 |
| v.a. Sistema cardiovascular | | paleobotánica | 561.51 |
| Glóbulos rojos | | Gnetum | 585.1 |
| fisiología humana | 612.111 | Gnosticismo | 299.932 |
| histología humana | 611.018 5 | herejías cristianas | 273.1 |
| v.a. Sistema cardiovascular | | Go-moku | 794 |
| Glockenspiels | 786.846 | Goa, Damán y Diu (India) | T2—547 99 |
| v.a. Instrumentos de percusión | | Goascorán (Honduras) | T2—728 352 7 |
| Glomerulonefritis | | Gobernador Gordillo | |
| medicina | 616.612 | (Argentina) | T2—824 68 |
| v.a. Sistema urinario | | Gobernador V. Dupuy | |
| Gloria | 264.36 | (Argentina) | T2—826 26 |
| música | 782.323 2 | Gobernador Valadares (Brasil) | T2—815 14 |
| Glorietas | | Gobernadores | 351.003 13 |
| transporte urbano | 388.411 | grupo profesional | T7—351 8 |
| Glosolalia | 234.13 | Gobernadores generales | |
| experiencia religiosa | 248.29 | administración pública | 351.003 12 |
| Glossopteris | 561.597 | Gobierno | 320 |
| Glotis | | ética | 172.2 |
| anatomía humana | 611.22 | v.a. Etica política | |
| enfermedades humanas | | Gobierno de la iglesia | 262 |
| medicina | 616.22 | iglesia local | 254 |
| v.a. Sistema respiratorio | | Gobierno del Marquéz de Reading | |
| Glotonería | 178 | historia de India | 954.035 7 |
| v.a. Vicios | | Gobierno local | 320.8 |
| Glotones | 599.744 47 | administración pública | 352 |
| Gloucester (Inglaterra) | T2—424 14 | derecho | 342.09 |
| Gloucestershire (Inglaterra) | T2—424 1 | finanzas públicas | 336.014 |
| Gloxíneas | 583.81 | relaciones con el estado | |
| Glucógeno | 574.192 482 | administración pública | 351.093 |
| bioquímica | 574.192 482 | Gobierno mundial | 321.04 |
| química | 547.782 | derecho | 341.21 |
| v.a. Carbohidratos | | Gobiernos centrales | |
| Gluconobacter | 589.95 | administración pública | 351 |
| Glucosa | 574.192 481 3 | derecho | 342.042 |
| bioquímica | 574.192 481 3 | Gobiernos de facto | |
| química | 547.781 3 | Gobiernos en exilio | |
| v.a. Carbohidratos | | Guerra Mundial II | 940.533 6 |
| Glucósidos | 574.192 483 | Gobiernos estatales | |
| bioquímica | 574.192 483 | relaciones con gobiernos regionales | |
| química | 547.783 | administración pública | 351.092 |
| | | Gobiernos militares | 355.49 |

| | |
|---|---|
| Griego moderno (Lengua) | 489.3 |
| | T6—89 |
| Griego moderno (Literatura) | 889 |
| Griego postclásico (Lengua) | 487.3 |
| | T6—687 |
| Griego preclásico (Lengua) | 487.1 |
| | T6—87 |
| Griego (Lengua) | 480 |
| | T6—8 |
| Griego (Literatura) | 880 |
| Griegos | |
|   grupo étnico | T5—8 |
|   grupo nacional | T5—893 |
|     antiguos | T5—81 |
|     modernos | T5—89 |
| Grietas | T2—144 |
| Griffon de Bruselas | |
|   producción animal | 636.76 |
|   v.a. Perros | |
| Griffon de pelo de alambre | |
|   producción animal | 636.752 |
|   v.a. Perros | |
| Grifos | |
|   ingeniería de máquinas | 621.84 |
| Grijalva, Juan de | |
|   historia de México | 972.018 |
| Grillos | 595.726 |
| Grillos de arena | 595.371 |
| Grimes (Estados Unidos: | |
|   Condado) | T2—764 243 |
| Grisones (Suiza) | T2—494 73 |
| Groenlandia | 998.2 |
| | T2—982 |
| Groninga (Holanda) | T2—492 12 |
| Gros Morne (Haití) | T2—729 445 |
| Grosellas | 641.347 21 |
|   botánica | 583.397 |
|   cocina | 641.647 21 |
|   horticultura | 634.721 |
| Grosellas de mar | 593.8 |
| Grosseto (Italia) | T2—455 7 |
| Grossulariaceae | 583.397 |
| Grúas | 621.873 |
|   equipo rodante | 625.22 |
| Grubbiaceae | 583.94 |
| Grues | 598.31 |
| Gruiformes | 598.31 |
|   paleozoología | 568.3 |
| Grullas | 598.31 |
| Grupos abelianos | 512.2 |
| Grupos algebráicos | 512.2 |

| | |
|---|---|
| Grupos bancarios | 332.16 |
| Grupos cíclicos | 512.2 |
| Grupos de acción política | 324.4 |
|   derecho | 342.078 |
|   relaciones con el gobierno | 322.4 |
| Grupos de atoeducación | |
|   educación de adultos | 374.22 |
| Grupos de Banach | 512.55 |
| Grupos de Brauer | 512.2 |
| Grupos de clase (Matemáticas) | 512.74 |
| Grupos de colegas | |
|   influencia sobre el crimen | 364.253 |
|   socialización | 303.327 |
| Grupos de discusión | |
|   educación de adultos | 374.22 |
| Grupos de encuentro | |
|   psicología social | 302.14 |
|   trabajo social | 361.323 |
| Grupos de estudio | |
|   educación de adultos | 374.22 |
| Grupos de figuras | |
|   pintura | 757.5 |
|   representación artística | 704.942 6 |
| Grupos de interés | |
|   vida política | 324.4 |
| Grupos de juego | |
|   psicología social | 302.34 |
|   socialización | 303.327 |
| Grupos de Lie | 512.55 |
| Grupos de presión | 324.4 |
|   relaciones con el estado | 322.43 |
| Grupos de protesta | 322.4 |
| Grupos de referencia | |
|   psicología social | 302.52 |
| Grupos de servicio voluntario | |
|   asistencia internacional | 361.26 |
|   derecho internacional | 341.759 |
| Grupos de trabajo | |
|   administración de personal | 658.312 8 |
|     administración pública | 350.14 |
|       central | 351.14 |
|       local | 352.005 14 |
| Grupos étnicos | 305.8 |
| | T1—089 |
| | T7—03 |
|   criminología | 364.4 |
|   derecho civil | 323.11 |
|   economía del trabajo | 331.6 |
|   historia | 909.04 |
|     lugares específicos | 930.990 |
|   programas estatales | 350.814 |

| | |
|---|---|
| Guadalupe (Perú) | T2—852 74 |
| Guadalupe, N.M. (Estados Unidos: Condado) | T2—789 25 |
| Guadalupe, Tex. (Estados Unidos: Condado) | T2—764 34 |
| Guadañadoras | 633.104 5 |
| Guaguas | 599.323 4 |
| Guaimaca (Honduras) | T2—728 371 5 |
| Guainía (Colombia) | T2—861 67 |
| Guairá (Paraguay) | T2—892 128 |
| Guajará-Mirim (Brasil) | T2—811 1 |
| Guajira (Colombia) | T2—861 17 |
| Gual, Manuel | |
| historia de Venezuela | 987.033 3 |
| Gualán (Guatemala) | T2—728 132 5 |
| Gualaquiza (Ecuador) | T2—866 435 |
| Gualeguay (Argentina) | T2—822 15 |
| Gualeguaychú (Argentina) | T2—822 16 |
| Guam | T2—967 |
| Guama (Venezuela) | T2—872 66 |
| Guamote (Ecuador) | T2—866 176 |
| Guanábana | |
| agricultura | 634.41 |
| Guanabara (Brasil) | T2—815 3 |
| Guanacaste (Costa Rica) | T2—728 66 |
| Guanacos | 599.736 |
| lana | |
| textiles | 677.32 |
| Guanagazapa (Guatemala) | T2—728 163 3 |
| Guanaja (Honduras) | T2—728 315 3 |
| Guanajay (Cuba) | T2—729 124 |
| Guanajuato (México: Ciudad) | T2—724 12 |
| Guanajuato (México: Estado) | T2—724 1 |
| Guanare (Venezuela) | T2—874 52 |
| Guánica (Puerto Rico) | T2—729 563 3 |
| Guano | |
| uso agrícola | 631.866 |
| Guano (Ecuador) | T2—866 178 |
| Guantánamo (Cuba) | T2—729 167 |
| Guanteras | |
| automóviles | 629.277 |
| Guantes | 391.412 |
| confección doméstica | 646.48 |
| costumbres | 391.412 |
| manufactura | 685.4 |
| v.a. Vestuario | |
| Guantes de cirugía | |
| manufactura | 685.43 |
| Guantes para deportes | |
| manufactura | 658.43 |
| Guantes protectores para la industria | |
| manufactura | 685.43 |

| | |
|---|---|
| Guantes y mitones | |
| confección doméstica | 646.48 |
| costumbres | 391.412 |
| manufactura | 685.4 |
| Guápiles (Costa Rica) | T2—728 614 |
| Guarambaré (Paraguay) | T2—892 122 |
| Guaranda (Ecuador) | T2—866 162 |
| Guaraní (Lengua) | 498.3 |
| | T6—983 |
| Guaraní (Literatura) | 898.3 |
| Guaraníes | T5—983 |
| Guarapiche (Venezuela) | T2—875 37 |
| Guarapuava (Brasil) | T2—816 25 |
| Guararé (Panamá) | T2—728 723 |
| Guarda (Portugal) | T2—469 31 |
| Guardabarros | |
| automóviles | 629.26 |
| Guardacostas | 363.286 |
| embarcaciones | 363.286 |
| diseño | 623.812 63 |
| ingeniería naval | 623.826 3 |
| servicios de policía | 363.286 |
| fuerzas navales | 359.97 |
| Guardaludes | |
| ingeniería | 624.16 |
| de ferrocarriles | 625.13 |
| Guarderías | |
| educación | 372.216 |
| servicio social | 362.712 |
| Guardias forestales | 363.28 |
| Guardias locales (Fuerzas militares) | 355.37 |
| unidades activas | 355.351 |
| unidades de reserva | 355.37 |
| Guardias nacionales | 355.37 |
| Guarenas (Venezuela) | T2—873 55 |
| Guárico (Venezuela) | T2—874 7 |
| Guarulhos (Brasil) | T2—816 14 |
| Guasave (México) | T2—723 26 |
| Guasdualito (Venezuela) | T2—874 26 |
| Guatajiagua (El Salvador) | T2—728 433 6 |
| Guatemala | 972.81 |
| | T2—728.1 |
| Guatemala (Guatemala: Ciudad) | T2—728 112 |
| Guatemala (Guatemala: Departamento) | T2—728 11 |
| Guatemaltecos | T5—687 281 |
| Guática (Colombia) | T2—861 325 |
| Guatire (Venezuela) | T2—873 56 |
| Guatraché (Argentina) | T2—821 35 |

| | |
|---|---|
| Guerra Civil Americana | 973.7 |
| Guerra Civil Española | 946.081 |
| Guerra Civil Nigeriana, 1967-1970 | 966.905 2 |
| Guerra con Algeria, 1815 | 973.53 |
| Guerra con los franceses e | |
| indígenas, 1756-1763 | 973.26 |
| Guerra con México, 1845-1848 | 973.62 |
| Guerra con Tripolitana, 1801-1805 | 973.47 |
| Guerra convencional | 355.02 |
| Guerra de 1812 | 973.52 |
| Guerra de asedio | 355.44 |
| Guerra de atrincheramiento | 355.44 |
| Guerra de Corea, 1950-1953 | 951.904 2 |
| Guerra de Crimea, 1853-1856 | 947.073 |
| Guerra de Etiopía, 1895-1896 | 963.043 |
| Guerra de Indochina | |
| 1946-1954 | 959.704 1 |
| 1961-1975 | 959.704 3 |
| Guerra de Java, 1825-1830 | 959.802 2 |
| Guerra de la Coalición, 1690-1697 | 949.204 |
| Guerra de la Devolución, 1667-1668 | 944.033 |
| Guerra de la Liga de Augsburg, | |
| 1668-1697 | 940.252 5 |
| historia de Estados Unidos | |
| Guerra de la Sucesión Austríaca, | |
| 1740-1748 | 940.253 2 |
| historia de Estados Unidos | 973.26 |
| Guerra de la Triple Alianza, | |
| 1865-1870 | 989.205 |
| Guerra de las Dos Rosas, 1455-1485 | 942.04 |
| Guerra de las estrellas | 358.174 |
| Guerra de las Siete Semanas, 1866 | 943.076 |
| Guerra de Livonia, 1557-1582 | 947.043 |
| Guerra de los Campesinos, | |
| 1524-1525 | 943.031 |
| Guerra de los Cien Años,1337-1453 | 944.025 |
| Guerra de los Jenkin's Ear | 946.055 |
| Guerra de los Seis Días, 1967 | 956.046 |
| Guerra de los Siete Años, | |
| 1756-1763 | 940.253 4 |
| historia de Estados Unidos | 973.26 |
| Guerra de los Treinta Años, | |
| 1618-1648 | 940.24 |
| Guerra de nervios | 327.14 |
| Guerra de Schleswig-Holstein, 1864 | 943.076 |
| Guerra de Sucesión Española, | |
| 1701-1714 | 940.252 6 |
| historia de Estados Unidos | 973.25 |
| Guerra del Chaco, 1933-1935 | 989.207 16 |
| Guerra del Golfo | |
| 1980-1988 | 955.054 |
| 1991 | 956.704 42 |

| | |
|---|---|
| Guerra del Líbano, 1982-1985 | 956.052 |
| Guerra del Opio, 1840-1842 | 951.033 |
| Guerra del Pacífico, 1879-1883 | 983.061 1 |
| Guerra del Peloponeso, | |
| 431-404 a.C. | 938.05 |
| Guerra del Rey Felipe, 1675-1676 | 973.24 |
| Guerra del Vietnam, 1961-1975 | 959.704 3 |
| Guerra del Yom Kippur, 1973 | 956.048 |
| Guerra espacial | 358.8 |
| Guerra Filipino-norteamericana, | |
| 1898-1901 | 959.903 1 |
| Guerra Francoalemana, 1870-1871 | 943.082 |
| Guerra Grecoturca, 1896-1897 | 949.506 |
| Guerra Hispano-Americana, 1898 | 973.89 |
| Guerra Indopakistana | |
| 1965 | 954.904 5 |
| 1971 | 954.920 5 |
| Guerra insurgente | 355.021 8 |
| Guerra Irán-Iraq, 1980-1988 | 955.054 |
| Guerra Italoetíope, 1935-1936 | 963.056 |
| Guerra justa | |
| ética | 172.42 |
| cristianismo | 241.624 2 |
| Guerra limitada | 355.021 5 |
| Guerra Mundial I | 940.3 |
| Guerra Mundial II | 940.53 |
| Guerra no convencional | 355.343 |
| Guerra Civil (Estados Undidos) | 973.785 |
| Guerra con México | 973.628 |
| Guerra de 1812 | 973.528 5 |
| Guerra del Golfo, 1991 | 956.704 428 |
| Guerra del Vietnam | 959.704 38 |
| Guerra Hispano-Americana | 973.898 |
| Guerra Mundial I | 940.485 |
| Guerra Mundial II | 940.548 5 |
| Revolución de los Estados Unidos | 973.385 |
| Guerra nuclear | 355.021 7 |
| defensa civil | 363.35 |
| ética | 172.422 |
| operaciones | 355.43 |
| teología social | 291.178 732 |
| cristianismo | 261.873 2 |
| Guerra Paraguaya, 1865-1870 | 989.205 |
| Guerra Pequot, 1663-1638 | 973.22 |
| Guerra psicológica | 355.343 4 |
| Guerra química | 358.34 |
| defensa civil | 363.35 |
| Guerra radiológica | 358.39 |
| Guerra revolucionaria | 355.021 8 |
| Guerra Rusofinesa, 1939-1940 | 948.970 32 |
| Guerra Rusojaponesa, 1904-1905 | 952.031 |

| | | | |
|---|---|---|---|
| Guiones (continuación) | | paleozoología | 565.1 |
| televisión | 791.457 | pestes agrícolas | 632.651 |
| títeres | 791.538 | producción animal | 639.75 |
| Guipúzcoa (España) | T2—466 1 | Gusanos de alambre | 595.765 |
| Güiria (Venezuela) | T2—875 38 | Gusanos en forma de cinta | 595.121 |
| Guisados | 641.823 | Gusanos pelo de caballo | 595.184 |
| técnica de cocinar | 641.73 | Gusanos planos | 595.12 |
| Guisantes | 641.356 56 | Gusanos redondos | 595.182 |
| botánica | 583.322 | v.a. Nematoda | |
| horticultura | 635.656 | Gusanos segmentados | 595.14 |
| tecnología de alimentos | 664.805 656 | Gusto | 591.182 6 |
| Guitarras | 787.87 | enfermedades | 616.87 |
| v.a. Instrumentos de cuerda | | fisiología animal | 591.182 6 |
| Guitarristas | 787.870 92 | fisiología humana | 612.87 |
| grupo ocupacional | T7—787 | percepción | |
| Gujarat (India) | T2—547 5 | psicología | 152.167 |
| Gujarati (Lengua) | 491.47 | Gusto estético | |
| | T6—914 71 | música | 781.17 |
| Gujarati (Literatura) | 891.47 | Gutapercha | 583.685 |
| Gujaratíes | T5—914 7 | Guthrie, Edwin R. | |
| Gula | 178 | sistema psicológico | 150.194 34 |
| v.a. Vicios | | Gutiérrez, Felipe | |
| Gulf (Estados Unidos: | | historia de Costa Rica | 972.860 2 |
| Condado) | T2—759 947 | Guttiferae | 583.163 |
| Gümüsane (Turquía) | T2—565 | Guttiferales | 583.163 |
| Guptas | | Guyana | 988.1 |
| historia de la India | 934.06 | | T2—881 |
| Gurabo (Puerto Rico) | T2—729 582 7 | Guyena (Francia) | T2—447 |
| Gurague (Lengua) | 492.8 | Guzmán Blanco, Antonio | |
| | T6—928 | historia de Venezuela | 987.062 |
| Gurague (Literatura) | 892.8 | Guzmán, Antonio | |
| Gurague (Pueblo africano) | T5—928 | historia de Rep. Dominicana | 972.930 54 |
| Gurami | 597.58 | Gwent (Gales) | T2—429 9 |
| Gurúes | 291.092 | Gwinnett (Estados Unidos: | |
| budismo | 294.309 2 | Condado) | T2—758 223 |
| papel y funciones | 294.361 | Gymnodiniales | 589.43 |
| sectas específicas | 294.39 | Gymnolaemata | 594.71 |
| hinduismo | 294.509 2 | Gymnophiona | 597.7 |
| papel y funciones | 294.561 | paleozoología | 567.7 |
| sectas específicas | 294.55 | Gymnospermae | 585 |
| papel y funciones | 291.61 | paleobotánica | 561.5 |
| sikhismo | 294.609 2 | silvicultura | 634.975 |
| papel y funciones | 294.633 | Gyor-Sopron (Hungría) | T2—439 7 |
| Gusano de cabeza espinosa | 595.13 | Gyrinoidea | 595.762 |
| Gusano de seda | 595.781 | Gyrostemonaceae | 583.913 |
| producción animal | 638.2 | | |
| Gusanos | 595.1 | **H** | |
| caza | 639.75 | | |
| enfermedades causadas por | | Haar | |
| incidencia | 614.552 | cálculo integral | 515.43 |
| medicina | 616.962 | Haarlem (Holanda) | T2—492 35 |

| | | | |
|---|---|---|---|
| Haka (Dialecto) | 495.17 | Hamburgo (Alemania) | T2—435 15 |
| | T6—951 7 | Hame (Finlandia) | T2—489 73 |
| Haka (Lengua) | 495.17 | Hamersley (Australia) | T2—941 3 |
| | T6—951 7 | Hamilton (Escocia) | T2—414 5 |
| Hakkari (Turquía) | T2—566 2 | Hamilton (Nueva Zelandia) | T2—931 22 |
| Halacah | 296.18 | Hamilton, Fla. (Estados | |
| Halconería | 799.232 | Unidos: Condado) | T2—759 84 |
| Halcones | 598.916 | Hamilton, N.Y. (Estados | |
| caza con | 799.232 | Unidos: Condado) | T2—747 52 |
| zootécnia | 636.686 9 | Hamilton, Tex. (Estados | |
| Haldiman (Canadá) | T2—713 37 | Unidos: Condado) | T2—764 549 |
| Hale, Ala. (Estados Unidos: | | Hammersmith y Fulham | |
| Condado) | T2—761 43 | (Londres, Inglaterra) | T2—421 33 |
| Hale, Tex. (Estados Unidos: | | Hammurabi, Rey de Babilonia | |
| Condado) | T2—764 842 | historia de Mesopotamia | 935.02 |
| Halibut | 597.58 | Hampshire Oriental (Inglaterra) | T2—422 74 |
| Halifax, Edward Frederick, | | Hampshire (Inglaterra) | T2—422 7 |
| gobernadores de la India | | Hamsters | 599.323 |
| historia de India | 954.035 8 | medicina experimental | 619.93 |
| Halita | 549.4 | Hanafitas | 297.811 |
| Hall, Ga. (Estados Unidos: | | Hanbalitas | 297.814 |
| Condado) | T2—758 272 | Hancock, Ga. (Estados | |
| Hall, Tex. (Estados Unidos: | | Unidos: Condado) | T2—758 623 |
| Condado) | T2—764 753 | Hancock, Miss. (Estados | |
| Halland (Escocia) | T2—486 | Unidos: Condado) | T2—762 14 |
| Halle (Alemania) | T2—431 84 | Hangares | 387.736 2 |
| Halloween | 394.264 6 | arquitectura | 725.39 |
| costumbres | 394.268 3 | v.a. Aeropuertos | |
| Halobacteriaceae | 589.95 | Hanio | |
| Halogenación | 547.223 | química | 546.52 |
| ingeniería química | 660.284 423 | v.a. Sustancias químicas | |
| Halógenos | | Hankel | |
| geología | 553.95 | funciones de | 515.53 |
| ingeniería química | 661.073 | Hannover (Alemania: Distrito) | T2—435 95 |
| materiales de ingeniería | 620.193 | Hannover (Alemania) | T2—435 954 |
| química | 546.73 | Hannover, casa reinante | |
| química orgánica | 547.02 | historia de Gran Bretaña | 941.07 |
| aplicada | 661.891 | Hannover, casa reinante | |
| v.a. Sustancias químicas | | historia de Inglaterra | 942.07 |
| Haloragidaceae | 583.44 | Hannover, casa reinante | |
| Halosphaerales | 589.47 | historia de Escocia | 941.107 |
| Halton (Inglaterra) | T2—427 18 | Hansford (Estados Unidos: | |
| Haluros | 549.4 | Condado) | T2—764 814 |
| Hama (Siria) | T2—569 13 | Hants (Inglaterra) | T2—422 7 |
| Hamadan (Irán) | T2—555 2 | Hanukkah | 296.435 |
| Hamamelidaceae | 583.394 | costumbres | 394.267 |
| Hamamelidales | 583.394 | Haplomi | 597.53 |
| Hambleton (Inglaterra) | T2—428 49 | Haplosclerida | 593.46 |
| Hambre | | Happening | 709.040 74 |
| asistencia social | 363.8 | Haptophyceae | 589.487 |
| fisiología humana | 612.391 | | |
| psicología | 152.188 6 | | |

| | |
|---|---|
| Heridos | |
| derecho de guerra | 341.65 |
| Herkimer (Estados Unidos: | |
| Condado) | T2—747 61 |
| Herm (Inglaterra) | T2—423 46 |
| Hermafroditismo | 574.166 7 |
| animales | 591.166 7 |
| hombre | |
| medicina | 616.694 |
| plantas | 581.166 7 |
| Hermanas | 306.875 |
| | T1—085 5 |
| | T7—045 |
| manuales de puericultura | 649.102 45 |
| psicología | 155.443 |
| puericultura doméstica | 649.143 |
| relaciones con los padres | 306.875 3 |
| relaciones familiares | 306.875 |
| Hermanas de la Caridad | 255.91 |
| historia de la iglesia | 271.91 |
| Hermanas de la Merced | 255.92 |
| historia de la iglesia | 271.92 |
| Hermanas de Rebeca | 366.38 |
| miembros | 366.380 92 |
| grupo social | T7—366 3 |
| Hermanas del Buen Socorro | 255.94 |
| historia de la iglesia | 271.94 |
| Hermanas dominicas | 255.972 |
| Hermanastros | 306.875 |
| | T1—085 5 |
| | T7—045 |
| relaciones familiares | 306.875 |
| Hermanitas de los pobres | 255.95 |
| historia de la iglesia | 271.95 |
| Hermanos | 306.8 |
| | T1—085 5 |
| | T7—045 |
| manuales de puericultura | 649.102 45 |
| psicología | 155.443 |
| puericultura doméstica | 649.143 |
| relaciones con las hermanas | 306.875 3 |
| relaciones familiares | 306.875 |
| Hermanos cristianos | 255.78 |
| historia de la iglesia | 271.78 |
| Hermanos de Plymouth | 289.9 |
| v.a. Denominación cristiana | |
| Hermanos gemelos | 155.444 |
| Hermanos hospitalarios de | |
| San Juan de Dios | 255.49 |
| historia de la iglesia | 271.49 |

| | |
|---|---|
| Hermanos huterianos | 289.73 |
| v.a. Iglesias menonitas | |
| Hermanos unidos en Cristo | 289.9 |
| v.a. Denominación cristiana | |
| Hermanos (Ordenes religiosas) | 255.092 |
| biografía | 271.092 02 |
| historia de la iglesia | 271.092 |
| Hermenéutica | 121.68 |
| libros sagrados | 291.82 |
| biblia | 220.601 |
| corán | 297.122 601 |
| talmud | 296.120 601 |
| Hermetismo | 135.4 |
| Hermite | |
| espacios de | 515.73 |
| polinominales de | 515.55 |
| Hermosillo (México) | T2—721 71 |
| Hernandarias (Paraguay) | T2—892 132 |
| Hernández Colón, Rafael | |
| historia de Puerto Rico | 972.950 53 |
| Hernández de Córdoba, Francisco | |
| historia de México | 972.018 |
| historia de Nicaragua | 972.850 2 |
| Hernández Martínez, Maximiliano | |
| historia de El Salvador | 972.840 52 |
| Hernandiaceae | 583.931 |
| Hernando (Estados Unidos: | |
| Condado) | T2—759 71 |
| Hernia abdominal | |
| cirugía abdominal | 617.559 059 |
| medicina regional | 617.559 |
| Hernias | |
| cirugía abdominal | 617.559 059 |
| medicina regional | 617.559 |
| Hernias abdominales | 617.559 |
| Héroes | |
| culto | 291.213 |
| Heroina | |
| abuso | 362.293 |
| asistencia social | 362.293 |
| derecho | 344.044 63 |
| medicina | 616.863 2 |
| salud personal | 613.83 |
| v.a. Abuso de sustancias | |
| Heroismo | |
| literatura | 808.803 53 |
| historia y crítica | 809.933 53 |
| literaturas específicas | T3B—080 353 |
| historia y crítica | T3B—093 53 |
| Herpertólogos | 597.609 2 |
| grupo profesional | T7—597 |

| | |
|---|---|
| Hidrocarburos (continuación) | |
| compuestos alifáticos | 547.41 |
| ingeniería | 661.814 |
| compuestos aromáticos | 547.61 |
| ingeniería | 661.816 |
| ingeniería química | 661.81 |
| toxicología | 615.95 |
| Hidrocarburos aromáticos | |
| toxicología | 615.951 1 |
| Hidrocarburos difenílicos | 547.613 |
| ingeniería química | 661.816 |
| Hidrocarburos polifenílicos | 547.613 |
| ingeniería química | 661.816 |
| Hidrocarburos polifluorados | 668.423 8 |
| textiles | |
| v.a. Textiles | |
| Hidrocarburos sulfatados | 668.14 |
| Hidrocarburos unidos | 547.615 |
| ingeniería química | 661.816 |
| Hidrocefalia | |
| medicina | 616.858 843 |
| v.a. Retardo mental | |
| Hidrodinámica | 532.5 |
| física | 532.5 |
| Hidrofiláceas | 583.76 |
| Hidrofobia | |
| incidencia | 614.563 |
| medicina | 616.953 |
| Hidrogenación | 547.23 |
| destilación del petróleo | 665.533 |
| ingeniería química | 660.284 43 |
| química física | 541.393 |
| tecnología de gas | 662.662 3 |
| tecnología del carbón | 662.662 2 |
| Hidrógeno | 553.92 |
| geología económica | 553.92 |
| ingeniería química | 661.08 |
| química | 546.2 |
| química orgánica | 547 |
| tecnología del gas | 665.81 |
| v.a. Sustancias químicas | |
| Hidrografía | 551.46 |
| Hidroides | 593.71 |
| Hidrolasas | 574.192 5 |
| v.a. Enzimas | |
| Hidrólisis | 541.393 |
| ingeniería química | 660.284 425 |
| química orgánica | 547.225 |
| Hidrología | |
| aguas dulces | 551.48 |

| | |
|---|---|
| Hidromecánica | 532 |
| física del suelo | 631.432 |
| ingeniería | 620.106 |
| Hidrometalurgia | 669.028 3 |
| Hidrometeorología | 551.57 |
| Hidroplanos | 387.231 4 |
| ingeniería | 623.823 14 |
| servicios de transporte | 387.231 4 |
| v.a. Barcos | |
| Hidropónico | 631.585 |
| Hidroquinonas | 547.633 |
| Hidrosfera | 551.46 |
| Hidrosoles | 541.345 14 |
| ingeniería química | 660.294 514 |
| química coloidal | 541.345 14 |
| Hidrostática | 532.2 |
| Hidrosulfito | 547.063 |
| ingeniería química | 661.896 |
| Hidroterapia | |
| medicina | 615.853 |
| Hidróxido de amonio | 546.711 22 |
| ingeniería química | 661.34 |
| Hidróxido de potasio | 546.383 22 |
| ingeniería química | 661.332 |
| Hidróxido de sodio | 546.382 22 |
| ingeniería química | 661.322 |
| Hidróxidos | |
| mineralogía | 549.53 |
| Hidruros | |
| ingeniería química | 661.08 |
| Hiedra de Boston | 583.279 |
| Hiedra rastrera | 583.87 |
| Hiedra venenosa | 583.28 |
| Hiedras | 583.687 |
| Hiedras terrestres | 583.87 |
| Hielo | 551.31 |
| control | |
| ingeniería de vías | 625.763 |
| construcciones | 693.91 |
| deportes | 796.96 |
| escultura | 736.94 |
| formación | |
| aeronaútica | 629.132 4 |
| geología | 551.31 |
| geología económica | 353.7 |
| mineralogía | 549.522 |
| tecnología | 621.58 |
| Hielo de mar (Agua marina | |
| congelada) | 551.343 |
| Hielo de río | 551.345 |
| Hielo del agua | 551.345 |

| | |
|---|---|
| Hilado | |
| textiles | 677.028 32 |
| arte | 746.12 |
| manufactura | 677.028 22 |
| Hilado | |
| textiles | 677.028 22 |
| arte | 746.12 |
| manufactura | 677.028 22 |
| Hilados | 677.028 62 |
| Hilbert | |
| espacios de | 515.733 |
| transformaciones de | 515.723 |
| Hildebrand, Bruno | |
| teorias económicas | 330.154 2 |
| Hildesheim (Alemania) | T2—435 958 |
| Hill, Tex. (Estados Unidos: | |
| Condado) | T2—764 283 |
| Hillingdon,Londres (Inglaterra) | T2—421 83 |
| Hillsborough (Estados Unidos: | |
| Condado) | T2—759 65 |
| Hilos | 677.028 62 |
| Himachal Pradesh (India) | T2—545 2 |
| Himalaya | T2—549 6 |
| Himantandraceae | 583.114 |
| Himen | |
| anatomía humana | 611.67 |
| fisiología humana | 612.62 |
| ginecología | 618.1 |
| v.a. Sistema genital femenino | |
| Himnos | 782.27 |
| para coros y voces mixtas | 782.527 |
| para voces individuales | 783.092 7 |
| religión | 291.38 |
| cristianismo | |
| devociones privadas | 245 |
| judaísmo | 296.4 |
| devociones privadas | 296.72 |
| oraciones privadas | 291.43 |
| Hinche (Haití) | T2—729 446 |
| Hinckley y Bosworth | |
| (Inglaterra) | T2—425 49 |
| Hindi (Lengua) | 491.43 |
| | T6—914 31 |
| Hindi (Literatura) | 891.43 |
| Hindi oriental (Lengua) | 491.4 |
| | T6—914 9 |
| Hindi oriental (Literatura) | 891.49 |
| Hindis | T5—914 3 |
| Hinds (Estados Unidos: | |
| Condado) | T2—762 51 |
| Hindú (Grupos religiosos) | T7—294 |

| | |
|---|---|
| Hinduismo | 294.5 |
| áreas | T2—176 45 |
| arquitectura | 720.954 |
| escultura | 730.954 |
| ética | 294.548 |
| filosofía | 181.41-.48 |
| polémica islámica | 297.294 |
| representación artística | 704.948 945 |
| templos y santuarios | |
| arquitectura | 726.145 |
| Hinduismo reformado | 294.556 |
| Hinduistas | 294.509 2 |
| | T7—294 5 |
| Hindusimo tántrico | 294.551 4 |
| Hinojo | 583.48 |
| Hiperactividad | |
| medicina | 616.858 9 |
| pediatría | 618.928 589 |
| v.a. Sistema nervioso | |
| Hiperadrenalismo | |
| medicina | 616.45 |
| v.a. Sistema endocrino | |
| Hiperestesia | |
| medicina | 616.856 |
| v.a. Sistema nervioso | |
| Hipermercados | 381.148 |
| administración | 658.878 |
| v.a. Comercio | |
| Hipermetropía | |
| oftalmología | 617.755 |
| v.a. Ojos | |
| Hiperones | 539.721 64 |
| Hiperparatiroidismo | |
| medicina | 616.445 |
| v.a. Sistema endocrino | |
| Hiperpinealismo | |
| medicina | 616.48 |
| v.a. Sistema endocrino | |
| Hiperquinesia | |
| medicina | 616.858 9 |
| v.a. Sistema nervioso | |
| Hipertensión | |
| medicina | 616.132 |
| v.a. Sistema cardiovascular | |
| Hipertiroidismo | |
| medicina | 616.443 |
| v.a. Sistema endocrino | |
| Hipertricosis | |
| medicina | 616.546 |
| v.a. Cabello | |

| | | | |
|---|---|---|---|
| Hombres (continuación) | | Homelands (continuación | |
| psicología | 155.632 | Natal | T2—684 9 |
| recreación | 790.194 | Transvaal | T2—682 9 |
| al aire libre | 796.081 | Homeomorfismos | 514 |
| bajo techo | 793.019 4 | Homeopatia | |
| representación artística | 704.942 3 | sistemas terapéuticos | 615.532 |
| salud | 613.042 34 | Homeóstasis | |
| teología social | 291.178 343 1 | biología | 574.188 |
| cristianismo | 261.834 31 | fisiología humana | 612.022 |
| Hombres casados | 306.872 | Homicidio | 364.152 |
| psicología | 155.645 2 | derecho | 345.025.2 |
| Hombres de negocios | 338.092 | ética | 179.7 |
| grupo profesional | T7—338 | Homicidio culposo | 346.032 3 |
| Hombres jóvenes | 305.235 | Homicidio involuntario | 364.152 5 |
| | T1—083 51 | derecho | 345.025 25 |
| | T7—055 | Homicidio voluntario | 364.152 3 |
| acicalamiento | 646.704 4 | derecho | 345.025 23 |
| aspectos sociales | 305.235 | Homilética | 291.61 |
| bienestar social | 362.708 3 | cristianismo | 251 |
| etiqueta | 395.123 2 | judaísmo | 296.42 |
| higiene sexual | 613.953 | Homilías | 291.43 |
| mayores de veinte | 305.242 | cristianismo | 252 |
| | T1—084 2 | judaísmo | 296.42 |
| | T7—056 | Hominidae | |
| periodismo para | 070.43 36 | género humano prehistórico | 573.3 |
| psicología | 305.242 | paleozoología | 569.9 |
| publicaciones para | | zoología | 599.9 |
| bibliografías | 011.624 1 | Hominoidea | 599.88 |
| salud | 613.042 33 | Homobasidiomycetidae | 589.221 |
| Hombres rana | | Homofonía | 781.285 |
| fuerzas armadas | 359.984 | Homogenización | |
| Hombres solteros | 305.389 652 | elaboración de la leche | 637.141 |
| | T1—086 52 | Homónimos | |
| grupo social | 305.389 652 | diccionarios | T4—31 |
| psicología | 155.642 2 | Homoptera | 595.752 |
| Hombres viudos | 305.389 654 | paleozoología | 565.75 |
| | T1—086 54 | Homosexuales | 305.906 64 |
| grupo social | 305.389 654 | | T1—086 64 |
| psicología | 155.644 2 | hombres | 305.906 64 |
| relaciones familiares | 306.88 | | T1—086 642 |
| Hombros (Humanos) | 612.97 | mujeres | 305.489 664 |
| cirugía | 617.572 059 | | T1—086 643 |
| fisiología humana | 612.97 | teologías pastorales | 259.086 64 |
| medicina regional | 6173.572 | Homosexualidad | 306.766 |
| músculos | | hinduismo | 294.548 66 |
| anatomía humana | 611.737 | islamismo | 297.5 |
| v.a. Extremidades superiores | | literatura | 808.803 53 |
| Homel' (ex URSS) | T2—478 1 | historia y crítica | 809.933 53 |
| Homelands (Sudáfrica) | T2—682 9 | literatura específica | T3B—080 353 |
| Cabo de Buena Esperanza | T2—687 9 | historia y crítica | T3B—093 53 |
| Estado Libre de Orange | T2—685 9 | medicina | 616.858 34 |

# I

| | | | |
|---|---|---|---|
| Impedidos físicos | 305.908 16 | Imperio romano | 937.06 |
| | T1—087 | | T2—37 |
| asistencia social | 362.4 | Egipto | 932.022 |
| edificios institucionales | | España | 936.603 |
| arquitectura | 725.53 | Francia | 936.402 |
| educación | 371.91 | Grecia | 938.09 |
| grupo social | 305.908 16 | Inglaterra | 936.204 |
| v.a. Impedidos | | Palestina | 933.05 |
| Impedidos mentales | 305.908 26 | Imperio romano de Oriente | 949.501 |
| | T1—087 4 | Imperio sasánida | 935.07 |
| | T7—082 6 | | T2—35 |
| educación | 371.92 | Imperio seléucida | 935.06 |
| derecho | 344.079 12 | | T2—35 |
| grupos sociales | 305.908 26 | Imperio Songhai | 966.201 8 |
| situación jurídica | 346.013 8 | | T2—662 |
| v.a. Impedidos | | Imperio tártaro | 950.2 |
| Imperia (Italia) | T2—451 8 | Imperio tolteca | 972.017 |
| Imperialismo | 325.32 | Imperios | T2—171 2 |
| relaciones internacionales | 327.1 | sistema político | 321.03 |
| Imperio alemán | 943.083 | Impermeabilización | |
| Imperio asirio | 935.03 | construcciones | 693.892 |
| | T2—35 | Impermeables | 391 |
| Mesopotamia | 935.0 | confección doméstica | 646.453 |
| dominación persa | 933.03 | costumbres | 391 |
| Imperio austriaco | 943.604 | manufactura | 687.145 |
| | T2—436 | v.a. Vestuario | |
| Imperio Bizantino | 949.5 | Impétigo | |
| | T2—495 | medicina | 616.524 |
| Imperio Caldeo | 935.04 | v.a. Piel | |
| | T2—35 | Implantación de iones | |
| Imperio Centroafricano | 967.41 | física del estado sólido | 530.416 |
| | T2—674 1 | Implantación de tejidos | 617.95 |
| Imperio de Ghana | 966.101 6 | Importaciones | 382.5 |
| | T2—661 | administración pública | 351.827 5 |
| Imperio de los Medos | 935.04 | cuotas | 382.52 |
| | T2—35 | derecho | 343.087 7 |
| Imperio de Malí | 966.201 7 | política arancelaria | 382.7 |
| | T2—662 | finanzas públicas | 336.264 |
| Imperio en Brasil | 981.04 | Imposición | |
| Imperio Mongol | T2—54 | imprenta | 686.225 6 |
| historia de India | 954.025 | Imposición de las manos | |
| historia de Asia | 950.2 | rito cristiano | 265.9 |
| Imperio Neopersa | 935.07 | Impotencia | |
| | T2—35 | medicina | 616.692 |
| Imperio otomano | 956.015 | neurosis | 616.858 32 |
| | T2—56 | v.a. Sistema genital masculino | |
| Imperio Persa | 935.05 | Imprecaciones | |
| historia de Mesopotamia | 935.05 | costumbres | 394 |
| historia de Palestina | 933.03 | ética | 179.5 |
| historia de Egipto | 932.016 | Imprenta | 686 |
| | | Imprenta privada | 011.55 |

| | |
|---|---|
| Impuestos por nivel | 336.39 |
| administración pública | 350.72 |
| central | 351.72 |
| local | 352.1 |
| derecho | 343.034 |
| finanzas públicas | 336.39 |
| política macroeconómica | 339.522 |
| Impuestos progresivos | 336.293 |
| Impuestos proporcionales | 336.293 |
| Impuestos regresivos | 336.293 |
| Impuestos sobre bienes muebles | 336.23 |
| administración pública | 350.724 3 |
| central | 351.724 3 |
| local | 352.135 2 |
| derecho | 343.054 |
| finanzas públicas | 336.23 |
| Impuestos sobre consumo | |
| administración pública | 350.724 71 |
| central | 351.721 71 |
| local | 352.135 |
| derecho | 343.055 3 |
| finanzas públicas | 336.271 |
| Impuestos sobre el patrimonio | |
| administración pública | 350.724 2 |
| central | 351.724 2 |
| local | 352.135 2 |
| derecho | 343.054 |
| finanzas públicas | 336.22 |
| Impuestos sobre el té | |
| historia de Estados Unidos | 973.311 5 |
| Impuestos sobre herencias | 336.276 |
| administración pública | 351.724 76 |
| derecho | 343.053 2 |
| finanzas públicas | 336.276 |
| Impuestos sobre ingreso de negocios | |
| administración pública | 350.724 4 |
| central | 351.724 4 |
| local | 352.135 |
| finanzas públicas | 336.241 7 |
| Impuestos sobre la renta | 336.24 |
| administración pública | 350.724 4 |
| central | 351.724 4 |
| local | 352.135 |
| derecho | 343.052 |
| finanzas públicas | 336.24 |
| Impuestos sobre la renta personal | 336.242 |
| administración pública | 350.724 4 |
| central | 351.724 4 |
| local | 352.135 |
| derecho | 343.052 62 |
| finanzas públicas | 336.242 |

| | |
|---|---|
| Impuestos sobre las ventas | |
| administración pública | 350.724 7 |
| central | 351.724 7 |
| local | 352.135 |
| derecho | 343.055 2 |
| finanzas públicas | 336.271 4 |
| Impulsos fisiológicos | 152.5 |
| Imputabilidad | 347.052 |
| derecho penal | 345.05 |
| Inadunata | 563.91 |
| Inaguraciones | |
| costumbres | 394.4 |
| música | 781.57 |
| Inauguraciones | |
| costumbres | 394.4 |
| música | 781.57 |
| Incandescencia | 536.45 |
| Incapacidad | |
| bienestar social | 362.4 |
| influencia psicológica | 155.916 |
| Incas | T5—983 |
| historia de Bolivia | 984.01 |
| historia del Perú | 985.01 |
| Incendio de la goleta Gaspée | |
| historia de los Estados Unidos | 973.311 2 |
| Incendio en bosques | |
| servicio social | 363.379 |
| silvicultura | 634.961 8 |
| Incendio premeditado | 364.164 |
| derecho | 345.026 4 |
| Incendios | 363.37 |
| administración | 658.477 |
| aspectos psicológicos | 155.935 |
| daños a la agricultura | 632.18 |
| prevención | 363.377 |
| administración pública | 350.782 |
| central | 351.782 |
| local | 352.3 |
| seguros | 368.11 |
| ramas a fines | 368.12 |
| tecnología | 628.922 |
| v.a. Desastres | |
| Incentivos | 331.216 4 |
| administración de personal | 658.314 2 |
| control social | 303.35 |
| disciplina escolástica | 371.53 |
| economía del trabajo | 331.216 4 |
| investigación | 001.44 |
| Incentivos fiscales | |
| derecho tributario | 343.052 3 |
| finanzas públicas | 336.206 |

| | | | |
|---|---|---|---|
| Indios mangueo | T5—976 | Indrises | 599.81 |
| Indios miskito | T5—978 | Inducción | |
| Indios navajo | T5—972 | lógica | 161 |
| Indios ojibway | T5—973 | Inducción electromagnética | 621.34 |
| Indios Paéz | T5—982 | Inducidos (Partes del generador) | 621.316 |
| Indios pano | T5—984 | Indulgencias | |
| Indios popoloca | T5—976 | cristianismo | 265.66 |
| Indios salishan | T5—979 | Industria | 338 |
| Indios sioux | T5—975 | administración pública | 350.82 |
| Indios sumo | T5—978 | central | 351.82 |
| Indios tupíes | T5—983 | local | 352.492 |
| Indios wahashan | T5—979 | derecho | 343.07 |
| Indios warao | T5—982 | economía | 338 |
| Indios yaruro | T5—983 | fuentes de contaminación | 363.731 |
| Indios yuma | T5—975 | localización | |
| Indios yuquíes | T5—975 | consideraciones | |
| Indios zapotecos | T5—976 | economía | 638.604 2 |
| Individualidad | 155.2 | movilización | 355.285 |
| niños | 155.418 2 | derecho | 343.01 |
| Individualismo | | pintura | 758.6 |
| economía | 330.153 | relaciones con el estado | 322.3 |
| filosofía | 141.4 | relaciones con la escuela | 370.193 16 |
| ideologías políticas | 320.512 | representaciones artísticas | 704.949 6 |
| psicología social | 302.54 | Industria automotriz | 338.476 292 22 |
| Indización | 025.3 | derecho | 343.078 629 222 |
| análisis de información | 025.3 | Industria ballenera | 338.372 95 |
| museología | 069.52 | productos | |
| Indización autor-título | 025.322 | comercio | 380.143 95 |
| Indización coordinada | 025.484 | v.a. Barcos balleneros | |
| Indización en cadena | 025.482 | Industria de la cerámica | 338.476 66 |
| Indización por citas | 025.48 | equipos | |
| Indización por materia | 025.48 | manufactura | 681.766 6 |
| Indización por palabra clave | 025.486 | Industria de la construcción | 338.476 24 |
| Indización postcoordinada | 025.484 | administración pública | 350.824 2 |
| Indización precoordinada | 025.482 | central | 351.824 2 |
| Indización relativa | 025.482 | local | 352.942 42 |
| Indoarios | T5—914 | contabilidad | 657.869 |
| Indochina francesa | 959.703 | derecho | 343.078 624 |
| | T2—597 | empresas | 338.762 4 |
| historia de Camboya | 959.603 | prácticas restrictivas | 338.826 24 |
| historia de Laos | 959.403 | economía | 338.826 24 |
| historia de Vietnam | 9595.703 | Industria del petróleo | 338.272 8 |
| Indoeuropeos | T5—034 | derecho | 343.077 2 |
| Indonesia | 959.8 | Industria del plástico | 338.476 684 |
| | T2—598 | equipo | |
| Indonesio (Lengua) | 499.221 | tecnología | 681.766 8 |
| | T6—992 21 | Industria del turismo | 338.479 1 |
| Indonesio (Literatura) | 899.221 | derecho internacional | 341.754 |
| Indonesios | T5—992 2 | economía | 338.479 1 |
| Indre (Francia) | T2—445 51 | Industria hotelera | 338.476 479 4 |
| Indre y Loire (Francia) | T2—445 4 | derecho | 343.078 647 94 |

| | | | | |
|---|---|---|---|---|
| Infantes | 305.232 | Influencias | | |
| | T1—083 2 | psicología | 155.9 | |
| | T7—054 2 | psicología social | 302.13 | |
| aspectos sociales | 305.232 | Influenza | | |
| cocina | 641.562 2 | incidencia | 614.518 | |
| cristianismo | | medicina | 616.203 | |
| bautismo | 234.161 2 | Información | | |
| pediatría | 618.92 | control | 363.31 | |
| psicología | 155.422 | derechos civiles | 323.445 | |
| puericultura doméstica | 649.122 | intercambio | | |
| salud | 613.043 2 | derecho internacional | 341.767 2 | |
| Infanticidio | | papel de la biblioteca | 021.28 | |
| costumbres | 392.12 | recuperación de | 025.524 | |
| efectos demográficos | 304.668 | servicios de | 025.52 | |
| Infarto del miocardio | | administración pública | 350.819 | |
| medicina | 616.123 7 | central | 351.819 | |
| v.a. Sistema cardiovascular | | local | 352.941 9 | |
| Infección quirúrgica | | sociología | 306.42 | |
| medicina | 617.01 | teoría de la | 003.54 | |
| Infecciones | | | T1—011 54 | |
| resultados de las lesiones | | ingeniería de las | | |
| medicina | 617.22 | comunicaciones | 621.382 2 | |
| sintomatología | 616.047 | Información al consumidor | 381.33 | |
| Infecciones uterinas | | | T1—029 6 | |
| ginecología | 618.142 | economía doméstica | 640.73 | |
| v.a. Sistema genital femenino | | Informantes | | |
| Inferencia | | investigación sobre delitos | 363.252 | |
| psicología | 153.432 | Informática | | |
| Inferencia estadística | 519.54 | ciencia de los computadores | 004 | |
| Infertilidad | | ciencia de la información | 020 | |
| genética | 575.134 | Informes | | |
| Infierno | 291.53 | administración financiera | 658.151 2 | |
| cristianismo | 236.25 | de auditoría | 657.452 | |
| islamismo | 297.23 | documentos oficinas | 651.78 | |
| literatura | 808.803 82 | legislativos | 348.01 | |
| historia y crítica | 809.933 82 | Informes administrativos | T1—06 | |
| literaturas específicas | T3B—080 382 | administración pública | 350.000 6 | |
| historia y crítica | T3B—093 82 | central | 351.000 6 | |
| Infiltración | | local | 352.000 6 | |
| tácticas militares | 355.422 | Informes de auditorías | | |
| Infinito | 111.6 | administración financiera | 658.151 2 | |
| Inflación | 332.41 | revisión de cuentas | 657.452 | |
| contabilidad | 657.48 | Informes financieros | 657.3 | |
| finanzas personales | 332.024 02 | administración pública | 350.723 1 | |
| Inflamabilidad | | administración | 658.151 2 | |
| pruebas | 628.922 2 | central | 351.723 1 | |
| Inflamación | | local | 352.171 | |
| medicina | 617.22 | análisis de hojas de balance | 332.632 042 | |
| sintomatología | 616.047 3 | contabilidad | 657.3 | |
| Influencia social | 303.34 | derecho | 344.066 48 | |
| psicología | 155.92 | | | |

| | | | |
|---|---|---|---|
| Ingenieros | 620.009 2 | Ingestión | 574.132 |
| grupo profesional | T7—62 | fisiología animal | 591.132 |
| Ingenieros aeroespaciales | 629.109 2 | fisiología humana | 612.31 |
| grupo profesional | T7—629 1 | v.a. Sistema digestivo | |
| Ingenieros aeronáuticos | 629.130 092 | Inglaterra | 942 |
| grupo profesional | T7—629 1 | | T2—42 |
| Ingenieros automotrices | 629.209 2 | antigua | 936.2 |
| grupo profesional | T7—629 2 | | T2—362 |
| Ingenieros civiles | 624.092 | Inglaterra oriental | T2—426 |
| grupo profesional | T7—624 | Inglaterra septentrional | T2—427 |
| Ingenieros de carreteras | 625.709 2 | Inglés americano | |
| grupo profesional | T7—625 | deletreo | 421.54 |
| Ingenieros de ferrovías | 625.100 92 | pronunciación | 421.54 |
| grupo profesional | T7—625 | Inglés antiguo | 429 |
| Ingenieros de la acústica | 620.209 2 | | T6—29 |
| grupo profesional | T7—620 2 | Ingles básico | 428 |
| Ingenieros de la construcción | 624.092 | Inglés británico | |
| grupo ocupacional | T7—624 | deletreo | 421.55 |
| v.a. Trabajadores de la | | pronunciación | 421.55 |
| construcción | | Inglés medio | 427.02 |
| Ingenieros de minas | 622.092 | | T6—21 |
| grupo profesional | T7—622 | Inglés pidgins | 427.9 |
| Ingenieros de petróleo | 665.509 2 | | T6—21 |
| grupo profesional | T7—665 | Inglés (Lengua) | 420 |
| Ingenieros de sistemas | | | T6—21 |
| grupo profesional | T7—62 | básico | 429 |
| Ingenieros de sonido | 620.209 2 | medio | 427.02 |
| grupo profesional | T7—620 2 | Inglés (Literatura) | 820 |
| Ingenieros eléctricos | 621.309 2 | Ingleses | T5—21 |
| grupo profesional | T7—621 3 | Ingolfiellidea | 595.371 |
| Ingenieros electrónicos | 621.381 092 | Ingravidez | |
| grupo profesional | T7—621 3 | vuelos espaciales | 629.418 |
| Ingenieros hidraúlicos | 627.092 | Ingreso | 336.02 |
| grupo profesional | T7—627 | administración pública | 350.726 |
| Ingenieros mecánicos | 621.092 | administración financiera | 658.155 4 |
| grupo profesional | T7—621 | central | 351.726 |
| Ingenieros militares | 623.092 | local | 352.14 |
| grupo profesional | T7—623 1 | derecho | 343.034 |
| Ingenieros navales | 623.809 2 | finanzas públicas | 336.02 |
| grupo profesional | T7—623 8 | sistema | |
| Ingenieros nucleares | 621.480 92 | administración pública | 350.722 252 |
| grupo profesional | T7—621 48 | central | 351.722 252 |
| Ingenieros químicos | 660.092 | local | 352.122 52 |
| grupo profesional | T7—66 | Ingreso a la atmósfera | |
| Ingenieros sanitarios | 628.092 | vuelos espaciales tripulados | 629.458 8 |
| grupo profesional | T7—628 | Ingreso familiar | |
| Ingenieros solares | 621.470 92 | macroeconomía | 339.22 |
| grupo profesional | T7—621 4 | Ingreso mínimo garantizado | 362.582 |
| Ingenieros térmicos | 621.402 092 | derecho | 344.032 582 |
| grupo profesional | T7—621 4 | | |

| | | | |
|---|---|---|---|
| Inmunología | 574.29 | Inseminación artificial (continuación) | |
| diagnóstico | 616.075 6 | ética | 176 |
| humana | 616.079 | v.a. Reproducción | |
| plantas | 581.29 | ginecología | 618.178 |
| Innatismo | | producción animal | 636.082 45 |
| filosofía | 149.7 | salud | 613.94 |
| Innovación | | v.a. Sistema genital femenino | |
| agentes del cambio social | 303.484 | Insignias | 929.9 |
| dirección de la administración | 658.406 3 | fuerzas armadas | 355.134 2 |
| Innovación social | 303.484 | grado y servicio | 355.14 |
| Inobjetivismo | 709.040 56 | publicidad | 659.134 |
| escultura | 735.230 456 | significado religioso | |
| pintura | 759.065 6 | cristianismo | 246.56 |
| Inönü, Ismet | | Insignias heráldicas | 929.82 |
| historia de Turquía | 956.102 5 | Insignias honoríficas | |
| Inosilicatos | | fuerzas armadas | 355.134 2 |
| mineralogía | 549.66 | numismática | 737.223 |
| Inquisición | 272.2 | Insolvencia | |
| Inscripciones | | derecho | 346.078 |
| arquitectura | 729.19 | Insolvencia pública | 336.368 |
| grabados | 769.5 | Insomnio | |
| paleografía | 411.7 | sintomatología | |
| lenguas específicas | T4—11 | enfermedades neurológicas | 616.849 8 |
| sobre piedra | 736.5 | v.a. Sistema nervioso | |
| Inscripciones escolares | 371.219 | Inspección | |
| Insecticidas | 668.651 | administración militar | 355.63 |
| economía agraria | 338.162 | administración de la producción | 658.568 |
| ingeniería química | 668.651 | administración pública | |
| plantas | | externa | 350.009 1 |
| agricultura | 633.898 | central | 351.009 1 |
| uso en la agricultura | 632.951 | local | 352.009 2 |
| Insectívoros | 599.33 | interna | 350.007 6 |
| paleozoología | 569.33 | central | 351.007 6 |
| Insecto de hoja | 595.724 | local | 352.000 476 |
| Insectos | 595.7 | ingeniería | 620.004 4 |
| comida | 641.396 | Inspectores escolares | 371.200 92 |
| cocina | 641.696 | administración de personal | 371.201 3 |
| conservación doméstica | 664.495 | Inspiración | |
| manufactura | 664.95 | Biblia | 220.13 |
| control | 363.78 | Instalación y limpieza de minas | 623.26 |
| v.a. Control de insectos, | | Instalaciones | |
| Control de plagas | | administración | 658.2 |
| cultura | 638 | | T1—068 2 |
| plagas agrícolas | 632.7 | bibliotecas | 022 |
| Insectos hoja | 595.724 | museos | 069.2 |
| Insectos productores de colorantes | | administración doméstica | 644 |
| cultivo | 638.3 | arquitectura | 725.4 |
| Insectos productores de resinas | | construcción | 696 |
| cultivo | 638.3 | prisiones | 365.5 |
| Inseminación artificial | | ubicación | |
| derecho de familia | 346.017 | administración | 658.21 |

Instituciones penales
  bibliotecas (continuación)
    estudios de usuarios    025.587 665
    contabilidad    657.832
    derecho    344.035
    edificios    365.5
      arquitectura    725.6
    influencia psicológica    155.962
    para delincuentes enfermos
      mentales    365.46
    reformas    365.7
    urbanismo    711.556
Instituciones políticas
    descripción y evaluación    320.9
    servicios sociales    361.613
    sociología    306.2
Instituciones preescolares    372.21
Instituciones religiosas
    editoriales    070.594
    sociología    306.6
Instituciones seculares
    cristianismo    255.095
    femeninas    255.909 5
      historia de la iglesia    271.909 5
      historia de la iglesia    271.095
Instituciones (Derecho romano)    340.54
Instituciones (Educación para
    adultos)    T1—071 52
Instituciones (Sociología)    306
Institutos de belleza    646.72
    cuidado personal    646.72
    higiene pública    363.729 9
Instrucción asistida por
    computador (IAC)    371.334
                T1—078
Instrucción bibliográfica    025.56
Instrucción penal    345.072
Instrucción programada    371.394 42
                T1—077
    electrónica    371.334
    no electrónica    371.394 42
Instrucción sobre uso de las
    bibliotecas    025.56
Instrumentación
    aeronaves    629.135
    física    530.7
    predicción del tiempo    551.635
    química analítica    543.07
Instrumentación médica    610.28
    manufactura    681.761
Instrumentalismo    144.5

Instrumentos
    científicos
      manufactura    681.75
Instrumentos analógicos
    teconología    681.1
Instrumentos astronómicos
    uso    522.2
Instrumentos científicos
    manufactura    681.75
Instrumentos de arco    787
Instrumentos de boquilla    788.9
Instrumentos de cambio    332.5
Instrumentos de cuerda    787
    bandas y orquestas    787
    conjuntos de cámara    785
      de un solo tipo    785.7
      mixtos    785.2-5
    construcción    787.192 3
      a mano    787.192 3
      a máquina    681.87
    música solista    787
Instrumentos de cuerda de golpear    787.7
Instrumentos de juguete
    orquestas    784.46
Instrumentos de lengüeta    788.4
Instrumentos de lengüeta doble    788.5
Instrumentos de lengüeta simple    788.6
Instrumentos de medición
    electrónica    621.381 548
    física    530.7
    manufactura    681.2
    medición eléctrica    621.37
Instrumentos de navegación
    aeronaves    629.135 1
Instrumentos de percusión    786.8
    bandas y orquestas    784
    conjuntos de cámara    785
      de un solo tipo    785.68
      mixtos    785.2-.5
    construcción    786.819 23
      a mano    786.819 23
      a máquina    681.868
    instrumentos solistas    768.8
Instrumentos de plectro    787.7
Instrumentos de precisión
    tecnología    681
Instrumentos de simulación    783.99
Instrumentos de teclado    786
    bandas y orquestas    784
    conjuntos de cámara    785
      de un solo tipo    785.62–.65

| | | | |
|---|---|---|---|
| Iowa (Estados Unidos) | 977.7 | Irlanda (Isla) | 941.5 |
| | T2—777 | | T2—415 |
| Ipala (Guatemala) | T2—728 141 6 | Irlandés (Lengua) | 491.62 |
| Ipiales (Colombia) | T2—861 624 | | T6—916 2 |
| Ipswich (Inglaterra) | T2—426 49 | Irlandeses | T5—916 2 |
| Iquique (Chile) | T2—832 27 | Ironía | |
| Iquitos (Perú) | T2—854 4 | estilo literario | 808.801 8 |
| Iráclion (Creta) | T2—499 8 | historia y crítica | 809.918 |
| Irala (Paraguay) | T2—892 132 5 | literaturas específicas | T3B—080 18 |
| Irán | 955 | historia y crítica | T3B—091 8 |
| | T2—55 | Iroqués (Lengua) | 497.5 |
| antigua | 935 | | T6—975 |
| | T2—35 | Iroqueses | T5—975 |
| Iranios | T5—915 | Iroqueses (Grupo indígena) | T5—975 |
| Irapuato (México) | T2—724 14 | Irradiación | |
| Iraq | 956.7 | alimentos | 664.028 8 |
| | T2—567 | Irrelevancia | |
| antigua | 935 | ciencia de la información | 025.04 |
| | T2—35 | Irreligiosidad | |
| grupos nacionales | T5—927 567 | actitudes de la religión | 291.172 |
| Irbid (Jordania) | T2—569 54 | cristianismo | 261.21 |
| Ircania | T2—396 | Irreverencia | |
| Irian Barat | T2—952 | costumbres | 394 |
| Irian Jaya | 995.1 | ética | 179.5 |
| | T2—951 | Irrigación | |
| Irian Occidental | 995.1 | agricultura | 631.587 |
| | T2—951 | derecho | 346.046 913 |
| Iridaceae | 584.24 | economía de la tierra | 333.913 |
| floricultura | 635.934 24 | ingeniería hidráulica | 627.52 |
| Iridales | 584.24 | ingeniería de la contaminación | |
| Iridio | 669.7 | del agua | 628.168 41 |
| metalistería | 673.7 | riego con aguas negras | 628.362 3 |
| metalografía | 669.957 | Irritabilidad | 591.182 7 |
| metalurgia | 669.7 | fisiología animal | 591.182 7 |
| metalurgia física | 669.967 | funciones sensoriales | |
| química | 546.643 | fisiología humana | 612.88 |
| ingeniería química | 661.064 3 | músculos | |
| v.a. Sustancias químicas | | fisiología humana | 612.741 |
| Iridiscencia | | v.a. Sistema musculoesquelético | |
| mineralogía | 549.125 | nervios | |
| Irion (Estados Unidos: | | fisiología humana | 612.816 |
| Condado) | T2—764 874 | v.a. Sistema nervioso | |
| Iriona (Honduras) | T2—728 313 4 | piel | |
| Iris | | fisiología humana | 612.791 |
| fisiología humana | 612.842 | v a. Piel | |
| v.a. Ojos | | Irvingiaceae | 583.214 |
| Irlanda | 941.7 | Irwin (Estados Unidos: | |
| | T2—417 | Condado) | T2—758 855 |
| Irlanda del Norte | 941.6 | Isabel I, Reina de España | |
| | T2—416 | historia de España | 946.03 |

| | |
|---|---|
| Islas Almirantes | T2—695 |
| Islas Amsterdam | 969.9 |
| | T2—699 |
| Islas Anglonormandas (Inglaterra) | T2—423 4 |
| Islas Antípodas | T2—931 1 |
| Islas Aran | T2—417 48 |
| Islas árticas | T2—98 |
| Islas artificiales | 627.98 |
| Islas Aruba | T2—729 86 |
| Islas Australes | T2—962 2 |
| Islas Authorities (Escocia) | T2—411 2 |
| Islas Azores | T2—469 9 |
| Islas Bahamas | 972.96 |
| | T2—729 6 |
| Islas Baleares | T2—467 5 |
| Islas Barlovento | 972.984 |
| | T2—729 84 |
| Islas Bisayas (Filipinas) | T2—599 7 |
| Islas Bonin (Japón) | T2—528 |
| Islas Bouganville (Papua Nueva Guinea) | T2—959 2 |
| Islas Británicas | 941 |
| | T2—41 |
| antigua | 936.1 |
| | T2—361 |
| Islas Caimán | 972.921 |
| | T2—729 21 |
| Islas Canal (Inglaterra) | T2—423 4 |
| Islas Canarias | 964.9 |
| | T2—649 |
| Islas Caribes | 972.9 |
| | T2—729 |
| Islas Carolinas | T2—966 |
| Islas Chagos | 969.7 |
| | T2—697 |
| Islas Chatham | T2—423 48 |
| Islas Christmas | T2—964 |
| Islas Cook | T2—962 3 |
| Islas D'Entrecasteaux (Papúa Nueva Guinea) | T2—954 1 |
| Islas de Andamán y Nicobar | T2—548 8 |
| Islas de barrera | 551.423 |
| | T2—142 |
| geografía | 910.914 2 |
| geografía física | 910.021 42 |
| geomorfología | 551.423 |
| Islas de Désirade | T2—729 76 |
| Islas de Esequibo (Guyana) | T2—881 3 |
| Islas de la Manica (Inglaterra) | T2—423 4 |
| Islas de la Unión | T2—961 5 |

| | |
|---|---|
| Islas de Langerhams | |
| anatomía humana | 611.37 |
| cirugía | 617.557 |
| enfermedades humanas medicina | 616.46 |
| fisiología humana | 612.34 |
| v.a. Sistema digestivo | |
| Islas de Sotavento | 972.97 |
| | T2—729 7 |
| Islas del Almirantazgo | T2—937 |
| Islas del Artico | T2—163 2 |
| historia | 998 |
| | T2—98 |
| Islas del Cabo Verde | T2—665 8 |
| Islas del Mar Egeo | 949.58 |
| | T2—495 8 |
| antigua | 939.1 |
| | T2—391 |
| Islas del Océano Atlántico | 997 |
| | T2—97 |
| Islas del Pacífico | 990 |
| | T2—9 |
| Islas del Pacífico (Territorio en fideicomiso) | 996.5 |
| | T2—965 |
| Islas Ellice | T2—968 2 |
| Islas Farquhar (Seychelles) | T2—696 |
| Islas Feroe | 949.15 |
| | T2—491.5 |
| Islas Fidji | T2—961 1 |
| Islas Flint | T2—964 |
| Islas Friendly | 996.12 |
| | T2—961 2 |
| Islas Frisian occidentales (Holanda) | T2—492 13 |
| Islas Frisian orientales (Alemania) | T2—435 917 |
| Islas Futuna | T2—961 6 |
| Islas Galápagos (Ecuador) | T2—866 5 |
| Islas Gambier y Tubuai | T2—962 2 |
| Islas Granadinas | T2—729 844 |
| Islas Henderson | T2—961 8 |
| Islas Hokkaido (Japón) | T2—524 |
| Islas Holandesas de Sotavento | 972.977 |
| | T2—729 77 |
| Islas Jarvis | T2—964 |
| Islas Johnston | T2—969 9 |
| Islas Jónicas (Grecia) | T2—495 5 |
| antigua | T2—382 |
| Islas Kerguelen | 969.9 |
| | T2—699 |

| | | | |
|---|---|---|---|
| Italia | 945 | Ixonanthaceae | 583.214 |
| | T2—45 | Ixtapalapa (México) | T2—725 36 |
| antigua | 937 | Ixtlán del Río (México) | T2—723 45 |
| | T2—37 | Izabal (Guatemala: | |
| Italia central | T2—456 | Departamento) | T2—728 13 |
| historia | 945.6 | Izabal (Guatemala) | T2—728 131 |
| Italia meridional | T2—457 | Izalco (El Salvador) | T2—728 413 6 |
| historia | 945.7 | Izamal (México) | T2—726 53 |
| antigua | T2—377 | | |

**J**

| | | | |
|---|---|---|---|
| Italiano antiguo (Lengua) | 457.0 | | |
| | T6—51 | | |
| Italiano medio (Lengua) | 457.02 | Jabalíes | 599.734 |
| | T6—51 | Jábegas | 387.28 |
| Italiano (Lengua) | 450 | diseño | 623.812 8 |
| | T6—51 | ingeniería | 623.828 |
| Italianos | T5—51 | v.a. Barcos | |
| Itapipoca (Brasil) | T2—813 15 | Jabones | 668.12 |
| Itapúa (Paraguay) | T2—892 126 | corte | 736.95 |
| Itaquyry (Paraguay) | T2—892 132 6 | Jabones en polvo | 668.124 |
| Itawamba (Estados Unidos: | | Jabones insolubles | 668.125 |
| Condado) | T2—762 982 | Jabones metálicos | 668.125 |
| Iterbio | | Jabones solubles | 668.124 |
| química | 546.419 | Jacamares | 598.72 |
| v.a. Tierras raras | | Jacanas | 598.33 |
| Ithna asharites | 297.821 | Jacintos | 584.324 |
| Itita (Lengua) | 491.998 | Jack (Estados Unidos: | |
| | T6—919 98 | Condado) | T2—764 544 |
| Itita (Literatura) | 891.998 | Jackson (Estados Unidos: | |
| Ititas | T5—919 9 | Parroquia) | T2—763 92 |
| Itrio | 669.290 3 | Jackson, Ala. (Estados | |
| geología económica | 553.494 7 | Unidos: Condado) | T2—761 95 |
| ingeniería química | 661.040 3 | Jackson, Andrew | |
| metalurgia | 669.290 3 | historia de Estados Unidos | 973.56 |
| metalurgia física | 669.962 903 | Jackson, Fla. (Estados Unidos: | |
| química | 546.403 | Condado) | T2—759 93 |
| v.a. Sustancias químicas | | Jackson, Ga. (Estados Unidos: | |
| Itumbiara (Brasil) | T2—817 38 | Condado) | T2—758 145 |
| Iturbe (Paraguay) | T2—892 128 5 | Jackson, Miss. (Estados | |
| Iturbide, Agustín | | Unidos: Condado) | T2—762 12 |
| historia de México | 972.03 | Jackson, Miss. (Estados | |
| IVA (Impuesto sobre el valor | | Unidos) | T2—762 51 |
| agregado) | 336.271 4 | Jackson, Tex. (Estados | |
| Iván III, Zar de Rusia | | Unidos: Condado) | T2—764 127 |
| historia de Rusia | 947.041 | Jacksonville (Estados Unidos) | T2—759 12 |
| Iván IV el Terrible, Zar de Rusia | | Jacobo I, Rey de Escocia | |
| historia de Rusia | 947.043 | historia de Escocia | 941.104 |
| Iván VI, Emperador de Rusia | | Jacobo II, Rey de Escocia | |
| historia de Rusia | 947.061 | historia de Escocia | 941.104 |
| Ivano-Frankivs'k (ex URSS) | T2—477 9 | Jacobo III, Rey de Escocia | |
| Ivanovo (ex URSS) | T2—473 3 | historia de Escocia | 941.104 |
| Ixmiquilpan (México) | T2—724 65 | Jacobo IV, Rey de Escocia | |
| | | historia de Escocia | 941.104 |

| | |
|---|---|
| Java (Indonesia) | T2—598 2 |
| Javanés (Lengua) | 499.222 |
| | T6—992 22 |
| Javeneses | T5—992 2 |
| Jawara, Dawada Kairaba | |
| historia de Gambia | 966.510 3 |
| Jazmín | 583.74 |
| Jazmin naranjado | 583.24 |
| Jazz | 781.57 |
| bandas | 785.067 2 |
| música de banda | 785.42 |
| orquestas | 785.066 7 |
| Jazz afrocubano | 781.657 |
| Jazz de tendencia principal | 781.654 |
| Jazz de vanguardia | 781.656 |
| Jazz moderno | 781.655 |
| Jazz progresivo | 781.655 |
| Jazz tradicional | 781.653 |
| Jef skiing | 797.37 |
| Jefes de ejecutivo | |
| administración pública | 350.003 |
| central | 351.003 |
| local | 352.08 |
| Jefes de estado | |
| grupo profesional | T7—351 |
| Jefes de gobierno | |
| grupo profesional | T7—351 |
| Jefes del estado mayor | 355.330 42 |
| Jefes religiosos | 291.092 |
| budismo | 294.309 2 |
| papel y funciones | 294.36 |
| sectas específicas | 294.39 |
| cristianismo | 270.092 |
| eclesiología | 262.1 |
| religión personal | 248.892 |
| ética | 241.641 |
| ética | 174.1 |
| religión | 291.564 1 |
| grupo profesional | T7—2 |
| hinduismo | 294.509 2 |
| papel y funciones | 294.56 |
| sectas específicas | 294.55 |
| islamismo | 297.092 |
| papel y funciones | 297.61 |
| sectas específicas | 297.8 |
| judaísmo | 296.092 |
| papel y funciones | 296.61 |
| sectas específicas | 296.8 |
| pepel y funciones | 291.6 |
| teología pastoral | 253 |

| | |
|---|---|
| Jeff Davis, Ga. (Estados Unidos: Condado) | T2—758 827 |
| Jeff Davis, Tex. (Estados Unidos: Condado) | T2—764 934 |
| Jefferson Davis (Estados Unidos: Condado) | T2—762 543 |
| Jefferson Davis (Estados Unidos: Parroquia) | T2—763 55 |
| Jefferson (Estados Unidos: Parroquia) | T2—763 38 |
| Jefferson, Ala. (Estados Unidos: Condado) | T2—761 78 |
| Jefferson, Fla. (Estados Unidos: Condado) | T2—759 87 |
| Jefferson, Ga. (Estados Unidos: Condado) | T2—758 663 |
| Jefferson, Miss. (Estados Unidos: Condado) | T2—762 283 |
| Jefferson, N.Y. (Estados Unidos: Condado) | T2—747 57 |
| Jefferson, Tex. (Estados Unidos: Condado) | T2—764 145 |
| Jefferson, Thomas | |
| 1801-1805 | 973.46 |
| 1805-1809 | 973.48 |
| historia de Estados Unidos | 973.46 |
| Jején | 595.771 |
| Jelsi (Molise) | T2—457 192 2 |
| Jengibre | 584.21 |
| agricultura | 633.83 |
| Jenkins (Estados Unidos: Condado) | T2—758 693 |
| Jerarquía | |
| fuerzas armadas | 355.33 |
| Jerarquía celestial | |
| cristianismo | 235.3 |
| Jerbos | 599.323 3 |
| Jeremías (Biblia) | 224.2 |
| Jerga | 417.2 |
| lenguas específicas | T4—7 |
| Jeringuilla | 383.397 |
| Jersey Blue (Pollos) | |
| producción animal | 636.581 |
| v.a. Pollos | |
| Jersey City (Estados Unidos) | T2—749 27 |
| Jersey (Ganado) | 636.224 |
| producción animal | 599.735 8 |
| Jersey (Inglaterra) | T2—423 41 |
| Jerusalén | T2—569 442 |
| antigua | T2—33 |

| | | | |
|---|---|---|---|
| Jóvenes | 305.23 | Jóvenes adultos (continuación) | |
| | T1—083 | salud | 613.043 3 |
| | T7—055 | situación legal | 346.013 5 |
| actividades de la Iglesia para | 259.2 | Jóvenes de la calle | 305.906 9 |
| asociaciones religiosas cristianas | 267.6 | | T1—305.906 9 |
| bienestar social | 362.7 | bienestar social | 362.74 |
| administración pública | 350.847 | grupo social | 305.906 9 |
| central | 351.847 | Jóvenes impedidos | 305.908 24 |
| local | 352.944 7 | | T1—087 4 |
| edificios institucionales | | | T7—082-4 |
| arquitectura | 725.57 | asistencia social | 362.74 |
| educación religiosa cristiana | 268.432 | grupo social | 305.908 24 |
| guías de vida cristiana | 248.83 | Jóvenes (Hombres) | 305.235 |
| lectura | | | T1—083 51 |
| bibliotecología | 028.5 | | T7—055 |
| psicología | 155.5 | aspectos sociales | 305.235 |
| publicaciones para | | cuidado personal | 646.704 4 |
| bibliografías | 011.62 | etiqueta | 395.123 2 |
| reseñas de obras | 028.162 | higiene sexual | 613.953 |
| situación legal | 346.013 5 | periodismo | 070.438 36 |
| sociología | 305.23 | psicología | 155.532 |
| teología social | 291.178 342 3 | publicaciones | |
| cristianismo | 261.834 23 | bibliografías | 011.624 1 |
| Jóvenes adultos | 305.235 | salud | 613.042 33 |
| | T1—083 5 | servicio social | 362.708 3 |
| | T7—055 | mayores de 20 años | 305.242 |
| aspectos sociales | 305.242 | | T1—084 2 |
| psicología | 155.65 | | T7—056 |
| aptitud física | 613.704 3 | aspectos sociales | 305.242 |
| asociaciones religiosas cristianas | 267.6 | Jóvenes (Mujeres) | 305.235 |
| aspectos sociales | 305.235 | | T1—083 52 |
| bibliotecas | 027.626 | | T7—055 |
| cuidado doméstico | 649.125 | aspectos sociales | 305.235 |
| economía laboral | 331.34 | cuidado personal | 646.704 2 |
| enfermedades mentales | 616.890 22 | etiqueta | 395.123 3 |
| etiqueta | 395.123 | higiene sexual | 613.955 |
| fisiología humana | 612.661 | periodismo | 070.483 37 |
| higiene sexual | 613.951 | psicología | 155.533 |
| lectura | | publicaciones | |
| bibliotecas | 028.535 | bibliografías | 011.624 2 |
| mayores de 20 años | 305.242 | salud | 613.042 43 |
| | T1—084 2 | servicio social | 362.708 3 |
| | T7—056 | mayores de 20 años | 305.242 |
| organizaciones políticas | 324.3 | | T1—084 2 |
| periodismo | 070.483 3 | | T7—056 |
| psicología | 155.5 | aspectos sociales | 305.242 |
| publicaciones para | | Joyas | 391.7 |
| bibliografías | 011.625 | arte | 739.27 |
| recreación | 790.192 | costumbres | 391.7 |
| al aire libre | 796.083 5 | fantasía | 688.2 |
| bajo techo | 793.019 2 | artesanía | 745.594 2 |

| | | | |
|---|---|---|---|
| Juegos de arco | 794.822 | Jugadores de ajedrez | 794.109 2 |
| Juegos de aventuras | 793.93 | grupo | T7—794 1 |
| Juegos de azar | 306.482 | Jugadores de badminton | 796.345 092 |
| carrera de caballos | 798.401 | grupo | T7—796 34 |
| control público | 363.42 | Jugadores de basquet | 796.323 092 |
| administración pública | 350.76 | grupo | T7—796 32 |
| central | 351.76 | Jugadores de béisbol | 796.357 092 |
| local | 352.936 | grupo | T7—796 35 |
| costumbres | 394.3 | Jugadores de billar | 794.720 92 |
| criminología | 364.172 | grupo | T7—794 7 |
| derecho | 344.054 2 | Jugadores de boleibol | 796.325 092 |
| derecho penal | 345.027 2 | grupo | T7—796 32 |
| diversión | 795 | Jugadores de críquet | 796.358 092 |
| ética | 175.9 | grupo | T7—796 35 |
| ética de las actividades | 174.6 | Jugadores de croquet | 796.354 092 |
| matemáticas | 519.2 | grupo | T7—796 35 |
| sociología | 306.482 | Jugadores de fútbol | 796.334 092 |
| Juegos de azar compulsivos | 362.25 | grupo | T7—796 33 |
| bienestar social | 362.25 | Jugadores de fútbol americano | 796.330 092 |
| medicina | 616.852 27 | grupo | T7—796 33 |
| v.a. Enfermedades mentales | | Jugadores de golf | 796.352 092 |
| Juegos de baile | 796.13 | grupo | T7—796 35 |
| Juegos de canto | 796.13 | Jugadores de hockey de césped | 796.355 092 |
| Juegos de computador | 794.8 | grupo | T7—796 35 |
| Juegos de destreza bajo techo | 794 | Jugadores de hockey sobre hielo | 796.962 092 |
| Juegos de fantasía | 793.93 | grupo deportivo | T7—796 9 |
| Juegos de guerra | | Jugadores de juegos de azar | 795.092 |
| actividades recreativas | 793.92 | grupo ocupacional | T7—795 |
| ciencia militar | 355.48 | Jugadores de lacrosse | 796.347 092 |
| Juegos de lanzamiento | 796.24 | grupo | T7—796 34 |
| Juegos de misterio | 793.93 | Jugadores de naipes | 795.409 2 |
| Juegos de naipes | 795.4 | grupo | T7—795 |
| Juegos de pelota | 796.3 | Jugadores de polo | 796.353 092 |
| con bolas | 794.7 | grupo | T7—796 35 |
| equipos | | Jugadores de raquetas | 796.343 092 |
| manufactura | 688.763 | grupo | T7—796 34 |
| Juegos de tablero | 794 | Jugadores de rugby | 796.333 092 |
| Juegos educativos | 371.397 | grupo | T7—796 333 092 |
| uso en clase | 371.307 8 | Jugadores de squash | 796.343 092 |
| Juegos electrónicos | | grupo | T7—796 34 |
| dispositivos | | Jugadores de tenis | 796.342 092 |
| manufactura | 688.748 | grupo | T7—796 34 |
| Juegos literarios | 793.73 | Jugadores de tenis de mesa | 796.346 092 |
| Juegos matemáticos | 793.74 | grupo | T7—796 34 |
| Juegos olímpicos | 796.48 | Juglandales | 583.973 |
| de verano | 796.48 | Jugo de frutas | 641.34 |
| de invierno | 796.98 | cocina | 641.64 |
| Juegos rimados | 398.8 | preparación doméstica | 641.875 |
| Juegos sobre el hielo | 796.96 | procesamiento industrial | 663.63 |
| Jueves Santo | 263.92 | | |
| música | 781.726 | | |

| | |
|---|---|
| Jugo de verduras | 641.35 |
| cocina | 641.65 |
| preparación doméstica | 641.875 |
| procesamiento industrial | 663.63 |
| Juguetes | 790.133 |
| actividades recreativas | 790.133 |
| construcción | 688.72 |
| diseño | 745.592 |
| tecnología | 688.72 |
| costumbres | 394.3 |
| seguridad de los productos | 363.19 |
| derecho | 344.042 35 |
| uso en puericultura | 649.55 |
| v.a. Seguridad de los productos | |
| Juguetes animados | |
| manufactura | 688.728 |
| Juguetes blandos | |
| diseño | 745.592 4 |
| manufactura | 688.724 |
| Juguetes educativos | |
| manufactura | 688.725 |
| uso en clase | 371.307 8 |
| Juguetes eléctricos | 790.133 |
| actividades recreativas | 790.133 |
| manufactura | 688.728 |
| Juguetes mecánicos | 790.133 |
| actividades recreativas | 790.133 |
| manufactura | 688.728 |
| Juguetes novedosos | |
| manufactura | 688.726 |
| Juguetes rellenos | |
| manufactura | 688.724 |
| artesanías | 745.592 4 |
| tecnología | 688.724 |
| v.a. Juguetes | |
| Juicio | |
| gnoseología | 121 |
| psicología | 153.46 |
| Juicio de Nuremberg | 341.690 268 |
| Juicio de responsabilidad | 347.077 |
| economía del trabajo | 331.893 |
| medidas administrativas | 331.894 |
| Juicio final | |
| cristianismo | 236.9 |
| Juicio moral | |
| psicología | 155.232 |
| Juicio y condena de Jesús | 232.962 |
| Juicio (Derecho) | 347.07 |
| derecho internacional | 341.55 |
| derecho penal | 345.07 |

| | |
|---|---|
| Juicios con jurado | 347.052 |
| derecho civil | 323.422 |
| derecho penal | 345.056 |
| Jujel (Argelia) | T2—655 |
| Jujuy (Argentina) | T2—824 1 |
| Juliana, Reina de Holanda | |
| historia de Holanda | 949.207 2 |
| Julianaceae | 583.973 |
| Juncaginales | 584.744 |
| Juncales | 584.45 |
| cultivo | 633.58 |
| cyperaceae | 584.84 |
| juncaceae | 584.45 |
| textiles | 677.54 |
| artesanía | 746.41 |
| v.a. Textiles | |
| Juncales | 584.45 |
| Jungermanniaceae | 588.33 |
| Jungla | |
| ecología | 574.526 42 |
| Junín (Perú) | T2—852 4 |
| Junqali (Sudan) | T2—629 3 |
| Junquillos | 584.25 |
| floricultura | 634.934 25 |
| Juntas de acoplamiento | 621.825 |
| Juntas directivas | 658.422 |
| Juntas directivas de bibliotecas | 021.82 |
| Júpiter (Planetas) | 523.45 |
| | T2—992 5 |
| vuelos espaciales no tripulados | 629.435 45 |
| Jura franconianos | T2—433 |
| Jura (Francia) | T2—444 7 |
| Jura (Montañas) | T2—494 3 |
| Francia | T2—444 5 |
| Suiza | T2—494 3 |
| Jura (Suiza) | T2—494 36 |
| Jurados | 347.075 2 |
| derecho penal | 345.075 |
| Juramento de lealtad | |
| administración de los empleados públicos | 350.132 42 |
| central | 351.132 42 |
| local | 352.005 132 42 |
| derecho | 342.068 4 |
| Juramento hipocrático | 174.22 |
| Jurisdicción | |
| derecho administrativo | 342.08 |
| derecho constitucional | 342.041 3 |
| derecho internacional | 341.4 |
| Jurisdicción de tribunales | 347.012 |

| | |
|---|---|
| Jurisdicción penal | 345.01 |
| derecho internacional | 341.488 |
| Jurisprudencia | 348.04 |
| derecho internacional | 341.026 8 |
| Jurisprudencia sociológica | 340.115 |
| Justicia | |
| administración pública | 351.88 |
| derecho | 340.11 |
| ética | 172.2 |
| religión | 291.562 2 |
| budismo | 294.356 22 |
| cristianismo | 241.622 |
| hinduismo | 294.548 622 |
| islamismo | 297.5 |
| judaísmo | 296.385 622 |
| literatura | 808.803 53 |
| historia y crítica | 809.933 53 |
| literaturas específicas | T3B—080 353 |
| historia y crítica | T3B—093 53 |
| política | 320.011 |
| Justicia de Dios | 214 |
| cristianismo | 231.8 |
| religión comparada | 291.211 |
| Justicia distributiva | 340.115 |
| ética | 172.2 |
| religión | 291.562 2 |
| budismo | 294.356 22 |
| cristianismo | 241.622 |
| hinduismo | 294.548 622 |
| islamismo | 297.5 |
| judaísmo | 296.385 622 |
| Justicia para jóvenes | 364.36 |
| criminología | 364.36 |
| derecho | 345.08 |
| Justicia social | 303.372 |
| Justificación (Doctrinas | |
| cristianas) | 234.7 |
| Jutiapa (Guatemala) | T2—728 143 |
| Juventud | 305.235 |
| | T1—083 5 |
| v.a. Jóvenes adultos | |

# K

| | |
|---|---|
| Kabardino-Balkaria (ex URSS) | T2—475 2 |
| Kabwari | 496.394 |
| | T6—963 94 |
| Kachin (Lengua) | 495.4 |
| | T6—954 |
| Kafir (Lengua) | 491.499 |
| | T6—914 99 |
| Kafires | T5—914 99 |

| | |
|---|---|
| Kafr-el-Sheikh (Egipto) | T2—621 |
| Kagawa (Japón) | T2—523 5 |
| Kagoshima (Japón) | T2—522 6 |
| Kaka (Lengua) | 496.396 |
| | T6—963 96 |
| Kala-azar | |
| incidencia | 614.534 |
| medicina | 616.936 4 |
| Kalahari | T2—688 3 |
| Botswana | T2—688 3 |
| Sudáfrica | T2—687 |
| Kalam | 297.2 |
| Kalam (Pakistán) | T2—549 122 |
| Kalanga (Lengua) | 496.394 |
| | T6—963 94 |
| Kalat (Pakistán) | T2—549 153 |
| Kalimantan (Indonesia) | T2—598 3 |
| Kalinga-Apayao (Filipina) | T2—599 1 |
| Kalinin (ex URSS) | T2—472 8 |
| Kaliningrad (ex URSS) | T2—4724 |
| Kaliningrad (ex URSS) | T2—472 4 |
| Kalisz (Polonia) | T2—438 4 |
| Kalmar (Suecia) | T2—486 |
| Kalmykia (ex URSS) | T2—474 8 |
| Kaluga (ex URSS) | T2—472 6 |
| Kaluga (ex URSS) | T2—472 6 |
| Kamakura | |
| historia de Japón | 952.021 |
| Kamba (Lengua) | 496.395 3 |
| | T6—963 953 |
| Kamerun | 967.110 2 |
| | T2—671 1 |
| Kames | 551.315 |
| Kampala (Uganda) | T2—676 1 |
| Kampuchea | 959.6 |
| | T2—596 |
| Kanagawa (Japón) | T2—521 36 |
| Kandh (Lengua) | 498.824 |
| | T6—948 24 |
| Kanem | |
| historia de Chad | 967.430 1 |
| Kankan (Guinea) | T2—665 2 |
| Kano (Nigeria) | T2—669 7 |
| Kansas City Mo. (Estados | |
| Unidos) | T2—778 411 |
| Kansas City, Kan. (Estados | |
| Unidos) | T2—781 39 |
| Kansas (Estados Unidos) | 978.1 |
| | T2—781 |
| Kansu (China) | T2—514 5 |
| Kantismo | 142.3 |

| | | | |
|---|---|---|---|
| Kucheo (Dialecto) | 491.994 | Kyloe (Ganado) | |
| | T6—919 94 | producción animal | 636.223 |
| Kudúes | 599.735 8 | Kymi (Finlandia) | T2—489 71 |
| producción animal | 636.293 | Kyushu (Japón) | T2—522 |
| Kudzu | 583.322 | L'viv (ex URSS) | T2—477 9 |
| Kuenlun (China) | T2—516 | | |
| Kuki-Chin (Lengua) | 495.4 | | |

# L

| | | | |
|---|---|---|---|
| | T6—954 | La Altagracia (Rep. | |
| Kumamoto (Japón) | T2—522 5 | Dominicana: Provincia) | T2—729 385 |
| Kumasi (Ghana) | T2—667 | La Altagracia (Rep. | |
| Kumquat | 641.343 4 | Dominicana) | T2—729 385 |
| botánica | 583.24 | La Asunción (Venezuela) | T2—875 42 |
| cocina | 641.643 4 | La Azulita (Venezuela) | T2—871 36 |
| fruticultura | 634.34 | La Ceiba (Honduras) | T2—728 312 3 |
| Kunashiri (Japón) | T2—524 | La Chorrera (Panamá) | T2—728 731 7 |
| Kunene (Angola) | T2—673 5 | La Concordia (Nicaragua) | T2—728 522 4 |
| Kung-fu | 796.815 9 | La Coruña (España) | T2—461 1 |
| Kuopio (Finlandia) | T2—489 75 | La Descubierta (Rep. | |
| Kurdistán | T2—566 7 | Dominicana) | T2—729 325 |
| Iraní | T2—555 4 | La Estrelleta (República | |
| Iraq | T2—567 2 | Dominicana) | T2—729 343 |
| Turquía | T2—566 7 | La Gomera (Guatemala) | T2—728 163 5 |
| Kurdo (Lengua) | 491.59 | La Guaira (Venezuela) | T2—877 5 |
| | T6—915 9 | La Guajira (Colombia) | T2—861 17 |
| Kurdos | T5—915 | La Habana (Cuba: Provincia) | T2—729 124 |
| Kurgan (ex URSS) | T2—573 | La Habana (Cuba) | T2—729 12 |
| Kuria | T5—963 95 | La Haya (Holanda) | T2—492 382 |
| Kuria (Lengua) | 496.395 | La Higuera (Chile) | T2—831 525 |
| | T6—963.95 | La Iguala (Honduras) | T2—728 381 5 |
| Kursk (ex URSS) | T2—473 5 | La Libertad (El Salvador) | T2—728 422 |
| Kurukh | T5—948 3 | La Libertad (Perú) | T2—851 6 |
| Kush | T2—397 8 | La Mancha (España) | T2—464 |
| Kushanas | T5—915 | La Mancha (Francia) | T2—442 1 |
| Kutahya (Turquía) | T2—562 | La Masica (Honduras) | T2—728 312 6 |
| Kuvasz | | La Matanza (Argentina) | T2—821 15 |
| producción animal | 636.73 | La Mesa (Panamá) | T2—728 722 5 |
| v.a. Perros | | La Misión (Argentina) | T2—874 55 |
| Kuwait | 953.67 | La Oroya (Perú) | T2—852 46 |
| | T2—536 7 | La Palma (El Salvador) | T2—728 421 |
| Kwajalein | T2—968 3 | La Paz (Bolivia) | T2—841 2 |
| Kwangtung (China) | T2—512 7 | La Paz (El Salvador) | T2—728 425 |
| Kwara (Nigeria) | T2—669 5 | La Paz (Estados Unidos: | |
| Kwashiorkor | | Condado) | T2—791 72 |
| medicina | 616.396 | La Paz (Honduras) | T2—728 36 |
| v.a. Sistema digestivo | | La Pedrera (Colombia) | T2—861 75 |
| KwaZulu (Sudáfrica) | T2—684 91 | La Pintada (Panamá) | T2—728 721 5 |
| Kweichow (China) | T2—513 4 | La Rioja (Argentina) | T2—824 6 |
| KWIC (Indización) | 025.486 | La Rioja (España) | T2—463 54 |
| KWOC (Indización) | 025.486 | La Romana (Rep. Dominicana: | |
| Kyle y Carrick (Escocia) | T2—414 64 | Provincia) | T2—729 383 |
| Kyle (Escocia) | T2—414 64 | | |

| | |
|---|---|
| Lanchas con motor fuera de borda | 387.231 5 |
| diseño | 623.812 315 |
| ingeniería | 623.823 15 |
| servicios de transporte | 387.231 5 |
| v.a. Barcos | |
| Lanchas de desembarco | |
| diseño | 623.812 56 |
| equipo naval | 359.835 6 |
| ingeniería | 623.825 6 |
| unidad naval | 359.325 6 |
| Lanchas de la aduana | 363.286 |
| diseño | 623.812 63 |
| ingeniería | 623.826 3 |
| servicios de policía | 363.286 |
| Lanchas de la policía marítima | 363.286 |
| diseño | 623.812 63 |
| ingeniería | 623.826 3 |
| servicios de policía | 363.286 |
| Lanchas guardacostas | 363.286 |
| diseño | 623.812 63 |
| ingeniería | 623.826 3 |
| servicios de policía | 363.286 |
| Landes (Francia) | T2—447 72 |
| Landkreise | 352.007 3 |
| Landshut (Alemania) | T2—433 58 |
| Landsmal (Lengua) | 439.83 |
| | T6—398 3 |
| Langbaurgh (Inglaterra) | T2—428 54 |
| Langbaurgh-on-Tees (Inglaterra) | T2—428 54 |
| Langeland (Dinamarca) | T2—489 4 |
| Langhe (Italia) | T2—451 3 |
| Langley (Columbia Británica) | T2—711 33 |
| Langosta | 641.395 |
| caza | 641.395 |
| preparación doméstica | 664.94 |
| cocina | 641.695 |
| industria de la pesca | 338.372 538 41 |
| economía | 338.372 538 41 |
| producción animal | 595.384 1 |
| tecnología | 639.541 |
| Langosta de agua dulce | 595.384 1 |
| pesca | 639.541 |
| Langostas | 641.395 |
| cocina | 641.695 |
| comida | 641.395 |
| tecnología de alimentos | 664.94 |
| industria de la pesca | 338.372 538 41 |
| economía | 338.372 538 41 |
| tecnología | 639.541 |
| zoología | 595.726 |

| | |
|---|---|
| Langostinos | 595.384 3 |
| pesca | 639.543 |
| Languedoc (Francia) | T2—448 |
| Languedoc-Roussillon (Francia) | T2—448 |
| Lanidae | 598.862 |
| Lanier (Estados Unidos: Condado) | T2—758 817 |
| Lanilla | 677.624 |
| Lanolina | 665.13 |
| Lantánidos | |
| geología económica | 553.494 |
| metalúrgia | 669.291 |
| química | 546.41 |
| v.a. Tierras raras | |
| Lantano | |
| geología económica | 553.494 3 |
| química | 546.411 |
| v.a. Tierras raras | |
| Lanús (Argentina) | T2—821 16 |
| Lanusse, Alejandro | |
| historia Argentina | 982.073 |
| Lanuvino (Lengua) | 479.4 |
| | T6—794 |
| Lanzacohetes | |
| ingeniería militar | |
| manejados por artilleros | 623.42 |
| portátiles | 623.442 6 |
| Lanzadores de bombas de humo | 623.445 |
| Lanzagás | 623.445 |
| Lanzallamas | |
| ingeniría militar | 623.445 |
| Lanzamiento de bala | 796.435 |
| Lanzamiento de disco | 796.435 |
| Lanzamiento de herraduras | 796.24 |
| Lanzamiento de jabalina | 796.435 |
| Lanzamiento de pelota (Criquet) | 796.358 22 |
| Lanzamiento del bumerán | 796.435 |
| Lanzamiento (Deportes) | 796.435 |
| Lanzamientos de vuelos espaciales | 629.41 |
| no tripulados | 629.432 |
| tripulados | 629.452 |
| Lanzamientos (Derecho) | 346.043 2 |
| Lanzar (Beisbol) | 796.357 22 |
| Lanzas | |
| ingeniería militar | |
| modernas | 623.444 |
| primitivas | 623.441 |
| metalistería | 739.72 |
| Laois (Irlanda) | T2—418 7 |
| Laos | 959.4 |
| | T2—594 |

| | | | |
|---|---|---|---|
| Latín (Lengua) | 470 | Lavado | |
| | T6—71 | carbón | 662.623 |
| Latinoamericanos | T5—68 | telas | |
| Latinos | T5—4 | economía doméstica | 648.1 |
| Latitud | | Lavado del cerebro | |
| astronomía geodésica | 526.61 | psicología | 153.853 |
| navegación astronómica | 527.1 | Lavadoras | |
| Latitud media | T2—12 | manufactura | 683.188 |
| Lato forrajero | 633.374 | Lavallejas (Uruguay) | T2—895 21 |
| Latón | | Lavanda | 583.87 |
| artes decorativas | 739.52 | Lavanderas | 598.854 |
| industria metalúrgica | 673.3 | Lavandería | 667.13 |
| materiales de ingeniería | 620.182 | economía doméstica | 648.1 |
| metalurgia | 669.3 | Lavanderias | |
| metalurgia física | 669.963 | servicios sanitarios | 363.729 9 |
| metalografía | 669.953 | servicios hidráulicos | 696.183 |
| Latón (Instrumentos musicales) | 788.9 | Lavanderos | 648.109 2 |
| bandas | 784.9 | grupo ocupacional | T7—648 |
| bandas y orquestas | 784 | Lavaparabrisas | 678.35 |
| construcción | 788.919 23 | automóviles | 629.276 |
| a mano | 784.192 3 | Lavaplatos | 648.56 |
| a máquina | 681.889 | economía doméstica | 648.56 |
| música de cámara | 783 | instalación | 696.184 |
| música solista | 788.9 | manufactura | 683.88 |
| de un solo instrumento | 785.9 | Lavas | 552.22 |
| mística | 785.2-.5 | Lavatorio de los pies | |
| Latvio (Lengua) | 491.93 | ritos cristianos | 265.9 |
| | T6—919 3 | Lawrence, Ala. (Estados | |
| Laúd a cuello corto | 787.8 | Unidos: Condado) | T2—761 92 |
| Laúd a cuello largo | 787.8 | Lawrence, Miss. (Estados | |
| Laúd plectral | 787.8 | Unidos: Condado) | T2—762 536 |
| Lauderdale (Escocia) | T2—413 85 | Lawsonita | |
| Lauderdale, Ala. (Estados | | mineralogía | 549.63 |
| Unidos: Condado) | T2—761 99 | Laxantes | |
| Lauderdale, Miss. (Estados | | farmacodinámica | 615.732 |
| Unidos: Condado) | T2—762 676 | v.a. Sistema digestivo | |
| Laúdes | 787.83 | Lazaristas | 255.77 |
| Laúdes con espalda plana | 783.85 | historia de la iglesia | 271.77 |
| Laúdes con espalda redondeada | 787.82 | Lazos | |
| Laudes (Oficio divino) | 264.1 | deporte | 799.202 82 |
| música | 782.324 | Lazulita | |
| Laurales | 583.931 | mineralogía | 549.72 |
| Laurel | 583.931 | Lea (Estados Unidos: | |
| Laureles (Paraguay) | T2—892 124 | Condado) | T2—789 33 |
| Laurencio | 546.449 | Leake (Estados Unidos: | |
| Laurens, Ga. (Estados Unidos: | | Condado) | T2—762 653 |
| Condado) | T2—758 535 | Leales (Argentina) | T2—824 36 |
| Lavaca (Estados Unidos: | | Lebesque | |
| Condado) | T2—764 255 | cálculo integral | 515.43 |
| | | Lebreles | 636.753 |
| | | Lebrija (Colombia) | T2—861 254 |

| | | | |
|---|---|---|---|
| Lee, Ga. (Estados Unidos: Condado) | T2—758 943 | Leicestershire noroccidental (Inglaterra) | T2—425 48 |
| Lee, Miss. (Estados Unidos: Condado) | T2—762 935 | Leicestershire (Inglaterra) | T2—425 4 |
| Lee, Tex. (Estados Unidos: | | Leiden (Holanda) | T2—492 38 |
| Condado) | T2—764 247 | Leinster (Irlanda) | T2—418 |
| Leeds (Canadá: Condado) | T2—713 73 | Leiopelmatidae | 597.83 |
| Leeds (Inglaterra) | T2—428 19 | paleozoología | 567.8 |
| Leflore (Estados Unidos: | | Leipzig (Alemania: Distrito) | T2—432 12 |
| Condado) | T2—762 46 | Leipzig (Alemania) | T2—432 1 |
| Lega-kalanga (Lengua) | 496.394 | Leiria (Portugal) | T2—469 42 |
| | T6—963 94 | Leishmaniasis | |
| Legaciones | | incidencia | 614.534 |
| administración pública | 351.892 | medicina | 616.936 4 |
| arquitectura | 725.17 | Leitmotif (Música) | 781.248 |
| Legalismo (Filosofía China) | 181.115 | Leitneriaceae | 583.972 |
| Legendre | | Leitneriales | 583.972 |
| funciones de | 515.53 | Leitrim (Irlanda) | T2—417 6 |
| polinomiales de | 515.55 | Lelystad (Holanda) | T2—492 2 |
| transformaciones de | 515.723 | Lemmings | 599.323 3 |
| Legibilidad | | Lemnaceae | 584.64 |
| retórica | 808 | Lemno (Grecia) | T2—495 8 |
| Legionella | 589.95 | antigua | T2—391 1 |
| Legiones extranjeras | 355.359 | Lempira (Honduras) | T2—728 382 |
| Legiones (Unidades militares) | 355.31 | Lemures | 599.81 |
| Legislación | | Lémures voladores | 599.34 |
| reglamentaciones | 348.02 | Lemuridae | 599.81 |
| Legislación antimonopolios | 343.072 1 | Lencería de la cocina | 643.3 |
| violaciones | 364.168 | Lencería del comedor | 642.7 |
| Legislación de emergencia | 343.01 | Lencería del dormitorio | 643.53 |
| Legislación de Prensa | 343.099 8 | Lencería femenina | 391.42 |
| Legislación monetaria | 343.032 | Lencería íntima | 391.42 |
| Legisladores | 328.092 | Lengua | |
| grupo profesional | T7—328 | anatomía humana | 611.313 |
| Legitimidad de las huelgas | 331.898 2 | cirugía | 617.522 |
| economía | 331.898 2 | fisiología humana | 612.312 |
| Legitimidad de los hijos | 346.017 | gusto | 612.87 |
| Legitimidad del gobierno | 320.011 | v.a. Sistema digestivo | |
| Legnica (Polonia) | T2—438 5 | Lengua afrikaans | 439.36 |
| Legrado | | | T6—393 6 |
| cirugía | 618.145 8 | Lengua aino | 496.6 |
| Legumbres | 583.322 | | T6—946 |
| agricultura | 635.65 | Lengua akan | 496.338 5 |
| alimentos | 641.356 5 | | T6—963 385 |
| cocina | 641.656 5 | Lengua alemán antiguo | 437.01 |
| cultivos forrajeros | 633.3 | | T6—31 |
| fruticultura | 634.46 | Lengua amárico | 492.87 |
| horticultura | 635.65 | | T6—928 7 |
| tecnología de alimentos | 664.805 65 | Lengua anyi | 496.338 5 |
| Leguminales | 583.32 | | T6—963 385 |
| | | Lengua árabe | 492.7 |
| | | | T6—927 |

| | | | |
|---|---|---|---|
| Lengua hotentote | 496.1 | Lengua marhri | 492.9 |
| | T6—961 | | T6—929 |
| Lengua inglés antiguo | 429 | Lengua maya | 497.415 |
| | T6—29 | | T6—974 15 |
| Lengua inuit | 497.1 | Lengua ndebele | 496.398 |
| | T6—971 | | T6—963 98 |
| Lengua Islandés antiguo | 439.6 | Lengua panjabi | 491.42 |
| | T6—396 1 | | T6—914 2 |
| Lengua italiana | 450 | Lengua pende | 496.393 |
| | T6—51 | | T6—963 93 |
| Lengua italiano antiguo | 457.01 | Lengua persa | 491.55 |
| | T6—51 | | T6—915 5 |
| Lengua italiano medio | 457.02 | Lengua polaca | 491.85 |
| | T6—51 | | T6—918 51 |
| Lengua japonés | 495.6 | Lengua portugés antiguo | 469.701 |
| | T6—956 | | T6—69 |
| Lengua javanés | 499.222 | Lengua portugés medio | 469.702 |
| | T6—992.22 | | T6—69 |
| Lengua kafir | 491.499 | Lengua prusiano antiguo | 491.91 |
| | T6—914 99 | | T6—919 1 |
| Lengua kasmiri | 491.499 | Lengua romany | 491.499 |
| | T6—914 99 | | T6—914 99 |
| Lengua khmer | 495.932 | Lengua rumana | 459 |
| | T6—959 32 | | T6—591 |
| Lengua kohistano | 491.499 | Lengua rundi | 496.394 65 |
| | T6—914 99 | | T6—963 946 5 |
| Lengua kurda | 491.59 | Lengua rusa | 491.7 |
| | T6—915 9 | | T6—917 1 |
| Lengua kurukh | 494.83 | Lengua sajón antiguo | 439.1 |
| | T6—948 3 | | T6—391 |
| Lengua lahnda | 491.419 | Lengua samaritano | 492.29 |
| | T6—914 19 | | T6—922 9 |
| Lengua lamut | 494.1 | textos bíblicos | 220.45 |
| | T6—941 | Lengua senufo | 496.35 |
| Lengua latina | 470 | | T6—391 |
| | T6—71 | Lengua senufo | 496.35 |
| textos bíblicos | 220.47 | | T6—963 5 |
| Lengua lozi | 496.399 | Lengua sindhi | 491.41 |
| | T6—936 99 | | T6—914 11 |
| Lengua luba | 496.393 | Lengua singalesas | 491.48 |
| | T6—963 93 | | T6—914 8 |
| Lengua luo | 496.5 | Lengua somalí | 493.5 |
| | T6—965 | | T6—935 |
| Lengua madurés | 499.22 | Lengua songhai | 496.5 |
| | T6—992 2 | | T6—965 |
| Lengua maldivas | 491.48 | Lengua sumerio | 499.95 |
| | T6—914 8 | | T6—999 5 |
| Lengua malgache | 499.3 | Lengua tamil | 494.811 |
| | T6—993 | | T6—948 11 |
| Lengua mande | 496.34 | Lengua telugo | 494.827 |
| | T6—963 4 | | T6—948 27 |

| | | | |
|---|---|---|---|
| Lenguas atapascana-eyak | 497.2 | Lenguas bube-benga | 496.396 |
| | T6—972 | | T6—963 96 |
| Lenguas atlántico-occidentales | 496.32 | Lenguas camitas | 493 |
| | T6—963 2 | | T6—93 |
| Lenguas australianas | 499.15 | literatura | 893 |
| | T6—991 5 | Lenguas camitosemítica | 492 |
| Lenguas austronesias orientales | 499.4 | | T6—92 |
| | T6—994 | literatura | 892 |
| Lenguas aztecas | 497.45 | Lenguas cananeas | 492.6 |
| | T6—974 5 | | T6—926 |
| Lenguas bafia | 496.396 | Lenguas cananeo-fenicias | 492.6 |
| | T6—963 96 | | T6—926 |
| Lenguas bajo germánicas | 439 | literatura | 892.6 |
| | T6—39 | Lenguas caribes | 498.4 |
| Lenguas bajo germánicas | | | T6—984 |
| antiguas | 439.1 | Lenguas caucáseas | 499.96 |
| | T6—391 | | T6—999 6 |
| Lenguas balticas | 491.9 | literatura | 899.96 |
| | T6—919 | Lenguas celtas | 491.6 |
| literatura | 891.9 | | T6—916 |
| Lenguas baltoeslavas | 491.8 | literatura | 891.6 |
| | T6—918 | Lenguas chaga | 496.395 |
| literatura | 891.8 | | T6—963 95 |
| Lenguas bangi-ntumba | 496.396 8 | Lenguas chinotibetanas | 495 |
| | T6—963 968 | | T6—95 |
| Lenguas bantúes | 496.36 | literatura | 895 |
| | T6—963 6 | Lenguas chokwe-luchazi | 496.399 |
| Lenguas bantúes centrales | 496.391 | | T6—963 99 |
| Lenguas batúes del norte | 496.391 | Lenguas chopi | 496.397 |
| Lenguas batúes del sur | 496.397 | | T6—963 97 |
| | T6—963 97 | Lenguas cingalesa-maldivas | 491.48 |
| Lenguas bemba | 496.391 5 | | T6—914 8 |
| | T6—963 915 | literatura | 891.48 |
| Lenguas bemba-kabwari | 496.394 | Lenguas clásicas | 480 |
| | T6—963 94 | | T6—8 |
| Lenguas bemba-kinga | 496.391 | literatura | 880 |
| | T6—963 91 | Lenguas criollas | 417.22 |
| Lenguas benué-congo | 496.36 | lenguas específicas | T4—7 |
| | T6—963 6 | Lenguas criollas del francés | 447.9 |
| Lenguas benué-niger | 496.36 | | T6—41 |
| | T6—963 6 | Lenguas criollas del inglés | 427.9 |
| Lenguas berberiscas | 493.3 | | T6—21 |
| | T6—933 | Lenguas cusitas | 493.5 |
| literatura | 893.3 | | T6—935 |
| Lenguas bira-huku | 496.394 | Lenguas dardas | 491.499 |
| | T6—963 94 | | T6—914 99 |
| Lenguas bisa-lamba | 496.391 | literatura | 891.499 |
| | T6—963 91 | Lenguas de la micronesia | 499.5 |
| Lenguas bosquimano | 496.1 | | T6—995 |
| | T6—961 | Lenguas de las filipinas | 499.21 |
| | | | T6—992 1 |

| | | | |
|---|---|---|---|
| Lenguas indonesianas | 499.22 | Lenguas lundo-balong | 496.396 |
| | T6—992 2 | | T6—963 96 |
| Lenguas inglesas pidgin | 427.9 | Lenguas luyanas | 496.399 |
| Lenguas internacionales | 401.3 | | T6—963 99 |
| Lenguas iranias | 491.5 | Lenguas Macro-Gê | 498.4 |
| | T6—915 | | T6—984 |
| literatura | 891.5 | Lenguas macroalgonquinas | 497.3 |
| Lenguas iranias medias | 491.53 | | T6—973 |
| | T6—915 3 | Lenguas macrocaribes | 498.4 |
| Lenguas itálicas | 470 | | T6—984 |
| | T6—7 | Lenguas Macrochibchas | 498.2 |
| literatura | 870 | | T6—982 |
| Lenguas kaka | 496.396 | América del Norte | 497.8 |
| | T6—963 96 | | T6—978 |
| Lenguas kaonde | 496.393 | Lenguas macrokhoisan | 496.1 |
| | T6—963 93 | | T6—961 |
| Lenguas kari | 496.39 | Lenguas macrosudánicas | 496.5 |
| | T6—963 9 | | T6—965 |
| Lenguas kechuas | 498.323 | Lenguas maka-njem | 496.396 |
| | T6—983 23 | | T6—963 96 |
| Lenguas kele | 496.396 | Lenguas makua | 496.397 |
| | T6—963 96 | | T6—963 97 |
| Lenguas kikongo | 496.395 1 | Lenguas malayas | 499.2 |
| | T6—963.931 | | T6—992 |
| Lenguas kikuyo-kamba | 496.395 3 | Lenguas manchú | 494.1 |
| | T6—963 953 | | T6—941 |
| Lenguas kimbala | 496.393 | Lenguas manda | 496.391 |
| | T6—963 93 | | T6—963 91 |
| Lenguas kimbundu | 496.393 | Lenguas mandinga | 496.34 |
| | T6—963 93 | | T6—963 4 |
| Lenguas kiowa-tano | 497.49 | Lenguas masaba-luhya | 496.395 |
| | T6—974 9 | | T6—963 95 |
| Lenguas kiyaka | 496.393 | Lenguas matumbi | 496.397 |
| | T6—963 93 | | T6—963 97 |
| Lenguas konjo | 496.394 | Lenguas mbete | 496.396 |
| | T6—963 94 | | T6—963 96 |
| Lenguas kordofanianas | 496.3 | Lenguas mbole-ena | 496.394 |
| | T6—963 | | T6—963 94 |
| Lenguas kuba | 496.396 | Lenguas mboshi | 496.396 |
| | T6—963 96 | | T6—963 96 |
| Lenguas kwa | 496.33 | Lenguas melanesias | 499.5 |
| | T6—963 3 | | T6—995 |
| Lenguas ladinas | 459.9 | Lenguas melayu-asli | 499.28 |
| | T6—599 | | T6—992 8 |
| Lenguas lega-kalanga | 496.394 | Lenguas mendé | 496.34 |
| | T6—963 94 | | T6—963 4 |
| Lenguas lenje-tonga | 496.391 | Lenguas modernas | 410 |
| | T6—963 91 | Lenguas mon-khmer | 495.93 |
| Lenguas lunda | 496.393 | | T6—959 3 |
| | T6—963 93 | literatura | 895.93 |

| | | | |
|---|---|---|---|
| Lenguas ruanda-rundi | 496.394 6 | Lenguas tungús | 494.1 |
| | T6—963 946 | | T6—941 |
| Lenguas sabélicas | 479.7 | Lenguas turcas | 496.3 |
| | T6—797 | | T6—943 |
| literatura | 879.7 | Lenguas turcas del suroeste | 494.36 |
| Lenguas samoyedas | 494.4 | | T6—943 6 |
| | T6—944 | Lenguas turco-oghuz | 496.36 |
| Lenguas sanagas | 496.396 | | T6—943 6 |
| | T6—963 96 | literatura | 891.48 |
| Lenguas semíticas | 492 | Lenguas turcotártaras | 494.3 |
| | T6—92 | | T6—943 |
| literatura | 892 | literatura | 894.3 |
| textos bíblicos | 220.4 | Lenguas ugrofinesas | 495.5 |
| Lenguas semíticas orientales | 492.1 | | T6—945 |
| | T6—921 | literatura | 894.5 |
| Lenguas senga-sena | 496.391 | Lenguas umbundu | 496.399 |
| | T6—963 91 | | T6—963 99 |
| Lenguas shira-punu | 496.96 | Lenguas universales | 401.3 |
| | T6—963 96 | Lenguas uralaltaicas | 494 |
| Lenguas shona | 496.397 5 | | T6—94 |
| | T6—963 975 | literatura | 894 |
| Lenguas soko-kele | 496.396 | Lenguas utoaztecas | 497.45 |
| | T6—963 96 | | T6—974 5 |
| Lenguas songe | 496.393 | Lenguas volta-comoe | 496.338 |
| | T6—963 93 | | T6—963 38 |
| Lenguas sotho-tswana | 496.397 7 | Lenguas yao (Africa) | 496.397 |
| | T6—963 977 | | T6—963 97 |
| Lenguas suaheli | 496.392 | Lenguas yao (Asia del sur) | 495 |
| | T6—963 92 | | T6—95 |
| Lenguas subiya | 496.399 | Lenguas yaunde-fang | 496.396 |
| | T6—963 99 | | T6—963 96 |
| Lenguas sukuma-nyamwezi | 496.394 | Lenguas yuquíes | 497.5 |
| | T6—963 94 | | T6—975 |
| Lenguas tai | 495.91 | Lenguas zigula-zaramo | 496.391 |
| | T6—959 1 | | T6—963 91 |
| literatura | 895.91 | Lenguatula | 593.992 |
| Lenguas take | 496.396 | paleozoología | 563.992 |
| | T6—963 96 | Lengüetas libres | 788.8 |
| Lenguas tano | 496.338 5 | Lenin, V.I. | |
| | T6—963 385 | historia de Rusia | 947.084 1 |
| Lenguas tende-yanzi | 496.396 | Leningrado (ex URSS) | T2—472 1 |
| | T6—963 96 | Lenje-Tonga (Lengua) | 496.391 |
| Lenguas tetela | 496.396 | | T6—963 91 |
| | T6—963 96 | Lennoaceae | 583.62 |
| Lenguas tibetobirmanas | 495.4 | Lennox | T2—413 12 |
| | T6—954 | Lenteja de agua | 584.64 |
| literatura | 895.4 | Lentejas | 641.356 58 |
| Lenguas tongwe | 496.394 | botánica | 583.322 |
| | T6—963 94 | cocina | 641.656 58 |
| Lenguas tsogo | 496.396 | horticultura | 635.658 |
| | T6—963 96 | | |

Leucemia (continuación)
  medicina                               616.994 19
  v.a. Cáncer
Leucita
  mineralogía                 549.68
Leucocitos
  fisiología                   612.112
  histología humana          611.018 5
  v.a. Sistema cardiovascular
Leucorrea
  ginecología               618.173
  v.a. Sistema genital femenino
Leucositosis
  medicina                  616.15
  v.a. Sistema cardiovascular
Leva                        355.223 63
  derecho                   343.012 2
Levadura en polvo        664.68
Levaduras                589.233
  cryptococcales         589.24
  fermentante            664.68
  saccharomycetaceae     589.233
Levaduras esporógenas    589.233
Levantadores de pesas    796.410 92
  grupo                   T7—796 4
Levantamiento de curvas de nivel   526.981
Levantamiento de pesas    613.713
  aptitud física          613.713
  deporte                 796.41
Levantamiento de planos    526.9
  equipos
    manufactura          681.76
  ingeniería de canales    627.131
  ingeniería de diques     627.81
  ingeniería ferroviaria    625.11
  ingeniería de vías      625.723
Levantamientos geodésicos   526.3
Levantamientos hidrográficos   526.99
Levantamientos magnéticos   538.78
Levantamientos topográficos   526.98
Levas                    621.838
Levitación
  espiritismo             133.92
Levítico                 222.13
Levkas (Grecia)         T2—495 5
Levy (Estados Unidos:
  Condado)              T2—759 77
Lewis, N.Y. (Estados Unidos:
  Condado)              T2—747 59
Lewisham (Inglaterra)    T2—421 63

Lexicografía            413.028
                      T1—03
  lenguas específicas     T4—302 8
Lexicógrafos           413.092
  grupo profesional      T7—4
Ley de acción de masas
  química                541.392
Ley de Joule           536.71
Ley de la oferta y la demanda
  microeconomía        338.521
Ley de rendimiento marginal
  decreciente           338.512
Ley del puerto de Boston, 1774   973.311 6
Ley divina
  cristianismo           241.2
Ley islámica           340.59
Ley marcial            342.062
Ley natural
  derecho                340.112
  sistema ético          171.2
  tología moral
    cristianismo        241.2
Ley periódica           541.24
Ley religiosa            291.84
  budismo              294.384
  cristianismo           262.9
  islamismo            297.14
  judaísmo             296.18
Leyendas
  folclor                 398.21
    historia y crítica      398.45
  literatura            808.803 75
    historia y crítica      808.933 75
    literaturas específicas   T3B—080 375
      historia y crítica    T3B—093 75
  pintura              753.7
  representación artística   704.947
Leyes
  compendios           348.04
  promulgación y revocacion   328.37
  teología moral
    cristianismo        241.2
Leyes (Estatutos)       348.02
Leyes de caida libre de los cuerpos  531.5
Leyes de derecho privado    328.378
Leyes de derecho público    328.378
Leyes de Galton         575.11
Leyes de Hooke         531.382
Leyes de Kepler         521.3
Leyes de Mendel        575.11
Leyes de Weismann
  genética              575.11

| | | | |
|---|---|---|---|
| Limarí (Chile) | T2—832 35 | Limo | |
| Limas | 621.924 | ingeniería hidráulica | 627.122 |
| Limas (Fruta) | 641.343 37 | petrología | 552.5 |
| botánica | 583.24 | Limón (Costa Rica) | T2—728 61 |
| cocina | 641.643 37 | Limones | 641.343 34 |
| fruticultura | 634.337 | botánica | 583.24 |
| tecnología de alimentos | 664.804 337 | cocina | 641.643 34 |
| Limavady (Irlanda del Norte) | T2—416 25 | fruticultura | 634.334 |
| Limbé (Haití) | T2—729 437 | tecnología de alimentos | 664.804 334 |
| Limbo | | Limonita | |
| de los padres | 236.6 | mineralogía | 549.53 |
| de los infantes | 236.7 | Limosino (Francia) | T2—446 6 |
| Limburger | 641.373 53 | Limosnas | 291.446 |
| cocina | 641.673 53 | cristianismo | 248.46 |
| procesamiento | 637.353 | ética | 177.7 |
| Limburgo (Bélgica) | T2—493 24 | islamismo | 297.54 |
| Limburgo (Holanda) | T2—492 48 | Limousin (Francia) | T2—446 6 |
| Limerick (Irlanda: Condado) | T2—419 4 | Limpieza | |
| Limerick (Irlanda) | T2—419 45 | acabado de metales | 671.7 |
| Limestone, Ala. (Estados | | ingeniería neumática | 621.54 |
| Unidos: Condado) | T2—761 98 | tecnología | 667.1 |
| Limitación de derechos | 323.49 | Limpieza de cultivos | 631.56 |
| Limitación de la deuda pública | 336.346 | Limpieza de la casa | 648.5 |
| Limitaciones al gasto público | | Limpieza de la tierra | |
| derecho | 343.034 | agricultura | 631.61 |
| Limitaciones alimenticias | | Limpieza de las calles | 363.729 1 |
| cocina | 641.567 | servicios sanitarios | 363.729 1 |
| judaísmo | 296.73 | v.a. Control de desechos | |
| religiosas | 291.446 | Limpieza personal | 613.4 |
| Limitaciones visuales | | ciudado personal | 646.71 |
| bienestar social | 362.41 | costumbres | 391.64 |
| Limitaciones fsicas | | salud | 613.4 |
| influencias psicológica | 155.916 | Limpio (Paraguay) | T2—892 122 1 |
| servicios sociales | 362.4 | Linaceae | 583.214 |
| Límite de elasticidad | 531.382 | Linares (Chile) | T2—833 7 |
| materiales de ingeniería | 620.112 32 | Linchamiento | 364.134 |
| Límite elástico | 531.382 | derecho | 345.023 4 |
| materiales de ingeniería | 620.112 32 | Lincoln Heath (Inglaterra) | T2—425 3 |
| Límites | 320.12 | Lincoln Wolds (Inglaterra) | T2—425 32 |
| defensa militar | 355.45 | Lincoln (Canadá: Condado) | T2—713 51 |
| derecho internacional | 341.42 | Lincoln (Estados Unidos: | |
| gobierno social | 320.8 | Parroquia) | T2—763 91 |
| política | 320.12 | Lincoln (Inglaterra) | T2—425 34 |
| Límites de la deuda | | Lincoln, Abraham | |
| finanzas públicas | 336.346 | historia de Estados Unidos | 973.7 |
| Límites de velocidad | 388.314 4 | Lincoln, Ga. (Estados Unidos: | |
| derecho | 343.094 6 | Condado) | T2—758 165 |
| servicios de carretera | 338.413 144 | Lincoln, Miss. (Estados | |
| Limnanthaceae | 583.216 | Unidos: Condado) | T2—762 534 |
| Limnología | 551.48 | Lincoln, N.M. (Estados | |
| ecología | 574.526 32 | Unidos: Condado) | T2—789 64 |

Lincolnshire (Inglaterra)     T2—425 3
Linderos
   derecho     346.043 2
Lindsey Oriental (Inglaterra)     T2—425 32
Línea de emsable     670.42
   administración de la producción     658.533
   tecnología     670.42
Línea del cuerpo (Aspecto físico)     646.75
   v.a. Contorno corporal
Línea telefónica
   servicio de comunicaciones     384.65
   v.a. Teléfonos
Líneas aéreas     387.7
   empleados     387.709 2
     grupo ocupacional     T7—387 7
   derecho     343.097 8
Líneas costeras     551.458
      T2—146
   geografía     910.914 6
   geografía física     910.021 46
   geomorfología     551.458
Líneas de base
   levantamiento geodésico     526.33
Líneas de buses     388.322 1
   interurbanos     388.413 22
Líneas de emergencia
   trabajo social     361.323
     enfermedades mentales     362.204 251
Líneas de límites
   levantamiento     526.92
Líneas de transportes     388.324
   interurbanos     388.413 24
Líneas eléctricas     621.319 2
Líneas eléctricas aéreas     621.319 22
Líneas eléctricas subterráneas     621.319 23
Linestone, Tex. (Estados Unidos:
   Condado)     T2—764 285
Linfa
   fisiología humana     612.42
   histología humana     611.018 5
   v.a. Sistema linfático
Linfatitis
   medicina     616.42
   v.a. Sistema linfático
Linfocitos
   histología humana     611.018 5
   inmunología humana     616.079
   v.a. Sistema linfático
Linfogranuloma venérea
   incidencia     614.547
   medicina     616.951 8
   v.a. Enfermedades infecciosas

Linfomatosis
   medicina     616.42
   v.a. Sistema linfáticio
Lingala     496.396 86
      T6—963 968 6
Lingayatas     294.551 3
Lingotes de hierro     669.142 3
Lingotes de oro
   patrones de cambio     332.422 2
Lingüistas     409.2
   especialistas en lingüística     410.92
   especialistas en lenguas     409.2
     lenguas específicas     T4—092
   grupo profesional     T7—4
Lingüística     410
Lingüística comparada     410
Lingüística descriptiva     410
Lingüística diacrónica     417.7
Lingüística histórica     417.7
   lenguas específicas     T4—7
Lingüística matemática     401.51
Lingüística prescriptiva     418
      T1—014
   lenguas específicas     T4—8
Lingüística sincrónica     410
Linhares (Brasil)     T2—815 28
Linhares, José Finol
   historia de Brasil     981.061
Lino     583.214
   cultivos     633.52
   textiles     677.11
     arte     746.041 1
   v.a. Textiles
Linóleos     645.1
   administración de la casa     645.1
   construcciones     698.9
   grabado     761.3,
Linopteris     561.597
Linotipos
   composición
     automática     686.225 44
     manual     686.225 42
   manufactura     681.61
Linterna     597.55
Liofilización
   alimentos     664.028 45
     conservación doméstica     641.44
     tecnología de alimentos     664.028 45
Lipasas     574.192 53
   v.a. Enzimas
Lipetsk (ex URSS)     T2—473 5

| | | | |
|---|---|---|---|
| Lípidos | 574.192 47 | Liras | 787.78 |
| bioquímica | 574.192 47 | Lirio jenjibre | 584.21 |
| humana | 612.015 77 | Lirios | 584.324 |
| biosíntesis | 574.192 93 | floricultura | 635.934 324 |
| humana | 612.015 43 | Lirios de agua | 583.111 |
| enfermedad del metabolismo | | Lirios de mar | 593.91 |
| medicina | 616.399 7 | Lisboa (Portugal) | T2—469 42 |
| metabolismo | | Lisburn (Irlanda del Norte) | T2—416 19 |
| fisiología humana | 612.397 | Lisiados | 305.908 16 |
| química | 547.77 | v.a. Impedidos | |
| sintesis | | Lisosomas | 574.874 |
| metabolismo vegetal | 581.133 46 | Lissocarpaceae | 583.686 |
| Lipoproteínas | 591.192 454 | Lista de correos | 383.186 |
| bioquímica | 574.192 454 | Lista de productos | T1—029 |
| química | 547.754 | Lista de servicios | T1—029 |
| v.a. Proteínas | | Listas de honor | |
| Lipostraca | 565.32 | Guerra Anglo-Boer | 968.048 6 |
| Lipscomb (Estados Unidos: | | Guerra Civil (Estados Unidos) | 973.76 |
| Condado) | T2—764 816 | Guerra con México | 973.626 |
| Líquenes | 589.1 | Guerra de 1812 | 973.526 |
| Liquidación (Asuntos inmobiliarios) | 346.043 73 | Guerra del Golfo, 1991 | 956.704 426 |
| Liquidación de reclamos | | Guerra del Vietnam | 959.704 36 |
| adjudicación pública | 350.711 3 | Guerra Hispano-Americana | 973.896 |
| administración central | 351.711 3 | Guerra Mundial I | 940.467 |
| administración local | 352.161 3 | Guerra Mundial II | 940.546 7 |
| Liquidación de siniestros | | Revolución de Estados Unidos | 973.36 |
| seguros | 368.014 | Listas de precios | T1—029 4 |
| Liquidación de sociedad | | Listeria | 589.95 |
| derecho | 346.066 2 | Literatura | 800 |
| Liquidaciones | | educación primaria | 372.64 |
| administración de personal | 658.322 2 | historia y crítica | 809 |
| Liquidez | | influencia sobre el crimen | 364.254 |
| medición | | relación con la religión | 291.175 |
| contabilidad | 657.48 | cristianismo | 261.58 |
| Líquido amniótico | | Literatura acadia | 892.1 |
| enfermedad humana | | Literatura afgana | 891.593 |
| medicina | 618.34 | Literatura afrikaans | 839.36 |
| fisiología humana | 612.63 | Literatura ahom | 895.919 |
| Líquido cefalorraquídeo | | Literatura aino | 894.6 |
| fisiología humana | 612.804 2 | Literatura akan | 896.338 5 |
| v.a. Sistema nervioso | | Literatura albanesa | 891.991 |
| Líquidos | | Literatura alemana | 830 |
| calor específico | 536.63 | Literatura amárica | 892.87 |
| capacidad térmica | 536.63 | Literatura anamita | 895.922 |
| estado de la materia | 530.42 | Literatura andhra | 894.827 |
| expansión y contracción | 536.413 | Literatura anglosajona | 829 |
| flujo del calor | 536.25 | Literatura árabe | 892.7 |
| ingeniería química | 660.042 | Literatura argentina | 860 |
| química | 541.042 2 | Literatura armenia | 891.992 |
| transmisión del sonido | | Literatura asiria | 892.1 |
| física | 534.23 | Literatura assami | 891.451 |

| | | | |
|---|---|---|---|
| Literatura franco-canadiense | 840 | Literatura juvenil | 808.899 282 |
| Literatura frisona | 839.2 | historia y crítica | 809.892 82 |
| Literatura friulana | 859.9 | literaturas específicas | T3B—080 928 2 |
| Literatura fulani | 896.322 | historía y crítica | T3B—099 282 |
| Literatura galiciana | 869 | retórica | 808.068 |
| Literatura gallega | 869 | Literatura kafir | 891.499 |
| Literatura ganda | 896.395 7 | Literatura kandh | 894.824 |
| Literatura garawi | 892.9 | Literatura kashubia | 891.85 |
| Literatura gautemalteca | 860 | Literatura khmer | 895.932 |
| Literatura geez | 892.8 | Literatura khotanese | 891.53 |
| Literatura gondo | 894.823 | Literatura khowar | 891.499 |
| Literatura griega | 880 | Literatura kikuyu | 896.395 4 |
| Literatura griega clásica | 880 | Literatura kohistana | 891.499 |
| Literatura griega moderna | 889 | Literatura kongo | 896.393 1 |
| Literatura guaraní | 898.3 | Literatura kurda | 891.59 |
| Literatura gujarati | 891.47 | Literatura kurukh | 894.83 |
| Literatura guragué | 892.8 | Literatura ladina | 859.9 |
| Literatura gyarung-mishmi | 895.49 | Literatura lahnda | 891.419 |
| Literatura haitiana | 840 | Literatura landsmal | 839.83 |
| Literatura harari | 892.8 | Literatura laosiana | 895.919 |
| Literatura hausa | 893.72 | Literatura lapona | 894.55 |
| Literatura hebrea | 892.4 | Literatura latina | 870 |
| Literatura hindi | 891.43 | Literatura letona | 891.93 |
| Literatura hindi oriental | 891.49 | Literatura lingala | 896.396 86 |
| Literatura hindú (Asia) | | Literatura lituana | 891.92 |
| en inglés | 820 | Literatura livonia | 894.54 |
| Literatura hishkaryana | 898 | Literatura lusaciana | 891.88 |
| Literatura hispanoamericana | 860 | Literatura macedónica | 891.819 |
| Literatura hitita | 891.998 | Literatura magiar | 894.511 |
| Literatura hmong | 895 | Literatura mahri | 892.9 |
| Literatura holandesa | 839.31 | Literatura malaya | 899.28 |
| Literatura hondureña | 860 | Literatura malayalam | 894.812 |
| Literatura ibo | 896.332 | Literatura malgache | 899.3 |
| LIteratura indigena sudamericana | 898 | Literatura maltesa | 892.7 |
| Literatura indonesia | | Literatura malto | 894.83 |
| (Bahasa indonesia) | 899.221 | Literatura manchú | 894.1 |
| Literatura inglesa | 820 | Literatura manense | 891.64 |
| Literatura inuit | 897.1 | Literatura marathi | 891.46 |
| Literatura irlandesa | | Literatura mari | 894.56 |
| gaélica | 891.62 | Literatura marvar | 891.479 |
| inglesa | 820 | Literatura maya | 897.415 |
| Literatura islandesa antigua | 839.6 | Literatura mexicana | 860 |
| Literatura islandesa moderna | 839 69 | Literatura miao | 895 |
| Literatura italiana | 850 | Literatura moderna | 808.800 3 |
| Literatura jaipuri | 891.479 | historia y crítica | 809.03 |
| Literatura jamaicana | 810 | Literatura mongólica | 894.2 |
| Literatura jamti | 895.919 | Literatura mordvino | 894.56 |
| Literatura japonesa | 895.6 | Literatura mundari | 895.95 |
| Literatura javanesa | 899.222 | Literatura neozelandés | 820 |
| Literatura jond | 894.824 | Literatura nepalés | 891.49 |
| | | Literatura newari | 895.49 |

| | | | |
|---|---|---|---|
| Literatura toda | 894.81 | Literaturas escandinavas occidentales | |
| Literatura tswana | 896.397 75 | antiguas | 389.6 |
| Literatura tupí | 898.382 9 | modernas | 839.69 |
| Literatura turca | 894.35 | Literaturas eslavas | 891.8 |
| Literatura ucraniana | 891.79 | Literaturas eslavas del sur | 891.81 |
| Literatura udmurt | 894.53 | Literaturas eslavas occidentales | 891.85 |
| Literatura ugarítica | 892.6 | Literaturas eslavas orientales | 891.7 |
| Literatura urdu | 891.439 | Literaturas etíopes | 892.8 |
| Literatura usbeco | 894.3 | Literaturas filipinas | 899.21 |
| Literatura vasca | 899.92 | Literaturas finesas | 894.54 |
| Literatura védica | 891.2 | Literaturas germánicas | 830 |
| Literatura venda | 891.88 | Literaturas germánicas orientales | 839.9 |
| Literatura venezolana | 860 | Literaturas hamito-semíticas | 892 |
| Literatura vepsa | 894.54 | Literaturas helénicas | 880 |
| Literatura vietnamita | 895.922 | Literaturas himalayas | 895.49 |
| Literatura vogul | 894.51 | Literaturas hindis occidentales | 891.43 |
| Literatura votiaco | 894.53 | Literaturas indicas medias | 891.3 |
| Literatura wolof | 896.321 4 | Literaturas indicas modernas | 891.4 |
| Literatura xhosa | 896.398 5 | Literaturas indoiranías | 891.1 |
| Literatura yagnob | 891.59 | Literaturas indonesias | 899.22 |
| Literatura yiddish | 839.09 | Literaturas iranias | 891.5 |
| Literatura yoruba | 896.333 | Literaturas iranias medias | 891.53 |
| Literatura ziriana | 894.53 | Literaturas iranias occidentales | |
| Literaturas aborígenes australianas | 899.15 | antiguas | 891.52 |
| Literaturas afro-asiáticas | 892 | Literaturas iranias orientales | |
| no semíticas | 893 | antiguas | 891.51 |
| Literaturas altáicas | 894 | Literaturas itálicas | 870 |
| Literaturas annam-muong | 895.92 | Literaturas latinoamericanas | 860 |
| Literaturas árabes del sur | 892.9 | Literaturas mahl | 891.48 |
| Literaturas araméas | 892.2 | Literaturas mon-khmer | 895.93 |
| Literaturas araméas occidentales | 892.29 | Literaturas mongólicas | 894.2 |
| Literaturas araméas orientales | 892.3 | Literaturas munda | 895.95 |
| Literaturas arias | 891.1 | Literaturas nativas de América | |
| Literaturas babilonias | 892.1 | del Norte | 897 |
| Literaturas bálticas | 891.9 | Literaturas nativas (América) | 897 |
| Literaturas baltoeslavas | 891.8 | América del sur | 898 |
| Literaturas cananeo-fenicias | 892.6 | Literaturas neerlandesas | 839.3 |
| Literaturas célticas | 891.6 | Literaturas orientales | 890 |
| Literaturas chinotibetanas | 895 | Literaturas oscoumbrias | 879.9 |
| Literaturas cingalesas-maldivas | 891.48 | Literaturas pamir | 891.593 |
| Literaturas clásicas | 880 | Literaturas permíanas | 894.53 |
| Literaturas dárdicas | 891.499 | Literaturas prácritas | 891.3 |
| Literaturas del bajo germánicas | | Literaturas prácritas secundarias | 891.3 |
| antiguo | 839.1 | Literaturas prácritas terciarias | 891.4 |
| Literaturas del Volga central | 894.56 | Literaturas romances | 840 |
| Literaturas dravidianas | 894.8 | Literaturas sabélicas | 879.7 |
| Literaturas dravidianas centrales | 894.82 | Literaturas samoyedas | 894.4 |
| Literaturas dravidianas del norte | 894.83 | Literaturas semíticas | 892 |
| Literaturas dravidianas del sur | 894.81 | Literaturas semíticas orientales | 892.1 |
| Literaturas escandinavas | 839.5 | Literaturas tibetobirmanas | 895.4 |
| | | Literaturas turcas | 894.3 |

| | |
|---|---|
| Loch Lomond (Escocia) | T2—414 25 |
| Lochaber (Escocia) | T2—411 85 |
| Lochalsh (Escocia) | T2—411 82 |
| Lochas | 597.52 |
| Locomoción | 591.185 2 |
| animales | 591.185 2 |
| fisiología | 574.18 |
| fisiología humana | 612.76 |
| psicología | 152.382 |
| Locomotora a vapor | 385.361 |
| servicio de transporte | 385.361 |
| v.a. Equipo rodante | |
| Locomotora de aire comprimido | 385.365 |
| ingeniería | 625.265 |
| servicio de transporte | 385.365 |
| v.a. Equipo rodante | |
| Locomotora de turbina | 385.362 |
| ingeniería | 625.262 |
| servicio de transporte | 385.362 |
| v.a. Equipo rodante | |
| Locomotora diesel | 385.366 |
| ingeniería | 625.266 |
| servicio de transporte | 385.366 |
| v.a. Equipo rodante | |
| Locomotora diesel eléctrica | 385.366 2 |
| servicio de transporte | 385.366 2 |
| v.a. Equipo rodante | |
| Locomotora diesel hidráulica | 385.366 4 |
| ingeniería | 625.266 4 |
| servicio de transporte | 385.366 4 |
| v.a. Equipo rodante | |
| Locomotora semidiesel | 385.366 |
| ingeniería | 625.266 |
| servicio de transporte | 385.366 |
| v.a. Equipo rodante | |
| Locomotoras | 385.36 |
| ingeniería | 625.26 |
| minería | 622.66 |
| transporte | 385.36 |
| ferrocarriles especiales | 385.5 |
| v.a. Equipo rodante | |
| Locomotoras eléctricas | 385.363 |
| ingeniería | 625.263 |
| servicios de transporte | 385.363 |
| v.a. Equipo rodante | |
| Locris | T2—495 1 |
| antigua | T2—383 |
| Locura | 362.2 |
| literatura | 808.803 53 |
| historia y crítica | 809.933 53 |
| literaturas específicas | T3B—080 353 |
| historia y crítica | T3B—093 53 |

| | |
|---|---|
| Locura (continuación) | |
| psicología social | 302.542 |
| v.a. Enfermedades mentales | |
| Lodi, dinastía india | 954.024 5 |
| Lodo activo | |
| tratamiento de aguas negras | 628.354 |
| Lodos | |
| combustibles | 662.82 |
| Lodz (Polonia) | T2—438 4 |
| Lofoten (Nigeria) | T2—484 4 |
| Loganiales | 583.74 |
| Logaritmos | 512.922 |
| álgebra | 512.922 |
| aritmética | 513.22 |
| Logias masónicas | 366.1 |
| Lógica | 160 |
| Lógica algebraica | 511.324 |
| Lógica matemática | 511.3 |
| programación de computadores | 005.131 |
| Lógica simbólica | 511.3 |
| informática | 005.131 |
| Logística | |
| administración | 658.5 |
| operaciones militares | 355.411 |
| Logos | |
| doctrina cristiana | 232.2 |
| Logroño (España) | T2—463 54 |
| Loir-et-Cher (Francia) | T2—445 3 |
| Loira Atlántico (Francia) | T2—441 4 |
| Loira Inferior (Francia) | T2—441 4 |
| Loira (Francia: Departamento) | T2—445 81 |
| Loira (Francia) | T2—445 |
| Loiret (Francia) | T2—445 2 |
| Loiza (Puerto Rico) | T2—729 593 6 |
| Loja (Ecuador) | T2—866 25 |
| Lolland (Dinamarca) | T2—489 3 |
| Lollards | 284.3 |
| Loloish (Lengua) | 495.4 |
| | T6—954 |
| Loma de Cabrera (Rep. Dominicana) | T2—729 345 6 |
| Lomas de Zamora (Argentina) | T2—821 17 |
| Lombardos | |
| historia de Italia | 945.01 |
| Lombrices | 595.146 |
| Lomé (Togo) | T2—668 1 |
| Londonderry (Irlanda del Norte) | T2—416 2 |
| Londres (Inglaterra) | T2—421 |
| Londrina (Brasil) | T2—816 26 |
| Long Island (Estados Unidos) | T2—747 21 |

LSD
  abuso                                362.294
  asistencia social                    362.294
  medicina                             616.863 4
  salud personal                       613.8
  v.a. Abuso de sustancias
Luanda (Angola)                        T2—673 2
Luapula (Zambia)                       T2—689 4
Luba
  historia de Zaire                    967.510 1
Lubang (Filipinas)                     T2—599 3
Lubbock (Estados Unidos:
  Condado)                             T2—764 847
Lublino (Polonia)                      T2—438 5
Lubricación                            621.89
Lubricantes
  automóviles                          629.255
  ingeniería de máquinas               621.89
  técnica del plástico                 668.411
Lucania (Italia)                       T2—457 7
  antigua                              T2—377
Lucas (Evangelio)                      226.4
Lucerna (Suiza)                        T2—494 55
Lucernarida                            593.73
Luces
  significado relgioso                 291.37
    cristianismo                       246.6
  v.a. Iluminación
Luces de aterrizaje                    629.135 1
Luces de navegación                    629.135 1
Lucha                                  796.812
Lucha de clases                        305.5
  influencia sobre el crimen           364.256
  teoría marxista                      335.411
  teoría de sindicatos                 331.880 1
Lucha greco-romana                     796.812 2
Lucha libre                            796.812 3
Lucha tribal                           355.425
Luchadores                             796.812 092
  grupos deportivos                    T7—796 8
Luchazi (Lengua)                       496.399
                                       T6—963 99
Luciérnagas                            595.764 4
Lucifer
  cristianismo                         235.47
  judaísmo                             296.316
Lucios                                 597.53
Ludwingshafen del Rhin
  (Alemania)                           T2—434 353
Lugansk (ex URRS)                      T2—477 4

Lugares                                900
                                       T1—09
  folclor                              398.23
    sociología                         398.32
      legendarios                      398.42
      reales                           398.32
Lugares de trabajo                     331.25
  v.a. Ambiente laboral
Lugares encantados
  folclor
    sociología                         398.47
Lugares históricos
  derecho                              344.094
Lugares legendarios
  folclor                              398.234
  literatura                           808.803 72
    histiria y crítica                 809.933 72
    literaturas específicas            T3B—080 372
      historia y crítica               T3B—093 72
Lugares sagrados                       291.35
  arquitectura                         726
  budismo                              294.343 5
  cristianismo                         263.042
  hinduismo                            294.535
  islamismo                            297.35
  jainismo                             294.435
  sikhismo                             294.635
Lugo (España)                          T2—461 3
Luhya (Lengua)                         496.395
                                       T6—963 95
Lui (Aves)                             598.843
Luis Felipe, Rey de Francia
  historia de Francia                  944.063
Luis IX, Rey de Francia
  historia de Francia                  944.023
Luis VI, Rey de Francia
  historia de Francia                  944.022
Luis VII, Rey de Francia
  historia de Francia                  944.022
Luis VIII, Rey de Francia
  historia de Francia                  944.023
Luis X, Rey de Francia
  historia de Francia                  944.024
Luis XI, Rey de Francia
  historia de Francia                  944.027
Luis XII, Rey de Francia
  historia de Francia                  944.027
Luis XIII, Rey de Francia
  historia de Francia                  944.032
Luis XIV, Rey de Francia
  historia de Francia                  944.033

| | |
|---|---|
| Magia | |
| literatura (continuación) | |
| literaturas específicas | T3B—080 37 |
| historia y crítica | T3B—093 7 |
| práctica religiosa | 291.3 |
| sociologia | 306.4 |
| Magia negra | 133.4 |
| Magiares | T5—945 11 |
| Magiaro (Lengua) | 494.511 |
| | T6—945 11 |
| Magiaro (Literatura) | 894.511 |
| Magistrados de la Corte Suprema | 347.035 092 |
| grupo profesional | T7—342 |
| Magma | 551.13 |
| Magnesia en Meandro | T2—392 3 |
| Magnesia (Grecia) | T2—495 4 |
| Magnesio | 669.723 |
| elaboración de metales | 673.723 |
| geología económica | 553.492 9 |
| ingeniería química | 661.039 2 |
| materiales de ingeniería | 620.187 |
| metalografía | 669.957 23 |
| metalurgia | 669.723 |
| metalurgia física | 669.967 23 |
| minería | 622.349 29 |
| química | 546.392 |
| química orgánica | 547.053 92 |
| aplicada | 661.895 |
| v.a. Metales, Sustancias químicas | |
| Magnesita | |
| minerología | 549.782 |
| Magnetismo | 538 |
| astrofísica | 523.018 8 |
| biofísica | 574.191 7 |
| humanos | 612.014 42 |
| física | 538 |
| Magnetismo animal | 154.72 |
| Magnetismo transitorio | 538.74 |
| Magnetita | |
| mineralogía | 549.526 |
| Magnetización | |
| física | 538.3 |
| Magnetodiagnóstico | |
| medicina | 616.075 48 |
| Magnetoestricción | 538.3 |
| Magnetófonos | 371.333 3 |
| investigación criminal | 364.128 |
| Magnetohidrodinámica | 538.6 |
| Magnetoquímica | 541.378 |
| ingeniería química | 660.297 8 |
| Magnetos | 538.4 |

| | |
|---|---|
| Magnetósfera | 538.766 |
| meteorología | 551.514 |
| Magnetoterapia | |
| medicina | 615.845 |
| Magnetrón | 621.381 334 |
| Magniliales | 583.114 |
| Magnitudes | 523.822 |
| Magnoliaceae | 583.114 |
| Magos (Líderes religiosos) | 291.092 |
| papel y funciones | 291.62 |
| Magos (Ocultistas) | 133.430 92 |
| folclor | 398.21 |
| historia y crítica | 398.45 |
| Magsaysay, Ramón | |
| historia de filipinas | 959.904 1 |
| Maguey | 584.43 |
| Maguindanao (Filipinas) | T2—599 7 |
| Mah-jong | 795.3 |
| Mahabharata | 294.592 3 |
| Mahajanga (Madagascar) | T2—691 |
| Maharashtra (India) | T2—547 92 |
| Mahathir bin Mohamad | |
| historia de Malasia | 959.505 4 |
| Mahayana | 294.392 |
| Mahidol, Ananda, Rey de Tailandia | |
| historia de Tailandia | 959.304 3 |
| Mahiliou (ex URSS) | T2—478 2 |
| Mahoma el profeta | 297.63 |
| Mahometanos | T7—297 |
| Mahri | T5—929 |
| Mahri (Lengua) | 492.9 |
| | T6—929 |
| Mahri (Literatura) | 892.9 |
| Mahris | T5—929 |
| Maicao (Colombia) | T2—861 175 |
| Maidstone (Inglaterra) | T2—422 375 |
| Maimónides | |
| fuentes judáicas | 296.172 |
| Maindenhead (Inglaterra) | T2—422 96 |
| Maine y Loira (Francia) | T2—441 8 |
| Maine (Estados Unidos) | 974.1 |
| | T2—741 |
| Maine (Francia) | T2—441 6 |
| Mainz (Alemania) | T2—434 351 |
| Maipú (Argentina) | T2—826 47 |
| Maiquetía (Venezuela) | T2—877 8 |
| Maithili | 491.454 |
| | T6—914 54 |
| Maitines | 264.1 |
| anglicano | 264.030 1 |
| textos | 264.033 |

| | |
|---|---|
| Malezas | |
| agricultura | 632.58 |
| botánica | 581.652 |
| Malformación uterina | |
| ginecología | 618.144 |
| v.a. Sistema genital femenino | |
| Malformaciones | 574.22 |
| v.a.Deformaciones | |
| Malgache (Lengua) | 499.3 |
| | T6—993 |
| Malgache (Literatura) | 899.3 |
| Malgaches | T5—993 |
| Malí | 966.23 |
| | T2—662 3 |
| Malide (Grecia) | T2—383 |
| Malinke | T5—963 4 |
| | T6—963 4 |
| lengua | 496.34 |
| Malinois belga | |
| producción animal | 636.737 |
| v.a. Perros | |
| Malla | 677.652 |
| Malleco (Chile) | T2—834 5 |
| Malling (Inglaterra) | T2—422 372 |
| Mallorca (España) | T2—467 54 |
| Malmöhus (Suecia) | T2—486 |
| Malnutrición | |
| medicina | 616.39 |
| v.a. Sistema digestivo | |
| Malófagos | 595.751 4 |
| paleozoología | 565.75 |
| Malone | |
| taquigrafía | 653.426 |
| Malpighiales | 583.214 |
| Malpigiaceae | 583.214 |
| Malta | T2—458 5 |
| historia | 945.85 |
| antigua | T2—378 |
| Maltasas | 574.192 54 |
| v.a. Enzimas | |
| Maltés | 492.7 |
| | T6—927 |
| Malteses | T5—927 7 |
| Malteses (Perros) | |
| producción animal | 636.76 |
| v.a. Perros | |
| Malthus, Thomas Robert | |
| teoría económica | 330.153 |
| Malto | 494.83 |
| | T6—948 3 |

| | |
|---|---|
| Maltosa | 574.192 481 5 |
| bioquímica | 574.192 481 5 |
| química | 547.781 5 |
| v.a Glucosa | |
| Maltrato de niños | 362.76 |
| bienestar social | 362.76 |
| criminología | 364.155 54 |
| derecho penal | 345.025 554 |
| derecho social | 344.032 76 |
| medicina | 616.858 223 |
| v.a. Enfermedades mentales | |
| Malva loca | 583.17 |
| Malvaceae | 583.17 |
| Malvales | 583.17 |
| Malvas | 583.17 |
| Malvavisco | 583.17 |
| Malvern Hills (Inglaterra) | T2—424 47 |
| Malversación | 364.162 |
| derecho | 345.026 2 |
| Malvinas | 997.1 |
| | T2—971 1 |
| Mama | |
| anatomía humana | 611.49 |
| cirugía | 618.19 |
| enfermedades humanas | |
| medicina | 618.19 |
| hombre | 616.49 |
| fisiología femenina | 612.664 |
| Mamálogos | 599.009 2 |
| grupo profesional | T7—599 |
| Mamas masculinas | |
| cirugía | 617.549 |
| enfermedades | |
| medicina | 616.49 |
| Mambwe (Lengua) | 496.391 |
| | T6—963 91 |
| Mamey | 583.163 |
| Mamíferos | 599 |
| caza | 639.11 |
| caza mayor | 799.26 |
| caza deportiva | 799.259 |
| dibujo | 743.69 |
| economía de los recursos | 333.959 |
| palezoología | 569 |
| plagas en agricultura | 632.69 |
| control | |
| tecnología | 628.969 |
| producción animal | 636 |
| representación artística | 704.943 2 |
| tecnología de la conservación | 639.979 |

| | | | |
|---|---|---|---|
| Mangostinos | 641.346 55 | Manos (Humanas) | 612.97 |
| agricultura | 634.655 | cirugía | 617.575 059 |
| botánica | 583.163 | fisiología humana | 612.97 |
| cocina | 641.646 55 | medicina regional | 617.575 |
| Mangue (Pueblo indígena) | T5—976 | músculos | |
| Mangueo (Lengua) | 497.6 | anatomía humana | 611.737 |
| | T6—976 | técnicas musicales | 748.193 65 |
| Mangueras de caucho | 678.36 | v.a. Extremidades superiores | |
| Manguitos | 391.41 | Mansfield (Inglaterra) | T2—425 23 |
| confección doméstica | 646.48 | Mansiones | 728.8 |
| costumbres | 391.41 | Manta (Ecuador) | T2—866 349 |
| manufactura | | Mantas | 643.53 |
| en piel | 685.24 | artes | 746.97 |
| v.a. Vestuario | | confección doméstica | 646.21 |
| Maní | 641.356 596 | equipo doméstico | 643.53 |
| botánica | 583.322 | manufactura | 677.626 |
| cocina | 641.656 596 | Mantas acolchadas | 643.53 |
| cultivo de campo | 633.368 | arte | 746.97 |
| economía agrícola | 338.175 659 6 | equipo doméstico | 643.53 |
| horticultura | 635.659 6 | Mantas de viajes | |
| procesamiento industrial | | manufactura | 677.626 |
| economía | 338.476 648 056 | Manteca de cacao | 665.354 |
| tecnología | 664.805 659 6 | alimento | 641.337 4 |
| Manica (Mozambique) | T2—679 4 | tecnología de alimentos | 664.3 |
| Manicure | 646.727 | tecnología química | 665.354 |
| herramientas | | uso en cocina | 641.637 4 |
| tecnología | 688.5 | Manteca de cerdo | |
| Manifiesto Comunista | 335.422 | tecnología de alimentos | 664.34 |
| Manila (Filipinas) | T2—599 16 | Mantelería | 642.7 |
| Maniobras navales | 623.881 | arreglo de la mesa | 642.7 |
| Manipulación del título | | artes textiles | 746.96 |
| indización por materia | 025.486 | confección doméstica | 646.21 |
| Manipulación terapéutica | | Manteles | 642.7 |
| medicina | 615.82 | arreglo de la mesa | 642.7 |
| Manipur (India) | T2—541 7 | artes textiles | 746.96 |
| Maniqueismo | 299.932 | confección doméstica | 646.21 |
| herejía cristiana | 273.2 | Mantenimiento | 620.004 6 |
| Manisa (Turquía) | T2—562 | administración de planta | 658.2 |
| Manitoba (Canadá) | 971.27 | | T1—028 8 |
| | T2—712 7 | administración pública | 350.713 044 |
| Manitoba (Canadá) | 971.27 | | T1—068 2 |
| | T2—712 7 | central | 351.713 044 |
| Manizales (Colombia) | T2—861 352 | local | 352.163 044 |
| Mannheim (Alemania) | T2—434 646 | Mantenimiento de puertos | 387.16 |
| Mano de obra | 331.11 | Mantenimiento y reparación | |
| Mano derecha | | ingeniería de ferrocariles | 625.17 |
| técnica musical | 784.193 67 | ingeniería de vías | 625.763 |
| Mano izquierda | | Mantequilla | 641.372 |
| técnica musical | 784.196 66 | cocina | 641.672 |
| | | moldes | |
| | | grabado en madera | 736.4 |

| | | | |
|---|---|---|---|
| Máquinas de duplicar | | Mar de Andaman | 551.467 65 |
| manufacturas | 681.6 | | T2—165 65 |
| servicios de la biblioteca | 025.12 | Mar de Azov | 551.462 9 |
| uso de oficina | 652.4 | | T2—163 89 |
| Máquinas de enseñar | 371.334 | Mar de Balí | 551.465 74 |
| | T1—078 | | T2—164 74 |
| Máquinas de escribir | 652.3 | Mar de Bering | 551.465 51 |
| artes gráficas | 760 | | T2—164 51 |
| manufactura | 681.61 | Mar de Bismarck | 551.465 76 |
| servicios de oficina | 652.3 | | T2—164 76 |
| Máquinas de imprimir | | Mar de Caram | 551.465 73 |
| manufactura | 681.62 | | T2—164 73 |
| Máquinas de la verdad | 363.254 | Mar de Célebes | 551.465 73 |
| v.a. Detectores de mentiras | | | T2—164 73 |
| Máquinas de movimiento alternativo | 621.164 | Mar de China sur | 551.465 72 |
| Máquinas de oficina | 651.2 | | T2—164 72 |
| servicios de oficina | 651.2 | Mar de Chukota | 551.468 5 |
| tecnología | 681.14 | | T2—163 25 |
| Máquinas de Turing | 511.3 | Mar de Coral | 551.465 76 |
| Máquinas de votación | 324.65 | | T2—164 76 |
| tecnología | 681.14 | Mar de Creta | 551.462 8 |
| Máquinas franqueadoras | | | T2—163 88 |
| servicios de oficina | 651.759 | Mar de Florez | 551.465 74 |
| Máquinas herramientas | 621.902 | | T2—164 74 |
| Máquinas hidráulicas | 621.2 | Mar de Irlanda | 551.461 37 |
| Máquinas hiladoras | | | T2—163 37 |
| tecnología textil | 677.028 52 | Mar de la China oriental | 551.465 67 |
| Máquinas organizadoras | | | T2—164 57 |
| tecnología | 681.14 | Mar de Laquedivas | 551.467 37 |
| Máquinas térmicas | 621.402 5 | | T2—165 37 |
| Mar Adriático | 551.462 5 | Mar de las Antillas | T2—163 65 |
| | T2—163 85 | oceanografía | 551.463 |
| Mar Amarillo | 551.465 56 | Mar de las Filipinas | 551.465 58 |
| | T2—164 56 | | T2—164 58 |
| Mar Arábigo | 551.467 37 | Mar de Lincoln | 551.468 7 |
| | T2—165 37 | | T2—163 27 |
| Mar Arafura | 551.465 75 | Mar de Mármara | T2—163 89 |
| | T2—164 75 | Mar de Ross | 551.469 4 |
| Mar Azov | T2—163 89 | | T2—167 4 |
| Mar Báltico (Rusia) | 551.461 34 | Mar de Sabú | 551.465 74 |
| | T2—163 34 | | T2—164 74 |
| Mar Blanco | 551.468 | Mar de Tasmania | 551.465 78 |
| | T2—163 24 | | T2—164 78 |
| Mar Blanco (ex URSS) | T2—163 24 | Mar de Timor | 551.467 74 |
| Mar Caribe | 551.463 5 | | T2—165 74 |
| | T2—163 65 | Mar del Japón | 551.465 54 |
| Mar Caspio | T2—475 | | T2—164 54 |
| Mar de Alborán | T2—163 81 | Mar del Labrador | 551.461 43 |
| Mar de Amundsen | 551.469 4 | | T2—163 43 |
| | T2—167 4 | Mar del Norte | 551.461 36 |
| | | | T2—163 36 |

| | | | |
|---|---|---|---|
| Mareo | | Marginados sociales | 305.906 94 |
| sintomatología | | | T1—086 94 |
| efermedades neurológicas | 616.841 | educación | 371.967 |
| v.a. Sistema nervioso | | Marginalismo | 330.157 |
| Mares | 551.46 | Mari El (ex URSS) | T2—474 6 |
| | T1—162 | María I, Reina de Inglaterra | |
| derecho internacional | 341.45 | historia de Inglaterra | 942.054 |
| economía de los recursos | 333.916 4 | María II, Reina de Inglaterra | |
| geología física | 551.46 | historia de Gran Bretaña | 941.068 |
| Mares de Baleares | 551.462 2 | historia de Inglaterra | 942.068 |
| | T2—163 82 | historia de Escocia | 941.106 8 |
| Mares de Banda | 551.465 74 | María Madre de Jesús | 232.91 |
| | T2—164 74 | oraciones | 242.74 |
| Mares de Barents | 551.468 4 | representación artística | 704.948 55 |
| | T2—163 24 | María Trinidad Sánchez | |
| Mares de Bellingshausen | 551.469 4 | (Rep. Dominicana) | T2—729 364 |
| | T2—167 4 | María Tudor, Reina de Inglaterra | |
| Mares de Escocia | 551.469 3 | historia de Inglaterra | 942.054 |
| | T2—167 3 | Marianas | 996.7 |
| Mares de Groenlandia | 551.468 4 | | T2—967 |
| | T2—163 24 | Maribo (Dinamarca) | T2—489 3 |
| Mares de Java | 551.465 74 | Maricao (Puerto Rico) | T2—729 542 7 |
| | | Maricopa (Estados Unidos: | |
| Mares de Kara | 551.468 5 | Condado) | T2—791 73 |
| | T2—163 25 | Maricultura | 639.8 |
| Mares de Liguria | 551.462 2 | Maridos | 306.872 |
| | T2—163 82 | | T1—086 55 |
| Mares de Lincoln | 551.468 7 | relaciones familiares | 306.872 |
| | T2—163 27 | derecho | 346.016 3 |
| Mares de Mármara | 551.462 9 | Marie Galante | T2—729 76 |
| | T2—163 89 | Marihuana | |
| Mares de Molucas | 551.465 73 | abuso | |
| | T2—164 73 | bienestar social | 362.295 |
| Mares de Noruega | 551.468 4 | medicina | 616.863 5 |
| | T2—163 24 | salud personal | 613.835 |
| Mares de Siberia oriental | 551.468 5 | v.a. Abuso de sustancias | |
| | T2—163 25 | agricultura | 633.79 |
| Mares de Sulú | 551.465 73 | botánica | 583.962 |
| | T2—164 73 | costumbres | 394.14 |
| Mares de Weddell | 551.469 3 | farmacodinámica | 615.782 7 |
| | T2—167 3 | farmacología | 615.323 962 |
| Mares Solomon | 551.465 76 | toxicología | 615.952 396 2 |
| | T2—164 76 | Marin (Estados Unidos: | |
| Marfil | | Condado) | T2—794 62 |
| escultura | 736.62 | Marina mercante | 387.5 |
| manufactura | 679.43 | v.a. Transporte marítimo | |
| Marga | 553.68 | Marinas | |
| Margarina | | dibujo | 743.837 |
| tecnología de alimentos | 664.32 | pintura | 758.2 |
| Margarita | 583.55 | representación artística | 704.943 7 |
| Margiana | T2—396 | | |

Marinduque (Filipinas:
  Provincia)               T2—599 1
Marinera                     793.35
Marinería                   623.88
Marineros                  387.509 2
  deporte                  797.109 2
    grupos                T7—797 1
    grupo profesional     T7—387 5
    marina militar         359.009 2
      grupo profesional    T7—359
    mercantiles           387.509 2
      grupo profesional    T7—387 5
    tecnología            623.880 92
      grupo profesional    T7—623 8
Maringá (Brasil)         T2—816 27
Mariología               232.91
Marion, Ala. (Estados Unidos:
  Condado)              T2—761 89
Marion, Fla. (Estados Unidos:
  Condado)              T2—759 75
Marion, Ga. (Estados Unidos:
  Condado)              T2—758 482
Marion, Miss. (Estados Unidos:
  Condado)              T2—762 21
Marion, Tex. (Estados Unidos:
  Condado)              T2—764 193
Marionetas             791.53
  educación religiosa
    cristianismo         268.67
  espectáculo           791.53
  manufactura           688.722 4
    artesanías           745.592 24
    tecnología            688.722 4
  obras teatrales        791.538
  películas              791.433
  uso del arte en el cristianismo    246.7
Mariopteris              561.597
Mariotipia                773.1
Mariposa (Estados Unidos:
  Condado)              T2—794 46
Mariposas              595.789
Mariquina (Chile)       T2—833 625
Mariquitas             595.769
Mariscos                594
  alimentos            641.394
    tecnología de alimentos    664.94
  cocina               641.694
  cultivo              639.4
    economía          338.371 4
  economía de los recursos    333.955

Mariscos (continuación)
  pesca                 639.4
    economía          338.372 4
  zoología             594
Marismas
  recurso natural        333.917
Markazi (Irán)          T2—552 5
Markerwaard (Holanda)   T2—492 2
Markov
  procesos de          519.233
  riesgo de            519.287
Marmárica            T2—397 6
  antigua             939.76
Marmitas             629.252
Marmitas glaciales      551.315
Mármoles             553.512
  extracción           622.351 2
  geología económica     553.512
  materiales de construcción    691.2
  petrología            552.4
Marmotas            599.323 2
Marne (Francia: Departamento)T2—443 2
Maronitas             281.5
Maronitas (Orden religiosa)    255.18
  historia de la iglesia     271.18
Marquetería
  artesanías de la madera    745.51
  arte del adorno        749.5
Marrakesh (Marruecos)    T2—646
Marro
  juegos              796.14
Marroquíes           T5—927 64
Marrubio             583.87
Marrucino            479.7
                         T6—797
Marruecos            964
                         T2—64
Marruecos español      T2—642
Marsella (Colombia)     T2—861 326
Marsella (Francia)       T2—449 12
Marshall, Ala. (Estados
  Unidos: Condado)     T2—761 94
Marshall, Miss. (Estados
  Unidos: Condado)     T2—762 88
Marsileales            587.31
Marsiliaceae           587.31
Marso                479.7
                         T6—797
Marsopas             599.53
Marsupiales           599.2
  paleozoología         569.2

| | | | |
|---|---|---|---|
| Marsupialia | 599.2 | Masaba-luhya | 496.395 |
| paleozoología | 569.2 | | T6—963 95 |
| Marsupicarnivora | 599.2 | Masachapa (Nicaragua) | T2—728 513 4 |
| Marta | 599.744 47 | Masacre de Boston, 1770 | 973.311 3 |
| Martas | 599.744 47 | Masacre de Sharpville, 1960 | 968.058 |
| Marte (Planeta) | 523.43 | Masagua (Guatemala) | T2—728 163 6 |
| | T2—992 3 | Masai | T5—965 |
| vuelos tripulados | 629.455 3 | Masai (Lengua) | 496.5 |
| vuelos no tripulados | 629.435 43 | | T6—965 |
| Martí, José | | Masai (Literatura) | 896.5 |
| historia de Cuba | 972.910 5 | Masajes | |
| Martilleo | | para el aspecto físico | 646.75 |
| escultura | 731.41 | terapéuticos | 615.822 |
| Martillos de mano | 621.973 | Masandaran (Irán) | T2—552.3 |
| Martillos mecánicos | 621.974 | Masas de aire | 551.551 2 |
| Martin, Fla. (Estados Unidos: | | Masatepe (Nicaragua) | T2—728 514 6 |
| Condado) | T2—759 31 | Masaya (Nicaragua) | T2—728 514 |
| Martin, Tex. (Estados Unidos: | | Masbate (Filipinas) | T2—599 5 |
| Condado) | T2—764 857 | Mascara (Argelia) | T2—651 |
| Martínes pescadores | 598.892 | Mascaradas | 782.15 |
| Martínez de Irala, Domingo | | literatura | 808.825 |
| historia de Argentina | 982.022 | música | 782.15 |
| historia de Paraguay | 989.202 | representación teatral | 792.6 |
| Martingalas | 519.287 | teatro | |
| Martinica | 972.982 | lenguas específicas | T3B—205 |
| | T2—729 82 | historia y crítica | 809.25 |
| Mártires | 291.092 | literaturas específicas | |
| crisitianismo | 272.092 | autores individuales | T3A—2 |
| Martuchas | 599.744 43 | Máscaras | 391.434 |
| Martyniaceae | 583.54 | confección doméstica | 646.478 |
| Marvar | 491.479 | costumbres | 391.434 |
| | T6—914 79 | manufactura | 687.4 |
| Marxismo | 335.4 | v.a. Vestuario | |
| economía | 335.4 | Máscaras (Escultura) | 731.75 |
| Marxismo-leninismo | 335.43 | Masculinidad | 155.332 |
| economía | 335.43 | Máseres | 621.381 336 |
| ideología política | 320.532 2 | Mason, Tex. (Estados Unidos: | |
| Mary Bird Land | T2—989 | Condado) | T2—764 66 |
| Maryland (Estados Unidos) | 975.2 | Masonería | 366.1 |
| | T2—752 | Masones | 366.1 |
| Masa | 531.14 | grupo social | T7—366 1 |
| aeromecánica | 533.6 | miembros | 366.109 2 |
| mecánica de fluidos | 532.04 | Masoquismo | |
| mecánica de gases | 533.15 | medicina | 616.858 35 |
| mecánica de líquidos | 532.4 | sociología | 306.776 |
| mecánica de sólidos | 531.5 | v.a. Enfermedades mentales | |
| partículas | 539.725 | Massachusetts (Estados Unidos) | 974.4 |
| Masa atómica | 541.242 | | T2—744 |
| Masaba (Lengua) | 496.395 | Massawa (Eritrea) | T2—635 |
| | T6—963 95 | Mastectomía | 616.994 490 59 |
| | | Masters Tournament | 796.352 66 |

Masticación
  caucho 678.22
  fisiología humana 612.311
  v.a. Sistema digestivo
Mastiff
  producción animal 636.73
  v.a. Perros
Mastigophora 593.18
  paleozoologia 563.18
Mástiles 623.862
Mástiles (Barcos) 624.177 4
Mastini-bulldog
  producción animal 636.73
  v.a. Perros
Mastitis 618.19
Masturbación (Sociología) 306.772
Matabeleland (Zimbawe) T2—689 1
Matacán 583.72
Matacos (Argentina) T2—823 53
Mataderos
  procesamiento de carnes 664.902 9
Matagalpa (Lengua) 497.8
    T6—978
Matagalpa (Nicaragua) T2—728 525
Matagalpas T5—978
Matagorda (Estados Unidos:
  Condado) T2—764 132
Matamoros (México)
  Coahuila T2—721 44
  Tamaulipas T2—721 25
Matanza de los inocentes 232.925
Matanzas (Cuba) T2—729 13
Matanzas (Venezuela) T2—876 37
Mataquescuintla (Guatemala) T2—728 142 3
Mate 641.337 7
  agricultura 633.77
  botánica 583.271
  cocina 641.637 7
  preparación doméstica 641.877
  tecnología de alimentos 663.96
Matemática aplicada 519
Matemáticas 510
    T1—015 1
  educación primaria 372.7
  relaciones con la religión 291.175
    cristianismo 261.55
    teología natural 215.1
Matemáticas deductivas 511.24
Matemáticas estadísticas 302.015 195
Matemáticas finitas 510
Matemáticas inductivas 511.22

Matemáticas intuitivas 511.22
Matemáticas para computadores 004.015 1
Matemáticos 510.92
  grupo profesional T7—51
Mateo (Evangelio) 226.2
Matera (Italia: Provincia) T2—457 72
Materia 530
  estructura 539.1
  filosofía 117
  física 530
Materia condendada
  física 530.41
Materia interestelar 523.112 5
  vía láctea 523.113 5
Materia intergaláctica 523.112 5
Materia interplanetaria 523.5
Materia médica 615.1
Material aéreo 358.418 2
  equipo militar 358.418 2
Material militar 355.82
  aeronaves 623.746 1
  barcos de guerra 623.825 1
  ingeniería militar 623.4
Materiales T1—028
  administración 658.7
    v.a. Administración de materiales
  costos
    administración financiera 658.155 3
  estimativos 624.153
    construcción de edificios 692.5
  ingeniería de cimentaciones
  manejo
    administración de materiales 658.781
    equipo 621.86
    barcos 623.867
  normas y especificaciones
    administración de la produción 658.562
Materiales abrasivos 553.65
  geología económica 553.65
Materiales aislantes
  materiales de construcción 691.95
  materiales de ingeniería 620.195
Materiales bibliográficos
  conservación 025.84
Materiales bituminosos 553.2
  cimentación 624.153 96
  geología económica 553.2
  ingeniería estructural 624.189 6
  materiales de construcción 691.96
  materiales de ingeniería 620.196

Matrimonio
  doctrina religiosa (continuación)
    judaísmo             296.32
    ética                  173
    folclor               398.27
      sociología        398.354
    literatura         808.803 54
      historia y crítica    809.933 54
      literaturas específicas  T3B—080 354
        historia y crítica  T3B—093 54
    música          781.587
    religión personal     291.44
      budismo         294.344 4
      cristianismo      248.4
      hinduismo       294.544
      islamismo       297.44
      judaísmo        296.74
    teología social     291.178 358 1
      cristianismo      261.835 81
      religión          291.563
        budismo      294.356 3
        cristianismo    241.63
        hinduismo     294.548 63
        islamismo     297.5
        judaísmo     295.385 63
Matrimonio cristiano
  religión personal     248.4
Matrimonio homosexual    306.738
Matrimonio mixto       306.84
Matrimonios interculturales  306.845
Matrimonios interraciales   306.846
Matrimonios interreligiosos  306.843
  teología social     291.178 358 43
  cristianismo      261.835 843
Matruh (Egipto)      T2—621
Matumbi (Lengua)     496.397
                    T6—963.97
Maturín (Venezuela)    T2—875 62
Maule (Chile: Región)   T2—833 5
Maullín (Chile)       T2—835 4
Maunabo (Puerto Rico)  T2—729 583 6
Mauricio           969.82
                    T2—698 2
Mauritania          966.1
                    T2—661
Mauritania          939.7
                    T2—397 1
Maverick (Estados Unidos:
  Condado)        T2—764 435

Maximilano II, Emperador
  de Alemania
    historia de Alemania  943.033
Maximiliano I, Emperador del Sacro
  Imperio Romano
    historia de Alemania  943.029
Maximiliano, Emperador de México
    historia de México    972.07
Máximos (Matemáticas)  511.66
Maya (Lengua)       497.415
                    T6—974 15
Mayacaceae         584.38
Mayagüez (Puerto Rico)  T2—729 56
Mayas             T5—974
  historia          972.810 16
Maydeae           584.92
Mayenne (Francia)     T2—441 6
Mayo (Irlanda)        T2—417 3
Mayo, Richard Southwell Bourke
  historia de India     954.035 2
Mayólica (Cerámica)   738.37
Mayonesa          641.814
  preparación doméstica  641.814
  tecnología de alimentos  664.37
Mayor Luis J. Fontana
  (Argentina)        T2—823 46
Mayor Pablo Lagerenza
  (Paraguay)         T2—892 262
Mayor Rogelio Santacruz  T2—892 268
Mayoría de edad
  costumbres        392.15
  derecho          346.013 5
  etiqueta          395.24
  música           781.584
Mayotte (Islas Comore)  T2—694
Maysan (Iraq)        T2—767 5
Mayúsculas (Letras)     411
                    T4—11
Mazagâo (Brasil)     T2—811 65
Mazas            623.441
Mazatenango (Guatemala)  T2—728 165 2
Mazatlán (México)    T2—723 27
Mazdeismo         295
Mazdeistas         T7—295
Mazurcas          784.188 4
Mbabane (Suasilandia)  T2—688 7
Mbete (Lengua)      496.396
                    T6—963 96
Mbeya (Tanzania)     T2—678 28
Mbole-ena (Lengua)    496.394
                    T6—963 94

| | |
|---|---|
| Medios impresos | |
| periodismo | 070.17 |
| sociología | 302.232 |
| Meditación | 158.12 |
| religión | 291.43 |
| budismo | 294.344 3 |
| cristianismo | 248.34 |
| hinduismo | 294.543 |
| islamismo | 297.43 |
| judaísmo | 296.72 |
| Meditaciones | 291.43 |
| budismo | 294.344 3 |
| cristianismo | 242 |
| hinduismo | 294.543 |
| islamismo | 297.43 |
| judaísmo | 296.72 |
| Meditaciones (Forma musical) | 784.189 6 |
| Mediterráneo (Región) | T2—182 2 |
| Mediterráneo occidental | 551.462 1 |
| | T2—163 81 |
| Mediterraneo Oriental | 551.462 4 |
| | T2—163 84 |
| Mediums | |
| espiritismo | 133.91 |
| Medo (Imperio antiguo) | 935.04 |
| | T2—35 |
| Médula espinal | |
| anatomía humana | 611.82 |
| cirugía | 617.482 |
| fisiología humana | 612.83 |
| enfermedades humanas | |
| medicina | 616.83 |
| v.a Sistema nervioso | |
| Médula oblongata | |
| anatomía humana | 611.81 |
| fisiología humana | 612.828 |
| v.a. Sistema nervioso | |
| Médula ósea | 596.014 |
| cirugía | 617.44 |
| enfermedades humanas | |
| incidencia | 614.594 1 |
| medicina | 616.41 |
| fisiología animal | 596.014 |
| fisiologia humana | 612.491 |
| histología humana | 611.018 4 |
| v.a. Sistema hematopoyético | |
| Medullosaceae | 561.595 |
| Medusagynaceae | 583.166 |
| Medusandraceae | 583.26 |
| Medusas | 593.7 |

| | |
|---|---|
| Megachiroptera | 599.4 |
| paleozoología | 569.4 |
| Megáfonos eléctricos | 621.389 2 |
| Megaloptera | 595.742 |
| Megalopteris | 561.597 |
| Megara (Grecia) | T2—384 |
| Megattere | 599.51 |
| Meghalaya (India) | T2—541 64 |
| Megillot | 221.044 |
| Meher Baba | 299.93 |
| Meighen, Artur | |
| historia de Canadá | 971.061 3 |
| 1926 | 971.062 2 |
| 1920-1921 | 971.061 3 |
| Meiji (Historia japonesa) | 952.031 |
| Meiosis | 574.32 |
| Meirionnyd (Gales) | T2—429 29 |
| Mejicanos (El Salvador) | T2—728 423 4 |
| Mejillas | |
| anatomía humana | 611.318 |
| fisiología humana | 612.31 |
| v.a. Sistema digestivo | |
| Mejillones | 594.11 |
| alimentos | 641.394 |
| tecnología | 664.94 |
| cocina | 641.694 |
| pesca comercial | 639.42 |
| pesca deportiva | 799.254 11 |
| Mejillones (Chile) | T2—831 38 |
| Mejoramiento de las especies | |
| cultivos | 631.53 |
| producción animal | 636.082 |
| silvicultura | 634.956 |
| Mejoramiento del producto | |
| administración de la producción | 658.576 |
| Mejoramiento personal | |
| psicología aplicada | 158.1 |
| Mejorana | 583.87 |
| Meknes (Marruecos) | T2—643 |
| Melaminas | 668.422 4 |
| Melancolía | |
| literatura | 808.803 53 |
| historia y crítica | 809.933 53 |
| literaturas específicas | T3B—080 353 |
| historia y crítica | T3B—093 53 |
| Melanconiales | 589.24 |
| Melanesia | 995 |
| | T2—95 |
| Melanesios | T5—995 |
| Melanomas | |
| medicina | 616.994 77 |

| | |
|---|---|
| Ménage à trois | 306.735 |
| Menard (Estados Unidos: | |
| Condado) | T2—764 977 |
| Menarquia | |
| fisiología humana | 612.662 |
| v.a. Sistema genital femenino | |
| Menas | 622.7 |
| Menas ferrosas | 669.14 |
| Menciones al mérito | |
| fuerzas armadas | 355.134 |
| Mendelevio | 546.449 |
| v.a. Sustancias químicas | |
| Méndez, Aparicio | |
| historia de Uruguay | 989.506 6 |
| Mendicantes | |
| historia de la iglesia | 271.06 |
| Mendocino (Estados Unidos: | |
| Condado) | T2—794 15 |
| Mendoza (Argentina: | |
| Provincia) | T2—826 4 |
| Mene de Mauroa (Venezuela) | T2—872 47 |
| Mene Grande (Venezuela) | T2—872 38 |
| Menelik II, Negus de Etiopía | |
| historia de Etiopía | 963.043 |
| Menfis (Egipto antiguo) | T2—32 |
| Menger, Carl | |
| teoría económica | 330.157 |
| Menghistsu, Hail | |
| historia de Etiopía | 963.07 |
| Mengistu Haile-Mariam | |
| historia de Etiopía | 963.071 |
| Meninge | |
| anatomía humana | 611.81 |
| enfermedades humanas | |
| medicina | 616.82 |
| fisiología humana | 612.82 |
| histología humana | 611.018 8 |
| v.a. Sistema nervioso | |
| Meningitis | |
| medicina | 616.82 |
| Menispermaceae | 583.117 |
| Meno (Alemania) | T2—434 |
| Menocal, Mario G. | |
| historia de Cuba | 972.910 62 |
| Menonitas | |
| biografías | 289.709 2 |
| grupo religioso | T7—287 |
| Menonitas indefensos | 289.73 |
| v.a. Iglesia Menonita | |

| | |
|---|---|
| Menopausia | |
| fisiología humana | 612.665 |
| transtornos | |
| ginecología | 618.175 |
| v.a. Sistema genital femenino | |
| Menorca (España) | T2—467 52 |
| Menores de edad | 305.23 |
| condición legal | 346.013 5 |
| v.a Gente joven | |
| Menorragia | |
| ginecología | 618.172 |
| v.a. Sistema genital femenino | |
| Mensaje profético | |
| Biblia | 220.15 |
| Mensajería | |
| servicios de oficina | 651.374 3 |
| comunicación interna | 651.79 |
| Mensajeros | |
| servicios de oficina | 651.374 3 |
| Mensajes del poder ejecutivo | |
| administración pública | 350.003 5 |
| administración central | 351.003 5 |
| administración local | 352.008 |
| presupuestales | 350.722 56 |
| administración central | 351.722 56 |
| administración local | 352.125 6 |
| Mensajes Psíquicos | 133.93 |
| Mensk (ex URSS) | T2—478 6 |
| Menta (Hierba) | 641.338 2 |
| agricultura | 633.82 |
| botánica | 583.87 |
| cocina | 641.638 2 |
| Mente | 128.2 |
| filosofía | 128.2 |
| folclor | |
| sociología | 398.353 |
| psicología | 150 |
| Mentira | |
| ética | 177.3 |
| Mentira compulsiva | |
| medicina | 616.858 45 |
| Menús | 642 |
| Menyanthaceae | 538.75 |
| Menzies, Robert Gordon | |
| historia de Australia | 994.05 |
| 1939-1941 | 994.042 |
| 1949-1966 | 994.05 |
| Meprobamate | |
| farmacodinámica | 615.788 2 |
| v.a. Enfermedades mentales | |

| | |
|---|---|
| Mesenia (Grecia) | T2—495 2 |
| antigua | T2—389 |
| Mesenterio | |
| anatomía humana | 611.38 |
| cirugía | 617.558 |
| fisiología humana | 612.33 |
| v.a. Sistema digestivo | |
| Meses | |
| intervalo de tiempo | 529.2 |
| Meseta Iraní | 935 |
| | T2—35 |
| Mesetas | 551.434 |
| | T2—143 |
| geografía | 910.914 3 |
| geografía física | 910.021 43 |
| geomorfología | 551.434 |
| Mesia | T2—398 |
| Mesianismo | 291.23 |
| judaísmo | 296.33 |
| Mesías | 291.63 |
| cristianismo | 232.1 |
| judaísmo | 296.61 |
| Mesichthyes | 597.53 |
| Mesina (Italia) | T2—458 11 |
| Mesitornithides | 598.31 |
| Mesmerismo | 154.7 |
| Mesoamérica | 972 |
| | T2—72 |
| Mesogastropoda | 594.32 |
| paleozoología | 564.32 |
| Mesolítico | 930.13 |
| Mesones | 647.95 |
| administración de planta física | 647.95 |
| escuelas | 371.625 |
| derecho | 344.079 42 |
| servicios de comida | 642.5 |
| Mesones | |
| Mesones K | 539.721 62 |
| Mesones Mu | 539.721 14 |
| Mesones pi | 539.721 62 |
| Mesones (Física) | 539.721 62 |
| Mesopotamia | 956.7 |
| | T2—567 |
| antigua | 935 |
| | T2—35 |
| arquitectura | 722.51 |
| escultura | 732.5 |
| Mesosauria | 567.93 |
| Mesosfera | 551.514 |

| | |
|---|---|
| Mesozoico | 551.76 |
| geología | 551.76 |
| paleontología | 560.176 |
| Mestruación | |
| fisiología humana | 612.662 |
| ginecología | 618.172 |
| v.a. Sistema genital femenino | |
| Meta (Colombia: | |
| Departamento) | T2—861 56 |
| Metabolismo | 574.133 |
| animales | 591.133 |
| células | 574.876 1 |
| enfermedades óseas humanas | |
| medicina | 616.716 |
| enfermedades humanas | |
| medicina | 616.39 |
| farmacodinámica | 615.739 |
| fisiología humana | 612.39 |
| medicamentos | |
| farmacodinámica | 615.7 |
| microorganismos | 576.113 3 |
| órganos | 574.133 |
| anatomía | 574.43 |
| anatomía animal | 591.43 |
| anatomía vegetal | 581.43 |
| fisiología | 574.133 |
| plantas | 581.133 |
| v.a. Sistema digestivo | |
| Metacarpo | |
| anatomía humana | 611.717 |
| v.a. Sistema musculoesquelético | |
| Metaética | 170.42 |
| Metafísica | 110 |
| Metagénesis | 574.163 |
| animales | 591.163 |
| plantas | 581.163 |
| Metal mutz | 669.3 |
| materiales de ingeniería | 620.182 |
| metalistería | 673.3 |
| metalografía | 669.953 |
| metalurgia | 669.3 |
| metalurgia física | 669.963 |
| Metales | 669 |
| artes decorativas | 739 |
| artesanias | 745.56 |
| construcción arquitectónica | 721.044 7 |
| construcción de barcos | 623.820 7 |
| construcción de edificios | 693.7 |
| decoración arquitectónica | 729.6 |
| diseño de barcos | 623.818 2 |
| geología económica | 553.4 |

Metatarso
  anatomía humana — 611.718
  v.a. Sistema musculoesquelético
Metcalfe,Charles Theophilus,
  Gobernador
  historia de India — 954.031 4
Meteoritos — 523.51
  cráteres — 551.397
  mineralogía — 549.112
  petrología — 549.112
Meteorización de suelos — 551.302
  por el viento — 551.372
  por el agua — 551.352
  formación del suelo — 551.305
  v.a. Erosión de suelos
Meteoroides — 523.51
           T2—993
  efectos sobre los vuelos
    espaciales — 629.416
Meteorología — 551.5
           T1—015 515
  aeronáutica — 629.132 4
  agricultura — 630.251 5
Meteorología médica — 616.988
Meteorólogos — 551.509 2
  grupo profesional — T7—551
Meteoros — 523.51
Metodistas
  biografías — 287.092
  grupo religioso — T7—27
Metodistas independientes — 287.533
  v.a. Iglesias metodistas
Método científico — 001.4
           T1—072
Método de la ruta crítica — 658.403 2
Método de Lippmann — 778.63
Método de predicción
  economía — 338.544 2
Método de proyectos — 371.36
Método de Sumner
  navegación celeste — 527.3
Método descriptivo — 001.443
           T1—072 3
Método didáctico — 371.3
  administración de personal — 658.312 404
  educación religiosa
    cristianismo — 268.6
  educación especial — 371.904 3
Método experimental — 001.434
           T1—072 4

Método fonético (Enseñanza
  de la lectura)
  educación primaria — 372.414 5
Método histórico — 001.432
           T1—072 2
Método Monte Carlo — 519.282
Método Montessori — 371.392
Metodología — T1—01
Metodología de encuestas — T1—072 3
Métodos analíticos
  enseñanza de lectura — 372.414 5
Métodos autodidácticos — 371.394 4
Métodos de aula abierta — 371.394 1
Métodos de investigación — 001.42
Métodos de la línea de posición
  navegación celeste — 527.3
Métodos de oxidación-reducción
  análisis químico — 545.23
Métodos especiales de cultivo — 631.58
Métodos estadísticos — 001.422
           T1—072
Métodos estadísticos no
  paramétricos — 519.5
Métodos estadísticos paramétricos — 519.5
Métodos por palabras completas
  enseñanza de lectura — 372.414 4
Métodos sintéticos
  enseñanza de lectura — 372.414 4
Metrallas de granada — 623.451 4
Métrica — 808.1
Metritis
  enfermedades puerperales
    obstetricia — 618.73
Metro (Transporte masivo) — 388.428
  administración pública — 350.878 428
    central — 351.878 428
    local — 352.918 428
  derecho — 343.098 3
  ingeniería — 625.42
  transportes — 388.428
Metrología
  comercio — 389.1
Metrónomos
  tecnología — 681.118
Meurthe y Mosela (Fancia) — T2—443 823
Mexicali (México) — T2—722 32
Mexicanos — T5—687 2
México — 972
           T2—72
  literatura — 860
México (Estado) — T2—725 2

| | |
|---|---|
| Minerales (continuación) | |
| metabolismo | |
| fisiología humana | 612.292 |
| fisiología vegetal | 581.133 5 |
| mineralogía | 549 |
| nutrición aplicada | 613.28 |
| economía doméstica | 641.17 |
| recursos | |
| economía de la tierra | 333.85 |
| recursos militares | 355.242 |
| rentas públicas | 336.12 |
| sintéticos | 666.86 |
| Minerales artificiales | 666.86 |
| Minerales industriales | 553.6 |
| geología económica | 553.6 |
| Minerales preparados | 669.042 |
| Minerales sintéticos | 666.86 |
| Minerales terrosos | 553.6 |
| geología económica | 553.6 |
| sintéticos | 666.86 |
| Mineralogía | 549 |
| Minerología cristalográfica | 549.18 |
| Mineralogía determinativa | 549.1 |
| Mineralogía física | 549.12 |
| Mineralogía química | 549.13 |
| Mineralogistas | 549.092 |
| grupo profesional | T7—549 |
| Minería | 622 |
| administración pública | 351.823 82 |
| derecho | 343.077 5 |
| economía de la producción | 338.2 |
| empresas | 338.762 2 |
| contabilidad | 657.862 |
| equipo | |
| manufactura | 681.76 |
| ingeniería | 622 |
| Minería | 622.2 |
| administración pública | 351.823 82 |
| derecho | 343.077 5 |
| influencia psicológica | 155.964 |
| tecnología ambiental | 622.4 |
| terrenos | 333.765 |
| v.a. Terrenos de minería | |
| Minería a cielo abierto | 622.292 |
| Minería de aluviones | 622.292 7 |
| Minería de mar adentro | 622.295 |
| Minería del subsuelo | 622.2 |
| Minería hidráulica | 622.292 7 |
| Minería por solución | 622.22 |
| Minería subacuática | 622.295 |
| Mineros | 622.092 |

| | |
|---|---|
| economía del tradajo | 331.762 2 |
| grupo profesional | T7—622 |
| Ming, dinastia china | 951.026 |
| Minho (Portugal) | T2—469 12 |
| Miniaturas | 751.77 |
| artes decorativas | 745.67 |
| escultura | 736.68 |
| Miniaturas (Modelos) | 688.1 |
| | T1—022 8 |
| artesanías | 745.592 8 |
| tecnología | 688.1 |
| Miniaturización | |
| electrónica | 621.381 52 |
| Minicomputadores | 004.14 |
| análisis de sistemas | 004.254 |
| arquitectura | 004.254 |
| comunicaciones | 004.614 |
| programación | 005.712 4 |
| programas | 005.713 4 |
| diseño de sistemas | 004.254 |
| evaluación del desempeño | 004.140 297 |
| para diseño y mejoramiento | 004.254 |
| gráficos | |
| programación | 006.674 |
| programas | 006.684 |
| ingeniería | 621.391 4 |
| interfases | 004.614 |
| programación | 005.712 4 |
| programas | 005.713 4 |
| periféricos | 004.714 |
| programación | 005.24 |
| programas | 005.34 |
| sistemas operativos | 005.444 |
| Minicomputadores | 004.14 |
| Minicoy (India) | T2—548 1 |
| Miniestados | |
| política | 321.06 |
| Minigolf | 796.352 2 |
| Mínimos (Matemáticas) | 511.66 |
| Mínimos (orden religiosa) | 255.49 |
| historia de la iglesia | 271.49 |
| Ministerios | 351.004 |
| Ministerios de agricultura | 351.0823 |
| Ministerios de comercio exterior | 351.089 |
| Ministerios de defensa | 351.06 |
| Ministerios de educación | 351.0851 |
| Ministerios de finanzas | 351.02 |
| Ministerios de justicia | 351.05 |
| Ministerios de relaciones exteriores | 351.01 |
| Ministerios de salud | 351.077 |
| Ministerios del ambiente | 351.0823 |

| | |
|---|---|
| Misiles | |
| equipo militar | 358.171 82 |
| ingeniería | 623.451 |
| Misión de Durham | 971.039 |
| Misión Musulmana Americana | 297.87 |
| Misioneros | 291.7 |
| cristianismo | 266.009 2 |
| ética | 174.1 |
| grupo de actividad | T7—2 |
| ética | 241.641 |
| religión | 291.564 1 |
| Misioneros médicos cristianos | 266.009 2 |
| pepel y funciones | 610.695 |
| Misiones extranjeras | |
| cristianismo | 266.023 |
| Misiones locales | 266.022 |
| Misiones médicas | 362.1 |
| bienestar social | 362.1 |
| cristianismo | 266 |
| v.a. Servicios de salud | |
| Misiones militares | 355.032 |
| derecho | 342.041 2 |
| derecho internacional | 341.728 |
| Misiones (Argentina) | T2—822 3 |
| Misiones (Paraguay) | T2—892 125 |
| Misiones (Religión) | 291.7 |
| cristianismo | 266 |
| edificios | |
| arquitectura | 726.9 |
| islamismo | 297.7 |
| Miskito (Lengua) | 497.8 |
| | T6—978 |
| Mississippi (Estados Unidos) | 976.2 |
| | T2—762 |
| Mississippi (Estados Unidos) | 976.2 |
| | T2—762 |
| Mississíppico | 551.751 |
| geología | 551.751 |
| paleontología | 560.172 7 |
| Missouri (Estados Unidos) | 977.8 |
| | T2—778 |
| Misterios | 001.94 |
| Misticismo | 291.422 |
| cristianismo | 248.22 |
| filosofía | 149.3 |
| occidental medival | 189.5 |
| judaísmo | 296.712 |
| religión comparada | 291.422 |
| Misumalpa | 497.8 |
| | T6—978 |

| | |
|---|---|
| Mitchell, Ga. (Estados Unidos: | |
| Condado) | T2—758 973 |
| Mitchell, Tex. (Estados Unidos: | |
| Condado) | T2—764 729 |
| Mitocondrias | 574.873 42 |
| Mitología | 398.2 |
| cristianismo | 204.5 |
| folclor | 398.2 |
| fuentes | 291.8 |
| interpretación de la Biblia | 220.68 |
| pintura | 753.7 |
| religión | 291.13 |
| representación artística | 704.947 |
| Mitología cristiana | 204.5 |
| Mitología religiosa | 291.13 |
| representación artística | 704.948 |
| Mitomanía | |
| medicina | 616.858 45 |
| v.a Enfermedades mentales | |
| Mitones | 391.412 |
| confección doméstica | 646.48 |
| costumbres | 391.412 |
| manufactura | 685.4 |
| Mitones para atletismo | |
| manufactura | 685.43 |
| Mitosis | 574.876.23 |
| Mitraismo | 299.15 |
| Mittelfranken (Alemania) | T2—433 2 |
| Mittelland | T2—494 5 |
| Mitú (Colombia) | T2—861 652 |
| Mixco (Guatemala) | T2—728 115 |
| Mixe-zoque (Lengua) | 497.41 |
| | T6—974 1 |
| Mixedema | |
| medicina | 616.858 848 |
| v.a Retardo mental | |
| Mixovirus | 576.648 4 |
| Mixteca (Lengua) | 497.6 |
| | T6—976 |
| Miyagi (Japón) | T2—521 15 |
| Miyazaki (Japón) | T2—522 7 |
| Mizoram (India) | T2—541 66 |
| Miztechi | T5—976 |
| Moab | 939.46 |
| | T2—394 6 |
| Moabita | 492.6 |
| | T6—926 |
| Mobile (Estados Unidos: | |
| Condado) | T2—761 22 |

| | |
|---|---|
| Modo (Gramática) | 415 |
| lenguas específicas | T4—5 |
| Modoc (Estados Unidos: | |
| Condado) | T2—794 23 |
| Modos (Música) | 781.263 |
| Modos eclesiásticos | 781.263 |
| Modos griegos antiguos | 781.264 |
| Modulación | |
| electrónica | 621.381 536 |
| Moduladores | |
| circuitos electrónicos | 621.381 536 |
| Moduladores de amplitud | |
| circuitos electrónicos | 621.381 536 2 |
| Moduladores de fase | |
| circuitos electrónicos | 621.381 536 4 |
| Moduladores de frecuencia | |
| circuitos electrónicos | 621.381 536 3 |
| Moduladores de impulsos | |
| circuitos electrónicos | 621.381 536 5 |
| Módulo de elasticidad | 531.381 |
| Módulo de rigidez | 531.381 |
| Módulo de Young | 531.381 |
| Módulo elástico tangencial | 531.381 |
| Módulos (Matemáticas) | |
| electrónica | 621.381 52 |
| álgebra | 512.4 |
| Módulos de cizallamiento | 531.381 |
| Mofetas | 599.744 47 |
| Mofles | 629.252 |
| Mogadiscio (Somalia) | T2—677 3 |
| Mohave (Estados Unidos: | |
| Condado) | T2—791 59 |
| Mohismo | 181.115 |
| Moho de lama | 589.29 |
| Moho polvoso | 589.23 |
| Mohos | 589.25 |
| enfermedades de las plantas | 632.45 |
| materiales de ingeniería | 620.112 23 |
| Mohos del pan | 589.258 |
| Mohos lanosos | 589.252 |
| Moi, Daniel Arap | |
| historia de Kenia | 967.620 4 |
| Moisés Bertoni (Paraguay) | T2—892 127 3 |
| Moldavia | T2—498 1 |
| Rumania | T2—498 1 |
| ex URSS | T2—476 |
| Moldeado | |
| caucho | 678.27 |
| cerámica | 738.142 |
| equipo | 621.984 |
| escultura | 731.43 |

| | |
|---|---|
| Moldeado (continuación) | |
| látex | 678.527 |
| plástico | 668.412 |
| vidrio | 666.125 |
| Moldeado en frío | |
| polvo de vidrio | 666.126 |
| Moldeo | |
| cerámica | 666.442 |
| arte | 738.142 |
| tecnología | 666.442 |
| escultura | 731.45 |
| látex | 678.529 |
| metales | 671.2 |
| artes decorativas | 739.14 |
| escultura | 731.456 |
| tecnología | 671.2 |
| plásticos | 668.412 |
| vidrio | 666.125 |
| Moldeo continuo | |
| metales | 671.256 |
| Moldeo de precisión | |
| metales | 671.255 |
| Moldeo en centrifugadora | |
| metales | 671.254 |
| Moldeo en tierra | |
| escultura | 731.45 |
| metales | 671.252 |
| Moldeo permanente | |
| metales | 671.253 |
| Moldes | |
| herramientas | 621.984 |
| fundición | 671.23 |
| Moldes para waffles | 641.586 |
| Molduras | |
| carpintería | 694.6 |
| Môle Saint-Nicolas (Haití) | T2—729 426 |
| Mole Valley (Inglaterra) | T2—422 165 |
| Moléculas | |
| física | 539.6 |
| química | 541.22 |
| Molestia sexual | |
| a los niños | 364.153 6 |
| derecho | 345.025 36 |
| medicina | 616.858 36 |
| v.a. Enfermedades mentales | |
| Molibdatos | |
| minerología | 549.74 |
| Molibdenita | |
| minerología | 549.32 |

| | | | |
|---|---|---|---|
| Montgomery, Miss. (Estados | | Moralidad | 170 |
| Unidos: Condado) | T2—762 642 | control público | 36.4 |
| Montgomery, N.Y. (Estados | | administración pública | 350.76 |
| Unidos: Condado) | T2—747 46 | central | 351.76 |
| Montgomery, Tex. (Estados | | local | 352.936 |
| Unidos: Condado) | T2—764 154 | criminología | 364.17 |
| Montijo (Panamá) | T2—728 722 7 | derecho penal | 345.027 |
| Montogomery (Gales) | T2—429 51 | empleados públicos | 342.068 4 |
| Montreal (Canadá) | T2—714 28 | relaciones con el derecho | 340.112 |
| Montúfar, Juan Pío de | | religión | 291.5 |
| historia de Ecuador | 986.603 | v.a. Teología moral, Etica | |
| Monturas (Caballería) | 685.1 | Moras | |
| Monturas | | agricultura | 634.38 |
| instrumentos ópticos | 681.43 | Moravia | 943.73 |
| Monumentos | 725.94 | | T2—437 3 |
| arquitectura | 725.94 | Moravia (Rep. Checa) | T2—437 2 |
| derecho | 344.094 | Moravos | T5—918 7 |
| escultura | 731.36 | Moravos (Dialectos) | 497.87 |
| Guerra Civil (Estados Unidos) | 973.76 | | T6—918.7 |
| Guerra con México | 973.626 | Moray (Escocia) | T2—412 23 |
| Guerra del Golfo, 1991 | 956.704 426 | Morazán (El Salvador) | T2—728 433 |
| Guerra Hispano-Americana | 973.896 | Morazán (Guatemala) | T2—728 153 4 |
| Guerra Mundial I | 940.465 | Morazán (Honduras) | T2—728 314 5 |
| Guerra Mundial II | 940.546 5 | Morbihan (Francia) | T2—441 3 |
| Guerra del Vietnam | 959.704 36 | Mordelloidea | 595.767 |
| Revolución de los Estados Unidos | 973.36 | Mordvinia (ex URSS) | T2—474 6 |
| Monumentos naturales | | Mordvino | 494.56 |
| arquitectura del paisaje | 719.32 | | T6—945 6 |
| Monzones | 551.518 4 | Mordvino (Literatura) | 894.56 |
| Moore, Tex. (Estados Unidos: | | Mordvinos | T5—945 6 |
| Condado) | T2—764 822 | More og Romsdal (Noruega) | T2—483 9 |
| Moquegua (Perú) | T2—853 4 | Moré (Lengua) | 496.35 |
| Mora híbrida | 641.347 18 | | T6—963 5 |
| botánica | 583.372 | Morehouse (Estados Unidos: | |
| horticultura | 634.718 | Parroquia) | T2—763 84 |
| tecnología de alimentos | 664 804 718 | Morelia (México) | T2—723 72 |
| Mora (Estados Unidos: | | Morelos (México) | T2—724 9 |
| Condado) | T2—789 54 | Morenas | 597.51 |
| Moraceae | 583.962 | Moreno (Argentina) | T2—825 27 |
| fruticultura | 634.36 | Morfina | |
| Moral | | abuso | 362.293 |
| administración de personal | 658.314 | bienestar social | 362.293 |
| administración pública | 350.147 | derecho | 344.044 63 |
| central | 351.147 | medicina | 616.863 2 |
| local | 352.005 147 | salud personal | 613.83 |
| fuerzas armadas | 355.123 | v.a. Abuso de sustancias | |
| Morales | | Morfismos (Matemáticas) | 512.55 |
| historia de Perú | 985.07 | Morfogénesis | 574.332 |
| Morales (Guatemala) | T2—728 131 6 | Morfología | 574.4 |
| | | animales | 591.4 |
| | | microorganismos | 576.14 |

| | |
|---|---|
| Motherwell (Escocia) | T2—414 49 |
| Motin de Sepoy, 1857-1858 | |
| historia de India | 954.031 7 |
| Motines | 355.133 4 |
| acción política | 322.4 |
| conflicto social | 303.623 |
| prisiones | 365.641 |
| seguros | 368.125 |
| servicios sociales | 363.349 7 |
| v.a. Desastres | |
| Motivación | 153.8 |
| administración de personal | 658.314 |
| administración pública | 350.147 |
| central | 351.147 |
| local | 352.005 1 |
| dirigentes | 658.407 1 |
| fuerzas armadas | 355.123 |
| psicología del aprendizaje | 153.153 4 |
| educación | 370.154 |
| Motley (Estados Unidos: | |
| Condado) | T2—764 752 |
| Motocicletas | 388.347 5 |
| accidentes | 363.125 9 |
| v.a. Seguridad en el transporte | |
| conducción | 629.284 75 |
| derecho | 343.094 4 |
| derporte | 796.75 |
| ingenieria | 629.227 5 |
| reparación | 629.287 75 |
| seguros | 368.232 |
| servicios de transporte | 388.347 5 |
| urbanismo | 711.73 |
| tropa | 357.53 |
| Motocross | 796.756 |
| Motonetas | 388.347 5 |
| ingeniería | 629.227 5 |
| reparación | 629.287 75 |
| v.a. Motocicletas | |
| Motores | 621.4 |
| aeromilitares | 623.746 049 |
| aeronaves | 629.134 35 |
| barcos | 623.87 |
| cohetes | 621.435 6 |
| naves espaciales | 629.475 2 |
| naves espaciales | 629.475 |
| vehículos de cojín de aire | 629.314 |
| vehículos terrestres | 629.25 |
| Motores a reacción | 621.435 2 |
| aeronaves | 629.134 353 |

| | |
|---|---|
| Motores auxiliares | |
| naves espaciales | 629.474 4 |
| naves espaciales no tripuladas | 629.464 4 |
| Motores compuestos a pistón | |
| y turbina | |
| aeronaves | 629.134 352 |
| Motores con reactores-ventiladores | |
| aeronaves | 629.134 353 7 |
| Motores de aire | 621.42 |
| Motores de combustión interna | 621.43 |
| barcos | 623.872 3 |
| vehículos terrestres | 629.25 |
| Motores de encendido por chispa | 621.434 |
| barcos | 623.872 34 |
| vehículos terrestres | 629.250 4 |
| Motores de pistón | |
| aeronaves | 629.134 352 |
| Motores de pistones libres | 621.433 5 |
| Motores de plasma | 621.466 |
| Motores de propulsión | 621.435 2 |
| aeronaves | 629.134 353 |
| Motores de turbina | |
| aeronaves | 629.134 352 |
| Motores de turbo-hélice | |
| aeronaves | 629.134 353 2 |
| Motores de turboestatorreactores | |
| aeronaves | 629.134 353 4 |
| Motores de viento | 621.45 |
| Motores dentro del casco | 623.872 3 |
| Motores diesel | 621.436 |
| barcos | 623.872 36 |
| vehículos terrestres | 629.250 6 |
| Motores eléctricos | 621.46 |
| automotores | 629.250 2 |
| barcos | 623.872 6 |
| Motores estatorreactores | |
| aeronaves | 629.134 353 5 |
| Motores fuera de borda | 623.872 34 |
| Motores para cohetes | 621.435 6 |
| aeronaves | 629.134 354 |
| naves espaciales | 629.475 2 |
| Motores primarios | |
| tecnología | 621.4 |
| Motores pulsoreactores | |
| aeronaves | 629.134 353 6 |
| Motores reciprocantes | |
| aeronaves | 629.134 352 |
| Motores semidiesel | 621.436 |
| Motores solares | 621.473 |
| para barcos | 623.872 7 |
| para vehículos | 629.250 8 |

| | | | |
|---|---|---|---|
| Movimientos clandestinos | | Mudos | |
| Guerra Mundial I | 940.533 6 | educación | 371.914 |
| Movimientos de consumidores | 381.32 | Muebles acolchados | 645.4 |
| Movimientos de crecimiento | | manufactura | 684.12 |
| fisiología vegetal | 581.183 | Muebles antiguos | 749.1 |
| Movimientos de reforma | | Muebles antiguos | 749.2 |
| acción social | 361.24 | Muebles de exteriores | 645.8 |
| relaciones con el Estado | 322.44 | administración de la casa | 645.8 |
| religión | 291.9 | artes decorativas | 749.8 |
| v.a. Sectas religiosas | | costumbres | 392.36 |
| Movimientos de tropa | 355.411 | limpieza | 648.5 |
| Movimientos expresivos | 302.222 | manufactura | 684.18 |
| psicología | 152.384 | v.a. Mobiliario | |
| v.a. Gestos | | Muebles de madera | 645.4 |
| Movimientos instintivos | | manufactura | 684.104 |
| psicología | 152.324 | Muebles de metal | 645.4 |
| Movimientos involuntarios | | manufactura | 684.105 |
| psicología | 152.32 | Muebles de oficina | |
| Movimientos literarios | 808.801 | | T1—068 7 |
| historia y crítica | 809.91 | abastecimiento | 658.72 |
| literaturas específicas | T3B—080 1 | manufactura | 684 |
| historia y crítica | T3B—091 | servicios de oficina | 651.23 |
| Movimientos masculinos | 305.32 | Muebles empotrados | 645.4 |
| Movimientos násticos | | artes decorativas | 749.4 |
| fisiología vegetal | 581.183 3 | manufactura | 684.16 |
| Movimientos pacifistas | 327.17 | Muebles para muñecas | 688.723 |
| sociología | 303.66 | artesanías | 745.592 3 |
| Movimientos pan | | manufactura | 688.723 |
| ideología política | 320.54 | v.a. Juguetería | |
| Movimientos por turgencia, | | Muelles | 387.15 |
| fisiología vegetal | 581.184 | ingeniería | 627.31 |
| Movimientos sociales | 303.484 | v.a. Instalaciones portuarias | |
| Movimientos voluntarios | | Muelles secos | 622.83 |
| psicología | 152.35 | Muelles secos flotantes | 623.83 |
| Movimientos (Ideología política) | 320.5 | Muérdago | 583.94 |
| Moxico (Angola) | T2—673 4 | Muermo | |
| Moyle (Irlanda del Norte) | T2—416 15 | incidencia | 614.564 |
| Moyobamba (Perú) | T2—854 52 | medicina | 616.954 |
| Moyuta (Guatemala) | T2—728 143 | v.a. Enfermedades infecciosas | |
| Mozambique | 967.9 | Muerte | 306.9 |
| | T2—679 | biología | 574.2 |
| Mswari III, Rey de Suazilandia | | certificación | |
| historia de Suazilandia | 968.870 3 | administración pública | 350.816 |
| Mtwara (Tanzania) | T2—678 24 | central | 351.816 |
| Mubarak, Muhammad Hosni | | local | 352.941 6 |
| historia de Egipto | 962.055 | citología | 574.876 5 |
| Mucílago | 668.33 | costumbres | 393 |
| Mucochíes (Venezuela) | T2—871 38 | demografía | 304.64 |
| Mudanza | | ética | 179.7 |
| adninistración de personal | 658.383 | médica | 174.24 |
| transporte de mercancias | 388.044 | | |

Mujeres embarazadas (continuación)
 obstetricia 618.2
 psicología 155.646 3
 v.a. Embarazo
Mujeres jóvenes 305.235
  T1—083 51
  T7—055
 aspectos sociales 305.235
 bienestar social 362.708 3
 cuidado personal 646.704 4
 etiqueta 395.123 2
 higiene sexual 613.953
 mayores de veinte 305.242
  T1—084 2
  T7—056
  aspectos sociales 305.242
 periodismo para 070.483 36
 psicología 155.532
 publicaciones para bibliografías 011.624 1
 salud 616.042 33
Mujeres solteras 305.489 652
  T1—086 52
 grupo social 305.489 652
 psicología 155.642 3
Mujeres trabajadoras
 administración pública 350.837
 administración de personal 658.304 2
  central 351.837
  local 352.943 7
  economía 331.4
Mújol 597.58
Mukurra (Reino) 962.502 2
  T2—625
Mulas
 producción animal 636.18
 zoología 599.725
Mulatos T5—044
Mulchén (Chile) T2—834 3
Muletas
 manufactura 685.38
Mulroney, Brian
 historia de Canadá 971.064 7
Multan (Pakistán) T2—549 14
Multas 364.68
 administración de personal 658.314 4
 penología 364.68
 rentas públicas 336.16
Multiculturalismo 306.446
Multiformes diferenciales 516.36
Multiformes geométricas 516.07
Multiformes topológicas 514.223

Multiformidad
 análisis matemático 515.223
Multilinguismo 306.446
 sociología 306.446
Multimedios
 catalogación 025.439 6
 tratamiento bibliotecario 025.179 6
Multimetalismo
 patrones monetarios 332.424
Multinacionales 338.88
 administración 657.96
Multiplexing
 comunicaciones por computador 004.66
Multiplexor
 comunicaciones por computador 004.66
 ingeniería 621.398 1
Multiplicación 512.92
 aritmética 513.213
 álgebra 512.92
Multiplicación de complejos 516.35
Multiplicadores de voltaje
 física nuclear 539.732
Multiprocesadores 004.35
 ingeniería 621.391
Multiprocesamiento 004.35
Multiprogramación 004.32
 programas de sistemas 005.43
Multituberculata 569.17
Multitudes 302.33
 control 363.32
Munda (Lengua) 495.95
  T6—959 5
Munda (Literatura) 895.95
Mundas T5—959 5
Mundo antiguo T2—3
Mundo espiritual
 ocultismo 133.901 3
Mundo helénico T2—38
Mundos extraterestres 999
  T2—99
Muñeca (Anatomía humana) 612.97
 cirugía 671.574
 fisiologia humana 612.97
 medicina regional 617.574
 v.a. Extremidades superiores
Muñecas 688.722 1
 artesanías 745.592 21
 de papel 769.53
 manufactura 688.722 1
 puericultura 649.55
 v.a. Juguetes

| | |
|---|---|
| Myzostomida | 595.148 |

# N

| | | |
|---|---|---|
| Naba | | 583.123 |
| Nablus (Jordania) | T2—569 53 | |
| Nabo | | 641.351 25 |
| botánica | | 581.123 |
| cocina | | 641.651 25 |
| horticultura | | 635.125 |
| tecnología de alimentos | | 664.805 125 |
| Naboomspruit (Sudáfrica) | T2—682 5 | |
| Nabucodonosor II, rey de Babilonia | | |
| historia de Mesopotamia | | 935.04 |
| Nacimiento | | |
| costumbres | | 392.12 |
| etiqueta | | 395.24 |
| folclore | | |
| sociología | | 398.354 |
| literatura | | 808.803 54 |
| historia y crítica | | 809.933 54 |
| literaturas específicas | T3B—080 354 | |
| historia y crítica | T3B—093 54 | |
| música | | 781.582 |
| obstretricia | | 618.2 |
| Nacimiento de Jesucristo | | 232.921 |
| Nacimientos | | |
| demografía | | 304.63 |
| registro y certificación | | |
| administración pública | | |
| central | | 350.816 |
| local | | 352.941 6 |
| Nación del Islam | | 297.87 |
| Nacionalidad | | |
| ciencia política | | 323.6 |
| derecho internacional | | 341.482 |
| derecho | | 342.083 |
| Nacionalismo | | |
| ideología política | | 320.54 |
| literatura | | 808.803 58 |
| historia y crítica | | 809.933 58 |
| literaturas específicas | T3B—080 358 | |
| historia y crítica | T3B—093 58 | |
| música | | 780.903 4 |
| Nacionalización de la industria | | 338.924 |
| derecho | | 343.07 |
| Nacionalización de la propiedad | | |
| derecho | | 343.025 2 |
| derecho internacional | | 341.4846 |
| Nacionalización de la tierra | | |
| economía | | 333.14 |

| | | |
|---|---|---|
| Nacionalsocialismo | | |
| economía | | 335.6 |
| ideología política | | |
| Alemania | | 320.533 094 3 |
| Naciones Unidas | | 341.23 |
| administración pública | | 354.103 |
| derecho | | 341.233 |
| derecho internacional | | 341.23 |
| estatutos | | 341.232 |
| finanzas | | 336.091 63 |
| tratados | | 341.026 2 |
| Naciones Unidas (Alianza Militar) | | |
| Guerra Mundial II | | 940.533 2 |
| Naciones Unidas. Asamblea General | | 341.232 2 |
| Naciones Unidas. Consejo de Seguridad | | |
| derecho internacional | | 341.232 3 |
| Naciones Unidas. Secretaría General | | |
| administración pública | | 354.103 |
| derecho internacional | | 341.232 4 |
| Nacogdoches (Estados Unidos: Condado) | T2—764 182 | |
| Nada (Ontología) | | 111.5 |
| Nadadores | | 797.210 92 |
| grupo profesional | T7—797 2 | |
| Nadene (Lenguas) | | 497.2 |
| | T6—972 | |
| Nador (Marruecos) | T2—642 | |
| Naftalenos | | 547.615 |
| ingeniería química | | 661.816 |
| Naftas | | 665.538 24 |
| Naga (Lenguas) | | 495.4 |
| | T6—954 | |
| Nagaland (India) | T2—541 65 | |
| Nagano (Japón) | T2—521 63 | |
| Nagar Haveli (India) | T2—547 96 | |
| Nagarote (Nicaragua) | T2—728 512 7 | |
| Nagasaki (Japón: Prefectura) | T2—522 4 | |
| Nagasaki (Japón) | T2—522 44 | |
| Nagorno-Karabakh (ex URSS) | T2—475 4 | |
| Nagoya (Japón) | T2—521 674 | |
| Nagua (Rep. Dominicana) | T2—729 364 3 | |
| Naguib, Mohammed | | |
| historia de Egipto | | 962.053 |
| Náhuatl (Lengua) | | 497.452 |
| | T6—974 52 | |
| Nahum (Profeta Menor) | | |
| Antiguo Testamento | | 224.94 |
| Naiguatá (Venezuela) | T2—877 9 | |

| | |
|---|---|
| Nailon | 668.423 5 |
| industria textil | 677.473 |
| v.a. Textiles | |
| Naipes | |
| ética | 175.5 |
| juegos | 795.4 |
| Nairn (Escocia) | T2—411 95 |
| Nairobi (Kenya) | T2—676 25 |
| Najadaceae | 584.722 |
| Najadales | 584.722 |
| Najaf (Iraq) | T2—567 5 |
| Najd (Arabia Saudita) | T2—538 |
| Nakhichevan (ex URSS) | T2—475 4 |
| Nalgas | |
| músculos | |
| anatomía humana | 611.738 |
| v.a. Sistema musculoesquelético | |
| Namakgale (Sudáfrica) | T2—682 93 |
| Namaqualand (Sudáfrica) | T2—687 2 |
| Nambicuara | 498.4 |
| | T6—984 |
| Nambicuaras | T5—984 |
| Namboku | |
| historia de Japón | 952.022 |
| Namibia | 968.81 |
| | T2—688 1 |
| Nampula (Mozambique) | T2—679 7 |
| Namur (Bélgica) | T2—493 44 |
| Nandaime (Nicaragua) | T2—728 515 4 |
| Nandayure (Costa Rica) | T2—728 666 |
| Nandinaceae | 583.117 |
| Nangklao, rey de Siam | |
| historia de Tailandia | 959.303 3 |
| Nanjing (China) | T2—511 36 |
| Nantucket (Estados Unidos: Condado) | T2—744 97 |
| Nantwich (Inglaterra) | T2—427 12 |
| Napa (Estados Unidos: Condado) | T2—794 19 |
| Napa (Estados Unidos: Condado) | T2—794 19 |
| Napelo | 583.111 |
| Naphalai, Phutthaloetla, rey de Siam | |
| historia de Tailandia | 959.303 2 |
| Napierville (Canadá: Condado) | T2—714 35 |
| Napo (Ecuador) | T2—866 41 |
| Napoleón I, Emperador de Francia | |
| historia de Francia | 944.05 |

| | |
|---|---|
| Napoleón III, Emperador de Francia | |
| historia de Francia | 944.07 |
| Nápoles (Italia: Provincia) | T2—457 3 |
| Nápoles (Italia) | T2—457 3 |
| antigua | T2—377 |
| Naqara (Timbal) | 786.93 |
| Naranja china | 641.343 4 |
| botánica | 583.24 |
| cocina | 641.643 4 |
| fruticultura | 634.34 |
| Naranjas | 641.343 1 |
| botánica | 583.24 |
| cocina | 641.643 1 |
| fruticultura | 634.31 |
| tecnología de alimentos | 664.804 31 |
| Naranjito (Puerto Rico) | T2—729 526 |
| Naranjo (Costa Rica) | T2—728 655 |
| Narasimha Rao, P. V. | |
| historia de India | 954.052 |
| Narcicismo | |
| medicina | 616.858 5 |
| v.a. Enfermedades mentales | |
| Narciso atrompetado | 584.25 |
| Narcisos | 584.25 |
| Narcóticos | 362.29 |
| abuso | 362.29 |
| bienestar social | 362.293 |
| derecho | 344.044 63 |
| costumbres | 394.14 |
| ética | 178.8 |
| medicina | 616.863 2 |
| salud personal | 613.83 |
| psicofarmacodinámica | 615.782 2 |
| v.a. Abuso de sustancias, Tráfico de drogas | |
| Nardeae | 584.93 |
| Nariño (Colombia) | T2—861 62 |
| Nariz | |
| anatomía humana | 611.21 |
| cirugía | 617.523 |
| enfermedades humanas | |
| medicina | 616.212 |
| fisiología humana | 612.2 |
| habla | 612.78 |
| olfato | 612.86 |
| v.a. Sistema respiratorio | |
| Narración | |
| literatura | 808.802 3 |
| historia y crítica | 809.923 |
| literaturas específicas | T3B—080 23 |
| historia y crítica | T3B—092 3 |

Narración (continuación)
retórica 808
Narrativa
literatura 808.802 3
historia y crítica 809.923
literaturas específicas T3B—080 23
historia y crítica T3B—092 3
Narrativa de las tiras cómicas 741.5
Narrativa personal
Guerra Anglo-Boer 968.048 8
Guerra Civil (Estados
Unidos) 973.781—.782
Guerra de 1812 973.528
Guerra del Vietnam 959.704 38
Guerra Hispano-Americana 973.898
Guerra con México 973.628
Guerra Mundial I 940.481-.482
Guerra Mundial II 940.548 1—.548
Revolución de Estados Unidos 973.38
Narvales 599.53
Nashville (Estados Unidos) T2—768 55
Nassau, Fla. (Estados Unidos:
Condado) T2—759 11
Nassau, N.Y. (Estados Unidos:
Condado) T2—747 245
Nasser, Gamal Abdel
historia de Egipto 962.053
Natación 797.21
ejercicios físicos 613.716
Natación debajo del agua
deporte 797.23
Natación sincronizada 797.21
Natal 968.4
T2—684
Natantia 595.384 3
Natchitoches (Estados Unidos:
Parroquia) T2—763 65
National Service Life Insurance
(Estados Unidos) 368.364
Natividad
cristianismo 232.921
Nativismo
filosofía 149.7
NATO (Alianza) 355.031 091 821
Naturaleza 508
culto religioso 291.212
doctrina cristiana 231.7
educación primaria 372.357
filosofía 113
folclor 398.24
no viviente 398.26

Naturaleza
folclor (continuación)
viviente 398.24
pintura 398.36
representación artística 704.943
Naturaleza muerta
pintura 758.4
representación artística 704.943 5
Naturalismo 146
arte 709.034 3
ética 171.2
literatura 808.801 2
historia y crítica 809.912
literaturas específicas T3B—080 12
historia y crítica T3B—091 2
pintura 759.053
Naturalización 323.623
administración pública 351.817
ciencia política 323.623
derecho 342.083
Naturopatía
medicina
sistema terapéutico 615.535
Naufragios 363.123
aventuras 910.45
bienestar social 363.349
seguridad en el transporte 363.123
v.a. Desastres
Nauru 996.85
T2—968 5
Nautiloidea 594.52
paleozoología 564.52
Navajas
manufactura 688.5
Navajo (Lengua) 497.2
T6—972
Navajo (Estados Unidos:
Condado) T2—791 35
Navajo (Literatura) 897.2
Navajos T5—972
Navarra (España) T2—465 2
Navarro (Estados Unidos:
Condado) T2—764 282
Navegación 629.045
deportes acuáticos 797.1
ingeniería 629.045
derecho 343.097 6
transporte marítimo 623.89
derecho 343.096 6
vuelos espaciales 629.453

| | | | |
|---|---|---|---|
| Negocios de franquicias (continuación) | | Neoclacisismo (continuación) | |
| ventas al detal | 381.13 | escultura | 735.22 |
| administración | 658.870 8 | música | 780.904 |
| v.a. Comercio | | pintura | 759.051 |
| Negocios inmobliarios | 333.33 | Neoconfucianismo | 181.112 |
| derecho | 346.043 7 | Neodimio | |
| Negritos (Perú) | T2—851 35 | geología económica | 553.494 3 |
| Negro de hueso | 662.93 | química | 546.413 |
| Negro de humo | 662.93 | v.a. Tierras raras | |
| Negroafricanos | T5—96 | Neoescolasticismo | 149.91 |
| Negroides | T5—036 | Neogastropoda | |
| Negros de los Estados Unidos | 973.049 607 3 | paleozoología | 564.32 |
| | T5—960 73 | Neoimpresionismo | 709.034 5 |
| aspectos sociales | 305.896 073 | pintura | 759.055 |
| civilización | 973.049 607 3 | Neokantianismo | 142.3 |
| tropas militares | | Neolítico | 930.14 |
| Guerra Mundial II | 940.540 3 | Neomecanicismo | |
| Negros Occidental (Filipinas) | T2—599 5 | filosofía | 146.6 |
| Negros Oriental (Filipinas) | T2—599 5 | Neón | |
| Nehemías | | alumbrado | 621.327 5 |
| Antiguo Testamento | 222.8 | geología económica | 553.97 |
| Nehru, Jawaharlal | | química | 546.752 |
| historia de la India | 945.042 | tecnología | 665.822 |
| Neises | 552.4 | v.a. Sustancias químicas | |
| Neissereaceae | 589.95 | Neonatología | 618.920 1 |
| Neiva (Colombia) | T2—861 542 | Neonatos | 618.920 1 |
| Nejapa (El Salvador) | T2—728 423 5 | desarrollo postnatal | 612.652 |
| Nejd (Arabia Saudita) | T2—538 | pediatría | 618.920 1 |
| Nelson (Nueva Zelanda) | T2—931 53 | Neonatos prematuros | |
| Nelspruit (Sudáfrica) | T2—682 6 | pediatría | 618.920 11 |
| Nemaha (Estados Unidos: | | Neoplasmas | |
| Condado) | T2—781 332 | incidencia | 614.599 9 |
| Nemalionales | 589.41 | medicina | 616.992 |
| Nematoda | 595.182 | v.a. Enfermedades | |
| Nemátodos | | Neoplasticismo | 709.040 52 |
| enfermedades causadas por | | escultura | 735.230 452 |
| incidencia | 614.555 | pintura | 759.065 2 |
| medicina | 616.965 | Neoplatonismo | 186.4 |
| v.a. Enfermedades contagiosas | | antiguo | 186.4 |
| (Humanas) | | moderno | 141.2 |
| Nematomorpha | 595.184 | polémica cristiana | 239.4 |
| Nemertea | 595.124 | Neopsicoanálisis | 150.195 7 |
| paleozoología | 565.1 | Neornithes | |
| Nemotecnia | 153.14 | paleozoología | 568 |
| Nenets (ex URSS) | T2—471 1 | Neorrealismo | |
| Nenúfares | 583.111 | filosofía | 149.2 |
| Neoaristotelismo | 149.91 | Neotomismo | 149.91 |
| Neobehaviorismo | 150.194 34 | Neozelandeses | T5—23 |
| Neoclacisismo | 709.034 1 | Nepal | 954.96 |
| arquitectura | 724.2 | | T2—549 6 |
| decoración | 745.444 1 | | |

| | | | | |
|---|---|---|---|---|
| Neuronas | | | Neutrones | 539.721 3 |
| histología humana | 611.018 8 | | radiaciones | |
| v.a. Sistema nervioso | | | biofísica | 574.191 56 |
| Neuropsicofarmacología | 615.78 | | humana | 612.014 486 |
| v.a. Enfermedades mentales | | | Nevada (Estados Unidos) | 979.3 |
| Neuropsiquiatría | 616.8 | | | T2—793 |
| v.a. Enfermedades mentales | | | Nevada, Calif. (Estados Unidos: | |
| Neuróptera | 595.747 | | Condado) | T2—794 37 |
| paleozoología | 565.74 | | Nevadas | 551.578 4 |
| Neuropteris | 561.597 | | Nevos pigmentarios | |
| Neuroquímica | | | medicina | 616.55 |
| fisiología humana | 612.804 2 | | v.a. Piel | |
| v.a. Sistema nervioso | | | Nevsehir (Turquía) | T2—564 |
| Neurosífilis | | | Nevskia | 589.94 |
| medicina | 616.892 | | New Hampshire (Estados | |
| v.a. Sistema nervioso | | | Unidos) | 974.2 |
| Neurosis | | | | T2—742 |
| asistencia social | 362.25 | | New Orleans (Estados Unidos) | T2—763 35 |
| medicina | 616.852 | | New Orleans (Estados Unidos) | T2—763 35 |
| v.a. Enfermedades mentales | | | New Valley (Egipto) | T2—622 |
| Neurosis de combatientes | | | Newar | T5—95 |
| medicina | 616.852 12 | | Newari | 495.4 |
| v.a. Enfermedades mentales | | | | T6—954 9 |
| Neurosis de guerra | | | Newari (Literatura) | 895.49 |
| medicina | 616.852 12 | | Newark y Sherwood | |
| v.a. Enfermedades mentales | | | (Inglaterra) | T2—425 24 |
| Neurosis fóbicas | | | Newbury (Inglaterra) | T2—422 91 |
| medicina | 616.852 25 | | Newcastle sobre Tyne | |
| v.a. Enfermedades mentales | | | (Inglaterra) | T2—428 76 |
| Neurosis histérica | | | Newcastle-under-Lyme | |
| medicina | 616.852 4 | | (Inglaterra) | T2—424 62 |
| v.a. Enfermedades mentales | | | Newham (Inglaterra) | T2—421 76 |
| Neurosis obsesiva-compulsiva | | | Newport (Gales) | T2—429 91 |
| medicina | 616.852 27 | | Newry y Mourne (Irlanda del | |
| v.a. Enfermedades mentales | | | Norte) | T2—416 58 |
| Neurosis postraumática | | | Newton, Ga. (Estados Unidos: | |
| medicina | 618.852 1 | | Condado) | T2—758 593 |
| v.a. Sistema nervioso | | | Newton, Miss. (Estados | |
| Neurosis traumática | | | Unidos: Condado) | T2—762 672 |
| medicina | 616.852 1 | | Newton, Tex. (Estados | |
| v.a. Sistema nervioso | | | Unidos: Condado) | T2—764 162 |
| Neurospora | 589.23 | | Newtownabbey (Irlanda | |
| Neuston | 574.92 | | del Norte) | T2—416 18 |
| paleozoología | 562 | | Ngala 496.396 8 | |
| zoología | 592.092 | | | T6—963 968 |
| Neutralidad | | | Nganasano | 494.4 |
| derecho de guerra | 341.64 | | | T6—944 |
| Neutralización | | | Ngombe (Lenguas) | 496.396 |
| análisis químico | 545.22 | | | T6—963 96 |
| inmunología | 574.295 | | Ngundi | 496.398 |
| Neutrinos | 539.721 5 | | | T6—963 98 |

| | |
|---|---|
| Niños | |
| bienestar social (continuación) | |
| derecho | 344.032 7 |
| cocina | 641.562 2 |
| comportamiento | |
| ética | 179.2 |
| derechos civiles | 323.352 |
| dibujo | 743.45 |
| economía del trabajo | 331.31 |
| edificios institucionales | |
| arquitectura | 725.57 |
| educación religiosa cristiana | 268.432 |
| etiqueta | 395.122 |
| Guerra mundial I | 940.316 1 |
| Guerra mundial II | 940.531 61 |
| higiene sexual | 613.951 |
| lectura | |
| bibliotecología | 028.534 |
| manuales de vida cristiana | 248.82 |
| periodismo | 070.483 2 |
| pintura | 757.5 |
| psicología | 155.4 |
| publicaciones para | |
| bibliografías | 011.62 |
| reseñas | 028.162 54 |
| recreación | 790.192 2 |
| al aire libre | 796.083 |
| bajo techo | 793.019 22 |
| relaciones con el gobierno | 323.352 |
| relaciones familiares | 306.874 |
| representación artística | 704.942 5 |
| salud | 613.043 2 |
| cuidado doméstico | 649.4 |
| situación legal | 346.013 5 |
| socialización | 303.32 |
| sociología | 305.23 |
| teología social | 291.178 342 3 |
| cristianismo | 261.834 23 |
| óperas | 782.1 |
| música | 782.1 |
| representación escénica | 792.5 |
| Niños abandonados | 306.906 945 |
| | T1—086 945 |
| grupo social | 305.906 945 |
| servicios sociales | 362.73 |
| Niños adoptados | 306.874 |
| | T1—085 4 |
| | T7—044 1 |
| bienestar social | 362.733 |
| cuidado doméstico | 649.145 |

| | |
|---|---|
| Niños adoptados (continuación) | |
| psicología | 155.445 |
| relaciones familiares | 306.874 |
| Niños como consumidores | |
| mercadeo | 658.834 8 |
| Niños delincuentes | 364.36 |
| v.a. Delincuentes juveniles | |
| Niños en edad escolar | 305.234 |
| | T1—083 4 |
| aspectos sociales | 305.234 |
| cuidado doméstico | 649.124 |
| psicología | 155.424 |
| Niños en edad preescolar | 305.233 |
| | T1—083 3 |
| | T7—054 3 |
| aspectos sociales | 305.233 |
| cuidado doméstico | 649.123 |
| psicología | 155.423 |
| Niños excepcionales | |
| cuidado doméstico | 649.15 |
| psicología | 155.45 |
| Niños exploradores | 369.43 |
| campamentos | 796.542 2 |
| Niños hijos de alcohólicos | |
| bienestar social | 362.292 4 |
| medicina | 616.861 9 |
| Niños hijos de drogradictos | |
| bienestar social | 362.291 4 |
| medicina | 616.869 |
| Niños impedidos | 305.908 16 |
| | T1—087 |
| cuidado doméstico | 649.151 |
| v.a. Impedidos | |
| Niños maltratados | 305.906 945 |
| | T1—086 945 |
| abuso sexual por adultos | |
| bienestar social | 362.764 |
| medicina | 616.858 369 |
| Niños perdidos | 362.829 7 |
| Niños prematuros | 618.920 11 |
| Niños retardados | 305.908 26 |
| | T1—087 4 |
| Niños sordos | 305.908 162 |
| | T1—087 2 |
| cuidado doméstico | 649.151 2 |
| v.a. Sordos | |
| Niños superdotados | |
| cuidado doméstico | 649.155 |
| psicología | 155.455 |
| Niños trabajadores | 331.31 |

| | |
|---|---|
| Nivificación | 551.578 465 |
| Nixon, Richard M | |
| historia de Estados Unidos | 973.924 |
| Niza (Francia) | T2—449 414 |
| Nizao (Rep. Dominicana) | T2—729 373 4 |
| Nizaris | 297.822 |
| Nizhnegorod (ex URSS) | T2—474 1 |
| Njabi | 496.396 |
| | T6—963 96 |
| Njem | 496.396 |
| | T6—963 96 |
| Nkoya | 496.393 |
| | T6—963 93 |
| Nkrumah, Kwame | |
| historia de Ghana | 966.705 |
| NMR (Resonancia magnética | |
| nuclear) | 538.362 |
| No combatientes | |
| derecho bélico | 341.67 |
| Guerra mundial I | 940.316 1 |
| Guerra mundial II | 940.531 61 |
| No conformistas (Iglesia británica) | 280.4 |
| v.a. Protestantismo | |
| No disyunciones (Genética) | 575.2 |
| No iniciados | |
| grupos sociales | T7—090 9 |
| No metales | |
| física del estado sólido | 530.413 |
| materiales de ingeniería | 620.193 |
| mineralogía | 549.27 |
| química | 546.7 |
| v.a. Sustancias químicas | |
| No ser | 111.5 |
| No violencia | |
| conflicto social | 303.61 |
| ética | 197.7 |
| religión | 291.569 7 |
| budismo | 294.356 97 |
| cristianismo | 241.697 |
| hinduismo | 294.548 697 |
| islamismo | 297.5 |
| judaísmo | 296.385 697 |
| Nobelio | 546.449 |
| v.a. Sustancias químicas | |
| Nobleza | 305.522 3 |
| | T1—086 21 |
| costumbres | 390.23 |
| hábitos | 391.023 |
| genealogía | 929.7 |
| Nochistlán (México) | T2—724 36 |
| Noctuoidea | 595.781 |

| | |
|---|---|
| Nocturnos | 784.189 66 |
| Nogal americano | 583.973 |
| Nogal blanco | 583.973 |
| Nogales (Chile) | T2—832 52 |
| Nogales (México) | T2—721 79 |
| Nograd (Hungría) | T2—439 8 |
| Nolan (Estados Unidos: | |
| Condado) | T2—764 728 |
| Nolanaceae | 583.79 |
| Nómadas | 305.906 9 |
| | T1—086 9 |
| Nombramientos | |
| poder legislativo | 328.345 5 |
| Nombres | 929.97 |
| catalogación | 025.322 |
| costumbres | 392.12 |
| de personas | 929.4 |
| etimología | 412 |
| geográficos | 910.014 |
| índices geográficos | 910.3 |
| Nombres bautismales | 929.44 |
| Nombres personales | 929.4 |
| Nomenclatura | T1—014 |
| Nomeolvides (Botánica) | 583.77 |
| Nominación de candidatos | |
| partidos políticos | 324.5 |
| Nominalismo | |
| filosofía | 149.1 |
| Nóminas de pagos | 657.74 |
| administración | 658.321 |
| administración pública | 350.125 |
| central | 351.125 |
| local | 352.005 125 |
| impuestos | 336.242 2 |
| derecho | 343.052 42 |
| finanzas públicas | 336.242 2 |
| Nomografía | 511.5 |
| Nomogramas | 001.422 6 |
| Nona (Oficio divino) | 264.1 |
| música litúrgica | 782.324 |
| Nonetos | |
| música de cámara | 785.19 |
| música vocal | 783.19 |
| Nootka | 497.9 |
| | T6—979 |
| Nord (Francia) | T2—442 8 |
| Nord-Norge | T2—484 3 |
| Nord-Norge y Trondelag | |
| (Noruega) | T2—484 |
| Nord-Trondelag (Nigeria) | T2—484 12 |
| Nord-Trondelag (Noruega) | T2—484 |

| | |
|---|---|
| Notoungulata | 569.75 |
| Nottingham (Inglaterra) | T2—425 27 |
| Nottinghamshire (Inglaterra) | T2—424 2 |
| Novara (Italia) | T2—451 6 |
| Novas | 523.844 6 |
| Novas recurrentes | 523.844 6 |
| Novatos | T1—088 090 9 |
| Novaya Zemlya (ex URSS) | T2—986 |
| Novelas breves | 808.83 |
|   historia y crítica | 809.3 |
|   literaturas específicas | T3B—3 |
|     autores individuales | T3A—3 |
| Novelas de aventuras | 808.838 7 |
|   historia y crítica | 809.387 |
|   literaturas específicas | T3B—308 7 |
|     autores individuales | T3A—3 |
| Novelas de espionaje | 808.838 72 |
|   historia y crítica | 809.387 2 |
|   literaturas específicas | T3B—308 72 |
|     autores individuales | T3A—3 |
| Novelas de suspenso | 808.838 72 |
|   historia y crítica | 809.307 2 |
|   literaturas específicas | T3B—308 72 |
|     autores individuales | T3A—3 |
| Novelas de terror | 808.838 738 |
|   historia y crítica | 809.387 38 |
|   literaturas específicas | T3B—308 738 |
|     autores individuales | T3A—3 |
| Novelas del oeste | 808.838 74 |
|   historia y crítica | 809.387 4 |
|   literaturas específicas | T3B—308 74 |
|     autores individuales | T3A—3 |
| Novelas góticas | 808.838 729 |
|   historia y crítica | 809.387 29 |
|   literaturas específicas | T3B—308 729 |
|     autores individuales | T3A—3 |
| Novelas históricas | 808.838 1 |
|   historia y crítica | 809.381 |
|   literaturas específicas | T3B—308 1 |
|     autores individuales | T3A—3 |
| Novelas policíacas | 808.838 72 |
|   historia y crítica | 809.387 2 |
|   literaturas específicas | T3B—308 72 |
|     autores individuales | T3A—3 |
| Novelas psicológicas | 808.838 3 |
|   historia y crítica | 809.383 |
|   literaturas específicas | T3B—308 3 |
|     autores individuales | T3A—3 |

| | |
|---|---|
| Novelas realistas | 808.838 3 |
|   historia y crítica | 809.383 |
|   literaturas específicas | T3B—308 3 |
|     autores individuales | T3A—3 |
| Novelas románticas | 808.838 5 |
|   historia y crítica | 809.385 |
|   literaturas específicas | T3B—308 5 |
|     autores individuales | T3A—3 |
| Novelas sociológicas | 808.838 3 |
|   historia y crítica | 809.383 |
|   literaturas específicas | T3B—308 3 |
|     autores individuales | T3A—3 |
| Novelistas | 809.3 |
|   biografía colectiva | 809.3 |
|   biografía individual | T3A—3 |
|     literaturas específicas | T3B—300 9 |
|   grupo profesional | T7—83 |
| Novelística | 808.83 |
|   historia y crítica | 809.3 |
|   literaturas específicas | T3B—3 |
|     autores individuales | T3A—3 |
| Novenas | 264.7 |
|   liturgia católica | |
|     textos | 264.027 4 |
| Novgord (ex URSS) | T2—472 2 |
| Noviazgo | 392.4 |
|   aspectos sociales | 306.734 |
|   costumbres | 392.4 |
|   etiqueta | 395.22 |
|   música | 781.586 |
| Noviciado | |
|   cristianismo | |
|     hombres | 248.894 25 |
|     mujeres | 248.894 35 |
| Nóvita (Colombia) | T2—861 277 |
| Novo Estado | |
|   historia de Portugal | 946.904 2 |
| Nowy Sacz (Polonia) | T2—438 6 |
| Noxubee (Estados Unidos: | |
|   Condado) | T2—762 955 |
| Ntumba | 496.396 8 |
| | T6—963 968 |
| Nubes | 551.576 |
|   aeronaútica | 629.132 4 |
|   formaión de partículas | 551.574 1 |
|   midificación del tiempo | 551.687 6 |
| Nubia (Etiopía) | T2—397 8 |
| Nucleación | 551.574 1 |
| Nucleidos | |
|   estructura | 539.74 |

| | |
|---|---|
| Obras para niños | 782.1 |
| música | 782.1 |
| Obras prohibidas | 098.1 |
| Obras públicas | 363 |
| administración pública | 350.86 |
| administración local | 352.7 |
| central | 351.86 |
| ministerios | 351.086 |
| derecho público | 343.025 6 |
| derecho social | 344.06 |
| Obras religiosas (Teatro) | |
| literatura | 808.825 16 |
| historia y crítica | 809.251 6 |
| literaturas específicas | T3B—205 16 |
| autores individuales | T3A—2 |
| presentación en escena | 792.16 |
| Obras seudónimas | |
| bibliografía | 014 |
| Obras teatrales | |
| espectáculos musicales | 782.14 |
| música | 782.14 |
| literatura | 808.82 |
| v.a. Teatro (Literatura) | |
| música | |
| representaciones | 792.6 |
| Obregón, Alvaro | |
| historia de México | 972.082 2 |
| Obscenidad | |
| criminología | 364.174 |
| derecho | 344.054 7 |
| derecho penal | 345.027 4 |
| envíos postales | 383.120 5 |
| ética | 176.7 |
| problemas sociales | 363.47 |
| Observaciones astronómicas | 522.1 |
| Observaciones magnéticas | 538.79 |
| Observantes | 255.3 |
| Observatorios | |
| arquitectura | 727.5 |
| astronomía | 522.1 |
| Obsidiana | |
| glíptica | 736.28 |
| petrología | 552.2 |
| Obstetras | 618.200 92 |
| derecho | 344.041 2 |
| grupo profesional | T7—618 1 |
| papel y funciones | 618.202 32 |
| Obstetricia | 618.2 |
| anestesiología | 617.968 2 |
| cirugía | 618.8 |
| enfermería | 610.736 78 |

| | |
|---|---|
| Obstetricia (continuación) | |
| enfermedades | |
| incidencia | 614.599 2 |
| veterinaria | 636.089 82 |
| Obstrucciones intestinales | |
| cirugía | 617.554 |
| medicina | 616.342 |
| v.a. Sistema digestivo | |
| Obtención de empleo | 650.14 |
| v.a. Hojas de vida | |
| Obturadores | |
| de cámaras fotográficas | 771.36 |
| Obuses | |
| ingeniería | 623.42 |
| Obwalden (Suiza) | T2—494 764 |
| Ocampo, Gonzalo de | |
| historia de Venezuela | 987.02 |
| Ocaña (Colombia) | T2—861 247 |
| Ocarina | 788.38 |
| Ocasionalismo | |
| filosofía | 147 |
| Occidente de Estados Unidos | 978 |
| | T2—78 |
| Occidente (Región atlántica) | T2—182 1 |
| Oceanía | 995 |
| | T2—95 |
| Océano Artico | 551.468 |
| | T2—163 2 |
| Océano Atlántico | 551.461 |
| | T2—163 |
| Océano Indico | 551.467 |
| | T2—165 |
| Océano Pacífico | 551.465 |
| | T2—164 |
| Océano Pacífico norte | 551.465 4 |
| | T2—164 4 |
| Océano Pacífico sur | 551.465 8 |
| | T2—164 8 |
| Oceanografía | 551.46 |
| Oceanografía biológica | 574.92 |
| Oceanografía dinámica | 551.47 |
| Oceanógrafos | 551.460 92 |
| grupo profesional | T7—553 |
| Océanos | 551.46 |
| | T2—162 |
| economía de los recursos | 333.916 4 |
| geología física | 551.46 |
| temperatura | |
| efectos metereológicos | 551.524 6 |
| Ocelotes | 559.744 28 |
| producción animal | 636.89 |

| | |
|---|---|
| Oficiales | 355.009 2 |
| formación | 355.55 |
| grupo profesional | T7—335 |
| papel y funciones | 355.332 |
| Oficiales de policía | 363.250 92 |
| grupo profesional | T7—363 2 |
| Oficiales de policía judicial | 347.016 |
| grupo profesional | T7—349 |
| Oficina de empleo | 331.128 |
| v.a. Servicio de empleo | |
| Oficina Internacional de Trabajo | |
| derecho | 341.763 |
| Oficinas | |
| administración | 651.3 |
| edificios | |
| arquitectura | 725.23 |
| equipo | |
| adquisiciones | 658.72 |
| fuerzas armadas | 355.81 |
| servicios | 651.2 |
| etiqueta | 395.52 |
| mobiliario | |
| adquisiciones | 658.72 |
| manufactura | 684 |
| servicios | 651 |
| Oficinas de información pública | 361.06 |
| Oficinas postales | 725.16 |
| arquitectura | 725.16 |
| v.a. Servicios postales | |
| Oficinistas | 651.309 2 |
| administración de personal | 651.306 83 |
| administración pública | 350.1 |
| central | 351.1 |
| local | 352.005 1 |
| grupo ocupacional | T7—651 |
| Oficio divino | 264.1 |
| anglicano | 264.030 1 |
| católico | 264.020 1 |
| textos | 264.024 |
| música | 782.324 |
| para voces individuales | 783.093 24 |
| para voces mixtas | 782.532 4 |
| Oficleidos | 788.99 |
| Ofrendas | |
| religión | 291.34 |
| Oftalmología | 617.7 |
| anestesiología | 617.967 71 |
| enfermería | 610.736 77 |
| geriatría | 618.977 7 |
| pediatría | 618.920 977 |
| v.a. Ojos | |

| | |
|---|---|
| Oftalmología protética | 617.79 |
| v.a. Ojos | |
| Oftalmólogos | 617.709 2 |
| grupo profesional | T7—617 7 |
| papel y funciones | 617.702 32 |
| Oglethorpe (Estados Unidos: Condado) | T2—758 175 |
| Ogros | |
| folclor | 398.21 |
| sociología | 398.45 |
| Ogwr (Gales) | T2—429 71 |
| Ohau (Hawaii) | T2—969 3 |
| Ohio (Estados Unidos) | 977.1 |
| | T2—771 |
| Ohmímetros | 621.374 2 |
| Oiapoque (Brasil) | T2—811 68 |
| Oído | 5901.182 5 |
| fisiología animal | 591.182 5 |
| fisiología humana | 612.85 |
| v.a. Orejas | |
| Oído externo | 596.018 25 |
| anatomía humana | 611.85 |
| enfermedades humanas | |
| incidencia | 614.599 8 |
| otología | 617.81 |
| fisiología humana | 612.851 |
| Oído interno | 596.018 25 |
| anatomía humana | 611.85 |
| enfermedades humanas | |
| incidencia | 614.599 8 |
| otología | 617.882 |
| fisiología humna | 612.858 |
| Oído medio | |
| anatomía humana | 611.85 |
| enfermedades humanas | |
| incidencia | 614.599 8 |
| otología | 617.84 |
| fisiología humana | 612.854 |
| v.a. Oídos | |
| Oído musical | 781.424 |
| Oídos | |
| anatomía humana | 611.85 |
| fisiología humna | 612.854 |
| otología | 617.842 |
| Oise (Francia) | T2—443 5 |
| OIT (Alianza intergubernamental) | |
| derecho | 341.763 |
| Oita (Japón) | T2—522 8 |
| Ojeda, Alfonso de | |
| historia de Venezuela | 987.02 |

| | |
|---|---|
| Oliniaceae | 583.44 |
| Olintepeque (Guatemala) | T2—728 182 5 |
| Olivetanos | 255.13 |
| historia de la Iglesia | 271.13 |
| mujeres | 255.97 |
| historia de la Iglesia | 261.97 |
| Olivino | 549.62 |
| Ollachea (Perú) | T2—853 64 |
| Ollas | 641.502 8 |
| cocina | 641.502 8 |
| manufactura | 683.82 |
| Olmos | 583.962 |
| arboricultura ornamental | 635.977 396 2 |
| maderas | 674.142 |
| silvicultura | 634.972 8 |
| Olmos (Perú) | T2—851 47 |
| Olocuilta (El Salvador) | T2—728 425 4 |
| OLP (Organización palestina) | 322.420 956 94 |
| Olsztyn (Polonia) | T2—438 3 |
| Olyreae | 584.93 |
| Omagh (Irlanda del Norte) | T2—416 47 |
| Oman | 953.5 |
| | T2—535 3 |
| Omate (Perú) | T2—853 45 |
| Ombudsmen | 350.91 |
| administración pública | 350.91 |
| central | 351.91 |
| local | 352.002 |
| derecho | 342.066 7 |
| poder legislativo | 328.345 2 |
| Omento | |
| anatomía humana | 611.38 |
| cirugía | 617.558 |
| fisiología humana | 612.33 |
| v.a. Sistema digestivo | |
| Omnibus | 388.342 33 |
| cocina | 641.575 |
| conducción | 629.283 33 |
| derecho | 343.094 4 |
| ingeniería | 629.222 33 |
| ingeniería militar | 623.747 23 |
| reparación | 629.287 233 |
| salud pública | 363.729 3 |
| transportes | 388.322 |
| v.a. Transporte en bus | |
| Omnipotencia de Dios | 212.7 |
| cristianismo | 231.4 |
| religión comparada | 291.211 |
| Omnipresencia de Dios | 212.7 |
| cristianismo | 231.4 |
| religión comparada | 291.211 |

| | |
|---|---|
| Omnisciencia de Dios | 212.7 |
| cristianismo | 231.4 |
| religión comparada | 291.211 |
| Omoa (Honduras) | T2—728 311 4 |
| Omoplato | |
| anatomía humana | 611.717 |
| v.a. Sistema musculoesquelético | |
| Onagraceae | 583.44 |
| Onces | 642 |
| cocina | 641.53 |
| costumbres | 394.15 |
| tecnología de alimentos | 664.6 |
| Oncocercocis | |
| incidencia | 614.555 2 |
| medicina | 616.965 2 |
| Oncología | 616.992 |
| Oncópodos | 565.5 |
| Onda corta | |
| electrónica | |
| física | 537.534 3 |
| radio | |
| ingeniería militar | 623.734 1 |
| sistemas | |
| ingeniería | 621.384 151 |
| Onda larga | |
| electrónica | |
| física | 537.534 2 |
| sistemas de radio | 621.384 153 |
| Ondas | |
| aerodinámica | 533.62 |
| mecánica | 531.113 3 |
| mecánica de fluídos | 532.059 3 |
| mecánica del gas | 533.293 |
| mecánica de los líquidos | 532.593 |
| mecánica de los sólidos | 531.33 |
| oceonografía | 551.470 2 |
| propiedad de los materiales | 530.124 |
| radiaciones | |
| ionización | 539.722 |
| Ondas de choque | 531.113 3 |
| mecánica de fluidos | 532.059 3 |
| mecánica de gases | 533.293 |
| mecánica de líquidos | 532.593 |
| mecánica de sólidos | 531.33 |
| Ondas de presión | |
| ingenieria | 620.106 4 |
| Ondas de radio | 537.534 |
| biofísica | 574.191 51 |
| humana | 612.014 481 |
| física | 537.534 |
| propagación y transmisión | 621.384 11 |

Organos (continuación)
  donaciones
    derecho — 344.041 94
    trasplantes — 362.197 05
    v.a. Trasplantes de órganos
Organos americanos — 786.55
  v.a. Instrumentos de teclado
Organos artificiales
  cirugía plástica — 617.95
Organos bucales — 788.82
Organos cardiovasculares — 591.11
  fisiología humana — 612.1
  v.a. Sistema cardiovascular
Organos circulatorios
  anatomía — 574.42
  anatomía animal — 591.41
  anatomía humana — 611.1
  anatomía vegetal — 581.41
  fisiología — 574.116
  fisiología humana — 612.1
  v.a. Sistema cardiovascular
Organos de excreción
  anatomía — 574.44
  anatomía animal — 594.44
  anatomía humana — 611.61
  anatomía vegetal — 581.44
  fisiología — 574.14
  fisiología humana — 612.46
  v.a. Sistema digestivo
Organos de los sentidos
  anatomía animal — 591.48
  anatomía humana — 611.8
  fisiología animal — 591.182
  fisiología humana — 612.8
  histología humana — 611.018 98
  v.a. Sistema nervioso
Organos de secreción
  anatomía — 574.44
  anatomía animal — 591.44
  anatomía humana — 611.4
  anatomía vegetal — 571.44
  fisiología — 574.14
  fisiología humana — 612.14
Organos del gusto — 591.182 6
  anatomía humana — 611.87
  fisiología animal — 591.182 6
  fisiología humana — 612.87
Organos del olfato
  anatomía humana — 611.86
  fisiología animal — 591.182 6
  fisiología humana — 612.86

Organos del tacto
  anatomía humana — 611.88
  fisiología humana — 612.88
  v.a. Sistema nervioso
Organos electrónicos — 786.59
  v.a. Instrumentos de teclado
Organos esqueléticos — 591.471
  anatomía animal — 591.471
  preparación de esqueletos — 579.1
Organos gastrointestinales
  anatomía humana — 611.33
  fisiología humana — 612.32
  v.a. Sistema digestivo
Organos genitales
  anatomía humana — 611.6
  v.a. Sistema genital
Organos genitales femeninos
  fisiología humana — 612.2
Organos locomotores
  anatomía — 574.47
  anatomía animal — 591.47
  anatomía humana — 611.7
  fisiología — 574.18
  fisiología humana — 612.7
Organos propioceptivos
  anatomía humana — 611.8
  fisiología humana — 612.88
  v.a. Sistema nervioso
Organos regals — 786.55
  v.a. Instrumentos de teclado
Organos reproductivos
  anatomía — 574.46
  anatomía animal — 591.46
  anatomía humana — 511.6
  anatomía vegetal — 581.46
    plantas — 582.046
  farmacodinámica — 615.766
  fisiología — 574.16
Organos urogenitales
  anatomía humana — 611.6
  fisiología humana — 611.46
  v.a. Sistema genital, Sistema urinario
Orgullo — 179.8
  v.a. Vicios
Oricteropo del Cabo — 599.75
Orientación
  percepción
    psicología — 152.188 2
Orientación (Bibliotecas) — 025.56
Orientación e inducción a los
    empleados — 658.312 42

| | |
|---|---|
| Ortodoxos de Oriente | |
| biografías | 281 909 2 |
| grupos religiosos | T7—219 |
| Ortogénesis | 575.016 3 |
| evolución | 575.016 3 |
| Ortografía | 411 |
| educación elemental | 372.632 |
| lingüística | 411 |
| lenguas específicas | T4—152 |
| lingüística aplicada | 418 |
| lenguas específicas | T4—81 |
| Ortografía americana | 421.54 |
| Ortografía británica | 421.55 |
| Ortopedia | 617.3 |
| cirugía | 617.3 |
| enfermería | 610.736 77 |
| Ortópteros | |
| ingeniería | 629.133 36 |
| Ortóptica | 617.762 2 |
| v.a. Ojos | |
| Oruro (Bolivia) | T2—841 3 |
| Oryzeae | 584.93 |
| Osaka (Japón) | T2—521 834 |
| Osasco (Brasil) | T2—816 15 |
| Oscilaciones | |
| física del estado sólido | 530.416 |
| sólidos | 531.32 |
| Osciladores | |
| circuitos eléctricos | 621.381 533 |
| ingeniería de la radio | 621.84 12 |
| Oscilógrafos | 621.374 7 |
| Osciloscopios | 621.381 548 3 |
| Oscinos | 598.8 |
| Osco (Lengua) | 479.9 |
| | T6—799 |
| Osco (Literatura) | 879.9 |
| Oscoúmbricos | T5—79 |
| Oseas | 224.6 |
| Oseola, Fla. (Estados Unidos: | |
| Condado) | T2—759 25 |
| Osetia | 491.59 |
| | T6—915 9 |
| Oslo (Noruega) | T2—482 1 |
| Osmanlí (Lengua) | 494.35 |
| | T6—943 5 |
| Osmio | 669.7 |
| ingeniería química | 661.064 1 |
| metalografía | 669.957 |
| metalurgia | 669.7 |
| metalurgia física | 669.967 |

| | |
|---|---|
| Osmio (continuación) | |
| química | 546.641 |
| v.a. Sustancias químicas | |
| Osmosis | |
| desalinización | 628.167 4 |
| física | 530.425 |
| tratamiento del agua | 628.164 |
| Osmosis invertida | |
| desalinización | 628.167 44 |
| Osmundaceae | 587.31 |
| Osnabrück (Alemania) | T2—435 911 |
| Oso hormiguero | 599.31 |
| Osorio, Oscar | |
| historia de El Salvador | 972 840 52 |
| Osorno (Chile) | T2—835 3 |
| Osos | 599.744 46 |
| caza mayor | 799.277 444 6 |
| Osos de agua | 595.187 |
| Osos marinos | 599.746 |
| Ospina, Pedro Nel | |
| historia de Colombia | 986.106 3 |
| Osset del Sur (ex URSS) | T2—475 8 |
| Ossetas | T5—915 9 |
| Ossetia del Norte (ex URSS) | T2—475 2 |
| Ostariophysi | 597.52 |
| paleozoología | 567.5 |
| Osteichthyes | 597.5 |
| paleozoología | 567.5 |
| Osteítis | |
| medicina | 616.712 |
| v.a. Sistema musculoesquelético | |
| Osteoartritis | |
| medicina | 616.722 3 |
| v.a. Sistema musculoesquelético | |
| Osteocondritis | |
| medicina | 616.712 |
| v.a. Sistema musculoesquelético | |
| Osteoglossiformes | 597.55 |
| paleozoología | 567.5 |
| Osteomielitis | |
| medicina | 616.715 |
| v.a. Sistema musculoesquelético | |
| Osteopatía | 610 |
| sistema terapéutico | 615.533 |
| Osteoporosis | |
| medicina | 616.716 |
| v.a. Sistema musculoesquelético | |
| Ostergotland | T2—486 |
| Ostfold (Noruega) | T2—482 3 |
| Ostia | |
| antigua | T2—376 |

| | |
|---|---|
| Oxígeno | |
| geología económica | 553.94 |
| ingeniería química | 661.072 1 |
| química | 546.721 |
| química orgánica | 547.03 |
| aplicada | 661.8 |
| suministro | |
| fisiología humana | 612.22 |
| v.a. Sistema respiratorio | |
| tecnología del gas | 665.823 |
| uso terapéutico | 615.836 |
| v.a. Sustancias químicas | |
| Oxitocina | |
| química | 547.734 5 |
| Oyo (Nigeria) | T2—669.25 |
| Ozocerita | 553.27 |
| geología económica | 553.27 |
| tecnología | 665.4 |
| Ozono | |
| tecnología del gas | 665.89 |
| Ozonobromuro | |
| fotografía | 773.1 |
| Ozotipia | |
| fotografía | 773.1 |

## P

| | |
|---|---|
| Paarl (Sudáfrica) | T2—687 3 |
| Pabellones de caza | |
| arquitectura | 728.7 |
| Pablo I, Emperador de Rusia | |
| historia de Rusia | 947.071 |
| Pabok (Canadá) | T2—714 79 |
| Pacana | 641.345 2 |
| agricultura | 634.52 |
| botánica | 583.973 |
| cocina | 641 |
| Pacheco Areco, Jorge | |
| historia de Uruguay | 989.506 5 |
| Pachimalco (El Salvador) | T2—728 423 6 |
| Pachuca (México) | T2—724 62 |
| Paciencia | 179.9 |
| v.a. Virtudes | |
| Pacientes | |
| consentimiento | 615.5 |
| relaciones con las enfermeras | 610.730 699 |
| relaciones con los médicos | 610.696 |
| servicios bibliotecarios | 027.662 |
| Pacientes indigentes | |
| asistencia social | 362.104 25 |

| | |
|---|---|
| Pacientes terminales | 362.175 |
| teología social | 291.178 321 75 |
| asistencia social | 362.175 |
| cristianismo | 261.832 175 |
| Pacífico central | 551.465 9 |
| | T2—164 9 |
| Pacífico norte | 551.465 4 |
| | T2—164 4 |
| Pacífico sudoriental | 551.466 1 |
| | T2—164 1 |
| Pacífico sur | 551.465 8 |
| | T2—164 8 |
| Pacifismo | 303.66 |
| sociología | 303.66 |
| teología social | 291.178 73 |
| budismo | 294.337 873 |
| cristianismo | 261.873 |
| hinduismo | 294.517 873 |
| islamismo | 297.197 873 |
| judaísmo | 296.387 873 |
| ética | 172.42 |
| religión | 291.562 42 |
| budismo | 294.356 242 |
| cristianismo | 241.624 2 |
| islamismo | 297.5 |
| judaísmo | 294.548 624 2 |
| Pacifistas | 303.660 92 |
| cooperación internacional | 327.170 92 |
| Guerra Anglo-Boer | 968.048 1 |
| Guerra con México | 973.621 |
| Guerra de 1812 | 973.521 |
| Guerra del Golfo, 1991 | 956.704 421 |
| Guerra de Vietnam | 959.704 31 |
| Guerra Hispano-Americana | 973.891 |
| Guerra Mundial, I | 940.316 2 |
| Guerra Mundial, II | 940.531 62 |
| Pacto de Varsovia | 355.031 094 7 |
| Pactos de seguridad mutua | 355.031 |
| Pactos internacionales de seguridad | |
| derecho | 341.72 |
| Pactos militares | 355.031 |
| Paddle tenis | 796.34 |
| Padilla (Bolivia) | T2—842 43 |
| Padova (Italia) | T2—453 2 |
| Padrastros | 306.874 |
| | T1—085 |
| | T7—043 1 |
| relaciones familiares | 306.874 |
| Padre de las Casas (Rep. Dominicana) | T2—729 372 8 |

| | | | |
|---|---|---|---|
| Pakistán | 954.91 | Palancas | |
| | T2—549 1 | física aplicada | 621.811 |
| 1947-1971 | 954.910 4 | pata de cabra | |
| | T2—549 | tecnología | 621.93 |
| Pakistán Occidental | T2—549 1 | Palancas para juegos (computadores) | 004.76 |
| Pakistán Oriental | 954.92 | ingeniería | 621.398 6 |
| | T2—549 2 | manufactura | 688.748 |
| Pakistaníes | T5—914 122 | Palancas pata de cabra | 621.93 |
| Palabra del Señor | | Palas locomóviles | 625.22 |
| Biblia | 220.13 | Palatinado (Alemania) | T2—434 35 |
| Jesucristo | 232.2 | Palau | 996.6 |
| Palabras | T1—014 | | T2—966 |
| música | 780 | Palawan (Filipinas) | T2—599 4 |
| tratados | 780268 | Palencia (España) | T2—462 2 |
| Palabras claves | | Palencia (Guatemala) | T2—728 116 |
| indización | 025.486 | Palenque (México) | T2—727 56 |
| Palabras de diversas lenguas | T4—81 | Paleoasiáticos | T5—946 |
| Palabras vulgares | 417.2 | Paleobotánica | 561 |
| lenguas específicas | T4—7 | Paleoceno | 551.783 |
| Palacetes | | geología | 551.783 |
| arquitectura | 728.82 | peleontología | 560.178 |
| Palacio de los deportes | | Paleoclimatología | 551.69 |
| arquitectura | 725.804 3 | Paleoecología | 560.45 |
| Palacios | | botánica | 561.1 |
| residencias oficiales | | zoológica | 560.45 |
| residenciales | | Paleoeslavo | 491.817 |
| arquitectura | 725.17 | | T6—918 17 |
| arquitectura | 728.82 | Paleógeno | 551.782 |
| Palacios episcopales | | geología | 551.782 |
| arquitectura | 726.9 | paleontología | 560.178 |
| Paladar | | Paleogeografía | 551.7 |
| antomía humana | 611.315 | Paleognatos | 598.5 |
| cirugía | 617.522 5 | paleozoología | 568.5 |
| fisiología humana | 612.31 | Paleografía | 411.7 |
| habla | 612.78 | lenguas específicas | T4—11 |
| v.a. Sistema digestivo | | Paleolítico | 930.12 |
| Paladio | 669.7 | artes | 709.011 2 |
| ingeniería química | 661.063 6 | escultura | 732.22 |
| metalistería | 673.7 | pintura | 759.011 2 |
| metalografía | 669.957 | Paleomagnetismo | 538.72 |
| metalurgia | 669.7 | Paleontología | 560 |
| metalurgia física | 669.967 | relaciones con la religión | 291.175 |
| química | 546.636 | cristianismo | 261.55 |
| v.a. Sustancias químicas | | teología natural | 215.6 |
| Palaeacanthocephala | 595.13 | Paleontología estratigráfica | 560.17 |
| Palaeonisciformes | 567.4 | Paleontólogos | 560.9 |
| Palaeonodonta | 569.31 | grupo profesional | T7—56 |
| Palaico | 491.998 | Paleopalinología | 561.13 |
| | T6—919 98 | Paleovulcanismo | 551.21 |
| | | Paleozoico | 551.72 |
| | | geología | 551.72 |

| | |
|---|---|
| Pandemia | |
| efectos sociales | 303.485 |
| Pandereta | 789.1 |
| Pandionidae | 598.917 |
| Pando (Bolivia) | T2—844 3 |
| Paneles | |
| ajuar de la casa | 645.2 |
| decoración interna | 747.3 |
| Paneles "sandwich" | 674.835 |
| arquitectura | 721.044 92 |
| materiales de construcción | 693.92 |
| Panteísmo | 211.2 |
| filosofía | 147 |
| Panfilia | T2—392 9 |
| Pangasinan (Filipinas) | T2—599 1 |
| Pangermanismo | 320.540 943 |
| Pangolines | 599.31 |
| Pangolini | 599.31 |
| Pánico | |
| psicología social | 302.17 |
| Panicoidae | 584.92 |
| Panicum | |
| agricultura | 633.171 |
| Panos | T5—984 |
| Pano (Lengua) | 498.4 |
| | T6—984 |
| Panola, Miss. (Estados Unidos: | |
| Condado) | T2—762 84 |
| Panola, Tex. (Estados Unidos: | |
| Condado) | T2—764 187 |
| Panonia | T2—398 |
| Panoramas | 745.8 |
| artes decorativas | 745.8 |
| pintura | 751.74 |
| Paños | |
| industria textil | 677.62 |
| Panpsiquismo | |
| filosofía | 141 |
| Panslavismo | 320.549 094 7 |
| Pantallas | |
| artesanías | 754.593 2 |
| Pantalones | 391 |
| confección doméstica | 646.433 |
| costumbres | 391 |
| manufactura | 687.113 |
| v.a. Vestuario | |
| Pantalones cortos | 391 |
| confección doméstica | 646.433 |
| costumbres | 391 |
| tecnología | 687.113 |

| | |
|---|---|
| Pantanos | |
| ecología | 574.526 325 |
| Panteísmo | 211.2 |
| filosofía | 147 |
| religión comparada | 291.14 |
| Pantodonta | 569.6 |
| Pantoheria | 569.18 |
| Pantomima | 792.3 |
| Pañuelos | |
| confección | 646.48 |
| Panzós (Guatemala) | T2—728 151 3 |
| Papa | 641.352 1 |
| agricultura | 635.21 |
| botánica | 583.79 |
| cocina | 641.652 1 |
| fécula | |
| tecnología | 664.22 |
| procesamiento comercial | 664.805 21 |
| Papado | 262.13 |
| lucha contra el imperio | 270.3 |
| supremacía del | 270.4 |
| Papagayos | 598.71 |
| producción animal | 636.686 5 |
| Papaína | 615.35 |
| Papas | 282.092 |
| eclesiología | 262.13 |
| Papaveraceae | 583.122 |
| Papaya | 641.346 51 |
| agricultura | 634.651 |
| botánica | 583.46 |
| cocina | 641.646 51 |
| teconología de alimentos | 664.804 651 |
| Papel | 676 |
| artesanías | 745.54 |
| corte y plegado | 736.98 |
| materiales de fotografía | 771.532 3 |
| materiales de escultura | 731.2 |
| materiales de ingeniería | 620.197 |
| producción | 676.2 |
| reciclaje | 676.142 |
| tecnología de manufactura | 676 |
| Papel absorvente | 676.284 4 |
| Papel aluminio | |
| uso en cocina | 641.589 |
| Papel apergaminado | 676.284 5 |
| Papel cartón | |
| artesanías | 745.542 |
| para escultura | 731.2 |
| Papel cebolla | 676.282 3 |
| Papel comercial | 332.77 |
| instrumentos de trueque | 332.5 |

| | |
|---|---|
| Paradas (continuación) | |
| espectáculos | 791.62 |
| Paradas de buses urbanos | 388.33 |
| v.a. Estaciones de buses | |
| Paradisaeidae | 598.865 |
| Paradoja | |
| lógica | 165 |
| Parafinas | 574.411 |
| ingeniería química | 661.814 |
| Paráfrasis | |
| elementos musicales | 781.377 |
| formas musicales | 781.826 |
| instrumentales | 784.182 6 |
| Paraguarí (Paraguay) | T2—892 123 |
| Paraguay | 989.2 |
| | T2—892 |
| Paraguayos | T5—688 92 |
| Paraíba (Brasil) | T2—813 3 |
| Paraíso | 291.23 |
| crisitianismo | 236.24 |
| Paraíso (Belice) | T2—728 225 |
| Paralaje | |
| correcciones | 522.9 |
| Paralelas (Gimnasia) | 796.44 |
| Paralelismo | |
| filosofía | 147 |
| Paralipómenos (Biblia) | 222.6 |
| Parálisis | |
| sintomatología | |
| enfermedades neurológicas | 616.842 |
| v.a. Sistema nervioso | |
| Parálisis agitante | |
| medicina | 616.833 |
| v.a. Sistema nervioso | |
| Parálisis cerebral | |
| medicina | 616.836 |
| Paramagnetismo | 538.43 |
| Paramaribo (Suriman) | T2—883 5 |
| Paramixovirus | 576.648 4 |
| Páramos | |
| ecología | 574.526 21 |
| Paraná (Brasil) | T2—816 2 |
| Paranieves | |
| ingeniería de carreteras | 625.763 |
| ingeniería de ferrocarriles | 625.13 |
| Paranoia | |
| medicina | 616.897 |
| v.a. Enfermedades mentales | |
| Paraolímpicos | 796.045 6 |
| Parapetos | 625.795 |

| | |
|---|---|
| Paraplejía | |
| medicina | 616.837 |
| v.a. Sistema nervioso | |
| Parapsicología | 133 |
| relaciones con la religión | 291.175 |
| cristianismo | 261.51 |
| Parapsicólogos | 133.092 |
| grupo profesional | T7—13 |
| Pararrayos | |
| ingeniería | 621.317 |
| Pararthropoda | 595.5 |
| paleozoología | 565.5 |
| Parasimpático | |
| enfermedades humanas | |
| medicina | 616.88 |
| fisiología humana | 612.89 |
| v.a. Sistema nervioso | |
| Parasitiformes | 595.42 |
| Parasitismo | |
| animal | 591.524 9 |
| ecología | 574.524 9 |
| medicina | 616.96 |
| plantas | 581.524 9 |
| agricultura | 632.52 |
| veterinaria | 636.089 696 |
| Parasitología médica | 616.96 |
| Parazoos | 593.4 |
| paleozoología | 563.4 |
| Parcelación de tierras | 333.3 |
| administración pública | 350.823 26 |
| central | 351.823 26 |
| local | 352.962 |
| derecho | 346.043 77 |
| Pared celular | 574.875 |
| Paredes | 721.2 |
| arquitectura | 721.2 |
| construcción | 690.12 |
| decoración de interiores | 747.3 |
| revestimiento | |
| dotación de la casa | 645.2 |
| Parentesco | 306.83 |
| genealogía | 929.2 |
| sistema de descendencia | 306.83 |
| Parentesco matrilineal | 306.83 |
| Parentesco patrilineal | 306.83 |
| Parentesco político | 306.87 |
| | T1—085 |
| | T7—04 |
| relaciones familiares | 306.87 |
| Parentesco totémico | 306.83 |

Pares
  genealogía 929.7
Paresis general
  medicina 616.892
  v.a. Sistema nervioso
Parestesia
  medicina 616.856
  v.a. Sistema nervioso
Pareto, Vilfredo
  teoría económica 330.154 3
Pargos 597.58
Pariaguán (Venezuela) T2—875 27
Parianeae 584.93
Paridae 598.824
Parientes 306.87
  T1—085
  T7—04
  relaciones familiares 306.87
Parientes colaterales 306.87
  T1—451 44
  T7—046
  relaciones familiares 306.87
París (Francia) T2—443 61
Parker (Estados Unidos:
  Condado) T2—764 553
Parlamento europeo 341.242 4
Parlamentos 328.3
  actos 328.4–.9
  edificios
    arquitectura 725.11
  reglamentos 060.42
  legislatura 328.1
Parma (Italia) T2—454 4
Parmer (Estados Unidos:
  Condado) T2—764 836
Parnaíba (Brasil) T2—812 28
Parnassiaceae 583.38
Paro cardíaco
  medicina 616.123 025
  v.a.Sistema cardiovascular
Parodia 808.87
  crítica literaria 809.7
    teoría 801.957
  elementos musicales 781.377
  formas musicales 781.826
    instrumentales 784.182 6
  historia literaria 809.7
  literatura 808.87
    literaturas específicas T3B—7
  retórica 808.7

Paros laborales 331.892
  v.a. Huelgas
Parotiditis epidémica
  incidencia 614.544
  medicina 616.313
  pediatría 618.923 13
  v.a. Sistema digestivo
Párpados
  fisiología humana 612.847
  oftalmología 617.771
  v.a. Ojos
Parque nacional de Abruzzo
  (Italia) T2—457 115
Parque nacional de Everglades
  (Estados Unidos) T2—759 39
Parque nacional de Grisones
  (Suiza) T2—494 73
Parque nacional de Kilimanjaro
  (Tanzania) T2—678 26
Parque Nacional de la Petrified
  Forest (Estados Unidos) T2—791 37
Parque nacional de las Islas
  Vírgenes T2—729 722
Parque nacional de las Montañas
  Rocosas (Estados Unidos) T2—788 69
Parque nacional de Mammoth
  Cave (Estados Unidos) T2—769 754
Parque nacional de Sequoia
  (Estados Unidos) T2—794 86
Parque nacional de Serengeti
  (Tanzania) T2—678 27
Parque nacional de Yellowstone
  (Estados Unidos) T2—787 52
Parque nacional de Yosemite
  (Estados Unidos) T2—794 47
Parque Nacional del Gran
  Cañón T2—791 32
Parque nacional del Gran Paraíso
  (Italia) T2—451 1
Parque nacional Shenandoah
  (Estados Unidos) T2—755 9
Parqueo para vivienda múltiple 647.92
  administración de la casa 647.92
  urbanismo 711.58
Parqueos 388.474
  administración pública 350.878 474
    central 351.878 474
    local 352.918 474
  arquitectura 725.38
  construcción 690.538
  derecho 343.098 2

| | | | |
|---|---|---|---|
| Partituras para ejecución | 780 | Pases | |
| textos | 780.264 | fútbol americano | 796.332 25 |
| Parto | | Pashto | 491.593 |
| fisiología humana | 612.63 | | T6—915 93 |
| música | 781.582 | Pasifloráceas | |
| obstrucciones | | fruticultura | 583.456 |
| obstetricia | 618.5 | Pasión de Jesús | 232.96 |
| obstetricia | 618.4 | música | 782.23 |
| preparación | | Pasiones | |
| obstétrica | 618.24 | literatura | 808.825 16 |
| psicología | 155.646 3 | historia y crítica | 809.251 6 |
| Parto múltiple | | literaturas específicas | T3B—205 16 |
| obstetricia | 618.25 | autores individuales | T3A—2 |
| Parto natural | | música | 782.23 |
| obstetricia | 618.45 | coros y voces mixtas | 782.523 |
| Parto prematuro | | significado religioso | 246.7 |
| obstetricia | 618.397 | teatro | 792.16 |
| Parulidae | 598.872 | Pasionistas | 255.62 |
| Pasadores de chavetas | 621.883 | historia de la iglesia | 271.62 |
| Pasaje (Ecuador) | T2—866 314 | Pasivo circulante | |
| Pasajes peatonales | 388.12 | contabilidad | 657.74 |
| derecho | 343.098 1 | Pasivo fijo | |
| urbanismo | 711.14 | contabilidad | 657.75 |
| uso | 388.12 | Paso a reserva | |
| locales | 388.411 | fuerzas armadas | 355.113 |
| Pasamanería | 677.76 | Paso de Calais norte (Francia) | T2—442 7 |
| artes textiles | 746.27 | Pasos a nivel | 385.312 |
| Pasamanería para tapicería | 677.76 | ingeniería | 625.1 |
| Pasaportes | 323.67 | transportes | 385.312 |
| administración pública | 351.898 | Pasos aleatorios | 519.282 |
| derecho | 342.082 | Pasos de los Libres (Argentina) | T2—822 28 |
| derecho internacional | 341.484 2 | Pasos de los Toros (Uruguay) | T2—895 326 |
| política | 323.67 | Passacaglia | 781.827 |
| Pasaquina (El Salvador) | T2—728 434 7 | instrumental | 784.182 7 |
| Pasargarda | T2—35 | Passau (Alemania) | T2—433 55 |
| Pasatiempo | T1—023 | Passeriformes | 598.8 |
| actividad recreativa | 790.13 | paleozoología | 568.8 |
| derecho | 344.099 | Passifloraceae | 583.456 |
| periodismo | 070.444 | Passiflorales | 583.456 |
| sociología | 306.487 | Passo Fundo (Brasil) | T2—816 56 |
| v.a. Actividades recreativas | | Passover | 296.437 |
| Pasco (Estados Unidos: | | costumbres | 394.267 |
| Condado) | T2—759 69 | Pastas | 641.822 |
| Pasco (Perú) | T2—852 3 | cocina | 641.822 |
| Pascua | 263.93 | tecnología de alimentos | 664.755 |
| costumbres | 394.266 7 | Pastaza (Ecuador) | T2—866 42 |
| literatura piadosa | 242.6 | Pastel | |
| música | 781.727 | dibujo | 741.235 |
| sermones | 252.63 | Pastelería | 641.865 |
| Pascua judía | 296.437 | preparación doméstica | 641.865 |
| costumbres | 394.268 296 437 | tecnología de alimentos | 664.752 5 |

Patología (continuación)
  plantas                                   581.2
Patología social                           361.1
  comportamiento colectivo                 302.17
  influencia sobre el crimen               364.256
  interacciones individuales               302.542
Patos                                      598.41
  carne                                    641.365 97
    cocina                                 641.665 97
  caza deportiva                           799.248 41
  producción animal                        636.597
  tecnología alimentos                     664.93
Patos sierras                              598.41
Patria boba
  historia de Colombia                     986.103
Patriarcado (Gobierno)                     321.12
Patriarcas                                 270.092
  denominaciones específicas               280
  eclesiología                             262.13
Patrimonios financieros
  administración                           346.056
  contabilidad                             657.47
Patrística                                 270
  filosofía                                189.2
Patrocinio político                        324.204
Patrones (Costura)                         646.407
  confección doméstica                     646.407
  diseño                                   646.407 2
Patrones de comportamiento
  bimetálicos                              332.423
  durante catástrofes                      155.935
  ecología animal                          591.5
  en estructuras subterráneas              155.964
  industria metalúrgica
  industria textil                         677.022
    para fundición                         671.23
    para productos semielaborados          671.821
  mercancía                                332.422-.425
  mixtos de mercancías                     332.425
  monetarios                               332.42
  monometálicos                            332.422
  multimetálicos                           332.424
  psicología infantil                      155.41
Patrones ópticos                           004.76
  código de barras                         006.42
    ingeniería                             621.399
  dispositivos de ingreso                  004.76
    ingeniería                             621.398 6
Patrones ópticos (continuación)

gráficos                                   006.62
  ingeniería                               621.399
Patrones oro                               332.422 2
  cambio externo                           332.452
Patrones simetálicos
  economía                                 332.424
Patrulla
  operación militar                        355.413
  servicio de policía                      363.232
Patrullaje en las vías                     363.233 2
Pátzcuaro (México)                         T2—723 74
Patzúm (Guatemala)                         T2—728 161 4
Paucituberculata                           599.2
Paujiles                                   598.614
Paulding, Ga. (Estados Unidos:
  Condado)                                 T2—758 373
Paulinos                                   255.77
Pauropoda                                  595.64
  paleozoología                            565.64
Pausas (Lingüística)                       414.6
  lenguas específicas                      T4—16
Pavía (Italia)                             T2—452 9
Pavimentación
  pistas aeroportuarias                    629.136 34
Pavimentación de carreteras                625.8
Pavimento de concreto                      666.893
Pavimentos telford                         625.86
  andenes                                  625.886
  ingeniería de vías                       625.86
Pavlov
  sistema psicológico                      150.194 4
Pavo cepillo                               598.612
Pavo real                                  598.617
Pavos                                      598.619
  carne                                    641.365 92
    cocina                                 641.665 92
    preparación industrial                 664.93
  producción animal                        636.592
Payasos                                    791.33
  grupo profesional                        T7—791 3
Paysandú (Uruguay)                         T2—895 31
Paz                                        303.66
  dererecho internacional                  341.73
  ética                                    172.42
  religión                                 291.562 42
    budismo                                294.356 242
    cristianismo                           241.624 2
    hinduismo                              294.548 624 2
    islamismo                              297.5
    judaísmo                               296.385 624 2

| | |
|---|---|
| Pectolina | |
| mineralogía | 549.66 |
| Peculado | 364.132 |
| derecho | 345.026 2 |
| Pedales | |
| técnicas musicales | 784.193 8 |
| Pedaliaceae | 583.54 |
| Pedasí (Panamá) | T2—728 723 7 |
| Pedernal | 553.65 |
| geología | 553.65 |
| Pedernales (Rep. Dominicana) | T2—729 323 |
| Pedestales | 721.3 |
| arquitectura | 721.3 |
| construcción | 690.13 |
| Pedi (Lengua) | 496.397 1 |
| | T6—963 977 1 |
| Pediatras | 618.920 009 2 |
| grupo profesional | T7—618 9 |
| papel y funciones | 618.920 023 2 |
| Pediatría | 618.92 |
| cardiología | 618.921 2 |
| cirugía | 617.98 |
| enfermería | 610.736 2 |
| enfermedades | |
| incidencia | 614.599 2 |
| medicina | 618.92 |
| ginecología | 618.920 98 |
| medicina preventiva | 613.043 2 |
| servicios | 362.198 92 |
| bienestar social | 362.198 92 |
| terapia | 615.542 |
| Pedicure | 646.727 |
| instrumentos | |
| tecnología | 688.5 |
| Pedigrís | |
| producción animal | 636.082 2 |
| Pedipalpi | 595.453 |
| paleozoología | 565.4 |
| Pedodoncia | 617.645 |
| v.a. Odontología | |
| Pedrarias Dávila | |
| historia de Honduras | 972.830 2 |
| historia de Nicaragua | 972.850 2 |
| Pedras Negras (Brasil) | T2—811 1 |
| Pedro I | |
| historia de Brasil | 981.04 |
| Pedro I El Grande, Emperador de Rusia | |
| historia de Rusia | 947.05 |
| Pedro II | |
| historia de Brasil | 981.04 |

| | |
|---|---|
| Pedro II, Emperador de Rusia | |
| historia de Rusia | 947.061 |
| Pedro III, Emperador de Rusia | |
| historia de Rusia | 947.062 |
| Pedro (Evangelio) | |
| epístolas | 227.92 |
| Pedúnculos cerebrales | |
| fisiología humana | 612.826 |
| v.a. Sistema nervioso | |
| Peebleshire (Escocia) | T2—413 82 |
| Pegantes | 668.3 |
| v.a. Adhesivos | |
| Pegmatitas | |
| diques | 553.16 |
| mineralogía | 549.116 |
| Peinado | 646.724 2 |
| arte | 746.11 |
| costumbres | 391.5 |
| manufactura | 677.028 21 |
| Peines | 646.724 |
| costumbres | 391.44 |
| cuidado personal | 646.724 |
| manufactura | 688.5 |
| Pejesapo | 597.53 |
| Pekín (China) | T2—511 56 |
| Pelacanoididae | 598.42 |
| Pelácigo | 597.53 |
| Pelados mexicanos | |
| producción animal | 636.76 |
| v.a. Perros | |
| Pelagianismo | |
| cristianismo | 273.5 |
| Pelagra | |
| medicina | 616.393 |
| v.a. Sistema digestivo | |
| Pelarco (Chile) | T2—833 332 |
| Pelea de gallos | 791.8 |
| Pelecypoda | 594.11 |
| paleozoología | 564.11 |
| Peleteros | 675.309 2 |
| grupo profesional | T7—675 |
| Pelicaniformes | 598.43 |
| paleozoología | 568.4 |
| Pelícanos | 598.43 |
| Películas | |
| bibliografía | 011.37 |
| catalogación | 025.347 3 |
| tratamiento bibliotecario | 025.177 3 |
| Películas delgadas | |
| electrónica | 621.381 5 |
| física del estado líquido | 530.427 5 |

Películas delgadas (continuación)
  física del estado sólido     530.417 5
  memoria     004.53
    ingeniería     621.397 32
  tecnología     621.381 52
Peligno     497.7
               T6—797
Peligno (Lengua)     479.7
               T6—797
Pelileo (Ecuador)     T2—866 154
Pella (Grecia)     T2—495.65
Pellicieraceae     583.166
Pelo     599.018 58
  v.a. Cabello
Pelo de camello
  textiles     677.34
Pelo de conejo
  textiles     677.35
Pelo y pluma
  manufactura     679.6
  producción animal     636.088 45
Pelobatoidea     597.85
  paleozoología     567.8
Peloponeso (Grecia)     T2—495 22
  antiguo     T2—386
Pelos de semilla
  textiles     677.2
  v.a. Textiles
Pelota vasca     796.343
Pelotas
  juegos     796.3
  manufactura     688.763
Pelotas (Brasil)     T2—816 57
Pelotones     355.31
Peltre
  artes decorativas     739.533
Pelucas
  acicalamiento personal     646.724 8
  costumbres     391.5
Peluquería     646.724
Peluqueros     646.724 209 2
  grupo profesional     T7—646 7
Pelvi     491.53
               T6—915 3
Pelvis
  anatomía     611.96
  cirugía     617.55
  deformidades     617.376
Pelycosauria     567.93
Pemba (Tanzania)     967.8
               T2—678

Pemón (Dialectos)     498.4
               T6—984
Pena capital     364.66
  derecho     345.077 3
  ética     179.7
    religión     291.569 7
      budismo     294.356 97
      cristianismo     241.697
      hinduismo     294.548 697
      islamismo     297.5
      judaísmo     296.385 697
  penología     364.66
  teología social     291.178 336 6
    cristianismo     261.833 66
Pena de muerte     364.66
  v.a. Pena capital
Peña (Rep. Dominicana)     T2—729 356 5
Penaeaceae     583.933
Penang     T2—595 1
Penco (Chile)     T2—833 8
Pende (Lengua)     496.393
               T6—963 93
Pendientes     551.436
               T2—143
  ingeniería de vías     625.725
  ingeniería de ferrocarriles     625.11
  geografía     910.914 3
  geografía física     910.021 43
  geomorfología     551.436
Pendle (Inglaterra)     T2—427 645
Péndulo     531.324
  artes adivinatorias     133.323
  relojes     681.112
Péndulo de Foucault     525.36
Pene
  anatomía humana     611.64
  enfermedades humanas
    medicina     616.66
  fisiología humana     612.61
  v.a. Sistema genital masculino
Peneaceae     583.933
Penedo (Brasil)     T2—813 58
Penetración
  materiales de ingeniería     620.112 6
Penicilina
  farmacología     615.329 23
Penicillium     589.23
Penicuik (Escocia)     T2—413 5
Peninos (Inglaterra)     T2—428
Península Balcánica     949.6
               T2—496

| | | | |
|---|---|---|---|
| Península de Arabia | 953 | Pensilvania (Colombia) | T2—861 356 |
| | T2—53 | Pensión alimenticia | 346.016 6 |
| Península de Palmer | T2—989 | Pensión familiar | 362.713 |
| Península del Sinaí | 953.1 | Pensiones | 351.252 |
| | T2—531 | administración pública | 351.835 |
| antigua | 939.48 | administración de personal | 658.325 3 |
| | T2—394 8 | ejecutivos | 658.407 253 |
| Península Ibérica | 946 | contabilidad | 657.75 |
| | T2—46 | derecho | 344.012 52 |
| antigua | 936.6 | economía | 331.252 |
| | T2—366 | impuestos | 336.242 8 |
| Península Itálica | 945 | Pentadiplandraceae | 583.271 |
| | T2—45 | Pentano | 665.773 |
| antigua | 937 | Pentaphylacaceae | 583.166 |
| | T2—37 | Pentastomida | 593.992 |
| Península Kola (ex URSS) | T2—471 3 | paleozoología | 563.992 |
| Península Sorrentina (Italia) | T2—457 38 | Pentateuco | 221.1 |
| Penitencia | | Pentatonia | 781.265 |
| oraciones privadas | | Pentatonicismo | 781.265 |
| cristianismo | 242.725 | Pentecostales | |
| Penitenciarías | 365.34 | biografía | 289.940 92 |
| v.a. Instituciones penales | | grupo religioso | T7—289 |
| Penitencias | | Pentecostalismo | 270.82 |
| culto público | | renovamiento espiritual | 269.4 |
| Penitencias (Juegos) | 793.5 | Pentecostés | 263.9 |
| Pénjamo (México) | T2—724 16 | judaísmo | 296.438 |
| Pennales | 589.481 | música | 781.729 3 |
| Pennsylvania (Estados Unidos) | 974.8 | sermones | 252.6 |
| | T2—748 | Penthaphylacaceae | 583.166 |
| Penología | 364.6 | Pentland Hills (Escocia) | T2—413 5 |
| administración pública | 350.849 | Pentodos | 621.381 5 |
| central | 351.849 | Peñuelas (Puerto Rico) | T2—729 563 7 |
| local | 352.944 9 | Penutis | T5—974 |
| militar | 365.48 | Penwith (Inglaterra) | T2—423 75 |
| derecho | 343.014 6 | Peones | 305.56 |
| Penonomé (Panamá) | T2—728 721 2 | | T1—086 25 |
| Pensacola (Estados Unidos) | T2—759 99 | Peones (Ajedrez) | 794.142 |
| Pensadores políticos | 320.092 | Peperomia | 583.925 |
| grupo profesional | T7—321 | Pepillo Salcedo (Rep. | |
| ideologías específicas | 320.5 | Dominicana) | T2—729 352 6 |
| Pensamiento | 153.42 | Pepinillos | 583.46 |
| filosofía | 128.3 | Pepinos | 641.356 3 |
| psicología | 153.42 | botánica | 583.46 |
| Pensamiento abstracto | 153.24 | cocina | 641.656 3 |
| filosofía | 128.3 | horticultura | 635.63 |
| psicología | 153.24 | tecnología de alimentos | 664.805 63 |
| Pensamiento creativo | 153.42 | Pepinos de mar | 593.96 |
| educación | 370.157 | Pepónides | 641.356 1 |
| v.a. Creatividad | | botánica | 583.46 |
| Pensamiento (Botánica) | 583.135 | cocina | 641.656 1 |
| floricultura | 635.933 135 | horticultura | 635.61 |

| | | | |
|---|---|---|---|
| Perceptores | 006.42 | Perfumes sintéticos | 668.544 |
| Percherón | | Pergamino de paño | |
| producción animal | 636.15 | papel | 676.284 5 |
| zoología | 599.725 | pieles | |
| Percopsiformes | 597.53 | manufactura | 685 |
| Percusionistas | 786.909 2 | Pergamino (Argentina) | T2—821.27 |
| grupo profesional | T7—786 | Pérgamo | T2—392 1 |
| Perdices | 598.617 | Pericardio | |
| Pérdida de calor | | anatomía | 611.11 |
| circuitos eléctricos | 621.319 21 | enfermedades humanas | |
| Pérdida de la ciudadanía | 323.6 | medicina | 616.11 |
| penas | 364.68 | fisiología humana | 612.17 |
| política | 323.6 | v.a. Sistema cardiovascular | |
| Pérdida de los bienes | | Pericarida | 595.37 |
| seguros | 368.1 | paleozoología | 565.37 |
| Pérdida del derecho al voto | 324.62 | Pericos | 598.7 |
| penología | 364.68 | Peridiniales | 589.43 |
| política | 324.62 | Peridiscaceae | 583.19 |
| Pérdida del territorio | 320.12 | Peridotitas | 552.3 |
| Pérdidas en negocios | | Periféricos | 004.7 |
| administración financiera | 658.155 | computadores | T1—028 547 |
| derecho tributario | 343.052 36 | ingeniería | 621.398 4 |
| economía de impuestos | 336.241 7 | unidad de control | 004.64 |
| Perdón | | ingeniería | 621.398 1 |
| cristianismo | 234.5 | Periféricos de entrada | 004.76 |
| Peregrinación a La Mecca | 297.55 | ingeniería | 621.398 6 |
| Peregrinaciones | 291.446 | Periféricos de salida | 004.77 |
| cristianismo | 248.463 | ingeniería | 621.398 7 |
| Pereira (Colombia) | T2—861 322 | Perigeo | 521.3 |
| Pereira, Aristides | | Perimetrio | |
| historia de Cabo Verde | 966.580 33 | fisiología humana | 612.62 |
| Perejil | 583.48 | ginecología | 618.13 |
| Pérez Jimenez, Marcos | | v.a. Sistema genital femenino | |
| Pérez, Carlos Andrés | | Perineo | |
| historia de Venezuela | 987.063 3 | anatomía humana | 611.96 |
| Pereza | 179.8 | cirugía | 617.555 |
| v.a. Vicios | | fisiología | 612.96 |
| Perezosos | | Periodicidad (Química) | 541.24 |
| zoología | 599.31 | Periódicos | 050 |
| Perfeccionismo | | | T1—05 |
| personalidad | 155.232 | bibliografías | 011.34 |
| sistema ético | 171.3 | editorial | 070.572 |
| Perforación | | índices | 050 |
| ingeniería subacuática | 627.75 | manejo de correo | 383.123 |
| plataformas | 627.98 | periodismo | 070.175 |
| extracción de petróleo | 622.338 19 | sociología | 302.232 4 |
| pozos de gas | 622.338 1 | Periódicos estudiantiles | 371.805 |
| pozos petroleros | 622.338 1 | producción | 371.894 4 |
| Perfumes | 668.54 | Periódicos ilustrados | 741.65 |
| costumbres | 391.63 | | |
| Perfumes naturales | 668.542 | | |

| | |
|---|---|
| Personas casadas | 306.872 |
| | T1—086 55 |
| grupo social | 305.906 55 |
| guías de vida cristiana | 248.844 |
| psicología | 155.645 |
| relaciones familiares | 306.872 |
| derecho | 346.016 3 |
| Personas con dificultades de lenguaje | 305.908 164 |
| | T1—087 |
| educación especial | 371.914 2 |
| grupo social | 305.908 164 |
| Personas con impedimento motriz | 305.908 166 |
| | T1—087 3 |
| | T7—081 66 |
| bienestar social | 362.43 |
| educación | 371.916 |
| grupo social | 305.908 166 |
| Personas con impedimentos en el desarrollo mental | 305.908 16 |
| | T1—087 5 |
| educación | 371.92 |
| grupo social | 305.908 16 |
| servicios sociales | 362.196 2 |
| enfermedades físicas | 362.196 8 |
| v.a. Retardo, Impedidos mentales | |
| Personas confinadas en casa | 305.908 14 |
| | T1—087 7 |
| | T7—081 4 |
| Personas de mediana edad | 305.244 |
| | T1—084 4 |
| | T7—056 4 |
| aspectos sociales | 305.244 |
| guías de vida cristiana | 248.84 |
| psicología | 155.66 |
| relación con el estado | 323.353 |
| salud | 613.043 4 |
| teología social | 291.178 342 44 |
| cristianismo | 261.834 244 |
| Personas desaparecidas | |
| localización | 363.233 6 |
| Personas flacas | 306.872 |
| cocina | 641.563 5 |
| salud | 613.25 |
| Personas jóvenes | 305.23 |
| | T1—083 |
| | T7—054 |
| educación religiosa cristiana | 268.432 |
| Personas obesas | |
| cocina | 641.563 4 |
| salud | 613.24 |

| | |
|---|---|
| Personas retardadas | 305.908 26 |
| | T1—087 4 |
| v.a. Retardo mental | |
| Personas sanas | 305.908 12 |
| | T7—081 2 |
| Personas sordas | 305.908 162 |
| | T1—087 2 |
| | T7—081 62 |
| grupo social | 305.908 162 |
| Personas superdotadas | 305.908 29 |
| | T1—087 9 |
| | T7—082 9 |
| educación | 371.95 |
| Personificaciones (Religión) | 291.214 |
| Perspectiva | |
| arte | 701.82 |
| diseño técnico | 604.245 |
| Perspire (Honduras) | T2—728 351 8 |
| Persuasión | 303.342 |
| lógica | 168 |
| política | 320.014 |
| procesos sociales | 303.342 |
| psicología | 153.852 |
| retórica | 808 |
| PERT (Técnica de análisis) | 658.403 2 |
| Perth y Kinross (Escocia) | T2—412 8 |
| Perth (Australia) | T2—941 1 |
| Perth (Escocia) | T2—412 8 |
| Perthshire (Escocia) | T2—412 8 |
| Pertrechos | |
| fuerzas aéreas | 358.418 2 |
| fuerzas armadas | 355.82 |
| fuerzas navales | 359.82 |
| infantería | 356.186 |
| ingeniería militar | 623.4 |
| Perturbación (Derecho) | 346.036 |
| Perturbaciones | |
| música celeste | 521.4 |
| Perturbaciones atmosféricas | 551.55 |
| Perturbaciones convectivas | 551.554 |
| Pertusis (Tos ferina) | |
| medicina | 616.204 |
| salud pública | 614.543 |
| Perú | 985 |
| | T2—85 |
| Peruanos | T5—688 5 |
| Perugia (Italia) | T2—456 51 |
| Perversión sexual | |
| criminología | 364.153 6 |
| derecho penal | 345.025 36 |
| medicina | 616.858 3 |
| v.a. Enfermedades mentales | |

| | |
|---|---|
| Pestillos | |
| manufactura | 683.31 |
| Petacas | |
| manufactura | 688.4 |
| Petare (Venezuela) | T2—873.59 |
| Petén (Guatemala) | T2—728 12 |
| Peterborough (Inglaterra) | T2—426 51 |
| Petermanniaceae | 584.42 |
| Petición | |
| derecho de | 323.48 |
| oraciones | 242.726 |
| Pétionville (Haití) | T2—729 458 |
| Petit-Goâve (Haití) | T2—729 459 |
| Petite Église de France | 284.8 |
| Petiveriaceae | 583.913 |
| PETN (Explosivos) | 662.27 |
| Petorca (Chile) | T2—832 48 |
| Petra | 939.48 |
| | T2—394 8 |
| Petreles | 598.42 |
| Petrogénesis | 552.03 |
| Petrografía | 552 |
| Petróleo | 553.28 |
| administración pública | 351.823 88 |
| ministerio | 351.082 388 |
| agentes contaminantes | 363.738 2 |
| derivados | |
| ingeniería química | 661.804 |
| economía de la extracción | 338.272 8 |
| administración pública | 351.823 27 |
| economía de los recursos | 333.823 |
| extracción | 622.338 |
| administración pública | 351.823 88 |
| derecho | 343.077 2 |
| geología económica | 553.28 |
| manufactura de equipos | 681.766 5 |
| prospección | 622.182 8 |
| química | 547.83 |
| radiestesia | 133.323 7 |
| trasnporte por tubería | 388.55 |
| tratamiento | 665.5 |
| economía | 338.476 655 |
| empresas | 338.766 55 |
| uso para la cocina | 641.583 |
| Petróleo sintético | 662.662 |
| Petrología | 552 |
| Petrología microscópica | 552.8 |
| Petrológos | 552.009 2 |
| grupo profesional | T7—552 |
| Petrópolis (Brasil) | T2—815 37 |
| Petrosaviaceae | 584.721 |

| | |
|---|---|
| Petuncé | |
| cerámica | 738.12 |
| Petunias | 583.79 |
| Peyote | 583.47 |
| Pez | 665.538 8 |
| natural | 553.27 |
| extracción | 622.337 |
| v.a. Asfalto | |
| Pez aguja | 597.53 |
| Pez anádromo | 597.58 |
| Pez ballesta | 597.58 |
| Pez de ojos saltones | 597.58 |
| Pez escorpión | 597.58 |
| Pez espada | 597.58 |
| Pez gallo | 597.58 |
| Pez globo | 597.58 |
| Pez guitarra | 597.35 |
| Pez lagarto | 597.55 |
| Pez linterna | 597.55 |
| Pez loro | 597.58 |
| Pez luna | 597.58 |
| Pez mariposa | 597.55 |
| Pez papagayo | 597.58 |
| Pez piloto | 597.58 |
| Pez sapo | 597.53 |
| Pez sierra | 597.35 |
| Pez vela | 597.58 |
| Pez volador | 597.53 |
| Pezizales | 589.23 |
| Pezperro de río | 597.41 |
| Pfalz (Alemania) | T2—434 35 |
| PH | 541.372 8 |
| ingeniería química | 660.297 28 |
| Phaeophyta | 589.45 |
| Phaëthontes | 598.43 |
| Phalangida | 595.43 |
| paleozoología | 565.4 |
| Phalarideae | 584.93 |
| Phallales | 589.221 |
| Phanerozonida | 593.93 |
| paleozoología | 563.93 |
| Pharyngobdellida | 595.145 |
| Phasmotodea | 595.724 |
| paleozoología | 565.72 |
| Philadelphaceae | 583.397 |
| Philesiaceae | 584.42 |
| Philydraceae | 584.29 |
| Phleum | 633.24 |
| Phocidae | 599.748 |
| Phoenicopteri | 598.34 |
| Pholidophoriformes | 567.4 |

| | | | |
|---|---|---|---|
| Piedra pómez | 553.65 | Pieles | |
| petrología | 552.23 | vestuario (continuación) | |
| Piedras | 553.5 | costumbres | 391 |
| arquitectura | 693.1 | manufactura | 685.24 |
| decoración arquitectónica | 729.6 | Pieles de imitación | 675.3 |
| geología económica | 553.5 | Pielitis | 616.613 |
| ingeniería estructural | 624.183 2 | v.a. Sistema urinario | |
| materiales de cimentación | 624.153 32 | Pielocistitis | 616.613 |
| materiales de construcción | 691.2 | v.a. Sistema urinario | |
| materiales de ingeniería | 620.132 | Pielonefritis | 616.613 |
| materiales para escultura | 731.2 | v.a. Sistema urinario | |
| pavimentación | 625.82 | Piemia | |
| andenes | 625.882 | incidencia | 614.577 |
| ingeniería de carreteras | 625.882 | medicina | 616.944 |
| Piedras para artesanías | 745.584 | puerperal | |
| Piedras preciosas | 553.8 | incidencia | 614.545 |
| extracción | 622.38 | obstetricia | 618.74 |
| geología económica | 553.8 | v.a. Enfermedades infecciosas | |
| prospección | 622.188 | Piemia puerperal | |
| Piedras semipreciosas | 553.87 | muerte | |
| extracción | 622.387 | incidencia | 614.599 2 |
| geología económica | 553.87 | obstetricia | 618.79 |
| joyería | 739.27 | Pierce, Franklin | |
| Piel | 591.185 8 | historia de Estados Unidos | 973.66 |
| anatomía animal | 591.47 | Pierce, Ga. (Estados Unidos: | |
| anatomía humana | 611.77 | Condado) | T2—758 792 |
| anestesiología | 617.967 477 | Pierias (Grecia) | T2—495 6 |
| antropometría | 573.677 | Piernas | 591.104 2 |
| cirugía | 617.477 | cirugía | 617.584 |
| cuidado personal | 646.726 | fisiología animal | 591.104 2 |
| enfermedades de los animales | 591.218 58 | fisiología humana | 612.98 |
| enfermedades humanas | 362.196 5 | medicina regional | 617.584 |
| incidencia | 614.595 | músculos | |
| medicina | 616.5 | anatomía humana | 611.738 |
| servicios sociales | 362.196 5 | técnicas musculares | 784.193 8 |
| farmacodinámica | 615.778 | v.a. Extremidades inferiores | |
| fisiología animal | 591.185 8 | Piernas artificiales | |
| fisiología humana | 612.79 | manufactura | 685.38 |
| geriatría | 618.976 5 | medicina | 617.58 |
| histología animal | 591.824 | Pies | 612.98 |
| histología humana | 611.018 977 | cirugía | 617.585 059 |
| pediatría | 618.925 | fisiología humana | 612.98 |
| Pieles | | medicina regional | 617.585 |
| artesanías | 745.537 | v.a. Extremidades inferiores | |
| producción animal | 636.9 | Pietismo | |
| productos | | cristianismo | 273.7 |
| procesamiento | 675.3 | Piezodiálisis | |
| economía | 338.476 753 | desalinización | 628.167 46 |
| manufactura | 685 | Piezoelectricidad | 537.244 6 |
| vestuario | 391 | cristalografía | 548.85 |
| confección doméstica | 646.4 | minerales | 549.127 |

| | |
|---|---|
| Piña | 641.347 74 |
| botánica | 584.22 |
| cocina | 641.647 74 |
| cultivo de fibra | 633.576 |
| horticultura | 634.774 |
| tecnología de alimentos | 664.804 774 |
| Pinaceae | 585.2 |
| paleobotánica | 561.52 |
| Pináculos | 721.5 |
| arquitectura | 721.5 |
| construcción | 690.15 |
| Pinal (Estados Unidos: | |
| Condado) | T2—791 75 |
| Pinar del Río (Cuba) | T2—729 112 |
| Piñas | |
| decoración vegetal | 745.925 |
| Pinceles | 679.6 |
| diseño | 741.26 |
| Pinellas (Estados Unidos: | |
| Condado) | T2—759 63 |
| Ping-pong | 796.346 |
| Pingüinos | 598.441 |
| Pinheiro (Brasil) | T2—812 19 |
| Pinnipedia | 599.745 |
| paleozoología | 569.74 |
| Pinofitas | 585 |
| Piñón | 585.2 |
| Pinorama (Panamá) | T2—728 745 |
| Pinos | 585.2 |
| australianos | 583.975 |
| maderas | 674.144 |
| silvicultura | 634.975 1 |
| Pinscher miniatura | |
| producción animal | 636.76 |
| v.a. Perros | |
| Pintado del vidrio | 748.502 82 |
| Pintores | 759 |
| grupo profesional | T7—75 |
| Pintores (Construcción) | 698.109 2 |
| grupo ocupacional | T7—698 |
| Pintura | 667.9 |
| artes | 750 |
| artes decorativas | 745.723 |
| artes textiles | 746.6 |
| cerámica | 738.15 |
| decoración de interiores | 747.3 |
| edificios | 698.1 |
| madera | 698.35 |
| educación primaria | 372.52 |
| literatura | 808.803 57 |
| historia y crítica | 809.933 57 |

| | |
|---|---|
| Pintura | |
| literatura (continuación) | |
| literaturas específicas | T3B—080 357 |
| historia y crítica | T3B—093 57 |
| metales | 739.15 |
| tecnología | 667.9 |
| uso en puericultura | 649.51 |
| Pintura a rodillo | 751.49 |
| Pintura a soplete | 667.9 |
| Pintura al agua y lechada | |
| edificios | 698.2 |
| Pintura al encausto (cera) | 751.46 |
| Pintura al fresco | 751.44 |
| Pintura al óleo | 751.45 |
| Pintura anticorrosiva | 667.69 |
| Pintura bajo el barniz | 666.45 |
| arte | 738.15 |
| tecnología | 666.45 |
| Pintura barroca | 759.046 |
| Pintura bizantina | 759.021 4 |
| Pintura con arena | 751.49 |
| Pintura con los dedos | 751.49 |
| Pintura con tinta | 751.425 |
| Pintura con tinta china | 751.425 1 |
| Pintura con tinta japonesa | 751.425 2 |
| Pintura de edificios | 698.1 |
| Pintura de escenarios | 751.75 |
| Pintura de género | 754 |
| Pintura de latex | 667.63 |
| Pintura de letreros | 667.9 |
| Pintura del renacimiento | 759.03 |
| Pintura en acrílico | 751.426 |
| Pintura en acuarela | 751.422 |
| Pintura en alfarería | 666.45 |
| artes | 738.15 |
| tecnología | 666.45 |
| Pintura en metales | |
| artes decorativas | 739.15 |
| Pintura en tempera | 751.43 |
| Pintura erótica | 757.8 |
| Pintura gótica | 759.022 |
| Pintura ignífuga | 667.68 |
| Pintura luminosa | 667.69 |
| Pintura moderna | 759.06 |
| Pintura polimérica | 751.49 |
| Pintura rococó | 759.047 |
| Pintura románica | 759.021 6 |
| Pinturas | 667.6 |
| administración de la casa | 645.2 |
| decoración arquitectónica | 729.4 |
| Pinturas de murales | 751.73 |

| | |
|---|---|
| Piscicultores | 639.309 2 |
| grupo ocupacional | T7—639 3 |
| Piscicultura | 639.3 |
| economía | 338.371 3 |
| empresas | 338.763 93 |
| Piscinas | 797.2 |
| arquitectura del paisaje | 714 |
| economía doméstica | 643.55 |
| higiene pública | 363.729 2 |
| v.a. Control de desechos | |
| públicas | 797.2 |
| arquitectura | 725.74 |
| construcción | 690.574 |
| uso educativo | 371.624 |
| área de recreación | 643.35 |
| arquitectura | 728.9 |
| construcción | 690.89 |
| Piscinas costeras | 551.460 9 |
| | T2—168 |
| Pisco (Perú) | T2—852 76 |
| Pisidia | T2—392 7 |
| Pisos | 721.6 |
| arquitectura | 721.6 |
| construcción | 690.16 |
| decoración de interiores | 747.4 |
| revestimiento | 645.1 |
| administración del hogar | 645.1 |
| construcción | 698.9 |
| Pisos de puentes | |
| ingeniería | 624.283 |
| Pistachos | 641.345 74 |
| agricultura | 634.574 |
| botánica | 583.28 |
| cocina | 641.645 74 |
| tecnología de alimentos | 664.804 574 |
| Pistas de aterrizaje | 387.736 |
| ingeniería | 629.136 12 |
| ingeniería militar | 623.661 2 |
| servicios de transporte | 387.736 |
| v.a. Aeropuertos | |
| Pistas de patinaje | |
| arquitectura | 725.86 |
| Pistas (Aeropuertos) | |
| aeropuertos militares | 623.663 |
| ingeniería | 6289.136 3 |
| Pistilos | |
| anatomía vegetal | 582.130 446 3 |
| Pistoia (Italia) | T2—455 2 |
| Pistolas | 683.432 |
| caza deportiva | 799.213 |
| deportes | 799.202 833 |

| | |
|---|---|
| Pistolas (continuación) | |
| ingeniería militar | 623.443 |
| manufactura | 683.432 |
| metalistería | 739.744 3 |
| tiro al blanco | 799.31 |
| Pistolas automáticas | 683.432 |
| Pistolas de un solo tiro | 683.432 |
| Pistones | |
| motores de combustión interna | 621.437 |
| Pistones hidráulicos | 621.27 |
| v.a. Arietes | |
| Pitágoras | |
| filosofía | 182.2 |
| Pitakas | 294.382 |
| Pitalito (Colombia) | T2—861 548 |
| Pitching | 796.352 34 |
| Pitecántropo erectus | 573.3 |
| Pittosporales | 583.141 |
| Pittsburgh (Estados Unidos) | T2—748 86 |
| Pityeae | 561.55 |
| Piura (Perú) | T2—851 3 |
| Piuria | |
| medicina | 616.633 |
| v.a. Sistema urinario | |
| Pizarra | 553.54 |
| extracción | 622.354 |
| geología económica | 553.54 |
| materiales de construcción | 691.2 |
| petrología | 552.4 |
| Pizarro, Francisco | |
| historia de Ecuador | 986.601 |
| Pizza | 641.815 |
| cocina | 641.815 |
| Placas para impresión | |
| en relieve | 686.231 4 |
| planas | 686.231 5 |
| Placas (Elemento estructural) | |
| arquitectura naval | 623.817 765 |
| ingeniería estructural | 624.177 65 |
| Placas (Microscopía) | 578.6 |
| de tejidos animales | 578.9 |
| de tejidos vegetales | 578.8 |
| Placenta | 599.03 |
| cirugía | 618.87 |
| enfermedades humanas | |
| obstetricia | 618.34 |
| fisiología animal | 599.03 |
| fisiología humana | 612.63 |
| Placer | |
| sistemas éticos | 171.4 |
| sociología | 641.013 |

| | |
|---|---|
| Planificación lingüística | 306.449 |
| Planificación nacional | |
| economía | 338.9 |
| urbanismo | 711.2 |
| Planificación regional | 307.12 |
| derecho | 346.045 |
| economía | 338.9 |
| sociología de la comunidad | 307.12 |
| urbanismo | 711.3 |
| Planificación urbana | 307.121 6 |
| administración pública | 350.823 26 |
| central | 351.823 26 |
| local | 352.96 |
| derecho | 346.045 |
| urbanismo | 711.4 |
| Planografía | 763 |
| imprenta | 686.231 |
| Planos | 912 |
| | T1—022 3 |
| dibujo arquitectónico | 729.2 |
| geografía | 912 |
| Planos | 516.05 |
| Planos a cuadrícula | |
| urbanismo | 711.41 |
| Planos detallados | |
| construcciones | 692.2 |
| Planos inclinados | |
| ingeniería de canales | 627.135 3 |
| Planos irregulares | |
| urbanismo | 711.41 |
| Planos radiales | |
| urbanismo | 711.41 |
| Planos (Representaciones gráficas) | 912 |
| | T1—022 3 |
| diseño arquitectónico | 729.2 |
| geografía | 912 |
| Planta de resurrección (Botánica) | 587.9 |
| Planta del caucho | 583.962 |
| Plantaciones | |
| sistemas de producción | |
| sociología | 306.349 |
| sociología de la comunidad | 307.72 |
| Plantagenet | |
| historia de Gran Bretaña | 941.03 |
| historia de Inglaterra | 942.03 |
| historia de Irlanda | 941.503 |
| Plantaginales | 583.89 |
| Plantas | 581 |
| agricultura | 630 |
| nocivas | 632.5 |
| arquitectura del paisaje | 715 |

| | |
|---|---|
| Plantas (continuación) | |
| botánica | 581 |
| dibujo | 743.7 |
| en la Biblia | 220.858 1 |
| folclor | 398.242 |
| sociología | |
| legendarias | 398.468 |
| reales | 398.368 |
| pintura | 758.5 |
| psicología comparada | 156.9 |
| representaciones artísticas | 704.943 4 |
| tecnología de la conservación | 639.99 |
| Plantas acuáticas | 581.92 |
| floricultura | 635.967 4 |
| Plantas alergénicas | |
| botánica | 581.67 |
| Plantas aliáceas | 584.324 |
| horticultura | 635.26 |
| Plantas anuales | |
| floricultura | 635.931 2 |
| Plantas árticas | 581.909 43 |
| floricultura | 635.952 |
| Plantas bench-scale | |
| ingeniería química | 660.280 71 |
| Plantas beneficiosas | 581.61 |
| Plantas bianuales | |
| floricultura | 635.931 4 |
| Plantas comestibles | |
| botánica | 581.632 |
| Plantas con flores | 582.13 |
| arquitectura del paisaje | 716 |
| Plantas con semillas desnudas | 585 |
| Plantas de follaje | |
| floricultura | 635.975 |
| Plantas de fruto | 634 |
| Plantas de interiores | |
| floriculutura | 635.965 |
| Plantas de producción de perfumes | |
| agricultura | 633.81 |
| Plantas de semillas aceitosas | |
| agricultura | 633.85 |
| Plantas disciflorales | 583.2 |
| Plantas eléctricas (Centrales de | |
| energía) | 621.312 1 |
| ingeniería nuclear | 621.483 |
| Plantas eléctricas (Máquinas) | 621.4 |
| aeronaves | |
| barcos | 623.87 |
| naves espaciales no tripuladas | 629.465 |

Plásticos (continuación)
  materiales de cimentación    624.153 923
  materiales de construcción    691.92
  materiales de ingeniería    620.192 3
    construcción    693.992 3
  mobiliario    645.4
  manufactura    684.106
Plásticos acrílicos    668.423 2
Plásticos celulósicos    668.44
  textiles    677.46
  v.a. Textiles
Plásticos de polimerización    668.42
Plásticos de resinas naturales    668.45
Plásticos derivados de la caseína    668.43
Plásticos derivados de la lignina    668.45
Plásticos espumados    668.493
Plásticos fenólicos    668.422 2
Plásticos poliacrílicos    668.423 2
Plásticos póxidos    668.422 6
Plásticos proteínicos    668.43
Plásticos reforzados    668.494
Plásticos termoendurecidos    668.422
Plásticos termoplásticos    668.423
Plásticos uréicos    668.422 3
Plástidos    574.873 3
Plastificantes
  pinturas    667.622
  plásticos    668.411
Plata    669.23
  arte en metal    739.23
  economía de la producción    338.274 21
  geología económica    553.421
  ingeniería química    661.065 4
  materiales de ingeniería    620.189 23
  metalistería    673.23
  metalografía    669.952 3
  metalurgia    669.23
  metalurgia física    669.962 3
  minería    622.342 3
  química    546.654
Plataforma continental    551.41
     T2—141
  derecho internacional    341.448
Plataformas de lanzamiento
  naves espaciales    629.478
  naves espaciales no tripuladas    629.468
Plataformas de partidos políticos    324.23
Plataformas de perforación    627.98
  extracción de petróleo    622.338 19
Platanaceae    583.394

Plátano    583.394
  cocina    641.647 73
  economía doméstica    641.347 73
  horticultura    634.773
  tecnología de alimentos    664.804 773
Plátano falso    583.394
Plateau (Nigeria)    T2—669 5
Plateau Leurenziano    T2—714
  Ontario    T2—713
  Quebec    T2—714
Platería    739.23
Platillos (instrumento musical)    786.873
  v.a. Instrumentos de percusión
Platino    669.24
  geología económica    553.422
  ingeniería química    661.064 5
  materiales de ingeniería    620.189 24
  metalistería    739.24
  metalografía    669.952 4
  metalurgia    669.24
  metalurgia física    669.962 4
  minería    622.342 4
  química    546.645
  trabajo en metal    673.24
  v.a. Metales, Sustancias químicas
Platinotipia    772.3
Plato (Colombia)    T2—861 166
Platonismo    184
  antiguo    184
  moderno    141.2
Platos
  arreglo de la mesa    642.7
Platos de cazuelas    641.821
Platos de papel    676.34
Platos fáciles    641.512
Platos fríos
  cocina    641.79
Platos principales    641.82
Platos secundarios    641.81
Platos (Alimentos)    641.8
  cocina    641.8
  tecnología    664.65
Plattdeutsch    439.4
     T6—394
Platycopa    595.33
  paleozoología    565.33
Platyhelminthes    595.12
  paleozoología    565.1
Playa Gutierrez, Leonidas
  historia de Ecuador    986.606

| | |
|---|---|
| Playas | 551.457 |
| | T2—146 |
| arquitectura del paisaje | 714 |
| economía de los recursos | 333.917 |
| erosión | 551.36 |
| ingeniería | 627.58 |
| geografía | 910.914 6 |
| geografía física | 910.021 46 |
| geomorfología | 551.457 |
| planificación territorial | 711.558 |
| recreación | 796.53 |
| recursos recreativos | 333.784 |
| servicios sanitarios | 363.729 2 |
| Plaza Lasso, Galo | |
| historia de Ecuador | 986.606 |
| Plazas | |
| urbanismo | 711.55 |
| Pleasant Island | 996.85 |
| | T2—968 5 |
| Plecoptera | 595.735 |
| paleozoología | 565.73 |
| Plegado | |
| herramientas | 621.982 |
| papel | 736.98 |
| Plegamientos (Geología) | 551.87 |
| Pleisiopora | 595.146 |
| Pleistoceno | 551.792 |
| geología | 551.792 |
| paleontología | 560.178 |
| Pleno empleo | |
| política macroeconómica | 339.5 |
| Pleosporales | 589.23 |
| Plerodira | 597.92 |
| Pleura | |
| anatomía humana | 611.25 |
| cirugía | 617.543 |
| enfermedades humanas | |
| medicina | 616.25 |
| fisiología humana | 612.2 |
| v.a. Sistema respiratorio | |
| Pleuracanthodii | 567.3 |
| Pleurocapsales | 589.46 |
| Pleuromeiales | 561.79 |
| Pleuronectiformes | 597.58 |
| Pleuronecto | 597.58 |
| Plioceno | 551.788 |
| geología | 551.788 |
| paleontología | 560.178 |
| Ploceidae | 598.873 |
| Plocospermaceae | 583.72 |
| Plombagina | 583.672 |
| geología | 553.26 |

| | |
|---|---|
| Plomería | |
| control gubernamental | 352.926 |
| de museos | 069.29 |
| técnica de la construcción | 696.1 |
| Plomeros | T7—696 |
| Plomo | 669.4 |
| artes decorativas | 739.54 |
| construcción arquitectónica | 721.044 74 |
| contaminación | 363.738 4 |
| edificios | 693.74 |
| geología económica | 553.44 |
| ingeniería química | 661.068 8 |
| materiales de construcción | 691.84 |
| materiales de ingeniería | 620.183 |
| metalistería | 673.4 |
| metalografía | 669.954 |
| metalurgia | 669.4 |
| metalurgia física | 669.964 |
| minería | 622.344 |
| química | 546.688 |
| química orgánica | 547.056 88 |
| aplicada | 661.895 |
| seguridad pública | 363.179 1 |
| v.a. Seguridad | |
| toxicología | 615.925 688 |
| v.a. Metales, Sustancias químicas | |
| Plotters | 006.62 |
| Pluma de dibujar | 741.26 |
| Plumas | |
| animales con plumas | 636.088 45 |
| productos | 679.47 |
| producción | 636.514 5 |
| con aves específicas | 636.61 |
| Plumas de mar | 593.6 |
| Plumas (Escritura) | |
| tecnología de manufactura | 681.6 |
| Plumas (Estados Unidos: | |
| Condado) | T2—794 29 |
| Plumbaginaceae | 583.672 |
| Plumbago | |
| geología | 553.26 |
| Pluralismo | |
| filosofía | 147.4 |
| Pluriarcos | 787.93 |
| Plusvalía | |
| impuestos | 343.055 |
| Plutocracia | 321.5 |
| Plutón (Planetas) | 523.49 |
| | T2—992 9 |
| vuelos no tripulados | 629.435 482 |

| | |
|---|---|
| Plutonio | 669.293 4 |
| ingeniería química | 661.043 4 |
| metalografía | 669.952 934 |
| metalurgia | 669.293 4 |
| metalurgia física | 669.962 934 |
| química | 546.434 |
| toxicología | 615.925 434 |
| v.a. Sustancias químicas | |
| Plymouth Rock | |
| pollos | 636.582 |
| PNB (Producto nacional bruto) | 339.31 |
| Pneumocystis carinii pneumonia | |
| medicina | 616.241 |
| v.a. Sistema respiratorio | |
| PNN (Producto nacional neto) | 339.32 |
| Poa | 584.93 |
| cultivos forrajeros | 633.21 |
| Poaceae | 584.9 |
| Población | 304.6 |
| control genético | 363.98 |
| migración internacional | 325 |
| problemas sociales | 363.9 |
| sociología | 304.6 |
| teología social | 291.178 366 |
| cristianismo | 261.836 6 |
| Poblaciones | |
| biología | 574.524 8 |
| ecología animal | 591.524 8 |
| ecología vegetal | 581.524 8 |
| genética | 575.15 |
| animales | 591.15 |
| plantas | 581.15 |
| Pobres | 305.56 |
| | T1—086.942 |
| derecho social | 344.032 5 |
| edificios institucionales | 362.585 |
| servicios sociales | 362.5 |
| teología social | 291.178 34 56 |
| budismo | 294.337 834 56 |
| cristianismo | 261.834 56 |
| hinduismo | 294.517 834 56 |
| islamismo | 297.197 834 56 |
| judaísmo | 296.387 834 56 |
| Pobreza | 362.5 |
| bienestar social | 362.5 |
| administración pública | 350.845 |
| central | 351.845 |
| local | 352.944 5 |
| derecho | 344.032 5 |
| influencia sobre el crimen | 364.2 |

| | |
|---|---|
| Pobreza (continuación) | |
| instalaciones de bienestar social | 362.583 |
| arquitectura | 725.55 |
| macroeconomía | 339.46 |
| práctica religiosa | 291.447 |
| budismo | 294.34447 |
| cristianismo | 248.47 |
| hinduismo | 294.544 7 |
| servicios sociales | |
| arquitectura institucional | 725.55 |
| teología social | 291.178 325 |
| cristianismo | 261.832 5 |
| Pochuta (Guatemala) | T2—728 161 5 |
| Pocito (Argentina) | T2—826 36 |
| Pocrí (Panamá) | T2—728 723 8 |
| Poda | 631.542 |
| equipos | 681.763 1 |
| silvicultura | 634.953 |
| Poder acusatorio | |
| cuerpo legislativo | 328.345 3 |
| Poder de adquisición | |
| costo de la vida | 339.42 |
| ingreso y consumo | 339.41 |
| valor de la moneda | 332.41 |
| Poder de las pirámides | 001.94 |
| Poder económico | |
| cuerpo legislativo | 328.341 3 |
| Poder ejecutivo | 350 |
| administración pública | 350 |
| central | 351 |
| local | 352 |
| control del legislativo | 328.345 6 |
| derecho | 342.06 |
| edificios | |
| arquitectura | 725.12 |
| relación con los ciudadanos | |
| administración pública | 350.003 |
| central | 351.003 |
| local | 352.008 |
| sociología | 306.24 |
| Poder espiritual de María | 232.916 |
| Poder financiero | |
| cuerpo legislativo | 328.341 2 |
| Poder judicial | |
| control del legislativo | 328.345 |
| instituciones sociales | 306.25 |
| poderes del ejecutivo | 350.003 22 |
| poderes del legislativo | 328.345 3 |
| poderes del estado | |
| administración central | 351.003 22 |
| administración local | 352.008 |

| | |
|---|---|
| Poetas | 809.1 |
| biografía colectiva | 809.1 |
| literaturas específicas | T3B—100 9 |
| biografía individual | T3A—1 |
| grupo profesional | T7—81 |
| Pointe Coupee (Estados Unidos: | |
| Parroquia) | T2—763 454 |
| Pointers | |
| producción animal | 636.752 |
| v.a. Perros | |
| Poisson | |
| constantes elásticas | 531.381 |
| cálculo integral | 515.43 |
| Poitou (Francia) | T2—446 |
| Polabio (Lengua) | 491.89 |
| | T6—918 9 |
| Polabio (Literatura) | 891.89 |
| Polaco (Lengua) | 491.85 |
| | T6—918 51 |
| Polaco (Literatura) | 891.85 |
| Polacos | T5—918 5 |
| Poland China | |
| producción animal | 636.482 |
| zoología | 599.734 |
| Polarimetría | |
| astronomía | 522.65 |
| química física | 541.702 87 |
| Polarímetros | |
| tecnología | 681.416 |
| Polarización | |
| luz | 535.52 |
| física | 535.52 |
| Polca | 784.188 44 |
| Polémicas | |
| cristianismo | 239 |
| islamismo | 297.29 |
| religión comparada | 291.2 |
| Polemoniaceae | 583.76 |
| Polemoniales | 583.76 |
| Polen | |
| anatomía | 582.046 3 |
| control | |
| aire acondicionado | |
| edificios | 697.932 4 |
| paleobotánica | 561.13 |
| plantas con flores | |
| anatomía | 582.130 446 3 |
| Poliacrílicos | 668.423 2 |
| textiles | 677.474 2 |
| v.a Textiles | |

| | |
|---|---|
| Poliamidas | 668.423 5 |
| textiles | 677.473 |
| v.a. Textiles | |
| Poliandria | 306.842 3 |
| Polibasita | |
| mineralogía | 549.35 |
| Polibutadieno | 678.72 |
| Policarbonatos | 668.423 |
| Policarpio Bonilla (Honduras) | T2—728 325 |
| Policía | 363.2 |
| barcos | 363.286 |
| diseño | 623.812 63 |
| ingeniería | 623.826 3 |
| servicios | 363.286 |
| corrupción | 364.132 3 |
| derecho | 344.052 |
| edificios | |
| arquitectura | 725.18 |
| interrogatorios | 363.254 |
| poderes | |
| derecho | 342.041 8 |
| sociología | 306.28 |
| Policía aeroportuaria | 363.287 6 |
| Policía antipiratería aérea | 363.287 6 |
| Policía ferroviaria | 363.287 4 |
| Policía fluvial | 363.287 2 |
| Policía militar | 355.133 23 |
| Policía portuaria | 363.286 |
| Policía privada | 363.289 |
| Policía secreta | 363.283 |
| Policías | 363.209 2 |
| grupo profesional | T7—363 2 |
| papel y funciones | 363.22 |
| Policías de parques | 363.28 |
| Policitemias | |
| medicina | 616.153 |
| v.a. Sistema cardiovascular | |
| Poliedros | 516.15 |
| Poliésteres | 668.422 5 |
| textiles | 677.474 3 |
| v.a. Textiles | |
| Poliestirenos (Estirenos) | 668.423 3 |
| Poliéteres | 668.423 |
| Polietilenos | 668.423 4 |
| textiles | 677.474 5 |
| v.a. Textiles | |
| Polifonía | 781.284 |
| Poligamia | 306.842 3 |
| costumbres | 392.5 |

| | |
|---|---|
| Polígamos | 306.842 3 |
| | T1—086 59 |
| relaciones matrimoniales | 306.842 3 |
| Poligonación | |
| geodesia | 526.33 |
| Polígonos (Formas geométricas) | 516.15 |
| Polihalita | |
| mineralogía | 549.755 |
| Poliisobutilenos | 668.423 4 |
| Polimerización | 547.28 |
| ingeniería química | 660.284 48 |
| química física | 541.393 |
| química orgánica | 547.28 |
| Polímeros | 547.7 |
| bioquímica | 174.192 |
| construcción de barcos | 623.820 7 |
| estados de la materia | 530.413 |
| estructura molecular | 541.225 4 |
| física del estado líquido | 530.429 |
| ingeniería estructural | 624.189 2 |
| ingeniería química | 668.9 |
| materiales de cimentación | 624.153 92 |
| materiales de ingeniería | 620.192 |
| química orgánica | 547.7 |
| Polímeros de alto grado | |
| química | 547.84 |
| Polímeros flexibles | |
| química | 547.843 |
| Polimorfismo | |
| cristalografía | 548.3 |
| Polinesia | 996 |
| | T2—96 |
| Polinesia francesa | T2—962 |
| Polinesios | T5—994 |
| Polinización | 582.016 62 |
| Polinomiales de Chevyshev | 515.55 |
| Polinomiales de Hermite | 515.55 |
| Polinomiales de Jacobi | 515.55 |
| Polinomiales de Lagendre | 515.55 |
| Polinomiales de Lagrange | 515.55 |
| Polinomiales de Laguerre | 515.55 |
| Polinomiales hipergeométricas | 515.55 |
| Polinomiales ortogonales | 515.55 |
| Poliolefinas | 668.423 4 |
| Poliomielitis | |
| incidencia | 614.549 |
| medicina | 616.835 |
| pediatría | 618.928 35 |
| v.a. Sistema nervioso | |
| Polipastos (Máquinas) | 621.863 |
| Poliploidia | 575.2 |

| | |
|---|---|
| Polipropilenos | 668.423 4 |
| textiles | 677.474 5 |
| v.a. Textiles | |
| Polisacáridos | 574.192 482 |
| bioquímica | 574.192 482 |
| química | 547.782 |
| v.a. Carbohidratos | |
| Politeísmo | 211.32 |
| religión comparada | 291.14 |
| Política | 320 |
| folclor | 398.27 |
| sociología | 398.358 |
| periodismo | 070.449 32 |
| relaciones con la religión | 322.1 |
| Política agrícola | |
| internacional | 338.181 |
| Política antimonopolio | 338.8 |
| Política científica | |
| economía | 338.926 |
| Política comercial | 380.13 |
| comercio internacional | 382.3 |
| comercio interno | 381.3 |
| Política de información | |
| economía | 338.926 |
| Política de personal | 658.301 |
| administración pública | 350.101 |
| central | 351.101 |
| local | 352.005 101 |
| Política económica | 338.9 |
| Política económica exterior | 337 |
| Política editorial | 070.41 |
| Política educativa | 379.2 |
| Política energética | 333.79 |
| derecho | 346.046 79 |
| v.a. Energía | |
| Política escolar | 371 |
| Política exterior | 327.1 |
| administración pública | 351.89 |
| control legislativo | 328.346 |
| derecho | 342.041 2 |
| política | 327 |
| v.a. Relaciones internacionales | |
| Política fiscal | 336.3 |
| derecho | 343.034 |
| finanzas públicas | 336.3 |
| macroeconomía | 339.52 |
| Política internacional | 327.1 |
| historia | 900 |
| Política lingüística | 306.449 |
| Política macroeconómica | 339.5 |
| Política militar | 355.033 5 |

| | |
|---|---|
| Política monetaria | 332.46 |
| derecho internacional | 341.751 |
| economía | 332.46 |
| acuerdos internacionales | 332.456 6 |
| banco central | 332.112 |
| macroeconomía | 339.53 |
| Política práctica | 324.7 |
| Política salarial | 331.21 |
| Política social | 361.25 |
| administración pública | 361.61 |
| Políticas de personal | 658.301 |
| administración pública | 350.101 |
| central | 351.101 |
| local | 352.005 101 |
| Políticos | 324.209 2 |
| características | 324.22 |
| grupo profesional | T7—329 |
| Politólogos | 320.092 |
| grupo profesional | T7—321 |
| Politopos | 516.35 |
| Poliuretano | 678.72 |
| Poliuretanos | 668.423 9 |
| poliésteres | 668.422 5 |
| termoplásticos | 668.423 9 |
| Polivinilos | 668.423 6 |
| textiles | 677.474 4 |
| v.a. Textiles | |
| Polk, Fla. (Estados Unidos: Condado) | T2—759 67 |
| Polk, Ga. (Estados Unidos: Condado) | T2—758 375 |
| Polk, James K. | |
| historia de Estados Unidos | 973.61 |
| Polk, Tex. (Estados Unidos: Condado) | T2—764 165 |
| Poll Tax | 336.25 |
| Polla | 598.31 |
| Polled Durham | 599.735 8 |
| producción animal | 636.226 |
| Pollos | 598.617 |
| animales de laboratorio medicina | 619.5 |
| economía agrícola | 338.176 5 |
| producción animal | 636.5 |
| Pollos de la pradera | 598.616 |
| Pollos domésticos | 598.617 |
| Polo | 796.353 |
| Polo acuático | 797.25 |
| Polo norte | T2—163 2 |
| Polo sur | T2—989 |
| Polonesa | 784.188 4 |

| | |
|---|---|
| Polonia | 943.8 |
| | T2—438 |
| Polonio | |
| ingeniería química | 661.072 8 |
| metalurgia | 669.79 |
| química | 546.728 |
| v.a. Sustancias químicas | |
| Polos de Regge | 539.721 |
| Poltava (ex URSS) | T2—477 6 |
| Poltergeist | 133.14 |
| Polvo | |
| control | |
| edificios | 697.932 4 |
| minas | 622.83 |
| meteorología | 551.511 3 |
| procesos fotográficos | |
| imprenta | 773.2 |
| tecnología | 620.43 |
| Polvo cósmico | 523.112 5 |
| Polvo de vidrio | |
| moldeado en frío | 666.126 |
| Polvo métalico | |
| productos | 617.87 |
| Pólvora de cañón | 662.26 |
| ingeniería militar | 623.452 6 |
| Pólvora negra | 662.26 |
| ingeniera militar | 623.452 6 |
| Pólvora nitrocelulosa | 662.26 |
| Pólvora sin humo | |
| ingeniería militar | 623.452 6 |
| Polvos | |
| farmacología | 615.43 |
| metálicos | 671.87 |
| Polyangiaceae | 589.98 |
| Polychaeta | 595.147 |
| Polycladida | 595.123 |
| Polygalaceae | 583.143 |
| Polygalales | 538.143 |
| Polygonaceae | 583.917 |
| Polygonales | 583.917 |
| Polymixiformes | 597.53 |
| Polyphaga | 595.76 |
| paleozoología | 565.76 |
| Polyplacophora | 594.19 |
| paleozoología | 564.19 |
| Polypodiales | 587.31 |
| Polypodiorsida | 587.3 |
| paleobotánica | 561.73 |
| Polyporales | 589.222 |
| Polypteriformes | 597.42 |
| paleozoología | 567.4 |

| | |
|---|---|
| Porteros | |
| fútbol | 796.334 26 |
| hockey sobre el hielo | 796.962 27 |
| Portes Gil, Emilio | |
| historia de México | 972.082 42 |
| Portland (Inglaterra) | T2—423 35 |
| Porto Alegre (Brasil) | T2—816 52 |
| Porto Velho (Brasil) | T2—817 52 |
| Portobelo (Panamá) | T2—728 732 6 |
| Portoviejo (Ecuador) | T2—866 343 |
| Portugal | 946.9 |
| | T2—469 |
| antiguo | 936.6 |
| | T2—366 |
| Portugués | 469 |
| | T6—69 |
| Portugués antiguo | 469.7 |
| | T6—69 |
| Portugués medio | 469.7 |
| | T6—69 |
| Portugués (Literatura) | 869 |
| Portugués (Perros) | |
| producción animal | 636.7 |
| v.a. Perros | |
| Portuguesa (Venezuela) | T2—874 5 |
| Portugueses | T5—691 |
| exploraciones | |
| de América del Norte | 970.016 |
| Portulacaceae | 583.152 |
| Porvenir (Chile) | T2—833 842 |
| Posadas | |
| economía doméstica | 647.94 |
| Posadas (Argentina) | T2—822 32 |
| Posesión demoníaca | 133.426 |
| ocultismo | 133.426 |
| religión | 291.42 |
| Posibilidad de una carrera | 331.702 |
| | T1—023 |
| economía | 331.702 |
| Posición geográfica | |
| astronomía geodésica | 526.64 |
| Posidionaceae | 584.744 |
| Positivismo | 146.4 |
| ética | 171.2 |
| Positivismo legal | 340.112 |
| Positivismo lógico | 146.42 |
| Positivos | |
| fotografía | 771.44 |
| Positrones | 539.721 4 |
| Posología | 615.14 |
| Postdam (Alemania) | T2—431 57 |

| | |
|---|---|
| Postes | 721.3 |
| arquitectura | 721.3 |
| contrucción | 690.13 |
| ingeniería estructural | 624.16 |
| Postes telefónicos | 621.387 84 |
| Postes totémicos | |
| escultura | 731.7 |
| significado religioso | 299.75 |
| Postigos | 694.63 |
| Postimpresionismo | 709.034 6 |
| pintura | 759.056 |
| Postludios | 784.189 3 |
| Postres | 641.86 |
| preparación doméstica | 641.86 |
| Postres helados | 641.86 |
| manufactura | 637.4 |
| preparación doméstica | 641.86 |
| Postulados | |
| lógica matemática | 511.3 |
| Postura correcta | 613.78 |
| eficiencia física | 613.78 |
| Potaliaceae | 583.74 |
| Potamogetonaceae | 584.742 |
| Potamogetonales | 584.742 |
| Potasa | 546.383 22 |
| ingeniería química | 661.33 |
| Potasa cáustica | 546.383 22 |
| ingeniería química | 661.332 |
| Potasio | 669.725 |
| ingeniería química | 661.038 3 |
| metalurgia | 669.725 |
| metalurgia física | 669.967 25 |
| minas | 622.363 6 |
| química | 546.383 |
| química orgánica | 547.053 83 |
| aplicada | 661.895 |
| v.a. Sustancias químicas | |
| Potasio alcalino | 546.383 22 |
| ingeniería química | 661.33 |
| Potencial eléctrico | 537.21 |
| medición | 621.374 3 |
| Potencial militar | 355.033 2 |
| Potencias centrales | |
| Guerra Mundial I | 940.334 |
| Potencias del eje | 940.533 4 |
| Potenciómetros | 621.374 3 |
| Potenza (Italia) | T2—457 71 |
| Potichomanía | |
| artesanías | 745.546 |
| Potomac | T2—752 |
| Potoos | 598.99 |

| | | | |
|---|---|---|---|
| Potosí (Bolivia) | T2—841 4 | Praderas (continuación) | |
| Potsdam (Alemania) | T2—431 572 | geografía | 910.914 5 |
| Potter, Tex. (Estados Unidos: | | geografía física | 910.021 45 |
| Condado) | T2—764 825 | geomorfología | 551.453 |
| Powys (Gales) | T2—429 5 | Prado y Ugarteche Manuel | |
| Poxvirus | 576.648 4 | historia de Perú | 985.063 1 |
| Poza Rica de Hidalgo (México) | T2—726 27 | Prados | |
| Poznan (Polonia) | T2—438 4 | arquitectura del paisaje | 712.6 |
| Pozo Colorado (Paraguay) | T2—892 234 | floricultura | 635.964 7 |
| Pozos | 551.498 | Praga (Chescolovaquia) | T2—437 12 |
| ingeniería | 628.114 | Praga (Rep. Checa) | T2—437 12 |
| Pozos (excavación) | 624.19 | Pragmática | 306.44 |
| construcciones subterráneas | 624.19 | lingüística | 401.41 |
| minería | 622.25 | Pragmatismo | 144.3 |
| Pozos artesianos | | educación | 370.12 |
| hidrología | 551.498 | Prairie (Canadá) | T2—712 |
| ingeniería | 628.114 | Praseodimio | |
| Pozos petrolíferos | 622.338 2 | geología económica | 553.494 3 |
| Pozuelos (Venezuela) | T2—875 28 | química | 546.413 |
| Prácritos (Lengua) | 491.3 | v.a. Tierras raras | |
| | T6—913 | Precámbrico inferior | 551.712 |
| Prácritos (Literaturas) | 891.3 | geología | 551.712 |
| Prácritos secundarios (Lenguas) | 491.3 | Precámbrico superior | 551.715 |
| | T6—913 | geología | 551.715 |
| Prácritos secundarios | | Precepción térmica | |
| (Literaturas) | 891.3 | psicología | 152.182 8 |
| Prácritos terciarios (Lengua) | 491.4 | Precepciones propioceptivas | |
| | T6—914 | psicología | 152.188 |
| Prácritos terciarios (Literaturas) | 891.4 | Preceptos bíblicos | |
| Práctica con bayoneta | 355.547 | cristianismo | 241.5 |
| Práctica cristiana | 248.4 | judaísmo | 296.385 |
| Práctica de sucesiones | | Precesión | |
| derecho | 346.052 | mecánica celeste | 521.9 |
| Práctica legal | 347.050 4 | correcciones | 522.9 |
| Práctica penal | | Precios | 338.52 |
| derecho | 345.05 | acciones | 332.632 22 |
| Práctica procesal | 347.075 | agricultura | 338.3 |
| penal | 345.075 | control | |
| Practicantes | T1—073 | administración pública | 351.820 424 |
| Prácticas religiosas | 291.3 | determinación | 338.52 |
| cristianismo | 263 | v.a. Determinación de los precios | |
| privadas | 291.446 | economía | 338.52 |
| cristianimso | 248.46 | economía de la tierra | 333.332 3 |
| Prácticas restrictivas | 338.82 | fijación | 364.168 |
| economía | 338.82 | derecho | 343.072 5 |
| economía internacional | 338.884 | industrias mineras | 338.23 |
| Prácticas sexuales | | industrias secundarias | 338.43 |
| sociología | 306.77 | macroeconomía | 339.42 |
| Praderas | 551.453 | regulación | 343.083 |
| | T2—145 | economía | 338.526 |
| ecología | 574.526 43 | relaciones con la demanda | 338.521 2 |

| | |
|---|---|
| Préstamos extranjeros | |
| derecho | 346.073 |
| derecho internacional | 341.751 |
| Préstamos interbiliotecarios | 025.62 |
| Préstamos internacionales | 336.343 5 |
| administración pública | 351.72 |
| finanzas públicas | 336.343 5 |
| Préstamos nacionales | 336.343 3 |
| administración pública | 351.72 |
| derecho | 343.037 |
| finanzas públicas | 336.343 3 |
| política macroeconómica | 339.523 |
| Préstamos personales | 332.743 |
| Préstamos públicos | 336.34 |
| v.a. Deuda pública | |
| Préstamos sobre hipotecas | 332.743 |
| derecho | 346.025 |
| Préstamos y alquileres | |
| bibliotecas | 025.6 |
| derecho | |
| derecho de la propiedad | 346.048 |
| museos | 069.13 |
| Prestidigitación | 793.8 |
| Prestidigitadores | T7—793 8 |
| Preston (Inglaterra) | T2—427 665 |
| Prestonpans (Escocia) | T2—413 6 |
| Presupesto por programa | |
| administración pública | 350.722 204 2 |
| central | 351.722 204 2 |
| local | 352.122 042 |
| Presupuestos | |
| administración financiera | 658.154 |
| administración militar | 355.622 |
| administración pública | 350.722 |
| central | 351.722 |
| local | 352.12 |
| derecho | 343.034 |
| documentación | |
| administración pública | 350.722 52 |
| central | 351.722 52 |
| local | 352.125 2 |
| economía doméstica | 640.42 |
| estimativos | |
| administración pública | 350.722 25 |
| central | 351.722 25 |
| local | 352.122 5 |
| Presupuestos de capital | 658.154 |
| Presupuestos en base cero | 658.154 |
| administración pública | 350.722 204 3 |
| central | 351.722 204 3 |
| local | 352.122 043 |

| | |
|---|---|
| Presupuestos en resumen | |
| administración pública | 350.722 53 |
| central | 351.722 53 |
| local | 352.125 3 |
| Presupuestos familiares | |
| economía doméstica | 640.42 |
| macroeconomía | 339.41 |
| Presupuestos personales | |
| economía doméstica | 640.42 |
| Presurización | |
| aeronaves | 629.134 42 |
| naves espaciales | 629.477 5 |
| naves espaciales tripuladas | 629.177 5 |
| naves espaciales no tripuladas | 629.467 5 |
| Pretoria (Sudáfrica) | T2—682.35 |
| Prévedsa (Grecia) | T2—495 3 |
| Prevención de las enfermedades | |
| medicina | 613 |
| salud pública | 614.44 |
| Prevención del delito | 364.4 |
| administración | 658.473 |
| criminología | 364.4 |
| administración pública | 350.849 2 |
| central | 351.849 2 |
| local | 352.944 92 |
| defensa personal | 362.88 |
| penas | 364.601 |
| policia | 363.23 |
| administración pública | 350.75 |
| central | 351.75 |
| local | 352.935 |
| Priapulida | 595.17 |
| Prieto, Manuel | |
| historia de Colombia | 986.102 |
| Prima (Oficio Divino) | 264.1 |
| música | 782.324 |
| Primates | 599.8 |
| medicina experimental | 619.98 |
| paleozoología | 569.8 |
| Primavera | |
| historia natural | 508 |
| música | 781.524 2 |
| v.a. Estaciones | |
| Primavera (Chile) | T2—836 46 |
| Primavera (Plantas) | 583.672 |
| Primer Imperio, 1804-1815 | |
| historia de Francia | 944.05 |
| Primera internacional | 324.17 |
| Primera República | |
| historia de España | 946.073 |

Proyectores de destellos
  comunicaciones militares
    ingeniería      623.731 4
Proyectores subacuáticos
  ingeniería      621.389
Proyectos científicos escolares      507.8
Proyectos de ley      328.37
  textos      348.01
Prudencia      179.9
  v.a Virtud
Prueba de apercepción temática      155.284 4
Prueba de habilidad      153.93
  educación      371.26
  selección de personal      658.311 25
Prueba de inteligencia      153.93
Prueba de personalidad      155.28
Prueba de Rorschach      155.284 2
Prueba de Szondi      155.284 3
Prueba del chi-cuadrado      519.56
Prueba después de la muerte      236.4
Prueba documental      347.064
  derecho      347.064
  investigación criminal      363.256 5
Pruebas      T1—028 7
     T1—076
  en la clase      371.271
  estandarizadas      371.262
  educación      371.26
  elaboración      371.271
  selección de personal      658.311 25
    administración pública      350.132 5
    central      351.132 5
    local      352.005 132 5
Pruebas de aptitud      153.94
  educación      371.262
  selección de personal      658.311 25
Pruebas de carreteras
  automotores      629.282 4
Pruebas de desempeño
  automotores      629.282 4
Pruebas de grasa
  procesamiento lechero      637.127 6
Pruebas de inteligencia      153.93
  educación      371.26
  selección de personal      658.311 25
Pruebas de la existencia de Dios      212.1
  cristianismo      231.042
Pruebas de personalidad      155.28
Pruebas de reconocimiento
  métodos microquímicos      543.081 34
Pruebas de rendimiento académico      371.264

Pruebas de rodaje
  automotores      629.282 5
Pruebas de Szondi
  psicología      155 284 3
Pruebas educativas      371.26
Pruebas en tierra
  aeronaves      629.134 52
Pruebas en vuelo
  aeronaves      629.134 53
Pruebas estandarizadas      371.262
Pruebas físicas
  derecho      347.064
  derecho penal      345.064
  investigación criminal      363.256 2
Pruebas magnéticas
  materiales de ingeniería      620.112 78
Pruebas no destructivas
  materiales de ingeniería      620.112 7
Pruebas y mediciones      T1—028 7
Pruebas (Derecho)      347.06
  derecho      347.06
  derecho penal      345.06
Pruebas (Investigación)      347.064
  derecho      347.064
  derecho penal      345.06
  investigación criminal      363.25
Prusia      T2—43
Prusiano antiguo      491.91
     T6—919 1
Prusiano antiguo      491.91
     T6—919 1
Prymnesiales      589.487
Przemysm (Polonia)      T2—438 6
Pscoptera      595.732
  paleozoología      565.73
Pseudo-Demitrius
  historia de Rusia      947.045
Pseudoborniales      561.72
Pseudomonadaceae      589.95
Pseudomorfismo
  cristalografía      548.3
Pseudoscorpiones      595.47
  paleozoología      565.4
Psicoanálisis      150.195
  psiquiatría      616.891 7
  psicología      150.195
Psicoanálisis social      302.17
Psicocinesia      133.88
Psicocirugía      617.481
  v.a. Sistema nervioso

| | | | |
|---|---|---|---|
| Puertos artificiales | 387.1 | Pulpa dental | |
| ingeniería hidráulica | 627.2 | enfermedades humanas | |
| ingeniería militar | 623.64 | odontología | 617.634 2 |
| Puertos espaciales | | v.a. Odontología | |
| naves espaciales | 629.478 | Pulpa moldeada | 676.182 |
| Puertos francos | 387.13 | Pulpa refinada | 676.4 |
| servicios de transporte | 387.13 | Pulpa (Papel) | 676.1 |
| Puesta en escena | | Púlpitos | |
| radio | 791.447 | arquitectura religiosa | 726.529 2 |
| televisión | 791.457 | Pulpos | 594.56 |
| Puestos militares | 355.7 | alimento | 641.394 |
| Puget Sound | 551.466 32 | tecnología de alimentos | 664.94 |
| | T2—164 32 | cocina | 641.694 |
| Pugs | | pesca | 639.485 6 |
| producción animal | 636.76 | Pulque | 641.23 |
| v.a. Perros | | procesamiento industrial | 663.49 |
| Pujilí (Ecuador) | T2—866 145 | Pulsaciones magnéticas | 538.744 |
| Pulaski (Estados Unidos: | | Pulsar | 523.887 4 |
| Condado) | T2—758 523 | Pulverización | |
| Pulga de agua | 595.32 | control de plagas agrícolas | 632.94 |
| Pulga de arena | 595.37 | limpieza doméstica | 648.5 |
| Pulgas | 595.775 | Pumita | 553.65 |
| portadoras de enfermedades | 614.432 4 | petrología | 552.23 |
| Pulgones | 595.752 | Puñales | 623.441 |
| Pulido | | arte de los metales | 739.72 |
| metales | 671.72 | ingeniería militar | 623.441 |
| Pulimento | | Punata (Bolivia) | T2—842 36 |
| acabado de los metales | 671.72 | Punciones (Heridas) | |
| gemas | 736.202 8 | medicina | 617.143 |
| limpieza de la casa | 648.5 | Punicaceae | 583.44 |
| madera | | Punico | 492.6 |
| edificios | 698.33 | | T6—926 |
| Pulimento de aceite | | Punilla (Argentina) | T2—825 45 |
| madera | | Punitaqui (Chile) | T2—832 35 |
| edificios | 698.33 | Punjab (India: Provincia) | T2—545 |
| Pulimento de cera | | Punjab (India) | T2—545 52 |
| madera | | Punjab (Pakistan) | T2—549 14 |
| edificios | 698.33 | Punjabi | T5—914 2 |
| Pulmonata | 594.38 | Punjabi (Lengua) | 491.42 |
| paleozoología | 564.8 | | T6—914 2 |
| Pulmones | | Punjabos | T5—914 2 |
| anatomía humana | 611.24 | Puno (Perú) | T2—853 6 |
| cirugía | 617.542 | Punta Arenas (Chile) | T2—833 832 |
| enfermedades humanas | | Punta de Mata (Venezuela) | T2—875 68 |
| medicina | 616.24 | Punta de plata | |
| fisiología humana | 612.2 | dibujo | 741.25 |
| v.a. Sistema respiratorio | | Punta del Este (Uruguay) | T2—895 156 |
| Pulmonía | 616.241 | Punta Gorda (Belice) | T2—728 252 |
| Pulpa de madera | 676.12 | Punta seca | 767.3 |
| | | Puntales | |
| | | carpintería | 694.23 |

# Q

| | | | |
|---|---|---|---|
| Quirófano | 617.917 | Rabinal (Guatemala) | T2—728 152 7 |
| Quiromancia | 133.6 | Rabinos | 296.092 |
| Quirománticos | 133.609 2 | papel y funciones | 296.61 |
| grupo ocupacional | T7—13 | sectas específicas | 296.8 |
| Quironomia | 133.62 | Rabo de lagarto (Botánica) | 583.925 |
| Quiropráctica | 615.534 | Rabun (Estados Unidos: | |
| Quisquillas | 595.384 3 | Condado) | T2—758 123 |
| Quistes sebáceos | | Racemización | 541.7 |
| medicina | 616.53 | Rachidia (Marruecos) | T2—645 |
| v.a. Piel | | Racionalidad | 121 |
| Quitanieves | | antropología filosófica | 128.3 |
| carreteras | 625.763 | Racionalismo | 149.7 |
| ferrocarriles | 625.22 | filosofía | 149.7 |
| Quitilipi (Argentina) | T2—823 47 | ideologías políticas | 320.512 |
| Quitman, Ga. (Estados Unidos: | | polémica cristiana | 239.7 |
| Condado) | T2—758 924 | polémica islámica | 297.297 |
| Quitman, Miss. (Estados | | religión natural | 211.4 |
| Unidos: Condado) | T2—762 453 | Racionamiento | 333.717 |
| Quito (Ecuador) | T2—866 132 | administración pública | 350.829 |
| Quixadá (Brasil) | T2—813 17 | central | 351.829 |
| Quixeramobim | | local | 352.942 |
| Brasil | T2—813 18 | derecho | 343.07 |
| Qumram | 296.815 | servicios sociales | 361.6 |
| Quneitra (Siria) | T2—569 14 | Racionamiento de alimentos | 363.856 |
| Quyquyó (Paraguay) | T2—892 123 7 | Racismo | 305.8 |
| Qwabe (Reino) | 968.403 8 | ética | 177.5 |
| | T2—684 | ideologías políticas | 320.56 |
| Qwaqwa (Sudáfrica) | T2—685 91 | teología social | 291.178 348 |
| | | cristianismo | 261.834 8 |
| **R** | | Racon | 621.384 892 |
| | | Racophoridae | 597.89 |
| Rábano | 583.123 | Radar | 621.384 8 |
| Rábano picante | | artillería | 623.557 |
| botánica | 583.123 | ingeniería aeroportuaria | 629.136 6 |
| cocina | 641.638 4 | ingeniería electrónica | 621.384 8 |
| v.a. Especies picantes | | ingeniería militar | 623.734 8 |
| Rábano picante | 583.123 | ingeniería náutica | 623.856 48 |
| Rábanos | 641.351 5 | navegación | 623.893 3 |
| botánica | 583.123 | predicción del tiempo | 551.635 3 |
| cocina | 641.651 5 | Radar doppler | |
| cultivo | 635.5 | ingeniería | 621.384 85 |
| tecnología de alimentos | 664.805 15 | Radar modulado por impulsos | 621.384 85 |
| Rabat (Marruecos) | T2—643 | Radar modulado por impulsos simples | |
| Rabat-Sale (Marruecos) | T2—643 | ingeniería | 621.384 85 |
| Rabdovirus | 576.648 4 | Radas | |
| Rabia (Hidrofobia) | | ingeniería | 627.2 |
| medicina | 616.953 | Radhasvami | 294 |
| incidencia | 614.563 | Radiación ultravioleta | 535.014 |
| veterinaria | 636.089 695 3 | biofísica | 574.191 54 |
| incidencia | 636.089 456 3 | humana | 612.014 484 |
| v.a. Enfermedades infecciosas | | física | 535.014 |

| | |
|---|---|
| Radioactividad artificial | |
| física | 539.753 |
| Radioactividad natural | 539.752 |
| Radioaficionados | 621.384 16 |
| Radioastronomía | 522.682 |
| Radioayudas | |
| náutica | 623.893 2 |
| Radiobiología | 574.191 5 |
| humanos | 612.014 48 |
| Radiocompases | |
| ingeniería | 621.384 191 |
| ingeniería aeronáutica | 629.135 1 |
| navegación | 623.893 2 |
| Radiocomunicaciones | 384.5 |
| v.a. Radio | |
| Radiocontrol | 621.384 196 |
| ingeniería | 621.384 196 |
| ingeniería aeroportuaria | 629.136 6 |
| Radiodifusión | 384.54 |
| v.a. Radio | |
| Radiofaros | |
| ingeniería | 621.384 191 |
| Radiofrecuencias | |
| espectroscopia | |
| física | 537.534 |
| ingeniería | 621.361 5 |
| Radiogenética | 575.131 |
| animales | 591.159 2 |
| plantas | 581.159 2 |
| Radiogoniometría | 621.384 191 |
| Radiografías | |
| ingeniería | 621.367 3 |
| medicina | 616.075 72 |
| pruebas | 620.112 72 |
| Radioisótopos | 539.752 |
| física | 539.752 |
| ingeniería química | 660.298 84 |
| química | 541.388 4 |
| tecnología | 621.483 7 |
| uso terapéutico | 615.842 4 |
| Radiolaria | 593.14 |
| paleozoología | 563.14 |
| Radiólisis | |
| ingeniería química | 660.298 2 |
| química de la radiación | 541.382 |
| Radiología | |
| medicina | 616.075 7 |
| servicios de salud | 362.177 |
| Radionúclidos | 539.752 |
| Radioquímica | 541.38 |
| ingeniería química | 660.298 |
| Radiorreceptores | 621.384 18 |

| | |
|---|---|
| Radios celulares | 384.53 |
| ingeniería | 621.384 56 |
| Radios de doble vía | |
| automóviles | 629.277 |
| Radios portátiles | 621.384 5 |
| Radios (Anatomía) | 611.717 |
| v.a. Sistema musculoesquelético | |
| Radiosondas | |
| predicción del tiempo | 551.635 2 |
| Radiotelefonía | 384.53 |
| ingeniería | 621.384 5 |
| ingeniería militar | 623.734 5 |
| servicios de comunicación | 384.53 |
| v.a. Radio | |
| Radiotelegrafía | 384.52 |
| ingeniería | 621.384 2 |
| ingeniería militar | |
| servicio de comunicación | 384.52 |
| v.a. Radio | |
| Radioterapia | |
| medicina | 615.842 |
| Radiotransmisores | |
| ingeniería | 621.384 131 |
| Radnor (Gales) | T2—429.54 |
| Radom (Polonia) | T2—438 4 |
| Radón | |
| contaminación atmosférica | 363.738 |
| tecnología | 628.535 |
| v.a. Contaminación | |
| geología económica | 553.97 |
| química | 546.756 |
| tecnología | 665.822 |
| v.a. Sustancias químicas | |
| Raetia | T2—363 |
| Rafia | 584.5 |
| artesanías | 746.41 |
| cultivos de fibra | 633.58 |
| textiles | 677.54 |
| v.a Textiles | |
| Rãgas hindúes | 781.264 |
| Ragoli-Kuria (Lengua) | 496.395 |
| | T6—963 95 |
| Ragtime | 781.64 |
| Ragusa (Sicilia) | T2—458 15 |
| Raíces comestibles | |
| horticultura | 635.1 |
| Raíces (Matemáticas) | |
| teoría de los números | 512.72 |
| Raíces (Plantas) | |
| anatomía | 581.498 |
| fisiología | 581.104 28 |

Rastafari
  historia de Etiopía — 963.055
    como regente y rey — 963.054
Rastafarios
  biografías — 299.67
  grupo religioso — T7—299 6
Rastreo
  sistemas
    naves espaciales — 629.474 3
    naves espaciales no tripuladas — 629.464 3
    vuelos espaciales — 629.457
    vuelos espaciales no tripulados — 629.437
Rastrera — 584.92
Rastrillos — 631.51
Rata canguro — 599.323 2
Ratán — 584.5
  muebles — 645.4
    tecnología — 684.106
  textiles — 677.54
Ratas — 599.323 3
  control — 363.78
    problemas sociales — 363.78
    tecnología — 628.969 3
      agricultura — 632.693 233
    v.a. Control de plagas
  medicina experimental — 619.93
  producción animal — 636.932 33
Ratas de las rocas — 599.323 4
Ratas espinosas — 599.323 4
Ratas marsupiales — 599.2
Ratisbona (Alemania) — T2—433 47
Ratones — 599.323 3
Ratones canguro — 599.323 2
Ratones marsupiales — 599.2
Ratsiraka, Didier
  historia de Madagascar — 969.105
Rattray (Escocia) — T2—412 8
Ravena (Italia) — T2—454 7
Rawalpindi (Pakistán) — T2—549 142
Rawlings, Jerry J.
  historia de Ghana — 966.705
Rawson (Argentina) — T2—827 42
Rayado (Propiedades ópticas)
  minerales — 549.125
Rayas (Peces) — 597.35
  pesca comercial — 639.273 5
Rayón de método de seda viscosa — 677.463
Rayón de método proamoniacal — 677.462
Rayones
  textiles — 677.46
  arte — 746.044 6
  v.a. Textiles

Rayos cósmicos — 539.722 3
  biofísica — 574.191 57
    humanos — 612.014 487
  meteorología — 551.527 6
Rayos gamma — 539.722 2
  astronomía — 522.686 2
  electrónica — 537.535
  espectroscopía — 543.085 86
    análisis químico — 543.085 86
  física — 537.535 2
  ingeniería — 621.361 3
  fotografía
    ingeniería — 621.367 3
Rayos X — 539.722 2
  astronomía — 522.686 3
  biofísica — 574.191 55
    humanos — 612.014 485
  electrónica — 537.535
  espectroscopio — 543.085 86
    análisis químico — 543.085 86
  física — 537.535 2
  ingeniería — 621.361 6
  examen médico — 616.075 72
  física — 539.722 2
  fotografía
    ingeniería — 621.367 3
  metalografía — 669.950 283
  pruebas no destructivas de
    materiales — 620.112 72
  terapia — 615.842 2
    medicina — 615.842 2
Rayos X secundarios — 539.722 2
Rayos (luz) — 535.5
  física — 535.5
Raza australiana — T5—991 5
Raza caucásica — T5—034
Raza mongol — T5—035
Raza negra — T5—036
Razas humanas
  etnología física — 572
Razas principales — T5—03
Razgrad (Bulgaria) — T2—497 77
Razón — 128.3
  antropología filosófica — 128.3
  gnoseología — 121.3
  relación con la fé
    cristianismo — 231.042
  sistemas éticos — 171.2
  teología
    cristianismo — 231.042

| | |
|---|---|
| Realismo crítico | |
| filosofía | 149.2 |
| Rearme moral | 267.16 |
| Reaseguros | 368.012 2 |
| derecho | 346.068 012 2 |
| Rebajas | |
| derecho | 343.072 |
| Rebelión | 364.131 |
| derecho | 345.023 1 |
| Rebelión de Sinn Fein, 1916 | 941.508 21 |
| Recapitulación del caso | 347.075 |
| Recatalogación | |
| tratamiento bibliotecario | 025.393 |
| Recepcionistas | |
| servicios de oficina | 621.374 3 |
| Receso laboral | |
| administración de personal | 658.312 1 |
| economía del trabajo | 331.257 6 |
| Recetas médicas | |
| compilación | 615.14 |
| preparación | 615.4 |
| Recibir (Beisbol) | 796.357 23 |
| Reciclaje de desechos | 363.728 2 |
| servicios ambientales | 363.728 2 |
| tecnología | 628.445 8 |
| v.a. Control de desechos | |
| Reciclaje de papel | 676.142 |
| Recién nacidos | 618.920 1 |
| v.a. Neonatos | |
| Reciprocidad (Matemáticas) | |
| teoría de los números | 512.74 |
| Recitación | 792.028 |
| cine | 791.430 28 |
| métodos de enseñaza | 371.37 |
| radio | 791.440 28 |
| retórica | 808.54 |
| teatro | 792.028 |
| televisión | 791.450 28 |
| Recitales musicales | 780.78 |
| Reclamación tributaria | |
| derecho | 343.042 |
| Reclamaciones costeras | 333.917 153 |
| economía de la tierra | 333.917 253 |
| ingeniería | 627.58 |
| Reclamaciones fraudulentas | |
| indemnizaciones | |
| seguros | 368.014 |
| Reclamos | |
| adquisiciones bibliotecarias | 025.236 |

| | |
|---|---|
| Reclamos (continuación) | |
| arreglos | |
| contratos públicos | 350.711 3 |
| administración central | 351.711 3 |
| administración local | 352.161 3 |
| clientes | |
| administración de mercadeo | 658.812 |
| Reclasificación | |
| tratamiento bibliotecario | 025.396 |
| Reclinatorios | |
| arquitectura religiosa | 726.529 2 |
| mobiliario religioso | 247.1 |
| Reclutamiento | |
| administración de personal | 658.311 1 |
| administración pública | 350.131 |
| central | 351.131 |
| local | 352.005 131 |
| bibliotecas | 023.9 |
| ejecutivos | 658.407 111 |
| fuerzas armadas | 355.223 |
| derecho | 343.012 |
| Reclutamiento forzoso | 355.28 |
| Recocido | |
| metales | 671.36 |
| vidrio | 666.129 |
| Reconocimiento antisubmarino | 358.45 |
| Recolección automática de datos | 006 |
| Recolección de datos | 001.422 2 |
| Recoletos | 255.3 |
| v.a. Franciscanos | |
| Recombinación | |
| genética | 575.13 |
| Recompensas | 929.81 |
| | T1—079 |
| control social | 303.35 |
| fuerzas armadas | 355.134 |
| heráldica | 929.81 |
| investigación | 001.44 |
| Reconciliación | |
| cristianismo | 234.5 |
| Reconocimiento | |
| fuerza aérea | 358.45 |
| operaciones militares | 358.45 |
| Reconocimiento acústico de | |
| las formas | 006.454 |
| ingeniería | 621.390 |
| Reconocimiento de imágenes | T1—028 564 |
| informática | 006.4 |
| ingeniería | 621.399 |
| inteligencia artificial | 006.3 |

| | | | |
|---|---|---|---|
| Religiones | 291 | Remedios empíricos | |
| relaciones interreligiosas | 291.172 | terapéutica | 615.88 |
| budismo | 294.337 2 | Remedios históricos | |
| cristianismo | 261.2 | terapéutica | 615.88 |
| hinduismo | 294.517 2 | Remedios medievales | |
| islamismo | 297.197 2 | terapéutica | 615.899 |
| judaísmo | 296.387 2 | Remedios primitivos | |
| v.a. Religión | | terapéutica | 615.899 |
| Religiones africanas | 299.6 | Remedios tradicionales | |
| Religiones no teístas | 291.14 | terapéutica | 615.88 |
| Religiones prehistóricas | 291.042 | Remedios (Brasil) | T2—813 4 |
| Religiones primitivas | 291.042 | Remedios (Cuba) | T2—729 14 |
| Religiosos (Miembros de órdenes | | Reminiscencias | 920 |
| cristianas) | 271.009 2 | | T1—092 |
| eclesiología | 264.64 | biografía | 920 |
| grupo ocupacional | T2—2 | literatura | 808.883 |
| guías de vida cristiana | 28.894 | literaturas específicas | T3B—803 |
| historia de la iglesia | 271 | autores individuales | T3A—8 |
| Reliquias de la Pasión | 232.966 | Remoción de manchas | |
| Reloj de arena | | economía doméstica | 648.1 |
| tecnología | 681.111 | Remolacha | 583.913 |
| Relojeros | 681.114 092 | cocina | 641.651 1 |
| grupo profesional | T7—681 1 | cultivo de azúcar | 633.63 |
| Relojes | | economía doméstica | 641.351 1 |
| tecnología | 681.11 | horticultura | 635.11 |
| Relojes de agua | 681.111 | tecnología de alimentos | 664.805 11 |
| Relojes de arena | 681.111 | Remolcadores | 387.232 |
| Relojes de pared | 681.113 | derecho | 343.096 7 |
| arte de los metales | 739.3 | diseño | 623.812 32 |
| tecnología | 681.113 | ingeniería | 623.823 2 |
| Relojes de pulso | 681.114 | puertos | 387.166 |
| arte de los metales | 739.3 | puertos internacionales | 386.866 |
| tecnología | 681.114 | v.a. Barcos | |
| Relojes de sol | 681.111 | Remolques | 388.344 |
| Relojes eléctricos | | ingeniería | 629.224 |
| tecnología | 681.116 | v.a. Camiones | |
| Relojes neumáticos | | Rémora (Pez) | 597.58 |
| tecnología | 681.115 | Removedores de pintura | 667.6 |
| Relojes sidéreos | | Remuneración | 331.21 |
| astronomía | 522.5 | administración pública | 351.835 |
| Reluctancia magnética | 538.3 | administración de personal | 658.3 |
| Remache | 671.59 | | T1—068 3 |
| artes decorativas | 739.14 | administración pública | 350.123 2 |
| casco de barco | 623.843 2 | central | 351.123 2 |
| escultura | 731.41 | local | 352.005 123 2 |
| equipos | 621.978 | ejecutivos | 658.407 2 |
| Remaches | 621.884 | fuerzas armadas | 355.64 |
| Remedios antiguos | | derecho del trabajo | 344.012 1 |
| terapéutica | 615.899 | derecho internacional | 341.763 6 |
| Remedios caseros | | distribución de los ingresos | 339.21 |
| terapéutica | 615.88 | economía | 331.21 |

| | |
|---|---|
| Reparación | 620.004 6 |
| | T1—028 8 |
| economía doméstica | 643.7 |
| material de biblioteca | 025.7 |
| Reparaciones | 620.004 6 |
| economía doméstica | 643.7 |
| Reparaciones de guerra | |
| derecho de guerra | 341.66 |
| Guerra Mundial I | 940.314 22 |
| Guerra Mundial II | 940.531 422 |
| ingresos | 336.182 |
| Reparaciones domésticas | |
| economía doméstica | 643.7 |
| Repaso | |
| estudio y repaso | T1—076 |
| Repatriación | 323.64 |
| Repavimentación de vías | 625.761 |
| Repelón (Colombia) | T2—861 157 |
| Repertorios | |
| de jurisprudencia | 348.046 |
| de leyes y reglamentos | 348.026 |
| derecho internacional | 341.026 |
| Repetición | |
| método de aprendizaje | 153.152 2 |
| Repetición de cursos escolares | 371.28 |
| Repetidores | |
| ingeniería de la radio | 621.384 156 |
| Repisas de chimenea | |
| artes decorativas | 749.62 |
| Repliegues | 514.24 |
| Repollitas de bruselas | 583.12 |
| Repollitos de agua | 583.152 |
| Repollo | 583.123 |
| Reportaje | |
| periodismo | 070.43 |
| Reporteros | 070.430 92 |
| grupo profesional | T7—097 |
| Represalias | |
| relaciones internacionales | 327.117 |
| derecho | 341.582 |
| Represas | 627.8 |
| v.a. Presas | |
| Representación de datos | 005.72 |
| Representación de empleados | |
| administración | 331.011 2 |
| administración de personal | 658.315 2 |
| administración pública | 350.172 |
| central | 351.172 |
| local | 352.005 172 |
| Representación de Heisenberg | 530.122 |
| Representación gráfica | 604.2 |

| | |
|---|---|
| Representación proporcional | 328.334 7 |
| derecho | 342.053 |
| Representación (Matemáticas) | 512.72 |
| Representaciones religiosas | |
| literatura | 808.825 16 |
| historia y crítica | 809.251 6 |
| literaturas específicas | T3B—205 16 |
| autores individuales | T3A—2 |
| representaciones teatrales | 792.16 |
| Represión | 323.044 |
| Guerra Mundial I | 940.405 |
| Guerra Mundial II | 940.540 5 |
| Reproducción | 574.16 |
| animales | 591.16 |
| ética | 176 |
| religión | 291.566 |
| budismo | 294.356 6 |
| cristianismo | 241.66 |
| hinduismo | 294.548 66 |
| islamismo | 297.5 |
| judaísmo | 296.385 66 |
| fisiología humana | 612.6 |
| plantas | 581.16 |
| Reproducción asexual | 574.162 |
| Reproducción sexual | 574.166 |
| animales | 591.166 |
| plantas | 581.166 |
| Reproducción vegetativa | 574.165 |
| Reproducción (Memoria) | 153.123 |
| Reproducciones | |
| arte | 702.872 |
| pintura | 751.5 |
| Reproductores | |
| ingeniería del sonido | 621.389 33 |
| Reprografía | 686 |
| equipos | |
| tecnología manufacturera | 681.6 |
| servicios de oficina | 625.4 |
| tecnología | 686 |
| tratamiento bibliotecario | 025.12 |
| Reptantia | 595.384 |
| Reptiles | 597.9 |
| caza | 639.14 |
| caza mayor | 799.279 |
| caza deportiva | 799.257 9 |
| dibujo | 743.679 |
| economía de los recursos | 333.957 |
| paleozoología | 567.9 |
| producción animal | 639.39 |
| representación artística | 704.943 2 |

| | |
|---|---|
| Reserva bancaria | 332.1 |
| obligatoria | 332.113 |
| política macroeconómica | 339.53 |
| Reserva de caza Ndumu | T2—684 91 |
| Reserva de dominio | |
| derecho | 346.074 |
| Reserva de Fauna de Nadgee | |
| (Australia) | T2—944 7 |
| Reservas | |
| transporte | 388.042 |
| Reservas (Administración del | |
| capital) | 658.152 26 |
| Reservas alimenticias | |
| economía | 338.19 |
| Reservas forestales | |
| arquitectura del paisaje | 719.33 |
| derecho | 346.046 75 |
| Reservas naturales | 333.951 6 |
| arquitectura del paisaje | 719.36 |
| derecho | 346.046 951 6 |
| economía | 333.951 6 |
| tecnología de la conservación | 639.9 |
| animales | 639.95 |
| Reservas obligatorias | |
| banco central | 332.113 |
| Resfríado común | |
| medicina | 616.205 |
| v.a. Sistema respiratorio | |
| Residencia (Adiestramiento) | T1—071 55 |
| Residencias | 647.92 |
| administración de la colectividad | 647.92 |
| arquitectura | 728.314 |
| Residencias estudiantiles | 371.625 |
| arquitectura | 728.38 |
| Residencias oficiales | |
| arquitectura | 725.17 |
| Residentes (Estudiantes) | |
| adiestramiento | T1—071 55 |
| Residuos cuadráticos | 512.72 |
| Residuos de mataderos | |
| uso como abono | 631.843 |
| Residuos de petróleo | 665.538 8 |
| Residuos de potencia | 512.72 |
| Residuos (Matemáticas) | 512.72 |
| Resinas | 582.019 2 |
| bioquímica | 582.019 2 |
| fósiles | 553.29 |
| materiales de ingeniería | 620.192 4 |
| productos de la pulpa | 676.5 |
| química | 547.843 4 |
| tecnología | 668.37 |

| | |
|---|---|
| Resinas fósiles | 553.29 |
| extracción | 622.339 |
| geología económica | 552.29 |
| Resinas sintéticas | 668.374 |
| Resistencia | |
| cristalografía | 548.842 |
| electricidad | 537.62 |
| materiales de ingeniería | 620.112 |
| piel | |
| fisiología humana | 612.791 |
| semiconductores | 537.622 6 |
| Resistencia a la fatiga | 620.112 6 |
| Resistencia a la fractura | |
| materiales de ingeniería | 620.112 6 |
| Resistencia al impacto | 620.112 5 |
| materiales de ingeniería | 620.112 5 |
| Resistencia al reclutamiento | 355.224 |
| derecho | 343.012 2 |
| Resistencia contra el estado | 323.044 |
| Resistencia del aire | |
| aeronáutica | 629.132 34 |
| Resistencia pasiva | |
| acción política | 322.4 |
| conflictos sociales | 303.61 |
| Resistores | |
| ingeniería de la radio | 621.384 133 |
| Resolución de acordes | 781.64 |
| Resonancia | |
| técnica musical | 781.48 |
| instrumental | 784.193 2 |
| Resonancia antiferromagnética | 538.36 |
| Resonancia ciclotrónica | 538.36 |
| Resonancia cuadruplo nuclear | 538.362 |
| Resonancia del espín del electrón | 538.364 |
| Resonancia electrónica paramagnética | 538.364 |
| Resonancia ferromagnética | 538.36 |
| Resonancia magnética | 538.36 |
| espetroscopía | |
| ingeniería | 621.361 7 |
| uso en medicina | 616.075 48 |
| Resonancia magnética electrónica | 538.364 |
| Resonancia magnética nuclear | 538.362 |
| análisis químico | 543.087 7 |
| medicina | 616.075 48 |
| Resonancia paramagnética | 538.364 |
| Resorcinol | 547.633 |
| Resortes | 621.824 |
| ingeniería de ferrocarriles | 625.21 |
| vehículos terrestres | 629.243 |

| | |
|---|---|
| Restionaceae | 584.45 |
| Restitución | |
| derecho de guerra | 341.66 |
| Restrepo, Carlos E. | |
| historia de Colombia | 986.106 3 |
| Restricción de la producción | 338.604 8 |
| criminología | 364.168 |
| derecho | 343.072 3 |
| derecho comercial | 343.072 |
| derecho penal | 345.026 8 |
| internacional | 341.753 |
| economía | 338.604 8 |
| Restricciones comerciales | 382.7 |
| Resucitación | |
| terapéutica | 615.804 3 |
| Resultados electorales | 324.9 |
| Resúmenes | |
| ciencias de la información | 025.402 8 |
| retórica | 808.062 |
| Resurgimiento | |
| historia de Italia | 945.083 |
| Resurgimiento clásico | 709.034 1 |
| v.a. Neoclasicismo | |
| Resurgimiento gótico | |
| arquitectura | 724.3 |
| Resurgimiento griego | |
| arquitectura | 724.23 |
| Resurgimiento italiano | |
| arquitectura | 724.52 |
| Resurgimiento romano | |
| arquitectura | 724.22 |
| Resurrección | 291.23 |
| cristianismo | 236.8 |
| islamismo | 297.23 |
| judaísmo | 296.33 |
| Resurrección de Cristo | 232.5 |
| vida | 232.97 |
| Retalhuleu (Guatemala) | T2—728 183 |
| Retama | 583.322 |
| Retardados mentales | 305.908 26 |
| | T1—087 4 |
| | T7—082 6 |
| asistencia social | 362.3 |
| administración pública | 350.843 |
| central | 351.843 |
| local | 352.944 3 |
| educación | 371.9287 |
| derecho | 344.079 12 |
| grupo social | 305.908 26 |

| | |
|---|---|
| Retardo mental | 362.3 |
| asistencia social | 362.3 |
| administración pública | 350.843 |
| central | 351.843 |
| local | 352.944 3 |
| enfermería | 610.736 8 |
| geriatría | 618.976 858 8 |
| medicina | 616.858 8 |
| pediatría | 618.928 588 |
| Retazos | |
| artes textiles | 746.46 |
| Retención | |
| memoria | 153.122 |
| Retención en la fuente | 336.242 2 |
| derecho | 343.052 42 |
| finanzas públicas | 336.242 2 |
| Retenciones sindicales | 331.889 6 |
| Rethimne (Grecia) | T2—495 9 |
| Réticos | T5—5 |
| Retículo endoplásmico | 574.873 4 |
| Retículos cristalinos | 548.81 |
| Reticulosis | |
| medicina | 616.156 |
| v.a. Sistema cardiovascular | |
| Retina | |
| anatomía humana | 611.84 |
| enfermedades humanas | |
| incidencia | 614.599 7 |
| oftalmología | 617.73 |
| fisiología humana | 612.843 |
| v.a. Ojos | |
| Retirada | |
| operaciones militares | 355.422 |
| Retiro de los productos | |
| administración de la producción | 658.56 |
| Retiros espirituales | |
| cristianismo | 269.6 |
| Retórica | 808 |
| Retórica de la poesía | 808.1 |
| Retorromano (Lengua) | 459.9 |
| | T6—599 |
| Retortas | 542.2 |
| Retraso | |
| agricultura | 631.583 |
| Retratos | |
| dibujo | 743.42 |
| pintura | 757 |
| representación artística | 704.942 |
| Retroalimentación | |
| sistemas de | 629.83 |

| | | | |
|---|---|---|---|
| Revolución mexicana,1910-1917 | 972.081 6 | Rhoipteleaceae | 583.973 |
| Revolución rusa, 1905 | 947.083 | Rhondda (Gales) | T2—429 72 |
| Revolución rusa, 1917 | 947.084 1 | Rhône (Francia) | T2—445 82 |
| Revólveres | 683.436 | Rhuddland (Gales) | T2—429 32 |
| ingeniería militar | 623.443 | Rhyisodoidea | 595.762 |
| manufactura | 683.436 | Rhynchobdellida | 595.145 |
| metalistería | 739.744 3 | Rhynchocoela | 595.124 |
| Revoque | 693.6 | paleozoología | 565.1 |
| arquitectura | 721.044 6 | Rhyncocephalia | 597.945 |
| Revueltas | 355.133 4 | paleozoología | 567.945 |
| v.a. Motines | | Rhynocheti | 598.31 |
| Rey Arturo | | Rhysodoidea | 595.762 |
| historia de Inglaterra | 942.014 | Rhyzochrysidales | 589.487 |
| Reyes (Biblia) | | Ribatejo (Portugal) | T2—469 45 |
| Antiguo Testamento | 222.5 | Ribble Velly (Inglaterra) | T2—427 685 |
| Reyes Magos | | Ribble (Inglaterra) | T2—427 685 |
| adoración de Jesús | 232.923 | Ribe (Dinamarca) | T2—489 5 |
| Reynosa (México) | T2—721 27 | Ribeirao Prêto (Brasil) | T2—816 16 |
| Rh (Tipos de sangre) | | Riberalta (Bolivia) | T2—844 25 |
| fisiología humana | 612.118 25 | Ribes | 583.38 |
| incompatibilidad | | horticultura | 634.72 |
| medicina perinatal | 618.326 1 | Ribeteadoras | 621.93 |
| pediatría | 618.921 5 | Ribosa | 547.192 481 3 |
| v.a. Sistema cardiovascular | | bioquímica | 574.192 481 3 |
| Rhabdocoela | 595.123 | química | 547.781 3 |
| Rhabdomonadales | 589.44 | v.a. Carbohidratos | |
| Rhacophoridae | 597.89 | Ribosomas | 574.873 4 |
| Rhacopteris | 561.597 | Ricardo I, Rey de Inglaterra | |
| Rhade (Pueblo vietnamita) | T5—992 2 | historia de Inglaterra | 942.032 |
| Rhamnaceae | 583.279 | Ricardo II, Rey de Inglaterra | |
| Rhamnales | 583.279 | historia de Inglaterra | 942.038 |
| Rheiformes | 598.52 | Ricardo III, Rey de Inglaterra | |
| paleozoología | 568.5 | historia de Inglaterra | 942.046 |
| Rhinocerotidae | 599.728 | Ricardo, David | |
| Rhizobiaceae | 589.95 | teoría económica | 330.153 |
| Rhizocephala | 595.35 | Ricciaceae | 588.33 |
| paleozoología | 565.35 | Richland (Estados Unidos: | |
| Rhizochloridales | 589.486 | Parroquia) | T2—763 86 |
| Rhizodiniales | 589.43 | Richmond sobre el Támesis | |
| Rhizomastigida | 593.18 | (Londres, Inglaterra) | T2—421 95 |
| Rhizophoraceae | 583.42 | Richmond (Estados Unidos) | T2—747 26 |
| Rhizopodea | 593.11 | Richmond, Ga. (Estados | |
| Rhizostomeae | 593.73 | Unidos: Condado) | T2—758 64 |
| Rhode Island (Estados Unidos) | 974.5 | Richmond, N.Y. (Estados | |
| | T2—745 | Unidos: Condado) | T2—747 26 |
| Rhodesia | 968.91 | Richmond, N.Y. (Estados | |
| | T2—689 1 | Unidos) | T2—755 451 |
| Rhodochaetales | 589.41 | Richmondshire (Inglaterra) | T2—428 48 |
| Rhodophyfita | 589.41 | Ricino | 583.95 |
| Rhodymeniales | 589.41 | Ricinulei | 595.41 |
| Rhoedales | 583.122 | paleozoología | 565.4 |

| | |
|---|---|
| Ritos de iniciación | 291.38 |
| costumbres | 392.14 |
| cristianismo | 234.161 |
| culto público | 265.1 |
| etiqueta | 395.24 |
| música | 781.57 |
| Ritos oficiales | |
| costumbres | 394.4 |
| Ritual religioso | 291.38 |
| cristianismo | 264 |
| música | 782.3 |
| v.a. Culto público | |
| Rituale Romanum | 264.025 |
| Rituales | 291.38 |
| liturgia católica | 264.025 |
| v.a. Ritos | |
| Riukiuanos | T5—956 |
| Rivas (Nicaragua: Ciudad) | T2—728 517 2 |
| Rivas (Nicaragua: Departamento) | T2—728 517 |
| Rivera (Uruguay: Ciudad) | T2—895 343 |
| Rivera (Uruguay: Departamento) | T2—895 34 |
| Rivera, Julio | |
| historia de El Salvador | 972.840 52 |
| Rivers (Nigeria) | T2—669 4 |
| Riverside (Estados Unidos: Condado) | T2—794 97 |
| Riviera (Francia) | T2—449 |
| Riviera (Italia) | T2—451 8 |
| Rivne (ex URSS) | T2—477 9 |
| Rizal (Filipinas) | T2—599 1 |
| Rize (Turquía) | T2—562 2 |
| Rizofus | 589.258 |
| RNA (Acido ribonucléico) | 574.873 283 |
| Roatán (Honduras) | T2—728 315 2 |
| Róbalo (Pez) | 597.58 |
| Roberto II, Rey de Francia | |
| historia de Francia | 944.021 |
| Roberts, Tex. (Estados Unidos: Condado) | T2—764 818 |
| Robertson, Tex. (Estados Unidos: Condado) | T2—764 239 |
| Roble | |
| botánica | 583.976 |
| madera aserrada | 674.142 |
| silvicultura | 634.972 1 |
| Roble venenoso | 583.2 |
| Robles (Argentina) | T2—825 29 |
| Roboré (Bolivia) | T2—843 6 |

| | |
|---|---|
| Robos | 364.155 2 |
| derecho | 345.025 52 |
| seguros | 368.82 |
| Robótica | 629.892 |
| ingeniería | 629.892 |
| Robots | 629.892 |
| automatización industrial | 670.427 2 |
| efectos sociales | 303.483 4 |
| ingeniería | 629.892 |
| Robots industriales | 629.892 |
| ingeniería | 629.892 |
| ingeniería fabril | 670.427 2 |
| ROC (Reconocimiento óptico de caracteres) | 006.424 |
| Rocafuerte, Vicente | |
| historia de Ecuador | 986.605 |
| Rocas | 552 |
| ecología | 574.526 5 |
| fragmentación | |
| acción del hielo | 551.382 |
| ingeniería estructural | 624.183 2 |
| materiales de cimentación | 624.153 32 |
| mecánica | |
| geología técnica | 624.151 32 |
| ingeniería de ferrocarriles | 625.122 |
| ingeniería de vías | 625.732 |
| mineralogía | 549.114 |
| petrología | 552 |
| sedimento | |
| minería | 622.28 |
| transporte | |
| ingeniería de vías | 625.733 |
| Rocas aborregadas | 551.315 |
| Rocas de carbonatos | 552.58 |
| Rocas ígneas | 552.1 |
| Rocas metamórficas | 552.4 |
| Rocas piroclásticas | 552.23 |
| Rocas plutónicas | 552.3 |
| Rocas sedimentarias | 552.5 |
| Rocas volcánicas | 552.2 |
| Rocha (Uruguay: Ciudad) | T2—895 162 |
| Rocha (Uruguay: Estado) | T2—895 16 |
| Rochdale (Inglaterra) | T2—427 392 |
| Roches Douvres (Inglaterra) | T2—423 49 |
| Rochester (Estados Unidos) | T2—747 89 |
| Rochford (Inglaterra) | T2—426 775 |
| Rociado de calles | 628.46 |
| Rocío | |
| meteorología | 551.574 4 |
| Rock | 781.66 |
| Rock ácido | 781.66 |

| | | | |
|---|---|---|---|
| Romanico | 709.021 6 | Ronga (Lengua) | 496.397 |
| arquitectura | 723.4 | | T6—963 97 |
| renacimiento | 724.52 | Roosevelt, Franklin Delano | |
| decoración | 745.442 | historia de Estados Unidos | 973.917 |
| escultura | 734.24 | Roosevelt, N.M. (Estados | |
| pintura | 759.021 6 | Unidos: Condado) | T2—789 32 |
| Romanos antiguos | T5—71 | Roosevelt, Theodore | |
| Romanov, casa reinante | | historia de Estados Unidos | 973.911 |
| historia de Rusia | 947.046 | Ropa | 391 |
| Romanticismo | | v.a. Vestuario | |
| arte | 709.034 2 | Roraima (Brasil) | T2—811 4 |
| artes decorativas | 745.444 1 | Rorcuales | 599.51 |
| escultura | 735.22 | Rosa de navidad | 583.111 |
| filosofía | 141.6 | Rosaceae | 583.372 |
| literatura | 808.801 45 | Rosacrucismo | 135.43 |
| historia y crítica | 809.914 5 | grupo social | T7—13 |
| literaturas específicas | T3B—080 145 | Rosales | 583.37 |
| historia y crítica | T3B—091.45 | Rosario (Argentina) | T2—822 47 |
| música | 780.903 4 | Rosario (México) | T2—723 28 |
| pintura | 759.052 | Rosario (Oración) | 242.74 |
| Romany (Lengua) | 491.4 | Rosario (Paraguay) | T2—892 136 5 |
| | T6—914 99 | Rosario (Uruguay) | T2—895 115 |
| Romany (Literatura) | 891.499 | Rosario de la Frontera | |
| Romany (Pueblo gitano) | T5—914 97 | (Argentina) | T2—824 28 |
| Romanza | 583.917 | Rosario de Lerma (Argentina) | T2—824 29 |
| Romblon (Filipinas) | T2—599 5 | Rosario V. Peñalosa (Argentina) | T2—824 69 |
| Romeral (Chile) | T2—833 4 | Rosas | 583.372 |
| Romero | 583.87 | floricultura | 635.933 372 |
| Romero Barceló, Carlos | | Roscommon (Irlanda) | T2—717 5 |
| historia de Puerto Rico | 972.950 5 | Rose y Cromarty (Escocia) | T2—411 72 |
| Rompecabezas | 793.73 | Rosellón (Francia) | T2—448 9 |
| Rompehielos | 387.28 | Rosemaling | 745.723 |
| dibujo | 623.812 8 | Rosh-Shaná | 296.431 |
| ingeniería | 623.828 | costumbres | 394.267 |
| servicios | 387.54 | Roskilde (Dinamarca) | T2—489 1 |
| v.a. Barcos | | Rossendale (Iglaterra) | T2—427 63 |
| Rompeolas | | Rossiglione (Francia) | T2—448 9 |
| ingeniería | 627.24 | Rostock (Alemania) | T2—431 74 |
| Ron | 641.259 | Rostov (ex URSS) | T2—474 9 |
| procesamiento industrial | 663.59 | Rotación | |
| Roncador (Pez) | 597.58 | cuerpos celestes | 521 |
| Ronco (Pez) | 597.58 | mecánica de sólidos | 531.34 |
| Rondó | 781.824 | sol | 523.73 |
| instrumental | 784.182 4 | tierra | 525.35 |
| Rondó-sonata | 781.824 | Rotación (Trabajo) | 331.126 |
| instrumental | 784.182 4 | economía | 331.126 |
| Rondón (Colombia) | T2—861 385 | Rotación de cultivos | |
| Rondônia (Brasil: Estado) | T2—817 5 | conservación de suelos | 631.452 |
| Rondônia (Brasil) | T2—811 1 | economía | 338.162 |
| Rondonópolis (Brasil) | T2—817 28 | técnicas | 631.582 |

| | |
|---|---|
| Rotación óptica | |
| química | 551.7 |
| Rotarios internacional | 369.5 |
| miembros | 369.5 |
| grupo social | T7—369 5 |
| Rother (Inglaterra) | T2—422 52 |
| Rotherham (Inglaterra) | T2—428 23 |
| Rotifera | 595.181 |
| Rotores | |
| aeronaves | 629.134 36 |
| Rotterdam (Holanda) | T2—492 385 |
| Rottweiler | |
| producción animal | 636.73 |
| v.a. Perros | |
| Rotulado | |
| materiales de bibliotecas | 025.7 |
| Rótulas | |
| anatomía humana | 611.718 |
| v.a. Sistema músculoesquelético | |
| Rotura del contrato | 346.022 |
| Rouergue (Francia) | T2—447 4 |
| Rovigo (Italia) | T2—453 3 |
| Roxas, Manuel | |
| historia de Filipinas | 959.904 1 |
| Roxburgh (Escocia) | T2—413 9 |
| Roxburghiaceae | 584.27 |
| Royas (Hongos) | 589.225 |
| enfermedades de las plantas | 632.425 |
| Ruanda | 967.571 |
| | T2—675 71 |
| Ruanda (Lengua) | 496.394 61 |
| | T6—963.946 1 |
| Ruanda (Literatura) | 896.394 61 |
| Ruanda-rundi (Lengua) | 496.394 6 |
| | T6—963 946 |
| Ruanda-Urundi | 967.57 |
| | T2—675 7 |
| Rubato | 781.46 |
| Rubéola | |
| incidencia | 614.524 |
| medicina | 616.916 |
| v.a. Enfermedades infecciosas | |
| Rubiaceae | 583.52 |
| Rubidio | 669.725 |
| ingeniería química | 661.038 4 |
| metalurgia | 669.725 |
| química | 546.384 |
| v.a. Sustancias químicas | |
| Rubíes | 553.84 |
| extracción | 622.384 |
| geología económica | 553.84 |

| | |
|---|---|
| Rubíes (continuación) | |
| glíptica | 736.25 |
| joyería | 739.27 |
| sintéticos | 666.88 |
| Rubio (Venezuela) | T2—871 25 |
| Rubus | 583.372 |
| horticultura | 634.71 |
| Ruda | 583.24 |
| Ruedas | |
| automotores | 629.248 |
| ingeniería de ferrocarriles | 625.21 |
| Ruedas de esmeril | 621.923 |
| Ruedas de trinquetes | 621.837 |
| Rugby | 796.333 |
| Rugby (Inglaterra) | T2—424 85 |
| Rugby de liga | 796.333 8 |
| Ruguma (Tanzania) | T2—678 25 |
| Ruhr (Alemania) | T2—435 5 |
| Ruibarbo | 641.354 8 |
| botánica | 583.917 |
| cocina | 641.654 8 |
| horticultura | 635.48 |
| tecnología de alimentos | 664.805 48 |
| Ruido | 363.74 |
| administración pública | 350.772 |
| central | 351.772 |
| local | 352.6 |
| aeronaves | 363.741 |
| bienestar social | 363.741 |
| ingeniería | 629.132 3 |
| bienestar social | 363.74 |
| control | |
| equipo | |
| administración de fábricas | 658.28 |
| derecho | 344.046 38 |
| ingeniería | 620.23 |
| ingeniería de las comunicaciones | 621.382 24 |
| ingeniería electrónica | 621.382 24 |
| psicología | 152.15 |
| psicología ambiental | 155.911 5 |
| psicología social | 302.24 |
| Ruiponce | 583.77 |
| Ruiz Cortines, Adolfo | |
| historia de México | 972.082 8 |
| Ruletas | 795.2 |
| Rumania | 949.8 |
| | T2—498 |
| antigua | 939.8 |
| | T2—398 |
| Rumano (Lengua) | 459 |
| | T6—591 |

| | |
|---|---|
| Rumano (Literatura) | 859 |
| Rumanos | T5—59 |
| Rumba | 784.188 8 |
| Rumbo de círculo máximo | |
| navegación celeste | 527.55 |
| Rumbo de línea constante | |
| navegación astronómica | 527.53 |
| Rumiantes | 599.735 |
| paleozoología | 569.73 |
| producción animal | 636.2 |
| Ruminantia | 599.735 |
| paleozoología | 569.73 |
| Rummy | 795.418 |
| Rundi | T5—963 946 5 |
| Rundi (Lengua) | 496.394 65 |
| | T6—963 946 5 |
| Rundi (Literatura) | 896.394 65 |
| RuneQuest | 793.93 |
| Runnels (Estados Unidos: | |
| Condado) | T2—764 724 |
| Runnymede (Inglaterra) | T2—422 11 |
| Ruppiaceae | 584.742 |
| Ruptura | |
| materiales de ingeniería | 620.112 6 |
| Ruscaceae | 584.32 |
| Ruse (Bulgaria) | T2—497 76 |
| Rusell, Ala. (Estados Unidos: | |
| Condado) | T2—761 485 |
| Rushcliffe (Inglaterra) | T2—425 29 |
| Rushmoor (Inglaterra) | T2—422 725 |
| Rusia | 947 |
| | T2—47 |
| Rusia asiática | 957 |
| | T2—57 |
| Rusk, Tex. (Estados Unidos: | |
| Condado) | T2—764 185 |
| Ruso (Lengua) | 491.7 |
| | T6—917 1 |
| Ruso (Literatura) | 891.7 |
| Ruso antiguo (Lengua) | 491.7 |
| | T6—917 1 |
| Ruso medio (Lengua) | 491.71 |
| | T6—917 1 |
| Rusos | T5—917 1 |
| Russell (Canadá) | T2—713 85 |
| Rutales | 583.24 |
| Rutas aéreas | 387.72 |
| Rutas de cabotaje | 387.524 |
| Rutas intercosteras | 387.522 |
| Rutas marítimas | 387.52 |

| | |
|---|---|
| Rutas postales | 383.46 |
| derecho | 343.099 25 |
| Rutenio | 669.7 |
| ingeniería química | 661.063 2 |
| metalografía | 669.957 |
| metalurgia | 669.7 |
| metalurgia física | 669.967 |
| química | 546.632 |
| v.a. Sustancias químicas | |
| Ruth (Biblia) | 222.35 |
| Ruthderfordio | |
| química | 546.51 |
| v.a. Sustancias químicas | |
| Rutilo | 553.662 |
| mineralogía | 549.524 |
| Ryazan (ex URSS) | T2—473 3 |
| Ryedale (Inglaterra) | T2—428 46 |
| Ryukyu (Japón) | T2—522 9 |
| Rzeszów (Polonia) | T2—438 6 |

# S

| | |
|---|---|
| Saarbrücken (Alemania) | T2—434 21 |
| Saba (Antillas Holandesas) | T2—729 77 |
| Sábado | |
| música | 781.522 8 |
| Sábado bíblico | 296.41 |
| cristianismo | 263.1 |
| judaísmo | 296.41 |
| Sabah | T2—595 3 |
| Sábanas | 643.53 |
| arte | 746.97 |
| confección doméstica | 646.21 |
| equipo doméstico | 643.53 |
| manufactura | 677.626 |
| Sabañón | |
| medicina | 616.58 |
| v.a. Piel | |
| Sabático | 331.257 63 |
| economía laboral | 331.257 63 |
| Sabatismo | 296.82 |
| Sabelianismo | 273.3 |
| Sabiaceae | 583.28 |
| Sabiduría (Biblia) | 223.96 |
| Sabiduría (Dones del Espíritu | |
| Santo) | 234.12 |
| Sabiduría de Dios | 212.7 |
| cristianismo | 231.6 |
| Sabine (Estados Unidos: | |
| Condado) | T2—764 177 |
| Sabine (Estados Unidos: | |
| Parroquia) | T2—763 62 |

| | |
|---|---|
| Sabino (Lengua) | 479.7 |
| | T6—797 |
| Sables | 623.441 |
| metalistería | 739.722 |
| Sabor cuántico | 539.721 67 |
| Sabotage industrial | 364.164 |
| derecho | 345.026 4 |
| Sabotaje | 364.164 |
| ciencia militar | 355.343 7 |
| derecho | 345.026 4 |
| economía laboral | 331.893 |
| Sabrata | T2—397 4 |
| Sacáridos | 574.192 48 |
| bioquímica | 574.192 48 |
| química | 547.78 |
| v.a. Carbohidratos | |
| Sacarosa | 547.192 481 5 |
| bioquímica | 574.192 481 5 |
| química | 547.781 5 |
| v.a. Azúcares | |
| Sacatepéquez (Guatemala) | T2—728 162 |
| Saccharomycetaceae | 589.23 |
| Sacerdocio | 291.61 |
| cristianismo | 262.1 |
| teología pastoral | 253 |
| Sacerdocio universal | 234 |
| Sacerdotes | 291.092 |
| cristianismo | 270.092 |
| papel y función | 291.61 |
| v.a. Clero | |
| Sacoglossa | 594.35 |
| paleozoología | 564.35 |
| Sacos | 391 |
| confección doméstica | 646.454 |
| costumbres | 391 |
| manufactura | 687.146 |
| v.a. Vestuario | |
| Sacos de dormir | |
| manufactura | 685.53 |
| Sacramentales | 264.9 |
| Sacramento (Estados Unidos: Condado) | T2—794 53 |
| Sacramentos | 234.16 |
| culto público | 265 |
| iglesia anglicana | 264.030 8 |
| textos | 264.035 |
| iglesia católica | 264.020 8 |
| textos | 264.025 |
| Sacrificio de Cristo | 232.4 |
| Sacrificios | |
| religión | 291.34 |

| | |
|---|---|
| Sacrilegio | |
| criminología | 364.188 |
| derecho | 345.028 8 |
| Sacristías | |
| arquitectura | 726.596 |
| Sacro Imperio Romano | 943 |
| | T2—43 |
| historia de Alemania | 943 |
| historia de la iglesia | 270 |
| Sadat, Anwar | |
| historia de Egipto | 962.054 |
| Sadismo | |
| medicina | 616.858 35 |
| sociología | 306.775 |
| v.a. Enfermedades mentales | |
| Sadomasoquismo | |
| medicina | 616.858 35 |
| sociología | 306.775 |
| v.a. Enfermedades mentales | |
| Saduceos | 296.81 |
| Safi (Marruecos) | T2—646 |
| Safwa (Lengua) | 496.391 |
| | T6—963 91 |
| Saga (Japón) | T2—522 3 |
| Sagas | |
| literatura nórdica antigua | 839.63 |
| Sagitaria | 584.721 |
| Sagittariidae | 598.915 |
| Sagrada escritura | 291.82 |
| v.a. Libros sagrados | |
| Sagrada Familia | 232.92 |
| representación artística | 704.948 56 |
| Saguia el Hamra | T2—648 |
| Sahanmukaísmo | 294.551 6 |
| Sahara | T2—66 |
| Sahara español | T2—648 |
| Sahara occidental | T2—648 |
| Sahel | T2—66 |
| Saida (Argelia) | T2—651 |
| Sainete | |
| tecnología de alimentos | 664.58 |
| Saint Albans (Inglaterra) | T2—425 85 |
| Saint Barthélemy | T2—729 76 |
| Saint Bernard (Estados Unidos: Parroquia) | T2—763 36 |
| Saint Charles (Estados Unidos: Parroquia) | T2—763 33 |
| Saint Clair, Ala. (Estados Unidos: Condado) | T2—761 69 |
| Saint Croix (Islas Vírgenes) | T2—729 722 |
| Saint Edmundsbury (Inglaterra) | T2—426 44 |

| | | | |
|---|---|---|---|
| Saint Eustatius (Antillas Holandesas) | T2—729 77 | Sajón antiguo | 439.1 |
| | | | T6—391 |
| Saint Helena (Estados Unidos: Parroquia) | T2—763 15 | Saka (Lengua) | 491.53 |
| | | | T6—915 3 |
| Saint Helens (Inglaterra) | T2—427 57 | Saka (Literatura) | 891.53 |
| Saint James (Estados Unidos: Parroquia) | T2—763 31 | Sakai (Lengua) | 495.93 |
| | | | T6—959 3 |
| Saint John the Baptist (Estados Unidos: Parroquia) | T2—763 32 | Sakarya (Turquía) | T2—563 |
| | | Sake | 641.23 |
| | | procesamiento industrial | 663.49 |
| Saint John (Islas Vírgenes) | T2—729 722 | Sal | 553.63 |
| Saint Johns (Estados Unidos: Condado) | T2—759 18 | alimento para animales | 536.087 7 |
| Saint Landry (Estados Unidos: Parroquia) | T2—763 46 | cocina | 641.6 |
| | | geología económica | 553.63 |
| Saint Laurence (Estados Unidos: Condado) | T2—747 56 | metabolismo fisiología humana | 612.392 6 |
| Saint Laurent du Maroni (Guayana Francesa) | T2—882 | mineralogía | 549.4 |
| | | minería | 622.363 |
| Saint Laurent, Lous Stephen historia de Canadá | 971.063 3 | química | 546.382 4 |
| | | tecnología de alimentos | 664.4 |
| Saint Louis (Estados Unidos) | T2—778 66 | Sal de mesa | |
| Saint Lucia | 972.9 | cocina | 641.6 |
| | T2—729 843 | Sal de roca | 553.632 |
| Saint Lucie (Estados Unidos: Condado) | T2—758 29 | geología económica | 553.632 |
| Saint Martin | T2—729 76 | mineralogía | 549.4 |
| Antillas Holandesas | T2—729 77 | minería | 622.363 |
| Guadalupe | T2—729 76 | química | 546.382 4 |
| Saint Martin (Estados Unidos: Parroquia) | T2—763 48 | Sala de juegos juegos electrónicos | 794.822 |
| Saint Mary (Estados Unidos: Parroquia) | T2—763 42 | Sala de operaciones | 617.917 |
| | | Salaj (Rumania) | T2—498 4 |
| Saint Paul (Estados Unidos) | T2—776 581 | Salamanca (España) | T2—462 5 |
| Saint Paul (Isla) | 969.9 | Salamandras | 597.65 |
| | T2—699 | Salamandroidea | 597.65 |
| Saint Tammany (Estados Unidos: Parroquia) | T2—763 12 | Salario mínimo | 331.23 |
| | | Salarios | |
| | | administración de personal | 658.32 |
| Saint Thomas (Islas Vírgenes) | T2—729 722 | ejecutivos | 658.407 2 |
| Saint Vincent | 972.984 4 | fuerzas armadas | 355.64 |
| | T2—729 844 | Salarios anuales | 331.216 2 |
| Saint-Cristopher-Nevis | 972 9 | Salas de baile | |
| | T2—729 73 | arquitectura | 725.86 |
| Saint-Denis (Réunion) | T2—698 1 | bailes | 793.33 |
| Saint-Kitts-Nevis | 972.973 | Salas de billar | |
| | T2—729 73 | arquitectura | 725.84 |
| Saint-Louis (Senegal) | T2—663 | Salas de comida | 643.4 |
| Saint-Pierre et Miquelon | 971.88 | decoración interna | 747.76 |
| | T2—718 8 | economía doméstica | 643.4 |
| Saintonge (Francia) | T2—446 4 | Salas de conciertos | |
| Saipan | T2—967 | arquitectura | 725.81 |
| Saitana (Japón) | T2—521 34 | música | 781.539 |

| | | | |
|---|---|---|---|
| Salop (Inglaterra) | T2—424 5 | Salud pública (continuación) | |
| Salsas | 641.814 | bienestar social | 362.1 |
| preparación doméstica | 641.814 | derecho | 344.04 |
| tecnología de alimentos | 664.58 | derecho internacional | 341.765 |
| Salt Lake City (Estados | | faltas contra la | 364.142 |
| Unidos) | T2—792 258 | medicina | 614 |
| Salta ojos | 583.111 | Salud pública veterinaria | |
| Salta (Argentina) | T2—824 2 | derecho | 344.049 |
| Saltacabrilla | 796.14 | Saluki | |
| Saltadores (Atletas) | 796.432 092 | producción animal | 636.753 |
| grupo | T7—796 4 | v.a. Perros | |
| Saltahojas | 595.752 | Salvación | 291.22 |
| Saltamontes | 595.726 | cristianismo | 234 |
| Saltarello | 784.188 2 | islamismo | 297.22 |
| Salteado (Cocina) | 641.77 | judaísmo | 296.32 |
| Salterios (Instrumentos musicales) | 787.75 | Salvado | 641.331 |
| Salterios (Oraciones) | 264.1 | cocina | 641.631 |
| anglicanos | 264.030 1 | grano | 664.722 8 |
| textos | 264.038 | tecnología de alimentos | 664.720 8 |
| católicos | 264.020 1 | Salvadoraceae | 583.271 |
| textos | 264.028 | Salvadoreños | T5—687 284 |
| Salto (Uruguay) | T2—895 35 | Salvamento | |
| Salto alto | 796.432 | casos de desastres | 363.348 |
| Salto con esquí | 796.933 | derecho internacional | 341.756 68 |
| Salto de garrocha | 796.434 | derecho marítimo | 343.096 8 |
| Salto largo | 796.432 | ingeniería submarina | 627.703 |
| Salto mortal | 796.47 | transportes marítimos | 387.55 |
| Salto triple | 796.432 | Salvamento (Aeronáutica) | 629.132 362 |
| Saltos | | Salvia | 583.87 |
| caballos | 798.25 | Salzburgo (Australia) | T2—436 3 |
| hombres | | Samaná (Rep. Dominicana) | T2—729 365 |
| deporte en tarima | 796.432 | Samar occidental (Filipinas) | T2—599 5 |
| esquí | 796.933 | Samar (Filipinas) | T2—599 5 |
| Saltos (Gimnasia) | 796.44 | Samara norte (Filipinas) | T2—599 5 |
| Saltos de trampolín | 797.24 | Samara (ex URSS) | T2—474 4 |
| Salud | 613 | Samarai (Papúa Nueva Guinea) | T2—954 1 |
| educación primaria | 372.37 | Samaria | T2—33 |
| medicina | 613 | Samario | |
| puericultura | 649.4 | geología económica | 553.494 3 |
| sociología | 306.461 | química | 546.415 |
| Salud ambiental | | v.a. Tierras raras | |
| ingeniería | 628 | Samaritano (Lengua) | 492.2 |
| Salud de los viajeros | 613.68 | | T6—922 9 |
| Salud industrial | 613.62 | Samaritano (Literatura) | 892.29 |
| Salud ocupacional | 613.62 | Samaritanos | T5—922 |
| Salud personal | 613 | Samaveda | 294.592 13 |
| Salud pública | 362.1 | Samba (Juegos) | 795.418 |
| administración pública | 350.841 | Sambas | 784.188 8 |
| central | 351.841 | Samhita | 294.592 1 |
| ministerios | 353.7 | Samoa | T2—961 3 |
| local | 352.944 1 | | |

| | |
|---|---|
| Sandino, César Augusto | |
| historia de Nicaragua | 972.850 522 |
| Sandoval (Estados Unidos: | |
| Condado) | T2—789 57 |
| Sandwell (Inglaterra) | T2—424 94 |
| Sandwiches | 641.84 |
| cocina | 641.84 |
| Saneamiento | |
| agrícola | 631.6 |
| ambiental | 614.7 |
| de barcos | 623.854 6 |
| de instalaciones industriales | |
| administración | 658.28 |
| ingeniería | 628.51 |
| de minas | 622.49 |
| de naves espaciales | 629.477 4 |
| de viviendas | 392.36 |
| del mar | 627.54 |
| doméstico | 648 |
| público | 628.4 |
| Sangolquí (Ecuador) | T2—866 136 |
| Sangre | |
| análisis | |
| criminología | 363.256 2 |
| medicina | 616.075 61 |
| bancos de | 362.178 4 |
| derecho | 344.041 94 |
| coagulación | 612.115 |
| v.a. Coagulación de la sangre | |
| cáncer | 616.994 18 |
| enfermedades | 616.15 |
| enfermedades puerperales | |
| obstetricia | 618.77 |
| fisiología | 612.11 |
| histología humana | 611.018 5 |
| presión sanguínea | |
| fisiología humana | 612.14 |
| química | |
| fisiología humana | 612.12 |
| v.a. Sistema cardiovascular | |
| Sanguijuelas | 595.145 |
| uso terapéutico | 615.89 |
| Sanguinaria | 583.122 |
| Sankara, Thomas | |
| historia de Burkina Faso | 966.250 5 |
| Sankaracharya | 181.482 |
| Sankhya | 181.41 |
| Sanquinaria | 583.122 |
| Sansare (Guatemala) | T2—728 153 9 |
| Sánscrito (Lengua) | 491.2 |
| | T6—912 |

| | |
|---|---|
| Sánscrito (Literatura) | 891.2 |
| Sansimonismo | 335.22 |
| Sansiones | |
| relaciones internacionales | 327.117 |
| derecho | 341.582 |
| Santa Ana (El Salvador) | T2—728 412 |
| Santa Ana (Madre de la | |
| Vírgen María) | 232.933 |
| oraciones privadas a | 242.75 |
| Santa Bárbara (Estados Unidos: | |
| Condado) | T2—794 91 |
| Santa Bárbara (Honduras) | T2—728 385 |
| Santa Catarina (Brasil) | T2—816 4 |
| Santa Clara (Estados Unidos: | |
| Condado) | T2—794 73 |
| Santa Cruz (Argentina) | T2—827 5 |
| Santa Cruz (Bolivia) | T2—843 |
| Santa Cruz, Andrés | |
| historia de Bolivia | 984.044 |
| Santa Cruz, Ariz. (Estados | |
| Unidos: Condado) | T2—791 79 |
| Santa Cruz, Calif. (Estados | |
| Unidos: Condado) | T2—794 71 |
| Santa Fé (Argentina) | T2—822 4 |
| Santa Fe (Estados Unidos: | |
| Condado) | T2—789 56 |
| Santa Fe (Estados Unidos) | T2—789 56 |
| Santa Helena | 997.3 |
| | T2—973 |
| Santa Rosa (Estados Unidos: | |
| Condado) | T2—759 985 |
| Santafé de Bogotá (Colombia) | T2—861 4 |
| Santal (Lengua muda) | T6—959 5 |
| Santal (Lengua) | 495.95 |
| | T6—959 5 |
| Santaláceas | 583.94 |
| Santander (Colombia) | T2—861 25 |
| Santarém (Brasil) | T2—811 59 |
| Santarém (Portugal) | T2—469 45 |
| Santiago de Compostela | |
| (España) | T2—461 1 |
| Santiago de Cuba (Cuba) | T2—729 165 |
| Santiago del Estero (Argentina) | T2—825 2 |
| Santiago Rodríguez (Rep. | |
| Dominicana) | T2—729 353 |
| Santiago (Chile) | T2—833 15 |
| Santiago (Evangelio) | |
| epístolas | 227.91 |
| Santiago (Rep. Dominicana) | T2—729 356 |
| Santidad | 291.22 |
| atributos de la iglesia cristiana | 262.72 |

| | | | |
|---|---|---|---|
| Sarcoma de Kaposi | | Sássari (Cerdeña) | T2—459 3 |
| medicina | 616.994 | Sassonia Prusiana | T2—431 8 |
| v.a. Cáncer | | Sassonia (Alemania) | T2—432 1 |
| Sarcomas | 616.994 | Sassonia-Anhalt (Alemania) | T2—431 8 |
| medicina | 616.994 | Sassou Nguesso, Denis | |
| v.a. Cáncer | | historia del Congo | 967.240 5 |
| Sarcorpterygii | 597.48 | Sastre | 646.400 92 |
| Sarcospermaceae | 583.685 | comercial | 687.044 092 |
| Sardi (Grecia) | T2—392 2 | grupo ocupacional | T7—646 4 |
| Sardinas | 597.55 | Sastrería | 646.4 |
| pesca comercial | 639.275 5 | confección doméstica | 646.4 |
| Sardinata (Colombia) | T2—861 248 | tecnología | 687.044 |
| Sardo (Lengua) | T6—56 | Satanás | |
| Sardos | T5—56 | cristianismo | 235.47 |
| Sarga | | judaísmo | 296.316 |
| industria textil | 677.615 | ocultismo | 133.422 |
| Sargazos | 589.45 | Satanismo | 133.422 |
| Sargentodoxaceae | 583.117 | religión | 299 |
| Sargodha (Pakistán) | T2—549 14 | Satélites artificiales | |
| Sark (Inglaterra) | T2—423 55 | ingeniería | 629.46 |
| Sarmacia | T2—395 | predicción del tiempo | 551.635 4 |
| Sarmiento (Argentina) | T2—827 49 | telecomunicaciones | |
| Sarmiento, Domingo Faustino | | derecho | 343.099 4 |
| historia de Argentina | 982.061 | derecho internacional | 341.757 7 |
| Sarna | | vuelo | 629.434 |
| medicina | 616.57 | Satélites meteorológicos | |
| v.a. Piel | | uso | 551.635 4 |
| Sarna de Cuba | 616.913 | Satélites para comunicaciones | 384.51 |
| Sarney, José | | derecho | 343.099 4 |
| historia de Brasil | 981.063 | derecho internacional | 341.757 7 |
| Sarrabus (Italia) | T2—459 15 | ingeniería | 621.382 5 |
| Sarracenia | 583.121 | radio | 384.545 6 |
| australiana | 583.38 | televisión | 384.552 |
| del viejo mundo | 583.922 | Sátira | 808.87 |
| Sarracenia | 583.72 | crítica literaria | 809.7 |
| Sarraceniales | 583.121 | teoría | 801.957 |
| Sarre (Alemania) | T2—434 2 | historia literaria | 809.7 |
| Sartenes eléctricas | 641.586 | literatura | 808.87 |
| Sarthe (Francia) | T2—441 7 | literaturas específicas | T3B—7 |
| Sasafrás | 583.931 | retórica | 808.7 |
| agricultura | 633.82 | Satiriasis | |
| té | 641.338 2 | medicina | 616.858 33 |
| cocina | 641.638 2 | v.a. Enfermedades mentales | |
| preparación doméstica | 641.877 | Satíricos | T7—87 |
| procesamiento comercial | 663.96 | Satisfacción (Rito cristiano) | |
| Sasánidas | 936.07 | culto público | 265.63 |
| | T2—35 | Saturno | 523.46 |
| Saskatchewan | 971.24 | | T2—992 6 |
| | T2—712 4 | vuelos no tripulados | 629.435 46 |
| Saskatchewan (Canadá) | 971.24 | Sauces | 583.981 |
| | T2—712 4 | cultivo de fibra | 633.58 |

| | |
|---|---|
| Scouts | 369.409 2 |
| grupo social | T7—369 4 |
| Screven (Estados Unidos: | |
| Condado) | T2—758 695 |
| Scrophularyaceae | 583.81 |
| Scunthorpe (Inglaterra) | T2—428 31 |
| Scurry (Estados Unidos: | |
| Condado) | T2—764 731 |
| Scyphostegiaceae | 583.962 |
| Scyphozoa | 593.73 |
| paleozoología | 563.73 |
| Scytopetaleceae | 583.19 |
| SDI (Iniciativa estratégica de | |
| defensa) | 358.174 |
| SDI (Servicios de información) | 025.525 |
| v.a. Diseminación selectiva de | |
| la información | |
| Seattle, Wash. (Estados | |
| Unidos) | T2—797 772 |
| Sebaco (Nicaragua) | T2—728 525 7 |
| Sebo | 665.2 |
| Seborrea | 616.53 |
| Seboruco (Venezuela) | T2—871 28 |
| Secado | |
| de la hulla | 662.623 |
| del cuero | 675.24 |
| fotografía | 771 |
| ingeniería química | 660.284 26 |
| Secado de madera | 674.38 |
| Secadora | 667.13 |
| economía doméstica | 648.1 |
| manufactura | 683.88 |
| Secadoras de ropa | 683.88 |
| Secantes | |
| pinturas | 667.622 |
| Secciones cónicas | 516.15 |
| Secciones cruzadas de reacción | |
| física | 539.75 |
| Secesión | |
| historia de Estados Unidos | 973.713 |
| Secrecciones exocrinas | 591.543 |
| fisiología humana | 612.4 |
| Secrecciones gástrica | |
| fisiología humana | 612.32 |
| v.a. Sistema digestivo | |
| Secrecciones intestinales | |
| fisiología humana | 612.33 |
| v.a. Sistema digestivo | |
| Secrecciones pancreáticas | |
| fisiología humana | 612.34 |
| v.a. Sistema digestivo | |

| | |
|---|---|
| Secreción | 574.14 |
| animal | 591.14 |
| fisiología humana | 612.4 |
| plantas | 581.14 |
| v.a. Sistema endocrino | |
| Secreción endocrina | 591.142 |
| fisiología humana | 612.4 |
| v.a. Sistema endocrino | |
| Secretarias | 641.374 109 2 |
| grupo profesional | T7—651 |
| servicios de oficina | 651.374 1 |
| Secretarias ejecutivas | |
| administración de oficina | 651.3 |
| Secretarias escolares | 371.200 92 |
| administración de personal | 371.202 3 |
| Secretario General de las Naciones | |
| Unidas | |
| derecho internacional | 341.232 4 |
| Secreto profesional | 174 |
| v.a. Etica profesional | |
| Secretos de oficina | 342.068 4 |
| Secretos industriales | 346.048 |
| administración | 658.472 |
| Sectas de Soka gakkai | 294.392 8 |
| Sectas religiosas | 291.9 |
| budismo | 294.39 |
| fuentes | 294.385 |
| cristianismo | 280 |
| v.a. Denominaciones cristianas | 291.85 |
| fuentes | 291.85 |
| hinduismo | 294.55 |
| fuentes | 294.595 |
| islamismo | 297.8 |
| jainismo | 294.49 |
| judaísmo | 296.8 |
| fuentes | 296.15 |
| Secuelas quirúrgicas | |
| medicina | 617.01 |
| Secuencia | |
| determinación | |
| administración de la producción | 658.53 |
| Secuencia de enteros | 512.72 |
| Secuencia (Misa) | 264.36 |
| música | 782.323 5 |
| Secuencial | |
| matemática estadística | 519.54 |
| probabilidad | 519.287 |
| Secuencias unitarias | |
| procesos de producción | |
| administración | 658.533 |
| Secuencias (Matemáticas) | 515.243 |

| | |
|---|---|
| Seguridad contra incendios | 363.37 |
| administración pública | 350.782 |
| central | 351.782 |
| local | 352.3 |
| derecho | 344.053 7 |
| escuela | 371.774 |
| servicios sociales | 363.37 |
| tecnología | 628.922 |
| tecnología minera | 622.82 |
| Seguridad de los computadores | |
| administración | 658.478 |
| datos | 005.8 |
| Seguridad de los datos | 005.8 |
| | T1—028 558 |
| Seguridad de productos | 363.19 |
| administración del producto | 658.56 |
| derecho | 344.042 |
| derecho internacional | 341.765 |
| servicios sociales | 363.19 |
| administración pública | 350.778 |
| central | 351.778 |
| local | 352.4 |
| violaciones | |
| criminología | 364.142 |
| Seguridad del puesto de trabajo | 331.259 6 |
| administración pública | 351.834 |
| derecho | 344.012 596 |
| Seguridad del trabajador | 331.259 6 |
| administración pública | 351.834 |
| derecho | 344.012 596 |
| Seguridad electrónica | 621.389 28 |
| Seguridad en el mar | |
| tecnología | 623.888 |
| Seguridad en el transporte | 363.12 |
| administración pública | 350.875 002 89 |
| central | 351.875 002 89 |
| local | 352.915 002 89 |
| derecho | 343.093 |
| servicios sociales | 363.12 |
| Seguridad escolar | 371.77 |
| Seguridad financiera | |
| finanzas personales | 332.024 01 |
| Seguridad industrial | 363.11 |
| derecho | 344.046 5 |
| ingeniería | 620.86 |
| salud personal | 613.62 |
| servicios sociales | 363.11 |
| Seguridad marina | 363.119 622 |
| servicios sociales | 363.119 622 |
| tecnología | 622.8 |

| | |
|---|---|
| Seguridad nacional | 355.03 |
| derecho constitucional | 342.041 8 |
| derecho militar | 343.01 |
| Seguridad nuclear | 363.179 9 |
| seguridad pública | 363.179 9 |
| tecnología | 621.483 5 |
| Seguridad para las empresas | |
| administración | 658.47 |
| Seguridad personal | 613.6 |
| | T1—028 9 |
| derechos civiles | 323.43 |
| ética | 172.2 |
| Seguridad pública | 363.1 |
| administración pública | 350.75 |
| central | 351.75 |
| local | 352.935 |
| derecho | 344.047 |
| faltas contra la seguridad pública | 364.142 |
| derecho | 345.024 2 |
| Seguridad social | 362 |
| administración pública | 351.825 6 |
| derecho | 344.02 |
| seguro para ancianos | 368.43 |
| bienestar social | 362 |
| administración pública | 351.84 |
| derecho | 344.032 |
| derecho internacional | 341.76 |
| seguros auspiciados por el gobierno | 368.4 |
| v.a Seguros | |
| Seguro de desempleo | 368.44 |
| derecho | 344.024 |
| economía laboral | 331.255 |
| Seguro de maternidad | 368.424 |
| derechos sociales | 344.022 4 |
| Seguro de vejez | 368.43 |
| derechos sociales | 344.023 |
| Seguro hipotecario | |
| derecho | 343.074 2 |
| Seguros | 368 |
| administración pública | 351.825.5 |
| administración de personal | 658.325 4 |
| administracion financiera | 658.153 |
| contabilidad | 657.73 |
| derecho | 346.086 |
| economía laboral | 331.255 |
| Seguros aereonáuticos | 368.093 |
| responsabilidad | 368.576 |
| Seguros agrícolas | 368.093 |
| cultivos | 368.12 |
| ganado | 368.56 |

| | |
|---|---|
| Sellos de caucho | |
| manufactura | 681.6 |
| Sellos de correo | 769.567 |
| Sellos de renta | |
| imprenta | 769.57 |
| Sellos postales conmemorativos | 769.563 |
| Selva Alegre, Marqués de | |
| historia de Ecuador | 986.604 |
| Selva Negra (Alemania) | T2—434 6 |
| Selyúcidas | |
| historia de Turquía | 956.101 |
| Semaeostomeae | 593.73 |
| Semáforos | |
| ingeniería militar | 623.731 2 |
| ingeniería náutica | 623.856 12 |
| transportes | 388.312 |
| Semana de trabajo | 331.257 22 |
| Semana escolar | 371.24 |
| Semana Santa | 263.92 |
| literatura piadosa | 242.35 |
| liturgia católica | 264.027 2 |
| música | 781.726 |
| sermones | 252.62 |
| Semanas | |
| intervalo de tiempo | 529.2 |
| Semang (Lengua) | 495.93 |
| | T6—959 3 |
| Semang (Lengua) | 495.93 |
| | T6—959 3 |
| Semang (Pueblos) | T5—991 1 |
| Semántica | |
| filosofía | 121.68 |
| lingüística | 401.43 |
| lenguas específicas | T4—014 3 |
| sistema filosófico | 149.94 |
| Semara (Marruecos) | T2—648 |
| Sembradoras | |
| agrícola | 631.53 |
| Semiconductividad | 537.622 |
| cristalografía | 548.85 |
| física | 537.622 |
| materiales de ingeniería | 620.112 972 |
| Semiconductor de óxido de metal | 004.53 |
| ingeniería | 621.397 32 |
| Semiconductores | 621.381 52 |
| electroquímica | 541.377 |
| física | 537.622 |
| ingeniería química | 660.297 7 |
| ingeniería de televisión | 621.388 32 |
| ingeniería de radio | 621.384 134 |
| Semigrupos | 512.2 |

| | |
|---|---|
| Semillas | 582.130 416 6 |
| alimento para animales | |
| alimento | |
| tecnología de alimentos | 664.76 |
| tecnología de alimentos | 664.7 |
| anatomía | 582.046 7 |
| plantas de flores | 582.130 446 |
| fisiología | 582.130 46 6 |
| floricultura | 635.942 |
| paleobotánica | 561.14 |
| productos forestales | 634.987 |
| propagación de plantas | 631.531 |
| silvicultura | 634.956 2 |
| viveros | 631.521 |
| Semillas comestibles | |
| horticultura | 635.6 |
| Semillas de algodón | 664.725 |
| Semillas de girasol | 664.725 |
| Semimetales | |
| mineralogía | 549.25 |
| Semimicroanálisis | |
| química | 543.081 5 |
| Seminarios | |
| educación superior | 378.177 |
| Seminarios religiosos | 291.071 1 |
| cristianismo | 207.11 |
| judaísmo | 296.071 1 |
| Seminole, Fla. (Estados Unidos: | |
| Condado) | T2—759 23 |
| Seminole, Ga. (Estados Unidos: | |
| Condado) | T2—758 996 |
| Semiología física | |
| medicina | 616.075 4 |
| Semionotiformes | 597.47 |
| paleozoología | 567.4 |
| Semiótica | |
| aspectos religiosos | 302.2 |
| filosofía | 121.68 |
| lingüística | 401.41 |
| lenguas específicas | T4—014 1 |
| Semitas | T5—92 |
| Sémola | |
| producción industrial | 664.720 7 |
| Sen | 583.323 |
| Sena (Francia) | T2—443 6 |
| Sena (Lengua) | 496.391 |
| | T6—963 91 |
| Senado | |
| ciencia política | 328.31 |
| Senahú (Guatemala) | T2—728 151 |

| | | | |
|---|---|---|---|
| Separación | 306.89 | Sepultura de muertos | 363.75 |
| derecho | 346.016 6 | costumbres | 393.1 |
| geología social | 291.178 358 9 | Sequías | |
| cristianismo | 261.835 89 | agricultura | 632.12 |
| Separación de bienes | 346.042 | economía de la agricultura | 338.14 |
| Separación de los padres | | meteorología | 551.577 3 |
| psicología infantil | 155.44 | servicio social | 363.349 2 |
| Separación de poderes | 320.404 | economía | 338.18 |
| derecho | 342.044 | Sequoia | 585.2 |
| Separación del cargo | 658.313 | Ser | 111 |
| administración pública | 350.18 | Serafines | |
| central | 351.18 | cristianismo | 235.3 |
| local | 352.005 18 | Serai (Grecia) | T2—495 6 |
| Separación electrostática | | Serbia | 949.71 |
| minerales | 622.77 | | T2—497 1 |
| Separación magnética | | antigua | 939.8 |
| minerales | 622.77 | | T2—398 |
| Separación mecánica | | Serbios | T5—918 22 |
| minerales | 622.75 | Serbocroata (Lengua) | 491.82 |
| Separaciones por intercambio de | | | T6—918 2 |
| iones | 543.089 3 | Serbocroata (Literatura) | 891.82 |
| Separadores | | Serenatas | 784.185 6 |
| ingeniería del vapor | 621.197 | Serero (Lengua) | 496.321 |
| Separados | 305.906 53 | | T6—963 21 |
| | T1—086 53 | Seres espirituales | 291.21 |
| grupo social | 305.906 53 | cristianismo | 235 |
| relaciones familiares | 306.89 | Seres paranaturales | |
| Separatas | | folclor | 398.21 |
| bibliografías | 011.47 | sociología | 398 45 |
| Sepia | 594.58 | Sergipe (Brasil) | T2—814 1 |
| cocina | 641.694 | Serialismo | |
| comida | 641.394 | música | 781.33 |
| tecnología de alimentos | 664.94 | Sericicultura | 638.2 |
| pesca | 639.485 8 | Serie de doce tonos (Dodecafonía) | 781.268 |
| Sepioideae | 594.58 | Serie de potencia | 515.243 2 |
| Sepiolita | | cálculo | 515.243 2 |
| mineralogía | 549.67 | Series de secuencias (Matemática) | 519.84 |
| Septetos | | Series de tiempo | 519.232 |
| música de camara | 785.77 | Series factoriales | 515.243 |
| vocal | 784.85 | Series infinitas | 515.243 |
| individual | 784.306 7 | Series octogonales | 515.243 |
| Septicemia | | Serigrafía | 686.231 6 |
| incidencia | 614.577 | artes gráficas | 764.8 |
| medicina | 616.944 | artes textiles | 746.62 |
| v.a. Enfermedades infecciosas | | Sermón de la Montaña | 226.9 |
| Septicemia puerperal | | Sermones | 291.43 |
| incidencia | 614.545 | cristianismo | 252 |
| obstetricia | 618.74 | culto público | 364.6 |
| Séptimo día | | judaísmo | 296.42 |
| observancia | 263.2 | preparación | 251.01 |
| Sepultura de Jesucristo | 232.964 | predicación | 251.02 |

| | |
|---|---|
| Siciliano (Lengua) | 457.8 |
| | T6—51 |
| Sida (Enfermedad) | 362.196 979 2 |
| actividades de la iglesia | 259.4 |
| enfermedades del sistema | |
| inmunológico | 614.599 3 |
| enfermedades transmisibles | 610.736 99 |
| medicina | 616.979 2 |
| pediatría | 618.929 792 |
| servicios sociales | 362.196 979 2 |
| teología social | 291.178 321 |
| 969 | |
| cristianismo | 261.832 196 |
| 979 | |
| Sidama | T5—935 |
| Sidamo (Etiopía) | T2—632 |
| Siderita | |
| mineralogía | 549.782 |
| Sidi Kacem (Marruecos) | T2—643 |
| Sidney (Australia) | T2—944 1 |
| Siedlce (Polonia) | T2—438 4 |
| Siega | 631.55 |
| Siembra | 631.53 |
| Siempreviva china | 584.64 |
| Siemprevivas | 583.55 |
| floricultura | 635.973 |
| Siena | 553.662 |
| Siena (Italia: Provincia) | T2—455 8 |
| Sienitas | 553.52 |
| extracción | 622.352 |
| geología económica | 553.52 |
| petrología | 552.3 |
| Sierra (Estados Unidos: | |
| Condado) | T2—789 67 |
| Sierra, Calif. (Estados Unidos: | |
| Condado) | T2—794 36 |
| Sierra Gorda (Chile) | T2—831 323 |
| Sierra Leona | 966.4 |
| | T2—664 |
| Sierras | 621.93 |
| Sierras musicales | 786.888 |
| Siete palabras | 232.963 5 |
| Sifakas | 599.81 |
| Sífilis | |
| incidencia | 614.547 2 |
| medicina | 616.951 3 |
| v.a. Enfermedades infecciosas | |
| Sifones | |
| ingeniería de canales | 627.135 3 |
| Sigilografía | 929.82 |
| insignia | 929.82 |

| | |
|---|---|
| Sigilografía (continuación) | |
| numismática | 737.6 |
| Signatura tipográfica | |
| bibliotecología | 025.428 |
| Significado | |
| gnoseología | 121.68 |
| Signos adivinatorios | 133.334 |
| Signos zodiacales | |
| astrología | 133.52 |
| Siguatepeque (Honduras) | T2—728 372 6 |
| Sikhismo | 294.6 |
| filosofía | 181.046 |
| representación artística | 704.948 946 |
| templos y santuarios | |
| arquitectura | 726.146 |
| Sikhs | |
| biografía | 294.609 2 |
| grupo religioso | T7—294 6 |
| Sikkim (India) | T2—541 67 |
| Sikkimese | T5—914 17 |
| Sikoku (Japón) | T2—523 |
| Silabarios | 411 |
| lenguas específicas | T4—11 |
| Silao (México) | T2—724 18 |
| Silenciadores de motores | 629.252 |
| Silencio | |
| elemento musical | 781.236 |
| Siles Zuazo, Hernán | |
| historia de Bolivia | 984.052 |
| Silesia | T2—438 5 |
| Rep. Checa | T2—437 2 |
| Silicatos | |
| mineralogía | 549.6 |
| Silicio | 553.6 |
| geología económica | 553.6 |
| ingenería química | 661.068 3 |
| materiales de ingeniería | 620.193 |
| química | 546.683 |
| química orgánica | 547.08 |
| aplicada | 661.88 |
| v.a. Sustancias químicas | |
| Siliconas | 668.442 7 |
| Silicosis | 616.244 |
| medicina | 616.244 |
| pediatría | 618.922 38 |
| v.a. Sistema respiratorio | |
| Silistra (Bulgaria) | T2—497 77 |
| Sillas | 645.4 |
| artes decorativas | 749.32 |
| dotación de la casa | 645.8 |
| manufactura | 684.13 |

| | |
|---|---|
| Sistema nervioso | 591.188 |
| anatomía animal | 591.48 |
| anatomía humana | 611.8 |
| anestesiología | 617.967 48 |
| cáncer | 362.196 994 8 |
| bienestar social | 362.196 994 8 |
| medicina | 616.994 8 |
| cirugía | 617.48 |
| enfermedades animales | 591.218 8 |
| enfermedades humanas | 362.196 8 |
| bienestar social | 362.196 8 |
| incidencia | 614.598 |
| medicina | 616.8 |
| farmacodinámica | 615.78 |
| fisiología animal | 591.188 |
| fisiología humana | 612.8 |
| geriatría | 618.976 8 |
| histología animal | 591.824 |
| histología humana | 611.018 98 |
| medicina perinatal | 618.326 8 |
| pediatría | 618.928 |
| veterinaria | 636.089 68 |
| Sistema nervioso auditivo | |
| anatomía humana | 611.85 |
| enfermedades humanas | |
| incidencia | 614.599 8 |
| otología | 617.886 |
| fisiología humana | 612.85 |
| v.a. Oidos | |
| Sistema nervioso autónomo | |
| antomía humana | 611.83 |
| enfermedades humanas | |
| medicina | 616.88 |
| fisiología humana | 612.89 |
| Sistema nervioso central | 591.188 |
| anatomía humana | 611.81 |
| enfermedades humanas | |
| medicina | 616.8 |
| fisiología humana | 612.82 |
| Sistema nervioso simpático | |
| enfermedades humanas | |
| medicina | 616.88 |
| fisiología humana | 612.89 |
| Sistema octal (Base 8) | 513.54 |
| Sistema papal | |
| eclesiología cristiana | 252.3 |
| Sistema penal | |
| reforma | 364.6 |
| Sistema respiratorio | 591.2 |
| anatomía animal | 591.42 |
| anatomía humana | 611.2 |

| | |
|---|---|
| Sistema respiratorio (continuación) | |
| cirugía | 617.54 |
| cáncer | 362.196 994 2 |
| bienestar social | 362.196 994 2 |
| medicina | 616.994 2 |
| enfermería | 610.736 92 |
| enfermedades animales | 591.212 |
| enfermedades humanas | 362.196 2 |
| bienestar social | 362.196 2 |
| incidencia | 614.592 |
| medicina | 612.2 |
| farmacodinámica | 615.72 |
| fisiología animal | 591.12 |
| fisiología humana | 612.2 |
| geriatría | 618.976 2 |
| histología animal | 591.824 |
| histología humana | 611.018 92 |
| pediatría | 618.922 |
| veterianaria | 636.089 62 |
| Sistema reticuloendotelial | |
| inmunidad humana | 616.079 |
| Sistema sexadecimal | 513.57 |
| Sistema solar | 523.2 |
| | T2—99 |
| Sistema urinario | 591.149 |
| anatomía animal | 591.44 |
| anatomía humana | 611.61 |
| anestesiología | 617.967 461 |
| cirugía | 617.461 |
| cáncer | 362.196 994 61 |
| bienestar social | 362.196 994 61 |
| medicina | 616.994 61 |
| enfermedad animal | 591.214 9 |
| enfermedades humanas | 362.196 6 |
| bienestar social | 362.196 6 |
| inicidencia | 614.596 |
| medicina | 616.6 |
| farmacodinámica | 615.761 |
| fisiología animal | 591.149 |
| fisiología humana | 612.46 |
| geriatría | 618.976 6 |
| histología animal | 591.824 |
| histología humana | 611.018 961 |
| pediatría | 618.926 |
| veterinaria | 636.089 66 |
| Sistema urogenital | |
| anatomía humana | 611.6 |
| cirugía | 617.46 |
| enfermedades humanas | |
| medicina | 616.6 |
| farmacodinámica | 615.76 |

| | |
|---|---|
| Sistemas de radioaficionados | |
| ingeniería de la radio | 621.384 16 |
| Sistemas de recuperación de | |
| la información | 025.04 |
| ciencia de los computadores | 005.74 |
| derecho | 343.099 9 |
| uso en la administración | 658.853 5 |
| Sistemas de sustentación | |
| vehículos sobre cojín de aire | 629.313 |
| Sistemas de tarjetas de coincidencia | |
| óptica | 025.484 |
| Sistemas de tiempo variable | 003.8 |
| Sistemas de tiempos discretos | 003.83 |
| Sistemas de trabajo | 331.117 |
| sociología | 306.36 |
| Sistemas de transito urbano | |
| sobre rieles | 388.42 |
| administración pública | 350.878 42 |
| central | 351.878.42 |
| local | 352.918 42 |
| derecho | 343.098 3 |
| ingeniería | 625.6 |
| servicio de transporte | 388.42 |
| Sistemas de transmisión directa | |
| por satélite (DBS) | 384.552 |
| Sistemas de viento | 551.518 |
| Sistemas de vuelo | |
| naves espaciales | 629.474 2 |
| naves espaciales no tripuladas | 629.464 2 |
| Sistemas definidos en relación | |
| con el tiempo | 003.8 |
| Sistemas democráticos | 321.8 |
| Sistemas determinísticos | 003.7 |
| Sistemas dinámicos | 003.85 |
| Sistemas dinámicos (Matemáticas) | 515.352 |
| Sistemas económicos | 330.12 |
| Sistemas educativos | 371 |
| Sistemas electorales | 324.63 |
| derechos políticos | 323.5 |
| elecciones | 324.63 |
| Sistemas electrónicos | |
| automóviles | 629.135 4 |
| automotores | 629.254 |
| barcos | 623.850 3 |
| Sistemas elitistas | 321.5 |
| Sistemas episcopales | |
| eclesiología cristiana | 262.3 |
| Sistemas escolares | 371 |
| Sistemas esterofónicos | |
| ingeniería | 621.389 334 |
| Sistemas expertos | 006.33 |

| | |
|---|---|
| Sistemas facistas | 321.94 |
| derecho | 342.042 |
| Sistemas hematopoyéticos | 591.14 |
| anatomía humana | 611.41 |
| cáncer | 362.196 994 41 |
| bienestar social | 362.196 994 41 |
| medicina | 616.994 41 |
| enfermedades humanas | 362.196 41 |
| bienestar social | 362.196 41 |
| incidencia | 614.594 1 |
| medicina | 616.41 |
| farmacodinámica | 615.718 |
| fisiología animal | 591.14 |
| fisiología humana | 612.41 |
| geriatría | 618.976 41 |
| pediatría | 618.924 1 |
| Sistemas hidráulicos | |
| tecnología contra incendio | 628.925 2 |
| Sistemas instantáneos | 003.8 |
| Sistemas jerárquicos | 003.7 |
| Sistemas Jungianos | 150.195 4 |
| Sistemas jurídicos | 340.5 |
| Sistemas legales | 340.5 |
| Sistemas lineales | 003.74 |
| ingeniería de la automatización | 629.832 |
| Sistemas matemáticos | 511.2 |
| Sistemas mecánicos | |
| barcos | 623.850 1 |
| Sistemas monetarios internacionales | 332.45 |
| Sistemas nazis | 321.94 |
| Sistemas no lineales | 003.75 |
| ingeniería de control automático | 629.836 |
| Sistemas operativos | 005.43 |
| programación | 005.42 |
| Sistemas ordenados | 511.33 |
| Sistemas para la protección de la vida | |
| naves espaciales | 629.477 |
| naves espaciales no tripuladas | 629.467 |
| Sistemas presidenciales | |
| gobiernos democráticos | 321.804 2 |
| Sistemas tonales | 781.26 |
| Sistemas unitarios | 321.01 |
| Sistematización | |
| administración ejecutiva | 658.406 |
| Sistenización | |
| metales | 671.373 |
| Sistros | 786.885 |
| Sitio de Vicksburg, 1863 | 973.734 4 |
| Sittidae | 598.822 |
| Situación económica | 330.9 |
| Situación jurídica | 346.013 |

| | | | |
|---|---|---|---|
| Sociedad de Amigos | 289.6 | Sociobiología | |
| asociación religiosa | 267.189 6 | biología | 574.524 |
| biografía | 289.609 2 | humana | 304.5 |
| concilio | 262.596 | sistemas éticos | 171.7 |
| culto | 264.096 | Sociología | 301 |
| derecho eclesiástico | 262.989 6 | Sociología agrícola | 306.349 |
| doctrina | 230.96 | Sociología de la religión | 306 6 |
| catecismo | 238.96 | Sociología del folclor | 398.042 |
| educación religiosa | 268.896 | Sociología económica | 306.3 |
| gobierno de la iglesia | | Sociología de la educación | 370.19 |
| parroquias | 254.096 | Sociología industrial | 306.36 |
| grupo religioso | T7—286 | Sociología militar | 306.27 |
| guías de vida cristiana | 248.489 6 | Sociología política | 306.2 |
| misiones | 266.96 | Sociología rural | 307.72 |
| persecusiones | 272.8 | Sociología urbana | 307.66 |
| seminarios | 207.119 6 | Sociólogos | 301.092 |
| teología | 230.96 | grupo profesional | T7—309 |
| teología moral | 241.049 6 | Sociometría | 302.015 195 |
| Sociedad de ayuda mutua | 334.7 | Socorro (Colombia) | T2—861 258 |
| economía | 334.7 | Socorro (Estados Unidos: | |
| seguros | 368 | Condado) | T2—789 62 |
| Sociedad de las Naciones | 341.22 | Socotora (Africa) | T2—677 2 |
| administración pública | 354.1 | Socotranos | T5—929 |
| derecho internacional | 341.22 | Socotri (Lengua) | 492.9 |
| finanzas | 336.091 62 | | T6—929 |
| series de tratados | 341.026 1 | Soda cáustica | 546.382 22 |
| Sociedad Unida de los Verdaderos | | ingeniería química | 661.322 |
| Creyentes en el Segundo | | Soda nitro | 553.64 |
| Advenimiento de Cristo | 989.8 | geología económica | 553.64 |
| v.a. Denominaciones cristianas | | mineralogía | 549.732 |
| Sociedades | 338.73 | química | 546.382 24 |
| administración | 658.042 | Soda (Sustancia química) | 546.382 2 |
| fundación | 658.114 2 | ingeniería química | 661.32 |
| contabilidad | 675.92 | proceso a la soda | |
| derecho | 346.068 2 | pulpa de madera | 676.124 |
| derecho tributario | 343.006 2 | Södermanland (Suiza) | T2—487 |
| economía | 338.73 | Sodio | |
| Sociedades (Organizaciones) | 060 | ingeniería química | 661.038 2 |
| editoriales | 070.594 | metalurgía | 669.725 |
| organizaciones de asociaciones | 366 | química | 546.382 |
| Sociedades de ayuda mutua | 334.7 | química orgánica | 547.053 82 |
| economía | 334.7 | aplicada | 661.895 |
| seguros | 368 | v.a. Sustancias químicas | |
| Sociedades hereditarias | 369.2 | Sodomía | 306.773 |
| miembros | 369.209 2 | criminología | 364.153 6 |
| grupo social | T7—369 2 | derecho penal | 345.025 36 |
| Sociedades iletradas | 301.7 | sociología | 306.773 |
| psicología | 155.81 | Sofás | 645.4 |
| Sociedades piadosas | 248.06 | manufactura | 684.12 |
| Sociedades secretas | 366 | Sofás cama | 645.4 |
| | | Sofía (Bulgaria) | T2—497 73 |

| | |
|---|---|
| Solubilidad | 541.342 |
| ingeniería química | 660.294 2 |
| Solución de conflictos | 303.69 |
| Soluciones | |
| farmacia práctica | 615.42 |
| Soluciones acuosas | 541.342 2 |
| ingeniería química | 660.294 22 |
| Soluciones acuosas (Carbón) | 662.623 |
| tecnología | 662.623 |
| transporte | 388.57 |
| tecnología | 662.624 |
| Soluciones anticongelantes | |
| automotores | 629.256 |
| Soluciones de problemas | 153.43 |
| administración de hacienda | 658.403 |
| psicología | 153.43 |
| psicología educativa | 370.152 4 |
| Soluciones electrolíticas | 541.372 |
| ingeniería química | 660.297 2 |
| Soluciones para fijación | |
| fotografía | 711.54 |
| Soluciones para intensificación | |
| fotografía | 711.54 |
| Soluciones para reducción | |
| fotografía | 711.54 |
| Soluciones para revelado | |
| fotografía | 771.54 |
| Soluciones para temple | |
| fotografía | 771.54 |
| Soluciones sólidas | |
| metalurgia | 669.94 |
| Solutos | 541.348 3 |
| ingeniería química | 660.294 83 |
| Solvencia financiera | |
| contabilidad | 657.48 |
| Solvente | 541.348 2 |
| ingeniería química | 660.294 82 |
| orgánica | 661.807 |
| Solway Firth | 551.461 37 |
| | T2—163 37 |
| Somalí (Lengua) | 493.5 |
| | T6—935 |
| Somalí (Literatura) | 893.5 |
| Somalia | 967.73 |
| | T2—677 3 |
| Somalia Francesa | 967.71 |
| | T2—677 1 |
| Somalia Italiana | T2—677 3 |
| Somaliland | T2—667 |
| Somalís | T5—935 |

| | |
|---|---|
| Somascos | 255.54 |
| historia de la iglesia | 271.54 |
| Somatología | |
| estadísticas | 312.6 |
| Sombras chinescas | 791.5 |
| Sombrerete (México) | T2—724 38 |
| Sombreros | 391.43 |
| confección doméstica | 646.5 |
| costumbres | 391.43 |
| economía doméstica | 646.3 |
| manufactura | 687.4 |
| v.a. Vestuario | |
| Sombrillas | |
| costumbres | 391.44 |
| manufactura | 685 |
| Somerset (Inglaterra) | T2—423 8 |
| Somervell (Estados Unidos: Condado) | T2—764 521 |
| Somme (Francia) | T2—442 6 |
| Somníferos | |
| farmacodinámica | 615.782 |
| Somotillo (Nicaragua) | T2—728 511 7 |
| Somoto (Nicaragua) | T2—728 523 2 |
| Somoza Debayle, Anastasio | |
| historia de Nicaragua | 972.850 2 |
| Somoza Debayle, Luis | |
| historia de Nicaragua | 972.850 2 |
| Somoza, Anastasio | |
| historia de Nicaragua | 972.850 52 |
| Soná (Panamá) | T2—728 722 9 |
| Sonambulismo | |
| medicina | 616.849 8 |
| psicología | 154.64 |
| Sonar | 621.389 5 |
| navegación | 623.893 8 |
| Sonatas | 784.183 |
| música para órgano | 786.518 3 |
| música para piano | 786.212 3 |
| Sonatinas | 784.183 2 |
| música para órgano | 786.518 32 |
| música para piano | 786.218 32 |
| Sondrio (Italia) | T2—452 5 |
| Sonetos | 808.814 2 |
| historia y crítica | 809.142 |
| literaturas específicas | T3B—104 2 |
| autores individuales | T3A—1 |
| Songaguera (Honduras) | T2—728 313 6 |
| Songe (Lengua) | 496.393 |
| | T6—963 93 |

South Cotabato (Filipinas)    T2—599 7
South Derbyshire (Inglaterra)    T2—425 19
South Downs (Inglaterra)    T2—422 6
South Hams (Inglaterra)    T2—423 592
South Herfordshire (Inglaterra) T2—424 45
South Holland (Inglaterra)    T2—425 39
South Kesteven (Inglaterra)    T2—425 38
South Lakeland (Inglaterra)    T2—427 83
South Norfolk (Inglaterra)    T2—426 19
South Northamptonshire
   (Inglaterra)    T2—425 59
South Oxofordshire (Inglaterra) T2—425 79
South Perbrokeshire (Gales)    T2—429 63
South Ribble (Inglaterra)    T2—427 67
South Shropshire (Inglaterra)    T2—424 57
South Somerset (Inglaterra)    T2—423 89
South Staffordshire (Inglaterra) T2—424 66
South Tyneside (Inglaterra)    T2—428 75
South Wight (Inglaterra)    T2—422 85
South Yorkshire (Inglaterra)    T2—428 2
Southampton (Inglaterra)    T2—422 76
Southend-on-Sea (Inglaterra)    T2—426 795
Southerene-Leyte (Filipinas)    T2—599 5
Southland (Nueva Zelanda)    T2—931 57
Southwark, Londres (Inglaterra)T2—421 64
Soya    583.322
   alimento    641.356 55
   cocina    641.656 55
   cultivo de campo    633.34
   economía agrícola    338.175 655
   horticultura    635.655
   procesamiento industrial
     economía    338.476 648 056
     tecnología    664.805 665
Soyapango (El Salvador)    T2—728 423 8
Spalding (Estados Unidos:
   Condado)    T2—758 443
Spaniel tibetano
   producción animal    636.72
   v.a. Perros
Spaniels
   producción animal    636.752
   v.a. Perros
Sparganiaceae    584.612
Spehecoidea    595.798
Spelthorne (Inglaterra)    T2—422 12
Spermatophyta    582
   paleobotánica    561.2
Spey (Escocia)    T2—411 92
Sphacelariales    589.45
Sphaeropsidales    589.24

Sphagnales    588.1
Sphenisciformes    598.441
   paleozoología    568.4
Sphenomonadales    589.44
Sphenophyllales    561.72
Sphenopsida    587.2
   paleobotánica    561.72
Sphenopteris    561.597
Spigeliaceae    583.74
Spinulosida    593.93
   paleozoología    563.63
Spirochaetales    589.99
Spirotrichia    593.17
Spitsbergen    T2—981
Spongillidae    593.46
Sporochnales    589.45
Sporozoa    593.19
Sprechgesang    782 97
Squaliformes    597.31
   paleozoología    567.3
Squamata    597.94
   paleozoología    567.94
Squash    796.343
Sri Lanka    954.93
   T2—549 3
Srilankses    T5—914 13
Stabia
   ciudad antigua    T2—377
Stabiles    731.55
Stachyuraceae    583.394
Stackhousiaceae    583.271
Staffordshire Moorlands
   (Inglaterra)    T2—424 61
Staffordshire Oriental
   (Inglaterra)    T2—424 65
Staffordshire (Inglaterra)    T2—424 6
Stalin, José
   historia de Rusia    947.084 2
Stamp Act, 1765-1766    973.311 1
Standards    T1—021 8
   v.a. Normas
Stanislaus (Estados Unidos:
   Condado)    T2—794 57
Stann Creek (Belice)    T2—728 23
Staphylaceae    583.28
Staphylinoidea    595.764 2
Stara (Bulgaria)    T2—497 75
Starr (Estados Unidos:
   Condado)    T2—764 485
Stati Akan    966.701 6
Station wagons    629.222

| | | | |
|---|---|---|---|
| Suhaili (Literatura) | 896.392 | Sulfonamidas | |
| Suhl (Alemania) | T2—432 26 | famacología | 615.316 7 |
| Sui, dinastía | | Sulfonación | 547.27 |
| historia de China | 951.016 | ingeniería química | 660.284 47 |
| Suicidio | 362.28 | Sulfonas | 547.065 |
| costumbres | 394.8 | ingeniería química | 661.896 |
| crinimología | 364.152 2 | Sulfosales | |
| derecho penal | 345.025 22 | mineralogía | 549.35 |
| ética | 179.7 | Sulfóxidos | 547.065 |
| religión | 291.569 7 | ingeniería química | 661.896 |
| budismo | 294.356 97 | Sulfuro de hidrógeno | |
| cristianismo | 241.697 | química industrial | 665.89 |
| hinduismo | 294.548 697 | Sulfuros | 546.723 2 |
| islamismo | 297.5 | mineralogía | 549.32 |
| judaísmo | 296.385 697 | Sulfuros dobles | |
| medicina | 616.858 445 | mineralogía | 549.35 |
| servicios sociales | 362.28 | Sullana (Perú) | T2—851 36 |
| Suiformes | 599.734 | Sullivan, Harry Stack | |
| paleozoología | 569.73 | sistemas psicológicos | 150.195 7 |
| Suite | 784.185 8 | Sullivan, N.Y. (Estados Unidos: | |
| Suiza | 949.4 | Condado) | T2—747 35 |
| | T2—494 | Sulpicianos | 255.75 |
| antigua | 936.4 | historia de la iglesia | 271.75 |
| | T2—364 | Sultan Kutarat (Filipinas) | T2—599 7 |
| Suizo (Literatura) | | Sultanato de Funj | |
| alemana | 830 | historia de Sudán | 962.402 3 |
| francesa | 840 | Sulú (Filipinas) | T2—599 9 |
| italiana | 850 | Suma (Matemáticas) | 512.92 |
| Suizoalemán (Dialecto) | 437.949 4 | v.a. Adición | |
| | T6—35 | Sumabilidad | 515.243 |
| Suizos | T5—35 | cálculo integral | 515.43 |
| Sukarno | | Sumake | 583.28 |
| historia de Indonesia | 959.803 5 | Sumake venenoso | 583.28 |
| Sukhothai | | Sumarios | |
| historia de Tailandia | 959.302 2 | retórica | 808.062 |
| Sukkot | 296.433 | Sumatra | T2—598 1 |
| Sulaimaniyya (Iraq) | T2—567 2 | Sumba (Indonesia) | T2—598 6 |
| Sulfato de cobre | | Sumbawa (Indonesia) | T2—598 6 |
| abastecimiento de agua | 628.166 2 | Sumeria | T2—35 |
| Sulfatos | 546.723 24 | Sumerio (Lengua) | 499.95 |
| mineralogía | 549.75 | | T6—999 5 |
| Sulfatos anhídros | | Sumerio (Literatura) | 899.95 |
| mineralogía | 549.752 | Sumerios | T5—999 5 |
| Sulfatos básicos | | historia de Mesopotamia | 935.01 |
| mineralogía | 549.755 | Sumideros | |
| Sulfatos hidratados | | alcantarillas | 628.25 |
| mineralogía | 549.755 | Sumideros de expulsión de aguas | |
| Sulfitos | 546.723 24 | negras | 628.25 |
| química orgánica | 547.061 | Sumideros de inspección de | |
| Sulfobacterias | 589.96 | alcantarillas | 628.25 |

| | | | | |
|---|---|---|---|---|
| Tambores magnéticos | 004.56 | | Tanques sépticos | |
| ingeniería | 621.397 6 | | tecnología de desechos | 628.742 |
| Tambores militares | 786.94 | | Tántalo | 669.735 |
| Tambores tubulares | 786.94 | | geología económica | 553.465 |
| Tambov (ex URSS) | T2—473 5 | | ingeniería química | 661.052 6 |
| Tame (Colombia) | T2—861 387 | | materiales de ingeniería | 620.189 35 |
| Tamerlane | | | metalografía | 669.957 35 |
| historia de Asia | 950.2 | | metalurgia | 669.735 |
| Tameside (Inglaterra) | T2—427 35 | | metalurgia física | 669.967 35 |
| Tamil | T5—948 11 | | química | 546.526 |
| Tamil (Lengua) | 494.811 | | tecnología de metales | 673.735 |
| | T6—948 11 | | v.a. Metales, Sustancias químicas | |
| Tamil (Literatura) | 894.811 | | Tanteos | |
| Tamil Nadu (India) | T2—548 2 | | probabilidades | 519.2 |
| Tamin (Iraq) | T2—567 4 | | Tantras | |
| Tamizado | | | budismo | 294.35 |
| de aguas negras | 628.34 | | hinduismo | 294.595 |
| ingeniería química | 660.284 22 | | Tanzania | 967.8 |
| Tampa (Estados Unidos) | T2—759 65 | | | T2—678 |
| Tampico (México) | T2—721 28 | | Tanzanita | 553.87 |
| Tan-Tan (Marruecos) | T2—646 | | Taoísmo | |
| Tanaidacea | 595.374 | | filosofía | 181.114 |
| paleozoología | 565.37 | | religión | 299.514 |
| Tanbridge (Inglaterra) | T2—422 18 | | representación artística | 704.948 995 14 |
| Tándemes | | | Taoistas | |
| conducción | 629.284 76 | | biografía | 299.514 092 |
| ingeniería | 629.227 6 | | grupo religioso | T7—299 514 |
| reparaciones | 629.287 76 | | Taos (Estados Unidos: | |
| Tandil (Argentina) | T2—821 29 | | Condado) | T2—789 53 |
| Tanga (Tanzania) | T2—678 22 | | Taounate (Marruecos) | T2—643 |
| Tanganica | 967.82 | | Tap dance | 792.7 |
| | T2—678 2 | | Tapachula (México) | T2—727 58 |
| Tángara | 598.882 | | Tapas | |
| Tángaras | 598.8 | | cocina | 641.812 |
| Tanger (Marruecos) | T2—642 | | Tapetes | 645.1 |
| Tangipahoa (Estados Unidos: | | | administración de la casa | 645.1 |
| Parroquia) | T2—763 13 | | arte | 746.7 |
| Taninos | 581.192 483 | | construcción | 698.9 |
| bioquímica | 581.192 483 | | decoración de interiores | 747.5 |
| química | 547.783 | | manufactura | 677.643 |
| Tanqueros (Barcos) | 387.245 | | Tapetes anudados | |
| ingeniería | 623.824 | | arte | 746.74 |
| tecnología de petróleos | 665.543 | | Tapetes entretejidos | |
| v.a. Barcos | | | arte | 746.73 |
| Tanques de almacenamiento | | | Tapetes navajos | |
| abastecimiento de agua | | | arte | 746.72 |
| ingeniería | 628.13 | | v.a. Tapetes | |
| Tanques de guerra | 358.188 3 | | Tapetes orientales | |
| equipo militar | 358.188 3 | | arte | 746.750 95 |
| ingeniería | 623.747 52 | | | |

| | | | |
|---|---|---|---|
| Tarragona (España) | T2—467 3 | Tawhid | 297.211 |
| Tarrant (Estados Unidos: | | Tawi-Tawi (Filipinas) | T2—599 9 |
| Condado) | T2—764 531 | Taxales | 585.2 |
| Tarsiidae | 599.81 | paleobotánica | 561.52 |
| Tarso | | Taxco (México) | T2—727 37 |
| anatomía | 611.718 | Taxidermia | 579.4 |
| Tártago | 583.95 | Taxis | 388.342 32 |
| Tartamudez | | conducción | 629.283 32 |
| educación especial | 371.914 2 | ingeniería | 629.222 32 |
| medicina | 616.855 4 | reparación | 629.287 232 |
| pediatría | 618.928 554 | servicios | |
| Tartamudos | 305.908 164 | administración pública | 350.878 413 214 |
| | T1—087 | central | 351.878 413 214 |
| | T7—081 64 | local | 352.918 413 214 |
| Tártaro (Lengua) | 494.3 | derecho | 343.098 2 |
| | T6—943 | transportes | 388.342 32 |
| Tártaros | T5—943 | urbano | 388.413 214 |
| | T2—5 | v.a. Automóviles | |
| dominación de Rusia | 947.03 | Taxisco (Guatemala) | T2—728 144 9 |
| historia de Asia | 950.2 | Taxistas | 388.413 214 092 |
| imperio | 950 | grupo ocupacional | T7—388 |
| Tartesios | | Taxodiaceae | 585.2 |
| historia de España | 946.01 | paleobotánica | 561.52 |
| Tartous (Siria) | T2—569 13 | Taxonomía | |
| Taruma (Lengua) | 498.4 | floricultura | 635.93 |
| | T6—984 | Tay (Escocia) | T2—412 8 |
| Tasas de cambio | 332.456 | Taylor, Fla. (Estados Unidos: | |
| Tasas de interés | 332.84 | Condado) | T2—759 86 |
| economía | 332.84 | Taylor, Ga. (Estados Unidos: | |
| banca central | 332.113 | Condado) | T2—758 493 |
| política macroeconómica | 339.53 | Taylor, Tex. (Estados Unidos: | |
| Tasas de redescuento | | Condado) | T2—764 727 |
| política monetaria | 339.53 | Taylor, Zachary | |
| Tasas (Reino Unido) | 336.22 | historia de Estados Unidos | 973.63 |
| derecho | 343.054 2 | Tayside (Escocia) | T2—412 5 |
| finanzas públicas | 336.22 | Té | 641.337 2 |
| Tasmania (Australia) | T2—946 | agricultura | 633.72 |
| Tasos (Grecia) | T2—495 7 | botánica | 583.166 |
| antigua | T2—391 1 | economía agrícola | 338.173 72 |
| Tata (Marruecos) | T2—646 | preparación doméstica | 641.877 |
| Tatarstan (ex URSS) | T2—474 5 | producción industrial | |
| Tate (Estados Unidos: | | economía | 338.476 639 4 |
| Condado) | T2—762 85 | tecnología | 663.94 |
| Tattnall (Estados Unidos: | | Té (Comida) | 642 |
| Condado) | T2—758 775 | cocina | 641.53 |
| Tatuaje | | costumbres | 394.15 |
| costumbres | 391.65 | Té de Boston, 1773 | 973.311 5 |
| Taumaturgos | | Té de hierbas | 641.357 |
| religión comparada | 291.62 | agricultura | 635.7 |
| Taunton Deane (Inglaterra) | T2—423 87 | cocina con | 641.657 |
| Tautomerismo | 541.225 2 | preparación doméstica | 641.877 |

Té de hierbas (continuación)
  procesamiento comercial    663.96
Té medicinal
  farmacología    615.321
Té mormón    585.1
Teakettle (Belice)    T2—728 25
Teatinos    255.51
  historia de la iglesia    271.51
Teatro    792
  artes del espectáculo    792
  educación primaria    372.66
  educación religiosa cristiana    268.67
  significado religioso    291.37
    cristianismo    246.7
  sociología    306.484
Teatro (Literatura)    808.82
  crítica    809.2
    teoría    801.952
  historia    809.2
  literaturas específicas    T3A—2
    autores individuales    T3A—2
  retórica    808.2
Teatro de aficionados    792.022 2
Teatro de sombras    791.53
Teatro de suspenso    792.27
  literatura    808.825 27
    historia y crítica    809.252 7
    literaturas específicas    T3B—205 27
      autores individuales    T3A—2
  representaciones teatrales    792.27
Teatro de títeres    791.53
Teatro de variedades    792.7
Teatro de verano    792.022 4
Teatro en verso
  literatura dramática    808.825 7
    historia y crítica    809.257
    literaturas específicas    T3B—205 7
      autores individuales    T3A—2
Teatro flotante    792.022
Teatro histórico    792.14
  literatura    808.825 14
    historia y crítica    809.251 4
    literaturas específicas    T3B—205 14
      autores individuales    T3A—2
  presentación escénica    729.14
Teatro Kabuki    792.095 2
Teatro litúrgico
  música    782.298
    voces individuales    783.092 98
    coros y voces mixtas    782.529 8
Teatro noh    792.095 2

Teatro para niños    792.022 6
Teatros de variedades
  arquitectura    725.81
Teatros en miniatura    791.1
Teatros líricos
  arquitectura    725.822
Teatros municipales    792.022
Teatros musicales    782.14
  música    782.14$
Teatros (Edificios)
  administración de la planta física    647.968 22
  arquitectura    725.822
  música    781.538
  urbanismo    711.558
Tebas
  historia de Grecia    938.06
Tebas (Egipto: Ciudad antigua)    T2—32
Tebesa (Argelia)    T2—655
Teca    583.88
Techos    695
  carpintería    694.27
  construcción arquitectónica    721.5
  elementos estructurales    690.15
Techos convertibles
  automóviles    629.26
Techos interiores    721.7
  arquitectura    721.7
  construcción    690.17
  decoración de interiores    747.3
  revestimiento
    administración de la casa    645.2
Teclados (Computadores)    004.76
  ingeniería    621.398 6
Tecnecio    546.543
  ingeniería química    661.054 3
  química    546.543
  v.a. Sustancias químicas
Técnica de fricción
  artes gráficas    760
  técnica de investigación    739.522
Técnica operatoria    617.91
Técnicas auditivas
  música    781.424
Técnicas auxiliares    T1—028
Técnicas con el brazo
  música    784.193 6
Técnicas con la mano
  música    784.193 65
Técnicas con la muñeca
  música    784.193 64

| | |
|---|---|
| Técnicas con las piernas | |
| música | 784.193 8 |
| Técnicas con trazadores | |
| análisis químico | 543.088 4 |
| prueba de materiales | 620.112 73 |
| Técnicas de cimentación | 624.15 |
| Técnicas de cocina | 641.7 |
| Técnicas de ejecución | |
| música | 781.43 |
| Técnicas de estudio | 371.302 81 |
| Técnicas de evaluación de programas | 658.403 2 |
| Técnicas de muestreo | 001.422 2 |
| Técnicas de redacción | 808.027 |
| periodismo | 070.44 |
| Técnicas del arco (Música) | 784.193 69 |
| Técnicas del pedaleo | |
| música | 784.193 8 |
| Técnicas mixtas | 702.81 |
| bidimensionales | 760 |
| Técnicas musicales | 781.4 |
| Técnicas proyectivas | |
| pruebas psicológicas | 155.284 |
| Técnicas sexuales | 613.96 |
| Técnicas visuales | |
| música | 781.423 |
| Técnicos dentales | |
| derecho | 343.041 3 |
| papel y funciones | 617.602 33 |
| Técnicos médicos | 610.695 3 |
| Técnicos sanitarios | 610.737 092 |
| papel y funciones | 610.695 3 |
| servicios | 610.737 |
| Tecnología | 600 |
| administración pública | 351.856 |
| administración de la producción | 658.514 |
| derecho | 344.095 |
| educación primaria | 372.358 |
| efectos sociales | 303.483 |
| folclor | 398.2 |
| pintura | 758.6 |
| relaciones con la religión | 291.175 |
| cristianismo | 261.56 |
| religión natural | 215.9 |
| representación artística | 704.949 6 |
| sociología | 306.46 |
| Tecnología cerámica | 666 |
| Tecnología criógena | 621.59 |
| Tecnología de alimentos | 664 |
| equipos | |
| manufactura | 681.766 4 |

| | |
|---|---|
| Tecnología de desechos | 628.4 |
| areas rurales | 628.74 |
| Tecnología de empaques | |
| cartones | 676.32 |
| Tecnología de energía hidráulica | 621.2 |
| Tecnología de la información | |
| efectos sociales | 303.483 3 |
| Tecnología de la madera | 674 |
| Tecnología de la polvora | 620.43 |
| Tecnología de las enzimas | 660.634 |
| Tecnología de superficie | 620.44 |
| Tecnología del frío | 621.56 |
| Tecnología del vacío | 621.55 |
| Tecnología neumática | 621.51 |
| Tecnología química | 660 |
| Tecnologías | |
| efecto sobre el empleo | 331.137 042 |
| Tecnologías alternativas | |
| economía | 338.927 |
| Tecnologías apropiadas | |
| economía | 338.927 |
| Tecnólogos | 609.2 |
| grupo profesional | T7—6 |
| Tecoluca (El Salvador) | T2—728 427 7 |
| Tecomán (México) | T2—723 67 |
| Tecophilaeaceae | 584.32 |
| Tecpán Guatemala (Guatemala) | T2—728 161 9 |
| Tectibranchia | 594.37 |
| paleozoología | 564.37 |
| Tectónica | 551.8 |
| Tectónica de placas | 551.136 |
| Tectosilicatos | 549.68 |
| Tecuala (México) | T2—723 48 |
| Teculután (Guatemala) | T2—728 132 9 |
| Tees (Inglaterra) | T2—428 5 |
| Teesdale (Inglaterra) | T2—428 61 |
| Teeside (Inglaterra) | T2—428 5 |
| Tegucigalpa (Honduras) | T2—728 371 |
| Tegumento | 574.1 |
| anatomía | 574.47 |
| anatomía animal | 591.47 |
| anatomía humana | 611.77 |
| anatomía vegetal | 581.47 |
| fisiología | 574.1 |
| fisiología animal | 591.185 |
| fisiología humana | 612.79 |
| trastornos | |
| sensoriales | 616.856 |
| v.a. Piel | |
| Tehama (Estados Unidos: | |
| Condado) | T2—794 27 |

| | |
|---|---|
| Telares | |
| tecnología | 677.028 54 |
| Telas | 677.028 64 |
| accesorios | |
| manufactura | 684.3 |
| accesorios domésticos | 645.046 |
| confección doméstica | 646.11 |
| economía doméstica | 646.11 |
| estampado | 667.38 |
| tecnología textil | 677.028 64 |
| v.a. Textiles | |
| Telas caladas | 677.65 |
| Telas con punto de cadeneta | 677.66 |
| Telas con punto de nudos | 677.66 |
| Telas de fantasía | 577.61 |
| Telas de tejidos no abiertos | 677.6 |
| Telas en fribolité | 677.663 |
| Telas encoladas | 677.69 |
| Telas impermeables | 677.682 |
| Telas inarrugables | 677.681 |
| Telas incombustibles | 677.689 |
| Telas preencogidas | 677.688 |
| Telecomunicaciones | 384 |
| administración pública | 351.874 |
| derecho | 343.099 4 |
| derecho internacional | 341.757 7 |
| ingeniería | 621.382 |
| servicios de comunicaciones | 384 |
| Telecomuntación | |
| economía laboral | 331.25 |
| Teleconferencia | 384.64 |
| ingeniería | 621.385 7 |
| servicios telefónicos | 384.64 |
| Telecontrol | 620.46 |
| ingeniería de la radio | 621.384 196 |
| Telediestesia | 133.323 9 |
| Teledifusión | |
| comunicaciones | 384.554 |
| ingeniería | 621.388 62 |
| v.a. Televisión | |
| Telefacsimil | 384.84 |
| inalámbrico | 384.524 |
| v.a. Servicios postales | |
| ingeniería | 621.382 35 |
| v.a. Telegrafía | |
| Telefax | 384.14 |
| ingeniería | 621.382 35 |
| Teleféricos | |
| ingeniería | 621.868 |
| ingeniería de ferrocarriles | 625.5 |
| transporte | 385.6 |
| Telefonía | 384.6 |
| v.a. Teléfono | |
| Telefonistas | 651.374 3 |
| Teléfono | 384.6 |
| administración pública | 351.874 6 |
| derecho | 343.099 43 |
| derecho internacional | 341.757 7 |
| ingeniería | 621.385 |
| ingenería militar | 623.733 |
| servicios de comunicaciones | 384.6 |
| sociología | 302.235 |
| Teléfonos | 621.382 3 |
| automóviles | 629.277 |
| servicios de oficina | 651.73 |
| Teléfonos celulares | 384.535 |
| ingeniería | 621.384 56 |
| Teléfonos portátiles | 384.53 |
| ingeniería | 621.384 56 |
| servicios de comunicación | 384.53 |
| v.a. Radiotelefonía | |
| Teléfonos públicos | |
| ingeniería | 621.386 9 |
| Telefotografía | 778.322 |
| Telegrafía | 384.1 |
| administración pública | 351.874 1 |
| derecho | 343.099 42 |
| derecho internacional | 341.757 7 |
| ingeniería | 621.383 |
| ingeniería militar | 623.732 |
| ingeniería náutica | 623.856 2 |
| servicios de comunicaciones | 384.1 |
| sociología | 302.235 |
| Telegrafía en códigos | 384.14 |
| inalámbrica | 384.524 |
| v.a. Telegrafía | |
| Telegrafía Morse | 384.14 |
| inalámbrica | 384.524 |
| v.a. Telegrafía | |
| Telegrafía por cable submarino | 384.1 |
| Telemark (Noruega) | T2—482 8 |
| Telemetría | |
| radio | 621.384 191 |
| Telémetros | |
| fotografía | 771.37 |
| Teleología | 124 |
| filosofía | 124 |
| teología natural | 210 |
| Teleoman (Rumania) | T2—498 2 |
| Teleostei | 597.5 |
| paleozoología | 567.5 |
| Telepatía | 133.82 |

| | |
|---|---|
| Timbre | |
| elementos musicales | 781.234 |
| física | 534.3 |
| percepción | |
| psicología | 152.157 |
| Timer | |
| tecnología | 681.118 |
| Times Roman | 688.224 7 |
| Timidez | |
| rasgos de la personalidad | 155.232 |
| Timo (Glándula) | |
| anatomía humana | 611.43 |
| cirugía | 617.546 |
| enfermedades humanas | 616.43 |
| fisiología humana | 612.43 |
| Timón | |
| aeronaves | 629.134 33 |
| Timor (Indonesia) | T2—598 6 |
| Timos (Delitos) | 364.163 |
| Timoteo | |
| Epístolas de Pablo | 227.83 |
| Tímpano | |
| enfermedades | 617.85 |
| Tinaco (Venezuela) | T2—874 68 |
| Tinamiformes | 598.55 |
| paleozoología | 568.5 |
| Tinamúes | |
| zoología | 598.55 |
| Tinaquillo (Venezuela) | T2—874 69 |
| Tinción | |
| microscopía en biología | 578.6 |
| Tineoidea | 595.781 |
| Tingo María (Perú) | T2—852 29 |
| Tingoidea | 595.781 |
| Tinian | T2—967 |
| Tinogasta (Argentina) | T2—824 58 |
| Tinta | 667.4 |
| de imprenta | 667.5 |
| dibujo | 741.26 |
| Tintes | |
| acabados del enmaderado | 698.32 |
| naturales | 667.26 |
| sintéticos | 667.25 |
| v.a. Colorantes, Teñido | |
| Tintes hidroxiquetonas | 667.256 |
| Tintes índigos | 667.257 |
| Tintes naturales | 667.26 |
| Tintes sintéticos | 667.25 |
| Tinturas | |
| farmacología | 615.42 |
| Tiñuelas | 594.11 |

| | |
|---|---|
| Tioácidos | 547.064 |
| ingeniería química | 661.896 |
| Tioalcoholes | 547.063 |
| ingeniería química | 661.896 |
| Tioaldehídos | 547.065 |
| ingeniería química | 661.896 |
| Tiocetonas | 547.065 |
| ingeniería química | 661.896 |
| Tioéteres | 547.061 |
| ingeniería química | 661.896 |
| Tiófenos | 547.594 |
| Tioga, N.Y. (Estados Unidos: | |
| Condado) | T2—747 77 |
| Tíos | 306.87 |
| | T1—085 |
| | T7—046 |
| relaciones familiares | 306.87 |
| Tipografía | 686.22 |
| en publicidad | 659.132 |
| Tipógrafos | 686.220 92 |
| grupo ocupacional | T7—686.2 |
| Tipología | |
| doctrina cristiana | 232.1 |
| interpretación del Talmud | 292.120 64 |
| interpretación bíblica | 220.64 |
| psicología | 155.26 |
| Tipología (Gramática) | 415 |
| lenguas específicas | T4—5 |
| Tipología clásica | |
| psicología | 155.262 |
| Tipología de Stern | |
| psicología | 155.264 |
| Tipología física | |
| influencia sobre el crimen | 364.24 |
| Tipología psicológica | 155.26 |
| Tipos de clima | 551.62 |
| Tipos de imprenta | 686.224 |
| Tipos de personalidad | |
| psicología | 155.26 |
| Tipos de sangre | 612.118 25 |
| v.a. Sistema cardiovascular | |
| Tipos espectrales | |
| estrellas | 523.87 |
| Tipos góticos (Imprenta) | 686.224 7 |
| Tipos monetarios | 332.42 |
| Tippah (Estados Unidos: | |
| Condado) | T2—762 923 |
| Tipperary (Irlanda) | T2—419 2 |
| Tiquisate (Guatemala) | T2—728 163 9 |
| Tirabuzón | |
| aeronáutica | 629.132 364 |

| | |
|---|---|
| Tiradores | |
| fuerzas armadas | 356.162 |
| Tiras cómicas | 741.5 |
| dibujo | 741.5 |
| periodismo | 070.444 |
| Tiristores | 621.381 528 7 |
| Tiro (Balística) | 623.55 |
| Tiro (Líbano) | T2—569 2 |
| antigua | T2—394 4 |
| arquitectura | 722.31 |
| Tiro al blanco | 799.3 |
| con arco y flechas | 799.32 |
| con armas de fuego | 799.31 |
| deporte | 799.3 |
| Tiro al pichón | 799.313 |
| Tiro al platillo | 799.313 |
| Tiro al vuelo | 799.313 |
| Tiro desde naves aéreas | 623.555 |
| Tiroides | |
| anatomía humana | 611.44 |
| cirugía | 67.539 |
| enfermedades humanas | |
| medicina | 616.44 |
| extracto | |
| farmacología | 615.362 |
| fisiología humana | 612.44 |
| v.a. Sistema endocrino | |
| Tirol (Austria) | T2—436 42 |
| Tirol (Italia) | T2—453 832 |
| Tiroxina | |
| química | 547.734 5 |
| Tisanas | |
| tecnología | 663.96 |
| Tishah b'Ab | 296.439 |
| Tishomingo (Estados Unidos: Condado) | T2—762 995 |
| Tisma (Nicaragua) | T2—728 515 6 |
| Titanio | 669.732 2 |
| geología económica | 553.462 3 |
| ingeniería química | 661.051 2 |
| materiales de ingeniería | 620.189 322 |
| metalistería | 673.732 2 |
| metalografía | 669.957 332 |
| metalurgia | 669.732 2 |
| metalurgia física | 669.967 322 |
| química | 546.512 |
| v.a. Metales, Sustancias químicas | |
| Títeres | 791.53 |
| artesanías | 745.592 24 |
| entretenimiento | 791.53 |
| espectáculos | 791.53 |

| | |
|---|---|
| Títeres (continuación) | |
| manufactura | 688.722 4 |
| Titicaca (Lago) | |
| Bolivia | T2—841 2 |
| Perú | T2—853 6 |
| Titíes | 599.82 |
| Titilación | |
| óptica atmosférica | 551.565 |
| Titiriteros | 791.530 92 |
| grupo ocupacional | T7—791 5 |
| Tito | |
| Epístolas de Pablo | 227.85 |
| Tito, Josip Broz | |
| historia de Yugoeslavia | 949.702 3 |
| Titoismo | 335.434 4 |
| economía | 335.434 4 |
| ideología política | 320.532 309 497 |
| Titulación | |
| cine | 778.535 |
| dibujo técnico | 604.243 |
| Titularidad | |
| propiedad | |
| administración pública | 350.8 |
| central | 351.8 |
| local | 352.8 |
| traspaso | 346.043 8 |
| Títulos accionarios | 332.632 2 |
| cesión a empleados | |
| compensación e incentivo | 331.216 4 |
| contabilidad | 657.76 |
| derecho | 346.092 2 |
| derecho corporativo | 346.052 46 |
| planes de adquisición | 331.26 4 |
| administración de personal | 658.322 5 |
| economía del trabajo | 331.216 4 |
| Títulos de propiedad | 346.043 8 |
| traspaso | 346.043 8 |
| Títulos honorarios | |
| educación superior | 378.25 |
| Títulos honoríficos | |
| genealogía | 929.7 |
| Títulos negociables | 332.76 |
| derecho | 346.096 |
| Títulos uniformes | |
| catalogación | 025.322 |
| Títulos valores | 332.632 |
| administración pública | 351.825 8 |
| derecho | 346.092 |
| derecho corporativo | 346.066 6 |
| derecho tributario | 343.052 46 |
| economía de la inversión | 332.632 |

| | |
|---|---|
| Títulos valores (continuación) | |
| impresión | 686.288 |
| transferencia | |
| derecho tributario | 343.055 |
| Títulos valores de ahorro | |
| finanzas públicas | 336.31 |
| Títulos valores de interés fijo | 332.632 044 |
| Títulos valores de interés variables | 332.632 044 |
| Títulos valores gubernamentales | 332.632 044 |
| administración pública | 350.72 |
| central | 351.72 |
| local | 352.1 |
| compra | |
| banco central | 332.114 |
| derecho | 346.092 2 |
| derecho tributario | 343.052 46 |
| finanzas públicas | 336.31 |
| inversión | 332.632 044 |
| Títulos valores públicos | |
| finanzas públicas | 336.31 |
| v.a. Títulos valores gubernamentales | |
| Titus (Estados Unidos: | |
| Condado) | T2—764 215 |
| Tiverton (Inglaterra) | T2—423 54 |
| Tivoli (Italia) | T2—456 372 |
| Tiza | |
| dibujo | 741.23 |
| Tizi-Ouzu (Argelia) | T2—653 |
| Tizimín (México) | T2—726 57 |
| Tiznit (Marruecos) | T2—646 |
| Tizones | |
| bótanica | 589.227 |
| Tlacolula (México) | T2—727 48 |
| Tlalpan (México) | T2—727 37 |
| Tlaquepaque (México) | T2—723 58 |
| Tlaxcala (México: Ciudad) | T2—724 73 |
| Tlaxcala (México: Estado) | T2—724 7 |
| Tlaxiaco (México) | T2—727 49 |
| Tlemcen (Argelia) | T2—651 |
| Tlingit | T5—972 |
| Tlingit (Lengua) | 497.2 |
| | T6—972 |
| TNT (Explosivo) | 662.27 |
| ingeniería militar | 623.452 7 |
| Toa Alta (Puerto Rico) | T2—729 527 |
| Toa Baja (Puerto Rico) | T2—729 528 |
| Toallas | 643.52 |
| arte textil | 746.98 |
| confección doméstica | 646.21 |
| economía doméstica | 643.52 |
| manufactura | 646.216 |

| | |
|---|---|
| Toallas sanitarias | 677.8 |
| Toamasina (Madagascar) | T2—691 |
| Tobago (Trinidad y Tobago) | 972.983 |
| | T2—729 83 |
| Tobar, Miguel de | |
| historia de Ecuador | 986.603 |
| Tobas | 552.23 |
| Tobatí (Paraguay) | T2—892 135 9 |
| Tobías | |
| Antiguo Testamento | 222.86 |
| Tobias Barret (Brasil) | T2—814 19 |
| Tobillo | 612.98 |
| cirugía | 617.584 |
| fisiología humana | 612.98 |
| medicina regional | 617.584 |
| v.a. Extremidades inferiores | |
| Tobogán | 796.95 |
| Tocadiscos | 621.389 33 |
| Tocadores (Mueble) | |
| decoración de interiores | 747.78 |
| manufactura | 684.16 |
| Tocados | |
| confección | 646.5 |
| costumbres | 391.43 |
| manufactura | 687.4 |
| Tocatas | 784.189 47 |
| música de órgano | 786.518 947 |
| Tochigi (Japón) | T2—521 32 |
| Toco (Chile) | T2—831 324 |
| Tocoa (Honduras) | T2—728 313 7 |
| Tocopilla (Chile: Ciudad) | T2—831 322 |
| Tocopilla (Chile: Provincia) | T2—831 32 |
| Toda (Lengua) | 494.81 |
| | T6—948 1 |
| Toda (Literatura) | 894.81 |
| Todos (Aves) | 598.892 |
| Togas académicas | 378.28 |
| Togavirus | 576.648 4 |
| Togo | 966.8 |
| | T2—668 1 |
| Togoleses | T5—966 81 |
| Tohoku (Japón) | T2—521 1 |
| Tokamaks | 621.484 |
| Tokat (Turquía) | T2—565 |
| Tokelau | 996.15 |
| | T2—961 5 |
| Tokio (Japón) | T2—521 35 |
| Tokugawa | |
| historia del Japón | 952.025 |
| Tokushima (Japón) | T2—523 4 |
| Tolbuhin (Bulgaria) | T2—497.77 |

Trabajadores (continuación)
  seguro de compensación    368.41
    administración de personal    658.325 4
    administración pública    351.825 6
    auspiciados por el gobierno    368.41
    derecho    344.021
    responsabilidad del empleador    368.56
    v.a. Seguros
Trabajadores administrativos
  economía del trabajo    331.714
Trabajadores agrícolas    630.92
  clases sociales    305.563
  economía    331.763
  grupo ocupacional    T7—63
  sociología del trabajo    306.364
Trabajadores civiles
  economía del trabajo    331.79
  fuerza de trabajo    331.119 042
  fuerzas armadas
    administración    355.61
  mercado de trabajo    331.129 042
Trabajadores de edad adulta media
  economía del trabajo    331.394
Trabajadores de la construcción    624.092
  economía del trabajo    331.762 4
  grupo ocupacional    T7—693
  ingeniería civil    624.092
    grupo ocupacional    T7—624
Trabajadores de servicio
  economía laboral    331.793
  fuerza de trabajo    331.119 042
  mercado de trabajo    331.129 042
Trabajadores especializados
  desempleo    331.137 804
  economía del trabajo    331.794
  fuerza de trabajo    331.114 22
Trabajadores impedidos    305.908 16
     T1—087
  administración de personal    658.304 5
  administración pública    350.836
    central    351.836
    local    352.943 6
  derecho    344.015 9
  economía    331.59
Trabajadores industriales
  economía del trabajo    331.794
Trabajadores jóvenes
  administración pública
  administración de personal    658.304 2
    central    351.838 2

Trabajadores jóvenes (continuación)
  bajo veinte años de edad
    administración pública    350.838 2
    central    351.838 27
    local    352.943 82
  economía    331.34
  sobre veinte años de edad
    administración pública    350.838
    central    351.838 28
    local    352.943 8
Trabajadores mayores
  administración de personal    658.304 2
  administración pública    350.838 6
    central    351.838 6
    local    352.943 86
  economía    331.398
Trabajadores migratorios    T1—086 24
  clases sociales    305.562
  economía    331.544
  servicios sociales    362.85
Trabajadores no especializados
  desempleo    331.137 804
  economía del trabajo    331.798
  fuerza de trabajo    331.114 22
Trabajadores ocasionales
  economía    331.544
Trabajadores por contrato    331.542
  economía    331.542
Trabajadores semiespecializados
  desempleo    331.137 804
  economía del trabajo    331.794
  fuerza de trabajo    331.114 22
Trabajadores sociales    361.309 2
  grupo ocupacional    T7—362
Trabajadores sociales escolares    371.420 92
  administración de personal    371.202 2
Trabajo    331
  administración pública    350.83
    central    351.83
    local    352.943
  aspectos sociales    306.36
  costos
    administración financiera    658.155 3
  demanda    331.123
  derecho    344.01
  derecho internacional    341.763
  distribución del ingreso
    macroeconomía    339.21
  economía    331
  ética    174
  fisiología humana    612.042

| | |
|---|---|
| Tracia (Turquía) | 949.61 |
| | T2—496 1 |
| antigua | 939.8 |
| | T2—398 |
| Tracio | 491.993 |
| | T6—919 93 |
| Tracoma | |
| incidencia | 614.599 7 |
| oftalmología | 617.772 |
| Tracto biliar | |
| anatomía humana | 611.36 |
| cirugía | 617.556 |
| enfermedades humanas | |
| medicina | 616.36 |
| fisiología humana | 612.35 |
| v.a. Sistema digestivo | |
| Tractores | |
| conducción | 629.284 5 |
| ingeniería | 629.225 |
| reparación | 629.287 5 |
| Tractores de remolque | 388.344 |
| conducción | 629.284 4 |
| ingeniería | 629.224 |
| reparación | 629.287 5 |
| Tractores de vapor | |
| conducción | 629.284 92 |
| ingeniería | 629.229 2 |
| reparación | 629.287 92 |
| Tradescantia | 584.38 |
| Tradición | |
| cristianismo | 231.042 |
| Tradicionalismo | |
| filosofía | 148 |
| ideología política | 320.52 |
| Tradiciones musicales | 781.6 |
| Tradiciones orales | |
| folclor | 398.2 |
| budismo | 294.83 |
| hinduismo | 294.593 |
| islamismo | 297.13 |
| Tradiciones populares | 306 |
| sociología | 390 |
| Traducción | 418.02 |
| bibliografías | 011.7 |
| lenguas específicas | T4—802 |
| Trafford (Inglaterra) | T2—427 31 |
| Tráfico aéreo | |
| control | 387.740 42 |
| derecho | 343.097 6 |
| derecho internacional | 341.756 76 |
| ingeniería | 629.136 6 |

| | |
|---|---|
| Tráfico aéreo | |
| control (continuación) | |
| ingeniería militar | 623.666 |
| servicios de transporte | 387.740 42 |
| ruido | 363.741 |
| problemas sociales | 363.741 |
| Tráfico de artículos robados | 364.162 |
| derecho | 345.026 2 |
| Tráfico de carreteras | 388.31 |
| control | 363.233 2 |
| avisos y señales | 388.312 |
| reglamentación | 343.094 6 |
| transporte urbano | 388.413 1 |
| Tráfico de drogas | 363.45 |
| administración pública | 350.765 |
| central | 351.765 |
| local | 352.936 5 |
| criminología | 364.177 |
| derecho | 345.027 7 |
| derecho internacional | 341.775 |
| problemas sociales | 363.45 |
| Tráfico de licores | |
| control público | |
| administración pública | 350.761 |
| central | |
| local | 352.936 1 |
| derecho | 344.054 1 |
| Tráfico de narcóticos | 363.45 |
| derecho | 345.027 7 |
| derecho internacional | 341.775 |
| Tráfico peatonal | 388.41 |
| arquitectura del paisaje | 717 |
| derecho | 343.098 1 |
| urbanismo | 711.74 |
| Tráfico vehicular urbano | 388.413 12 |
| administración pública | 350.878 413 12 |
| central | 351.878 413 12 |
| local | 352.918 413 12 |
| avisos y señales | 388.413 122 |
| derecho | 343.098 2 |
| derecho | 343.098 |
| flujos | 388.413 1 |
| patrones | 388.413 143 |
| reglamentación | 343.094 6 |
| ruido | 363.741 |
| volúmenes | 388.413 142 |
| Tragedia | |
| género literario | 808.801 6 |
| historia y crítica | 809.916 |
| literaturas específicas | T3B—080 16 |
| historia y crítica | T3B—091.6 |

| | | | |
|---|---|---|---|
| Trigonometría | 516.24 | Trípoli (Libia) | 961.2 |
| combinada con álgebra | 512.13 | | T2—612 |
| combinada con cálculo | 515.16 | antigua | 939.74 |
| Trigonometría analítica | 516.34 | | T2—397 4 |
| Trigonometría esférica | 516.244 | Tripsina | 547.758 |
| analítica | | farmacología | 615.35 |
| Trigonometría euclidiana | 516.24 | Tripura (India) | T2—541 5 |
| Trigonometría plana | 516.242 | Triquinosis | |
| Trikkala (Grecia) | T2—495 4 | incidencia | 614.562 |
| Trilateración | | medicina | 616.965 4 |
| levantamientos geodésicos | 526.33 | Trirremes | 387.21 |
| Trilla | | diseño | 623.812 1 |
| agricultura | 631.56 | ingeniería | 623.821 |
| Trilla (Pez) | 597.58 | manejo | 623.882 1 |
| Trilladoras | | servicios de transporte | 387.21 |
| agricultura | 631.36 | v.a. Barcos | |
| Trilliaceae | 584.325 | Trisacáridos | 547.781 5 |
| Trillium | 584.325 | Tristan da Cunha | T2—973 |
| Trilobita | | Tritio | 546.213 |
| paleozoología | 565.393 | Tritones | 597.65 |
| Trimeniaceae | 583.931 | folclor | 398.21 |
| Trineo tirados por caballos | | sociología | 398.45 |
| actividad recreativa | 798.6 | Trituración | |
| Trineos de carreras | 796.95 | equipos | 621.914 |
| Trinidad | 972.983 | ingeniería química | 660.284 22 |
| | T2—729 83 | minerales | 622.73 |
| Trinidad (Cuba) | T2—729 124 4 | Trituración de granos | 664.720 3 |
| Trinidad (Uruguay) | T2—895 263 | Triturado | |
| Trinitarios | T5—969 729 83 | carbón | 662.623 |
| Trinitarios (Orden religiosa) | 255.42 | herramientas | 621.92 |
| historia de la iglesia | 271.42 | ingeniería química | 660.284 22 |
| Trinitrotolueno | 662.27 | menas | 622.73 |
| ingeniería militar | 623.452 7 | Trituradoras | |
| Trinity, Calif. (Estados Unidos: | | agrícola | 631.614 |
| Condado) | T2—794 14 | de desperdicios | |
| Trinity, Tex. (Estados Unidos: | | manufactura | 683.88 |
| Condado) | T2—764 172 | plomería | 696.184 |
| Trinos | 781.247 | tecnología | 621.914 |
| Trinquetes | | Triunfo | |
| ingeniería mecánica | 621.837 | costumbres | 394.4 |
| Tríos | | Triuridáceas | 584.71 |
| música de cámara | 785.73 | Triuridales | 584.71 |
| vocal | 784.83 | Tróade | T2—392 1 |
| canciones | 784.306 3 | Trochili | 598.899 |
| Tripanosomiasis | 616.936 3 | Trocodendráceas | 583.114 |
| incidencia | 614.533 | Troglodytidae | 598.833 |
| medicina | 616.936 3 | Trogoniformes | 598.73 |
| Tripartición del ángulo | 516.204 | paleozoología | 568.7 |
| Tripitaka | 294.382 | Trolebuses | 388.413 223 |
| Trípodes | | ingeniería | 625.6 |
| fotografía | 771.38 | transporte | 388.413 223 |

| | | | |
|---|---|---|---|
| Tsonga (Lengua) | 496.397 | Tubería de gas | |
| | T6—963 97 | edificios | 696.2 |
| Tsuga | 585.2 | Tubería del vapor | |
| botánica | 585.2 | edificios | 696.3 |
| maderas | 674.144 | Tubería para cimentación | 624.177 2 |
| plantas ornamentales | 635.977 52 | hormigón armado | 624.183 42 |
| silvicultura | 634.975 3 | Tubos al vacío | 621.381 512 |
| Tsutsugamushi | | Tubos catódicos | 621.381 542 |
| incidencia | 614.526 4 | ingeniería de televisión | 621.388 32 |
| medicina | 616.922 4 | Tubos de calor | 621.402 5 |
| Tuareg | 493.3 | Tubos de propagación de ondas | 621.381 335 |
| | T6—933 | Tubos de rayos catódicos | 621.381 542 |
| Tuaregs | T5—933 | Tubos electrónicos | 621.381 51 |
| Tuataras | 598.119 | Tubos fotoelectrónicos | 621.381 |
| Tuba | 788.98 | Tubos para gas | 621.381 513 |
| Tuba wagneriana | 788.98 | Tubuai | T2—962 2 |
| Tubalu | 996.82 | Tubulidentata | 599.75 |
| | T2—968 2 | paleozoología | 569.75 |
| Tubarâo (Brasil) | T2—816 49 | Tucanes | 598.72 |
| Tuberales | 788.98 | producción animal | 636.68 |
| Tubérculos | | Tucapel (Chile) | T2—834 3 |
| floricultura | 635.944 | Tucson (Estados Unidos) | T2—791 776 |
| producción en viveros | 631.526 | Tucumán (Argentina: Ciudad) | T2—824 32 |
| propagación de las plantas | 631.532 | Tucumán (Argentina: | |
| Tubérculos comestibles | 635.2 | Provincia) | T2—824 3 |
| cocina | 641.652 | Tucurú (Guatemala) | T2—728 151 8 |
| Tuberculosis | 362.19 995 | Tucusos | 598.72 |
| incidencia | 614.542 | Tudor, casa real | |
| medicina | 616.995 | historia de Inglaterra | 942.05 |
| pediatría | 618.922 04 | historia de Irlanda | 941.505 |
| servicios sociales | 362.196 995 | Tuercas | 621.882 |
| v.a. Enfermedades contagiosas, | | Tughlaq, dinastía | |
| Sistema respiratorio | | historia de India | 954.023 6 |
| Tuberculosis cuadrigémina | | Tul | |
| fisiología humana | 612.826 4 | industria textil | 677.654 |
| v.a. Sistema nervioso | | Tula (ex URSS) | T2—473 4 |
| Tuberculosis pulmonar | | Tula (México) | T2—721 29 |
| incidencia | 614.542 | Tulancingo (México) | T2—724 68 |
| medicina | 616.995 24 | Tulare (Estados Unidos: | |
| v.a. Enfermedades contagiosas | | Condado) | T2—794 86 |
| Tubería | 621.867 2 | Tularemia | |
| abastecimiento de agua | | incidencia | 614.573 9 |
| ingeniería | 628.15 | medicina | 616.923 9 |
| ingeniería mecánica | 621.867 2 | Tulcán (Ecuador) | T2—866 112 |
| ingeniería de vías | 625.734 | Tules | 677.654 |
| instalación | | Tulio | |
| edificios | 696.2 | geología | 553.494 7 |
| metalistería | 671.832 | química | 546.418 |
| motores de barcos | 623.873 | Tulipanero | 583.114 |
| Tubería de agua caliente | | Tulipanes | 584.324 |
| edificios | 696.6 | floricultura | 635.934 324 |

| | |
|---|---|
| Tuluá (Colombia) | T2—81 529 |
| Tumaco (Colombia) | T2—861 628 |
| Tumbas | |
| arquitectura | 726.8 |
| Tumbes (Perú: Ciudad) | T2—851 23 |
| Tumbes (Perú: Departamento) | T2—851 2 |
| Tumbuka | 496.391 |
| | T6—963 91 |
| Tumores | |
| incidencia | 614.599 9 |
| medicina | 616.992 |
| v.a. Enfermedades | |
| Tumores benignos | 616.993 |
| Tumores malignos | 616.994 |
| Tunas | |
| agricultura | 634.775 |
| Tunceli (Turquía) | T2—566 7 |
| Tundras | 551.453 |
| | T2—145 |
| ecología | 574.526 44 |
| geografía | 910 914 5 |
| geografía física | 910.021 45 |
| geomorfología | 551.453 |
| Túneles | 388 |
| administración pública | 350.864 |
| central | 351.864 |
| local | 352.74 |
| arquitectura | 725.98 |
| construcción | 624.193 |
| influencia psicológica | 155.964 |
| ingeniería militar | 623.68 |
| minería | 622.26 |
| servicios de transporte | 388 |
| carreteras | 388.13 |
| ferrovías | 385.312 |
| Túneles (Aerodinámica) | |
| de choque | 629.134 52 |
| de viento | 629.134 52 |
| Túneles (Física) | 530.416 |
| Túneles de montañas | 388 |
| construcción | 624.192 |
| v.a. Túneles | |
| Túneles subacuáticos | |
| construcción | 624.194 |
| semiconductores | 537.622 6 |
| Túnez | 961.1 |
| | T2—611 |
| Tungstatos | 549.74 |
| Tungsteno | 669.734 |
| geología económica | 553.464 9 |
| ingeniería química | 661.056 6 |

| | |
|---|---|
| Tungsteno (continuación) | |
| materiales de ingeniería | 620.189 34 |
| metalistería | 673.734 |
| metalografía | 669.957 34 |
| metalurgia | 669.734 |
| metalurgia física | 669.967 34 |
| minería | 622.346 49 |
| química | 546.536 |
| v.a. Metales, Sustancias químicas | |
| Tungurahua (Ecuador) | T2—866 15 |
| Tungús (Lenguas) | 494.1 |
| | T6—941 |
| Tunguses | T5—941 |
| Tunica (Estados Unidos: | |
| Condado) | T2—762 86 |
| Túnica fibrosa | |
| fisiología humana | 612.841 |
| v.a. Oídos | |
| Tunicata | 596.2 |
| paleozoología | 566 |
| Tunja (Colombia) | T2—861 372 |
| Tuolumne (Estados Unidos: | |
| Condado) | T2—794 45 |
| Tupac Amaru | |
| historia de Perú | 985.031 1 |
| Tupelos | 583.687 |
| Tupíes (Lenguas) | 498.3 |
| | T6—983 |
| Tupíes (Literatura) | 898.3 |
| Tupinambo | 583.55 |
| agricultura | 635.24 |
| Tupiza (Bolivia) | T2—841 46 |
| Tupper, Charles | |
| historia de Canadá | 971.055 |
| Túquerres (Colombia) | T2—861 629 |
| Turacos | 598.74 |
| Turba | |
| fertilizantes | 631.826 |
| geología | 553.21 |
| Turbación del orden público | 364.143 |
| derecho | 345.024 3 |
| Turbas | |
| sociología | 302.33 |
| Turbay Ayala, Julio César | |
| historia de Colombia | 986.106 346 |
| Turbellaria | 595.123 |
| Turbinas | 621.406 |
| energía hidráulica | 621.24 |
| ingeniería del vapor | 621.165 |

| | |
|---|---|
| Uretra (continuación) | |
| fisiología humana | 612.467 |
| v.a. Sistema urinario | |
| Uretritis | 616.624 |
| v.a. Sistema urinario | |
| Urfa (Turquí) | T2—565 |
| Uri (Suiza) | T2—494 7 |
| Urías | 598.33 |
| Uribia (Colombia) | T2—861 178 |
| Urinálisis | 616.075 66 |
| Uriya (Lengua) | 491.456 |
| | T6—914 56 |
| Uriya (Literatura) | 891.45 |
| Uriyas | T5—914 5 |
| Urmutia (Lengua) | 494.53 |
| | T6—945 3 |
| Urmutia (Literatura) | 894.53 |
| Urnas | |
| escultura | 731.72 |
| Urochordata | 596.2 |
| Urodela | 597.65 |
| paleozoología | 567.6 |
| Urología | 616.6 |
| v.a. Sistema urinario | |
| Uroscopia | 616.075 66 |
| Urquiza, Justo J. de | |
| historia de Argentina | 982.056 2 |
| Urracas | 589.864 |
| Ursidae | 599.744 46 |
| Ursulinas | 255.974 |
| historia de la iglesia | 271.974 |
| Urticaceae | 583.962 |
| Urticales | 583.962 |
| Urticaria | |
| medicina | 616.51 |
| v.a. Piel | |
| Uruapán (México) | T2—723 76 |
| Urubamba (Perú) | T2—853 77 |
| Uruguay | 989.5 |
| | T2—895 |
| literatura | 860 |
| Uruguayos | T5—688 95 |
| USBE | 026.26 |
| Usbeco | 494.3 |
| | T6—943 |
| Usbeco (Literatura) | 894.3 |
| Usbecos | T5—943 |
| Ushuaia (Argentina) | T2—827 62 |
| Uso de la fuerza | |
| política internacional | 327.117 |

| | |
|---|---|
| Uso de la tierra | 333.73 |
| administración pública | 350.823 26 |
| central | 351.823 26 |
| local | 352.96 |
| derecho | 346.045 |
| economía | 333.73 |
| investigación agrícola | 631.47 |
| sociología de la comunidad | 307.33 |
| Uso lingüístico | 418 |
| educación primaria | 372.61 |
| lenguas específicas | T4—8 |
| Ustilaginales | 589.227 |
| Usuarios | |
| tarifas | |
| administración pública | 350.726 |
| central | 351.726 |
| local | 352.14 |
| derecho | 343.055 |
| finanzas públicas | 336.16 |
| Usuarios de bibliotecas | 025.11 |
| orientación | 025.56 |
| servicio de consulta | 025.54 |
| Usucapión | 346.043 2 |
| Usufructo vitalicio | 333.323 4 |
| Usulután (El Salvador: Ciudad) | T2—728 431 2 |
| Usura | 332.83 |
| delito | 364.168 |
| derecho | 345.026 8 |
| derecho | 346.073 |
| Utah (Estados Unidos) | 979.2 |
| | T2—792 |
| Ute | T5—974 |
| Ute (Lengua) | 497.45 |
| | T6—974 |
| Utensilios | |
| tecnología de manufactura | 683.8 |
| Utensilios de cocina | 641.502 8 |
| Utensilios manuales | |
| mecánica | |
| uso en la carpintería doméstica | 684.082 |
| para trabajar la tierra | |
| manufactura | 681.763 1 |
| Utensilios neumáticos | 621.904 |
| Utero | |
| anatomía humana | 611.66 |
| cirugía | 618.145 |
| fisiología humana | 612.62 |
| v.a. Sistema genital femenino | |
| Utica (Estados Unidos) | T2—747 62 |
| Utila (Honduras) | T2—728 315 4 |

| | | | |
|---|---|---|---|
| Vaciado (continuación) | | Vajilla (continuación) | |
| metales | 671.2 | oro | |
| artes decorativas | 739.14 | arte | 739.228 3 |
| escultura | 731.456 | plata | |
| tecnología | 671.2 | arte | 739.238 3 |
| plásticos | 668.412 | porcelana | 666.58 |
| vidrio | 666.125 | arte | 738.28 |
| Vacío | 533.5 | tecnología | 666.58 |
| ingeniería | 621.55 | preparación de la mesa | 642.7 |
| Vacunas | | trabajo en hierro | |
| farmacología | 615.372 | arte | 739.48 |
| Vacuolas | 574.874 | vidrio | |
| Vacuometalización | 671.735 | arte | 748 |
| Vagabundos | 305.568 | Vajillas | |
| | T1—086 92 | de porcelana | 666.5 |
| Vagancia | 364.148 | de cerámica | 738.28 |
| derecho | 345.024 8 | de loza | 666.6 |
| Vagina | | limpieza de | 648.56 |
| anatomía humana | 611.67 | orfebrería | 739.228 3 |
| cirugía | 618.15 | utensilios de la mesa | 642.7 |
| fisiología humana | 612.62 | Vajiravudh, Rey de Siam | |
| ginecología | 618.15 | historia de Tailandia | 959.304 1 |
| v.a. Sistema genital femenino | | Val de Marne (Francia) | T2—443 63 |
| Vaginoperineotomía | 618.85 | Val Verde (Estados Unidos: | |
| Vagones de ferrocarril | 385.32 | Condado) | T2—764 881 |
| comedores | 385.33 | Val-d'Oise (Francia) | T2—443 67 |
| ingeniería | 625.33 | Valais (Suiza) | T2—494 79 |
| derecho | 343.095 5 | Valaquia (Rumania) | T2—498 2 |
| v.a. Equipo rodante | | Valdenses | |
| Vagonetas | | biografía | 284.4 |
| de tracción manual | 625.22 | cristianismo | 273.6 |
| transporte en minas | 622.66 | grupo religioso | T7—244 |
| Vahliaceae | 583.38 | Valdez (Ecuador) | T2—866 357 |
| Vainilla | 641.338 2 | Valdivia (Chile: Ciudad) | T2—835 2 |
| agricultura | 633.82 | Valdivia (Chile: Provincia) | T2—835 2 |
| botánica | 584.15 | Valdivia (Pedro de) | |
| tecnología de alimentos | 664.52 | historia de Chile | 983.02 |
| Vainilla (Boraginales) | 583.77 | Valdosta (Estados Unidos: | |
| Vaisheshika | 181.44 | Condado) | T2—758 864 |
| Vaisheshika (Filosofía) | 181.44 | Vale of Glamorgan (Gales) | T2—429 89 |
| Vajilla | 642.7 | Vale of White Horse (Inglaterra) | T2—425 76 |
| alfarería | 666.68 | Vale Royal (Inglaterra) | T2—427 15 |
| arte | 738.38 | Valencia (España: Región) | T2—467 6 |
| tecnología | 666.68 | Valencia (España: Provincia) | T2—467 63 |
| artesanías | 745.593 | Valencia (Estados Unidos: | |
| cerámica | 663.3 | Condado) | T2—789 92 |
| arte | 738 | Valencia (Venezuela) | T2—873 22 |
| tecnología | 663.3 | Valencias moleculares | 541.224 |
| lavado | 648.56 | Valentía | 179.6 |
| madera | | Valera (Venezuela) | T2—871 49 |
| arte | 736.4 | Valeriana | 583.53 |
| | | Valerianaceae | 583.53 |

| | |
|---|---|
| Ventanas (continuación) | |
| decoración de interiores | 747.3 |
| edificios | 721.823 |
| arquitectura | 721.823 |
| construcción | 690.182 3 |
| seguros | 368.6 |
| Ventanas de automóviles | 629.26 |
| Ventas | |
| administración | T1—068 8 |
| análisis | |
| mercadeo | 658.810 1 |
| derecho | 346.072 |
| impuestos | 336.271 3 |
| administración pública | 350.724 7 |
| central | 351.724 7 |
| local | 352.135 |
| derecho | 343.055 2 |
| finanzas públicas | 336.271 3 |
| instituciones de crédito | 332.35 |
| mercadeo | 658.8 |
| personal de | 381.092 |
| | T7—381 |
| organizaciones | 658.810 2 |
| pronósticos | |
| mercadeo | 658.812 |
| Ventas a plazos | |
| derecho | 346.074 |
| derecho tributario | 343.055 2 |
| Ventas al por mayor | |
| administración | |
| Ventas directas | 381.195 |
| administración | 658.87 |
| Ventas industriales | |
| administración | 658.84 |
| Ventas por teléfono | 381.1 |
| administración | 658.84 |
| Ventas por televisión | 381.1 |
| administración | |
| organizaciones | 381.142 |
| Ventiladores | 621.61 |
| Ventiladores centrífugos | 621.63 |
| Ventiladores rotativos | 621.62 |
| Ventisqueros | 551.578 47 |
| Ventrículos | |
| anatomía humana | 611.12 |
| fisiología humana | 611.17 |
| v.a. Sistema cardiovascular | |
| Ventriloquia | 793.89 |
| Ventura (Estados Unidos: Condado) | T2—794 92 |

| | |
|---|---|
| Venus (Planeta) | 523.42 |
| | T2—992 2 |
| vuelos no tripulados | 629.435 42 |
| Vépidos | 595.798 |
| Vepsa (Lengua) | 494.54 |
| | T6—945 4 |
| Vepsa (Literatura) | 894.54 |
| Vepsas | T5—945 4 |
| Veracidad | |
| ética | 177.3 |
| Veracruz (México) | T2—726 2 |
| Veragua Abajo (Rep. Dominicana) | T2—729 362 7 |
| Veraguas (Panamá) | T2—728 722 |
| Verano | |
| historia natural | 508 |
| música | 781.524 4 |
| v.a Estaciones | |
| Verapaz (Guatemala) | T2—728 15 |
| Verbena | 583.88 |
| Verbenaceae | 583.88 |
| Verbenales | 583.88 |
| Verbo Divino | 232.2 |
| Verdad | 121 |
| lógica | 160 |
| Verdolaga (Planta) | 583.152 |
| Veredicto | 347.077 |
| derecho penal | 345.075 |
| Vergara (Uruguay) | T2—895 226 |
| Verguenza | 152.4 |
| Vermes | 595.1 |
| cultivo | 639.75 |
| plagas en la agricultura | 632.651 |
| enfermedades causadas por | |
| incidencia | 614.552 |
| medicina | 616.962 |
| paleozoología | 565.1 |
| v.a. Gusanos | |
| Vermicidas | 668.651 |
| ingeniería química | 668.651 |
| uso agrícola | 632.951 |
| Vermiculita | 553.678 |
| extracción | 622.367 8 |
| geología económica | 553.678 |
| Vermilion (Estados Unidos: Parroquia) | T2—763 51 |
| Vermont (Estados Unidos) | 974.3 |
| | T2—743 |
| Vernon (Estados Unidos: Parroquia) | T2—763 61 |
| Verona (Italia) | T2—453 4 |

| | |
|---|---|
| Vibración (continuación) | |
| biofísica | 574.191 4 |
| humana | 612.014 95 |
| física del estado sólido | 530.416 |
| ingeniería | 620.3 |
| máquinas | 621.811 |
| materiales de ingeniería | 620.112 48 |
| mecánica de fluidos | 532.05 |
| percepción | |
| psicología | 152.182 3 |
| sólidos | 531.32 |
| Vibraciones destructivas | |
| ingeniería militar | 623.447 |
| Vibraciones subsónicas | |
| biofísica | 574.191 42 |
| humana | 612.014 452 |
| física | 534.52 |
| ingeniería | 620.28 |
| Vibraciones ultrasónicas | |
| biofísica | 574.191 45 |
| humana | 612.014 455 |
| física | 534.55 |
| ingeniería | 620.28 |
| Vibráfono | 789.6 |
| Vibrato | 781.43 |
| técnica instrumental | 784.193 68 |
| Vibrionaceae | 589.95 |
| Vicarios | 291.092 |
| v.a. Clero | |
| Viceministro | |
| administración pública | 351.003 18 |
| grupo profesional | T7—351 3 |
| Vicenza (Italia) | T2—453 5 |
| Vicepresidentes | |
| administración pública | 350.003 18 |
| central | 351.003 18 |
| local | 352.008 |
| grupo profesional | T7—351 2 |
| Vichada (Colombia) | T2—861 39 |
| Vicios | 179.8 |
| religión | 291.5 |
| budismo | 294.35 |
| cristianismo | 241.3 |
| hinduismo | 294.548 |
| islamismo | 297.5 |
| judaísmo | 296.385 |
| Víctimas de delitos | 362.88 |
| bienestar social | 362.88 |
| administración pública | 350.848 8 |
| central | 351.848 8 |
| local | 352.944 8 |

| | |
|---|---|
| Víctimas de delitos (continuación) | |
| seguros | 368.82 |
| derecho | 344.028 |
| Víctimas de la guerra | 305.906 94 |
| | T1—086 94 |
| derecho de guerra | 341.67 |
| grupos sociales | 305.906 94 |
| servicios sociales | 363.349 8 |
| Víctimas de la opresión política | |
| asistencia social | 362.87 |
| administración pública | 351.848 |
| Victomimología | 362.88 |
| Víctor Manuel | |
| historia de Italia | 945.09 |
| Victoria (Australia) | T2—945 |
| Victoria (España) | T2—466 5 |
| Victoria, Reina | |
| historia de Escocia | 941.108 1 |
| historia de Gran Bretaña | 941.081 |
| historia de Inglaterra | 942.081 |
| Victoria, Tex. (Estados Unidos: | |
| Condado) | T2—764 125 |
| Victorio Manuel II, Rey de Italia | |
| historia de Italia | 945.084 2 |
| Victorio Manuel III, Rey de Italia | |
| historia de Italia | 945.084 3 |
| Vicuña (Chile) | T2—832 32 |
| Vicuñas | 599.736 |
| lana | |
| textiles | 677.32 |
| producción animal | 636.296 |
| Vida | |
| derechos civiles | 323.43 |
| ética médica | 17.24 |
| filosofía | 113.8 |
| naturaleza biológica | 577 |
| origen | 577 |
| filosofía | 113.8 |
| religión | 291.2 |
| cristianismo | 231.765 |
| teología natural | 213 |
| respeto por la | |
| ética | 179.1 |
| religión | 291.569 1 |
| budismo | 29.356.91 |
| cristianismo | 241.691 |
| hinduismo | 29.548 691 |
| judaísmo | 296.385 691 |
| Vida al aire libre | 796.5 |
| manufactura de equipos | 688.765 |
| Vida cristiana | 248.4 |

| | |
|---|---|
| Vida después de la muerte | |
| filosofía | 129 |
| ocultismo | 133.901 3 |
| religión | 291.23 |
| cristianismo | 236.2 |
| islamismo | 297.23 |
| judaísmo | 26.33 |
| Vida en la selva | |
| conservación | 333.951 6 |
| derecho | 346.046 951 6 |
| tecnología | 639.9 |
| v.a. Reservas naturales | |
| Vida estudiantil | 371.8 |
| Vida extraterrestre | 577 |
| teología natural | 215.24 |
| Vida familiar | 306.85 |
| costumbres | 392.3 |
| economía doméstica | 646.78 |
| psicología aplicada | 158.24 |
| v.a. Familia | |
| Vida humana | |
| filosofía | 128 |
| folclor | 398.27 |
| personas | 398.22 |
| sociología | 398.35 |
| origen | |
| religión | 291.22 |
| cristianismo | 233.11 |
| teología natural | 213 |
| Vida intelectual | 001.1 |
| sociología | 306.42 |
| Vida militar | 355.1 |
| Guerra Civil (Estados Unidos) | 973.783 |
| Guerra con México | 973.628 |
| Guerra de 1812 | 973.528 |
| Guerra del Golfo, 1991 | 956.704 428 |
| Guerra del Vietnam | 959.704 38 |
| Guerra Hispanoamericana | 973.898 |
| Guerra Mundial I | 940.483–.484 |
| Guerra Mundial II | 940.548 3–.548 |
| Vida personal | 646.7 |
| economía doméstica | 646.7 |
| Vida política | 324 |
| Vida privada | 323.448 |
| derechos civiles | 323.448 |
| derecho | 342.085 8 |
| Vida religiosa | 291.44 |
| budismo | 294.344 4 |
| cristianismo | 248.4 |
| hinduismo | 294.544 |
| islamismo | 297.44 |

| | |
|---|---|
| Vida religiosa (continuación) | |
| judaísmo | 296.74 |
| Vidas pasadas | |
| ocultismo | 133.901 3 |
| Videla, Jorge | |
| historia de Argentina | 982.064 |
| Video discos (Computadores) | |
| ciencia de los computadores | 004.56 |
| ingeniería | 621.397 6 |
| Video interactivo | 006.6 |
| ciencia de los computadores | 006.6 |
| instrucciones de uso | 371.334 66 |
| | T1—078 |
| Videoarte | 700 |
| bellas artes | 702.81 |
| Videocintas | 384.558 |
| v.a. Videograbaciones | |
| Videodiscos | 384.558 |
| v.a. Videograbaciones | |
| Videoejecutoras | |
| cintas | 384.558 |
| discos | 384.558 |
| Videograbaciones | 384.558 |
| artes escénicas | 791.45 |
| fotografía | 768.599 |
| ingeniería | 621.388 332 |
| música | 380 |
| tratados | 780.267 |
| servicios de comunicación | 384.558 |
| v.a. Televisión | |
| Videograbadoras | 384.558 |
| fotografía | 778.599 3 |
| ingeniería | 621.388 33 |
| servicios de comunicación | 384.558 |
| v.a. Televisión | |
| Videograbadoras en casete | 384.558 |
| Videotexto | 004.69 |
| comunicaciones | 384.35 |
| Videotexto interactivo | 004.69 |
| comunicaciones | 384.354 |
| ingeniería | 621.398 1 |
| v.a. Comunicaciones de los computadores | |
| Vides | 583.279 |
| agricultura | 634.8 |
| Vidin (Bulgaria) | T2—499 1 |
| Vidriado | |
| ventanas | 698.5 |
| Vidriera (Tiendas) | |
| publicidad | 659.157 |

| | | | |
|---|---|---|---|
| Villahermosa (México) | T2—726 32 | Vinyones | |
| Villalba (Puerto Rico) | T2—729 579 | industria textil | 677.474 4 |
| Villancicos | 783.62-.65 | v.a. Textiles | |
| navideños | 783.65 | Viola | 787.3 |
| Villanueva (Honduras) | T2—728 311 | Viola antigua | 787.6 |
| Villarrica (Chile) | T2—834 6 | Violaceae | 583.135 |
| Villarrica (Paraguay) | T2—892 128 3 | Violación | 364.153 |
| Villas | | Violación de la propiedad | 346.036 |
| arquitectura | 728.8 | Violación de la vida privada | 323.448 |
| Villavicencio (Colombia) | T2—861 562 | criminología | 364.156 |
| Villazón (Bolivia) | T2—841 49 | derecho penal | 345.025 6 |
| Villeta (Paraguay) | T2—892 122 8 | derecho privado | 346.033 |
| Vimayapitaka | 294.382 2 | política | 323.448 |
| Viña del Mar (Chile) | T2—832 4 | Violación del derecho civil | 364.132 2 |
| Vinagre | | Violales | 583.135 |
| tecnología de alimentos | 664.55 | Violas agudas | 787.63 |
| Vinagreta | | Violas antiguas | 787.42 |
| tecnología de alimentos | 664.37 | Violas d'amore | 787.66 |
| Vinces (Ecuador) | T2—866 339 | Violas de bajo | 787.65 |
| Vindelicia | T2—363 | Violas de contrapunto | 787.62 |
| Viñetas | 741.5 | Violas para tenor | 787.64 |
| | T1—022 | Violas soprano | 787.63 |
| diseño | 741.5 | Violencia | 303.6 |
| periodismo | | conflictos sociales | 303.6 |
| editoriales | 070.442 | ética | 179.7 |
| Vinicultura | 663.2 | religión | 291.569 7 |
| doméstica | 641.872 | budismo | 294.356 97 |
| Vinilos | 668.423 6 | cristianismo | 241.697 |
| industria textil | 677.474 4 | hinduismo | 294.548 697 |
| Vinnytsa (ex URSS) | T2—477 8 | islamismo | 297.5 |
| Vino | 641.22 | judaísmo | 296.385 697 |
| cocina con | 641.622 | literatura | 808.803 55 |
| preparación doméstica | 641.872 | historia y crítica | 809.933 55 |
| procesamiento industrial | 663.2 | literaturas específicas | T3B—080 355 |
| Vino blanco | 641.222 2 | historia y crítica | T3B—093.55 |
| espumoso | 641.222 4 | mortalidad | 312.276 |
| procesamiento industrial | 663.224 | seguridad pública | 363.32 |
| procesamiento industrial | 663.222 | servicios policiales | 363.23 |
| Vino de uva | 641.22 | sociología | 303.62 |
| cocina con | 641.622 | Violencia con la esposa | 362.829 2 |
| preparación doméstica | 641.872 | bienestar social | 362.829 2 |
| procesamiento industrial | 663.2 | criminología | 364.155 53 |
| Vino rojo | 641.222 3 | derecho penal | 345.025 553 |
| espumoso | 641.222 4 | v.a. Violencia familiar | |
| procesamiento industrial | 663.224 | Violencia conyugal | 362.829 2 |
| procesamiento industrial | 663.223 | bienestar social | 362.829 2 |
| Vino rosado | 641.222 3 | criminología | 364.155 53 |
| procesamiento industrial | 663.223 | derecho penal | 345.025 53 |
| Vinos espumosos | 641.222 4 | v.a. Violencia familiar | |
| procesamiento industrial | 663.224 | Violencia escolar | 371.58 |

| | |
|---|---|
| Visitación | |
| orden religiosa | 255.975 |
| Visitas de estado | |
| costumbres | 394.4 |
| Visores | |
| fotografía | 771.37 |
| Vistaria | 583.322 |
| Visualización | |
| psicología | 153.32 |
| Vitaceae | 583.279 |
| Vitalismo | |
| filosofía | 147 |
| Vitamina D | |
| tratamiento de la leche | 637.141 |
| Vitaminas | 574.192 6 |
| bioquímica | 574.192 6 |
| humana | 612.399 |
| farmacología | 615.328 |
| metabolismo | |
| fisiología humana | 612.399 |
| v.a. Sistema digestivo | |
| nutrición aplicada | 613.28 |
| economía doméstica | 641.18 |
| química | 547.74 |
| Vitebsk (ex URSS) | T2—478 4 |
| Viterbo (Italia: Provincia) | T2—456 25 |
| Viticultura | 634.8 |
| Vitória (Brasil) | T2—815 23 |
| Vitrales | 748.5 |
| Viudas | 305.489 654 |
| | T1—086 54 |
| grupo social | 305.489 654 |
| psicología | 155.644 3 |
| relaciones familiares | 306.88 |
| Viudos | 305.906 54 |
| | T1—086 54 |
| grupo social | 305.906 54 |
| psicología | 155.644 |
| relaciones familiares | 306.88 |
| Viveros | 631.52 |
| floricultura | 635.969 |
| silvicultura | 634.956 4 |
| Viverridae | 599.744 22 |
| Vivianiaceae | 583.141 |
| Vivianita | |
| mineralogía | 549.72 |
| Vivienda | 363.5 |
| administración pública | 350.865 |
| central | 351.865 |
| local | 352.75 |
| construcción | 690.8 |
| cooperativa | 334.1 |

| | |
|---|---|
| Vivienda (continuacion) | |
| economía doméstica | 643.1 |
| fuerzas armadas | |
| administración | 355.67 |
| influencia psicológica | 155.945 |
| servicios sociales | 363.5 |
| sociología | 307.336 |
| Vivienda (Albergues) | 647.94 |
| higiene pública | 363.729 8 |
| Vivienda estudiantil | 371.871 |
| Vivienda militar | 355.12 |
| Vivienda para animales | |
| producción animal | 636.083 1 |
| Vivienda pública | 363.585 |
| administración de la planta física | 647.92 |
| derecho | 344.063 635 |
| servicio social | 363.585 |
| Vivienda subsidiada | 363.582 |
| Vivienda temporal | |
| asistencia social | 361.05 |
| Vivisección | |
| ética | 179.4 |
| Vizcaya (España) | T2—466 3 |
| Vizsla | |
| producción animal | 636.752 |
| v.a. Perros | |
| Vladimir (ex URSS) | T2—473 3 |
| VLF | |
| estaciones de radio | 384.545 3 |
| estructura | 384.545 3 |
| ingeniería | 621.384 |
| organizaciones comerciales | 384.540 65 |
| sistemas de radio | 621.384 153 |
| Vocabularios | |
| de materia | |
| contralador | 025.49 |
| uso (lingüística aplicada) | 418 |
| lenguas específicas | T4—81 |
| Vocabularios controlados | |
| por materia | 025.49 |
| Vocación | |
| psicología aplicada | 158.6 |
| vida nomástica | |
| cristianismo | |
| hombres | 28.89 22 |
| Vocalistas | 782.009 2 |
| grupo ocupacional | |
| Voces cambiantes | 782.79 |
| coros y voces mixtas | 782.79 |
| voces individuales | 783.79 |

| | | | |
|---|---|---|---|
| Worthing (Inglaterra) | T2—422 68 | Xilema | |
| Wrekin (Inglaterra) | T2—424 56 | anatomía vegetal | 581.41 |
| Wrexham Maelor (Gales) | T2—429 39 | Xilófonos | 789.6 |
| Wroclaw (Polonia) | T2—438 5 | Xiris | 584.36 |
| Wu (Lengua) | 495.17 | Xochimilco (México) | T2—725 38 |
| | T6—951 7 | Xoloizuintli | |
| Wuchereriasis | 616.965 2 | producción animal | 636.76 |
| incidencia | 614.555 2 | v.a. Perros | |
| Wulfenita | 549.74 | Xylariales | 589.23 |
| Wuppertal (Alemania) | T2—435 532 | Xyridaceae | 584.36 |
| Württemberg (Alemania) | T2—434 7 | Xyridales | 584.36 |
| Würtz-Fittig | | | |
| reacción química | 547.21 | **Y** | |
| Wurzburg (Alemania) | T2—433 39 | | |
| Wyandotte | | Yabucoa (Puerto Rico) | T2—729 592 7 |
| zootecnia | 636.583 | Yacimientos | |
| Wychavon (Inglaterra) | T2—424 49 | geología | 553.1 |
| Wycliffites | 284.3 | Yacuiba (Bolivia) | T2—842 58 |
| Wycombe (Inglaterra) | T2—425 95 | Yagnob (Lengua) | 491.5 |
| Wyoming (Estados Unidos) | 978.7 | | T6—915 9 |
| | T2—787 | Yagnob (Literatura) | 891.59 |
| Wyomming, N.Y. (Estados Unidos: | | Yaguajay (Cuba) | T2—729 124 5 |
| Condado) | T2—747 93 | Yaguarón (Paraguay) | T2—892 123 8 |
| Wyre Forest (Inglaterra) | T2—424 41 | Yahya Khan, Aga Muhammad | |
| Wyre (Inglaterra) | T2—427 682 | historia de Pakistan | 954.904 6 |
| **X** | | Yajalón (México) | T2—727 59 |
| | | Yajurveda | 294.592 14 |
| Xanthi (Grecia) | T2—495 7 | Yakarta (Indonesia) | T2—598 22 |
| Xanthorrhoeaceae | 584.43 | Yaks | 599.735 8 |
| Xantophiceae | 589.486 | Yakuto | 494.3 |
| Xapuri (Brasil) | T2—811 2 | | T6—943 |
| Xenón | | Yakutos | T5—943 |
| geología económica | 553.97 | Yalobusha (Estados Unidos: | |
| química | 546.755 | Condado) | T2—762 82 |
| tecnología | 665.822 | Yamagata (Japón) | T2—521 16 |
| v.a. Sustancias químicas | | Yamaguchi (Japón) | T2—521 97 |
| Xerodermia | 616.544 | Yamal-Nenets (Siberia | |
| v.a. Piel | | occidental) | T2—573 |
| Xerografía | 686.44 | Yamanashi (Japón) | T2—521 64 |
| equipos | | Yamasá (Rep. Dominicana) | T2—729 374 7 |
| manufactura | 681.65 | Yambo | 583.42 |
| servicios de biblioteca | 025.12 | Yambol (Bulgaria) | T2—497 78 |
| tecnología | 686.44 | Yami | T5—992 5 |
| uso en la oficina | 652.4 | Yamoussoukro | T2—666 8 |
| Xhosa (Pueblo) | T5—963 985 | Yang kin | 787.74 |
| Xhosa (Lengua) | 496.398 5 | Yanzi | 496.396 |
| | T6—963 985 | | T6—963 96 |
| Xhosa (Literatura) | 896.398 5 | Yaracuy (Venezuela) | T2—872 6 |
| Xicotepec de Juárez (México) | T2—724 88 | Yare (Inglaterra) | T2—426 1 |
| Xifosuros | 595.392 | Yaritagua (Venezuela) | T2—872 69 |
| paleozoología | 565.392 | Yaro | 584.64 |

Yoakum (Estados Unidos:
  Condado) — T2—764 849
Yobe (Nigeria) — T2—669 87
Yodo — 553.6
  geología económica — 553.6
  ingeniería química — 661.073 4
  química — 546.734
  química orgánica — 547.02
    aplicada — 661.891
  v.a. Sustancias químicas
Yodo (Japón) — T2—521 83
Yodometría — 545.23
Yoga — 181.45
  filosofía — 181.45
  salud — 613.704 6
Yoga físico
  salud — 613.704 6
Yoga hindú — 194.544
Yogurt — 641.371 476
  cocina — 641.671 476
  preparación — 637.147 6
Yokohama (Japón) — T2—521 364
Yolo (Estados Unidos:
  Condado) — T2—794 51
Yom Kippur — 296.432
Yonne (Francia) — T2—444 1
York (Canadá: Condado) — T2—713 54
York (Inglaterra) — T2—428 43
York, casa real
  historia de Inglaterra — 942.04
  historia de Irlanda — 941.504
Yorkshire Dales (Inglaterra) — T2—428 4
Yorkshire Norte (Inglaterra) — T2—428 4
Yorkshire Occidental
  (Inglaterra) — T2—428 1
Yorkshire Oriental (Inglaterra) — T2—428 39
Yorkshire terrier
  producción animal — 636.76
Yorkshire Wolds (Inglaterra) — T2—428 3
Yorkshire (Inglaterra) — T2—428 1
Yoro (Honduras: Ciudad) — T2—728 314 2
Yoro (Honduras:
  Departamento) — T2—728 314
Yoruba (Lengua) — 496.33
  — T6—963 33
Yoruba (Literatura) — 896.333
Yorubas — T5—963
Youndé (Camerún) — T2—671 1
Young Men's Christian Associations 267.3
  campamentos — 796.542 2
Young Men's Hebrew Associations — 296.673

Young People's Society of
  Christian Endeavor — 267.613
Young Women's Christian
  Associations — 267.5
Young Women's Hebrew
  Associations — 296.675
Young (Estados Unidos:
  Condado) — T2—764 545
Young (Uruguay) — T2—895 287
Yozgat (Turquía) — T2—563
Ypacaraí (Paraguay) — T2—892 122 9
Yüan, dinastía china — 951.025
Yuba (Estados Unidos:
  Condado) — T2—794 35
Yuca — 584.43
  agricultura — 633.682
  fécula — 664.23
Yucatán (México) — T2—726 5
Yugoslavia — 949.7
  — T2—497
  antigua — 939.8
  — T2—398
Yugoslavos — T5—918 2
Yukaghir (Lengua) — 494.6
  — T6—946
Yukaghir (Literatura) — 894.6
Yuma, Ariz. (Estados Unidos:
  Condado) — T2—791 71
Yúnnan (China) — T2—513 5
Yunques
  tenazas de fragua — 682
Yunques (Instrumentos musicales) — 786.884 3
Yupiltepeque (Guatemala) — T2—728 143 9
Yuquí (Lengua) — 497.5
  — T6—975
Yurak (Lengua) — 494.4
  — T6—944
Yurak (Literatura) — 894.4
Yuscarán (Honduras) — T2—728 343
Yute — 583.19
  economía agraria — 338.173 54
  industria textil — 677.13
    arte — 746.041 3
    economía — 338.476 771 3
  papel — 676.14
  plantas de fibra — 633.54
Yute de la China — 633.56
Yuty (Paraguay) — T2—892 127 6
Yvelines (Francia) — T2—443 66
YWHA — 296.673

# Z

| | |
|---|---|
| Zeiformes | 597.58 |
| Zelandia (Holanda) | T2—492 42 |
| Zelaya (Nicaragua) | T2—728 532 |
| Zelotes | 296.81 |
| Zen | 294.392 7 |
| Zener | |
| diodos | 621.381 522 |
| Zenjan (Irán) | T2—551 |
| Zhytomyr (ex URSS) | T2—477 8 |
| Zielona Gora (Polonia) | T2—438 1 |
| Zigoto | 574.333 |
| Zigula-zamaro | 496.391 |
| | T6—963 91 |
| Zimasas | 574.192 58 |
| v.a. Encimas | |
| Zimbabwe | 968.9 |
| | T2—689 1 |
| Zimbabwe-Rhodesia | T2—689 1 |
| Zimbabwense | T2—968 91 |
| de origen británico | T5—210 689 1 |
| Zinc | 669.52 |
| arte decorativo | 739.55 |
| construcción | 693.752 |
| elaboración de metales | 673.52 |
| geología económica | 553.452 |
| ingeniería química | 661.066 1 |
| litografía | 763.24 |
| materiales de construcción | 691.852 |
| materiales de ingeniería | 620.184 2 |
| metalografía | 669.955 2 |
| metalurgia | 669.52 |
| metalurgia física | 669.965 2 |
| minería | 622.345 2 |
| química | 546.661 |
| química orgánica | 547.056 61 |
| aplicada | 661.895 |
| toxicología | 615.925 652 |
| v.a. Metales, Sustancias químicas | |
| Zingiberales | 584.21 |
| Zinia | 583.55 |
| Zinjanthropus | 569.9 |
| Zipaquirá (Colombia) | T2—861 49 |
| Ziriano (Lengua) | 494.53 |
| | T6—945 3 |
| Zirianos | T5—945 3 |
| Zitácuaro (México) | T2—723 79 |
| Zoantharia | 593.6 |
| Zodíaco | |
| astrología | 133.52 |
| astronomía | 523 |

| | |
|---|---|
| Zodíaco (continuación) | |
| folclor | 398.26 |
| psicología | 398.362 |
| Zohar | 296.16 |
| Zona climática | 551.62 |
| ecología | 574.526 2 |
| Zona de tiempo | 389.17 |
| Zona del Canal (Panamá) | T2—728 75 |
| Zona espectral | |
| ingeniería | 621.361 |
| óptica | 535.01 |
| Zona tórrida | T2—13 |
| astronomía | 525.5 |
| Zona tropical | T2—13 |
| Zonas comerciales | |
| arquitectura del paisaje | 712.5 |
| urbanismo | 711.552 2 |
| Zonas costeras | |
| derecho | 346.046 917 |
| Zonas industriales | |
| urbanismo | 711.552 4 |
| Zonas polares | T2—11 |
| astronomía | 525.5 |
| enfermedades | |
| medicina | 616.988 1 |
| Zonas postales | 383.545 |
| v.a. Servicios postales | |
| Zonas templadas | T2—212 |
| astronomía | 525.5 |
| enfermedades | |
| medicina | 616.988 2 |
| Zonificación | 333.731 7 |
| administración pública | 350.823 26 |
| central | 351.823 26 |
| local | 352.961 |
| derecho | 346.045 |
| planificación urbanística | 711 |
| urbana | 711.4 |
| uso de la tierra | 333.731 7 |
| urbana | 333.771 7 |
| Zonta internacional | 369.5 |
| miembros | 369.5 |
| grupo social | T7—369 5 |
| Zoogeografía | 591.9 |
| Zoología | 591 |
| Zoología económica | 591.6 |
| Zoología experimental | 591.072 4 |
| Zoológicos | 590.744 |
| arquitectura | 727.659 |
| arquitectura del paisaje | 712.5 |
| v.a. Parques zoológicos | |

# Manual

# Uso del Manual

El Manual para el Sistema de Clasificación Decimal de Dewey está dirigido a los clasificadores en ejercicio y a los estudiantes de clasificación. El Manual describe las políticas y prácticas de la División de Clasificación Decimal de la Biblioteca del Congreso de los Estados Unidos. Los mapas esquemáticos despliegan los números clave de área de la Tabla 2. Los usuarios son remitidos de los Esquemas y Tablas al Manual mediante de las notas de "véase el Manual".

El Manual está organizado siguiendo el orden numérico de las Tablas y Esquemas. Para ciertas clases existen notas que están subordinadas en la siguiente secuencia :

(A)  Notas sobre problemas comunes a más de un número (las notas para los números unidos por "–" o "y", ej., 580–590 o 380.1 y 381, 382).

(B)  Notas sobre problemas que involucran un número solamente (o un solo número y sus subdivisiones).

(C)  Notas sobre diferenciación de números (las notas unidas por "vs." ej., 300 vs. 600).

Estas notas pueden contener secciones sobre problemas específicos, ej., el tratamiento de las adaptaciones en 800 literatura.

Hay una nota detallada y especial sobre 780 Música que explica la revisión total de la clase que representa.

Un apéndice al final del Manual describe las políticas y procedimientos de la División de Clasificación Decimal de la Biblioteca del Congreso en relación con lo siguiente : La segmentación en los registros catalogados en forma centralizada, los números de la CDD entre corchetes que aparecen en los registros bibliográficos de la Biblioteca del Congreso, y la clasificación de libros para niños en la División de Clasificación Decimal.

# Notas sobre los números de las Tablas

*Tabla 1. Subdivisiones comunes* T1

# Tabla 1. Subdivisiones comunes

Las subdivisiones comunes se llaman así porque son aplicables prácticamente a todas las clases. Hay varias clases de subdivisiones comunes:

1. Subdivisiones que indican las formas bibliográficas que puede tomar la información, ej., enciclopedias, publicaciones periódicas, tratamiento audiovisual.

2. Subdivisiones que tratan el tema total pero en forma restringida, ej., por áreas, períodos históricos, clases de personas.

3. Subdivisiones que identifican una clase específica de información acerca del tema, ej., ilustraciones, directorios, listas de productos, marcas de identificación, estadísticas.

4. Subdivisiones que aplican a una materia los métodos de otras disciplinas, ej., administración, educación, investigación, principios científicos, técnicas auxiliares.

5. Subdivisiones que relacionan al tema con sus usuarios, ej., el tema como una profesión y obras para un tipo específico de usuarios.

6. Varias subdivisiones, ej., biografías, tratamiento humorístico.

La característica general de las subdivisiones comunes, es que identifican un tratamiento limitado del tema que puede ser requerido por los usuarios y que no se relaciona directamente con el resto del tema. Esta característica nos lleva a la aplicación de la primera regla general: en caso de duda, no se usen las subdivisiones comunes, ya que éstas sirven para separar material especializado de obras de interés general. Por ejemplo, evite el uso de la subdivisión por períodos más reciente en T1—0904, para obras sobre el "estado del arte" en un tema dado; puesto que la mayoría de los usuarios esperarán encontrar tales obras en el número principal.

Algunas subdivisiones comunes usadas en situaciones dudosas pueden ser molestas o superfluas. Cualquier obra elemental sobre una materia puede ser considerada una obra para principiantes, iniciados, legos, inexpertos, aficionados o coleccionistas. Sin embargo, agregar la subdivisión común T1—0240909 no solamente doblará la extensión de los números en la mayoría de los casos, sino que también podrá molestar más que ayudar a los usuarios.

En forma similar, muchas obras en ciencias sociales se refieren principalmente a los países más desarrollados o a los temas desde el punto de vista de occidente, pero no excluyen intencionalmente otras áreas. Use T1—091722 o T1—091821 ocasionalmente para tales obras, ya que será de poca ayuda para algunos usuarios separar material de acuerdo con aspectos que los autores no destacaron.

En algunos casos la subdivisión común puede ser redundante. Por ejemplo, T1—024694 indica el tema para carpinteros. Este número nunca se usa con 694 carpintería, ya que las obras escritas sobre un tema son escritas principalmente por quienes lo practican. No es necesario el uso de 004.0904 para computadores en el siglo XX (no hasta el siglo XXI), ya que el computador es básicamente un fenómeno del siglo XX. En ciertos casos una subdivisión podría simplemente redefinir la disciplina básica, por ej.: T1—01 Filosofía y teoría en la mayor parte de las subdivisiones directas del 100 Filosofía.

*Véase además T1—01.*

### Uso de las subdivisiones estándar tácitas o explícitas en los esquemas

Las subdivisiones comunes se pueden usar en cualquier parte del esquema a menos que se den instrucciones contrarias. Normalmente no se suministran en la columna numérica, a menos que sea necesario para completar los números de tres dígitos bajo las clases principales. Sin embargo, bajo ciertos números se podrían suministrar unas pocas subdivisiones comunes cuando éstas tengan significado especial o cuando se requiera ampliar la notación para el tema en cuestión. El resto de las subdivisiones comunes (aquellas no mencionadas) se deben usar con su significado normal como se dan en esta tabla. Por ejemplo, en la posición de la subdivisión común bajo 370 Educación, el esquema da solamente 370.1 y 370.7, los cuales han recibido significados modificados o ampliados; y 370.287, 370.68 y 370.82 aparecen entre corchetes ([ ]) para señalar que no se usan. El resto de 370.2–.6 y 370.8–.9 se deben usar con sus significados normales aunque las subdivisiones comunes no estén impresas.

Cada vez que se suministran los dígitos básicos de una subdivisión común normal, todas las subdivisiones adicionales que se encuentran en la Tabla 1 están implícitas. Por ejemplo, el encabezamiento regular de la notación 07 de la Tabla 1 Educación, investigación, temas relacionados se suministra en el 507. Esa entrada está seguida inmediatamente por el 507.2 Investigación y por 507.8 Uso de aparatos y equipo en estudio y enseñanza, cada uno con el encabezamiento regular que aparece en la Tabla 1. Estas tres subdivisiones comunes se suministran solamente por razones técnicas: el 507 para completar el número de tres dígitos, el 507.2 para suministrar una referencia al 001.4, y el 507.8 para suministrar una nota sobre proyectos científicos. De ninguna manera se limita el uso de otras subdivisiones encontradas bajo T1—07 en la Tabla 1, ej., 507.24 Investigación experimental, 507.6 Revisión y ejercicio.

#### Aproximarse a la totalidad del tema

(Los principios explicados aquí se aplican igualmente al uso de subdivisiones que se mencionan en forma repetida en las notas de pie de página).

Las subdivisiones comunes se deben agregar solamente cuando la obra que se tenga a la mano se aplica a la totalidad o se aproxima a la totalidad del tema del número. Por ejemplo, no hay un número específico para arañas

*Tabla 1. Subdivisiones comunes* T1

viuda negra bajo 595.44, el número para arañas . Así que, no asuma que las viuda negra son justamente otra araña y comience usando 595.440972 para un relato sobre arañas viuda negra en México. Deténgase en el 595.44, en donde las obras sobre arañas viuda negra están en espera de un desarrollo adicional del esquema.

La restricción de aproximarse a la totalidad del tema no debe aplicarse al número que por la naturaleza de su tema, sería muy difícil que tuviera subdivisiones en el futuro, ej., 929.3 Fuentes genealógicas. Aquí las subdivisiones comunes (tanto como las subdivisiones directas de área 929.33–.39 usadas en lugar del 929.3093–.3099) se pueden usar para cualquier clase específica de fuente, ej., registros, testamentos, listas de impuestos. En muchos casos, las instancias específicas de un tema restringido son más útiles ordenadas geográficamente bajo T1—09 que por clases que pueden no ser estables con el transcurso de los años, ej., hospitales en un área dada, ya sean públicos o privados, relacionados con una iglesia o que sirven a los veteranos y a sus dependientes; se deben clasificar en 362.1109, no en 362.11.

Un caso especial de conceptos que difícilmente tendrán subdivisiones en el futuro, son los elementos de un término unitario. Muchos encabezamientos contienen dos o más partes unidas por la palabra "y". Algunas veces las palabras así unidas son tan parecidas en su significado que son difíciles de separar. Estos encabezamientos (y frases similares en las notas de "clasifique aquí") constituyen términos unitarios. (Más adelante véase la discusión sobre las notas de "clasifique aquí"). Cuando un término unitario está en consideración, las subdivisiones comunes se agregan aún cuando para la obra que se tenga a la mano se use solamente uno de los términos y se intente señalar una distinción entre los dos.

Ejemplos de términos unitarios :

| | |
|---|---|
| 255 | Congregaciones y órdenes religiosas |
| 338.9 | Desarrollo y crecimiento económicos |
| 341.5 | Disputas y conflictos entre estados |
| 362.2 | Enfermedades y trastornos mentales y emocionales |
| 681.2 | Instrumentos para pruebas y mediciones |
| 725.81 | Salas de música y salas de conciertos |

Estos no se deben confundir con términos relacionados que comúnmente van juntos para formar un todo más amplio. Tales términos pueden, cada uno, tener su propia subdivisión (y en los siguientes ejemplos, uno o ambos términos las tienen):

| | |
|---|---|
| 306 | Cultura e instituciones |
| 306.8 | Matrimonio y familia |
| 332.8 | Interés y descuento |
| 347 | Procedimiento y tribunales civiles |

Tenga cuidado cuando asuma cuáles temas no serán subdivididos. Actualmente solo existen unos pocos títulos sobre arquitectura de edificios para oficinas en 725.23, dejando la duda de si algún día se proveerá un número para edificios de consultorios médicos. Sin embargo, este último se puede desarrollar legítimamente para hacer más útil la clasificación en bibliotecas de arquitectura. De esta forma, clasifique una historia de arquitectura de edificios de consultorios médicos en 725.23 y no en 725.2309.

Para determinar cuál tema o combinación de temas se aproximan a la totalidad del tema de uno más amplio, la regla normal es que una obra que cubra tres subdivisiones se aproxima a la totalidad del tema. Si hay solamente tres subdivisiones, normalmente dos subdivisiones se aproximan a la totalidad del tema. Sin embargo, si una materia consta de un gran número de subclases distintas, ej., especies en zoología o botánica, una obra que represente tres o más subdivisiones distintas cuenta como aproximarse a la totalidad del tema. Por ejemplo, una obra sobre el oso gris, la liebre y la zarigüeya de América del Norte se clasificará en 599.097, como representantes de los mamíferos (599) de América del Norte (T1—097).

### Notas de clasifique-aquí y aproximarse a la totalidad del tema

La nota de clasifique aquí, i.e., la nota de que comienza con las palabras "clasifique aquí" es una guía confiable para mostrar que las subdivisiones comunes se pueden agregar a la notación para el término o términos mencionados. Mientras algunos términos se refieren a temas más amplios que el indicado por el encabezamiento, cualquier término en la nota de "Clasifique aquí" para un concepto más pequeño que el tema del encabezamiento, se considera como aproximarse a la totalidad del tema para propósitos de clasificación.

### Tabla de precedencia

La tabla de precedencia cede el paso a otras dos reglas de orden de cita: Primera, cuando las subdivisiones comunes se desplazan a posiciones sin cero, la regla del cero (parágrafo 5.13 en la Introducción al SCDD) anula esta tabla de precedencia, ej., administración de prisiones en la Gran Bretaña 365.941068 no en 365.068 como podría ser normalmente el caso. (*Véase además* la sección a continuación sobre subdivisiones comunes múltiples). Segunda, la regla de aplicación (Parágrafo 5.6 en la Introducción del SCDD) permanece como fundamental en una buena clasificación, de tal manera que la enseñanza de administración financiera en administración hospitalaria se clasifica en 362.110681 y no en 362.1107.

### Subdivisión de subdivisiones comunes desplazadas

Una subdivisión común desplazada es la que ha sido movida de su posición normal; ej., bajo 362 la subdivisión común T1—09 ha sido desplazada de 362.09 a 362.9 para tratamiento histórico, geográfico, de personas de problemas y servicios de bienestar social. Una subdivisión común desplazada se subdivide como se muestra en la Tabla 1, excepto para unidades que han tenido un cambio o ampliación en el significado (como en 370.71). Por ejemplo, 340.1 Filosofía y teoría del derecho puede subdividirse para dar paso a 340.14 para lenguas y comunicación legal, en la misma forma que se haría si se colocara al lado del resto de las

*Tabla 1. Subdivisiones comunes* T1

**T1–0222**
**vs.**
**T1–0223**

**Pinturas e ilustraciones relacionadas vs. Mapas y formas relacionadas, planos, diagramas**

El concepto básico en T1—0222 es la *ilustración*, i.e., una representación naturalista de un objeto o sujeto. Este puede ser un bosquejo, impresionista o detallado, pero intenta representar lo que se verá. En contraste, el concepto básico en T1—0223 es el *plano*, esto es, una representación bidimensional como trazado de un terreno o piso o una representación plana vertical. La palabra "diagrama" agrega al T1—0223 el concepto de un diseño gráfico que explica más que representa. Este muestra arreglos y relaciones entre las partes, sin limitarse a un solo plano.

Desafortunadamente, el clasificador debe trabajar con un número de palabras que hacen difícil la distinción básica entre ilustración y plano, ej., diagramas, diseños, atlas. Use T1—0222 para diagramas (charts) que básicamente son ilustraciones de cosas, T1—0223 para diagramas que son básicamente planos. Use T1—0222 para diseños que dan una impresión visual de lo que algo hace o parece, ej., dibujos arquitectónicos; T1—0223 para diseños que muestran detalles en planos horizontales o verticales (con frecuencia como una etapa preliminar a la construcción), o el arreglo y relación de partes que muestran como funciona algo. Los atlas son usualmente compilaciones de mapas, planos o diagramas (T1—0223), pero esté alerta para atlas que son simplemente compilaciones de material ilustrado. Los atlas anatómicos son tan parecidos a la fotografía que se clasifican en T1—0222. También esté alerta para atlas que son simplemente textos profusamente ilustrados sobre un tema. Estos se clasifican en el número básico.

Clasifique obras generales en T1—0222, ej., dibujos y planos arquitectónicos, 720.222. En caso de duda, use T1—0222.

**T1–0223**
**vs. 912**

**Mapas y formas relacionadas, planos, diagramas vs. Representaciones gráficas de la superficie del mundo y de mundos extraterrestres**

Atlas y mapas geográficos, i.e., atlas y mapas que destacan o no destacan un tema o están dedicados a cualquier tema en 910 (geografía general y viajes) se clasifican en 912. Atlas y mapas de carreteras básicamente hechos para viajeros, también se clasifican en 912, pero los mapas y atlas ferroviarios que normalmente se elaboran para transporte se clasificarán en 385.0223 o en 385.09 con la notación 022 de las tablas de adición que se encuentran bajo el número T1—093–099, ej., atlas ferroviarios en Brasil, 385.0981022.

**T1–024**

**Obras para tipos específicos de usuarios**

No se use T1—024 cuando es más o menos redundante, i.e., cuando la obra esté dirigida a aquellas personas que normalmente se espera que sean estudiosos del tema, ej., ingeniería para practicantes, estudiantes, principiantes, en 620 (no 620.002462, 620.0024375, o 620.00240909, respectivamente).

Use T1—024 con precaución para obras que efectivamente cubren el tema para el lector general pero que simplemente traen ejemplos de una disciplina amplia o para una clase de usuario profesional. Por ejemplo, una obra sobre cardiología para enfermeras es con frecuencia adecuada para pacientes, parientes o trabajadores sociales tanto como para enfermeras. Por lo tanto, prefiera el 616.12 al 616.120024613 a menos que la obra haga mayor énfasis en instrucciones especiales para enfermeras, que los lectores generales no encontrarán útiles.

La División de Clasificación Decimal no usa T1—024054 para identificar obras para niños, debido a que éstas usualmente vienen juntas en colecciones especiales.

**T1–024 vs.**   **Obras para tipos específicos de usuarios vs. Historia y descripción en relación**
**T1–08**      **con clases de personas**

La notación 024 se refiere principalmente al tratamiento de una disciplina para la instrucción de cierto tipo de usuario (usualmente miembros de grupo ocupacional) diferentes de sus estudiantes y practicantes, ej., matemáticas para ingenieros 510.2462. Su énfasis en grupos ocupacionales se refleja en el hecho de que la mayor parte de sus subdivisiones (ejemplo T1—0241 y T1—0243–0249) son usadas por ellos.

Al contrario, T1—08 se refiere a cualquier clase de personas activas en el tema, ej., mujeres aviadoras 624.13082; o a clases de personas afectadas por el tema, especialmente aquellas beneficiadas por el mismo. La mayoría de los manuales que se dirigen a clases específicas de personas (con excepción de grupos ocupacionales que requieren aprender y usar una disciplina diferente de su disciplina básica) caen en T1—08. El énfasis en grupos no ocupacionales se refleja en las subdivisiones: solamente T1—088 se dedica a los grupos ocupacionales y religiosos que ocupan todas las subdivisiones directas (sin cero) de T1—024. Todas las otras subdivisiones de T1—08 (T1—081–087 y T1—089 se dedican a las clases de personas relegadas a las subdivisiones del cero en T1—024 (T1—02403–02408).

Si una obra usa la palabra "para" en el sentido de "de" o "para beneficio de", entonces T1—08 es la subdivisión apropiada, ej., éxito en la obtención de empleos para estudiantes 650.14088375, servicios sociales para niños 361.0083, programación de comidas y servicio a la mesa para personas confinadas 642.0877. Una obra sobre el cuidado del cabello para mujeres es 646.724082, pero una obra sobre el cuidado de cabello dirigida a mujeres responsables por el cabello de niños, padres, esposos y amigos es 646.724024042. Una obra sobre la dieta para madres puede ser 613.20852, si ésta se dedica a madres que hacen su propia dieta, 613.2083 si se dedican a dietas para sus niños o 613.20240431 si se dirige a las madres encargadas de la dieta de todos los miembros de la familia.

**T1–028**     **Técnicas y procedimientos auxiliares; aparatos, equipo, materiales**

A menos que se den instrucciones específicas, T1—028 no se usa para técnicas y procedimientos básicos en un tema. Por ejemplo, use 640 (no 640.28) para técnicas básicas de economía doméstica, 264 (no 264.0028)

*Tabla 1. Subdivisiones comunes* T1

para la conducción de un culto público. La subdivisión no se usa normalmente para la tecnología de temas en 600; sin embargo, 610.28 se usa para tecnología médica como quiera que el tema no se refiere a artes básicas o técnicas de medicina, sino a aparatos especializados, equipo y materiales de medicina y su uso.

Los aparatos, equipo y materiales incluidos en T1—028 se refieren a lo que se usa en un tema, no a los productos de éste.

**T1–0285** **Procesamiento de datos    Aplicaciones de computador**

No se use la notación T1—02854 por sí misma, ya que el dígito 4 simplemente repite el significado de la notación 0285. Si el concepto aplicado es aquel para el cual 004 es el número interdisciplinario, simplemente deténgase en T1—0285, ej., computadores digitales T1—0285. Sin embargo, no es redundante agregar cuatro dígitos más a T1—0285, ej., microcomputadores digitales T1—0285416.

Resulta igualmente redundante, agregar solamente el dígito 4 a los números divididos como 004–006 cuando el número básico se limita al procesamiento de datos y a conceptos sobre el computador, ej., 651.8, 658.05.

#### Materiales y programas legibles por máquina

No se use T1—0285 para indicar que una obra está en forma legible por máquina (ej., no se use para datos del censo almacenados en cintas legibles por máquina). La notación 028 (técnicas y procedimientos auxiliares; aparatos, equipo, materiales) no se usa como forma de subdivisión. Sin embargo, un programa se puede ver como una clase de aparato –un dispositivo para hacer que el computador trabaje adecuadamente o realice una tarea en particular– y las obras acerca de programas que típicamente discuten técnicas y procedimientos. En consecuencia, T1—028553 y sus subdivisiones se deberán usar para los programas en sí mismos y para obras acerca de programas, independientemente de la forma (ej., programas en forma legible por máquina, tales como discos, o cintas y listas impresas de programas encuadernados como libros).

No se use T1—028553 para ítems que incluyen programas y archivos de datos, a menos que éstos sean claramente de menor importancia (ej., archivos pequeños utilizados simplemente para ayudar a lectores principiantes en el uso de los programas).

En caso de duda, no se use T1—028553.

**T1–0285 vs. T1–068** **Procesamiento de datos    Aplicaciones de computador vs. Administración**

Clasifique la administración del procesamiento de datos aplicado con la aplicación, usando T1—0285. Es más común, sin embargo, que los libros traten el procesamiento de datos aplicado a la administración de un tema, en cuyo caso se usa T1—068, ej., procesamiento de datos aplicado a la administración de hospitales 362.11068.

**T1–0294**
**vs.**
**T1–074**

**Catálogos y directorios comerciales vs. Museos, colecciones, vs. exposiciones**

Mientras que la mayoría de los productos para venta se clasifican en T1—0294, los catálogos de colecciones son una excepción. La diferencia está basada en los propósitos principales: T1—0294 se usa para catálogos cuyo propósito principal es promover la venta o distribución de productos, T1—074 para catálogos cuyo propósito principal es promover el conocimiento o arte. Sin embargo, T1—074 se amplia un poco para cubrir catálogos de réplicas, copias e ítems menores cuando se ofrecen en venta en un museo o exposición por instituciones no comerciales. También se usa en arte (700–770) para catálogos de subastas y para catálogos de exposiciones temporales de grupos de artistas, aún si una sucesión de tales exposiciones provee a la mayoría de los artistas con su principal fuente de ingresos. En caso de duda, prefiera T1—074.

**T1–0601–**
**0609**

**Organizaciones**

Las subdivisiones de organizaciones en T1—06 se usan principalmente para organizaciones y asociaciones basadas en afiliaciones de miembros o socios, pero también se usan para una selección de instituciones, fundaciones y agencias que no se basan en afiliaciones de miembros o socios, las cuales no pertenecen a las categorías mencionadas bajo T1—0601–0609. Sin embargo, antes de usar T1—06 para organizaciones que no se basan en miembros o socios, determine cuál "organización" no es inherente con el tema . Por ejemplo, excepto como se indica a continuación, no se use T1—06 para la mayoría de subdivisiones en 250–280 Iglesia Cristiana, en 355–359 arte y ciencia militares o en muchas subdivisiones de 360 para servicios sociales. Bajo tales números, use T1—09 para las organizaciones básicas en áreas específicas y para organizaciones básicas específicas, ej., hospitales en China 362.110951. Sin embargo, use T1—06 para asociaciones que no operan con las organizaciones básicas y su personal, ej., asociaciones de hospitales en China 362.1106051.

Existe un uso mínimo en T1—06 para organizaciones no basadas en afiliaciones de miembros o socios, ej., para las historias de administración de hospitales (en contraste con servicio) (362.1106) o agencias de policía (363.206). Estas historias no se pueden confundir con manuales sobre administración, que se identifican por T1—068.

No se use T1—06 para organizaciones basadas en afiliaciones de miembros o socios donde la "organización" es inherente al tema, ej., en 366 Asociación o 061–068 Organizaciones generales.

### Selección del número de área

Para organizaciones basadas en miembros o socios, use el área del enfoque principal de los asociados, por ejemplo, Asociación Médica Americana 610.6073. Para asociaciones locales, o capítulos que tienen su propio nombre, se usa el número de área de la organización local, ej.,Asociación Médica de Massachusetts 610.60744. Para oficinas y capítulos que toman

*Tabla 1. Subdivisiones comunes*      T1

el nombre de la organización principal se usa el número de ésta, por ej., la Oficina de Washington de la Asociación Médica Americana 610.6073 (no 610.60753).

Para organizaciones, instituciones, fundaciones y conferencias no basadas en afiliaciones de miembros o socios, use el número de área de la oficina principal. También use el número de la oficina principal para organizaciones basadas en afiliaciones de miembros o socios cuya área no puede ser determinada o cuyo propósito es sostener o beneficiarse de una institución determinada.

**T1–0601–**
**0609 vs.**
**T1–025**

**Organizaciones vs. Directorios de personas y organizaciones**

Esté alerta para ciertas obras que cubren algunas o muchas organizaciones que de hecho constituyen directorios, aunque no se llamen así, ej., obras que suministran direcciones, directivos claves o contactan gente, números de teléfonos y breves exposiciones de propósitos. Este puede ser directorio de información acerca de partes que componen las organizaciones individuales y/o una cantidad limitada de información general sobre estructura y partes que lo componen. Estas obras se clasifican en T1—025. Sin embargo, si hay más de una página de información general por organización, considere el T1—06. El enfoque principal del material cubierto por T1—06 se indica por los términos en la nota de aspectos generales: actas e informes administrativos, estatutos, historia, listas de afiliados y reglamentos; pero el número además incluye programas de conferencias y manuales organizacionales.

Normalmente una obra que combina un manual organizacional con un directorio de afiliados se clasifica en T1—06 aún si el directorio predomina. Sin embargo, si la parte organizacional consiste de solamente unas pocas páginas preliminares seguidas por un extenso directorio de asociados, entonces la obra puede ser más útil si se clasifica como un directorio de la organización en T1—025.

Una lista de afiliados que incluye direcciones se considera como un directorio y se clasifica en T1—025.

En caso de duda, prefiera T1—025.

**T1–0601–**
**0609 vs.**
**T1–072**

**Organizaciones vs. Investigación**

Use T1—072 para organizaciones que dirigen investigación, ej., estaciones de investigación agrícola en los Estados Unidos 630.72073, pero use T1—06 para organizaciones basadas en afiliaciones de miembros o socios que principalmente promueven la investigación, ej., la Asociación Americana para el Avance de la Ciencia 506.073. En caso de duda, clasifique en T1—072.

**T1–07 vs**
**016, 026**

**Educación, investigación, temas relacionados vs. Bibliografías y catálogos de obras sobre temas o disciplinas específicos vs. Bibliotecas, archivos, centros de información dedicados a temas y disciplinas especificos**

La notación 07 de la Tabla 1 se usa para obras generales sobre recursos para estudio y enseñanza. Muchos de los recursos están cubiertos por subdivisiones de T1—07, ej., escuelas y laboratorios, colecciones de objetos (tales como colecciones botánicas) y ayuda financiera. Libros, manuscritos, grabaciones y similares son también recursos, pero las obras que describen tales recursos se clasificarán normalmente en 016 o 026 a menos que la obra: (a) también describa clases de recursos no encontrados en bibliotecas y archivos o (b) destaque cómo usar los recursos de biblioteca o archivo para estudio, enseñanza o investigación. En caso de duda entre el tema más T1—07 de la Tabla 1 y 016 o 026, prefiera 016 o 026.

Para clasificar en 016 una obra acerca de recursos en un campo, debe describir obras individuales tales como libros o artículos. Una obra acerca de clases de material no descrito tradicionalmente en detalle, sin embargo, se clasifica en 016 si se describen unidades pequeñas, ej., cinco pies de estantería para correspondencia de una persona particular sobre un tema particular. Los inventarios y calendarios de archivos se clasifican en 016. Las obras sobre recursos en un campo que ofrece descripciones amplias de colecciones existentes en bibliotecas, archivos y otras organizaciones de información se clasifican en 026. Tales obras con frecuencia incluyen directorio de información acerca de las instituciones y organizaciones. En caso de duda entre 016 y 026, prefiera 016.

La notación 07 se puede usar en 016 si los recursos descritos tratan de estudio y enseñanza, ej., una bibliografía de material sobre el estudio y enseñanza de las matemáticas 016.5107.

**T1–081–087 Varias clases específicas de personas**

Esté alerta para provisiones sobre cierta edad, sexo o grupos de impedidos a quienes les fueron asignados los números antes de que T1—08 fuese desarrollado para clases de personas, ej., grupos por edad y sexo en 613.04; los impedidos, hombres, mujeres y niños en 646.31–.36 y números afines en 646.4–.7; los impedidos, achacosos y ancianos en 720.42–.43 y números afines en 721–729.

**T1–081,**     **Hombres [y] mujeres [y] hombres jóvenes [y] mujeres jóvenes**
**T1–082,**
**T1–08351**    Las subdivisiones para hombres y mujeres se deberán usar solamente para
**y**          obras que destaquen el sexo de las personas en cuestión . No se use
**T1–08352**    T1—081 para bomberos, a menos que la obra especifique que hombres
bomberos ha sido contrastado con mujeres bomberos, o T1—08351 para delincuentes juveniles (un término que con frecuencia implica hombres jóvenes) a menos que delincuentes masculinos sean contrastados con delincuentes femeninas.

**T1–0882 vs.**   **[Grupos religiosos] vs. Tratamiento histórico, geográfico, de personas**
**T1–09**
El tratamiento de un grupo religioso se clasifica en T1—0882 aún si el grupo está limitado a un área en la que éste es predominante, ej.., católicos romanos de España T1—08822, no T1—0946, aunque los católicos predominen en España.

*Tabla 1. Subdivisiones comunes* T1

**T1–089 vs.**　**Grupos raciales, étnicos, nacionales vs. Tratamiento histórico, geográfico,**
**T1–09**　**de personas**

> T1–089 tiene precedencia sobre T1—09 excepto para grupos que predominen en una área, ej., franceses en Australia T1—08941094, pero franceses en París T1—0944361; caucásicos en Europa T1—094, pero caucásicos en Africa T1—08903406; árabes (generalmente) T1—089927, árabes en Egipto T1—0962, árabes en Francia T1—089927044. La notación 09174 no se usa para tratamiento de grupos de personas dado que tal uso prácticamente duplicaría los números para tratamiento de grupos, ej., árabes que residen en áreas en donde ellos predominan constituyen la mayoría de todos los árabes, así T1—089927 se usa para ellos, no T1—09174927.

> Use T1—09 para identificar las características distintivas de un tema en vez de T1—089, ej., arquitectura árabe 720.9174927, no 720.89927, pastelería francesa 641.8650944, no 641.86508941.

> En caso de duda, prefiera T1—09.

**T1–09**　**Tratamiento histórico, geográfico, de personas**

> Esté alerta para las distinciones hechas ocasionalmente entre el tratamiento histórico y geográfico de un tema y el tratamiento histórico y geográfico de la disciplina en la cual se trata el tema. Por ejemplo, 364.9 se provee para tratamientos históricos y geográficos del delito y su control, mientras que 364.09 se provee para tratamientos comparables de la disciplina. Use 364.9 para tratamiento por área de ofensas, transgresores, causas, prevención y tratamiento (cuando se consideran juntos). Use 364.09 para tratamiento por área de la disciplina de criminología y de los principios y métodos usados en el análisis de causas y remedios del delito. Cuando no se distingue entre el tema y la disciplina, use T1—09 para cualquiera de los dos aspectos.

**T1–0901–**　**Períodos históricos**
**0905**

> No se usen estos períodos para temas que tienen historia significativa por fuera del período indicado, ej., historia de los ferrocarriles en 385.09 (y no en 385.0903), pero coloque la historia de los ferrocarriles durante el siglo XIX en 385.09034. En caso de duda no se usen los períodos, ej., use 629.1309 y no 629.130904, para la aviación en el siglo XX, ya que la aviación escasamente existió antes del siglo XX.

> Evite usar la subdivisión de período más reciente en T1—0904 para obras sobre "estado del arte" en un tema. La mayoría de los usuarios esperarán encontrar estas obras en el número básico. Sin embargo, cuando la naturaleza del tema requiere atención a la situación cambiante, el último número de período se puede usar, ej., 320.9049 para condiciones políticas mundiales en 1990.

> Use períodos históricos solamente para obras retrospectivas, ej., una obra sobre teoría de la música barroca en 781.09032, pero una separata de un tratado sobre teoría de la música escrito en 1620 cuando la música barroca

predominó en 781. En forma similar no se use el último período para una obra sobre práctica corriente o para el estado del arte de un tema.

**T1–0902**     **Siglos VI-XV, 500–1499**

La Edad Media y el período medieval se refieren con frecuencia a la historia europea. No obstante, el registro medieval de muchos temas fuera de Europa está pobremente documentada, así que una obra que intente dar un cubrimiento mundial en efecto puede mostrar predominio acerca del tema en Europa. Por lo tanto, debe distinguir entre T1—0940902 para obras que claramente se limitan a Europa y T1—0902 para obras que intentan cubrir el mundo entero durante el período.

**T1–092**     **Personas**

Estas instrucciones también se aplican a la notación 2 de la Tabla 2, cuando los números de la Tabla 2 se agregan directamente sin la interposición de T1—09.

En las notas a continuación, la palabra "biografía" se usa por conveniencia estilística; sin embargo, las instrucciones también se aplican a la descripción y evaluación crítica tanto como a otros aspectos de las "personas".

T1—092 no se usa para las obras actuales de una persona, excepto donde se den instrucciones para ciertos números en 700–770.

*Véase además 913–990 Tabla de adición: 04: Biografía; 930–990: Biografía*

### Biografía exhaustiva: General

Clasifique una biografía exhaustiva de una persona con el tema en el cual la persona ha contribuido más. Si la persona hizo contribuciones similares en campos específicos se debe clasificar en el tema que provee el mejor común denominador, dando alguna importancia adicional al compromiso ocupacional de la persona. Por ejemplo, un físico que llegó a ser un profesor de ciencia, luego director de una escuela de ciencia y finalmente rector universitario se debe clasificar en el número de área de la universidad bajo 378. La biografía de una persona que hizo aportes significativos en ciencia política, en educación universitaria y en el estudio de aspectos administrativos y económicos de la reglamentación de servicios públicos se clasificará en 300.92, dado que no hay otro común denominador para su obra. Sin embargo, una doctora famosa quien también fue líder feminista, que escribió novelas secundarias y que con frecuencia fue delegada en convenciones políticas, normalmente se clasificará en 610.92, a menos que haya un énfasis obvio en sus vocaciones. Dé importancia al orden que se menciona en los diccionarios biográficos, pero tome precauciones frente a la tendencia de mencionar la ocupación primero, así la carrera profesional trascienda la ocupación.

En caso de duda entre un número para una disciplina y uno para un tema específico dentro de la disciplina, prefiera el número para la disciplina, ej., un ingeniero mecánico que trabaja también en transporte e ingeniería de la construcción en 620.0092 mejor que en 621.092.

*Tabla 1. Subdivisiones comunes* T1

## Biografía exhaustiva: Figuras públicas

Las biografías de figuras públicas presentan frecuentemente dificultades debido a que pueden ocupar cargos que producen énfasis diferentes según los autores, o pueden haber ocupado una posición con muchas facetas. Para personas con tales cargos prefiera los números de historia, en 930–990 para obras generales. Sin embargo, para biografías que hacen énfasis en un cargo o en el interés de la carrera de una persona, ej., una biografía de Wayne Morse en la que se destaca su impulso a los Institutos Nacionales de Salud en 362.1092, aunque haya sido un Senador de los Estados Unidos. (Véase además Biografía parcial, a continuación.)

Hay un número de cargos para una figura pública, que le pueden ofrecer una oportunidad para ejercer un impacto fuerte y amplio sobre la historia de la jurisdicción en la que sirvió. Por ejemplo, Daniel Webster es más famoso como Senador de Estados Unidos, aunque fue dos veces Secretario de Estado. En ambos cargos, tanto como abogado y orador, influyó en la historia de su tiempo, así que el mejor número para su biografía es 973.5092 y no 328.73092 para sus servicios senatoriales, o el 327.730092 para su servicio en relaciones exteriores, o 349.73092 para sus actividades legales. Sin embargo, si una persona en un cargo alto de responsabilidad general se concentra en un solo campo importante, considere un número que identifique ese cargo. Por ejemplo, el interés principal de Claude Pepper, mientras se desempeñaba en el Congreso de los Estados Unidos como Senador y más tarde como Representante, fué la defensa de los servicios a los ancianos. Por lo tanto, en este caso el número para su biografía exhaustiva podría ser 362.6092 por sus servicios a los ancianos, mejor que en 973.92092 por su impacto en la historia general de su período o en 328.73092 por su obra legislativa.

En el caso de figuras públicas en diferentes campos, se le debe dar más importancia al cargo más alto alcanzado, normalmente el de más alta categoría en la siguiente tabla. Cuando no hay una razón clara para lo contrario, use la siguiente tabla de precedencia:

1. 930–990 para reyes, presidentes, otros jefes de Estado, primeros ministros, vicepresidentes, regentes, usando el número del período durante el cual ocuparon los cargos. También clasifique aquí figuras públicas de cualquier cargo o combinación de cargos que hayan tenido un impacto significativo sobre la historia en general, incluyendo los que detentan poder detrás del trono, usando los números de períodos que más se aproximen a su período de influencia. A los candidatos de los partidos principales para los cargos más altos de un país también se le asignan los números de historia, usando el período para el cual compitieron, ej., 973.68092 para Stephen Douglas quien compitió contra Lincoln. Algunas veces un candidato derrotado en la nominación de su partido tuvo un impacto suficiente para justificar un número de historia para su biografía, ej., 973.923092 para Eugene McCarthy quien compitió sin éxito por la nominación presidencial del partido Demócrata para 1968.

2. El número para el campo de servicio para los miembros del gabinete, ej., un Ministro del Exterior de Francia 327.440092, un Secretario del Tesoro 336.092 (Anteriormente éstos se clasificaron con frecuencia en 353–354).

3. 327.3–.9 para embajadores y ministros plenipotenciarios anteriores a la Segunda Guerra Mundial.

4. 328.4–.9 para legisladores que no justifican un número en un tema específico, ej., un líder de un partido político en el congreso, un diputado encargado de velar por los intereses de su partido en el parlamento o congreso o un miembro conocido por su trabajo en la promoción legislativa. Considere, sin embargo, que los biógrafos tienden a concentrarse sobre legisladores que dejaron su huella en la historia general, por lo tanto siempre evalúe el número en 900 para el área de legislatura antes de asignar otro. Solo ocasionalmente, una obra se concentra en su distrito electoral.

5. 327.3–.9 para diplomáticos con nivel inferior a embajador o ministro plenipotenciario anterior a la Segunda Guerra Mundial, a menos que estén asociados con eventos notables, en cuyo caso se ubicarán con los eventos.

6. El número para el campo de servicio para administradores públicos que no ocuparon cargos en el gabinete, si su contribución al servicio fue significativa, ej., J. Edgar Hoover, Director de la Oficina de Investigación General de los Estados Unidos (FBI) en 363.25092; de lo contrario use 353–354. (Anteriormente éstos se clasificaron con frecuencia en 353–354.)

Dé una precedencia comparable a las figuras públicas de los estados, provincias y jurisdicciones locales. Normalmente las oficinas nacionales tienen precedencia sobre otros niveles, pero la importancia de las contribuciones se puede considerar. Por ejemplo, Dewitt Clinton, el famoso gobernador de Nueva York fue por corto tiempo Senador de Estados Unidos y candidato por un partido minoritario para presidente; sin embargo, su biografía completa se debe clasificar en 974.703092 para la historia del Estado de su época. Fiorello La Guardia se desempeñó catorce años como Representante de Estados Unidos y por poco tiempo como Jefe de la Oficina de Defensa Civil de Estados Unidos y como Director de la Oficina de las Naciones Unidas para la Administración de Socorro y Rehabilitación; no obstante, es más importante como Alcalde de la ciudad de Nueva York y se debe clasificar en 974.71042092.

### Familias y personas allegadas a los personajes famosos

Clasifique una historia de la familia inmediata o extensa de una persona famosa con la biografía de la persona si la obra hace énfasis en el personaje. La misma regla se aplica a la biografía de un pariente único o allegado cercano a la persona famosa. Sin embargo, si el pariente o asociado es importante por sí mismo o la persona famosa no está caracterizada en forma significativa en la obra, clasifique la vida del pariente en el tema

*Tabla 1. Subdivisiones comunes*      T1

que más respalda su propia obra, ej., una biografía de la evangelista Ruth Carter Stapleton, hermana del Presidente Jimmy Carter, que trata al presidente solo tangencialmente, en 269.2092. Si duda, no se use el número asignado a una persona famosa, para un pariente o amigo íntimo; prefiera un número que respalde sus propias actividades. Clasifique una historia de familia general en 929.2.

### Biografía parcial

Cada biografía parcial que resalte una contribución específica de una persona se clasifica con la contribución. Sin embargo, una biografía de una parte de la vida de una persona que precedió a la actividad con la cual está principalmente asociado, se clasifica en su biografía completa cuando no hay un tema alterno importante. Por ejemplo, la vida de Justice Byron White como un futbolista americano en 796.332092; no obstante la infancia de Indira Gandhi en 954.045092, que es el número para su período como Primera Ministra de la India.

### Políticas de la División

La política de la División de Clasificación Decimal es la de agregar T1–092 en forma más liberal que en cualquier otra subdivisión común en aquellos casos en los que la obra de una persona no pueda aproximarse a la totalidad del tema del número más específico disponible. Igualmente, T1—092 no se agrega hasta el extremo más meticuloso, ej., los jugadores de pelota se clasifican en el juego que ellos realizan, no en un número subordinado para posiciones específicas en el campo de juego, aún si un jugador ocupa una posición única.

También es una política de la División para la biografía individual que, cuando una obra no está claramente asociada con cualquier tema pero está claramente asociada con un lugar, se clasifica la biografía en el número más cercano que cubra la historia y civilización del lugar y tiempo de la actividad destacada, por ej., el diario de un residente en San Francisco durante el Gold Rush 974.46104092.

**T1–0922**      **Tratamiento colectivo [personas]**

Considere como biografía colectiva una obra sobre dos personas que colaboran en un mismo campo, ej., los hermanos Wright 629.1300922, Pierre y Marie Curie 530.0922. Sin embargo, cuando se concentra más en uno que en otro, use T1—092.

**T1–0922**
**vs.**
**T1–0093–**
**099**

     **Tratamiento colectivo [personas] vs. Tratamiento [geográfico] por continentes, países, localidades específicos; mundos extraterrestres**

El tratamiento de personas cubre "descripción y evaluación crítica de la obra", y el tratamiento geográfico cubre "descripción por lugar, por instancia específica del tema". Para material limitado a personas, aún destacando aspectos de áreas, el tratamiento de personas normalmente tiene precedencia sobre el tratamiento geográfico. Sin embargo, cuando la intención del autor o compilador es describir las obras características de un área, o simplemente describir tales obras en un área (aunque las obras puedan ser mencionadas bajo sus productores), el material se podría clasificar en T1—093–099. Cuando el título y el contenido de la portada no revela la intención, cualquier discusión de estilo es un indicador importante. Una discusión que se centra en el carácter y estilo de los productores individuales indica que el tratamiento debe ser de personas; una que se centra en las características de lugar y tiempo indica que el tratamiento debe ser geográfico. Por ejemplo, un libro sobre el estilo y carácter de las esculturas de Cellini, Donatello y Miguel Angel se clasifica en 730.92245, pero un libro de ilustraciones de la escultura del Renacimiento italiano en que se describe la obra de estos mismos hombres se clasifica en 730.94509024. En caso de duda, prefiera T1—0922.

Si el texto se concentra en descripciones concisas de obras de tecnología o arte (o en identificación e ilustración de éstas), clasifíquelo en el número de área en cualquier caso, aún si se indican personas en el título, ej., descripciones de las obras de seis escultores italianos famosos 730.945.

No obstante, para personas individuales use la notación 092 para toda descripción y evaluación crítica de las obras que ellos hayan producido.

T1–093–
099 y
T2–3–9

**[Notación de la Tabla 1 para] Tratamiento por continentes, países, localidades específicos; mundos extraterrestres [y notación de la Tabla 2 para] Continentes, países, localidades específicos; mundos extraterrestres**

### Cambio de precedencia cuando la notación de área se agrega directamente

Cuando la notación de área de la Tabla 2 se agrega directamente en los esquemas en lugar de usar la notación 09 de la Tabla 1 (mientras que todas o la mayoría de las otras subdivisiones están en sus posiciones regulares), la regla del cero (parágrafo 5.13 de la Introducción al SCDD) cambia la precedencia de área en relación con muchas de las subdivisiones comunes. La tabla de precedencia al comienzo de la Tabla 1 muestra las áreas casi en el medio. Ellas se mueven hasta arriba cuando no hay cero. Como resultado, todas las subdivisiones comunes (incluyendo la notación de personas 092 si estas no han sido movidas al mismo rango como áreas) se pueden agregar. Por ejemplo, la administración de prisiones en Gran Bretaña se clasifica en 365.941068 (no en 365.068 como sería si las prisiones en Gran Bretaña fueran 365.0941).

El cambio de precedencia toma lugar siempre que el número de ceros difiera, ej., cuando las áreas permanecen en T1—09 pero otras subdivisiones se desplazan a 001–009.

### Diferencias en subdivisiones comunes agregadas a la notación de área

Mientras normalmente una subdivisión común no se agregue a otra, un número limitado de ellas se puede agregar a la notación 09. Tablas de adición especiales en T1—09 muestran cuáles de las subdivisiones que van a continuación de las subdivisiones de T1—09 en la tabla de precedencia se pueden usar en áreas y subdivisiones de períodos de la historia. La tabla especial bajo T1—093–099 también permite el uso de T1—09 para agregar períodos históricos y para agregar notación de área a

*Tabla 1. Subdivisiones comunes* T1

la notación de área en ciertos casos.

Cuando la notación de área se agrega directamente, las restricciones al uso de las subdivisiones comunes no se aplican más. Todas, a excepción de T1—092–099, se pueden usar con sus propios significados normales. La notación de personas 092 se pueden usar, pero solamente cuando la notación de área se agrega directamente mientras que la notación de personas permanece en la posición de su subdivisión común. Por ejemplo, si toda la T1—09 está vacía, como cuando se mueve 365.9 [09] a 365.9, toda biografía independientemente del área, se clasifica en 365.92, ej., personas asociadas con instituciones penales en Europa 365.9224. Pero si solamente algunas partes de T1—09 están vacías, como cuando se mueve el tratamiento por continentes, países, localidades específicos de 373.09 a 373.3–.9, entonces a la notación 092 se agrega la notación de área, ej., los educadores de secundaria en Europa 373.40922. La notación 093–099 se puede agregar cuando la notación de área básica especifica el origen o estilo, mientras que la notación agregada identifica el área en la que se encuentra o se practica el tema, ej., cocina francesa 641.5944, cocina francesa como se practica en Africa occidental 641.59440966.

# Tabla 2. Areas geográficas, Períodos históricos, Personas

**T2—1**  **Areas, regiones, lugares en general**

Las subdivisiones de T2—1 se usan solamente para áreas, regiones y lugares que cubren más de un continente (considerando a Oceanía como un continente), ej., regiones urbanas de Estados Unidos, Europa y Japón T2—1732. Tales regiones dentro de un continente pero que cubren varios países se clasifican con el número para el continente en combinación con la sudivisión apropiada de T2—1, ej., regiones urbanas de Europa T2—4091732.

Dentro de un solo país o lugar, estas regiones generales se clasifican en el número general para el país o lugar; luego, en las disciplinas de geografía e historia, se agregan las subdivisiones apropiadas de T2—1, ej., una historia de las regiones urbanas de Inglaterra 942.009732, geografía de las regiones urbanas de Inglaterra 914.209732. Sin embargo, en todas las demás disciplinas esto se considera solamente como una opción que no es seguida por la División de Clasificación Decimal.

*Véase además T2—2 vs. T2—1, T2—3–9.*

**Océano Atlántico [y]Océano Pacífico [y] Océano Indico**

**T2—163**
**y**
**T2—164,**
**T2—165**

Esta tabla sigue el último pensamiento de geógrafos al dividir el mundo oceánico en tres partes: océanos Atlántico, Indico y Pacífico. El Océano Artico se considera un mar del Atlántico. No existe el Océano Antártico, pero tiene un lugar en T2—167 para las porciones del extremo sur de los tres océanos.

Las divisiones entre los océanos se consideran como sigue:

Atlántico-Pacífico: norte, Estrecho de Bering; sur, una línea al sudoriente desde Cabo de Hornos a la punta norte de la Península Palmer, Antártida.

Pacífico-Indico: norte, una línea de la Isla Melville al mar de Timor; de allí, a través de las islas de Indonesia hasta el Estrecho de Singapur; sur, una línea al sur de Cabo Howe, Victoria, Australia sobre 150 grados del meridiano este.

Indico-Atlántico: norte, Canal de Suez; sur, una línea desde el Cabo Agulhas, Africa del Sur, hasta los 20 grados del meridiano este.

Las notas y referencias en todas partes muestran dónde clasificar las conexiones de los cuerpos de agua, ej., el Estrecho de Bering T2—16451, no T2—16325 o T2—16327.

*Véase además T2—1631 y T2—1635; T2—1644 y T2—1648, T2—1649.*

**T2—163,**
**T2—164,**
**T2—165**
**vs.**
**T2—182**

**Océano Atlántico [y] Océano Pacífico [y] Océano Indico vs. Cuencas oceánicas y marítimas**

Observe que T2—163, T2—164 y T2—165 tratan con los océanos y mares en sí mismos, i.e., sus aguas. Las tierras específicas se clasifican en T2—3–9, mientras que el total de tierras que rodean un océano o mar o están rodeadas por un océano o mar se clasifican en la subdivisión apropiada de T2—182.

**T2—1631**
**y**
**T2—1635**

**Océano Atlántico norte [y] Océano Atlántico sur**

En esta tabla, la División entre Océano Atlántico norte y el Océano Atlántico sur ocurre a lo largo de una línea que va del Estrecho de Gibraltar a los Estrechos de Florida.

Las notas y referencias en todas partes muestran donde clasificar las conexiones de los cuerpos de agua, ej., los Estrechos de Florida T2—16363, no T2—16348.

**T2—1644**
**y**
**T2—1648,**
**T2—1649**

**Océano Pacífico norte [y] Océano Pacífico sur [y] Océano Pacífico central**

En esta tabla, el Océano Pacífico está dividido en Océano Pacífico norte, Océano Pacífico sur y Océano Pacífico central.

Océano Pacífico norte: Las aguas litorales americanas y asiáticas, localizadas en un arco que va de los límites México-Estados Unidos al extremo sur de las Filipinas, excluyendo el Mar de China sur y los mares interiores de las Filipinas.

Océano Pacífico sur: Las aguas litorales americanas desde los límites México-Estados Unidos hasta el Estrecho de Magallanes; las aguas litorales de la Antártida, Nueva Zelanda, Australia y Nueva Guinea; las aguas de Melanesia; y las aguas litorales al occidente y sur de las Filipinas, incluyendo el Mar de China sur y los mares interiores de las Filipinas.

*Tabla 2. Areas Geográficas, Períodos Históricos, Personas*    T2

Océano Pacífico central: Las aguas no litorales de América y Asia y las aguas de la Polinesia y las islas apartadas del Pacífico, tales como Wake y la Isla de Pascua.

Las notas y referencias en todas partes muestran dónde clasificar las conexiones de los cuerpos de agua, ej., el Estrecho de Formosa T2—16474, no T2—16472.

**T2—19 vs.**
**T2—99**

**El espacio vs. Mundos extraterrestres**

Clasifique solamente el espacio en sí mismo en T2—19 . Los diferentes cuerpos del universo que se mueven a través del espacio se clasifican en T2—99, ej., rocas lunares 552.09991. El uso previsto de T2—19 no es muy grande.

**T2—2 vs.**
**T2—1,**
**T2—3–9**

**Personas vs. Areas, regiones, lugares en general [y] Continentes, países, localidades específicos**

Observe que T2—2 cubre personas "independientemente del área, región, lugar"; lo cual significa que las personas se clasifican aquí y no en T2—1 o T2—3–9. Hay instrucciones similares en la Tabla 1 para preferir la notación 092 sobre las notaciones T1—091 y T1—093–099.

*Véase además T1—0922 vs. T1—093–099*

**T2—3–9**

**Continentes, países, localidades específicos; mundos extraterrestres**

Las partes de los océanos y los mares no interiores limitados por país o localidad se clasifican en T2—16. Por ejemplo, la Bahía de Chesapeake, un brazo del Océano Atlántico que está casi circundado por Maryland y Virginia, se clasifica en T2—16347, no en T2—752 o T2—7551. Esté alerta ya que a los estuarios algunas veces se les llama ríos. Los estuarios que son parte de océanos y mares no interiores se clasifican en T2—16. Por ejemplo, el Río York, un estuario de la Bahía de Chesapeake, se clasifica en T2—16347 (no T2—7553).

Las obras generales sobre aguas litorales de un país se clasifican en —16 con el número donde se encuentran la mayoría de las aguas, ej., las aguas litorales de Rusia —1632 (*no* –16334, –16451), de los Estados Unidos —1634 (*no* –16364, –1643). Si las áreas son aproximadamente iguales en tamaño, clasifique en el número que aparece de primero, ej., las aguas litorales de España —16338 (*no* —16381), de Panamá —16365 (*no* —1641).

*Véase además T2—163, T2—164, T2—165 vs. T2—182; T2—2 vs. T2—·1, T2—3–9*

**T2—3 vs.**
**T2—4–9**

**El mundo antiguo vs. El mundo moderno; mundos extraterrestres**

Bajo T2—3 "El mundo antiguo" se reúnen aquellas partes del mundo más o menos conocidas como antigüedad clásica y consideradas solamente durante el período de "historia antigua". Las mismas áreas en tiempos modernos, así como otras áreas tales como América en tiempos antiguos y modernos se clasifican en T2—4–9. Ejemplos: China antigua T2—31, China moderna T2—51; Palestina antigua T2—33, Palestina moderna

T2—5694; Galia antigua T2—364; Francia T2—44; Yucatán, antigua y moderna T2—7265. La fecha aproximada de demarcación entre "antiguo" y "moderno" varía de lugar a lugar y puede ser determinada por el examen de las fechas establecidas en las clases 931–939, ej., 931 China hasta el 420, 933 Palestina hasta el 70, 936.4 regiones célticas hasta 486.

**T2—4–9**     **El mundo moderno; mundos extraterrestres**

### Regiones y características fisiográficas

Clasifique las características no mencionadas en la tabla de área y que están completamente o casi completamente contenidas dentro de una unidad política o administrativa con la unidad, ej., Washington, New Hampshire T2—7421; Lago Moultrie, Carolina del Sur T2—75793. Clasifique un río con la unidad en donde está su desembocadura, ej., Río Amazonas, Brasil T2—811. Sin embargo, si la parte más alta de la corriente es más importante política, económica y culturalmente, clasifique el río con esa parte, ej., ríos Tigris y Eufrates en T2—5674 mejor que en T2—5675.

### Ciudades, pueblos, aldeas

Clasifique ciudades, pueblos, aldeas no incluidos en la Tabla 2 con la unidad política o administrativa más estrecha que los contiene. Con ciertas excepciones, las ciudades no se mencionan en la Tabla 2. Las excepciones incluyen :

1. La capital y ciudad más grande de cada estado de los Estados Unidos, ej., Pierre y Sioux Falls, Dakota del Sur, en T2—78329 y T2—783371 respectivamente.

2. Las principales ciudades del mundo, usualmente con sus propios números, ej., Atenas en T2—49512 y la Meca incluida en T2—538.

3. Las ciudades más pequeñas que tienen sus propios números desde los inicios del SCDD, ej., Guelph, Ontario T2—71343.

4. Las ciudades independientes, ej., Alejandría, Virginia T2—755296.

5. Las ciudades de los Estados Unidos coextensivas con sus condados (o parroquias), ej., Filadelfia T2—74811, San Francisco T2—79461.

6. Las ciudades, pueblos, aldeas mencionados para ayudar a definir los límites entre números donde no existe ninguno ni en las leyes ni en los mapas, ej., a lo largo de Australia T2—94 y las provincias occidentales de Canadá T2—711–712.

Lo anterior explica porqué muchas ciudades grandes no se mencionan, mientras muchas más pequeñas y menos importantes si son mencionadas.

Clasifique un área metropolitana con la ciudad central, usando la notación de la Tabla 1 según convenga, ej., el área metropolitana de Chicago en T2—77311.

*Véase además T2—41–42.*

*Tabla 2. Areas Geográficas, Períodos Históricos, Personas*     T2

## Orden dentro de las notas

Más de una clase de área o característica geográfica se puede dar ya sea en la nota de inclusión o en la nota de "clasifique aquí". Las clases están separadas por punto y coma y se dan en el siguiente orden:

1. Jurisdicciones grandes, ej., distritos

2. Jurisdicciones pequeñas, ej., pueblos

3. Otras unidades con límites hechos por el hombre

    a. Parques

    b. Reservas

4. Regiones o entidades fisiográficas, ej., islas

5. Características fisiográficas

    a. Montañas

    b. Ríos

    c. Lagos

Por ejemplo, en T2—71187 Región nororiental, aparece la nota siguiente:

Incluye Dawson Creek, Fort Nelson, Fort St. John, Tumbler Ridge; ríos Finlay, Fort Nelson, Ingenika, Mesilika, Murray, Pine, Sukunka; *Lago Williston.

Dawson Creek, Fort St. John y Tumbler Ridge son pueblos. El primer Fort Nelson es un pueblo, mientras que el segundo Fort Nelson es un río.

### Cambios en los conceptos geográficos

Observe que algunos conceptos geográficos de tiempos antiguos han sido divididos por caprichos de la historia. Muchas de estos conceptos tienen notas especiales para mostrar en dónde se clasifican las obras generales, ej., Armenia como un todo y Armenia Turca en T2—5662, Armenia Soviética en T2—4756.

Sin embargo, en muchos casos los ajustes se han hecho en ediciones recientes de la CDD de acuerdo con los cambios históricos. Por ejemplo, Finlandia, que antes de la Primera Guerra Mundial formaba parte del Imperio Ruso, fue colocada por Melvil Dewey en T2—471, como la primera subdivisión de Rusia. Fue solo en época reciente que la CDD reubicó las obras sobre Finlandia en el T2—4897, removiendo así el bloque de material que había separado las obras generales sobre Rusia y la Unión Soviética en T2—47 de las obras sobre sus diferentes partes en T2—472-479.

Por otra parte, Hawaii, que no es parte de América de Norte, se clasifica en T2—969 bajo Oceanía, separado del resto de los Estados Unidos en T2—73-79; y las partes asiáticas de la anterior Unión Soviética, se clasifican en T2—57-58, completamente aparte de la porción europea de la anterior Unión Soviética en T2—47.

**T2—41 y**
**T2—42**          **Islas Británicas |e| Inglaterra y Gales**

En las Islas Británicas, la jurisdicción directamente bajo el Condado se refiere a un distrito, municipio, o ciudad. El término "Ciudad" no se refiere a localidades urbanas. Los distritos, municipios y ciudades usualmente llevan el nombre de una localidad urbana ya sea como parte o como coextensión de la jurisdicción. Si la localidad urbana es coextensiva con la jurisdicción, la localidad se da en una nota de "clasifique aquí". Por ejemplo, la Ciudad de Bristol, la jurisdicción, y Bristol, la localidad urbana, son coextensivas; por lo tanto la entrada en la Tabla queda:

> T2—42393          Ciudad de Bristol
>
> Clasifique aquí Bristol

Si la localidad urbana no es coextensiva con la jurisdicción, solamente se da la jurisdicción. El clasificador puede asumir que si la localidad fuera dada, esta aparecería en una nota de inclusión. Por ejemplo, la ciudad de Canterbury, la jurisdicción y Canterbury, la localidad urbana, no son coextensivas; por lo tanto, la entrada en la tabla queda:

> T2—42233          Ciudad de Canterbury

*Véase además T2—4–9: Ciudades, pueblos, aldeas.*

**T2—7 vs.**
**T2—1812**          **América del Norte vs. Hemisferio Occidental**

Use —1812 para el Hemisferio Occidental, i.e., la parte del mundo entre 20° latitud oeste y 160° de latitud este. El Hemisferio Occidental no solamente incluye América del Norte y del Sur sino la mayoría del Océano Atlántico norte (excluyendo la parte nororiental) el Océano Atlántico sudoccidental, el Océano Pacífico noroccidental, y la mayoría del Océano Pacífico sur (excluyendo la parte sudoccidental). Use —7 para obras generales sobre América del Norte y del Sur, incluyendo las islas vecinas. Cuando una obra no sólamente incluye la porción de tierra sino también las aguas del Hemisferio Occidental, use —1812, ej., patrones atmosféricos de las Américas y de los Océanos Atlántico y Pacífico 551.651812. Cuando una obra trata principalmente de la porción de tierra, use —7, ej., los reptiles del Hemisferio Occidental 597.9097. (La mayoría de los reptiles son animales de tierra o agua dulce). En caso de duda, prefiera —7.

**T2—7193–**
**7197**          **Regiones específicas de los Territorios noroccidentales**

Aunque parece existir un acuerdo sobre cuáles comunidades están ubicadas en cuál región, los límites señalados en los mapas disponibles no siempre están de acuerdo. La División de Clasificación Decimal usa lo siguiente para definir cada región :

Región de Fort Smith: Area Norte de 60° N, occidente de 106° O, sur de 65° N (desde 106° O hasta 123° O) y sur de 64° N (123° O hasta el límite de Yukon); y la parte oriente del Lago Great Bear y sus alrededores.

Región de Keewatin: Tierra firme entre 60° N y 66° N y al Oriente de 106° O; la tierra que circunda la Bahía Repulse; y las islas Southampton y Coats.

Región de Baffin: Baffin, Bylot, Mansel, Nottingham, Salisbury, Somersed y las Islas de Gales; todas las otras islas del norte del Extrecho de M·Clure, Viscount Melville y Lancaster Sounds ; todas las otras islas en Hudson, James y en las Bahías Uncava y Estrecho de Hudson; y la Península de Melville .

Región de Inuvik: El área entre los límites de Yukon y 123° O y Norte de 64° N; Isla Banks

Región Kitikmeot: Victoria, King William, y las Islas Principe de Gales; tierra firme norte de 66° N (desde 87° O hasta 106° O) y norte de 65° N (desde 106° O hasta 123° O) y excluye el Great Bear Lake y sus alrededores inmediatos.

**T2—73 vs.**    **Estados Unidos vs. Canadá**
**T2—71**

Los libros acerca de los Estados Unidos y Canadá tratan principalmente de los Estados Unidos y se clasifican en —73. Los libros se clasifican en —71 cuando Canadá recibe un tratamiento más completo ó a los Estados Unidos y a Canadá se les da igual tratamiento. Aunque a Canadá y a los Estados Unidos se les haya asignado la mayoría de los números en —7, i.e., —71 y —73–79, —7 se usa sólamente cuando la obra también discute áreas en —72.

# Mapas

Los siguientes croquis de mapas proporcionan un despliegue de los números clave de área de la Tabla 2. Con la excepción de las naciones insulares localizadas por fuera de los mapas continentales usados, los mapas indican los números de área de la Clasificación Decimal Dewey de miembros de las Naciones Unidas y estados similares. Además, se muestran las áreas subnacionales para Estados Unidos, Canadá, Islas Británicas y Australia.

Aunque los números de área del SCDD son altamente jerárquicos, asegúrese de revisar la Tabla 2 antes de usar un número para una parte de un área dada . En algunos casos (como se muestra aquí con el ejemplo de Estados Unidos), los números para las partes se forman sobre una base diferente del área como un todo.

Observe que ciertos conceptos regionales principales que no corresponden a áreas delineadas aparecen mencionados en los márgenes.

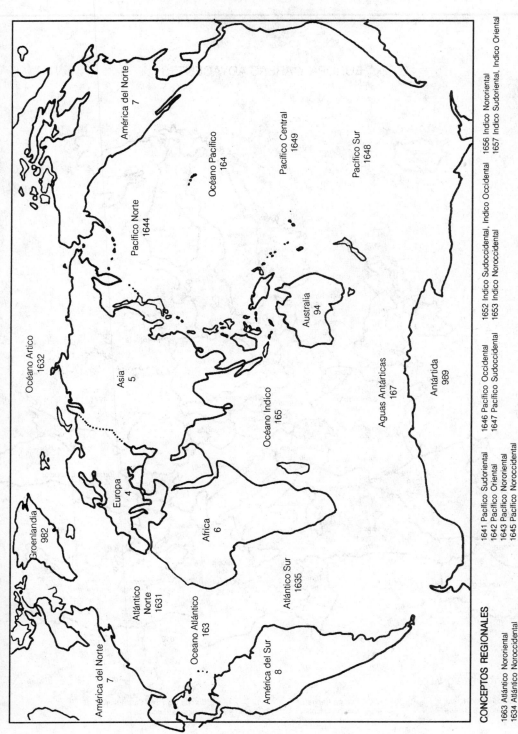

*Tabla 2. Areas Geográficas, Períodos Históricos, Personas*　　　T2

**CONTINENTES Y OCEANOS**

América del Norte
7

Océano Artico
1632

Groenlandia
982

Atlántico
Norte
1631

Oceano Atlántico
163

América del Norte
7

América del Sur
8

Atlántico Sur
1635

Africa
6

Europa
4

Asia
5

Océano Indico
165

Océano Pacífico
164

Pacífico Norte
1644

Pacífico Central
1649

Pacífico Sur
1648

Australia
94

Aguas Antárticas
167

Antártida
989

**CONCEPTOS REGIONALES**

1663 Atlántico Nororiental
1634 Atlántico Noroccidental
1636 Atlántico Sudoccidental, Atlántico Occidental
1637 Atlántico Sudoriental, Atlántico Oriental

1641 Pacífico Sudoriental
1642 Pacífico Oriental
1643 Pacífico Nororiental
1645 Pacífico Noroccidental

1646 Pacífico Occidental
1647 Pacífico Sudoccidental

1652 Indico Sudoccidental, Indico Occidental
1653 Indico Noroccidental

1656 Indico Nororiental
1657 Indico Sudoriental, Indico Oriental

## EUROPA Y AREAS ADYACENTES

CONCEPTOS REGIONALES

| | | | | | |
|---|---|---|---|---|---|
| 4 | Europa Occidental | 43 | Europa Central | 48 | Europa del norte Escandinavia |
| 42 | Inglaterra y Gales | 47 | Europa Oriental | 496 | Península Balcánica |

*Tabla 2. Areas Geográficas, Períodos Históricos, Personas*  T2

# ISLAS BRITANICAS

Islas Orcadas
41132

Islas Occidentales
4114

Islas Occidentales
4114

Tierras Altas
4115

Grampianos
4121

Tayside
4121

Fife
4129

Central
4131

Lothian 4132

Strathclyde
4141

Región Fronteras
4137

Dumfries
and Galloway
4147

Northumberland
4288

Tyne and Wear
4287

Donegal
41693

Irlanda del Norte
416

Cleveland
4285

Durham
4286

Cumbria
4278

Isla de Man
4279

Yorkshire Norte
4284

Sligo
4172

Leitrim
4176

Monaghan
4169

Cavan
41698

Louth
41825

Humperside
4283

Mayo
4173

Roscommon
4175

Longford
4181

Mean
41822

Dublin
4183

Lancashire
4276

Yorkshire
Occidental
4291

Westmeath

Merseyside
4275

Greater
Manchester
4273

Yorkshire Sur
4282

Galway
4174

Offaly 4186

Kildare
4185

Lincolnshire
4253

Kilkenny

Wicklow
4184

Deroyshire
4251

Clare
4193

Kilkenny
4189

Carlow
1887

Clwyd
4293

Cheshire
4271

Norfolk
4261

Limerick
4194

Tipperary
4192

Wexford
4188

Gwynedd
4292

Staffordshire
4246

Leicestershire
4254

Kerry
4196

Waterford
419

Shropshire
4245

Warwic
shire
4248

Northampton
shire
4257

Cambridgeshire
4265

Suffolk
4264

Cork
4195

Powys
4295

Hereford
and Worcester
4244

Peaford
shire
4258

Deaford
shire
4258

Essex
4267

Dyfed
4296

Gloucestershire
4241

Oxford
shire
4257

Buckingham
shire
4259

Kerry
4196

Glamorgan
Occidental
42981

Gwent
4299

Berkshire 4229

Surrey
4221

Kent
4223

Glamorgan Central

Glamorgan del Sur
42986

Avon
4239

Wiltshire
4231

Hampshire
4227

Sussex
Oriental
4225

Glamorgan Central
4297

Somerset
4238

Dorset
4233

Sussex
Occidenta
225

Isla de Wigth
4228

Devon
4235

Cornuales
4237

Islas Sorlingas
42379

Islas del Canal
4234

727

## ASIA, AUSTRALIA, NUEVA ZELANDIA

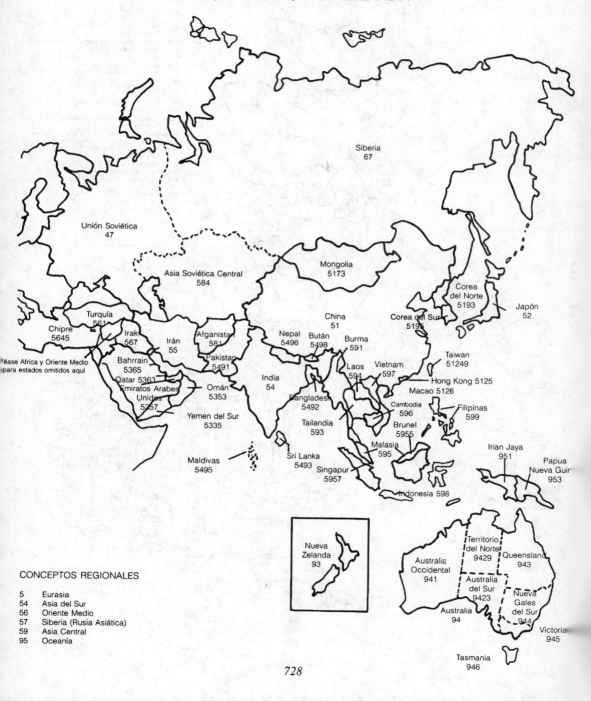

CONCEPTOS REGIONALES

| | |
|---|---|
| 5 | Eurasia |
| 54 | Asia del Sur |
| 56 | Oriente Medio |
| 57 | Siberia (Rusia Asiática) |
| 59 | Asia Central |
| 95 | Oceanía |

*Tabla 2. Areas Geográficas, Períodos Históricos, Personas*  T2

# AFRICA Y MEDIO ORIENTE

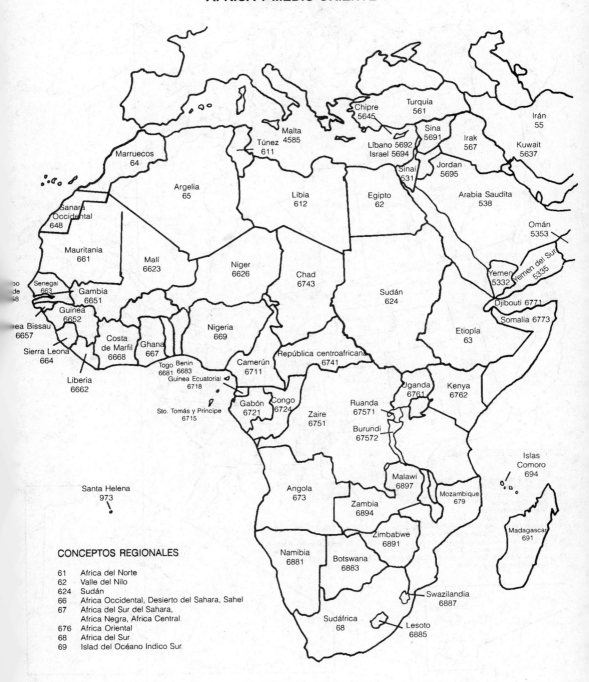

Chipre 5645
Turquía 561
Irán 55
Malta 4585
Sina 5691
Irak 567
Kuwait 5637
Túnez 611
Líbano 5692
Israel 5694
Marruecos 64
Sinai 531
Jordan 5695
Argelia 65
Libia 612
Egipto 62
Arabia Saudita 538
Sanara Occidental 648
Omán 5353
Mauritania 661
Malí 6623
Niger 6626
Chad 6743
Sudán 624
Yemen 5332
Yemen del Sur 5335
Senegal 663
Gambia 6651
Djibouti 6771
Guinea 6652
Somalia 6773
ea Bissau 6657
Nigeria 669
Etiopía 63
Costa de Marfil 6668
Ghana 667
Sierra Leona 664
República centroafricana 6741
Togo Benin 6681 6683
Camerún 6711
Liberia 6662
Guinea Ecuatorial 6718
Uganda 6761
Kenya 6762
Sto. Tomás y Príncipe 6715
Gabón 6721
Congo 6724
Zaire 6751
Ruanda 67571
Burundi 67572
Islas Comoro 694
Santa Helena 973
Malawi 6897
Angola 673
Mozambique 679
Zambia 6894
Madagascar 691
Zimbabwe 6891

## CONCEPTOS REGIONALES

| | |
|---|---|
| 61 | Africa del Norte |
| 62 | Valle del Nilo |
| 624 | Sudán |
| 66 | Africa Occidental, Desierto del Sahara, Sahel |
| 67 | Africa del Sur del Sahara, Africa Negra, Africa Central |
| 676 | Africa Oriental |
| 68 | Africa del Sur |
| 69 | Islad del Océano Indico Sur |

Namibia 6881
Botswana 6883
Swazilandia 6887
Sudáfrica 68
Lesoto 6885

ESTADOS UNIDOS Y CANADA

Alaska 798
Yukon 7191
Región de Inuvik 7196
Región de Baffin 7195
Groenlandia 982
Región Kitikmeot 7197
Región Fuerte Smith 7193
Región del Keewatin 7194
Columbia Británica 711
Alberta 7123
Saskatchewan 7124
Manitoba 7127
Quebec 714
Labrador 7182
Terranova 7
Washington 797
Montana 786
Dakota de Norte 784
Ontario 713
Nueva Brunswick 7151
Isla Principe Ed
Oregon 795
Idaho 796
Minnesota 776
Vermont 743
Maine 74
Nueva Escocia 7
Dakota del Sur 783
Wisconsin 775
Michigan 774
New York 747
New Hampshire 742
Massachusetts 744
Rhode Island 745
Connecticut 746
Nevada 793
Wyoming 787
Nebraska 782
Iowa 777
Pensilvania 748
New Jersey 749
Utah 792
Illinois 773
Indiana 772
Ohio 771
Delaware 751
Maryland 752
California 794
Colorado 788
Kansas 781
Virginia Occidental 754
Virginia 755
Distrito de Colombia 753
Missouri 778
Kentucky 769
Arizona 791
Nuevo México 789
Oklahoma 766
Carolina del Norte 756
Tennessiee 768
Carolina del Sur 757
Arkansas 767
Mississippi 762
Alabama 761
Georgia 758
Texas 764
Louisiana 763
Florida 759

CONCEPTOS REGIONALES

71    Canadá
712   Canadá Occidental Provincias Prairie
713   CanadáOriental, Ontario
715   Provincias Atlánticas, Provincias maritimas
719   Artico Canadiense
7192  Territorios Nororientales
73    Estados Unidos como un todo
74    Estados Unidos Oriental, Montes Apalaches
      Nueva Inglaterra, Estados Atlánticos medios
75    El Sur, Sudoriente, Estados del Atlántico Sur
76    Estados Centrales del Sur, Estados del Costa del Golfo
77    Valle de Mississipi, Estados Centrales, Estados de los
      Grandes Lagos, Valle de Ohio

78    Occidente, Grandes LLanuras,
      Valle de Missouri, Montañas Rocosas
79    Estados Costa Pacifica,
      Gran Basin

Hawaii 969

Alaska 798

*Tabla 2. Areas Geográficas, Períodos Históricos, Personas* T2

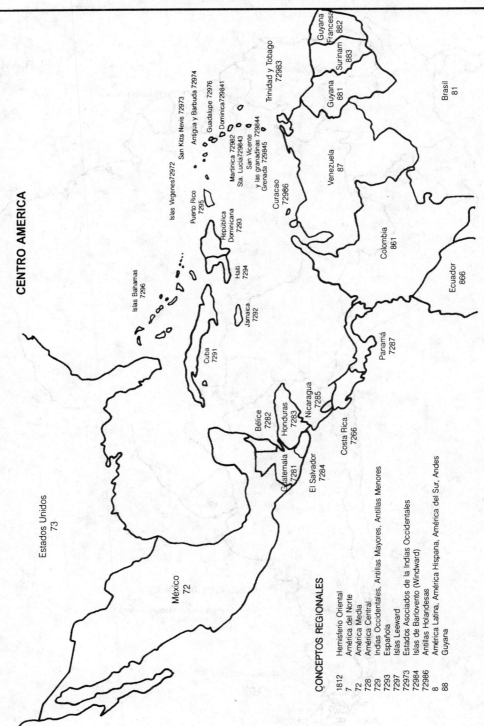

CENTRO AMERICA

Estados Unidos
73

México
72

Cuba
7291

Islas Bahamas
7296

Jamaica
7292

Haití
7294

República
Dominicana
7293

Puerto Rico
7295

Islas Vírgenes/72972

San Kitts Nevis 72973

Antigua y Barbuda 72974

Guadalupe 72976

Dominica 729841

Martinica 72982

Sta. Lucía/729843

San Vicente
y las granadinas 729844

Grenada 729845

Curacao
72986

Trinidad y Tobago
72983

Guyana
Francesa 882

Surinam
883

Guyana
881

Brasil
81

Venezuela
87

Colombia
861

Ecuador
866

Panamá
7287

Costa Rica
7266

Nicaragua
7285

El Salvador
7284

Honduras
7283

Guatemala
7281

Bélice
7282

CONCEPTOS REGIONALES

1812  Hemisferio Oriental
7  América del Norte
72  América Media
728  América Central
729  Indias Occidentales, Antillas Mayores, Antillas Menores
7293  Española
7297  Islas Leeward
72973  Estados Asociados de la Indias Occidentales
72984  Islas de Barlovento (Windward)
72986  Antillas Holandesas
8  América Latina, América Hispana, América del Sur, Andes
88  Guyana

SUR AMERICA

Venezuela 87

Guyana
881

Guyana Francesa
882

Surinan
883

Colombia 861

Ecuador
866

Perú
85

Brasil
81

Bolivia
84

Paraguay
892

Chile
83

Argentina
82

Uruguay
895

CONCEPTOS REGIONALES

8          América Latina, Hispanoamérica,
           América del Sur, Andes
88         Guyana

Malvinas/Falklands
9711

*732*

*Tabla 3. Literaturas Individuales. Formas Literarias Específicas*     T3

# Tabla 3. Subdivisiones para literaturas individuales, para géneros literarios específicos

Aquí hay ejemplos de formación del número básico para obras en una lengua individual por o acerca de autores individuales (con el uso de la Tabla 3–A) y por o acerca de más de un autor (con el uso de la Tabla 3–B). Para la formación los números se usan los siguientes elementos: número básico; género; período, clase, alcance, o medio; la notación 08 Colecciones o la notación 09 Crítica (más ceros adicionales en algunos casos); subgénero; notación adicional de la Tabla 3–C y otras tablas. En las Tablas 3–A y 3–B aparecen instrucciones detalladas para la formación de los números.

Nota: En la siguiente discusión, "T3" se refiere tanto a la Tabla 3–A (autores individuales) como a la Tabla 3–B (más de un autor).

## Más de un género

1. Obras por o acerca de más de un autor: no restringidas a un período o género (Tabla 3–B).

Número básico+ notación 08 o 09

81 + 08 = 810.8 (una antología de la literatura norteamericana)

2. Obras por o acerca de más de un autor: restringidas a un período específico pero no a un género específico (Tabla 3–B)

Número básico + notación 08 o 09 + período

83 + 08 + 006 = 830.8006 (una colección de literatura alemana del siglo XVIII)

## Géneros T3—1–7

1. Obras por o acerca de un autor individual: restringidas a un género y período específicos (Tabla 3–A)

Número básico + género + período

82 + 1 + 3 = 821.3 (*Faerie Queene* de Spenser)

2. Obras por o acerca de más de un autor: restringidas a un género específico, a una clase, alcance, o medio específicos y a un período específico (Tabla 3–B)

Número básico + género + clase, alcance, o medio + notación 08 o 09 + período

84 + 3 + 01 + 08 + 07 = 843.010807 (una colección de cuentos franceses del siglo XIX)

3. Obras por o acerca de más de un autor: restringidas a un género específico pero no a una clase, alcance, o medio específicos; restringidos a un período específico (Tabla 3–B)

Número básico + género + período + notación 08 o 09

$83 + 2 + 914 + 09 = 832.91409$ (crítica al teatro alemán de la segunda mitad del siglo XX)

### Género T3–8 Escritos varios

1. Obras por un autor individual: restringidas a un género, período, y subgénero específicos (T3A–8)

Número básico + género + período + subgénero

$81 + 8 + 4 + 02 = 818.402$ (una colección de citas de un autor norteamericano individual de finales del siglo XIX)

2. Obras por o acerca de más de un autor: restringidas a un género, período, y subgénero específicos (T3B–8)

Número básico + género + período + subgénero + notación 08 o 09.

$84 + 8 + 914 + 02 + 08 = 848.9140208$ (una colección de citas de varios autores franceses de finales del siglo XX)

### Literaturas afiliadas para las cuales no se usan los números de períodos

1. Obras por o acerca de un autor individual o de más de un autor: restringidas a un género y un período específicos (Tabla 3–A o 3–B)

Número básico + género

$86 + 1 = 861$ ( puede representar una colección de poesía en lengua española por un autor argentino individual o crítica de poesía en lengua española de varios autores mexicanos)

2. Obras por o acerca de más de un autor: restringidas a un género específico pero no a un período específico (Tabla 3–B)

Número básico + género + notación 008 o 009

$82 + 4 + 008 = 824.008$ (una colección de ensayos en inglés por varios autores australianos de varios períodos)

3. Obras por o acerca de más de un autor: restringidas a un género específico y a una clase, alcance o medio específicos, independientemente del período (Tabla 3–B)

Número básico + género + clase, alcance o medio + notación 08 o 09

$84 + 2 + 041 + 09 = 842.04109$ (crítica de obras de teatro en un solo acto francocanadienses)

4. Obras por o acerca de más de un autor: restringidas a un período específico pero no a un género específico (Tabla 3–B)

Número básico + notación 08 o 09

$82 + 08 = 820.8$ (una antología de la literatura australiana en varios géneros posterior a la Segunda Guerra Mundial)

*Tabla 3. Literaturas Individuales. Formas Literarias Específicas*  T3

5. Obras por o acerca de más de un autor: no restringidas por género o período; que destacan el lugar de la autoría (Tabla 3–B)

Número básico + notación 080 o 09 + 9 de la Tabla 3–C + notación de área de la Tabla 2

(a) 869 + 080 + 9 + 81 = 869.080981 (una antología de la literatura en portugués en varios géneros por autores brasileros).

(b) 81 + 09 +9 + 7292 = 810.997292 (crítica de la literatura en inglés en varios géneros por autores jamaiquinos)

# Tabla 3–A. Subdivisiones para obras hechas por o acerca de autores individuales

Para determinar el número general para obras colectivas, evaluación crítica, o biografía de un autor, siga los criterios que se dan a continuación sobre lengua, género y período literario.

## Lengua

Clasifique un autor con la lengua en la cual escribe.

Para un autor que continúe escribiendo en la misma lengua, pero que cambie su lugar de residencia o su afiliación nacional a un país con una lengua diferente, use la lengua en la cual él escribe. Por ejemplo, clasifique una novela en Ruso por Solzhenitsyn en 891.7344, aún si la novela fue escrita mientras el autor estaba viviendo en Estados Unidos.

Para un autor que cambia su afiliación nacional a un país con la misma lengua que aquella en la cual ha estado escribiendo, use el número de literatura del país del cual es ahora un ciudadano. Así, T.S. Eliot es clasificado como un autor británico.

Para un autor que cambia su lugar de residencia, pero no su afiliación nacional, a otro país con la misma lengua en la cual él ha estado escribiendo, continúe usando el número de literatura de su país original. Así, un autor neozelandés que vive en Londres, pero que aún tiene la ciudadanía neozelandesa, se clasifica como un autor neozelandés.

Si la información acerca de la afiliación nacional de un autor no está disponible en la obra que se está clasificando o en los libros de referencia corrientes, use el número de la literatura del país de origen del autor, si es conocido; o el número de literatura del país en el cual fueron publicadas sus primeras obras.

Clasifique un autor que escribe en más de una lengua con la lengua que usó recientemente, ej., Samuel Beckett 840. Sin embargo, si predomina otra lengua clasifíquelo con esa lengua. (Las obras individuales de un autor como éste se clasifican con la lengua en la cual se escribieron originalmente.)

## Género literario

Use el género con el cual un autor está primordialmente identificado, ej., Jane Austen 823.7. Si el autor no está plenamente identificado con un género use el género T3A–8 Escritos varios, más el período literario, más la notación 09 de la Tabla T3A—81–89. Así, clasifique a un autor inglés de finales del siglo XX quien es a la vez famoso como novelista, dramaturgo y poeta en 828.91409. (Un obra individual de un autor como éste, se clasifica con el género de la obra.)

## Períodos literarios

El período literario para un autor y todas sus obras se determina en concordancia con el consenso académico acerca de cuándo floreció un autor. Así, un autor visto comúnmente como un escritor de comienzos del siglo XIX se clasifica como tal, aún si publicó sus primeras obras literarias a finales del siglo XVIII. Si el clasificador no puede determinar cuándo floreció un autor, podría usar la fecha de una obra litararia separada de las primeras que se le conozcan, dejando de lado las contribuciones periodísticas, las obras aisladas de estudiante y las obras de juventud.

## Biografía

No se use la notación 092 de la Tabla 1 para biografía. Clasifique las reminiscencias literarias en T3A—8 más la subdivisión de período, más la subdivisión 03, ej., *A Moveable Feast* de Hemingway en 818.5203.

## Formación del número

Los ejemplos de la formación del número se dan en el *Manual* al comienzo de la Tabla 3. El siguiente diagrama de flujo se ofrece como una ayuda para la formación del número y como un suplemento a las instrucciones detalladas de la Tabla 3–A.

*Tabla 3–A. Autores Individuales*     T3A

# Diagrama de flujo A: Obras por o acerca de un autor individual

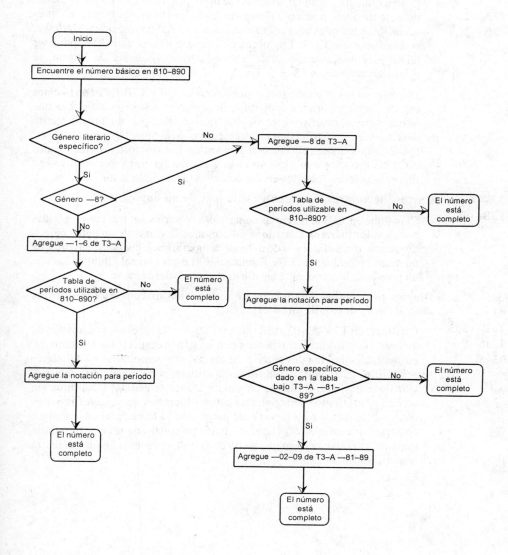

**T3A—1,**
**T3B—102**
**vs.**
**T3A—2,**
**T3B—2**

### Poesía dramática vs. Teatro

La poesía dramática en T3A–1 y T3B–102 es una poesía que emplea el género dramático o algún elemento de la técnica dramática como un medio de obtener fines poéticos. Obras de teatro poéticas destinadas a representaciones teatrales tales como obras de teatro de Shakespeare y Marlowe, se clasifican en T3–2. Las obras de teatro poéticas diseñadas para ser leídas más que actuadas,. tales como *Samson Agonistes* de Milton, se clasifican también en T3–2.

Los monólogos dramáticos clasificados en T3A–1 y T3B–102 son poemas en los cuales el orador constituye un carácter histórico o ficticio que habla a un auditorio identificable pero silencioso en un momento dramático en la vida del orador, por ejemplo, en la obra "*My Last Duchess*" (Mi última Duquesa) de Robert Browning. Los monólogos clasificados en T3B–2045 están típicamente destinados para ser usados en representaciones teatrales en las cuales actúa un sólo actor.

**T3A—6 y**
**T3B—6**

### Cartas [de autores individuales y de más de un autor]

Clasifique en T3B–6 las cartas compiladas de varios autores para ser leídas por su valor literario. Clasifique colecciones de cartas de un autor individual como biografía si son de naturaleza biográfica. Clasifique las cartas de un autor individual en T3A–6 solamente si éstas han sido publicadas con un propósito literario, ej., para mostrar el estilo del escritor.

**T3A—8 +**
**03 y**
**T3B—803,**
**T3B—8 +**
**03**

### Diarios personales, cuadernos de notas, reminiscencias [de autores individuales y de más de un autor]

Clasifique en T3A–8 + 03, T3B–803, y T3B–8 + 03 los diarios personales de autores literarios no identificados con un género específico de literatura, en los cuales la vida del autor o de los autores como tales, es de interés primordial. Si el autor o autores se identifican con un género específico, clasifique el diario o diarios personales con este género. Clasifique sin embargo, los diarios personales de autores literarios que hacen énfasis en otros temas paralelos a la vida del autor, con el tema en el cual se hace énfasis. Por ejemplo, clasifique el diario personal que un autor compiló mientras era prisionero en un campo de guerra, durante la Segunda Guerra Mundial en 940.5472.

*Tabla 3–B. Más de Un Autor* T3B

# Tabla 3–B. Subdivisiones para obras por o acerca de más de un autor

## Orden de precedencia

El orden de precedencia en el caso de conflictos entre géneros literarios está indicado al comienzo del esquema 800 y en la Tabla 3–B bajo T3B–1–8. Además, existen órdenes de precedencia en caso de conflicto entre otros aspectos. Los cuatro aspectos expresados en la Tabla 3C se usan de acuerdo con la siguiente tabla de precedencia:

| | |
|---|---|
| Temas y materias | T3C–3 |
| Elementos | T3C–2 |
| Cualidades | T3C–1 |
| Personas | T3C–8–9 |

Así, por ejemplo, una antología general de poesía acerca de la guerra escrita por poetisas estadounidenses, se clasifica en 811.0080358, no en 811.00809287.

La precedencia dada a un período literario en relación con los cuatro aspectos expresados por medio de la Tabla 3–C, varía: para obras que tratan más de una literatura o más de un género en una literatura, los períodos literarios tienen una prioridad más baja que los aspectos de la Tabla 3–C; para las obras que tratan un género específico en una literatura individual, los períodos literarios tienen mayor prioridad que los aspectos de la Tabla 3–C.

Las clases, alcances, medios específicos tienen en cuenta la precedencia por encima del período y de los aspectos de la Tabla 3–C. La precedencia dada al alcance en relación con la clase, varía: para teatro, el alcance tiene una precedencia más alta; mientras que para la novelística, la clase tiene una precedencia mayor.

Aquí, por ejemplo, encontramos una lista de prioridades para la novelística:

*Más de una literatura*

1. Clases específicas

2. Alcances específicos

3. Temas y materias específicos

4. Elementos específicos

5. Cualidades específicas

6. Período

*Una literatura*

1. Clases específicas

2. Alcances específicos

3. Período

4. Temas y materias específicos

5. Elementos específicos

6. Cualidades específicas

7. Para y por clases específicas de personas

En todos los casos, las órdenes de precedencia son las mismas para colecciones de textos literarios y crítica de los textos.

En algunas ocasiones los elementos inferiores en la lista de prioridades se pueden agregar a un número después de los elementos de alta prioridad. Por ejemplo, una evaluación crítica de novelística norteamericana de finales del siglo XX acerca del mar se clasifica en el 813.540932162: 813 (novelística norteamericana) + 54 (período: finales del siglo XX) + 09 (evaluación crítica)+ 32162 (tema: el mar). El período se da primero porque tiene la más alta prioridad dentro del tema; pero el tema también puede ser expresado. El mismo orden de precedencia se usa para elementos adicionales, ej., para la evaluación crítica de novelística norteamericana de finales del siglo XX acerca del mar por mujeres, el tema del mar puede expresarse por medio de la Tabla 3–C y la autoría por una clase específica de persona no se expresará por medio de la tabla 3–C, porque los temas aparecen más altos en la lista de prioridades.

Algunas veces aspectos inferiores en la lista de prioridades se pueden expresar solamente por medio de la notación de una subdivisión común de la Tabla 1. En el ejemplo de una evaluación crítica de novelística norteamericana de finales del siglo XX acerca del mar por mujeres, se puede usar la notación 082 de la Tabla 1 para clasificar el aspecto mujeres: 813.540932162082. En otro ejemplo, una colección de novelística del siglo XIX de varias literaturas acerca de la vida urbana se clasifica en 808.83932173209034: 808.839 (colección de novelística de más de una literatura que presenta características específicas) + 321732 (tema: vida urbana) + 09034 (subdivisión común para el período histórico del siglo XIX). En la lista de prioridades, el tema viene antes del período; y una vez que el tema ha sido expresado, no hay forma de expresar el período excepto mediante el uso de la subdivisión común.

*Véase además 808.8, T3B—08–09 y los géneros específicos en la Tabla 3–B para listas de prioridades adicionales.*

*Tabla 3–B.  Más de Un Autor* T3B

## Formación del número

En el Manual, al comienzo de la Tabla 3, se dan ejemplos para la formación del número. Los siguientes diagramas de flujo se ofrecen como una ayuda para la formación del número y como un suplemento a las instrucciones detalladas de la Tabla 3–B.

# Diagrama de flujo B: Obras por o acerca de más de un autor

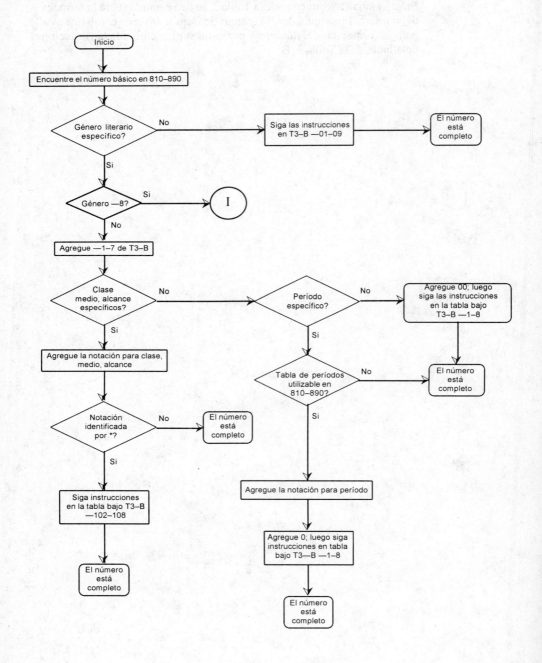

*Tabla 3–B. Más de Un Autor*       T3B

# Diagrama de flujo B para la notación 3B–8 Escritos varios

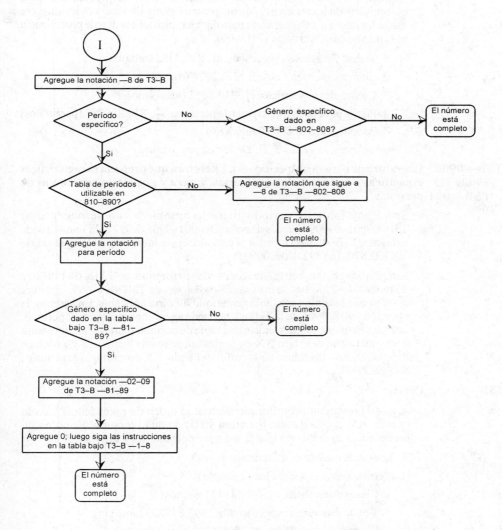

**T3B—08          Colecciones de textos literarios en más de un género**

Aquí se presentan ejemplos que ilustran el orden de precedencia para colecciones de textos en más de un género de una literatura individual (se usa la literatura norteamericana para dar ejemplos). El orden de precedencia es el mismo para la crítica (T3B—09).

1. Temas y materias específicos, ej., 810.0382 (religión)

2. Elementos específicos, ej., 810.8024 (trama)

3. Cualidades específicas, ej., 810.8013 (idealismo)

4. Para y por clases específicas de personas, ej., 810.809282 (para niños)

5. Período, ej., 810.8003 (siglo XIX)

*Véase además la Tabla 3—B: Orden de precedencia*

**T3B—09001      Literatura de períodos específicos vs. Literatura que presenta características**
**–09009 vs.      específicas o hace énfasis en materias, y para y por clases específicas de**
**T3B—091         personas**
**–099**

Si no hay tabla de período literario apropiada, no se puede usar T3B–09001–09009; además, la notación 0901–0905 de la Tabla 1 no se puede agregar a T3B–09 para mostrar el período, ej., la literatura amárica del siglo XX 892.8709 (no 892.8709000904).

Sin embargo, la regla del cero dá prioridad a T3B–091 sobre T3B–09001 –09009. Si se usan las disposiciones de T3B–091–099, entonces no se puede usar ninguna tabla de período literario aplicable. En cambio, la notación 0901–0905 de la Tabla 1 se puede agregar para indicar el período, independientemente de si existe una tabla de período literario, ej., literatura norteamericana del siglo XX en inglés sobre temas históricos y políticos 810.93580904, literatura en español del siglo XX por autores argentinos 860.99820904.

**T3B—1          Poesía**

Aquí se presentan ejemplos que ilustran el orden de precedencia para la poesía (A) de más de una literatura y (B) de una literatura. El orden de precedencia es el mismo que se usa para colecciones y críticas.

A. Poesía de más de una literatura

(Las colecciones se usan como ejemplo)

1. Clases específicas, ej., 808.8142 (sonetos)

2. Temas y materias específicos, ej., 808.819353 (amistad)

3. Elementos específicos, ej., 808.81922 (descripción)

4. Cualidades específicas, ej., 808.819145 (romanticismo)

5. Período, ej., 808.81033 (siglo XVIII)

B. Poesía de una literatura

( La crítica de la poesía norteamericana se usa como ejemplo)

1. Clases específicas, ej., 811.032 (épica)

2. Período, ej., 811.5409 (finales del siglo XX)

3. Temas y materias específicos, ej., 811.009353 (amistad)

*Tabla 3–B. Más de Un Autor* T3B

4. Elementos específicos, ej., 811.00922 (descripción)

5. Cualidades específicas, ej., 811.00914 (romanticismo)

6. Para y por clases específicas de personas, ej., 811.0098924 (por judíos)

*Véase además la Tabla 3–B: Orden de precedencia.*

**T3B—102–108, T3B—205, T3B—308 vs. T3C1—3**

**[Clases específicas de poesía, teatro, novelística] vs. Literatura que presenta características específicas**

Los números para clases específicas de poesía, teatro y novelística son para obras que pertenecen a géneros específicos, ej., los géneros de teatro histórico T3B—20514 y novelística realista T3B—3083. A menudo, los temas y otras características que marcan los géneros específicos pueden también expresarse por medio de la notación 1–3 de la Tabla 3–C, ej., obras sobre temas históricos T3C—358, obras que muestran realismo T3C—12. Para obras que pertenecen a un género específico, el número del género siempre toma la precedencia sobre el número establecido de la Tabla 3–C; por ejemplo, una colección de teatro histórico se clasifica en T3B—2051408, no en T3B—20080358; la crítica de novelas realistas en T3B—308309, no en T3B—300912. La notación 1–3 de la Tabla 3–C se usa principalmente para obras que presentan características específicas y no se limitan a un género específico, ej., una discusión de temas históricos en el teatro serio y cómico de más de un período T3B—2009358, una discusión de elementos realísticos en novelística de varias clases de más de un período T3B—300912. La notación 1–3 de la Tabla 3–C se puede agregar al número de género si no resulta redundante. Por ejemplo, T3C—358 se agrega para una discusión de temas históricos en la tragedia (T3B—2051209358), pero no para una discusión de temas históricos en teatro histórico.

**T3B—2** **Teatro**

Aquí se presentan ejemplos que ilustran el orden de precedencia para el teatro (A) de más de una literatura y (B) de una literatura. El orden de precedencia es el mismo para las colecciones y la crítica.

A. Teatro de más de una literatura

(La crítica se usa como ejemplo)

1. Medio específico, ej., 809.225 (televisión)

2. Alcances específicos, ej., 809.241 (obras de teatro en un solo acto)

3. Clases específicas, ej., 809.2512 (tragedia)

4. Temas o materias específicos, ej., 809.29351 (Abraham Lincoln)

5. Elementos específicos, ej., 809.2925 (flujo de conciencia)

6. Cualidades específicas, ej., 809.29145 (romanticismo)

7. Período, ej., 809.204 (Siglo XX)

B. Teatro de una literatura

(Las colecciones de teatro norteamericano se usan como ejemplo)

1. Medios específicos, ej., 812.02508354 (obras de teatro sobre la muerte para televisión)

2. Alcances específicos, ej., 812.04108 (obras de teatro de un sólo acto)

3. Clases específicas, ej., 812.051208 (tragedia)

4. Período, ej., 812.5408 (colección de finales del siglo XX, no enfocadas), 812.540809287 (siglo XX, por mujeres)

5. Temas y materias específicos, ej., 812.008036 (clima)

6. Elementos específicos, ej., 812.008027 (caracteres)

7. Cualidades específicas, ej., 812.008015 (simbolismo)

8. Para y por clases específicas de personas, ej., 812.008092827 (para niñas)

*Véase además la Tabla 3-B: Orden de precedencia.*

**T3B—3        Novelística**

Aquí se presentan ejemplos que ilustran el orden de precedencia para la novelística (A) de más de una literatura y (B) de una literatura. El orden de precedencia es el mismo para las colecciones y la crítica.

A. Novelística de más de una literatura

(Las colecciones se usan como ejemplo)

1. Clases específicas, ej., 808.8383 (sociológica)

2. Alcances específicos, ej., 808.831 (cuentos)

3. Temas y materias específicos, ej., 808.83936 (animales)

4. Elementos específicos, ej., 808.83922 (descripción)

5. Cualidades específicas, ej., 808.83913 (idealismo)

6. Período, ej., 808.83034 (siglo XIX)

B. Novelística de una literatura

(La crítica de la novelística norteamericana se usa como ejemplo)

1. Clases específicas, ej., 813.0876209 (ciencia ficción)

2. Campos específicos, ej., 813.0109358 (cuentos acerca de la guerra)

3. Período, ej., 813.5409 (finales del siglo XX), 813.540932162 (finales del siglo XX, acerca del mar)

4. Temas y materias específicos, ej., 813.009351 (acerca del Rey Arturo)

5. Elementos específicos, ej., 813.00927 (caracteres)

6. Cualidades específicas, ej., 813.00912 (naturalismo)

7. Para y por clases específicas de personas, ej., 813.009896073 (novelística por afroamericanos)

*Véase además la Tabla 3-B: Orden de precedencia.*

**T3B—308729 Novelística gótica vs. Amor y romance**
**vs.**
**T3B—3085**

Alguna novelística moderna es llamada Romance Gótico aún cuando ésta no contenga la mayoría de los elementos tradicionales de la novelística gótica del siglo XVIII y XIX, tales como lo sobrenatural y lo aislado, el entorno pintoresco. Este romance moderno se clasifica en T3—3085. El romance gótico tradicional se clasifica, sin embargo, en T3B—308729. En caso de duda, clasifique en T3B—308729.

*Tabla 3–B. Más de Un Autor* T3B

| | |
|---|---|
| **T3B—7 vs.**<br>**T3A—8 +**<br>**02,**<br>**T3B—802,**<br>**T3B—8 +**<br>**02,**<br>**T3B—807,**<br>**T3B—8 +**<br>**07,**<br>**T1—0207** | **Sátira y humor vs. Chistes, citas, epigramas, anécdotas, grafitos (graffiti), vs. Obras sin género literario identificable vs. Tratamiento humorístico**<br><br>Los chistes se clasifican en T3—802 (o en T3—8 + 2), literatura humorística 02, humorística sin género literario identificable en T3B—807 (o T3—8 + 07). En T3B—7 se clasifican solamente colecciones de sátira o humor en más de un género literario (obras en un género particular, ej., poesía o novelística, se clasifican con el género).<br><br>Cualquier tema puede ser tratado de una manera humorística o satírica. Las obras que tratan con un tema en esta forma caen en una de las siguientes categorías: |

1. El humor involucrado es totalmente incidental al tratamiento serio del tema, ej., un chiste incluido en una lectura para hacer una pausa en un estado de ánimo serio;

2. Un tema tratado en una forma seria, pero en el cual el tratamiento humorístico o satírico del tema es vital para las intenciones del autor, ej., una sátira política fundamentada en una crítica política auténtica;

3. El tema meramente provee la ocasión para hacer humor, el objetivo principal del autor es divertir, ej., una colección de chistes acerca de los gatos.

Solamente las obras que pertenecen a la tercera categoría se clasifican en literatura, usualmente en T3B—802 (o T3—8 + 02). Las obras en la segunda categoría se clasifican con el tema más la notación 0207 de la Tabla 1. Las obras en la primera categoría se clasifican con el tema sin T1—0207.

# Tabla 3–C. Notación a ser agregada según instrucción en la Tabla 3–B y en 808–809

| | |
|---|---|
| **T3C—17 vs.**<br>**T3B—7** | **Comedia vs. Sátira y humor**<br><br>Clasifique en T3C–17 los libros de texto y colecciones para la enseñanza que muestran el desarrollo de manifestaciones de la comedia en literatura de varios géneros; clasifique colecciones de humor en varios géneros para ser leídas por placer en T3B–7008. |
| **T3C—8 vs.**<br>**T3C—9174**<br>**T3C—93–**<br>**99** | **Literatura para y por grupos raciales, étnicos, nacionales vs. [Literatura para y por personas residentes en regiones donde los grupos raciales, étnicos, nacionales específicos predominan] y [Literatura] Para y por personas residentes en continentes, países, localidades específicos**<br><br>La notación T3C—8 tiene precedencia sobre T3C—93–99 con dos excepciones, la primera, la de grupos que predominan en un área, ej., una colección de literatura inglesa por personas de ancestro irlandés en Australia 820.8089162094, pero una colección de literatura inglesa por personas de ancestro irlandés en Irlanda 720.809415; una colección de literatura española por mexicanos-norteamericanos 860.8086872073, pero una colección de literatura española por mexicanos 860.80972; una colección de litaratura francesa por árabes en Francia 840.808927044, pero una colección de literatura francesa por árabes en Africa del Norte 840.80961. La segunda excepción es para el grupo étnico o nacional tan estrechamente asociado |

con la lengua que especificar el grupo sería redundante, ej., una colección de literatura árabe por árabes 892.708 (no 892.70808927); así una colección de literatura árabe por árabes residentes en Francia sería 892.7080944 (no 892.70808927044).

La notación T3C—9174 no se usa para el tratamiento de grupos de personas porque tal uso prácticamente podría duplicar los números del tratamiento de grupo; por ejemplo, los árabes que residen en todas las áreas donde predominan constituyen juntos la mayoría de todos los árabes, así que T3C—8927 puede usarse para ellos mejor que T3C—9174927. En la mayoría de los casos, sin embargo, el uso de T3C—8 podría ser redundante; por ejemplo, la mayoría de los libros acerca de la literatura por árabes de todas las áreas donde predominan son acerca de la literatura en árabe, así que la expresión del grupo étnico árabe ya sea con T3C—9174 o con T3C—8 podría ser redundante.

En caso de duda, prefiera T3C—93–99.

## T3C—93–99 [Literatura] para y por personas residentes en continentes, países, localidades específicos

Use T3C—93–99 para lo siguiente:

1. Literatura en una lengua por personas de una cierta área dentro de un país, ej., una colección de la literatura norteamericana por residentes de Illinois 810.809773.

2. Literatura en una lengua por personas en un país diferente de su tierra natal tradicional de la literatura dominante de la lengua, ej., una colección de literatura española por autores chilenos 860.80983. Las personas en un país diferente de su tierra natal tradicional pueden ser residentes nativos o no nativos del país, ej., una colección de literatura inglesa por residentes no japoneses residentes en Japón 820.80952.

3. Literatura en una lengua por residentes de varios países en el mismo continente de más de un período (solamente para obras en las cuales la literatura de un país no es predominante), ej., literatura francesa por residentes de Francia, Suiza, Bélgica 840.8094; literatura francesa por residentes de Africa 840.8096.

La notación T3C—93–99 no se usa para literatura en una lengua por personas en la tierra natal tradicional de la literatura dominante de la lengua excepto para personas de una parte del país solamente, ej., una colección de literatura española por residentes de España 860.8, pero una colección de literatura española por residenes de Madrid 860.8094641.

La práctica de la División de Clasificación Decimal es no usar T3C–943 para literatura alemana por residentes de la República Federal de Alemania, pero use T3C–9431 y T3C–9436 para literatura alemana por residentes de la República Democrática Alemana y Austria respectivamente.

La práctica de la División de Clasificación Decimal es no usar T3C–0973 para literatura norteamericana por residentes de Estados Unidos.

*Tabla 3–C. Notación Que se Debe Agregar...* T3C

# Tabla 4. Subdivisiones de lenguas individuales

**T4—3 vs.**
**T4—81**
**Diccionarios de la forma estándar de la lengua vs. [Uso estándar de las palabras]**

Las obras clasificadas en T4–3 están destinadas para consulta rápida o inmediata. Aunque los diccionarios especializados se pueden ordenar en otras formas además de alfabéticamente (ej., diccionarios ilustrados ordenados por tema, tesauros en orden de clasificación), el orden siempre debe ser apropiado para referencia rápida o inmediata.

Las obras clasificadas en T4–81 están destinadas para ser leídas o estudiadas en su totalidad con el objeto de aprender vocabulario. Pueden ser informales y entretenidas, ej., narraciones para niños pequeños, o pueden estar formalmente organizadas en lecciones con preguntas.

**T4—32–39** **Diccionarios bilingües**

La División de Clasificación Decimal clasifica un diccionario bilingüe con palabras guías en ambas lenguas, con la lengua que aparece de ultima en la secuencia 420–490.

**T4—7** **Variaciones históricas y geográficas, variaciones modernas no geográficas**

Recuerde que una lengua puede tener formas estándar múltiples. Una obra sobre pronunciación estándar del inglés australiano, por ejemplo, se clasifica en 421.52 y no 427.994. Una obra sobre pronunciación del inglés australiano se clasifica en 427.994 solamente si hace énfasis en las características distintivas que hacen que la pronunciación australiana sea diferente de la británica o norteamericana.

Un pigdin o criolla específicos se clasifican como una variación de la lengua fuente de donde proviene la mayoría de su vocabulario. Una pigdin o criolla está asociado usualmente con un área geográfica específica y por lo tanto se clasifica en T4—709 más el número de área de la Tabla 2 o en una de las subdivisiones de T4—7 para variaciones geográficas en donde ellos estén provistos en 420–490, ej., la lengua Krio de la Sierra Leona 427.0664.

**T4—864 vs.**
**T1—014**
**[Libros de lectura] Para aquellos cuya lengua nativa es diferente vs. Lenguas (Terminología) y comunicación**

Clasifique en T4–864, usando la notación 024 de la Tabla 1, los libros de lectura para hablantes no nativos destinados a inculcar un conocimiento del vocabulario especial de un tema o disciplina específicos, ej., libros de lectura de ciencia para personas de habla hispana T4–864610245. Clasifique obras sobre el vocabulario de un tema o disciplina específicos sin considerar el nivel del lenguaje del usuario en relación con el tema o disciplina, usando la notación 014 de la Tabla 1.

# Tabla 5. Grupos raciales, etnicos, nacionales

La Tabla 5 y la Tabla 6 Lenguas son similares; ambas se basan en la secuencia tradicional de las lenguas en 420–490. Sin embargo, se han desarrollado dos Tablas, porque la lengua y la nacionalidad no siempre hacen pareja. Por ejemplo, hay gente canadiense (T5–11 en la Tabla 5), pero no lengua canadiense; hay una lengua Yiddish (T6–37 en la Tabla 6) pero no gente Yiddish.

El orden de cita dado a algunos números específicos en la Tabla 5 difiere del orden de cita generalmente preferido del grupo étnico sobre la nacionalidad. Por ejemplo, para canandienses de origen francés y británico, el orden de cita prescrito es primero la nacionalidad (T5—11 canadienses), luego viene el grupo étnico: T5—112 para canadienses de origen británico, T5—114 para canadienses de origen francés. Los números T5—21071 (T5—21 para pueblos de las Islas Británicas + [notación de la Tabla 2] T2—71 Canadá) y T5—41071 (T5—41 Francia + T2—71 Canadá) se usan solamente para personas de origen británico y francés en Canadá que no son ciudadanos canadienses. Sin embargo, en ausencia de instrucciones contrarias específicas, use el orden de cita dado al comienzo de la tabla, ej., canadienses de descendencia ucraniana T5—91791071 (no T5—11). Observe que el mismo número se usa para ambos, canadienses de descendencia ucraniana y para personas de descendencia ucraniana que están en Canadá pero no son ciudadanos canadienses. Esta agrupación de ciudadanos y no ciudadanos es típica para la Tabla 5, a causa de la baja prioridad dada normalmente a la nacionalidad. Los desarrollos para canadienses de descendencia británica y francesa son atípicos.

Normalmente, se usa el mismo número para la mayoría del grupo étnico de una nación y para la población total vista como un grupo nacional. Por ejemplo: T5—94541 para finlandés étnico y para todos los ciudadanos de Finlandia vistos como un grupo nacional. En tales casos la pregunta prioritaria entre afiliación étnica y nacional aparece solamente para grupos minoritarios étnicos. Los ciudadanos finlandeses que son suecos étnicos, un grupo étnico minoritario, se clasifican en T5—39704897 (T5—397 suizos + [notación de la Tabla 2] T2—4897 Finlandia) porque su grupo étnico toma prioridad sobre su nacionalidad. Si los ciudadanos finlandeses, quienes son finlandese étnicos emigran a los Estados Unidos, su número en la Tabla 5 es T5—94541073 (T5—94541 Finlandeses + [notación de la Tabla 2] T2—73 Estados Unidos; pero si los ciudadanos finlandeses que son suizos étnicos emigran a Estados Unidos su número es T5—397073 (suecos + Estados Unidos), el mismo número para todas las personas de descendencia sueca en los Estados Unidos. El origen nacional finlandés no se expresa, debido a la baja prioridad dada a la nacionalidad.

Desarrollos especiales que permiten la expresión tanto de la afiliación étnica como de la nacional, son hechos solamente para la mayoría del grupo étnico en una nación, bajo el título de "grupo nacional". Así T5—6887 expresa tanto la etnicidad hispanoamericana como la nacionalidad venezolana, mientras que T5—9697292 expresa tanto el ancestro africano como la nacionalidad jamaiquina. No hay un desarrollo especial para expresar el ancestro africano y la nacionalidad venezolana porque los negros son una minoría en Venezuela y no pueden ser llamados un "grupo nacional". El número para negros venezolanos en Inglaterra (T5—96042) es el mismo que el número para negros en general en Inglaterra; el vínculo con Venezuela no está expresado. Los números para venezolanos de origen español en Inglaterra son (T5—6887042) y para negros jamaiquinos en Inglaterra (T5—969729042), por contraste, expresa los orígenes nacionales.

Un desarrollo atípico para negros de Estados Unidos (T5—96073) hace énfasis extra en la nacionalidad para un grupo minoritario, mientras que

*Tabla 4.  Subdivisiones de Lenguas Individuales*                                    T4

conserva el orden de cita normal del grupo étnico antes que la nacionalidad. El número completo de la Tabla 5 para ciudadanos negros de Estados Unidos en Nueva York es T5–960730747, pero para negros no ciudadanos en Nueva York es T5–960747. Para la mayoría de los grupos étnicos en los Estados Unidos, no hay tales desarrollos especiales; así, por ejemplo, T5–510747 especifica personas de descendencia italiana en Nueva York independientemente de si son ciudadanos estadounidenses. El número de la Tabla 5 para negros de los Estados Unidos en Inglaterra (T5–96073042) expresa la nacionalidad de origen: Estados Unidos, pero el número italianos-norteamericanos en Inglaterra (T5–51042) es el mismo que para italianos en Inglaterra.

En algunos casos, los desarrollos especiales para grupos nacionales llevan el número para un grupo nacional claramente diferente del número para el grupo étnico mayoritario del país. Por ejemplo, el número para los butaneses como un grupo nacional es T5–91418; pero en el caso de Bhutia, el grupo étnico mayoritario, habla dialectos tibetanos y se clasifican como un grupo étnico con los tibetanos en T5–954. En otros casos, el número del grupo nacional para un país puede ser visto como la expresión o la no expresión de la etnicidad de la mayoría de la población, dependiendo de cómo uno define esa etnicidad. Por ejemplo, los números de grupo-nacional para todas las naciones modernas de América Latina donde el Español es al menos uno de los idiomas oficiales expresa esa etnicidad hispanoamericana, aunque la mayoría de la población en algunos países es de origen nativo americano. En Guatemala, el 55% de la población es de origen maya, pero la mayoría de la gente, incluyendo algunos de los mayas, hablan español y siguen las costumbres hispanoamericanas. Clasifique las obras que tratan sobre toda la gente de una nación en el número del grupo-nacional, especificado en la tabla. Clasifique las obras que se centran en un grupo étnico específico con el grupo. Si el número del grupo-nacional expresa la etnicidad apropiada, úsela para una obra que se centra en un grupo étnico específico. Por ejemplo, clasifique en T5–687281 las obras que tratan de toda la gente de Guatemala y obras que se centran en los guatemaltecos, que hablan español y siguen las costumbres hispanoamericanas; pero clasifique en T5–974 las obras que se centran en los mayas de Guatemala.

**T5—1**          **Norteamericanos**

Use este número y sus subdivisiones para (a) obras generales sobre todos los pueblos de América del Norte, (b) los pueblos de Canadá (T5–11) y la de Estados Unidos (T5–13) como grupos nacionales, (c) norteamericanos de origen británico, y (d ) canadienses de origen francés (T5–114). Obras que se centran en otros grupos nacionales o étnicos en América del Norte se clasifican todas en otra parte de la Tabla 5, ej., gente de origen francés en los Estados Unidos en T5–41073, mexicanos como un grupo nacional en T5–6872, los Inuit en T5–971.

**T5—201–**    **Británicos  Ingleses  Anglosajones [por área] vs. Pueblos de las Islas**
**209 vs.**    **Británicas [por área]**

**T5—2101–**
**2109**      Use T5—2101–2109 para personas de ancestro británico en un área donde ellas son o han sido mas recientemente nacionalizados en el Reino Unido, ej., personas del Reino Unido en el Tercer Mundo T5—2101724. Use

T5—201–209 para personas de ancestro británico en un área donde muchos de ellos son o han sido más recientemente nacionalizados en Estados Unidos, Canadá, Australia y Nueva Zelanda, ej., personas del Reino Unido, Estados Unidos, Canadá y Australia en el Tercer Mundo T5—201724.

**T5—914 vs.**    **Asiáticos del sur vs. Drávidas y escitodrávidas**
**T5—948**

Hablantes de Marathi (T6—9146 en la Tabla 6) y Sindhi (Tabla 6—91411 en la Tabla 6) se clasifican como escitodrávidas en T5—948 en la Tabla 5.

**T5—9141**    **Grupos nacionales**

Como se especificó en la nota de "clasifique en otra parte" en T5—9141, *trinidadians* y fidjianos de origen sudasiático se clasifican de acuerdo con su nacionalidad en vez de sus orígenes étnicos. Otros sudasiáticos, sin embargo, se clasifican de acuerdo con el orden de cita normal para la Tabla 5, que da preferencia a los orígenes étnicos. Por ejemplo, los sudafricanos de descendencia sudasiática se clasifican en T5—914068 (no T5—968).

**T5—9435**    **Turcos**

Clasifique aquí (a) los pueblos de Turquía como un grupo nacional, (b) pueblos que hablan o cuyos ancestros hablaban turco, (turcos osmanli y sus descendientes), incluyendo aquellos que no son nacionales turcos, ej., turcos chipriotas T5—943505645.

# Tabla 6. Lenguas

**T6—9639**    **Lenguas bantúes**

Las subdivisiones de las lenguas bantúes se adaptaron del arreglo de Voegelin de las zonas de las lenguas bantúes de Guthrie. Véase Charles F. y Florence M. Voegelin, *"Classification and Index of the World's Languages"* (New York: Elsevier, 1977), y Malcolm Guthrie, *"Comparative Bantu; an Introduction to the Comparative Linguistics and Prehistory of the Bantu Languages"* (Farnborough: Gregg, 1967–1971).

# Notas sobre los números de los Esquemas

**000** **Generalidades**

Dos categorías de obras pertenecen a la clase Generalidades:

(1) Obras en disciplinas "sombrilla" o "herramienta", esto es, que son disciplinas relacionadas con o aplicadas a muchas otras disciplinas, ej., análisis de sistemas y ciencia de los computadores (003–006), bibliografía (010 y 090), bibliotecología y ciencias de la información (020), museología (069), periodismo y publicación (070) En algunos casos los vínculos entre éstas y otras disciplinas se pueden mostrar perfectamente por enlace de un número del rango 001–999, ej., 016.54 bibliografías de química, 026.61 bibliotecas médicas. En otros casos, el vínculo se puede mostrar mediante el uso de la notación de las subdivisiones comunes de la Tabla 1, ej., análisis de sistemas en ingeniería civil 624.011, aplicaciones de computador en los negocios 650.0285.

(2) Obras multidisciplinarias, ej., enciclopedias generales (030), existen publicaciones en serie generales (050), obras sobre organizaciones generales (060), colecciones generales (080). Existe la notación paralela de las subdivisiones comunes en la Tabla 1 para tres de estos tipos de obras, para poder mostrarlas en conexión con temas específicos:

030 Enciclopedias generales

T1–03 Diccionarios, enciclopedias, concordancias

050 Publicaciones en serie generales y sus índices

T1–05 Publicaciones en serie

060 Organizaciones generales...

T1–06 Organizaciones...

**001.9 y 130** **Conocimiento controversial [y] Fenómenos paranormales**

Los números 001.9 y 130 pertenecen ambos a temas en la región oscura del semiconocimiento, temas que se rehusan a ser rechazados o sometidos a la verificación científica. Ciertas características de una obra son buenos indicadores de que pertenecen al 001.9 o bien al 130:

1. La pretención de acceso a fuentes secretas u ocultas;

2. Un rechazo a la autoridad establecida;

3. Una pronunciada reverencia para los iconoclastas y legos que se volvieron expertos;

4. Una aceptación sin crítica, de la observación simple de fenómenos sorprendentes;

5. Una fijación sobre lo inexplicable, lo enigmático, lo misterioso;

6. Una confianza cercana a la certeza sobre la existencia de conspiraciones y al trabajo de fuerzas maléficas;

7. Un reconocimiento de los poderes de seres o inteligencias extraterrestres (diferentes de los entes religiosos).

Los fenómenos clasificados en 130 están estrechamente vinculados con los seres humanos, la mente humana, las capacidades y poderes humanos, la felicidad humana. Los fenómenos clasificados en 001.9 no están estrechamente vinculados con los humanos. En caso de duda, y para obras interdisciplinarias, prefiera 001.9.

**003        Sistemas**

A pesar de tener nombres que los hacen diferentes, el análisis de sistemas y la investigación operativa tienen que ver a menudo con los mismos problemas y usan las mismas técnicas, especialmente modelos matemáticos de sistemas. Ellos se clasifican en los mismos números debido a que no hay suficiente diferencia para justificar números separados.

Clasifique obras que tratan sobre sistemas en disciplinas relacionadas en el número amplio apropiado para estas disciplinas, usando la notación 011 de la Tabla 1, ej., sistemas en medicina, ingeniería, administración y manufactura 601.1. Para que una obra sea clasificada en 003 debe ser aplicable al menos a tres clases principales (ej., 300, 500, 600).

Clasifique el uso de análisis de sistemas e investigación operativa en administración en el 658.4032. Sea especialmente cuidadoso con obras sobre investigación operativa, porque con frecuencia a primera vista parecen ser generales, pero en la realidad hacen énfasis en aplicaciones administrativas.

*Véase además el 004.21 vs. 003.*

**003,        Sistemas [y notación de la Tabla 1 para] Sistemas vs. Matemáticas [y notación**
**T1—011     de la Tabla 1 para principios matemáticos]**
**vs. 510,**
**T1—0151**   Muchas obras clasificadas adecuadamente en 003 son altamente matemáticas. Lo que las distingue de obras correctamente clasificadas en 510 es que la matemática se aplica a sistemas del mundo real.

Algunas obras acerca de sistemas tratan simplemente de sistemas matemáticos, ej., sistemas de ecuaciones. Desde luego tales obras se clasifican en 510. Tenga cuidado: los mismos términos o similares, se pueden aplicar tanto a sistemas matemáticos, como a descripciones matemáticas de sistemas del mundo real; por ejemplo, una obra sobre *sistemas dinámicos* puede tratar de matemáticas (515.352) o de sistemas del mundo real (003.85).

La mitad de una obra sobre sistemas en el sentido de 003 puede estar organizada de acuerdo con conceptos matemáticos, pero típicamente la introducción aclara que las matemáticas sirven como base para la teoría de sistemas. La parte de sistemas de tal obra podría organizarse típicamente de acuerdo con las aplicaciones específicas, tipos de sistemas, o conceptos de sistemas, tales como control, estabilidad, entrada-salida, retroalimentación, observabilidad, estabilidad, o estimación de estado.

En caso de duda si las matemáticas son aplicables o no los sistemas del mundo real, prefiera 510.

La distinción entre las subdivisiones comunes para sistemas y matemáticas es más difícil que la que existe entre 003 y 510 debido a que las obras clasificadas con el tema usando T1–0151 usualmente involucran matemáticas aplicadas al mundo real. Use T1–011 para obras que claramente dan importancia a los sistemas, modelos, pronósticos u otros temas mencionados en 003. Para obras que carecen de tal importancia y en caso de duda, prefiera T1–0151.

*Véase además 519.5, T1–015195 vs. 001.422, T1–072.*

**003.2**      **Predicciones y pronósticos**

La mayoría de las obras sobre predicciones y pronósticos tratan principalmente la predicción social ; dichas obras se clasifican en 303.49. Las obras clasificadas en 003 tratan la predicción como se aplica en una variedad de disciplinas sociales y no sociales. Tales obras se centran en los métodos de predicción. Los obras interdisciplinarias que destacan la predicción en una clase particular de sistema se clasifican con el sistema en el 003.7–8, ej., predicción en los sistemas estocásticos 003.760112.

**003.5 vs**      **Teoría de la comunicación y control vs. Ingeniería del control automático**
**629.8**

Clasifique las obras interdisciplinarias sobre control de sistemas vivientes y no vivientes en 003.5 o con varias clases específicas de sistemas en 003.7–.8. Clasifique el control automático de sistemas físicos hechos por el hombre en 629.8. En caso de duda, prefiera 003.5.

**003.7**      **Clases de sistemas**

Muchas clases de sistemas se definen en términos de las ecuaciones utilizadas para modelarlos, ej., los sistemas de distribución-paramétrica se definen como sistemas gobernados por ecuaciones diferenciales parciales. Otras ecuaciones se pueden usar para modelar el comportamiento del mismo sistema en el mundo-real. Clasifique una obra acerca de una clase específica de sistema de acuerdo con la forma en que la obra describe el sistema, ej., una obra que discute la aplicación de las matemáticas de procesos estocásticos (al azar) a los sistemas 003.76.

**004–006 vs.**      **[Procesamiento de datos**      **Ciencias de los computadores] vs. [Ingeniería de]**
**621.39**      **Computadores**

Las obras clasificadas en 004–006 tratan (a) equipo de computadores desde el punto de vista del usuario y/o (b) programas de soporte lógico (*software*) y de soporte lógico inmodificable (*firmware*). Obras clasificadas en 621.39 (a) tratan el equipo de computadores solamente desde el punto de vista de la ingeniería o de su manufactura y (b) no tratan los programas de soporte lógico (software) ni el aspecto relativo al soporte lógico inmodificable (firmware). Una obra que trate los procesos físicos de la manufactura de los *chips* de programas de soporte lógico inmodificable (*firmware*), sin discutir de los programas incorporados en esos chips, se clasificaría en 621.39. Las obras generales sobre ciencia de los computadores y los aspectos de ingeniería de computadores de un tema especial en computadores se clasifican en 004–006.

Las obras que tratan conceptos del 004–006 se pueden clasificar en 621.39 solamente si los conceptos 004–006 son aplicables al 621.39, como en programas de gráficos por computador para asistir en el diseño de circuitos de computador 621.3950285668.

El 621.39 es paralelo en estructura al 004, excepto para 621.399, el cual es análogo a 006. Debido a que ciertos números en 621.39 fueron omitidos para minimizar los números usados nuevamente, el paralelo con 004 no es tan cercano como podría ser.

| | | |
|---|---|---|
| Computadores en general: | | |
| obras generales sobre | | |
| computadores digitales | 004 | 621.39 |
| Supercomputadores digitales | 004.11 | 621.3911 |
| Grandes computadores digitales | | |
| (Mainframe computers) | 004.12 | 621.3912 |
| Minicomputadores digitales | 004.14 | 621.3914 |
| Microcomputadores digitales | 004.16 | 621.3916 |
| Computadores híbridos y análogos | 004.19 | 621.3919 |
| Análisis y diseño de sistemas, | | |
| arquitectura del computador, | | |
| evaluación del desempeño | 004.2 | 621.392 |
| Almacenamiento | 004.5 | 621.397 |
| Interfases y comunicaciones | 004.6 | 621.3981 |
| Equipos periféricos | 004.7 | 621.3984 |
| Métodos especiales de computación | 006 | 621.399 |

En 621.39 no hay análogo para el número 004.3 Modos de procesamiento, porque la mayoría de las obras que se centran en los modelos de procesamiento no incluyen el tratamiento de programas de soporte lógico (*software*) y de soporte lógico inmodificable (firmware) y por lo tanto, no se clasifican en 621.39. Clasifique las obras generales sobre ingeniería de computadores, procesadores (unidades centrales de procesamiento), sistemas de computadores caracterizados por sus modos de procesamiento en 621.391, aspectos específicos de tal maquinaria, clasifíquelos con el aspecto, ej., ingeniería de diseño de multiprocesadores 621.392.

La mayoría de las obras sobre arquitectura del computador y evaluación del desempeño incluyen el tratamiento de programas de soporte lógico (*software*) y de soporte lógico inmodificable (firmware), por lo que existen subdivisiones separadas del 004.2 para estos temas (004.22 Arquitectura del computador y 004.24 Evaluación del desempeño), pero no hay tales divisiones separadas en 621.392. Las obras sobre éstos temas que se limitan verdaderamente a la ingeniería de computadores, sin embargo, se clasifican en 621.392.

La ingeniería de dispositivos para los métodos especiales de computación mencionados en el 006 se clasifica en 621.399, ya sea que los dispositivos o métodos sean mencionados o no.

No existe análogo en el 004 para el 621.395 Circuitos, debido a que éste es estrictamente un aspecto de la ingeniería de computadores, no es algo que el usuario del computador necesita entender.

La ingeniería de computadores no es parte de la notación 0285 de la Tabla 1. Sin embargo, está sujeta a la misma regla que se aplica a la ingeniería electrónica en general: una aplicación específica se clasifica con la aplicación, ej., ingeniería electrónica de computadores en robots 629.892.

**004 vs. 005    Procesamiento de datos    Ciencia de los computadores vs. Programación de computadores, programas, datos**

Clasifique en 004 las obras sobre equipos de computadores y obras que tratan tanto de equipos como de los aspectos "blandos" (soft) de los sistemas de computadores, programas, programación y datos. Clasifique las obras que tratan de los aspectos "blandos" (soft) en 005. Excepción: Clasifique el equipo aplicado a los temas mencionados en el 005 con el tema usando la notación 028 de la Tabla 1, ej., máquinas para bases de datos 005.74028. Excepción a la excepción: Clasifique el equipo para interfases y comunicación de datos en 004.6 (no 005.71).

**004.1    Obras generales sobre tipos específicos de computadores**

En este número, sus subdivisiones y números análogos en cualquier lugar de 004–006 y 621.39, computadores y procesadores (unidades centrales de procesamiento) se tratan para propósitos de clasificación como si fueran lo mismo. De hecho no son iguales, pero pocas obras sobre procesadores pueden evitar la discusión sobre otras partes del computador con las cuales el procesador debe interactuar; por esto las obras sobre tipos específicos de computadores y procesadores no son lo suficientemente diferentes para justificar números separados.

Las calculadoras programables se clasifican en 510.28541 mejor que en 004.1, porque tienen funciones limitadas de computador, capaces de trabajar solamente con números, no con datos alfabéticos.

**004.11–.16    Computadores digitales**

Use estos números y los números análogos en ingeniería (621.3919–.3916) con precaución; uselos solamente para obras que destacan el tipo específico de computador, no para obras que se refieren la mayoría de las veces a un tipo particular como una ilustración de lo que hacen los computadores en general. Por ejemplo, use el 004, nó el 004.12 para una introducción general a los computadores escrita en una época en que solamente existían grandes computadores (mainframe). En caso de duda, prefiera el 004 o el 621.39 sin subdivisión.

Los supercomputadores son los más grandes, rápidos, de más potencia y los más costosos; los grandes computadores (mainframe) son los que siguen; luego los minicomputadores; finalmente los microcomputadores que son los más pequeños, lentos, de menor potencia y los más baratos. Las diferencias específicas entre estos tipos de computadores están dadas especialmente en términos del tamaño de la palabra, tamaño de la memoria y velocidad; pero las distinciones cambian de una autoridad a otra, de fabricante a fabricante y especialmente con el tiempo. Clasifique un computador particular de acuerdo con la forma en que está presentado en la primera obra acerca del mismo que la biblioteca adquirió (a menos que se sepa que la obra tiene una presentación atípica del computador).

No clasifique una obra que trata sobre más de un computador o procesador en un número para computadores específicos en 004–006 a menos que:

1. La obra que trata una serie única de computadores o procesadores muy relacionados, (ej., las series IBM 370® de grandes computadores (*mainframe*) en 004.125 o el Intel 8080® y 8080A® y los microprocesadores 004.165); o

2. La obra que trata principalmente un computador o procesador específicos pero que agregan que es aplicable a otro similar (ej., una obra sobre programación del IBM PC® dice que también se puede usar como una guía para programación de computadores compatibles con IBM 005.265).

Nota: Una obra que trata sobre un computador y procesador es en efecto una obra acerca del computador y debe ser tratada como tal (ej., una obra acerca del computador Apple II® y del microcomputador 6502® en 004.165).

En caso de duda, no se use un número para computadores específicos.

**004.21 vs. 003**

**Análisis y diseño de sistemas vs. Sistemas**

Además del análisis y diseño de sistemas basados en computadores, clasifique en 004.21 el análisis de sistemas de un problema del usuario, para diseñar una solución basada en computadores. Clasifique una obra sobre análisis y diseño de sistemas, que no está relacionada con sistemas basados en computadores en el 003 o con el sistema específico.

**004.21 vs. 004.22, 621.392**

**Análisis y diseño de sistemas vs. Arquitectura del computador vs. Análisis y diseño de sistemas, arquitectura del computador [en ingeniería de computadores]**

En el 004.21 el análisis y diseño de sistemas de un sistema basado en computadores involucra un computador, programas de aplicación y procedimientos, usualmente también otros equipos, a menudo una base de datos y una red de comunicaciones, todos trabajando juntos para cumplir una tarea para el usuario.

En el 004.22 la arquitectura del computador se centra en el diseño y estructura del computador en sí mismo, en relación con sus dispositivos periféricos. La mayoría de la obras sobre la arquitectura de computadores tratan el *software* o los aspectos de programación del *firmware* tanto como los aspectos del equipo; pero en la discusión sobre programas, el énfasis es sobre programas de sistemas, los cuales hacen que el computador funcione apropiadamente, más que sobre programas de aplicación que ejecutan las tareas de los usuarios.

En 621.392 se clasifican las obras que tratan del equipo de computación pero no del *software* o del *firmware*.

**004.24**      **Evaluación del desempeño**

Aquí se clasifican solamente las obras especializadas que tratan de la medición y evaluación del rendimiento como una ayuda en el diseño o mejora del rendimiento de un sistema de computadores. Clasifique las evaluaciones generales de computadores en el número apropiado para las obras generales, ej., evaluaciones generales de microcomputadores en el 004.16, de microcomputadores de la BBC® 004.165. En caso de duda, prefiera el número para obras generales. Agregue la notación 0297 de la Tabla 1 al número de obras generales si el énfasis es sobre evaluación como un criterio de compra, ej., manuales de evaluación y compra de microcomputadores 004.160297.

**004.6**      **Interfases y comunicaciones**

Es imposible hacer una distinción útil para la clasificación entre el sistema de interfases de un computador y comunicaciones por computador. Por ejemplo, hay muchas similitudes entre (a) las técnicas de interfase que unen un computador con una impresora colocada cerca y (b) las técnicas de comunicación que unen un computador con una impresora, una terminal u otro computador remotos físicamente. El esquema está diseñado de tal forma que el clasificador no necesita diferenciar entre interfases del computador y las comunicaciones por computador. En 004.6, 005.71 y 621.3981 las interfases y las comunicaciones por computador se clasifican en los mismos números.

*Véase además 384.3 vs. 004.6.*

**004.6 vs.**      **Interfases y comunicaciones vs. Comunicaciones de datos**
**005.71**

Estos dos números son paralelos: el proceso de interfases se clasifica en ambos, las **comunicaciones por computador** y las **comunicaciones de datos** son sinónimos. Clasifique en 004.6 los aspectos de la selección y uso de los equipos para interfases y comunicaciones, los aspectos "duros". Clasifique en 005.71 las obras generales sobre programación, programas y datos en los procesos de interfases y comunicaciones de computadores. (Clasifique aspectos específicos de datos de interfases y comunicaciones con el aspecto de que tratan en el 005.7–.8, ej., códigos para corrección de errores 005.72, compresión de datos en 005.746, cifrado de datos 005.82). Clasifique obras generales sobre aspectos "duros" y "blandos" (*hard and soft*) de procesos de interfase y comunicaciones por computador en 004.6.

**005**      **Programación de computadores, programas, datos**

El procesamiento de textos, como se clasifica acá, es más amplio que el procesamiento de palabras; incluye todo el procesamiento de información codificado como caracteres o secuencias de caracteres (en contraste con la información codificada como números), ej., conteo de la frecuencia de palabras, elaboración de concordancias, almacenamiento y recuperación de textos, ordenamiento (*sorting*) de listas alfabéticas. Clasifique las aplicaciones de procesamiento de textos con la aplicación, ej., el ordenamiento alfabético 005.78, procesamiento de palabras 652.5.

*Véase además 004 vs. 005.*

**005.1 vs. 005.3**

**Programación vs. Programas**

Clasifique en 005.1 y en otros números de programación, las obras sobre programación para lograr confiabilidad, compatibilidad, movilidad y otras cualidades ideales. Clasifique en 005.3 y otros números para programas, las obras que analizan si los programas existentes tienen esas cualidades.

Clasifique en 005.10218 y 005.150218 normas para programas y documentación de programas dirigidos a programadores y escritores de documentación, para garantizar que producen buenos programas y buena documentación. Clasifique en 005.30218 y otros números para programas, las obras que discuten sobre normas para ayudar a los usuarios a seleccionar entre los programas y documentación exitentes.

Clasifique en 005.14 pruebas y mediciones como parte del desarrollo de programas. Clasifique en 005.30287 y otros números para programas, las obras que discuten las formas en que los usuarios miden o prueban los programas como una ayuda en la selección.

Clasifique una obra dedicada igualmente a programación y a programas en 005.1 Programación o 005.2 Programación para tipos específicos de computadores.

**005.1 vs. 510**

**Programación [de Computadores] vs. Matemáticas**

Se pueden usar ciertos términos, tanto para los conceptos de ciencia de los computadores como para las matemáticas. *Algoritmo*, por ejemplo, se puede usar para procesos de resolución de problemas matemáticos, con o sin la ayuda de un computador. El *algoritmo* también se puede usar en el contexto de programación de computadores para procesos de resolución de diferentes clases de problemas, de recuperación de información y de procesamiento de palabras, tanto como para problemas matemáticos.

La *programación* se puede referir a una rama de las matemáticas aplicadas que no necesariamente tiene conexión con los computadores, aunque la computación en este campo generalmente necesita la ayuda de un computador. Por ejemplo, la *programación lineal* se refiere al estudio de maximización o minimización de una función lineal $f(X_1,.., X_n)$ sujeta a ciertas limitaciones que son desigualdades lineales que contienen las variables de $X_1$. La *programación no lineal* se refiere al estudio de maximización o minimización de una función de varias variables, cuando estas están limitadas a ceder valores a otras funciones ubicadas en cierto rango y aún a la función que se maximiza o minimiza, o al menos a una de las funciones cuyo valor es limitado, no es lineal. Las obras sobre programación como una rama de las matemáticas aplicadas se clasifican en 519.7. La *programación* puede referirse también a instrucciones para dirigir el funcionamiento de un computador o de su equipo periférico. En este sentido la programación se clasifica en 005.1.

**005.101    Filosofía y teoría [de la programación]**

La notación 01 de la Tabla 1 no se usa aquí o con subdivisiones del 005.1 para discusiones generales sobre la lógica en programación porque la lógica es inherente a la programación y se discute en casi todos las obras acerca de la programación. La notación 01 de la Tabla 1 se puede usar para obras especializadas con especial énfasis en el análisis lógico. Dichas obras por lo regular tratan, no la lógica en general, sino la lógica simbólica (matemática), para lo cual se usa la notación 015113.

**005.11    Técnicas especiales de programación**

Aquí se clasifican las técnicas especiales de programación aplicadas a las fases múltiples de programación, ej., obras sobre programación estructurada que tratan del diseño, codificación y prueba de programas 005.113. Las técnicas especiales de programación aplicadas solamente a una fase de la programación se clasifican con la fase, ej., obras sobre diseño de programas estructurados 005.12.

**005.136    Lenguajes de máquina y lenguajes ensambladores**

La mayoría de los lenguajes de máquina y lenguajes ensambladores (*assembly languages*) se limitan a un computador o procesador específico (o al menos a un tipo específico); y la mayoría de las obras acerca de lenguajes de máquina y lenguajes ensambladores hacen énfasis en la programación con esos lenguajes; de ahí que la mayoría de las obras se clasifican en el 005.2 Programación para tipos específicos de computadores. Una obra sobre un lenguaje de máquina y lenguaje ensamblador específicos que no haga énfasis en la programación se debe clasificar aquí. La mayoría de las obras clasificadas aquí tratan sobre lenguajes de máquina o lenguajes ensambladores en general.

**005.15 vs.    Preparación de documentación de programas vs. [Redacción técnica en la**
**808.066005    preparación de la documentación de programas]**

Clasifique en 005.15 las obras generales sobre cómo preparar documentación de programas; las obras sobre cómo preparar la documentación técnica necesaria para el personal que mantiene, modifica y mejora el programa (incluyéndo cosas tales como listas fuente del programa; comentarios de programas, diagramas de flujo, tablas de decisión lógica, tablas específicas, especificaciones de archivos, descripción de la función del programa, registro periódico de pruebas de programas, logaritmos de modificación); obras sobre cómo preparar los manuales para los usuarios de los programas que se centran más en el contenido que en la forma; las obras sobre políticas para la documentación de programas.

Clasifíque en 808.066005 las obras que hacen énfasis en la redacción técnica, es decir, que hacen énfasis en asuntos tales como organización para mayor claridad, redacción apropiada para una audiencia determinada, utilización de una buena estructura del párrafo, preferencia de la voz activa, uso consistente de la terminología. Generalmente estas obras están orientadas a los manuales de usuarios.

## 005.3   Programas

Clasifique un programa o programas diseñados para correr en dos tipos de computador con el predominante si lo hay, ej., un programa que corre en cinco computadores "mainframe" y uno en un minicomputador 005.329. Si ninguno de los dos tipos predomina, clasifíquelo con el más pequeño, ej., un programa para minicomputadores y microcomputadores 005.369.

Clasifique los programas para una aplicación específica en ciencias de los computadores, con la aplicación en 005–006, pero nunca en 004. Entre los números usados con más frecuencia para los programas de soporte lógico (*software*) además del 005.3 y sus subdivisiones, están el 005.43 para sistemas de programas de soporte lógico (*software*) y sistemas operativos, 005.713 para interfaces y programas de comunicaciones de datos, el 005.74 para sistemas de administración de bases de datos y el 006.68 para programas de gráficos por computador.

Los programas aplicados a un tema o disciplina en particular se clasifican en el tema o disciplina, usando la notación 028553 de la Tabla 1, ej.,programas para contabilidad tributaria en 657.46028553.

*Véase además T1–0285; 005.1 vs. 005.3.*

## 005.362      [Programas] En lenguajes específicos de programación

Clasifique aquí (y con números afines) programas y obras acerca de programas solamente si el tema clasificado, hace énfasis en los lenguajes de programación. En la mayor parte del *software* comercial, el usuario no necesita saber en cuál lenguaje de programación ha sido escrito; dicho *software* se clasifica en las subdivisiones de 005.3 no dedicadas a lenguajes específicos de programación.

## 005.369      Programas específicos

Clasifique aquí (y en números afines) los programas que tengan aplicaciones interdisciplinarias, tales como las hojas electrónicas (que se pueden usar en investigación, negocios, finanzas personales, para los cuales un formato matriz puede ser útil en cualquier momento) y paquetes estadísticos que son usados más comunmente en investigación y que tienen formato para informes y otras características que van más allá de las solas capacidades estadísticas. Si la obra que trata de cómo usar un programa es una guía útil para que los usuarios apliquen el programa en muchos campos, clasifíquelo en 005.369 y números afines, aún si la mayoría de los ejemplos vienen de otro campo.

Si una obra se centra en cómo usar un programa en un campo particular, sin embargo, se clasifica con ese campo, usando la notación 02855369 de la Tabla 1 y números afines, ej., uso de una hoja electrónica en administración financiera 658.1502855369. En caso de duda, prefiera 005.369 y los números afines.

**005.43**      **Programas de sistemas    Sistemas operativos**

Aunque hay diferencias técnicas entre un tipo de programa de utilidad (*utility*) denominado editor de texto y uno de procesamiento de palabras, clasifique ambos en 652.5; sin embargo, los editores de textos especialmente adaptados para programas de entrada, ej., aquellos que chequean los programas de gramática, se clasifican en 005.13.

**005.6**      **Microprogramación y microprogramas**

La *microprogramación* no significa programación para microcomputadores, ni *microprograma* significa un programa para un microcomputador. La *microprogramación* significa programas escritos en los cuales cada instrucción especifica un minuto de operación del computador. Dichos programas son microprogramas. La programación para microcomputadores se clasifica en 005.26, los programas para microconmputadores en 005.36.

*Véase además 004 vs. 005; 004–006 vs. 621.39.*

**005.713**      **[Comunicaciones de datos] Programas**

Un ejemplo de un programa para comunicación de datos es el que permite al usuario con un microcomputador y un módem para transmitir y recibir datos y posiblemente almacenarlos y manipularlos. El programa puede también preparar un computador para manejar diferentes formas de datos, cambiar velocidades de transmisión para adaptarse al equipo, almacenar números telefónicos y proveer rutinas automáticas de tal forma que el usuario no necesite repetir los procesos de conexión, etc.

**005.74**      **Archivos de datos y bases de datos**

Aunque hay diferencias técnicas entre el archivo de datos y la base de datos, el tratamiento de clasificación es el mismo.

Clasifíque en 005.74 los aspectos de ciencia de los computadores de las bases de datos –es decir, aspectos técnicos del diseño, programación e instalación de bases de datos y sistemas de administración de bases de datos– las diferentes cosas que los diseñadores y programadores de sistemas necesitan conocer, más no los usuarios, a menos que ellos mismos instalen su base de datos en su propio computador. Clasifique el tema del contenido de las bases de datos (y las obras que discuten ese contenido) como si las bases de datos fueran libros, ej., bases de datos enciclopédicas 030, bases de datos bibliográficas 010, bases de datos de química no bibliográficas 540. No se use la notación 0285574 de la Tabla 1 excepto para obras que hacen énfasis en aspectos de ciencia de los computadores de las bases de datos más que en el contenido del tema. Clasifique en 025.04 los aspectos de ciencias de la información relativos a los sistemas de almacenamiento y recuperación automatizados que hacen las bases de datos accesibles–las cosas que los usuarios necesitan acerca de los sistemas para hacer el mejor uso posible de ellos. Clasifique en 025.06 los aspectos relativos a las ciencias de la información de los sistemas automatizados que hacen accesibles a los usuarios las bases de datos sobre temas específicos. Clasifique las obras interdisciplinarias sobre bases de datos en 025.04.

*Véase además 011.3 vs. 011.77, 005.30296.*

**006.37 vs.**
**006.42,**
**621.367,**
**621.391,**
**621.399**

**Visión por computador vs. Reconocimiento de patrones ópticos vs. Tecnología fotográfica y foto-óptica vs. Obras generales sobre [ingeniería de] Tipos específicos de computadores vs. Dispositivos para métodos especiales de computación**

La visión por computador y el reconocimiento de patrones ópticos implican reconocimiento de formas, modelos u otros patrones ópticos para el propósito de clasificación, agrupación o identificación; pero la visión por computador hace uso extensivo de la inteligencia artificial por la interpretación compleja de la información visual, cuando de otro lado el reconocimiento de patrones ópticos abarca sólo la simple interpretación.

La mayoría de las obras sobre la visión por computador y los patrones de reconocimiento óptico dan tratamiento sustancial a los programas de computador requeridos para interpretar patrones ópticos; dichas obras se clasifican en 006.37 y 006.42, como también se hace con las obras que tratan de la visión por computador y los dispositivos para reconocimiento de patrones ópticos desde el punto de vista del usuario. Clasifique en 621.399 las obras sobre diseño y producción de equipos "hardware" para visión por computador y reconocimiento de patrones ópticos.

Clasifique en 621.367 las obras sobre dispositivos que registran y procesan señales ópticas sin hacer virtualmente ninguna interpretación (bien sea porque la interpretación no es necesaria o porque se le deja a otros, computadores o seres humanos), ej., dispositivos para mejorar la imagen.

En 621.391 *computador óptico* se refiere al propósito general de los computadores cuyo mecanismo de procesamiento de datos centrales se basa en la luz (ej., láser). Algunas veces el *computador óptico* se usa para computadores diseñados con propósito especial para procesar datos ópticos, independientemente del tipo de mecanismo de procesamiento de datos centrales. Las obras sobre estos computadores se clasifican en 006.37, 006.42, o 621.399.

**011 vs.**
**011.77,**
**005.30296**

**Bibliografías generales de obras publicadas en formas específicas vs. [Bibliografías generales de] Programas de computador vs. Miscelánea comercial [acerca de programas de computador]**

Clasifique las bibliografías generales de obras legibles por máquina no limitadas a programas de soporte lógico (*software*) en 011.3. Sin embargo, una lista general de solo programas de soporte lógico (*software*), es una lista de obras con un contenido especial, no simplemente una forma especial; aunque no es una lista sobre un tema específico en el sentido del 016. Clasifique una lista general de "*software*" en 011.77. Clasifique listas anotadas en 011.77 si las anotaciones son relativamente breves; pero clasifique las listas con reseñas largas como guías para compradores en

005.30296, ej., una colección de reseñas de programas de soporte lógico (*software*) para microcomputador en 005.360296.

*Véase además 005.74.*

## 020 Bibliotecología y ciencias de la información

El orden de precedencia del esquema para bibliotecología y ciencias de la información es complejo. La siguiente tabla muestra la precedencia entre 022, 023, 025, 026 y 027:

025 Operaciones, tales como servicios técnicos, ej., adquisiciones, catalogación; servicios para los lectores, ej., referencia, circulación.

Excepciones: (a) La administración (025.1) tiene menor prioridad que otras operaciones (véase a continuación). (b) Los servicios para los lectores para grupos y organizaciones especiales se clasifican con bibliotecas para grupos y organizaciones especiales en 027.6, no en 025.5. (c) Las obras generales sobre operaciones en una clase específica de institución se clasifican con la clase de institución en 026–027, no en 025.

022, 023, 025.1 Administración

026 Instituciones dedicadas a disciplinas y temas específicos

027 Instituciones generales

Ejemplos :

1. Administración de catalogación

Operación (catalogación) + administración 025.3 + T1–068 (notación de la Tabla 1) = 025.3068

2. Administración de bibliotecas de derecho

Administración + institución (biblioteca de derecho) 025.19 + 634 (de 026.34) = 025.19634

3. Administración de personal en bibliotecas universitarias

Administración de personal + institución (biblioteca universitaria) 023

(Observe que el tipo de institución no se puede indicar en el número)

4. Selección de libros en bibliotecas públicas

Operación (selección de libros) + institución (biblioteca pública) 025.218 + 74 (de 027.4) = 025.21874

5. Servicios de referencia en la biblioteca corporativa

La biblioteca para una organización especial (organización de negocios) + operación (servicios de referencia) 027.69

(Observe que la faceta usual de orden en una operación + institución aquí revertida debido a la excepción mencionada anteriormente bajo 025. También observe que la operación [servicios de referencia] no se puede indicar en el número.)

En los dos contextos en 020, materiales por tema o disciplina (ej., química) toman precedencia sobre los materiales por formato o características bibliográficas especiales (ej., grabaciones sonoras, publicaciones en serie). Las instituciones dedicadas a disciplinas y temas específicos en (026) toman precedencia sobre las instituciones dedicadas a materiales en formatos especiales o con características bibliográficas especiales (027); la selección y adquisición de materiales sobre disciplinas y temas específicos (025.27) toman precedencia sobre selección y adquisición de materiales en formas especiales (025.28). En el contexto del control bibliográfico, sin embargo, los materiales en formatos especiales o con características bibliográficas especiales (025.34) toman precedencia sobre los materiales en disciplinas y temas específicos (025.46 clasificación, 025.49 vocabularios controlados por materias).

Ejemplos:

1. Selección y adquisición de publicaciones en serie de química para bibliotecas universitarias

> Operación (selección y adquisición) + tema del material (química) + formato del material (publicación en serie) + institución (biblioteca universitaria) 025.27 + 54 (de 540) = 025.2754

> (Observe que el formato del material [publicación en serie] y tipo de institución [biblioteca universitaria] no se pueden indicar en este número. Si la notación 05 de la Tabla 1 fuera adicionada a la forma 025.275405, el número significaría publicaciones en serie sobre selección y adquisición de materiales de química, no selección y adquisición de publicaciones en serie de química.)

2. Clasificación de grabaciones sonoras de música

> Operación (clasificación) + formato del material (grabaciones sonoras) + tema del material (música) 025.3482

> (Observe que el tema del material (música) no se puede indicar en este número)

## 025.3    Análisis y control bibliográficos

La mayoría de las obras sobre análisis y control bibliográficos tratan alguna forma estándar (ej., códigos de catalogación estándar, listas de encabezamientos de materia estándar) debido a que las normas son inherentes al control. Por esta razón no se use la notación 0218 de la Tabla 1 aquí ni en ninguna subdivisión del 025.3–.4.

## 026–027    Clases específicas de instituciones

Una operación específica en una clase específica de institución se clasifica con la operación, ej., desarrollo de colecciones en bibliotecas para pacientes en 025.2187662; sin embargo, servicios para grupos y organizaciones especiales se clasifican en 027.6, ej., servicios para los lectores en bibliotecas para pacientes en 027.662.

Bibliotecas, archivos, centros de información dedicados a clases específicas de materiales especiales se clasifican en 026–027. Si éstas se limitan a un tema o disciplina específicos se clasifican en 026, ej., bibliotecas dedicadas a partituras musicales en 026.78026, a mapas en 026.912.

Una biblioteca general (1) dedicada a una clase de material especial y (2) que no sirve a grupos y organizaciones especiales, puede ser considerada como dedicada a un tema y se clasifica en 026 más el número en 001–999 para la clase de material, ej., una biblioteca de libros raros en 026.09. No obstante, si una biblioteca dedicada a una clase de material se limita a lo que se ha llamado un tema o disciplina específicos, se clasifica con el tema o disciplina, ej., una biblioteca de libros raros dedicada a la literatura 026.8. Una biblioteca general dedicada a una clase de material especial y que sirve a grupos y organizaciones especiales se clasifica en 027.6, ej., una biblioteca braille 027.663.

**027      Bibliotecas, archivos, centros de información generales**

Pocos archivos son lo suficientemente generales para clasificarse aquí; la mayoría se clasifican en 026 porque contienen principalmente material sobre disciplinas y temas específicos, ej., archivos de organizaciones religiosas 026.2 (no 027.67).

**027.5    Bibliotecas gubernamentales**

Los archivos gubernamentales generales para una jurisdicción específica usualmente contienen material que refleja principalmente la historia y civilización del lugar; las obras sobre tales archivos se clasifican en 026 más el número de historia para la jurisdicción, ej., Archivos Nacionales de Estados Unidos 026.973.

**070.433    Reportaje local, extranjero, noticias de guerra**

El reportaje general sobre un área específica se trata como reportaje sobre la historia y civilización del área y se clasifica en 070.449 más el número de historia para el área de notación 909.09 o 940–990, ej., reportaje de noticias locales de Londres 070.4499421, reportaje de corresponsales extranjeros sobre Africa del Sur 070.449968.

# 080      Colecciones generales

Para ser clasificada aquí, una obra debe contener una colección de escritos, informes o citas sobre una variedad de temas. Ejemplos: artículos seleccionados de naturaleza general de una o más publicaciones periódicas, tales como artículos de *The Atlantic*; una colección de citas de Winston Churchill sobre varios temas.

**081–089    [Colecciones generales] En lenguas específicas y familias de lenguas**

Las colecciones escritas originalmente en una lengua o familia de lenguas se clasifican con la lengua o familia de lenguas. Las colecciones escritas originalmente en dos o más lenguas o familias de lenguas se clasifican con la lengua o familia de lenguas predominantes, si las hay. Si la lengua original o familia de lenguas no son predominantes, pero la obra aparece en una lengua como un resultado de una traducción, se clasifica con la lengua en que aparece. Se clasifican en 080 las colecciones en donde el material aparece en múltiples lenguas sin ningún predominio, aún si va acompañado por traducciones a la lengua de una audiencia determinada

## 100    Filosofía, parapsicología y ocultismo, psicología

La ética es una excepción a la regla de que la filosofía de una disciplina o tema se clasifica con la disciplina o tema. Clasifique la ética de una disciplina o materia en 172–179. Clasifique la ética sobre o basada en una tradición religiosa con la religión en 200. Por ejemplo, clasifique filosofía y teoría de las relaciones internacionales en 327.101; la ética de las relaciones entre estados en 172.4; la ética de aquellas relaciones tratadas como parte de la teología moral cistiana en 241.624.

**100, 109 vs. 190**    **Filosofía, parasicología y ocultismo, psicología [y] Tratamiento histórico y colectivo de personas de la filosofía vs. Filosofía occidental moderna**

Para que las obras se puedan clasificar en 100–109, deben incluir: (a) una discusión de la disciplina de la filosofía en sí misma o varias de las preguntas y ramas más importantes de la filosofía, como es la norma en obras introductorias; o (b) una discusión de la filosofía suficientemente amplia para cubrir tanto la filosofía no occidental, antigua y medieval como la filosofía occidental moderna.

*Véase además 190.*

**100 vs. 200**    **Filosofía, parasicología y ocultismo, psicología vs. Religión**

Tanto la filosofía como la religión tratan con la naturaleza fundamental de la existencia y sus relaciones, pero la religión las trata dentro del contexto de la revelación, la deidad, el culto. La teología natural (210) no involucra la revelación o el culto pero analiza las preguntas dentro del contexto de la deidad.

Cualquier obra que haga énfasis en la revelación, la deidad o el culto, se clasifica en 200, aún si usa métodos filosóficos, ej., una prueba filosófica de la existencia de Dios 212.1. Algunas veces el pensamiento de una tradición religiosa se usa para examinar las preguntas de la filosofía sin referirse a la deidad o a temas religiosos, ej., filosofía judía 181.06, filosofía cristiana 190. Sin embargo, clasifique la ética basada en una religión en 200. En caso de duda, prefiera 200.

**130 vs. 133**    **Fenómenos paranormales vs. Parapsicología y ocultismo**

Observe que el 130 por sí mismo se usa raras veces; la mayoría de las obras generales sobre fenómenos paranormales se centran en la parapsicología y ocultismo, por lo tanto, se clasifican en 133 nó en 130.

**133 vs. 200**    **Parapsicología y ocultismo vs. Religión**

Si el autor de una obra acerca de fenómenos parapsicológicos y ocultos los describe como religiosos, o los creyentes y practicantes los consideran religiosos, la obra se clasifica en 200. Si los fenómenos parapsicológicos y ocultos no se presentan como religiosos, o en caso de duda, si éstos han sido presentados de esta forma, prefiera 133.

Clasifique el conocimiento que se considera derivado de textos religiosos antiguos y secretos pero no aplicado a propósitos religiosos en 133; sin embargo, clasifique las ediciones de los textos en 200, aún si la anotaciones se hicieron desde el punto de vista del ocultismo, ej., discusión de tradiciones ocultas derivadas del Zohar 135.4, pero el texto del Zohar 296.16.

**133.129 vs.**    **Lugares eencantados específicos vs. [Tratamiento histórico, geográfico, de**
**133.109**        **personas de las apariciones (fantasmas)]**

Use 133.129 solamente para obras que tratan de un lugar encantado, ej., en el Hotel del Monte en el antiguo Monterrey 133.12979476. Use el 133.109 para obras que tratan de dos o más lugares encantados durante un período histórico o área geográfica específicos, ej., lugares encantados en Cornwall 133.1094237.

**133.9013 vs.**    **Supervivencia personal, naturaleza del mundo espiritual y de la vida después**
**129**             **de la muerte vs. Origen y destino del alma individual**

Clasifique en 133.9013 los relatos de la vida después de la muerte de fuentes personales o como parte de la tradición oculta. Clasifique en 129 las discusiones filosóficas de supervivencia personal y de la vida después de la muerte. En caso de duda, prefiera 133.9013.

## 140    Escuelas y posiciones filosóficas específicas

Las posiciones filosóficas o escuelas de filosofía son grupos de actividades o presuposiciones filosóficas que un filósofo o un grupo de filósofos aportan para el estudio de varios temas. Los temas son las preguntas estudiadas por la filosofía, tal como el yo 126. Solamente las obras generales que discuten cómo una posición filosófica o escuela de filosofía tratan una variedad amplia de temas se clasifican en 140, ej., existencialismo 142.78, pero la posición filosófica de los existencialistas sobre el yo en 126.

**140 vs.**       **Escuelas y posiciones filosóficas específicas vs. Tratamiento histórico,**
**180-190**      **geográfico, de personas en filosofía**

A menos que se den otras instrucciones, clasifique en 140 las escuelas y posiciones específicas de la filosofía occidental moderna y las obras generales sobre escuelas y posiciones específicas, pero clasifique en 180 las escuelas y posiciones filosóficas antiguas, medievales y orientales, ej., idealismo occidental moderno, obras generales sobre idealismo antiguo y moderno o sobre idealismo occidental e hindú en 141, pero el idealismo hindú en 181.4. Clasifique en 190 el tratamiento histórico y geográfico de la filosofía occidental moderna no limitado a una posición filosófica específica, pero clasifique una escuela o posición filosófica específicas con la escuela o posición filosófica independientemente del tiempo o del lugar, ej., filosofía francesa 194, pero el existencialismo en Francia 142.780944.

Clasifique las obras colectivas de un filósofo individual y la crítica de su obra como un todo en el 180–190, aún si su obra cae enteramente dentro de una posición filosófica o sirve como fundamento a una escuela, ej., las obras de Immanuel Kant 193, pero el Kantismo como una posición filosófica defendida por filósofos en 142.3.

**146.32 vs.**
**335.4112**

**Materialismo dialéctico [como una posición filosófica] vs. Materialismo dialéctico [como un fundamento filosófico de los sistemas marxistas]**

Clasifique en 335.4112 el materialismo dialéctico aplicado a los aspectos económicos y políticos de los sistemas marxistas. Clasifique en 146.32 el materialismo dialéctico como una posición filosófica, ya sea que no esté aplicado a los temas externos a la filosofía o aplicados a muchas disciplinas diferentes . En caso de duda, prefiera 335.4112.

## 150     Psicología

Mientras la aplicación de la psicología a cualquier tema se clasifica con el tema usando la notación 019 de la Tabla 1, la aplicación de la psicología social a un tema se clasifica en ciencias sociales (más frecuentemente en 302–307) sin el uso de la notación 019. Por ejemplo, clasifique la psicología individual de la religión en 200.19 y la psicología social de religión en 306.6.

**150 vs.**
**302–307**

**Psicología vs. [Psicología social]**

Clasifique en 150 las obras que se centran en el individuo, incluyendo aquellas que discuten la influencia del comportamiento de grupo sobre el individuo. Clasifique en 302–307 las obras que se centran en el comportamiento de grupo, incluyendo aquellas que discuten el rol del individuo en el comportamiento de grupo. En caso de duda, prefiera 302–307.

**150.19**

**Sistemas, escuelas, puntos de vista [Psicológicos]**

Ciertas escuelas y sistemas toman sus principios fundamentales de unos pocos temas psicológicos seleccionados. Cuando tales temas se usan para ilustrar un sistema, clasifíquelos con el sistema en 150.19, ej., la subconsciencia, la fantasía y los sueños, usados para ilustrar principios psicoanalíticos 150.195 (*no* 154).

**150.195 vs.**
**616.89**

**Sistemas psicoanalíticos vs. Trastornos mentales**

El sistema psicoanalítico que se clasifica en 150.195 es el fundamento de muchos de los escritos sobre trastornos mentales (616.89), y es también la base de varias escuelas de psicología. La mayoría de los fundadores de los sistemas psicoanalíticos fueron médicos, así el material de psiquiatría es muy usado para ilustrar los principios de los diferentes sistemas psicoanalíticos. Clasifique las obras generales sobre un sistema o su fundador en 150.195. Clasifique las aplicaciones de un sistema a temas o ramas específicos de psicología normal o de la psicología normal y anormal en la subdivisión apropiada del 150. Clasifique las aplicaciones de un sistema a la psiquiatría en 616.89 y números relacionados, ej., psicoanálisis 616.8917. En caso de duda, prefiera 616.89.

**152 vs. 612.8**

**[Psicología de la] Percepción sensorial, movimientos, emociones, impulsos fisiológicos vs. [Fisiología de] Funciones nerviosas    Funciones sensoriales**

Clasifique en 152 las obras que hacen énfasis en conocimiento, sensación, intenciones, significados y acciones como experimentados por el individuo u observados y descritos sin referencia a la física o química del sistema nervioso, ej., la visión de los colores, el sentimiento de ira. Clasifique en 612.8 las obras que hacen énfasis en los mecanismos y sendas físicas y químicas de sensaciones, emociones, movimientos, ej., estudios que usan electrodos para determinar cuáles partes del cerebro procesan diferentes clases de estímulos. Clasifique las obras generales en 152. En caso de duda, prefiera 612.8.

**152.1 vs. 153.7**

**Percepción sensorial vs. Procesos perceptivos**

Clasifique en 153.7 las obras generales sobre percepción sensorial y procesos perceptivos en general; las obras que se centran en los procesos activos, interpretativos, mentales asociados con la percepción en general o con tipos de percepción que involucran más de un sentido, ej., percepción espacial en 153.752. Clasifique en 152.1 las obras que se centran en los aspectos receptivos de la percepción sensorial y las obras generales sobre percepción por un sentido específico, ej., percepción visual en 152.14. En caso de duda, prefiera 153.7.

**152.384 vs. 153.69**

**Movimientos expresivos vs. Comunicación no verbal**

El uso del 152.384 está limitado a aspectos no cognoscitivos de los movimientos expresivos, ej., hábito, contenido emocional. Clasifique el significado de los movimientos (como lenguaje corporal) y los procesos cognoscitivos involucrados en la interpretación de los movimientos en 153.69. En caso de duda, prefiera 153.69.

**153.15 vs. 155.4–.6**

**[Psicología del] Aprendizaje vs. Psicología de edades específicas**

Clasifique una obra sobre psicología del aprendizaje de personas de un grupo de edad específica en 155.4–.6 cuando la edad es el centro de la obra. Si la referencia a la edad es vaga o incidental, clasifique la obra en 153.15. En caso de duda, prefiera 155.4–.6.

**153.15 vs. 370.15**

**[Psicología del] Aprendizaje vs. Psicología de la educación**

Sea cuidadoso al distinguir entre los estudios que usan los estudiantes como temas para investigación en los procesos fundamentales de aprendizaje que se clasifican en 153.15 y números relacionados y estudios sobre la aplicación de la psicología del aprendizaje a la educación, que se clasifican en 370.15 y números relacionados. En caso de duda, prefiera 153.15.

**153.4 vs. 153**

**Cognición (Conocimiento) vs. Procesos mentales conscientes e inteligencia**

La terminología en este campo se usa en una variedad de sentidos superpuestos. Muchas obras que reclaman ser sobre cognición, pensamiento, o razonamiento, también cubren materias tales como memoria, comunicación, percepción, motivación e inteligencia. Estas obras generales se clasifican en 153, no en 153.4. Un libro sobre "psicología cognoscitiva" es más apto para pertenecer al 153 que al 153.4.

**153.43 vs.    Razonamiento vs. Lógica**
**160**

Clasifique la psicología del razonamiento y solución de problemas en 153.43. Clasifique las ciencias del razonamiento y solución de problemas, esto es, los procesos lógicos considerados aparte de las operaciones mentales internas, en 160. En caso de duda, prefiera 153.43.

**153.94    Pruebas de aptitud**

Observe que 153.94 tiene prioridad sobre los números de psicología, como se muestra en la tabla de precedencia en 150. Clasifique en 153.94001–.94999 las pruebas para determinar aptitudes en campos específicos, aún si se derivan de otras ramas de la psicología, ej., pruebas de confrontación de color para decoradores de interiores 153.94747 (no 152.145), pruebas de la personalidad para trabajadores sociales 153.943613 (no 155.28). Clasifique además en 153.94 las pruebas de aptitud e interés vocacional y pruebas limitadas a categorías de personas definidas en el 155.3–.6, ej., pruebas de interés vocacional para adolescentes 153.94000835 (no 155.51394).

**154.6 vs.    [Psicología de los] Fenómenos del sueño vs. [Fisiología de los] Fenómenos**
**612.821    del sueño**

Clasifique los fenómenos del sueño en 154.6, si el énfasis es sobre el estado general del sueño, sobre el efecto de dormir en otra actividad psicológica, o sobre los sueños como fenómenos que tienen significado en sí mismos o en la vida del soñador. Clasifique los fenómenos del sueño en 612.821 si el énfasis se hace en la cadena de actividades corporales o en otra actividad fisiológica acompañada de dormir o soñar, ej., movimientos de los ojos, respiración, ondas cerebrales. En caso de duda, prefiera 612.821.

**155    Psicología diferencial y del desarrollo**

Algunas obras sobre la psicología de la percepción sensorial, movimientos, emociones, estímulos fisiológicos (152) y procesos mentales conscientes (153) analizan la investigación basada en personas que pertenecen a una o a varias categorías diferenciales o sujetos a una o varias influencias ambientales que están provistas en 155.3–.9. Si hay poca claridad o falta de interés en la distinción de la categoría o influencia, clasifique la obra en 152–153. Esta pauta es particularmente aplicable a grupos étnicos y nacionales (155.8), adultos (155.6) y al ambiente social (155.92) a los que el investigador ha llegado simplemente para obtener muestras convenientes.

En forma similar, un estudio sobre psicología sexual, dirigido casi exclusivamente a adultos de la clase media blanca, pero que solo muestra un interés marginal en la clase, edad o raza de los encuestados, se clasifica en 155.3. Una discusión, de la clase, nacionalidad o prejuicio étnico de tal investigación se clasifica con la investigación en 155.3 puesto que el interés está en la validez de los resultados acerca de la psicología sexual.

**155.34 vs.    [Psicología individual de las] Relaciones sexuales vs. Instituciones vinculadas**
**306.7    a las relaciones entre los sexos**

La mayoría de las obras sobre la psicología de las relaciones sexuales tratan los aspectos psicológicos sociales y la interacción entre las parejas. Tales obras se clasifican en 306.7. Solamente una obra ocasional que destaca la psicología del individuo se clasifica en 155.34, ej., una obra que se centra en las ansiedades del individuo en sus relaciones sexuales. En caso de duda, prefiera 306.7.

**155.84 vs.** **[Psicología de] Grupos raciales y étnicos específicos vs. Psicología nacional**
**155.89**

Clasifique en 155.89 la psicología de naciones tomadas como un todo y la psicología de grupos raciales y étnicos que predominan en un área constituyendo una nación independiente. Clasifique en 155.84 la psicología de grupos nacionales y étnicos tomados como un todo y la psicología de grupos raciales, étnicos y nacionales en áreas donde ellos no predominan. Por ejemplo, clasifique la psicología nacional de Malasia o la psicología de los malasios en Malasia en 155.89595; pero clasifique la psicología de los malasios tomados como un todo en 155.84992, de los malasios en Tailandia en 155.849920593. En caso de duda, clasifique en 155.89.

**155.92 vs.** **Influencia del ambiente social [en la psicología del individuo] vs. [Psicología**
**158.2,** **aplicada a las] Relaciones interpersonales vs.[Psicología social]**
**302–307**

Clasifique en 155.92 la influencia de la familia, amigos y otras personas sobre el individuo. Clasifique en 158.2 el arte de entenderse bien con la gente. Clasifique en 302–307 la interacción social desde el punto de vista del comportamiento de grupo.

Cuando una obra trata tanto la psicología de las influencias sociales (155.92, o 155.94) como la interacción social (302–307), prefiera 302–307, ej., la influencia de una comunidad rural en los individuos y la interacción dentro de una comunidad rural 307.72 (no 155.944).

**156 vs.** **Psicología comparada vs. [Psicología social]**
**302–307**

Clasifique en 156 la psicología social comparada (algunas veces llamada sociobiología o biosociología) cuando es estudiada a la luz del comportamiento del individuo. Clasifique en 302–307 las obras que consideran el comportamiento social de los animales como un antecedente del comportamiento social humano. En caso de duda, prefiera 156.

**171** **Sistemas y doctrinas [éticos]**

Clasifique las obras colectivas, biografía y evaluación crítica de la obra de un tratadista de la ética en 171, si el sistema ético representado se puede determinar (ej., evaluación crítica de la ética de Jeremy Bentham en 171.5092). De lo contrario, clasifique tales obras en 170.92.

**174.1** **[Etica ocupacional del] Clero**

Clasifique en 174.1 una discusión de ética ocupacional para el clero desde el punto de vista seglar o filosófico. Si el tema se trata como parte de la teología moral o ética de una religión particular, clasifíquelo con la religión, ej., una discusión sobre la ética ocupacional del clero como parte de la moralidad cristiana 241.641.

**180–190     Tratamiento histórico, geográfico, de personas en la filosofía**

Clasifique obras individuales por filósofos individuales con el tema en filosofía. Si no se centra en un tema específico, clasifique una obra que expresa principalmente el punto de vista del filósofo con la colección de obras del filósofo en 180–190. Por ejemplo, una obra general de Hegel, como la *Fenomenología del espíritu*, se clasifica en 193.

Clasifique una obra por un filósofo individual que es principalmente una discusión de los escritos de otros filósofos con los escritos de otros filósofos.

**180.938     [Filosofía de la antigua] Grecia**

Como la mayoría de las obras sobre filosofía antigua están predominantemente relacionadas con la filosofía griega antigua, la notación 180 se usa tanto para filosofía griega antigua, como para filosofía antigua en general. Las subdivisiones de la notación 38 de la Tabla 2 se pueden agregar al 180.9 para mostrar cómo se practicaba la filosofía en una parte o ciudad de la antigua Grecia, ej., filosofía en la antigua Atenas 180.9385.

**190     Filosofía occidental moderna**

Este es el número general para : (a) Filosofía cristiana, (b) Filosofía occidental de la antigua Grecia hasta el presente; (c) Filosofía moderna, aún cuando se tratan ambas filosofías, occidental moderna y oriental moderna; y, (d) Filosofía europea. Por esta razón, 190 se usa con más frecuencia que 100 o 109 para las que parecen ser obras generales sobre filosofía.

**200     Religión**

El 200 es el número general para religión en general y para cristianismo. El 200 y las subdivisiones comunes 200.1–.9 se usan para el pensamiento religioso y para situaciones y condiciones religiosas generales. Del 201–209 son las subdivisiones comunes del cristianismo en general. El 210 es para la religión natural y la religión basada en la razón sola. El 220 es para la Biblia. Del 230–280 se usa para varios temas en el cristianismo. El 291 se usa para la religión comparada y para los temas religiosos individuales tratados en relación con las religiones basadas en la revelación o autoridad. Del 292–299 para otras religiones diferentes del cristianismo. Para cualquier tema específico en religión, el clasificador debe considerar si el tema se trata dentro de una religión o podría clasificarse en 201–209, 230–280 o 292–299; o si se trata desde el punto de vista de la religión comparada o de varias religiones y podría clasificarse en 291; o si se trata de usar la razón sola se podría clasificar en 210.

**200.1 vs.**
**210, 291     Filosofía y teoría [de la religión] vs. Teología natural vs. Religión comparada**

Las obras generales sobre la filosofía de la religión se clasifican en 200.1, pero el estudio de temas específicos en la religión mediante el uso de métodos filosóficos pueden proveerse en otra parte, especialmente en 210 y 291. La teología natural (210) es un término más antiguo para el estudio de la religión que excluye la revelación divina pero usa principalmente los métodos de la filosofía. Por lo tanto, las preguntas abstractas casi siempre se clasifican en 210, ej., un tratamiento filosófico de la existencia de Dios 212.1. Las discusiones sobre prácticas religiosas y experiencias siempre involucran la perspectiva de religiones basadas en la revelación, autoridad, o tradiciones y usualmente se clasifican en 291 cuando se tratan en una forma filosófica, aunque no hagan énfasis en los métodos de la religión comparada. Por ejemplo, un tratamiento filosófico de los rituales religiosos podría clasificarse en 291.3801. Algunos temas se pueden tratar igualmente desde el punto de vista de la teología natural o de las religiones del mundo. La reconciliación de la ciencia y la religión, por ejemplo, se clasifica en 215, si no apela a la revelación, a las Sagradas Escrituras o a la autoridad es aparente, o en 291.175 si la obra asume la revelación. Las obras que comparan o describen tres o más religiones se clasifican en 291, e.j., una comparación del concepto de Dios en el cristianismo, islamismo e hinduismo 291.211.

**207 vs. 268  Educación, investigación, temas relacionados con el cristianismo vs. Educación religiosa [Cristiana]**

Clasifique la educación y la enseñanza del cristianismo como tema académico en 207, ej., un curso sobre cristianismo en escuelas secundarias seglares 207.12. Clasifique en 268 la educación religiosa para el propósito de confirmar creencias en la fe y en la vida cristianas. Se asume que este es el propósito de cualquier educación religiosa patrocinada por una iglesia, así que las obras generales sobre educación religiosa se clasifican en 268. La única excepción es que la educación a nivel universitario se clasifica en 207.11, incluyendo la educación en las universidades patrocinadas por las iglesias.

El estudio y enseñanza en relación con cualquier tema específico en 200 se clasifica con el tema usando la notación 07 de la Tabla 1, ej., el estudio y enseñanza de la historia de la iglesia 270.07.

**209.2**     **[Biografía de personas asociadas con el cristianismo y con el pensamiento cristiano]**

Use la siguiente tabla de precedencia para biografías generales :

| | |
|---|---|
| Jesucristo, María, José, Joaquín, Ana y Juan el Bautista | 232.9 |
| Otras personas de la Biblia | 220 |
| Fundadores de denominaciones | 280 |
| Fundadores de ordenes religiosas | 271 |
| Alto clero (ej., papas, metropolitanos, arzobispos, obispos) anterior al año 1054 | 270.1–.3 |
| Alto clero posterior al año 1054 | 280 |
| Teólogos | 230 |
| Teólogos morales | 241 |
| Misioneros | 266 |
| Evangelistas | 269.2 |
| Personas notables por la participación en asociaciones para trabajo religioso | 267 |
| Mártires | 272 |
| Herejes | 273 |
| Santos | 270 |
| Santos anteriores al año 1054 | 270.1–.3 |
| Santos posteriores al año1054 | 280 |
| Místicos | 248.22 |
| Escritores de himnos | 264.2 |
| Educadores religiosos | 268 |
| Miembros de ordenes religiosas | 271 |
| Clero anterior al año 1054 | 270.1–.3 |
| Clero posterior al año 1054 | 280 |
| Miembros de la iglesia primitiva hasta 1054 | 270.1–.3 |
| Miembros de denominaciones | 280 |

El número (209.2) es el último recurso para la biografía cristiana. Clasifique aquí solamente biografías de personas conocidas que no son miembros de una iglesia. Este número se puede usar cuando no ha sido posible determinar si son miembros de una iglesia o no. Clasifique en 280 sin subdivisión los miembros de la iglesia cuya afiliación no es conocida y a miembros de iglesias sin denominaciones e interdenominaciones.

No use 248.2 Experiencia religiosa o sus subdivisiones, excepto 248.22 para biografías exhaustivas, ej., una biografía de la vida religiosa de Teresa de Avila en 282.092, no 248.2092. Sin embargo, los relatos biográficos escritos para propósitos devocionales, no como relatos generales de la vida de una persona, se pueden clasificar en 248.2, ej., la historia de la conversión de una persona en 248.246092.

Los números 253, 255 y 262.1 ya no se usan para biografías de las clases de personas arriba mencionadas en la tabla de precedencia.

Ciertos números en el rango 220–269 diferentes de los arriba mencionados en la tabla de precedencia se pueden usar para biografías exhaustivas de personas con carreras religiosas especializadas, pero son más comúnmente usados para libros que tratan solamente un aspecto de la vida y obra de una persona, ej., 220.092 para un erudito en la Biblia.

Ejemplos :

| | |
|---|---|
| 270.0922 | (Biografía colectiva de santos) |
| 225.92 | (Biografía del Nuevo Testamento) |
| | Pablo el Apóstol |
| 230.2092 | (Teología católica) Santo Tomás de Aquino |
| 232.94 | (Juan el Bautista) Juan el Bautista |
| 266.2092 | (Misiones católicas) San Francisco Javier |
| 269.2092 | (Evangelismo) Billy Graham |
| 271.12502 | (Orden trapense en la historia de la iglesia) |
| | Thomas Merton |
| 270.2092 | (Historia de la iglesia, 325–787) |
| | Papa Gregorio el Grande |
| 283.092 | (Iglesias anglicanas) Thomas Cranmer |
| 287.092 | (Iglesias metodistas) John Wesley |

*Véase 291 para biografías no cristianas y religiosas comparadas.*

*Véase además 220.92; 230.04 vs. 230.092, 230.1–.9; 232; 280.*

**212.1 vs.**   **Existencia [de Dios] vs. Formas de conocer a Dios [en la teología cristiana]**

**231.042**   Clasifique en 212.1 cualquier discusión sobre las pruebas de la existencia de Dios, basadas en la razón sola, incluyendo discusiones de teólogos cristianos, ej., Tomás de Aquino. Clasifique las pruebas de la existencia de Dios en 231.042 solamente si se tratan como parte de la teología cristiana.

# 220   Biblia

La teología bíblica usualmente significa el uso de la Biblia para las bases de la doctrina cristiana o judaica y se clasifica como se ha establecido en 220. Pero si un libro sobre la teología bíblica no hace más que interpretar el texto de la Biblia, éste se clasifica en 220.6 y números relacionados en 221–229. La diferencia clave está en si el autor se adhiere al texto bíblico y a su significado, o si usa usa el texto bíblico como un trampolín para la interpretación de los conceptos teológicos.

**220.92**   **Personas colectivas [en la Biblia]**

Clasifique una biografía general de carácter bíblico con el libro o los libros con los cuales el carácter está más cercanamente asociado. En muchos casos, esta es la parte histórica de la Biblia en la cual se narran las vidas de las personas, ej., Salomón, Rey de Israel, en Primeros Reyes, 222.53092. La asociación de Salomón con el 223 Libros Poéticos es débil. Sin embargo, algunos caracteres bíblicos están mas estrechamente relacionados con los libros no históricos. Por ejemplo, clasifique a Isaías y a Timoteo con los libros que llevan sus nombres. Ellos aparecen brevemente en narraciones históricas, pero sus vidas no son narradas por completo. Clasifique los apóstoles, Juan, Pedro y Pablo en 225.92 ya que cada uno está asociado con un número de los libros en el Nuevo Testamento, pero clasifique el resto de los Apóstoles originales, asociados básicamente con los Evangelios y los Hechos de los Apóstoles en 226.092.

*Véase además 209.2.*

**230.04 vs.**
**230.092,**
**230.1–.9**

**Tipos específicos de teología cristiana vs. [Tratamiento de personas en Teología] vs. Doctrinas de denominaciones y sectas específicas**

Use estas subdivisiones con la notación 092 de la Tabla 1 para biografía y crítica de teólogos individuales, ej., crítica de un teólogo de una Iglesia Metodista Unida 230.76092. Clasifique teólogos protestantes que no están relacionados con una denominación específica o que son tan importantes e influyentes para que transciendan sus propias denominaciones, en 230.044092, ej., Karl Barth 230.044092. Clasifique a los teólogos que no están relacionados con ningún tipo específico de teología en 230.092. Clasifique la evaluación crítica del pensamiento individual de un teólogo sobre un tema específico con el tema, ej., sobre de la justificación en 234.7092.

**230.16–.2**

**[Doctrinas de las iglesias orientales, de la Iglesia Católica Romana]**

Clasifique aquí la teología de las iglesias orientales y Católica Romana después del año 1054; para teología primitiva, use 230.11–.14.

**231.765 vs.**
**213, 575**

**[Teología cristiana de la] Creación vs. Creación [en la teología natural] vs. Evolución y genética [orgánicas]**

La mayoría de las obras sobre las ciencias de la creación o el creacionismo se clasifican en 231.765 porque fueron escritas por cristianos quienes asumen que la Biblia proporciona una cronología de la historia natural e intentan sustentar esta interpretación mediante la utilización de argumentos tomados de las ciencias naturales. Las obras por autores creacionistas que se limitan a criticar los métodos o las conclusiones de las ciencias naturales se clasifican en 500 con la rama de la ciencia que es criticada, aún si la crítica es considerada no ortodoxa por la mayoría de los científicos. Las obras que refutan el creacionismo usualmente se clasifican en 231.765, a menos que tomen los escritos de los creacionistas como un punto de partida para demostrar el caso de la evolución. Las obras más recientes se clasifican en 575 o en otros números apropiados en 500.

Otros números del 500 que se pueden considerar algunas veces para obras de alcance limitado concernientes a la evolución son 523.88 (evolución estelar), 551.7 (geología histórica) y 560 (paleontología).

Las obras que consideran la relación entre la creación divina y la evolución como un problema filosófico sin recurrir a una religión particular o escritura, se clasifican en 213.

**232**

**Jesucristo y su familia    Cristología**

Clasifique la doctrina y las teorías acerca de Jesucristo en 232.1–.8, los eventos en la vida de Jesús en 232.9, ej., la doctrina de la resurrección en

232.5, la historicidad y narración de eventos que rodearon la resurrección en 232.97.

Use la notación 092 de la Tabla 1 para crítica, biografía de cristólogos (232.092) y mariólogos (232.91092). Clasifique las biografías de Jesús, María, José, Joaquín, Ana y Juan el Bautista en 232.9.

**241.6 vs.**
**241.3,**
**241.4**

### Asuntos morales específicos vs. Pecado y vicios [y] Virtudes

Clasifique en 241.3–.4 las obras acerca del pecado, los vicios y las virtudes en general, y acerca de vicios y virtudes específicos. Clasifique en 241.6 las obras que tratan sobre los asuntos morales específicos de tal forma que las obras no pueden ser vistas como las que tratan sobre los vicios o virtudes específicos. Los vicios y las virtudes son hábitos, ej., la gula y la templanza. Las obras sobre principios morales específicos discuten la moralidad o inmoralidad de acciones específicas, ej., si es correcto comer carne 241.693. En caso de duda, prefiera 241.3–.4.

**251–254,**
**259 vs.**
**260**

### Iglesia local [y] Actividades de la iglesia local vs. Teología social y eclesiástica cristiana

La iglesia local es el grupo en el cual los creyentes individuales se encuentran regularmente cara a cara para el culto, confraternidad y otras actividades de la iglesia, por ejemplo, una congregación, un grupo religioso estudiantil.

Entre las más recientes formas de la iglesia local están los pequeños grupos llamados comunidades cristianas básicas o comunidades eclesiásticas básicas. Estas son más pequeñas que las parroquias o congregaciones; pero, como la iglesia local está organizada para el bienestar religioso general de sus miembros, no para proyectos o funciones especiales. Estas se clasifican en la misma forma que las parroquias, i.e., las obras generales se clasifican en 250 (o en 262.26 cuando se tratan como una parte de la eclesiología) y los aspectos específicos se clasifican con el aspecto en las subdivisiones del 250.

Las actividades emprendidas por la iglesia se pueden clasificar en 250 o 260 dependiendo del contexto. La mayoría de las obras clasificadas en el 250 están destinadas a los practicantes individuales establecidos en la localidad. La localidad puede ser tan pequeña como un grupo parroquial de jóvenes o tan grande como un programa de consejería para el área metropolitana. Clasifique las actitudes de la iglesia hacia los problemas culturales y sociales y sus actividades relacionadas con ellos en 261 a menos que el contexo se limite a la iglesia local, ej., una obra práctica para el capellán de la prisión 259.5, pero la actitud de la iglesia frente al tratamiento de delincuentes 261.8336.

Algunas actividades que pueden ser dirigidas por la iglesia local, se clasifican en 260, ej., culto público (264–265), educación religiosa (268), renovación espiritual y evangelización (269). El contexto de las obras sobre estos temas es con frecuencia más amplio que el de la iglesia local.

Clasifique la organización de la iglesia en 262, a menos que el alcance sea limitado a la administración de la iglesia local (254).

**261.5**     **Cristianismo y disciplinas seglares**

Clasifique aquí las visiones cristianas personales y la enseñanza de la iglesia acerca de las disciplinas seglares como un todo, sus valores, qué tan seriamente un cristiano debería tomarlas, hasta qué punto las disciplinas afectarían la fe. Clasifique la filosofía cristiana de una disciplina seglar o las teorías cristianas dentro de una disciplina con la disciplina, ej., filosofía cristiana de la psicología en 150.1. Esté alerta para usos específicos de disciplinas seglares para propósitos religiosos, ej., uso del teatro 246.7. En caso de duda, clasifique la obra con la disciplina seglar.

Clasifique aquí obras que tratan el antagonismo y la reconciliación de la creencia Cristiana y otra disciplina. Clasifique el antagonismo de una doctrina cristiana específica y otra disciplina con la doctrina en 231–239. Por ejemplo, la relación entre doctrinas cristianas en general y la ciencia en 261.55; pero clasifique la relación entre la doctrina cristiana sobre el alma y la biología moderna en 233.5.

**261.8 vs. 241**     **Cristianismo y problemas socioeconómicos vs. Teología moral [cristiana]**

Algunos temas están cubiertos tanto en la parte de la moral como en la teología social, ej., las relaciones de familia (241.63, 261.83587). Clasifique en 241 las obras que se centran sobre cuál conducta es buena o mala. Las obras clasificadas en 261.8 pueden discutir sobre lo bueno y lo malo, pero tratan el tema en un contexto amplio como un problema en la sociedad y discuten las actitudes cristianas hacia el problema y su influencia. Clasifique en 241 la obras que hacen énfasis en lo que debería hacer el individuo; clasifique en 261.8 las obras que hacen énfasis en lo que debería ser la posición de la iglesia, o sus puntos de vista sobre problemas que trascienden la conducta individual . En caso de duda, prefiera 241.

**280**     **Denominaciones y sectas de la iglesia cristiana**

Las clases de biografías que se deben clasificar aquí se muestran en la tabla de precedencia para biografías bajo 209.2.

La División de Clasificación Decimal clasifica biografías más con la rama principal de la denominación más que con la organización o área más específicas, ej., una biografía de un clérigo de la Iglesia Luterana en América en 284.1092, no 284.133092; de la Iglesia Episcopal Metodista Africana en 287.8092, no 287.83; de un clérigo ruso de la Iglesia Ortodoxa Oriental en 281.9092, no 281.947092; la biografía colectiva de católicos en Estados Unidos en 282.092273.

**280.042 vs. 270.82, 262.0011**     **Relaciones entre denominaciones vs. (Movimiento ecuménico) vs. Ecumenismo**

Clasifique en 270.82 el movimiento ecuménico como parte de la historia de la iglesia en general. Clasifique en 280.042 las relaciones entre dos o más denominaciones específicas que tengan notación que difiere en los primeros tres dígitos, ej., relaciones entre los católicos romanos (282) y luteranos (284.1). Clasifique las obras acerca de las relaciones entre denominaciones que tengan la misma notación en los primeros tres dígitos en el número más específico que los incluye a todos, ej., las relaciones entre las diferentes denominaciones bautistas, entre bautistas y los Discípulos de Cristo en 286. Clasifique las obras acerca de las relaciones entre una denominación y varias otras con la denominación predominante, ej., las relaciones de los Bautistas con otras denominaciones en 286. Clasifique las obras teóricas sobre ecumenismo en 262.0011. Clasifique las discusiones entre denominaciones en relación con un tema específico con el tema, ej., la Eucaristía 234.163.

**281.1–.4     Iglesia primitiva**

La iglesia primitiva es considerada como indivisible por denominaciones hasta el cisma de 1054. Así la historia de la Iglesia anterior a 1054 se clasifica en 270.1–.3, no aquí. La historia de iglesias específicas anteriores a 1054 se clasifica en 274–279.

**283–289     Protestantismo y otras denominaciones**

La notación para denominaciones específicas se provee bajo el nombre general de algunas denominaciones, ej., iglesias presbiterianas orignarias de Estados Unidos 285.1, denominaciones específicas 285.13. Aquí, una denominación específica significa un organismo eclesiástico que une a un número de iglesias locales individuales, ej., la Iglesia Presbiteriana (de Estados Unidos) 285.137, la Iglesia Presbiteriana Asociada de América del Norte 285.13 (ésta última denominación no está incluida en el esquema). Clasifique las denominaciones específicas en la notación provista para ellas si son tratadas en relación con todo o lo más cerca al todo del área que las cubre. Clasifique las denominaciones específicas en el área en que se tratan cuando ellas son tratadas en relación con un área mucho menor de la que realmente cubren, ej., el Presbiterio del Río Hudson 285.17473, una asociación estatal de las iglesias bautistas del sur en Tennessee en 286.1768. Clasifique las iglesias locales individuales por área, independientemente de la denominación específica a la cual pertenecen. Además clasifique una obra acerca de diversas denominaciones específicas en un país por área, ej., una obra que describe las diferentes denominaciones presbiterianas en Estados Unidos 285.173, no 285.13.

En muchos casos la notación para denominaciones específicas está limitada a iglesias con sede en Estados Unidos o en el Reino Unido, ej., los siguientes números 284.1, 285.1, 285.2 y 287.5. En estos casos, las denominaciones específicas en otros países se clasifican dividiendo por áreas. Por ejemplo, la Iglesia Luterana Evangélica en América se clasifica en 284.135, pero la Iglesia Luterana de Suecia se clasifica en 284.1485 (284.1 más la notación 485 para Suecia de la Tabla 2).

Las iglesias con sede en Estados Unidos o en el Reino Unido pueden tener ramas en otros países; en este caso, hay instrucciones para agregar cualquier área de la Tabla 2, ej., en 285.14–.19.

**284.143     Iglesia Luterana en Alemania**

Clasifique aquí la Iglesia Evangelista en Alemania, aún si algunas iglesias no-luteranas se han asociado con ella.

**289.9**     **[Otras denominaciones cristianas]**

Clasifique las iglesias sin denominación e interdenominacionales en 280 sin subdivisión, o en 280.4 si se limita a las protestantes.

**290**     **Religión comparada y otras religiones diferentes del cristianismo**

El número 290 por sí mismo nunca se debe usar, desde que el 291 se designó como el número para obras generales sobre las religiones no cristianas, sobre religiones cristianas y no cristianas, y para obras sobre religión comparada.

Observe que el 200 y las subdivisiones comunes 200.1–.9 se usan para religión y pensamiento religioso en general, no para la descripción y análisis de varias religiones.

**291**     **Religión comparada**

Las subdivisiones de las diferentes religiones en 292–299 se basan en las subdivisiones del 291. El orden es algunas veces diferente, pero todos los temas en 291 se han provisto explícitamente, por síntesis, o por implicación bajo las religiones separadas incluidas en 292–299. Lo que se dice acerca del 291, de todas formas, también es verdad para el 292–299.

Una comparación de los temas en 291 con las subdivisiones del cristianismo algunas veces puede servir de ayuda para determinar dónde va. A continuación se incluye una lista lista comparativa:

| | | |
|---|---|---|
| Teologías sociales | 291.17 | 261 |
| Teologías doctrinales | 291.2 | 230 |
| Culto religioso | 291.3 | 246–247, 263–265 |
| Experiencia, vida, práctica religiosas | 291.4 | 242, 245, 248 |
| Teología moral | 291.5 | 241 |
| Jerarquía y organización | 291.6 | 250, 262, 267 |
| Teología y trabajo pastorales | 291.61 | 253 |
| Misiones y educación religiosa | 291.7 | 266, 268 |
| Fuentes | 291.8 | 220 |
| Denominaciones, sectas, movimientos de reforma | 291.9 | 280 |

Una comparación del 291.211 (Dios, dioses, diosas, otras divinidades y deidades) con 231 (Dios) muestra que 291.211 incluye los temas mencionados en 231 que no se limitan al cristianismo: los medios para llegar al conocimiento de Dios, conceptos generales de Dios, atributos, providencia, amor y sabiduría, relación con la experiencia, justicia y bondad humanas.

Trate la historia primitiva de una religión específica antes de su división en sectas como historia general de la religión, pero clasifique un estudio general de varias sectas en el número para las sectas de la religión, ej., las sectas y movimientos de reforma del judaísmo en 296.8. Una obra que trata de la historia primitiva y las sectas se clasifica en el número general para historia de la religión.

Clasifique la historia de una congregación específica en el número de la secta a la cual pertenece, si ésta puede ser determinada ("Congregación" aquí se refiere a organizaciones en otras religiones análogas a la iglesia local en el cristianismo, ej., sinagogas, mezquitas). Si la secta no se puede determinar, clasifique la obra en el número más amplio para las sectas de la religión. Por ejemplo, la historia de una sinagoga judía y su congregación que puede haber cambiado de sectas con los años o aquellas sectas que no pueden ser determinadas, se clasifican en 296.83 (sectas judías modernas). En este caso, no agregue subdivisiones comunes

Clasifique las órdenes religiosas en 291.65 y números relacionados en 292–299 y no con ninguna secta dentro de la religión a la cual pertenece

### Biografía

Las personas vinculadas con las religiones en 292–299, a menudo se identifican con un número de funciones y actividades religiosas. Un gurú Hindú, por ejemplo, puede ser considerado como un teólogo, un profesor, un misionero o un clérigo. Si un líder religioso no puede ser identificado principalmente con una función, actividad o secta, clasifique su biografía en el número básico para la religión y agregue la notación 092 de la Tabla 1. Para biografías exhaustivas de personas con una función, actividad o secta identificable, use la siguiente tabla de precedencia:

| | |
|---|---|
| Personas dotadas de inspiración divina, fundadores de religiones | 291.63 |
| Fundadores de sectas | 291.9092 |
| Fundadores de órdenes religiosas | 291.65 |
| Líderes religiosos | 291.092 |
| De sectas específicas | 291.9092 |
| Teólogos | 291.2092 |
| Teólogos morales | 291.5092 |
| Misioneros | 291.7092 |
| Mártires, herejes, santos | 291.092 |
| De sectas específicas | 291.9092 |
| Maestros | 291.7092 |
| Miembros de órdenes religiosas | 291.65 |
| Clérigos | 291.9092 |
| Miembros de sectas y movimientos | 291.9092 |

Excepto para los fundadores de religiones (291.63) y fundadores de órdenes religiosas (291.65), las subdivisiones de 291.6 no se usan para biografías, a no ser por su naturaleza, papel y función de líderes religiosos.

Las obras que tratan solamente con un aspecto especializado de la carrera de una persona se clasifican con el aspecto, ej., Mahoma como un teólogo moral en 297.5092 (*no* 297.63).

**291.09 vs.**
**294, 299.5**

**Tratamiento histórico, geográfico, de personas [de la Religión comparada] vs. Religiones de origen hindú vs. [Religiones] de origen asiático del oriente y sudoriente**

Los números 294 y 299.5 se refieren a religiones que se originaron en áreas geográficas particulares. La mayoría de estas religiones se han difundido más allá del área donde se originaron. Las áreas también tienen adherentes de las religiones que se originaron en otras partes, ej., budismo (de la India) en China. Si una obra cubre varias tradiciones religiosas en un área, pero no justamente las religiones que se originaron allí, clasifíquela en 291 y use la notación 09 de la Tabla 1. Por ejemplo, las religiones de la India (incluyendo cristianismo e islamismo) en 291.0954, de China (incluyendo cristianismo y budismo) en 291.0951.

# 300     Ciencias sociales

Sociología 301–307 es el estudio de los procesos, interacciones, grupos, cultura e instituciones culturales que dan forma y objetivos a cada sociedad. Parte del tema de la sociología se encuentra en 390 Costumbres, etiqueta, folclor.

Algunos de los datos esenciales para el estudio de la sociedad humana se encuentran en 310 Estadística, que constituyen un desplazamiento de un concepto de la subdivisión común de 300.21. Las estadísticas sobre temas sociales específicos están dispersas, sin embargo, a lo largo del 300, usando la notación 021 de la Tabla 1, ej., estadísticas democráticas 304.6021.

Con el fin de mantener paz y seguridad interior en relación con las amenazas externas, las sociedades inventan los procesos e instituciones políticos tales como el Estado y el gobierno. Estos se tratan en 320 Ciencia Política y 350–354, los últimos tratan con la rama ejecutiva del gobierno y la administración pública. Las fuerza militar del gobierno se encuentra en 355–359.

La producción, distribución y consumo de bienes y servicios necesarios para sostener la sociedad se tratan en 330 Economía. Parte de esta disciplina también se encuentra en el 380–382, que trata del comercio y los negocios. También se encuentran en 380 dos auxiliares importantes para el comercio: la comunicación 383–384 y el transporte 385–388.

Derecho 340 trata de las reglas de codificación social, política y económica que la sociedad requiere para que sus miembros estén de acuerdo sobre una forma de vida armónica.

No toda estructura social, aunque sea buena, es perfecta. Los problemas sociales son inevitables. La naturaleza de estos problemas, se toman junto con la ejecución de los servicios de la sociedad para superarlos, clasifíquelos en 360.

Educación 370 es uno de los medios mediante los cuales la sociedad intenta socializar a la juventud y prepararla para un papel mas útil en la vida en sociedad.

**300 vs. 600     Ciencias Sociales vs. Tecnología**

Muchos temas se pueden discutir desde el punto de vista tecnológico o social. Si en una obra se discute cómo hacer, ejecutar, mantener, o reparar algo; normalmente se clasifica en tecnología. Si por otra parte, se discuten las implicaciones sociales de una operación tecnológica, esta obra se clasifica en las ciencias sociales, ej., la importancia económica de la madera aserrada se clasifica en 338.17498, no 634.98.

Clasifique la utilización social, el control social y el efecto social de la tecnología en 300. La distinción entre las ciencias sociales y la tecnología es especialmente difícil para obras sobre tecnología y su uso o control.

Los siguientes criterios deberán usarse para determinar cuál material se debería clasificar en 300 mejor que en 600:

1. Cuando el énfasis se hace sobre el uso social de el tema más que en la ejecución o procesamiento, ej., tomar té en Inglaterra 394.12, no 641.33720942 o 641.63720942.

2. Cuando el énfasis se hace sobre toda perspectiva, ej., el trueque de carbón por aceite en la industria norteamericana 333.82130973, no 621.4023.

3. Cuando el énfasis se hace sobre el control social por oposición al control ejercido durante el proceso de manufactura, ej., las normas de control de calidad de los medicamentos, impuestas por un organismo gubernamental o una asociación comercial 363.1946, no 615.19.

4. Cuando se citan estadísticas esenciales en general, ej., producción de cosecha, medida de terrenos (acre), consumo de fertilizantes, tamaño de la granja, use 338.1, no 630.

### Informes Técnicos

Muchos informes técnicos y de investigación actualmente hacen énfasis en las técnicas de procedimiento y se pueden referir a complejidades económicas, legales, administrativas o reglamentarias. Tales informes se deben clasificar en ciencias sociales. Al terminar la clasificación de informes en series y de informes individuales en una serie, considere el propósito del escritor y la misión del organismo que autoriza los informes. Si el énfasis se hace en el ejercicio del control social sobre un proceso, el informe se clasifica en 300, no con el proceso de tecnología con el que ha sido controlado. Por ejemplo, los sistemas de monitoría en calidad del agua están más ligados al 363.739463 que al 628.161.

Siempre es importante señalar que la mayoría de las ciencias sociales están involucradas con los procesos tecnológicos, pero son muy diferentes de ellos. El clasificador debe ir tras el vocabulario técnico que domina los títulos de las páginas y las tablas de contenido y analizar lo que se describe. Un libro sobre trenes no se clasifica en 625.2 si describe para qué sirven los ferrocarriles de Argentina, sino en 385.0982; un informe sobre fertilizantes

norma de conducta personal. El 300.372 es descriptivo, mientras que 170 es prescriptivo. Clasifique las obras interdisciplinarias en 170.

**303.376 vs.** **Censura [como control social] vs. Censura y control de información vs.**
**363.31,** **Películas, radio, televisión**
**791.4**

Clasifique en 303.376 las teorías de censura y estudios sociológicos de censura de cine, radio y televisión. Clasifique en 363.31 la censura de cine y de programas después de ser emitidos al público. Clasifique en 791.4 la censura de filmes y programas en la etapa de producción, ej., la censura durante la edición. En caso de duda, clasifique en 363.31.

**303.483 vs.** **Desarrollo de la ciencia y de la tecnología [como causas del cambio social] vs.**
**306.45,** **Ciencia [y] Tecnología [como instituciones culturales]**
**306.46**

Clasifique en 303 .483 los efectos de los descubrimientos científicos y las innovaciones tecnológicas sobre la sociedad, ej., una obra sobre la transformación de la religión, de la economía y del origen de las instituciones para el desarrollo de los medios electrónicos en 303.4833. Clasifique en 306.45 o 306.46 los patrones de comportamiento de los individuos y de los grupos comprometidos en los esfuerzos científicos o tecnológicos, ej., una descripción del medio ambiente que parece conducir a una innovación tecnológica en 306.46. En caso de duda entre los dos temas, prefiera 303.483 y sus subdivisiones.

**304.66 vs.** **Efectos demográficos de los esfuerzos de control de población vs. Problemas**
**363.9** **de población**

Clasifique en 304.66 los efectos sobre la sociedad de los esfuerzos de control por sus miembros independientemente de si la sociedad sanciona o no el esfuerzo, ej., el infanticidio practicado en la antigua Grecia en 304.6680938. Pero clasifique en 363.9 los programas o políticas que se discuten como esfuerzos para el control de población, ej., los esfuerzos de los atenienses para promover el crecimiento de la población después de la Guerra del Peloponeso en 363.9109385. En caso de duda, prefiera 363.9.

**305 vs. 306,** **Grupos sociales vs. Cultura e instituciones vs. Historia universal [e] Historia**
**909,** **del mundo antiguo, de continentes, países, localidades específicos; de los**
**930–990** **mundos extraterrestres**

El 305 es el número general para los grupos sociales que interactúan más o menos libremente con el resto de la sociedad y que se usa para la totalidad de la cultura e instituciones de grupos específicos excepto los que se proveen en 306.08. El rol de los grupos sociales en instituciones específicas de la sociedad, sin embargo, se clasifica con la institución en 306, usando la notación 08 de la Tabla 1 si resulta apropiada, ej., las mujeres como una categoría social en 305.4, pero las mujeres en la familia en 306.85082; la situación de los siervos en la sociedad en 305.563, pero los siervos en los sistemas agrícolas de trabajo en 306.365 (donde la notación 08625 es redundante), mejoramiento de la condición de los homosexuales en la sociedad en 305.90664; pero las instituciones que trabajan con temas sexuales y orientación de homosexuales en el 306.766 (donde la notación 08664 es redundante). El rol de los grupos sociales en la historia se clasifica en

900. La historia de los grupos sociales específicos, particularmente la parte de su historia que se llama civilización es más difícil de ubicar. Clasifique en 900 solamente los relatos de los mayores eventos que plasman la historia y la civilización de un grupo. Normalmente, la "historia" se escribe solamente acerca de lo racial, lo étnico y los grupos nacionales, mientras que la "civilización" de todos los grupos sociales tiende a adecuarse más con su cultura (ampliamente concebida) que con los mayores eventos de su historia. Pero esté alerta para las excepciones siguientes: Narraciones de los mayores eventos y descripción de la civilización no antropológica que puede escribirse para cualquier grupo. En caso de duda entre 305 y 900, prefiera 305; en caso de duda entre 305 y 306, prefiera 306.

La siguiente tabla indica la relación general entre estos números y otros relacionados:

| | |
|---|---|
| Antropología | 301 |
| Antropología cultural y social | 306 |
| De grupos específicos | 305 |
| Grupos étnicos indígenas no asimilados | 306.08 |
| Antropología física | 573 |
| Antropología criminal | 364.2 |
| Etnología, etnología cultural | 305.8 |
| De grupos étnicos indígenas no asimilados | 306.08 |
| Historia de grupos étnicos específicos | 909.04 |
| En países específicos | 930–990 |
| Situación y condiciones sociales | 306 |
| En áreas específicas | 306.09 |
| De grupos específicos | 305 |
| Grupos específicos étnicos indígenas no asimilados | 306.08 |

**305.9 vs. 305.5**    **Grupos ocupacionales y grupos varios vs. Clases sociales**

Las clases sociales toman precedencia sobre los grupos ocupacionales y los grupos varios. Por lo tanto, un grupo que se encuentra en el 305.9 y se considera en términos de su situación social específica, se clasifica en 305.5. Use 305.9 para obras sobre sus grupos componentes en los casos siguientes:

1. Cuando hacen poco o ningún énfasis sobre la clase,

2. El grupo está bien representado en dos o más clases diferentes, o

3. El grupo tiene una situación indefinida o transitoria.

En caso de duda, prefiera 305.9 para sus clases componentes.

**306.08 vs. 305.8**    **[Cultura e instituciones de] Grupos indígenas, raciales, étnicos, nacionales vs. Grupos, raciales, étnicos, nacionales [como grupos sociales]**

Use el 305.8 como número general para grupos raciales, étnicos, nacionales específicos que interactúan más o menos libremente (ya sea que estén en una posición dominante, no dominante o intermedia) con el resto de la sociedad. Use 306.089 solamente para grupos indígenas que viven en distintas comunidades o "tribus" no completamente integradas dentro de la vida económica y social de la nación en la que están incorporados (con frecuencia involuntariamente). Tales grupos se perciben normalmente como sociedades autónomas culturalmente, con sus propias culturas e instituciones. En caso de duda, prefiera 305.8.

**307          [Sociología de las] Comunidades**

Esta sección incluye las obras sobre la comunidad en un área relativamente restringida como fenómeno social y las obras sobre planificación de la comunidad, desarrollo y reurbanización. Estos términos se usan aquí con su significado ordinario para denotar la planificación por y para el desarrollo de la comunidad como un todo. Cuando los temas específicos de interés para la comunidad son dirigidos, la obra se clasifica en 300, ej., desarrollo económico de la comunidad en 338.93–.99, desarrollo de hospitales para la comunidad en 362.11, planificación de la vivienda en la comunidad en 363.5525, planificación del abastecimiento de agua en la ciudad en 363.61, planificación del sistema educativo en 379.4–.9

**307.336 vs.     Uso residencial vs. [Comunidad] Reurbanización vs. Vivienda [problemas y
307.34,            servicios]
363.5**
Clasifique en 307.336 el análisis descriptivo de patrones de vivienda que tocan los problemas solamente en el contexto general. Clasifique en 363.5 las obras sobre problemas y soluciones de vivienda dirigidos específicamente a la vivienda. Sinembargo, clasifique en 307.34 las obras dirigidas a los problemas de vivienda en el contexto de la reestructuración total de las comunidades. En caso de duda, prefiera el 363.5 en vez de los otros dos números y 307.34 en vez de 307.336.

**320          Ciencia política (Política y gobierno)**

### El Estado y el gobierno

Los conceptos de "Estado" y "gobierno" hacen énfasis en proporciones que varían en las subdivisiones en 320–323. El Estado se refiere al cuerpo político organizado de personas que ocupan más o menos un territorio definido, mientras que el gobierno (en el sentido relevante aquí) es la organización mediante la cual el Estado ejercita su autoridad y funciones. El Estado puede ser considerado abstracto, el gobierno es una personificación concreta. Las obras generales sobre ésta abstracción se clasifican en 320.1; las clases específicas de estados, van en 321.01–.08; y la relación del Estado con la gente (y *viceversa*) va en 322–323, ej., derechos políticos en 323.5.

En contraste con "el Estado", el concepto de "gobierno" se centra más en la ciencia política y la palabra es con frecuencia usada como una aproximación equivalente a ciencia política, por lo tanto, no tiene un número separado. Sin embargo, los aspectos específicos tienen números separados, gobierno comparado en 320.3, estructura y funciones del gobierno en 320.4 y clases de gobierno en 321.3–.9.

con la institución en 332.1–.3. Por ejemplo, una obra que trata sobre todas las clases de préstamos y las tarjetas de débito disponibles emanadas de las asociaciones de ahorro y préstamo y una obra que trate sobre la hipoteca de casas disponible emanada de las asociaciones de ahorro y préstamo, en ambos casos se clasifican en 332.32. De la misma forma, las obras generales sobre tarjetas de crédito ofrecidas por bancos comerciales, almacenes de departamentos, compañías de petróleo y agencias de viaje se clasifican en 332.765, pero las obras sobre tarjetas de crédito emanadas de los bancos comerciales se clasifican en 332.178.

**333.1–.5 vs. 333.73–.78** **Propiedad y control de la tierra y de otros recursos naturales vs. [Tierra]**

La tierra como propiedad se clasifica en 333.1–.5, donde los asuntos centrales son el derecho a la posesión y uso, y el derecho a transferir la posesión y uso. El solo control de la tierra y sus recursos que aparece clasificado en 333.1–.5 es el control que se origina en la propiedad.

La tierra como un recurso natural, como fuente de bienes económicos (principalmente agrícolas y mineros), se clasifica en 333.73–.78. El uso de la tierra y sus recursos se clasifica allí, a diferencia del derecho a usarla que se clasifica en 333.1–.5. Los controles de uso que incluyen el dominio independientemente del propietario de la tierra se clasifican en 333.73–.78, con la notación 17 de la tabla de adición bajo 333.7. El control de precios y la zonificación están entre los controles cubiertos por la notación 17.

Los inventarios de la tierra a menudo enfocados como un recurso en el uso de la misma, se clasifican en 333.73–.78.

Las obras generales sobre ambos se clasifican en 333.1–.5 y 333.73–.78 y los conceptos en 333.

**333.1–.5 vs. 346.043** **Propiedad y control de la tierra y de otros recursos naturales vs. [Derecho de] Bienes inmuebles**

Clasifique los aspectos económicos de las diferentes formas de propiedad, uso y transferencia de la tierra en 333.1–.5. Clasifique los aspectos legales en 346.043. En caso de duda, prefiera 346.043.

**333.7–.9** **[Recursos naturales y energía]**

El consumo, desarrollo y control del uso de los recursos naturales, se clasifican en 333.7–.9, con la notación de la tabla de adición bajo 333.7. En consecuencia, algunas obras sobre recursos naturales que existen más en su estado natural se clasifican en 333.7–.9, ej., obras acerca de la economía del uso de las tierras urbanas en 333.77.

**333.7–.9 vs. 508, 913–919 930–990** **[Recursos naturales y energía] vs. Historia natural vs. Geografía y viajes en el mundo antiguo y en continentes, países, localidades específicos en el mundo moderno; mundos extraterrestres vs. Historia del mundo antiguo; de continentes, países, localidades específicos; de mundos extraterrestres**

## Parques y monumentos nacionales

Clasifique las guías generales para todos los parques nacionales en un área, en 913–919, usando la notación 04 de la tabla de adición en 913–919 seguida por la notación para el período histórico cuando se escribió la guía, ej., una guía general escrita en 1989 para los parques nacionales de América del Sur 918.0438.

Clasifique las obras generales acerca de los monumentos históricos con los eventos conmemorativos. Por ejemplo, clasifique un campo de batalla en un parque nacional con la batalla. Ej., el Parque Nacional Militar de Gettysburg 973.7349. Clasifique un parque asociado con la vida de un individuo en el número de la biografía para ese individuo, ej., el Parque Histórico Nacional Lyndon B. Jonhson 973.923092, el Monumento Nacional de la Escultura de George Washington 630.92.

Para obras sobre parques nacionales donde la principal atracción es la naturaleza, use 333.7–333.9 si hace énfasis sobre la conservación y protección de los recursos naturales, ej., parques forestales 333.784, reservas para juego 333.954. Si hace énfasis en la descripción de guías de los fenómenos naturales, use 508 o números relacionados en los 500′s, ej., una guía general a la historia natural del Parque Nacional de Yellowstone 508.78752, una guía a la geología de Yellowstone 557.8752.

En caso de duda, prefiera 333.7–333.9 sobre 508 y números relacionados ó 900; prefiera 508 y números relacionados en vez de 900; prefiera 930–990 en vez de 913–919.

*Véase además 913–919: Sitios y construcciones históricas; 913–919: Tabla de adición; 04: Guías; 930–990: Guerras; 930–990: Preservación histórica.*

**333.75 vs.**    **Tierras forestales vs. [Productos forestales]**
**338.1749**

Algunos de los conceptos provistos en 333.75 por virtud de la tabla de adición bajo 333.7 potencialmente chocan con los conceptos provistos en 338.1749. La diferencia general consiste en que las obras clasificadas en 333.75 se refieren principalmente a tierras forestales y recursos maderables sin explotar como recursos presentes y futuros y se clasifican en 338.1749, ya que se refieren a recursos maderables como un producto para ser vendido. Clasifique las obras generales en 338.1749.

## Uso de la tabla de adición bajo 333.7

11      Reservas (Existencias, Oferta)

Clasifique en 333.7511 la oferta de tierras forestales y de recursos maderables sin explotar, en 338.17498 la oferta de recursos maderables.

12      Requerimientos (Necesidad, Demanda)

Clasifique en 333.7512 la demanda de recursos maderables en términos de su efecto en la oferta de tierras forestales y recursos maderables sin explotar. Clasifique en 338.17498 la demanda de recursos maderables en términos de cuánta madera se debe cortar para satisfacer la demanda.

13        Consumo (Uso, Utilización)

Clasifique en 333.7513 el uso y el abuso discutidos en términos de su efecto sobre la oferta futura de recursos maderables sin explotar. Clasifique en 338.17498 la utilización de los bosques que proveen productos para la venta.

15        Desarrollo

Clasifique en 333.7515 las medidas para incrementar la oferta de bosques como un recurso a largo plazo, ej., reforestación en 333.75153. Clasifique en 338.174956 la reforestación vista como una forma de producir cosechas que se pueden recolectar y vender.

**333.8 vs. 338.2, 553**    **Recursos del subsuelo vs. Extracción de minerales vs. Geología económica**

Para recursos del subsuelo, clasifique las reservas en la naturaleza en las subdivisiones apropiadas de 553, ej., las reservas de petróleo que no ha sido extraído en 553.282. Use la notación 11 para Reservas (Existencias, Oferta) de la tabla de adición en 333.7 con subdivisiones de 333.8 solamente para reservas en almacenamiento, ej., petróleo crudo almacenado en cavas de sal como estrategia de reserva y petróleo crudo en tanques en espera de ser refinado, ambos en 333.823211. Clasifique las obras que tratan igualmente las reservas en la naturaleza y el almacenamiento en 553. No clasifique ninguna clase de reservas en 338.2.

Clasifique los requerimientos (necesidad, demanda) para recursos del subsuelo en 333.8, usando la notación 12 de la tabla de adición en 333.7. No clasifique la demanda en 338.2 o 553.

No se use la notación 15 Desarrollo de la tabla de adición bajo 333.7 con las subdivisiones del 333.8, debido que no hay desarrollo de recursos del subsuelo comparables con otros tipos de recursos. Las nuevas minas de carbón no pueden crecer, lo cual a menudo se considera como desarrollo y es la mayoría de las veces una forma de extracción, que se clasifica en 338.2.

**333.94 vs. 338.0919**    **El espacio [como un recurso natural] vs. [Economía de producción en el espacio]**

Clasifique en 333.94 las obras que tratan sobre el espacio como un recurso escaso análogo a la tierra o al aire, por ejemplo, el que exista un número limitado de posiciones buenas para los satélites geoestacionarios y el que nosotros no podamos darnos el lujo de llenar el espacio alrededor de la tierra con basura orbital. Clasifique en 338.0919 las obras generales sobre la industrialización del espacio, ej., obras que tratan sobre el transporte y manufactura en el espacio.

**333.954 vs. 338.37**    **Recursos animales vs. [Productos derivados de animales salvajes]**

Algunos de los conceptos dados en 333.954 (y en 333.955–.959) por virtud de la tabla de adición bajo 333.7, potencialmente en conflicto con conceptos provistos en 338.37. Para distinguir entre los dos números, aplique los mismos criterios generales explicados en el 333.75 vs. 338.1749. Por ejemplo, clasifique la oferta de animales en libertad en 333.95411 (333.954 más la notación 11 Reservas [Existencias, Oferta]). Clasifique la oferta de animales en cautividad en 338.37. Las obras clasificadas en 333.95411 pueden, sin embargo, emplear estadísticas de presas como una ayuda en el estimativo de la población de animales en libertad.

Clasifique las medidas para incrementar la oferta de animales en la naturaleza como un recurso a largo plazo en 333.954 o en 333.955–.959, usando la notación 15 Desarrollo, ej., almacenamiento de corrientes de agua con peces en 333.95615. Clasifique el cultivo de animales salvajes visto como un medio para producir cosechas que puedan ser recogidas y vendidas en 338.371. No se use el 338.372 (Productos de la pesca, pesca de ballenas, caza, caza con trampas) como medidas para incrementar la oferta de animales.

**335 vs. 320.53, 306.345**

**Socialismo y sistemas relacionados [de economía] vs. Colectivismo y fascismo [como ideologías políticas] vs. [Sociología del] Socialismo [como un sistema económico]**

Debido a que el socialismo y sus sistemas relacionados se basan en teorías que tratan sobre cómo la economía trabaja o debería trabajar, las obras interdisciplinarias y las obras sobre sus fundamentos filosóficos se clasifican en 335. Este número también se usa para obras de amplio rango que no caben dentro de los límites normales de esta disciplina pero que tratan claramente sobre el socialismo y sistemas relacionados. Otros números se usan solamente para obras que se limitan claramente a una disciplina específica.

Use el 320.53 para obras que hacen énfasis en cómo los movimientos políticos intentan introducir el socialismo y cuáles fuerzas políticas esperan que ellos que hagan presión para alcanzar y conservar el poder, o que discuten acerca de los movimientos y fuerzas políticas sin entrar en profundidades relativas a la dinámica o teoría económicas. Las obras sobre ideologías políticas a menudo discuten asuntos tales como prejuicios sociales o motivación de fuerzas políticas, la dependencia de aliados políticos de antecedentes económicos diversos, y el progreso (o falta de éste) en el logro de metas económicas, pero que no se involucran dentro de la economía *per se*.

En contraposición con 306.345, los otros números pueden incluir material que es prescriptivo, que dice cómo se debe organizar la sociedad, la economía o el sistema político. El 306.345 se usa para estudios sociológicos que tratan sobre cómo trabajan en la práctica los sistemas económicos socialistas. Este puede limitarse a estos estudios. Las obras que discuten sobre cómo otro sistema económico se podría reorganizar dentro de un sistema socialista se deben clasificar en 335.

**335.4 vs. 335.401, 335.411**

**Sistemas marxistas vs. Filosofía y temas relacionados [de los sistemas marxistas] vs. fundamentos filosóficos [de los sistemas marxistas]**

Las obras generales sobre la teoría de los sistemas marxistas se clasifican en 335.4. Las obras que hacen énfasis en los fundamentos filosóficos de los sistemas marxistas se clasifican en 335.411. El 335.401 solo se usa ocasionalmente, excepto para sus subdivisiones, ej., 335.4014 para terminología marxista. En caso de duda, prefiera 335.4.

**336 vs. 351.72**

**Finanzas públicas vs. Administración financiera [Pública]**

Clasifique en 351.72 las obras enfocadas hacia los aspectos y detalles prácticos de la administración financiera y la contabilidad en el sector público. Por ejemplo, clasifique los estimativos presupuestales de gastos, informes administrativos sobre los gastos actuales y obras sobre cómo prepararlos en las subdivisiones del 351.72. Clasifique en 336 las obras sobre economía de las finanzas públicas, ej., análisis económico de la política de gastos del gobierno en 336.39. Clasifique las obras que tratan sobre ambos temas, finanzas públicas y administración financiera en 336.

**336.2 vs. 351.724, 343.04**

**Impuestos y tributación vs. Administración de impuestos vs. Derecho tributario**

La mayoría de obras sobre impuestos, especialmente las obras populares, se clasifican en derecho, porque éstas explican qué es lo que la ley permite o prohibe. Por ejemplo, una obra sobre contribuyentes acerca de las deducciones de impuestos en Estados Unidos se clasifica en 343.730523. La administración de impuestos, que incluye especialmente la administración de avalúos y su recolección, se clasifica en 351.724, ej., los manuales sobre asesorías tributarias en bienes inmuebles en 351.72421. Las obras sobre economía tributaria y obras interdisciplinarias sobre impuestos, se clasifican en 336.2, ej., un análisis económico y político sobre la política de tributación de Estados Unidos en 336.200973.

**336.249 vs. 368.401, 368.4011**

**Impuestos sobre seguridad social [en finanzas públicas] vs. [Finanzas de seguridad social y tasas y elaboración de tasas para seguridad social]**

Clasifique los aspectos económicos generales sobre impuestos sobre seguridad social en 336.249. Clasifique y los aspectos administrativos y actuariales de las finanzas para seguridad social en 368.401, sobre tasas y elaboración de tasas para seguridad social en 368.4011.

**337.1 vs. 337.3–.9**

**Cooperación económica multilateral vs. Políticas económicas extranjeras y relaciones de las jurisdicciones y grupos de jurisdicciones específicos**

Clasifique las relaciones de cooperación entre los estados o en entre los grupos multiestatales en 337.1, ej., la cooperación entre el Mercado Común Europeo en 337.142; pero clasifique las relaciones entre un grupo de cooperación tratado como un todo y otros países o grupos en 337.3–.9, ej., las relaciones económicas del Mercado Común con el Japón en 337.4052 (no 337.142), las relaciones económicas del Mercado Común con el resto del mundo en 337.4 (no 337.142).

**338 vs. 060,**   **Producción vs. Organizaciones generales y museología vs. Comercio inter-**
**381, 382,**      **no (Comercio doméstico) vs. Comercio internacional (Comercio exterior)**
**670.294,**       **vs. [Directorios de productos de manufacturas] vs. Geografía y viajes vs.**
**910, T1–025**    **[Notación de la Tabla 1 para] Directorios de personas y organizaciones vs.**
**T1—0294,**       **[Notación de la Tabla 1 para] Catálogos y directorios comerciales vs. [No-**
**T1—0296**        **tación de la Tabla 1 para] Guìas para compradores e informes para consumi-**
                   **dores**

## 1. Directorios

Los directorios de negocios se clasifican en los números para negocios, generalmente 381 o 338–382, mientras los directorios no comerciales se pueden clasificar en los números no comerciales en 001–999. Sin embargo, hay muchos puntos de vista acerca de lo que constituye los directorios de negocios, por lo que es necesario tener en cuenta los siguientes criterios.

## 2. Directorios de productos y servicios

Los directorios de productos y servicios pueden ser productos de servicios *producidos* por la gente activa en el campo, o de productos y servicios *usados* por la gente activa en un campo, y (a menos que se den otras instrucciones a continuación) se deberían clasificar respectivamente con los productores o usuarios, respectivamente. Si los directorios tienen rango reducido de productos y/o servicios de una o dos clases de productores destinados para una clase de usuarios, clasifíquelos con los productores, ej., un directorio de equipo y mobiliario de bibliotecas 681, no 022.90294. Cuando hay tres o más clases de productores que sirven a una clase de usuarios, entonces quédese con el número para el usuario, ej., editores, encuadernadores y fabricantes de muebles para bibliotecas 020.294.

Clasifique los directorios generales de fabricantes que hacen énfasis en los productos para la venta y que dan poca información de las compañias fuera de la dirección y número telefónico ( la información básica necasaria para ayudar al comprador a obtener el producto) en 670.294. Tales obras se pueden ordenar por categoría de productos o por compañía con un índice de productos. Si las obras se concentran en una línea específica de productos, clasifíquelas con la línea de productos, usando la notación 0294 de la Tabla 1.

Clasifique los directorios de "páginas amarillas" que hacen énfasis en productos (con frecuencia llamados páginas industriales) como se indicó para directorios de productos de fabricantes en el párrafo anterior. Sin embargo, véase el siguiene párrafo para los directorios de "páginas amarillas" que incluyen un rango amplio de servicios, y el segundo parráfo de la sección 4 (Directorios de personas y organizaciones) para páginas amarillas que se publican en conexión con los directorios telefónicos o de ciudades.

Clasifique los directorios que incluyen un amplio rango de servicios y de productos en 338 o 338.4, dependiendo del cubrimiento, aunque estén dirigidos al usuario final y se limiten a dar al usuario sólo la información básica necesaria para obtener los productos y servicios. Use 338.00294 si los directorios mencionan productos de agricultura o minería sin procesar;

de lo contrario, use 338.47000294 para directorios generales de servicios, para directorios generales que cubren tanto servicios como productos de industrias secundarias. Clasifique los directorios de servicios específicos con el servicio en 001–999. Véase la sección 3 (guías de compradores) para la escogencia entre las subdivisiones comunes 0294 y 0296 y sección 4 (Directorios de personas y organizaciones) sobre la escogencia entre las subdivisones comunes 0294 y 025.

Clasifique en 338.7 los directorios de fábricantes y/o otras empresas que además de la información acerca de los productos y servicios ofrecen igualmente información sobre la economía y la organización de las empresas individuales (esto es, información dirigida para personas que desean invertir en las compañías en proyectos conjuntos (joint - ventures) emplearlos como subcontratistas, o servir como sus representantes de ventas). Los directorios que dan información sobre la propiedad de las compañías, aproximación al valor de las compañías, nombres de los banqueros de las compañías, por ejemplo, así como la información de los productos pertenecen a esta categoría. Use 338.70294 para directorios que dan clase de información acerca de los proveedores de una amplia gama de servicios y productos (o 338.740294 si los proveedores se identifican explícitamente como corporaciones); use 338.76100094 para directorios que dan esa clase de información solamente sobre servicios; y use las subdivisiones de 338.76 con la notación 0294 para directorios que dan esa clase de información para líneas específicas de productos y/o servicios. Sin embargo, véase la sección 5 (Directorios de productos y servicios vs. Directorios de organizaciones) al escoger entre la subdivisión común 0294 y 025 cuando una u otra clase de información predomina.

Clasifique los directorios de importadores y exportadores (los cuales generalmente están orientados a establecer relaciones comerciales entre los importadores en un país y los exportadores en otro) en 382, usando la notación 0294. Sin embargo, los directorios de las cámaras de comercio del exterior usualmente se clasifican en 382.025 o 382.06, puesto que rara vez se concentran en una línea de productos. Un ejemplo podría ser un directorio de la Cámara Americana de Comercio en Roma 382.02545632. (Los Directorios de cámaras internas de comercio se pueden clasificar en 380.1 si tienen suficiente material sobre importadores, exportadores o mercados extranjeros; de otra manera, clasifique en 381.).

*Véase además T1–0601–0609 vs.T1–025.*

Clasifique los directorios para ventas al por menor (llamados con frecuencia directorios comerciales o guías de compradores industriales) en 381.1 o 381.4. Los directorios *para* minoristas, es decir para personas que esperan volver a vender lo que han comprado, son generalmente directorios de productos y servicios, y normalmente se clasifican en los números que terminan con la notación 0294, mientras que los directorios de minoristas normalmente se clasificarán en los números que terminan en la notación 025 de la Tabla 1. Use 381.1 con la subdivisión común apropiada para directorios generales de ventas al por menor de una área si se mencionan productos agrícolas y de minería; de otra forma, use 381.45 con la subdivisión común apropiada para directorios generales de ventas al por menor de industrias y servicios sescundarios, y 381.45 sin la subdivisión común para directorios de servicios al por menor. Clasifique los directorios de ventas al por menor para una línea específica de productos o servicios en la subdivisión apropiada de 381.4.

### 3. Guías de compradores

Las guías de compradores en el sentido previsto en la notación 0296 se refieren solamente a obras que evalúan productos y/o servicios. Cuando no hay evaluación, como es el caso de las las guías para compradores industriales mencionadas en el último párrafo de la sección 2 (Directorios de productos y servicios), use la notación 0294.

Si un directorio o cualquier otro listado, ya sea de personas y organizaciones o de productos y servicios, da mayor atención a la evaluación de productos y servicios, use la notación 0296. Esto es, considere la obra como una guía de compradores, independientemente de que esté organizada por producto y servicio o por organización y persona, e independientemente de qué tipo de información tiene sobre dónde o cómo conseguir los productos y servicios.

Clasifique las guías de compradores evaluativas de acuerdo con los lineamientos dados en la sección anterior, excepto que use la notación 0296 en vez de 0294.

### 4. Directorios de personas y organizaciones

Clasifique los directorios que dan detalles de la organización interna o mencionan los directorios de empresas comerciales en 338.7, o 334 a sus subdivisiones, usando la notación 025, independientemente del campo de operación de las empresas. Sin embargo, clasifique los directorios generales sobre todo tipo de organizaciones, directorios generales sobre organizaciones no comerciales y directorios de organizaciones no comerciales específicas en 060. Clasifique los directorios de *organizaciones no comerciales* limitados a un tema específico con el tema, usando la notación 025.

Clasifique directorios telefónicos locales y de ciudad en 913–919, usando la notación 025; y los directorios telefónicos internacionales no limitados a un contiente en 910.25. Clasifique las páginas amarillas publicadas en conexión con directorios telefónicos o de ciudad con el dirctorio telefónico o de ciudad. Véanse los párrafos 3 a 5 de la sección 2 (Directorios de productos y servicios) para publicaciones separadas de las páginas amarillas. Clasifique los demás directorios de personas con el tema en 001–999, usando la notación 025.

### 5. Directorios de productos y servicios vs. Directorios de organizaciones

Si un directorio combina información sobre productos y servicios con información económica y organizacional sobre empresas de negocios en proporción igual, clasifíquelo en 338.70294 (si es general); en 338.740294 (si es general, pero se limita explícitamente a corporaciones); o en las subdivisiones de 338.76 usando la notación 0294 si se limita a líneas específicas de productos y/o servicios. Sin embargo, relativamente pocos directorios combinan las dos clases de información en igual proporción, así que esté alerta sobre el aspecto predominante. Si predomina la información organizacional y económica, y la información de producto y servicio sirve más para describir dónde la empresa coloca su dinero y esfuerzo, clasifique el directorio en 338.7025, 338.74025 o en las subdivisiones de 338.76 usando la notación 025. Si predomina la información del producto y la información organizacional no va más allá de la lista de contactos para ordenar un producto, clasifique el directorio en 670.294 o en el número específico para tecnología usando la notación 0294. Extensas secciones de páginas amarillas son un buen indicador para usar la notación 0294 para directorios de productos. La mayoría de ellos se clasifican según instrucciones dadas en los párrafos del 3 al 5 de la sección 2 (Directorios de productos y servicios). Sin embargo, véase el segundo párrafo de la sección 4 (Directorios de personas y organizaciones) para las páginas amarillas de directorios telefónicos y de ciudades.

*Véase el último párrafo de la sección 2 (Directorios de productos y servicios) para escoger entre la notación 0294 y 025 con directorios de ventas al por menor.*

### 6. Directorios de organizaciones no comerciales

Los directorios de organizaciones no comerciales (aún de servicios y productos varios), rara vez se clasifican en 338: ellos rara vez suministran información económica (diferente de los precios cuando los productos y servicios no son gratuitos); y el número interdisciplinario para información organizacional sobre organizaciones no comerciales es 060. Aún los directorios interdisciplinarios de servicios de organizaciones no comerciales (esto es, directorios de servicios que tienen un amplio alcance más allá del que razonablemente se podría clasificar en 360) se podrían clasificar en 060, con el uso de 0294 (no en 338), ej., un directorio de servicios provistos por las sociedades francesas para las ciencias y las humanidades 064.0294. Sólamente los directorios de las organizaciones no lucrativas que compiten en campos normalmente servidos por organizaciones de negocios se clasifican en los números para economía, ej., los directorios organizacionales de las compañías de servicios públicos 338.761363025, los directorios de productos y servcios provistos por cooperativas en todos los campos 334.0294.

| | |
|---|---|
| **338.09 vs.** **338. 6042,** **332.67309,** **346.07,** **658.11** **658.21,** **T1—068** | **Tratamiento histórico, geográfico, de personas de la producción vs. Localización [de la producción] vs. Tratamiento histórico, geográfico, de personas [de la inversión internacional] vs. Derecho comercial vs. [Administración de] Iniciación de las empresas de negocios vs. [Administración de planta] Localización y [la notación de la Tabla 1 para] Administración** |

Clasifique en 338.09 las obras que muestran dónde está localizada la industria. Clasifique en 338.6042 las exposiciones sobre y para el proceso de localización de las organizaciones de negocios. Un elemento de ayuda es distinguir las dos cosas considerando la localización en 338.09 como una condición y en 338.6042 la acción.

Clasifique en 332.67309 las obras que describen las ventajas y desventajas de efectuar inversiones internacionales, incluyendo el establecimiento de empresas internacionales en áreas particulares.

Clasifique en 346.07 las leyes y reglamentaciones para la inversión controlada y la iniciación a los negocios.

Clasifique en 658.11 o con el tema usando la notación 0681 de la Tabla 1, las obras sobre técnicas administrativas para la localización de una nueva empresa que trata asuntos múltiples, ej., impuestos y leyes laborales en varias jurisdicciones, localización de mercados, localización de recursos de materia prima y trabajo práctico. Clasifique en 658.21 o con el tema usando la notación 0682 de la Tabla 1 las obras que se limitan a las técnicas administrativas para la localización de la planta física, con énfasis en una localización que facilitará una buena administración de planta, ej., una con un nivel adecuado de terreno para una posible expansión.

**338.372**     **Productos de pesca, pesca de ballenas, caza, caza con trampas**

Clasifique la pesca y las obras generales sobre pesca y pesca de mariscos en 338.3727. Clasifique la pesca de moluscos y obras generales sobre pesca de mariscos (moluscos y crustáceos) en 338.3724, pesca de crustáceos en 338.37253.

Para tratamiento geográfico de una industria de pesca, use el número de área que se usa como base para la industria casera y no el lugar en donde los peces u otros animales son capturados. Así pues, una flotilla estacionada en los Angeles se clasifica en 338.37270979494, aunque los peces hayan sido capturados en la Baja California. Este no se clasifica ni en 338.372709722 Baja California ni en 338.3727091641 Océano Pacífico sudoriental.

**338.76**     **Empresas de negocios en industrias y grupos de industrias específicos**

Clasifique aquí los directorios de compañías en industrias específicas o grupos específicos de industrias, usando la notación 025 de la Tabla 1, ej., directorios de empresas manufactureras en 338.767025. Sin embargo, clasifique las obras llamadas directorios que incluyen listas de productos y servicios ofrecidos para la venta o para distribución libre (aún si las obras están ordenadas más por compañía que por producto o servicio) con el tema, usando la notación 029, ej., listas de productos manufacturados para la venta en 670.294.

Las biografías de personas asociadas con el desarrollo y operación de tipos específicos de empresas pero no confinadas a una industria o grupos de industrias específicos, se clasifican en 338.6–.338.8, ej., personas asociadas con fideicomisos en 338.85092. Directores de compañías, juntas directivas de las compañías en varias industrias o grupos de industrias se clasifican en 338.7092.

**338.888–.889 [Empresas de propiedad extranjera]**

Las empresas clasificadas aquí incluyen las de propiedad mixta en las cuales algunos de sus propietarios son locales, pero los propietarios principales son extranjeros.

**339 vs. 332, 336**     **Macroeconomía y temas relacionados vs. Economía financiera [y] Finanzas públicas**

Macroeconomía es el estudio de la economía como un todo, especialmente en relación con su nivel general de egresos e ingresos y la interrelación entre los sectores de la economía. Algunos de los temas que aparecen en 332 y 336 son considerados dentro de la macroeconomía (339). Estos temas, sinembargo, serán clasificados en 339 solamente cuando se discute sobre el panorama económico total de un país o región. Por ejemplo, las actividades monetarias de bancos centrales, normalmente en 332.112, se clasifican en 339.53 cuando tratan especialmente sobre política macroeconómica.

En caso de duda, prefiera 332 y 336.

**339.32 vs. 339.22**     **Otras clases de cuentas y contabilidad nacionales vs. Distribución personal del ingreso y de la riqueza**

El ingreso personal como una medida del ingreso nacional se clasifica en 339.32. El ingreso personal en relación con la distribución del ingreso nacional se clasifica en 339.22.

# 340    Derecho

El derecho uno de los instrumentos más importantes del control social, consiste en un cuerpo completo de costumbres, prácticas y normas reconocidas en una sociedad como mecanismos de unión, promulgados y puestos en vigor por una autoridad central.

En este campo se pueden distinguir tres formas generales de literatura:

1. Las leyes en sí mismas, como promulgadas por un cuerpo oficialmente autorizado para hacerlo.

2. Las decisiones de los tribunales o de otros cuerpos legislativos sobre disputas que surgen de esas leyes.

3. Los tratados escritos sobre varios aspectos de las leyes.

Las dos primeras, leyes y decisiones, son consideradas como material original. Los tratados se derivan de las anteriores y se consideran como secundarios. Existe una sección especial (348) para materiales originales y guías de estos, cuando tales materiales no se refieren a ninguna rama específica o tema del derecho. Los materiales originales que se dedican a una rama o tema específico deben clasificarse con esta rama o tema, usando la subdivisión común especial 026 y sus subdivisiones (Esta subdivisión común se da en detalle en la Edición 20 bajo el 342–347. Observe que existe un desarrollo similar en el 026 bajo 341 Derecho internacional). Los tratados no tienen un lugar o designación especial, pero se clasifican en 349 si se relacionan con el derecho en general de una jurisdicción, o en el número asignado para una rama o tema específicos, sin indicación adicional.

### Terminología

*Derecho civil*: Este término tiene dos significados que se deben distinguir claramente. En un sentido este es el nombre de un sistema del derecho (340.56) derivado del derecho romano y usado en mayor o menor grado en la mayoría de los países del mundo moderno, ej., Alemania, Francia, Japón, Brasil y aún en algunas jurisdicciones subordinadas de países que tienen otro sistema, ej., la provincia de Québec en Canadá y el estado de Louisiana en Estados Unidos. Se usa frecuentemente en contraste con otros grandes sistemas del derecho, ej., el derecho común (derecho consuetudinario) 340.57 que se deriva de las costumbres y leyes de la Inglaterra antigua y medieval y es el que rige en el Reino Unido, Estados Unidos y la mayoría de los países que pertenecen al British Commonwelth (Comunidad de Naciones Británicas), ej., Canadá, Australia, Nueva Zelanda.

El significado más común del término "derecho civil" es: todo el derecho que no es derecho penal (342–344, 346–347). Se usa en forma directa o implícita en contraste con el derecho penal.

*Compulsión de la ley (Law enforcement)*: Este no es necesariamente un asunto policivo, aunque podría ser. Cualquier organismo gubernamental puede hacer cumplir las leyes. Un departamento de educación, por ejemplo, puede hacer cumplir la ley cuando se asegura que los requisitos de ley han sido aceptados por las escuelas. La compulsión de la ley en éste sentido se clasifica con el tema fuera del derecho. Una obra acerca de las actividades relacionadas con la compulsión de la ley en el departamento de educación arriba mencionado se clasifica en el 350.851 y números afines y relacionados en 352–354. El trabajo de la policía para hacer cumplir la ley se clasifica en 363.23. Se debe observar, sin embargo, que las leyes que rigen el cómo se debe aplicar la compulsión de la ley se deben clasificar en derecho, ej., el derecho que rige cuáles medidas puede usar la policía para asegurar la compulsión de la ley 344.0523 (o 345.052 si pertenecen a materias relacionadas con investigación penal).

La compulsión de la ley mediante los tribunales se clasifica siempre en derecho usando la subdivisión común 0269 para derecho cuando sea apropiada, ej., el papel del tribunal en la compulsión de la ley sobre derecho tributario 343.040269.

### Derecho de los países con gobiernos federales

En países con organizaciones federales, ej., los Estados Unidos, Australia, la República Federal de Alemania existen dos grupos de leyes: aquellas de la jurisdicción central (leyes nacionales) y aquellas de las jurisdicciones subordinadas (leyes de las provincias o estados). Las leyes de un estado individual o provincia se clasifican usando el número de área para la jurisdicción en cuestión, ej., derecho penal de Virginia 345.755, de Nueva Gales del Sur 345.944. Sin embargo, las leyes de los estados o pronvincias tomadas como un todo se clasifican en los mismos números que las leyes de la jurisdicción federal, ej., las leyes penales de los estados de Estados Unidos 345.73, de los estados de Australia 345.94.

Las leyes de las jurisdicciones locales (ciudades, países, jurisdicciones subprovinciales) se tratan de la misma manera. Para las leyes de una jurisdicción específica, use el número de área para dicha jurisdicción; pero para las leyes de todas las localidades de un área dada, use el número de área para la jurisdicción que las contiene: leyes tributarias de Chapel Hill, Carolina del Norte 343.75656504; leyes particulares relacionadas con parques públicos en Sheffield, Inglaterra 346.42821046783; pero, las leyes tributarias de las ciudades de Carolina del Norte en 343.75604, de las ciudades de Estados Unidos 343.7304, leyes relacionadas con los parques públicos en las ciudades del Reino Unido en 346.41046783.

### Jurisdicción en el tiempo

Las leyes de un área que hasta cierto momento era una jurisdicción independiente se clasifican como sigue:

1. Si aún operan en la jurisdicción que ahora es independiente, clasifíquelas con la jurisdicción en cuestión, ej., el Acta de Limitación de 1908, que fue promulgada antes de que Pakistán fuera independiente pero que aún es la ley que opera en Pakistán, se clasifica en 347.5491052.

2. Si la ley ya no opera en la jurisdicción ahora independiente, clasifíquela con las leyes de la jurisdicción que antes eran predominantes, ej., una ley de 1908 que ya no opera más en Pakistán se clasifica con el derecho de la India, usando la notación 54 de la Tabla 2.

### Derecho y grupos aborígenes

Ciertos grupos, tales como los aborígenes de Australia y los pueblos nativos de Estados Unidos tenían sus sistemas legales propios que existían antes de su incorporación dentro de los sistemas nacionales de otros grupos. Dichas leyes se clasifican en 340.52. El derecho de sociedades tradicionales, ej., leyes de tribus nativas de América del Norte antes de que se convirtieran en parte de Estados Unidos 340.5273. Clasifique las leyes de tales grupos sobre un tema específico con el tema en derecho, usando la notación 089 de la Tabla 1, ej., derecho de familia de los pueblos nativos de América del Norte 346.01508997.

Clasifique en derecho internacional las relaciones entre grupos aborígenes y una nación establecida en su territorio antes de su incorporación a la nación, ej., tratados entre los Estados Unidos y los pueblos nativos norteamericanos sobre asuntos territoriales en 341.42026.

Las relaciones entre un grupo aborigen y una nación establecida en su territorio después de su incorporación a la nación se clasifican en los números regulares para la ley de la jurisdicción, ej., la ley que regula los servicios de enfermería para los aborígenes australianos en 344.940414.

## Política

La política no constituye necesariamente un derecho y de ordinario se clasifican con el tema fuera del derecho, ej., la política de conservación 333.72. Sólamente la política que incorpora las leyes específicas y las interpretaciones de los tribunales se clasifica en derecho, ej., una ley que se promulga para hacer cumplir la política de conservación 346.044.

El principio de aproximarse a la totalidad del tema no se aplica a las jurisdicciones para las cuales no existe número de área específico, ej., se pueden agregar subdivisiones a una jurisdicción que no tenga su número propio, ej., la ordenanza de Flint, que rige los sevicios de salud mental para los adictos en Michigan 344.77437044. Flint está en una nota de inclusión, lo cual significa normalmente que no se le pueden agregar subdivisiones. Se pueden agregar subdivisiones, aún si la jurisdicción no se menciona en una nota, ej., una ordenanza similar para Mt. Morris, Michigan, un suburbio de Flint 344.77437044.

### Uso del número de área para distritos capitales

Use la notación 753 de la Tabla 2 para leyes de Washington, D.C. aún si algunas de estas leyes han sido aprobadas por el Congreso de Estados Unidos. Estas son, en efecto, leyes locales aún si han pasado por la legislatura nacional. La misma situación ocurre en Australia, en donde todas las leyes del Territorio Capital han pasado por un cuerpo legislativo nacional, para el cual use la notación 947 de la Tabla 2. La misma situación puede ocurrir en otras jurisdicciones.

### Escritos legales

Clasifique las obras sobre las composiciones de resúmenes legales, informes de leyes y otros documentos en el 808.06634; sin embargo, si la obra hace énfasis en cómo hacer para que el documento esté de acuerdo con la ley, clasifíquelo con el tema en derecho, ej., cómo elaborar un contrato legal 346.022.

### El uso de la terminología y de la notación

Para abolir la repetición molesta la frase "el derecho de" frecuentemente se omite. A menos que se diga de otro modo, se subentiende "derecho". Si, por ejemplo, se utiliza la frase "los impuestos se clasifican en 343.04", esto significa que el derecho tributario se clasifica en 343.04. En forma similar, cuando se refiere al derecho de temas específicos en 342–348, el número se da como aparece físicamente en la Edición 20, ej., el derecho tributario 343.04. Se entiende que en la mayoría de las instancias, para usar el ejemplo anterior, el número será 343 más la notación de la Tabla 2 más 04.

**340.023     El derecho como una profesión, ocupación, pasatiempo**

Distinga 340.023 cuidadosamente de la práctica legal 347.0504, el cual se relaciona con los tecnicismos para la conducción de un pleito. Clasifique en el 340.023 temas tales como; qué es ser abogado, las relaciones profesionales, las especialidades posibles en la profesión, las oportunidades de carrera y asuntos similares.

**340.57**   **Sistemas del derecho común**

La frase "derecho común" (*common law*) se usa en varias formas. (1) El derecho que no es el resultado de la legislación sino de la costumbre y de la decisión judicial. (2) La rama del derecho inglés que se deriva de los antiguos tribunales ingleses del derecho común por oposición a la rama del derecho conocida como la equidad que creció en el Tribunal de Chancery. (3) El sistema de derecho de Inglaterra y otros países, tales como Estados Unidos, cuyo derecho se deriva del derecho inglés. El número uno (1) se encuentra aquí en 340.57. Los números dos (2) y tres (3) dan forma y estructura al 342–347.

**340.9**   **Derecho internacional privado**

Este tema se ha llamado también "conflicto de leyes", y se conoce comunmente como derecho internacional privado, nombre que es impropio, ya que éste no es el derecho que rige las relaciones entre las naciones, sino el derecho que gobierna los conflictos y disputas entre los ciudadanos privados de diferentes naciones. Esta materia se toma del derecho privado. El punto central del asunto es cuáles leyes de la jurisdicción deben regir el caso, de ahí el término conflicto de leyes. Por ejemplo, cuáles son las leyes que regirán en el caso de un ciudadano canadiense casado en Francia con una ciudadana de Alemania y más tarde divorciado en México cuando se inicie una polémica sobre la distribución de la propiedad personal conjunta?.

**341**   **Derecho Internacional**

El derecho internacional se define aquí como el conjunto de reglas, principios y normas con los cuales los estados independientes (naciones) están comprometidas por consentimiento común. Hacen falta aquí dos de las facetas que caracterizan comunmente al derecho: la obligatoriedad genuina y la promulgación por medio de una autoridad central. La validez del derecho internacional depende de la buena fe de las naciones, del propio interés nacional, de la presión de la opinión mundial, del miedo a la represión y las sanciones impuestas por organismos internacionales y otras naciones. Este derecho está incorporado en los tratados, protocolos, convenciones y otros acuerdos internacionales (análogos a estatutos); decisiones de los tribunales  internacionales y escritos (tratados) por académicos reconocidos en el campo legal.

Observe que las obras interdisciplinarias sobre organizaciones internacionales y las obras que tratan con la estructura y las funciones generales de dichas organizaciones se clasifican en 341.2, aún cuando en la obra no aparezca una discusión sustancial a la ley orgánica que establece tales organizaciones. Un aspecto específico de una de estas organizaciones se clasifica con el tema por fuera del derecho, ej., los aspectos económicos de la Comunidad Económica Europea 337.142.

En ocasiones, distinguir entre derecho internacional y relaciones internaciones no es fácil. Hasta cierto punto se puede pensar que es la diferencia entre lo que realmente es (327) y lo que debería ser (341). Las obras sobre relaciones internacionales discutirán lo que está sucediendo actualmente (incluyendo la teoría de por qué las cosas suceden como están sucediendo) y los efectos de lo que ha sucedido. Las obras sobre derecho internacional discutirán aquellas normas y principios que en el concepto del común deberían regir las relaciones internacionales y también discutirán los eventos concretos desde el punto de vista de los problemas que ellos generan sobre este orden de cosas. Incluída por supuesto, en derecho internacional estarán las obras sobre tratados y jurisprudencia de los tribunales internacionales. En caso de duda, prefiera el 341.

### 341.026     Tratados y jurisprudencia

Use esta subdivisión común ampliada para clasificar los textos de tratados y decisiones judiciales, no para discusiones, comentarios, de obras populares sobre ellos.

Clasifique en derecho internacional la aprobación de un tratado por el cuerpo legistativo de la nación. Sin embargo, la legislación que ha pasado por dicho cuerpo para reforzar las providencias de un tratado, dentro de los límites nacionales, se clasifica con el derecho de la nación. Por ejemplo, una obra sobre un tratado entre Estados Unidos y Canadá con relación a la pesca y la conservación de la vida salvaje se clasifica en 341.762, pero una obra sobre una ley de pesca deportiva aprobada por el Congreso de Estados Unidos para fortalecer las providencias de dicho tratado para los ciudadanos de Estados Unidos se clasificaría en 346.73046954.

### 342–347     Derecho de jurisdicciones específicas

#### 0262     Materiales preliminares

Los materiales preliminares son documentos que se relacionan con la legislación propuesta. Aún después de pasar la legislación estos documentos continúan siendo relevantes en derecho para mostrar las ideas e intención que tenían los legisladores reponsables por los proyectos de ley.

Las principales formas son:

Proyectos de ley (las leyes propuestas en sí mismas)

Audiencias sobre los proyectos de ley

Presentación de pruebas

Mensajes ejecutivos en relación con los proyectos de ley

Informes sobre las audiencias

Clasifique en 342–347:

Proyectos de ley

Incluyendo leyes de autorizaciones y apropiaciones que establecen organismos gubernamentales; las dos se clasifican en derecho con el tema con el cual se relaciona el organismo, ej., un proyecto de ley para establecer un departamento de educación en 344.070262

Audiencias, informes y resoluciones relacionadas con los proyectos de ley

Audiencias sobre los nombramientos propuestos de jueces

Estas se clasifican en 345 o 347, ej., una audiencia sobre la propuesta de nombramiento de un magistrado de la Corte Suprema de Estados Unidos en 347.732634

Clasifique en 350–356:

Audiencias sobre autorizaciones y apropiaciones

Excepto para autorizaciones y apropiaciones militares, clasifique las audiencias sobre autorizaciones en 351.72234, sobre apropiaciones para un organismo específico con el organismo en 351 y números afines en 353–354, ej., apropiaciones para hospitales en 351.841

Audiencias de vigilancia

Estas no son audiencias sobre un proyecto de ley, sino verificaciones sobre la efectividad con la cual un organismo está haciendo su trabajo. Clasifíquelas con el tema con el cual se relaciona el organismo, ej., una audiencia de vigilancia sobre la Oficina Asuntos Indígenas de Estados Unidos 353.0081497

Clasifique en 355–359:

Los proyectos de ley sobre apropiaciones y autorizaciones militares y las audiencias e informes pertenecientes a estos

Clasifique en otros lugares a lo largo de la Clasificación las audiencias generales y los informes sobre éstas, informes sobre investigaciones legislativas no relacionadas con la legislación propuesta, ej., una investigación del Congreso (E.U.) dentro de la venta de armas a Irán y la subsiguiente transferencia de utilidades de las ventas a los rebeldes nicaragüenses 364.1310973.

Observe que los informes se clasifican con las audiencias a las cuales pertenecen. Los materiales que contienen frases tales como "bajo la autoridad de"o "con arreglo a" usualmente no se clasifican en derecho.

*Véase además 350–354: Audiencias de nominaciones*

**342.06**     **Rama ejecutiva del gobierno**

El derecho administrativo involucra la ejecución por la rama ejecutiva de ciertas funciones judiciales, ej., la conciliación de disputas, la imposición de multas, la especificación de ciertas soluciones. Cuando una obra trata de dichas funciones, se clasifica aquí. Clasifique el derecho administrativo sobre un tema específico con el tema en derecho, ej., el papel de la

Administrión de Aviación Federal de Estados Unidos en la conciliación de una disputa con los controladores del tráfico aéreo 343.730976. Las normas impuestas por un organismo en relación con un tema específico se clasifican con el tema fuera del derecho, ej., las normas para la seguridad en instalaciones para el cuidado de salud 363.1562.

**343.078 vs. 343.08**

**[Reglamentación de] Industrias y servicios secundarios vs. Reglamentación del comercio**

En la ordenación de las reglamentaciones de la industria versus el comercio, puede servir de ayuda lo siguiente. Cuando se tratan temas como las cuotas de producción, la calidad del material producido, el tamaño de los productos especificados y similares, es porque las reglamentaciones industriales están involucradas. Cuando se trata de la verdad en los rótulos, las prácticas de publicidad y otros aspectos del mercadeo, es porque están involucradas las reglamentaciónes de comercio. Por ejemplo, cuáles servicios se les permite ofrecer a los hoteles, cómo se deben ofrecer, qué actividades se permiten dentro de éstos y cuáles tarifas se pueden aplicar, se clasifican en reglamentación industrial 343.07864794. Cómo deben hacer publicidad los hoteles, se clasifica en 343.085564794. En caso de duda, prefiera el 343.078.

**345**

**Derecho Penal**

El derecho penal trata de las acciones que dañan algo con lo cual los intereses de la sociedad se consideran directamente implicados. Por esa razón, los casos en derecho penal siempre se consideran entre el Estado en su capacidad como cuerpo político y el individuo sindicado de un delito. Una disputa entre dos personas privadas (naturales o corporativas) se convierte en una causa de derecho civil. La acción penal es el posible resultado de una causa criminal. En una causa civil los castigos son sometidos a fallo judicial o se buscan otras formas de sanción. Se debe entender que el Estado también puede dar curso a un pleito en derecho civil, actuando en este caso como una persona jurídica más que como un cuerpo político.

**345.02 vs. 346.03**

**Delitos (Faltas) vs. Actos ilícitos (Transgresiones)**

Se debe observar que ciertos actos señalados aquí como ofensas penales, también se pueden encontrar en 346.03 como actos ilícitos, (una parte del derecho civil). Las obras sobre dichos actos deben clasificarse de acuerdo con el punto de vista presentado en la obra o el tipo de acción legal que se debe ejecutar. La difamación y la calumnia consideradas desde el punto de vista del derecho penal se clasifican en 345.0256, considerados como un acto ilícito en 346.034. Se debe tener en cuenta que mientras un acto particular sea mirado como un delito o acto ilícito, o ninguno, dependerá a menudo del veredicto de la jurisdicción en cuyo marco es observado. Por ejemplo, el adulterio puede ser mirado como un delito por el cual el transgresor puede ser enjuiciado, un acto ilícito por el cual el transgresor puede ser demandado, o simplemente un hecho que se puede aducir como evidencia en un caso de divorcio.

**346.02**          **Contratos y mandato**

Un contrato es un acuerdo, implícito o explícito, entre dos o más partes. El contrato en sí mismo no es ley, pero se puede obligar a cumplir por la ley. Los siguientes aspectos de contratos se clasifican en derecho: su legalidad y su cumplimiento, las disputas relacionadas con éstos, el rompimiento del contrato, como diseñar contratos de tal manera que cumplan los requisitos legales.

**347**          **Procedimiento y tribunales civiles**

Se debe tener cuidado en la determinación de la jurisdicción involucrada en el procedimiento y los tribunales. La ubicación del tribunal no necesariamente determina este factor. Por ejemplo, el procedimiento de un tribunal en Boston, Massachusetts se clasificaría en 347.744 si se trata de un tribunal estatal, en 347.73 si se trata de un tribunal de distrito de Estados Unidos; solamente un tribunal local de Boston, establecido e interpretado bajo las ordenanzas de Boston, debe clasificarse en 347.74461. Excepto para los tribunales locales, este problema no se presenta en países con gobiernos centrales más que en gobiernos federales, ej., Francia.

**350**          **Administración pública y ciencia militar**

Las dos partes del 350 son distintas excepto en un campo estrecho en el cual se traslapan: la administración de las fuerzas de defensa y sus departamentos. Aparte de las obras sobre departamentos de defensa que van en el 351.06 y números afines en 353–354, la administración de asuntos militares y de defensa se clasifican en 355–359. Las obras generales sobre la administraión militar se clasifican en 355.6. La administración de una rama o servicio específicos se clasifica con la rama o servicio, usualmente con el uso de la notación 6, que se deriva del 355.6. La administración de un tema específico se clasifica con el tema sin usar ninguna subdivisión.

**350–354**          **[Administración pública]**

### Bases del ordenamiento

En el esquema usado para administración pública existen dos distinciones básicas: primero entre la administración en general y la administración de jurisdicciones específicas y segundo entre la administración central y la administración de jurisdicciones locales.

El número 350 se usa para la administración pública en general, cuando las obras se refieren a asuntos relacionados tanto con la administración central como con la local. Sus subdivisiones se pueden dividir por área, usando la notación 09 de la Tabla 1, cuando la discusión se refiere básicamente a los principios y prácticas en un país o región, pero no se refiere principalmente a la administración central de ningún país, estado o provincia grande, ej., administración del bienestar social a nivel local, estatal o federal en Estados Unidos 350.840973.

El número 351 se usa para la administración central en general pero no para la administración de ninguna jurisdicción específica. Sus subdivisiones se dividen por área solamente para el tratamiento que cubre dos o más países.

La administración central de países específicos y de sus estados, o provincias similares a los estados se encuentran en 354, excepto para Estados Unidos, el cual se encuentra en 353.

El número 352 se usa para la administración local sin tener en cuenta la jurisdicción, ej., para la administración local en general en países o regiones específicas o en localidades específicas.

### Administración estatal y provincial

La administración central en 351 y 353–354 incluye administración pública de los estados y provincias en los países que tienen provincias grandes que abarcan un número considerable de gobiernos locales, ej., Canadá y China. La administración de las provincias pequeñas comparables a los condados en Estados Unidos o el Reino Unido, i.e., provincias que tienen relativamente pocos distritos o municipalidades, se clasifican como administración local en 352.0073. En caso de duda, clasifique la administración de las provincias de un país en 352.0073.

Hay una provisión específica para la administración de los estados de Estados Unidos en el 353.9. Para cualquier país, la administración de los estados y provincias de tamaño igual a los estados se clasifica bajo la notación de área en 354, ej., la administración central de Brasil 354.81, de Minas Gerais 354.8151. Las obras generales sobre los estados o provincias de un país en 354 se clasifican en el número del país usando las subdivisiones para temas específicos de la tabla de adición bajo 354, ej., administración de bienestar social estatal en Brasil 354.810084.

### Orden de cita de la jurisdicción vs. Tema

El orden básico de cita para la administración de gobiernos centrales específicos es Nivel + Jurisdicción + Tema. Este se cambia para gobiernos locales a Nivel + Tema + Jurisdicción. (*Véase 353–354 para ejemplos con administración central, 352 para ejemplos con administración local.*)

### Organismos y sus partes componentes

Con excepción de los organismos de nivel ministerial que van en 351.01–.08 y números relacionados en 353–354, no se hace distinción entre la administración de una función y la administración de un organismo designado para desarrollar dicha función. Los informes administrativos de organismos específicos se clasifican en los mismos números como estudios independientes de las funciones desarrolladas por los organismos. Sin embargo, la notación 06 de la Tabla 1 se agrega a los informes administrativos periódicos si el alcance del organismo es aproximadamente el mismo que el del número. La notación 06 se usa aún para los informes anuales, pero no así la notación 05 de la Tabla 1. (*Véase además 351.0006*).

Los organismos específicos tienden a tener un rango de responsabilidades que no corresponde a las definiciones dispuestas para cubrir los patrones comunes. Más aún, en ninguna jurisdicción específica, las responsabilidades tienden a cambiar con el tiempo a medida que los organismos crecen, se reducen, dividen o fusionan. Es necesario clasificarlos entonces de acuerdo con la "mejor provisión". Un organismo de servicios generales, por ejemplo, puede tener un amplio rango de funciones varias pero si su deber predominante se relaciona con la administración de la propiedad, clasifíquelo en un número derivado del 351.713, aún si éste tiene secciones para archivos y entrenamiento de personal.

En tales casos, clasifique las obras que se limitan a un componente específico de un organismo más grande en el número que concuerde con el componente, ej., una sección de archivos en un organismo general de servicios en un número derivado del 351.7146, una sección de entrenamiento de personal de dicho organismo en un número derivado del 351.15.

Cuando dos organismos cubren independientemente el mismo campo, como sucede cuando se crean organismos de coordinación y vigilancia para vigilar las actividades de otros organismos o grupos de organismos, los organismos de vigilancia se clasifican en los números de las funciones que éstos deben vigilar, ej., juntas de revisión de personal 351.1.

La subordinación nominal de un organismo a una rama no ejecutiva del gobierno no afecta la clasificación. Por ejemplo, la Oficina General de Contabilidad de Estados Unidos es oficialmente parte de la rama legislativa, pero ésta desarrolla una función ejecutiva clásica de revisión de cuentas y juzga la efectividad de los gastos del gobierno, se clasifica por lo tanto en 353.007232 (derivado del 351.7232).

### Política pública

La política pública en campos específicos de carácter social se clasifica normalmente con el campo específico en las ciencias sociales, independientemente si dicha política se formula por legislación, decisión administrativa o consenso público informal. Por ejemplo, las políticas de desarrollo y crecimiento económicos se clasifican en 338.9, las políticas de bienestar en 361.61. La política pública en asuntos fuera de las ciencias sociales se clasifican por lo general con el tema en administración pública, ej., política artística 331.854, no 700. Sin embargo, una política con implicaciones en los derechos civiles se clasificará con derechos civiles en 323, ej., política religiosa en 323.442, no 200, 351.811 o 351.857.

Ciertas políticas que tienen nombres que sugieren una disciplina, pero que realmente se relacionan con otra. Por ejemplo, la política tecnológica, la política de transferencia de tecnología, la política de investigación y desarrollo y aún la política científica son a menudo formuladas en términos de la promoción del crecimiento y desarrollo económicos. En cada caso en el que las políticas son metáforas de las políticas de crecimiento, se podrían clasificar en 338.9.

Estas observaciones se refieren solamente a las políticas en sí mismas y a los argumentos en pro y en contra de éstas y no a las políticas de ejecución o de formulación. Cómo llevar adelante una política, o cómo llevar a cabo los procedimientos para resolver asuntos de políticas es administración. Por ejemplo, clasifique una obra acerca de cómo son o deben ser las políticas relativas a los derechos civiles en 323, pero una obra sobre como administrar las políticas de derechos civiles en 351.811.

con el campo (usando la notación 068 de la Tabla 1, ej., administración hospitalaria en 362.11068), mientras que la administración pública de un campo específico se clasifica en 350–354. Las subdivisiones más importantes y más ampliamente usadas en administración pública son los números que definen los campos de actividad que se administran (que se encuentran en 351.74–.89 y rangos derivados de éstos), ej., industrias secundarias 351.824.

El tamaño no es el factor para establecer diferencias entre la administración pública y la administración. Manejar una oficina con un solo empleado para la expedición de una licencia de funcionamiento comercial es administración pública (para lo cual se usan los números derivados del 351.826046), mientras que manejar un ferrocarril transcontinental nacionalizado es administración (385.068).

Con frecuencia se encuentran la administración pública y la administración en el mismo campo. Por ejemplo, la administración de ferrocarriles se clasifica en 385.068, mientras que los organismos que regulan los ferrocarriles se encuentran en 351.875; la administración de sistemas de bibliotecas se clasifica en 025.1, mientras que la administración de las organismos que regulan y financian bibliotecas se encuentra en 351.852. En caso de duda, prefiera el número fuera de administración pública.

**350.0001–.9**    **Subdivisiones comunes; aspectos específicos de la administración pública**
**vs. 351**     **vs. Administración de gobiernos centrales**

Por conveniencia en la formación de los números a lo largo del 352–354, donde los números para la mayoría de los temas se derivan agregando subdivisiones compartidas por 350 y 351, las subdivisiones se desarrollan bajo 351, aunque las obras generales sobre aspectos específicos de la administración pública se clasifican normalmente en 350.0001–.9. Mientras que 351 se limita a la administración de gobiernos centrales, es más fácil tomar las varias subdivisiones del cero usadas en 352–354 de un número terminado en 1 que de un número terminado en 0. Sin embargo, el clasificador debe saber que los números visibles en el esquema bajo 351 no son normalmente los números generales para los temas mencionados.

Clasifique las obras generales sobre temas específicos en la administración pública en 350.001–.9, a menos que el tema no pertenezca a un campo que rara vez o nunca se asigna a los gobiernos locales, ej., asuntos exteriores, (351.89), comercio exterior (351.827), industrias primarias (351.8233–.8238) e instituciones financieras (351.825) ; o que tenga poca relevancia en administración local; ej., gabinetes (351.004) departamentos con rango de gabinete (351.01–.08). En caso de duda, verifique el tema en el índice: si el número dado no es el 350, use el número 351 para obras generales.

**351.0006**     **Informes administrativos**

La notación 06 de la Tabla 1 se usa a lo largo de 350–354 para informes periódicos administrativos, i.e., aquellos que cubren principalmente la administración interna de organismos. Los informes que cubren los campos o clientes que son responsabilidad de los organismos se clasifican con el tema. Por ejemplo, los informes sobre la administración interna de las oficinas de minas se clasifican en 351.823806, pero los informes hechos por estas oficinas sobre la situación en las minas se clasifican en 338.2 si el cubrimiento de los informes es económico, en 363.119622 si es sobre seguridad, en 622 si es técnico. En caso de duda, prefiera el 351.0006 o números afines en 350–354.

**352      Administración de gobiernos locales**

El orden de cita básico para administración local es: Nivel + Tema + Jurisdicción. La jurisdicción es suministrada por la notación 09 de la Tabla 1, y los rangos en su orden de precedencia usual entre las subdivisiones comunes como se indica en la tabla de precedencia al comienzo de la Tabla 1. La notación de la subdivisión común seleccionada se puede adicionar a los números de área de la tabla que se encuentra en T1—093–099 en la Tabla 1. Por ejemplo:

1. La tasación al impuesto sobre la propiedad en Glasgow se analiza como Nivel (ciudad, 352) + Tema (tasación al impuesto sobre la propiedad, 13521) + Jurisdicción (Glasgow, 0941443). Para formar el número 352+13521+0941443=352.135210941443.

2. Una publicación en serie sobre la administración zonal local en Texas se analiza como: Nivel (local, 352) + Tema (zona, 961) + Jurisdicción (Texas, 09764) + Subdivisión común (publicación en serie, 05). Para formar el número 352 + 961 + 09764 + 05 = 352.9610976405.

**352.03–.09 vs. 352.002–.009      Tratamiento [de administración de gobiernos locales] por continentes, países, localidades específicos vs. Temas generales de administración local**

Las siguientes obras se clasifican en 352.03–.09 :

1. Las obras sobre temas encontrados en 352.002–.009 cuando tratan sobre un gobierno local específico, ej., organismos reguladores del gobierno del Condado de Cook, Illinois 352.07731(no 352.0092097731).

2. Las obras generales sobre un gobierno local específico, ej., sobre el gobierno del Condado de Cook 352.07731, de Chicago 352.077311.

3. Las obras generales sobre dos o más gobiernos locales en un área específica, ej., sobre varias municipalidades en el Condado de Cook 352.07731.

Sin embargo, las obras sobre temas encontrados en 352.002–.009 se clasifican en 352.002–.009 cuando tratan sobre dos o más gobiernos locales en un área específica, ej., los organismos reguladores en varias municipalidades del Condado de Cook 352.0092097731 (no 352.07731 como es el caso para organismos reguladores del gobierno del Condado de Cook).

El tratamiento por área en 352.1–.9 es completamente regular, ej., el presupuesto para el gobierno del Condado de Cook, para varias municipalidades en el Condado de Cook 352.12097731, para Chicago en 352.120977311.

**352.2–.9    Administración local de campos específicos**

La instrucción en 350–354 vs. 658, T1–068 relacionada con administración de organizaciones públicas que directamente prestan sus servicios dentro de su campo de acción, se aplica con especial énfasis para muchos organismos del gobierno local. La administración de organismos que efectivamente prestan servicios, se clasifican con el tema fuera de la administración pública, ej., la administración de sistemas escolares se clasifica en 371.2 (administración y dirección escolares); sistemas de bibliotecas, en 025.1 (administración de bibliotecas). Sin embargo, la administración de los departamentos de policía local se clasifica en 352.2, no 363.2068 (que no se usa).

Los números en 352.3–.9 se pueden usar sólamente para dos clases de material:

1. Las obras sobre reglamentación o ayuda en actividades en campos específicos, no ejercidos por el gobierno, ej., control de recolección privada de desechos 352.63, emisión de licencias de construcción en 352.92, ayuda para conmemoraciones históricas en 352.9459.

2. Las obras que hacen énfasis en las relaciones administrativas externas de organismos específicos y de clases de organismos, ej., la posición del Departamento de Bomberos de Nueva York dentro de la administración de la ciudad de Nueva York 352.3097471. La administración interna del Departamento se clasifica en 363.37068, así como el tratamiento general de la administración de departamentos de bomberos.

En caso de duda entre números en 352 y números fuera de la administración pública, prefiera estos últimos.

**353–354    [Administración de gobiernos centrales específicos]**

El orden de cita básico para administración de gobiernos centrales es Nivel + Jurisdicción + Tema + Subdivisión común. Por ejemplo:

1. Una discusión de licencias de trabajo para empleados del gobierno de España se analiza como : Nivel (nacional, 354) + Jurisdicción (España, 46) + Tema (licencias 00164) + Subdivisión común (ninguna). La formación del número es 354 + 46 + 00164 = 354.4600164.

2. Las obligaciones del gobernador lugarteniente de California se analizan como: Nivel (estado, 353.9) + Jurisdicción (California, 794) + Tema (gobernador lugarteniente, 0318) + Subdivisión común (ninguna). La formación del número es 353.9 + 794 + 0318 = 353.97940318.

3. Un informe anual del departamento de minas en Zaire se analiza como: Nivel (nacional, 354) + Jurisdicción (Zaire, 6751) + Tema (minas, 0082382) + Subdivisión común (publicación en serie de administración, 06). La formación del número es 354 + 6751 + 0082382 + 06 = 354.6751008238206.

**355 vs. 623    Ciencia militar vs. Ingeniería militar y naval**

Use el 623 para la descripción física, diseño, manufactura, operación y reparación de artillería; use 355–359 para abastecimiento, despliegue y control de las unidades y servicios que usa la artillería. Historias del desarrollo de las armas que hacen énfasis en la acción recíproca de los factores humanos y sociales, es tratada como historia de abastecimiento militar y se clasifican en 355.82 y números relacionados en 356–359. En caso de duda, prefiera 355–359.

**355.00711** **Instituciones de educación superior y universidades militares**

En la designación de números de áreas para academias para oficiales en servicio, use la notación para el país al que se sirve, ej., la Real Academia Militar (Sandhurst, Inglaterra) 355.0071141, la Academia Naval de Estados Unidos (Annapolis, Maryland) 359.0071173.

Las Escuelas Militares que no son academias oficiales de entrenamiento, cuyos estudiantes en su mayoría (excepto en período de guerra) entran a ocupaciones civiles, se tratan como otra institución de educación superior y se clasifican en 378 más la notación para el área donde están localizados, ej., Instituto Militar de Virginia (Lexington, Virginia) 378.755853, la Citadela (Charleston, Carolina del Sur) 378.757915.

**355.009 vs. 930–990** **Tratamiento histórico, geográfico, de personas [de ciencia militar] vs. Historia del mundo antiguo; de continentes, países, localidades específicos; de mundos extraterrestres**

**Temas militares y guerra**

Use subdivisiones comunes de tratamiento histórico en 355–359 para obras que hagan énfasis en la historia o temas militares sin consideración del curso general de una guerra, ej., cambios en las tácticas de los tanques durante el curso de la Segunda Guerra Mundial 358.18409044. Use los números del 900 para obras sobre la historia militar de las guerras que se relacionan con el resultado de eventos significativos, ej., el uso de tanques en el frente oriental y cómo el uso afectó varias batallas 940.54217. En caso de duda entre 355–359 y 930–990, prefiera 930–990.

**Personas**

Use el 930–990 para obras generales sobre soldados principalmente asociados con la historia de una guerra específica, ej., William Tecumseh Sherman 973.73092; use el 355.0092 para obras generales sobre soldados asociados con más de una guerra o quienes han hecho largas y variadas carreras, ej., Douglas MacArthur.

*Véase además el 930–990: Guerras.*

**355.07 y 355.8** **Investigación militar y desarrollo de equipo y abastecimientos [y] Equipo y abastecimientos militares (*Matériel*)**

La palabra "desarrollo" como se usa aquí se refiere la historia del abastecimiento militar, obtención de equipo y abastecimientos. Clasifique los aspectos económicos en 338.47355.

**355.134092** **[Tratamiento de personas relacionadas con los premios]**

Clasifique aquí las biografías de condecorados, ej., de los que reciben la Cruz de Guerra en 355.1342092. Sin embargo, no clasifique una biografía general de un condecorado aquí si la vida de la persona abarca otras actividades importantes; clasifique con el tema por el cual la persona es famosa, ej., Audie Murphy 791.43028092, no 355.134092.

**355.14 vs. 355.81**     **Uniformes vs. Vestuario, alimentos, equipo de campaña, abastecimientos de oficina**

Use 355.14 para vestuario militar si hace énfasis en corte, estilo o color de los uniformes; sobre insignias, identificación de unidades o ramas de servicio; o sobre la historia de los uniformes. Use 355.81 si el énfasis es sobre la función de varias prendas del vestuario, o sobre la administración de abastecimientos. En caso de duda, prefiera el 355.81.

**355.1409**     **[Tratamiento histórico, geográfico, de personas relacionado con uniformes]**

Clasifique los uniformes de muchos participantes en una guerra particular en el número de área correspondiente al usado para la guerra en historia general, ej., los uniformes en la Guerra Peninsular (parte de las Guerras Napoleónicas clasifiquelas en 940.27) 355.14094, no 355.140946.

Clasifique los uniformes de una rama específica de los servicios de la armada con la rama, ej., los uniformes de la Real Fuerza Aérea 358.41140941.

**355.4 vs. 355.02**     **Operaciones militares vs. Guerra**

Use el 355.02 para las obras sobre estrategia que consideran la totalidad de los problemas y objetivos de la política nacional; use el 355.4 para las obras sobre estrategia que hacen énfasis en las operaciones militares. En caso de duda, prefiera el 355.02.

**355.82**     **Pertrechos de guerra**

Las subdivisiones implícitas en las instrucciones de adición se usan solamente para armas comunes a dos o más fuerzas terrestres, o al menos dos de las tres mayores fuerzas de defensa, ej., las fuerzas terrestres y marítimas. Observe también que las obras generales sobre misiles se encuentran en 358.17182, sobre barcos en 359.83.

**356–359**     **Clases específicas de fuerzas militares y de guerra**

Los números en la tabla de adición bajo el 356–359 corresponden a las subdivisiones de uno o dos digitos del 355, están sujetos a requisitos e instrucciones encontrados bajo 355.

**358.4183**     **[Equipo y abastecimientos de transporte de la fuerza aérea]**

Use este número para obras generales sobre aviación militar. La aviación usada por una fuerza o servicio específicos se clasifica con la fuerza o servicio, ej., la aviación de las fuerzas de combate 358.4383, de la fuerza aérea naval 359.94834.

**359.32 vs. 359.83**     **Barcos como unidades navales vs. [Barcos como] Equipo y abastecimientos de transporte**

Los barcos navales se pueden considerar ya como unidades de organización o como ítems de equipo. Cuando una obra sobre barcos se centra en asuntos normalmente cubiertos por obras análogas sobre regimientos y otras unidades militares, se clasifica en 359.32 o números afines en 359.9. Tal obra hará énfasis en la tripulación y su organización, sus deberes, su efectividad y su historia. En contraste, cuando la obra se centra sobre desarrollo, abastecimiento, operación y efectividad de combate real o potencial de la maquinaria, se clasifica en 359.83 o números afines en 359.9. Cualquiera que sea la discusión, bien sobre personal o sobre personalidades, usualmente se relacionará con personas responsables del desarrollo y acción de los barcos, ej., la obra del Almirante Rickover en el desarrollo de submarinos nucleares 359.93834092. Las obras sobre un barco específico, con frecuencia consideran el barco como una unidad naval (a menos que haya solamente un barco de una clase). En caso de duda, prefiera 359.32.

Use los números para países en la notación 09 de la Tabla 1 ya sea para barcos específicos, o para un número de barcos de una clase específica, empleados por una nación específica.

**359.97      Guardacostas**

El Guardacostas de Estados Unidos no es una parte del establecimiento militar excepto durante el tiempo de guerra. Clasifique las obras generales sobre el GCEU en 363.2860973, aspectos de administración pública en 353.0074.

**361–365      Problemas y servicios sociales**

Los problemas y servicios en esta sección de los esquemas son con frecuencia términos ligados, y cuando se menciona uno, el otro se sobreentiende. Así, las adicciones en 362.29 implican los servicios a los adictos, mientras que los servicios en instalaciones de cuidados prolongados en 362.16 implican los problemas que conllevan dichos servicios.

*Véase además 300 vs. 600.*

**Consideraciones políticas, económicas y legales**

Muchas publicaciones hacen bastante énfasis en las consideraciones políticas y legales relacionadas con los servicios sociales. Mientras que el enfoque sea sobre el problema o el servicio, clasifique dichas publicaciones aquí. Así, una discusión sobre obstáculos políticos a programas efectivos contra la pobreza se clasifica en 362.5, si es sobre las maniobras políticas que están detrás de la adopción de una ley del Congreso de Estados Unidos que promueva un nuevo programa de vivienda se clasifica en 363.580973.

**361–365 vs.      Problemas y servicios sociales vs. [Administración pública]**
**350–354**

La mayoría del material que trata sobre problemas y servicios sociales consiste de informes gubernamentales. Los informes acerca de los programas e instituciones de bienestar social se clasifican en 361–365. Los informes que se concentran en actividades administrativas de los organismos que ayudan y reglamentan los programas e instituciones se clasifican en 350–354. En caso de duda, clasifique en 361–365; sin embargo, prefiera el 350–354 para informes administrativos anuales de organismos que realmente no proveen los servicios.

**361 vs. 362**    **Problemas sociales y bienestar social en general vs. Problemas y servicios de bienestar social**

El número 361 se usa para dos clases de material: obras generales sobre el rango total de problemas y servicios, que se encuentran en 362–363 y obras sobre principios y métodos de diagnóstico y solución de problemas. La segunda clase de material que normalmente no se ocupa de problemas específicos, pero se puede referir a problemas de bienestar social, usualmente se encuentra en 362. El material sobre los principios y métodos de bienestar social en general se clasifica en 361. La aplicación de los principios y métodos a un problema específico se clasifica con el problema, usando la subdivisión 5 de la tabla bajo 362–363.

Una guía de mucha ayuda para decidir entre 361 y 362 es la tabla de contenido. Si esta se lee como un sumario de las subdivisiones del 362, clasifique en 362; si se lee como sumario de las subdivisiones del 361, clasifique en 361. En ausencia de la tabla de contenido o sumario, el cubrimiento de los temas es una guía útil. Si se cubren temas de los dos en 361 y 362, clasifique en 361. En caso de duda, clasifique en 361.

**361.1 vs.**    **Problemas sociales vs. Problemas sociales[de bienestar social] vs. Sociolo-**
**362.042,**    **gía y antropología**
**301**

Los problemas sociales del 362.042 podrían haber sido pensados como problemas de bienestar social, un concepto más estrecho que el de 361.1. El 361.1 encierra cualquiera y todas las clases de problemas sociales desde la provisión del cuidado del niño hasta el abastecimiento de agua. Clasifique en 362.042 los problemas sociales que se aplican a los individuos como tales y las medidas para remediar estos problemas. El 361.1 contiene los problemas sociales como una base para la acción social, y debe usarse rara vez. En caso de duda, prefiera el 361.1.

El 301 se usa para problemas sociales básicamente, cuando estos se tratan como fenómenos sociales, más que como asuntos sobre los cuales la sociedad debería actuar para resolver. Usualmente el énfasis en obras sobre problemas sociales se dirige hacia la solución de los mismos y se clasifican en 361.1.Si el énfasis no es claro o si duda entre 301 y 361.1 o 362.042, prefiera el 301.

**361.23–.24**    **[Protesta, disidencia, movimientos de reforma sociales] vs. Movimientos de**
**vs. 322.44**    **reforma**

Las discusiones generales acerca de la protesta, disidencia y movimientos de reforma sociales se clasifican en 322.44. Si la discusión se limita a la acción social como un aspecto del bienestar social, se clasifica en 361.23–.24. Si la discusión se limita a un problema específico, se clasifica con el problema. Protesta, disidencia y movimientos de reforma sociales, como afines a un problema de bienestar social específico, se señalan usando 523 o 524 de la tabla bajo 362–363. Los números 523 y 524 se basan en 361.23 y 361.24.

**361.6 vs.**
**361.7,**
**361.8**

**Acción gubernamental vs. Acción privada vs. Acción comunitaria**

Las organizaciones se clasifican en 361.6, 361.7 y 361.8, dependiendo de quien tenga su control financiero. Por ejemplo, los Cuerpos de Paz, una organización gubernamental para voluntarios en ultramar, se clasifica en el 361.6; el Servicio Universitario Canadiense de Ultramar, una organización privada para voluntarios en ultramar, se clasifica en 361.763.

El alcance de la afiliación, no del área a la cual sirve, determina cuándo la organización es nacional o internacional. Por ejemplo, la Cruz Roja Internacional se clasifica en 361.77, pero la Cruz Roja de Estados Unidos, una organización nacional que provee servicios alrededor del mundo, se clasifica en 361.76340973.

**362–363**

**Problemas y servicios sociales específicos**

**Tabla de adición**

Estos dígitos se agregan a los números marcados con un asterisco (*) en 362–363. Los temas no se marcan con asterisco cuando los conceptos en esta tabla ya han sido provistos de otra manera. En tales casos, el esquema inserta los conceptos faltantes en las ediciones anteriores, cuando se puede encontrar un lugar apropiado para ellos. En algunos casos estos conceptos han sido provistos en su totalidad para ubicarlos en otro lugar.

El 362.1 es un buen ejemplo de todas estas eventualidades. En general, las causas de las enfermedades son médicas en su naturaleza y se clasifican en 616.1–.9. Estrictamente las causas sociales se clasifican en 362.1042, ej., cambios en las actitudes sociales orientadas a un incremento en varias enfermedades. La incidencia de la enfermedad se clasifica ordinariamente en 614.42, los efectos sociales en 362.10422. El control de las enfermedades se clasifica en 614.43 y 614.5, la prevención en 614.44–.48 y 614.5. Las principales medidas remediales son los hospitales y los servicios relacionados, clasificados en 362.11–.19 (o el tratamiento médico directo, clasificado en 616–618). La subdivisión 81 Operaciones de rescate no es aplicable en relación con las enfermedades. El tema más cercano, los servicios de emergencia, se clasifican en 362.18. La asistencia financiera al enfermo se clasifica en 362.104252. (Sin embargo, clasifique el seguro médico en 368.38 y 368.42). Las subdivisiones 83–85 no son aplicables aquí. Consejería y orientación se proveen en 362.104256.

Cuando ciertas subdivisiones no son aplicables bajo los números marcados con asterisco, se mencionarán con una instruccion de no se use. Las subdivisiones con los significados modificados también se mencionan. Por ejemplo, en 362.8, la subdivisión 82 Asistencia financiera ha sido dada para llevar información adicional que no se encuentra en la tabla. Si se menciona solamente una subdivisión, no significa que las otras subdivisiones no puedan usarse. Así, el cuidado en la residencia para veteranos se clasifica en 362.8685.

**362.1–.4 vs.**     **Problemas de y servicios a personas enfermas e impedidas vs. Ciencias mé-**
**610**     **dicas     Medicina**

Clasifique los servicios de salud desde el punto de vista social en 362.1, desde el punto de vista tecnológico en 610. Por ejemplo, clasifique las medidas sociales para la provisión del cuidado dental mediante clínicas en 362.1976, pero cómo los odontólogos usan realmente sus habilidades en 617.6. Clasifique las obras que tratan tanto las ciencias médicas como los servicios sociales médicos en 362.1–.4. En caso de duda, prefiera 362.1.–4.

### Biografías

Clasifique en 362.1–.4, usando la notación 092 de la Tabla 1, las biografías y memorias del enfermo, el impedido y el moribundo que carecen de cualquier otro enfoque disciplinario. La causa de que exista esta norma es que estas biografías ilustran la forma como la sociedad se orienta por si misma hacia los problemas fundamentales de salud y su solución. Esté alerta, sinembargo, a los casos en que se haya énfasis significativo en la disciplina, ej., una obra que ofrece orientación en la vida cristiana en relación con los percances de salud se clasifica en 246.86, las meditaciones cristianas en 242.4. Clasifique los estudios de casos individuales diseñados para el uso de investigadores, practicantes y estudiantes en el campo en el número para el campo, sin agregar la notación 092 de la Tabla 1. Clasifique en 616–618 los estudios de pacientes que describen sus enfermedades en términos médicos más que sus vidas en términos sociales, usando la subdivisión 09 de la tabla bajo 616.1–.9, ej., estudios de casos de enfermedades del corazón 616.1209. En caso de duda, prefiera 362; sin embargo, prefiera el 616.8909 y números relacionados para desórdenes psiquiátricos, ya que la consideración de las circunstancias externas está generalmente subordinada a la discusión sobre el estado de la mente del paciente.

Mientras que la mayoría del tratamiento personal y biográfico del personal médico se clasifica en 610, las obras sobre médicos y enfermeras de salud pública, que hagan énfasis en su influencia en los servicios de salud pública se clasifican en 362, ej., una biografía de un médico conocido ante todo por la promoción de casas de reposo 362.1609.

**362.17 vs.**     **Servicios [médicos] específicos vs. Ciencias médicas     Medicina**
**610**

Los servicios en 362.17 se refieren a los convenios sociales para asegurarse de que clases específicas de trabajo médico sean provistas, ej., servicios de enfermería 362.173. El trabajo médico propiamente dicho se clasifica en 610, ej., el trabajo de las enfermeras 610.73. Las obras interdiciplinarias que cubren tanto los convenios sociales para el trabajo médico como el trabajo médico en sí mismo, se clasifican en 362.17. En caso de duda, prefiera 610.

**362.7083**     **[Problemas de y servicios para] Adultos jóvenes**

Dado que la mayoría de los libros sobre los problemas de y servicios para gente joven son acerca de los niños, resulta redundante agregar la notación 083 de la Tabla 1 a 362.7 excepto para obras que se limitan a los problemas de y servicios a los adultos jóvenes.

**363**　　　　　**Otros problemas y servicios sociales**

Varias subdivisiones involucran el control de la tecnología, particularmente bajo seguridad (363.1) y medio ambiente (363.7). Clasifique en 363 las obras que dicen qué debe hacerse, reglamentan cómo debe hacerse, inspeccionan para ver si ha sido hecho o no, e investigan cuándo se hizo. Solamente las obras que tratan con los procedimientos tecnológicos para llevar a cabo una operación dada se clasifican en tecnología. El averiguar qué se rompió va en 600; el averiguar quién lo dejó romper va en 363. La maquinaria rota va en 600; la ruptura (paralización) institucional en 363.

Una pista útil para seleccionar la disciplina apropiada, es la perspectiva del autor o del editor. Si el autor se interesa en el servicio y la necesidad social, la obra se clasifica en 363; en lo económico de lo que tenemos que vivir, 333.7; en cómo funciona el medio ambiente, 304.2; en cómo hacer cosas, 620–690; en cómo sobreviven los organismos, 570–590, en cómo sobreviven las cosechas, 632–635; en técnicas físicas para controlar la contaminación ambiental, 628.5. En general, los editores comerciales y los grupos de quienes abogan por el medio ambiente y la seguridad tienden a producir obras que se clasifican en las ciencias sociales, ej., 304.2, 333.7 o 363.

Para resumir: clasifique las obras generales y las obras orientadas hacia los problemas y a sus soluciones en 363, el material orientado a los recursos en 333.7, las obras que le dan mucha importancia a la dinámica social del problema en 302–307, aquellas que hacen énfasis en la tecnología en 600.

*Véase además 300 vs. 600; 301 vs. 361–365.*

**363 vs. 340,**　　**Otros problemas y servicios sociales vs. Derecho vs. [Administración pública]**
**350–354**

Clasifique las obras de organismos mediante los cuales el gobierno lleva adelante los propósitos específicos de la ley en materia de población, seguridad, medio ambiente y provisión de necesidades básicas en 363. Clasifique la administración interna de organismos relacionados con estos campos, incluyendo sus informes administrativos anuales en 350–354. La ley por sí misma, los proyectos de ley y la compulsión de la ley en los tribunales se clasifica en 341–346. Pero la mayoría de las dicusiones sobre políticas y procedimientos más detallados para reforzar la ley, la política o su reglamentación se clasifican en 363. En caso de duda, clasifique en 363.

**363.1**　　　　　**Programas de seguridad pública**

Observe que todos los encabezamientos en esta sección, a pesar de que están constituídos por palabras, incluyen la condición o condiciones potenciales que constituyen una amenaza a la seguridad, las medidas de prevención y control contempladas o adoptadas, los desastres resultantes del fracaso o carencia de tales medidas y las medidas de alivio y rehabilitación resultantes.

Observe también que la palabra "seguridad" se usa en forma indefinida y equivocadamente en muchos ejemplos. Esta puede ser demasiado amplia como para cubrir la mayoría de los servicios sociales. En este caso la obra se clasifica en 363, o aún en 361, o en 362 si se ha incluído suficiente material. Por otra parte, puede ser tan reducida como para abarcar solamente el trabajo de los departamentos de policía y de bomberos, en cuyo caso la obra se clasifica en 363.2.

### Reglamentaciones de la seguridad

Clasifique las reglamentaciones de la seguridad de las que se ocupan las técnicas de operación y de construcción en forma detallada y explícita con la tecnología que involucran, aún si están en forma de reglamentación promulgada oficialmente por una autoridad de seguridad. En muchos casos tales reglamentaciones pueden no justificar todavía la adición de la notación 0289 de la Tabla 1 para medidas de seguridad, debido a que cubren más o menos el total de la situación. Por otra parte, los manuales escritos para o por organismos de seguridad pueden discutir, entre otras cosas, los diversos detalles técnicos útiles como antecedentes para la reglamentación e inspección de varias operaciones mientras todavía se centran principalmente en los servicios de seguridad. Estos se clasifican en 363.1 y sus subdivisiones según sea apropiado,a menudo usando los números de la subdivisión 6 de la tabla bajo 362–363.

### Prioridad de la seguridad

Clasifique aquellos aspectos de seguridad que la sociedad debe tratar mediante investigaciones y programas (ej., los temas en la tabla de adición bajo 362 –363) en 363.1 o 363.3 mejor que con el tema en otras partes en las ciencias sociales, ej., seguridad ferroviaria 363.122, no 385.0289. Sin embargo, la administración pública de la seguridad se clasifica según instrucción en el esquema en 351.783 y 352.3.

**363.1065**   **Investigación de incidentes específicos**

Prefiera éste y los números afines en 363 a los números en 600 para investigaciones de accidentes cuando la investigación implica organismos grandes e impersonales (compañías o gobiernos) que podrían haber prevenido el accidente por supervisión, inspección o reglamentación propias. Por ejemplo, clasifique una descripción técnica de lo que falló en la Isla de las Tres Millas (*Tree Mile Island*) 621.48350974818, pero una investigación de por qué tomó tanto tiempo saber cuál fue la falla en 363.1799650974818.

**363.17**     **Materiales peligrosos**

Observe que muchas obras sobre materiales peligrosos no se clasifican en 363. El material como un factor ambiental que afecta la ecología natural se clasifica en 574.5222, como una causa de enfermedad o lesión en un organismo en 574.24 y como causa de lesión a personas en 615.9 (para materiales químicos) y 616.9897 (para peligros de la radiación).

**363.176 vs.**   **[Control de materiales peligrosos] vs. Tecnología de materiales**
**604.7**      **peligrosos**

Mientras la tecnología del manejo de materiales peligrosos se clasifica en 604.7, esté alerta con las obras sobre "manejo" dirigidas a los responsables de la vigilancia o inspección del manjeo y que pueden carecer de consideraciones de ingeniería. Clasifique tales obras en 363.176. En caso de duda, prefiera 363.176.

**363.5, 363.6, 363.8 vs. 338**    **Vivienda [y] Servicios públicos y servicios relacionados [y] Abastecimiento de alimentos vs. Producción**

Los números 363.5, 363.6 y 363.8 tratan con los problemas de la provisión de necesidades básicas de la vida. Cada uno tiene implicaciones económicas; por lo tanto, se debe hacer una cuidadosa distinción entre estos números y la economía de las industrias bajo el número 338. Si la obra trata de los efectos de estos temas sobre los aspectos económicos de la sociedad, o el impacto de las condiciones económicas sobre la disponibilidad de vivienda, agua, combustible o alimentos se clasifica en 338. Si trata de factores sociales más generales que afectan estos servicios o de las medidas sociales para asegurar un adecuado abastecimiento, clasifíquela en 363.5, 363.6, o 363.8. Por ejemplo, un estudio del efecto de la baja en los precios de los productos agrícolas en el abastecimiento de alimentos se clasifica en 338.19; un estudio de la desproporción entre el crecimiento esperado en el abastecimiento de alimentos y de la población se clasifica en 363.81. En caso de duda, prefiera 363.5, 363.6, o 363.8.

**363.6 vs. 333.7**    **Servicios públicos y servicios relacionados vs. Recursos naturales y energía**

Tenga cuidado con la distinción que existe entre recursos naturales y energía (333.7–.9) y los servicios públicos que entregan los recursos a los consumidores (363.6). Por ejemplo, clasifique en 333.7 las obras generales sobre recursos, proyección de necesidades y abastecimientos, desarrollo, conservación, y protección de recursos. Clasifique en 363.6 los problemas y servicios relacionados con la distribución de recursos a los usuarios. Un mecanismo útil para distinguir los dos consiste en considerar que "abastecimiento" como un sustantivo se clasifica en 333.7, mientras "abastecer" como un verbo se clasifica en 363.6. En caso de duda, clasifique en 333.7.

Se exceptúan las compañías de energía eléctrica. Las obras acerca de estos servicios públicos casi siempre hacen énfasis en los problemas de desarrollo del "abastecimiento" como un sustantivo, mencionando muy poco los problemas de distribución de la electricidad para los consumidores, y rara vez discuten los precios sin referirse a los costos de producción. Una obra sobre servicios públicos de energía eléctrica que se centra en la distribución, se podría clasificar en 333.7932 con el volumen de las obras sobre compañías de energía eléctrica.

Clasifique el racionamiento de los recursos naturales aún en su estado natural en 333.717 y números afines en 333.7–.9, pero los productos finales en 363, ej., la asignación de pozos de gas natural para compañías o jurisdicciones 333.823317, pero el racionamiento del gas natural para los consumidores o clases de consumidores al otro extremo de la línea 363.63.

**370.195 vs.     Educación comparada vs. [Tratamiento histórico, geográfico, de personas de**
**370.9           la educación]**

Para clasificar una obra en 370.195, ésta debe hacer énfasis en la comparación de dos o más sistemas educativos. Una discusión de los sistemas de algunas jurisdicciones que no hace énfasis en la comparación, se clasifica en el 370.9 con la notación de área apropiada. Por ejemplo, una comparación de los sistemas educativos de Europa se clasifica en 370.195094, pero una descripción de los sistemas educativos de varios países europeos se clasifica en 370.94. En caso de duda, prefiera el 370.9.

En cualquie caso use el área de notación que aparece de primera en la Tabla 2, si la obra involucra sólamente dos sistemas, ej., una comparación de la educación entre el Reino Unido y los Estados Unidos 370.1950941. Si involucra más de dos sistemas, use la notación de área más específica que los contenga, ej., las escuelas en Alemania, Francia e Italia 340.94. Si predomina un área, se usa la notación para esa área aún si están incluídos algunos sistemas por fuera del área, ej., una comparación de la educación en Francia, Alemania, Italia, la anterior Unión Soviética, España y Estados Unidos 370.195094.

**371.2 vs.**
**379             Administración y dirección escolares vs. Reglamentación, control, apoyo**
**gubernamentales a la educación**

En el 371.2 se encuentran las operaciones y actividades de las escuelas y de los sistemas educativos: cómo se administra una escuela, cómo se transporta y cómo se enseña a sus estudiantes, cómo se hace el mantenimiento de sus instalaciones. En 379 se encuentran las actividades del Estado (gobierno a cualquier nivel) relacionadas con la reglamentación, supervisión y apoyo a las escuelas y sistemas escolares bajo su control o alcance legal: las finanzas de las escuelas públicas y privadas, sus normas, evaluación y acreditación. En caso de duda, clasifique en 371.2.

**375             Currículos**

Las obras sobre el currículo de una materia específica se clasifican aquí solo ocasionalmente, ya que se deben tratar dos o tres niveles de educación; normalmente el currículo trata solo un nivel. Si el currículo se discute a nivel primario, la obra se clasifica en 372; si discute cualquier otro nivel, la obra se clasifica con el tema, usando la notación 0711–0715 de la Tabla 1, como resulte más apropiado. Por ejemplo, un currículo en matemáticas para el nivel primario 372.7043, para el nivel secundario 510.712, para los niveles primario y secundario conjuntamente 375.51.

**380             Comercio, comunicaciones, transporte**

El comercio trata de la distribución de bienes y servicios y es una parte de la economía. El transporte también es una actividad que se agrega al valor de los bienes transportados. Tanto la comunicación como el transporte se desarrollaron básicamente como respuesta a las necesidades y prácticas comerciales, i.e., el comercio, la banca, la contabilidad, entre otros; por lo tanto, se han colocado en 380 con el área de comercio. Los aspectos técnicos del comercio, transporte y comunicación, se clasifican en 600.

En el orden de precedencia de temas bajo 330 en el Manual, el comercio y el transporte toman la misma posición de la producción. Por esto, una obra sobre la fuerza laboral en el transporte se podría clasificar en 331.1251388, pero el transporte en los países del bloque comunista en 388.091717.

### Tabla de adición

**065 vs. 09**    **Organizaciones de negocios vs. Tratamiento histórico y geográfico**

Use la notación 065 cuando la obra discute la historia institucional de la organización, ej., la historia de los Ferrocarriles de la Unión del Pacífico 385.06578. Para las compañías internacionales use el número de área del país de origen, ej., Pan American World Airways 387.706573.

Use la notación 09 cuando la obra discute el sistema (instalaciones, actividades, servicios) sostenidos por la compañía en un área específica, ej., el transporte ferroviario provisto por el Ferrocarril de la Unión del Pacífico 385.0978, el transporte aéreo provisto por las Pan American World Airways 387.7.

En caso de duda, prefiera 09.

**380.1 y 381, 382**    **Comercio [y] Comercio interno (Comercio doméstico) [y] Comercio internacional (Comecio exterior)**

En la mayoría de los casos, la notación 029 de la Tabla 1 no se debe usar con las subdivisiones de estos números. La miscelánea comercial de productos o grupos específicos de productos se clasifica con el producto, usando la notación 029 de la Tabla 1, ej., ofertas para vender herramientas 621.900294. La miscelánea comercial de una amplia gama de productos, sin embargo, se clasifica aquí, ej., las ofertas para vender productos de industrias secundarias 380.145000294, catálogos de almacenes de departamentos 381.1410294. Una oferta no corriente para vender una amplia gama de productos que se usan principalmente para ilustrar costumbres de un período anterior se clasifica en 909 o 930–990.

**380.1 vs. 658.8**    **Comercio vs. Administración de la distribución (Mercadeo)**

Clasifique en 380.1 los aspectos económicos de la comercialización y venta de bienes, los bienes comercializados y en qué cantidad. Clasifique las técnicas administrativas para disponer exitosamente de los productos y servicios de las empresas en 658. En caso de duda, prefiera 380.1.

**383–388**    **Comunicaciones y transporte**

Clasifique una obra general sobre las actividades, servicios e instalaciones de un sistema en el número para el sistema, ej., actividades, servicios y facilidades de radiodifusión 384.54, no 384.544.

### Ofertas para la venta vs. Aspectos económicos

La notación 0294 de la Tabla 1 se agrega a lo largo de 384–388 para designar las ofertas pra la venta realizadas por organizaciones que producen varias clases de servicios. Las provisiones para "aspectos económicos" de varios servicios mencionados se dan a lo largo de 384–388 (usualmente en .1

bajo un tema dado, pero algunas veces están en espera en el número general). Para establecer la diferencia entre estos dos conceptos los criterios siguientes pueden servir de ayuda:

1. Clasifique en el número de "aspectos económicos" las listas de tarifas y pasajes publicadas por un organismo diferente del que ofrece el servicio, dado que no son ofertas de venta. Una lista de tarifas ferroviarias por un organismo regulador del gobierno es un ejemplo de ésto y se clasifica en 385.1.

2. Clasifique una lista de tarifas y pasajes publicados por el organismo que ofrece el servicio en el número para "aspectos económicos" cuando tal lista no es más que una lista de precios para varios servicios, aún así, ésta sea en cierto sentido, una oferta de ventas. Por ejemplo, clasifique en 387.51 una lista expedida por una compañía de barcos que incluye solamente destinos y precios.

3. Clasifique en el número para la actividad o servicio apropiados, usando la notación 0294, una publicación que contenga más o menos una descripción completa de los servicios ofrecidos tanto como la información sobre tarifas y pasajes. Así, si la compañía de barcos estuviera haciendo una línea de recorrido de pasajeros y sacara un folleto describiendo varias clases de ofertas de alojamiento, las clases de camarotes, las instalaciones de comedores, facilidades de estacionamiento y médicas a bordo, tal publicación se podría clasificar en 387.5420294, no 387.51, aunque se den las tarifas.

**384.3 vs.**
**004.6**

**Comunicación por computador vs. Interfases y comunicaciones**

Clasifique aspectos económicos y relacionados con la oferta de servicios de comunicación por computador al público en 384.3. Clasifique la comunicación por computador y su equipo para uso privado y de oficina, la ciencia de los computadores aplicada a los aspectos tecnológicos de la comunicación por computador y las obras interdisciplinarias en 004.6. En caso de duda, prefiera 004.6.

**384.34 y**
**384.352**

**Correo electrónico [y] Transmisión de videotexto (Teletexto)**

Teletex no es lo mismo que teletexto. El teletex es un sistema de correo electrónico que une a las terminales del télex con los procesadores de palabras y terminales de computador. El teletexto es un sistema para la transmisión de información basada en un computador en forma codificada de la señal de televisión estándar para presentación sobre unidades de pantalla visual o equipos de televisión. Teletex se clasifica en 384.34, teletexto en 384.352.

**384.54,**
**384.55,**
**384.8 vs.**
**791.4**

**Radiodifusión [y] Televisión [y] Películas vs. [Aspectos de las artes de la actuación de] Películas, radio, televisión**

Clasifique las obras que combinan los aspectos de 384 y 791.4 en 384.

Clasifique en 791.4 los diferentes aspectos de la producción de un programa individual, ej., arreglo de los diferentes actos de un espectáculo de variedades en la televisión 791.450232. Clasifique en 384.54, 384.55 y 384.8

los diferentes aspectos de la presentación de un programa terminado para el público en general, ej., selección del día y el tiempo correctos de emisión de un espectáculo de variedades por televisión 384.5531.

La historia de una compañia de radio, televisión, o películas se clasifica usando el siguiente criterio:

1. Clasifique en 384, usando la notación 09 de la Tabla 1, la historia general de una organización, ej., una historia de la NBC (National Broadcasting Company) Cadena de Televisión 384.5540973 y la historia del sistema (instalaciones, actividades, servicios) mantenido por la organización, ej., las estaciones de difusión de programas de televisión de la NBC 384.554530973.

2. Clasifique en 384, usando la notación 065 de la tabla de adición bajo 380, la historia corporativa de la organización, ej., la historia corporativa de la NBC Cadena de Televisión 384.55406573.

3. Clasifique en 791.4, usando la notación 09 de la Tabla 1, la historia y evaluación crítica de los productos de la organización, ej., la historia de los programas de televisión ofrecidos por la NBC 791.450973.

**384.5453, 384.5455 vs. 384.54065**  **Estaciones [y] Cadenas vs. Organizaciones de negocios (Estaciones y cadenas)**

Los términos "estación" y "cadena" se pueden referir igualmente a la instalación utilizada para la difusión del programa o a la organización en general. Clasifique en 384.5453 y 384.5455 las estaciones y las cadenas como instalaciones. Clasifique en 384.54065 las estaciones y las cadenas como organizaciones de negocios. En caso de duda, prefiera 384.54065.

**384.5522 384.5523 vs. 384.55065**  **Estaciones [y] Cadenas vs. Organizaciones de negocios (Estaciones y cadenas)**

Los términos "estación" y "cadena" se pueden referir igualmente a la instalación utilizada para la difusión del programa o a la organización comercial. Clasifique en 384.5522 y 384.5523 las estaciones y las cadenas como instalaciones. Clasifique en 384.55065 las estaciones y las cadenas como organizaciones de negocios. En caso de duda, prefiera 384.55065.

*Véase además 384.54, 384.53, 384.8 vs. 791.4.*

**384.555 y 384.5554**  **Televisión pagada [y] Televisión por subscripción (premium)**

En este esquema la "televisión por cable" y la "televisión pagada" se tratan lo mismo, i.e., los sistemas que proveen señales de televisión a los clientes por una tarifa, se clasifican en 384.555. Si se trata de la "televisión pagada" se usa para significar premium (o televisión por suscripción), i.e., el envío de señales distribuídas de televisión que son decodificadas por una tarifa, se clasifica en 384.5554.

**386.8 vs. 387.1**  **Puertos [Interiores] vs. Puertos**

La distinción depende de si el puerto es sobre aguas marinas (387.1) o sobre aguas que no son marinas (386.8) no depende de la distancia del mar o de la capacidad para manejar barcos oceánicos. Por ejemplo, clasifique el puerto de New Orleans (110 millas de la boca del Río Mississippi pero sobre aguas marinas) en 387.10976335, el puerto de Chicago (que puede manejar las embarcaciones oceánicas pero que es sobre aguas que no son marinas) en 386.80977311.

**388.314 y**
**388.41314**

**Uso de las carreteras [y Uso de calles urbanas y carreteras]**

Use la notación 0723 de la Tabla 1 para las obras que tratan sobre las técnicas para la preparación de encuestas de tráfico, ej., cómo encuestar el uso de las carreteras de Detroit 388.413140723. Use la notación 09 de la Tabla 1 para indicar los resultados de una encuesta de tráfico, ej., una encuesta sobre el uso de las carreteras de Detroit 388.413140977434.

**390**

# Costumbres, etiqueta, folclor

Costumbres, etiqueta y folclor están entre el material básico de las ciencias sociales, particularmente de antropología y sociología—los aspectos descriptivos y analíticos del estudio de la conducta del género humano en los grupos sociales generales. Melvil Dewey consideró que las costumbres son la culminación de una actividad social y se clasifican en 390, justo antes de las lenguas, la última de las ciencias sociales y una clase principal que requiere de un dígito completo (4) para sí misma.

**391 vs.**
**646.3**
**746.92**

**Traje y apariencia personal vs. Vestuario y accesorios vs. [Aspectos artísticos del] Traje**

El traje, el vestuario y la moda se pueden tratar en términos de costumbres, economía doméstica, o arte. Los trajes, tales como lo que se usaban, lo que está de moda, los trajes nacionales, se clasifican en 391, ej., la moda Eduardiana 391.0094109041, los trajes nacionales de Lituania 391.0094793. Los aspectos de economía doméstica, tales como cómo vestirse con un presupuesto limitado, cómo seleccionar el vestuario de mejor calidad y cómo vestirse correctamente para el mundo de los negocios, se clasifican en 646.3. Los aspectos artísticos, tales como el vestuario como un producto de las artes textiles, el diseño de modas, se clasifican en 746.92. En caso de duda entre 391 y 646.3 o 746.92, prefiera 391; entre 646.3 y 746.92, prefiera 746.92.

**394.2682 vs.**
**263.9, 290**

**[Días festivos religiosos] vs. Año eclesiástico y otros días y tiempos [de Observancia religiosa cristiana y] Religión comparada y otras religiones diferentes del cristianismo**

Clasifique en 394.265–394.267 las costumbres seglares asociadas con los días festivos religiosos, ej., búsqueda del huevo de Pascua en 394.2667. Clasifique en 263.9 y en números afines en 290 las costumbres religiosas asociadas con días festivos religiosos, ej., los servicios de Pascua al amanecer 263.93. En caso de duda, prefiera 263.9 y números afines en 290.

**394.5 vs.**
**791.6**

**Espectáculos públicos, procesiones, desfiles vs. Desfiles de fantasía**

Clasifique en 394.5 las obras que tratan de las tradiciones de los espectáculos públicos, procesiones, o desfiles y las obras que describen el evento. Clasifique en 791.6 las obras que tratan sobre la planificación, promoción y puesta en escena del evento, incluyendo temas tales como publicidad y la construcción de carrozas. En caso de duda, prefiera 394.5.

**395          Etiqueta (Modales)**

La etiqueta incluye las obras que prescriben las reglas de conducta designadas para hacer la vida más placentera y más decorosa y eliminar las causas de fricción en las numerosas e inevitables oportunidades menores para el conflicto u ofensa en la vida diaria. Los asuntos más importantes de la conducta se clasifican en 170 Etica.

**398.2          Literatura folclórica**

No hay una notación disponible para la literatura folclórica en 398.2 para distinguir los géneros literarios, colecciones, o crítica como hay para la literatura general en 800. En cada caso, no tenga en cuenta estos aspectos en la clasificación y use el número disponible más específico.

Las subdivisiones comunes se pueden agregar a las subdivisiones de este número si el tema de la obra no se aproxima a la totalidad del tema, ej., cuentos folclóricos franceses acerca de las hadas 398.210944.

Los caracteres menores en un cuento no afectan la clasificación. Por ejemplo, la presencia de Morgan le Fay, un duende, en el cuento del Rey Arturo no impide que el cuento se clasifique en 398.22, aunque a los "duendes" se les considera como un tipo bajo 398.21. Sin embargo, un cuento acerca de Morgan le Fay se podría clasificar en 398.21.

**398.2 vs.          Folclor vs. Mitología y fundamentos mitológicos [de las religiones]**
**291.13**

Clasifique en 398.2 la mitología que tenga bases reales, legendarias o no religiosas. Mitos poblados por dioses, diosas, cuasidioses o cuasidiosas se clasifican en 398.2 o 291.13 de acuerdo con el contenido, modo de presentación, o intención del autor o editor. Así, la mitología presentada desde un punto de vista estrictamente teológico o como una personificación de la religión de un pueblo se debería clasificar en 291.13.

Sin embargo, los mitos o la mitología presentados en términos de entretenimiento cultural o, especialmente, como representaciones de la expresión literaria primitiva de una sociedad se clasifican en 398.2. Con frecuencia, el enfoque literario o religioso es claro (ej., la mayoría de todos los mitos repetidos verbalmente para una audiencia juvenil se clasifican en 398.2); sin embargo, en caso de duda, prefiera 398.2.

Los mitos y las leyendas específicos presentados como ejemplos de la religión de un pueblo se clasifican con el tema en religión, ej., las leyendas de la venida de Jesús a Bretaña en 232.9.

**398.2 vs.          Literatura folclórica vs. Historia y crítica de temas específicos del folclor**
**398.3–398.4**

Clasifique los cuentos folclóricos sobre un tema específico y crítica literaria del cuento en 398.2. Clasifique las obras generales sobre la historia y crítica del cuento en 398.3–398.4. Por ejemplo, los cuentos de brujas y magos se clasifican en 398.21, un tratado sobre por qué en los cuentos de brujas usualmente la bruja representa el mal y los magos representan el bien se clasifica en 398.45. En caso de duda, prefiera 398.2.

# 400    Lenguas

Clasifique los ejemplos y colecciones de "textos" cuyo propósito es presentar y estudiar una lengua con la lengua, aún si se limita a un tema particular, ej., una gramática del inglés científico 425. El análisis de la lengua de una obra específica que es critica, se clasifica con la obra.

*Véase además T4–864 vs. T1–014.*

**400 vs. 800**    **Lenguas vs. Literatura (Belles-lettres) y retórica**

Muchas de las obras en que se trata tanto las lenguas como la literatura son predominantemente acerca de la literatura; tales obras se clasifican en 800. Las obras generales sobre lenguas y literatura a las que se les dá el mismo tratamiento a ambos temas, se clasifican en 400.

**400 vs. 909,**    **Lenguas vs. Historia universal [e] Historia del mundo antiguo; de continen-**
**930–990**    **tes, países, localidades específicos; de mundos estraterrestres**

Clasifique en 400 los estudios que hacen énfasis en lenguas y literatura, aunque se incluya algún material sobre cultura e historia; pero clasifique en 900 los estudios de historia y cultura que incluyen pero no hacen énfasis en lenguas y literatura.

**401.43 vs.**    **Semántica vs. Etimología vs. Sistemas estructurales (Gramática) vs.**
**412, 415**    **[Sociología del] Lenguaje vs. Psicolingüística**
**306.44,**
**401.9**    La semántica en 401.43 es la rama de la lingüística que trata del significado en el lenguaje. Al tratar de responder la pregunta de qué es significado, la semántica se relaciona con subtemas tales como sinonimia, ambigüedad, verdad semántica (verdad metalingüística) y vínculo. Estrechamente unida con la filosofía, la semántica se relaciona particularmente con la estructura lógica fundamental subyacente del lenguaje natural, ej., qué elementos son necesarios más allá de la gramática correcta para que las declaraciones tengan sentido.

La etimología en 412 tiene solamente un interés limitado en el significado; ésta estudia la historia del significado de las palabras.

La gramática en 415 también tiene un interés limitado en el significado; está interesada en el significado solamente en relación con la morfología y sintaxis.

La sociología del lenguaje en 306.44 está relacionada con el significado en cuanto resulta afectado por el contexto sociocultural. La mayoría de las obras sobre pragmática lingüística se relacionan con el lenguaje en su contexto sociocultural y se clasifican en 306.44. La excepción serían las obras sobre pragmática que se centran en el contexto psicológico individual; tales obras se clasifican en 401.9 Psicolingüística.

**407, T1–07
vs. 410.7,
418.007,
T4–8007,
401.93**

**Educación, investigación, temas relacionados [en lenguas y notación de la Tabla 1 para] Educación, investigación, temas relacionados [bajo lenguas individuales] vs. [Educación, investigación, temas relacionados en] Lingüística vs. [Educación, investigación, temas relacionados en] Uso estándar de la lengua [y notación de la Tabla 4 para educación, investigación, temas relacionados bajo lenguas individuales] vs. [Psicolinguística de la] Adquisición del lenguaje**

La distinción básica entre lingüística prescriptiva y no prescriptiva se explica en el Manual en la nota en 410. Clasifique en 418.007 las obras sobre cómo estudiar o enseñar lenguas usando una aproximación prescriptiva.

Clasifique en 407 las obras extensas sobre educación en lenguas no limitada a la aproximación prescriptiva y las obras generales sobre el estudio y enseñanza tanto de lenguas como de literatura.

Clasifique en 410.7 las obras sobre el estudio y enseñanza de la lingüística.

Clasifique en la notación 8007 de la Tabla 4 las obras sobre cómo estudiar o enseñar una lengua específica usando una aproximación prescriptiva, ej., cómo enseñar francés básico 448.007. En la Tabla 4 no existe análogo para 410.7. Clasifique con la lengua específica, usando la notación 07 de la Tabla 1 (la cual está incorporada en la Tabla 4), las obras sobre el estudio y enseñanza de la lingüística del lenguaje, las obras extensas sobre el estudio y la enseñanza de la lengua que no están limitadas a la aproximación prescriptiva y las obras generales sobre el estudio y enseñanza tanto de la lengua como de su literatura.

Clasifique en 401.93 las obras sobre la psicología del aprendizaje informal del lenguaje, cómo aprenden los niños de sus padres, y obras generales sobre la psicología del aprendizaje formal o informal de la lengua. Clasifique las obras sobre psicología del estudio y enseñanza formales de la lengua en los números para estudio–y–enseñanza discutidos arriba, principalmente 418.007 y T4–8007. Ya que la notación 019 Principios psicológicos de la Tabla 1 no se puede agregar a la notación 07 de la Tabla 1, los números para obras sobre la psicología del estudio y enseñanza de la lengua no expresa el aspecto psicológico.

**410    Lingüística**

La lingüística prescriptiva se preocupa por la promoción del uso estándar o uso correcto de la lengua. Cualquier persona que trate de aprender a hablar o escribir como lo hacen los usuarios nativos de una forma estándar de la lengua se verá involucrado con la lingüística prescriptiva. Las diversas aproximaciones no prescriptivas a la lingüística, (ej., lingüística descriptiva, teórica, comparada) se relacionan con la descripción o explicación del uso de la lengua como es o como existió, sin partir del uso correcto ideal. La mayoría de las obras de lingüística prescriptiva se clasifican en 418 o con la lengua específica, usando la notación 8 de la Tabla 4; las obras de lingüística no prescritiva se clasifican en 410–490. Por ejemplo, las obras descriptivas sobre la gramática se clasifican en 415 y con la lengua específica, usando la notación 5 de la Tabla 4; pero las obras prescriptivas sobre gramática se

podría ser vista como una política o programa para promover el desarrollo y crecimiento económicos (338.926 y números afines en 338.93–.99). Clasifique las obras sobre la administración pública de la política científica en 351.855 y números afines en 353–354, a menos que haya mucho énfasis en la administración del desarrollo económico o en las industrias específicas, en cuyo caso, se debe preferir 351.82 y números afines. Sin embargo, en ausencia de un enfoque en las ciencias sociales, use 509 para política de la ciencia natural en un área. En caso de duda, prefiera 338.9.

**500 vs. 600   Ciencias naturales y matemáticas vs. Tecnología (Ciencias aplicadas)**

Las ciencias naturales (500) describen e intentan explicar el mundo en que vivimos, mientras que la tecnología (600) consiste en la utilización de estas ciencias para manipular el mundo natural y sus recursos en beneficio del género humano. Sin embargo, esté alerta con ciertas subdivisiones del 500 que tratan ampliamente la tecnología, ej., topología y la cartografía en 526 y la navegación celeste en 527 (todo lo cual quedaría más adecuado en 620 Ingeniería); y ciertas subdivisiones del 600 que pertenecen ampliamente a las ciencias naturales, ej., anatomía y fisiología humana en 611–612 (que claramente forman parte de 599.9 Homínidos).

Clasifique en 500 las obras interdisciplinarias sobre cualquier ciencia y sus aplicaciones en tecnología. Por ejemplo, una obra sobre ciencia espacial (500.5), ingeniería en otros mundos y en el espacio (620.419), y astronaútica (629.4), se clasifica en 500.5.

**508 vs. 574   Historia natural vs. Biología vs. Geografía y viajes vs. Ecología humana**
**910, 304.2**

Use 508 si una obra sobre historia natural hace énfasis significativo en los fenómenos de las ciencias de la tierra, pero use 574 si la obra se concentra en varias cosas vivientes y sus entornos. Si una obra cubre la descripción de un asentamiento humano como un fenómeno natural, clasifíquela en 910. Si el énfasis se hace sobre la relación entre el fenómeno natural y las instituciones humanas, clasifíquela en 304.2. Clasifique las obras interdisciplinarias sobre historia natural y sus entornos humanos en 304.2. En caso de duda entre los números de ciencia y de no ciencia, prefiera los números de ciencia; en caso de duda entre 508 y 574, prefiera 574.

# 510   Matemáticas

El tipo de matemáticas que se enseña actualmente en las escuelas primaria y secundaria de Estados Unidos, usualmente no tiene tres números dígitos. La siguiente es una lista de los temas escolares y sus números:

| | |
|---|---|
| Aritmética | 513 |
| Algebra | 512.9 |
| Geometría | 516.2 |
| Trigonometría | 516.24 |

### Combinación de temas

Use las siguientes instrucciones cuando clasifique en 512.1 Algebra combinada con otras ramas de las matemáticas, 513.1 Aritmética combinada con otras ramas de las matemáticas, y 515.1 Análisis y cálculos combinados con otras ramas de las matemáticas y cuando use "Clasifique aquí álgebra lineal combinada con geometría analítica" en 512.5 Algebras lineales, multilineales, multidimensionales.

1. Estas secciones están diseñadas para obras que tratan básicamente con un tema pero que tienen alguna información sobre otro tema ya agregado al final de la obra o entremezclado a lo largo de ésta. Por ejemplo, clasifique un texto con diez capítulos sobre algebra y dos sobre geometría euclidiana en 512.12 Algebra y geometría euclidiana.

2. En la obra puede predominar la rama nombrada primero. Por ejemplo, la obra debe ser sobre álgebra con algo de trigonometría para que se pueda clasificar en 512.13 Algebra y trigonometría. Si es sobre trigonometría y algo de álgebra, se clasifica en 516.24 Trigonometría.

**510**
**T1–0151**
**vs. 004–**
**006,**
**T1–0285**

**Matemáticas [y notación de la Tabla 1 para principios matemáticos] vs. [Procesamiento de datos    Ciencia de los computadores] y [Notación de la Tabla 1 para] Procesamiento de datos    Aplicaciones de computador**

Las matemáticas se aplican con frecuencia al procesamiento de datos, y el procesamiento de datos es súmamente usado en las matemáticas. En cada caso, clasifique una obra con la disciplina a la cual se aplica la otra disciplina, ej., las funciones recursivas (511.35) usadas para explicar cómo trabajan los computadores 004.0151135, programas de computador (005.3) usados para resolver ecuaciones diferenciales 515.35028553.

Si la aplicación es en una tercera disciplina, la elección entre las dos subdivisiones comunes está regida por la misma regla de aplicación. Sin embargo, normalmente la distinción entre el uso de computadores en un tema altamente dependiente de las matemáticas y el uso de computadores en las matemáticas del tema, no se hace, se usa la subdivisión común para computadores. Por ejemplo, un programa de computadores que no pudiera resolver los cálculos astronómicos podría ser de poco uso para los astrónomos. Los programas que ejecutan los cálculos se encuentran normalmente en 522.8553 ( siendo 522.8 la notación irregular para la subdivisión común T1–028 en astronomía).

**519.5**
**T1–015195**
**vs.**
**001 .422,**
**T1–072**

**Matemáticas estadísticas [y notación de la Tabla 1 para matemáticas estadísticas] vs. Métodos estadísticos [y notación de la Tabla 1 para] Investigación**

Los temas de estadística se pueden dividir en tres partes:

1. Cómo obtener y ordenar los datos estadísticos.

2. Cómo manipular los datos por medios matemáticos para producir información con miras al tema que se va a examinar.

3. Cómo interpretar los resultados estadísticos.

Cuando una obra da igual tratamiento a 1, 2, y 3, o contiene información sobre 1 o 3 o ambos 1 y 3, clasifíquela con el método estadístico en 001.422 o con el tema, usando la notación 072 de la Tabla 1. Cuando ésta contiene solamente 2 o 2 con 1 o 3 o ambos como información incidental, clasifique la obra como matemáticas estadísticas en 519.5 o con el tema, usando la notación 015195 de la Tabla 1.

En muchas disciplinas una palabra derivada del nombre de la disciplina, combinada con -métrica ó -estadística se usa para trabajo estadístico, ej., sociométrico, econométrico, biométrico, bioestadística. Comúmente, las obras sobre estos temas se concentran en el 2 de la lista anterior, con tratamiento secundario de 3 o 1 o ambas. Por lo tanto, usualmente requieren la notación 015195 de la Tabla 1. Sin embargo, observe que las obras de tratamiento amplio, que hacen énfasis en 1 o 3 o en ambos 1 y 3, requieren la notación 072.

En caso de duda, prefiera 519.5 o la notación 015195.

*Véase además 003, T1—011 vs. 510, T1—0151*

**520 vs. 523.1**

**Astronomía y ciencias afines vs. El universo; espacio, galaxias, quasars**

Use 520 para obras que describen el universo y sus diferentes componentes, ej., planetas, estrellas, galaxias individuales. Use 523.1 para obras que tratan el universo como una sola unidad. En caso de duda, prefiera 520.

**523.8 vs. 523.112**

**Estrellas vs. Galaxias**

Use 523.8 para obras generales sobre estrellas y galaxias cuando se tratan como cuerpos astronómicos individuales. Sin embargo, use 523.112 cuando las estrellas se consideran básicamente como componentes de galaxias. Si las galaxias y las estrellas se consideran básicamente en el contexto de las teorías cosmológicas, prefiera 523.1; si se tratan otros cuerpos astronómicos, ej., planetas y cometas, use 520.

**530 vs. 500.2**

**Física vs. Ciencias físicas**

La física trata de la naturaleza última y el comportamiento de la materia y de la energía. Como originalmente se formuló en lo que ahora se conoce como física clásica (ejemplificada en la mayor parte del rango 531–538), tiene que ver ampliamente con la materia y la energía en una escala visible o palpable. Por está razón, ésta fue colocada lógicamente entre la astronomía (520) la cual trata con la materia y la energía en una escala extremadamente grande, y química (540) que trata con la materia y la energía en una escala extremadamente pequeña. En esta visión clásica los átomos de la química fueron las partículas más pequeñas de la materia. Las tres disciplinas juntas constituyeron las ciencias físicas y aceptaron las matemáticas optativas que aún no habían sido reconocidas como una herramienta universal válida más allá del dominio de las ciencias naturales.

Con el tiempo, la química ha continuado enfocándose en los átomos y sus interacciones y en las combinaciones de unos con otros para formar moléculas de sólidos, líquidos y gases. Sin embargo, la física moderna ha ido más allá de la química por medio del desarrollo de teorías físicas acerca de componentes aún más pequeños que los átomos. La química ha tomado prestada la parte de esta nueva física que explica el comportamiento de los átomos y moléculas en las reacciones químicas y en las sendas fascinantes de esas reacciones tanto en el mundo orgánico como en los fenómenos de la vida. Esta ha dejado de lado todas las otras relaciones y reacciones físicas a los físicos. La física sin embargo, han crecido a tal punto que se podría afirmar en forma justa que la química es una parte de la física.

La expansión resultante de la física ha creado anomalías en el esquema del Sistema de Clasificación Decimal Dewey. En el 530, no solo aventaja a la química tanto a nivel macro, como a nivel micro, sino también a la física moderna, tratando con los más pequeños componentes, aparece a los dos extremos del 530, en 530.1–.4 y 539, dejando la física clásica de los grandes fenómenos en la mitad. Las aproximaciones clásicas y modernas al sonido, la luz, el calor y los fenómenos electromagnéticos a menudo se combinan en 534–538. Mientras que 539 es el número general para la física moderna (física cuántica), sobre el tema se escribe más a menudo, tanto sobre sus partes como en conjunto con la física clásica, por lo tanto, el número 539 en sí mismo relativamente no se usa.

El resultado final es que 530 y sus subdivisiones comunes se usan para obras generales sobre física clásica, sobre física clásica y moderna y sobre física y química. Si las matemáticas por sí mismas o la astronomía, o ambas se agregan a la mezcla, el resultado se clasifica en 500.2 Ciencias físicas.

**530 vs. 540   Física vs. Química y ciencias afines**

Clasifique las obras sobre temas específicos comunes tanto a la física como a la química con la química, cuando estos se relacionan con la composición química, o las reacciones que afectan la combinación de los átomos en los procesos químicos. Clasifique las demás obras con física. Las claves más útiles aquí, que en la mayoría de las disciplinas de la CDD son las ocupaciones de los autores o los campos de las organizaciones que los patrocinan, hecha la presunción de que los químicos están escribiendo acerca de química y los físicos acerca de física. En los casos en que estas claves no ofrezcan claras indicaciones, clasifique con el tema en física.

**530.12 vs.   Mecánica cuántica (Teoría cuántica) vs. Mecánica clásica   Mecánica de
531           sólidos**

La mecánica cuántica 530.12 encierra el concepto de que la energía existe en pequeñas unidades separadas llamadas (cuantos) y que no es continua. Esta se contrasta con la mecánica de los continuos o mecánica clásica 531, la cual se aplica a los fenómenos a gran escala de los sólidos, líquidos, y gases de observación cotidiana.

Como las dos mecánicas prácticamente no tienen nada en común y son fundamentales a la física moderna (algunas veces llamada cuántica) y a la física clásica respectivamente, clasifique las obras que las cubren a ambas en 530. Observe, sin embargo, que la palabra mecánica por sí misma se usa a menudo solamente cuando se refiere a la mecánica clásica, por lo tanto, revise el contenido de una obra sobre mecánica para asegurarse de que tanto el 530.12 como 531 están cubiertos dentro del tema antes de colocarla en 530.

**530.41 vs.**     **Física del estado sólido vs. Cristalografía**
**548**
Use 530.41 para las obras sobre cristalografía y estado cristalino en su sentido más amplio, i.e., cuando los términos se han empleado para cubrir los arreglos atómicos en metales, cerámica, materiales amorfos, polímeros o líquidos. Use 548 para las obras sobre cristales y cristalografía cuando los términos se usan en su significado cotidiano, i.e., para referirse a los objetos discretos y a los patrones abstractos de estructura cristalina. Mientras que 530.41 es el número general, use 548 en caso de duda entre los dos números para obras que hagan énfasis claramente en cristales.

**530.416 vs.**    **Comportamiento reactivo y fenómenos de energía vs. Reacciones e**
**539.75**         **interacciones nucleares**

Muchos de los temas relativos al comportamiento reactivo y a los fenómenos de energía del estado sólido se superponen a temas similares en lo que respecta a reacciones e interacciones nucleares. Algunos de los ejemplos enumerados bajo cada tema, se pueden encontrar en el otro. Clasifique los temas en 530.416 si se estudian dentro de un contexto del estado condensado (sólido y líquido), i.e., una respuesta a la pregunta sobre qué está sucediendo dentro de la materia condensada para que se comporte de la forma como lo hace. Clasifíquelos en 539.75 si son estudiados en abstracto o en el contexto de la estructura nuclear, i.e., en respuesta a la pregunta sobre qué hace que el átomo se comporte como lo hace.

**530.475 vs.**    **Fenómenos de difusión y transporte de masas vs. Mecánica de partículas [y]**
**531.16,**        **Mecánica cuántica (Teoría cuántica)**
**530.12**
La mecánica de partículas es un tema que existe tanto en física clásica como en física cuántica, pero es mucho más básica para el estudio de la física cuántica, en donde los cuantos de los que deriva su nombre pueden ser considerados como partículas. Las partículas son especialmente importantes en el estudio del fenómeno de difusión y transporte, en donde el mecanismo básico es la oscilación fortuita o movimiento browniano de partículas. Use 530.12 para obras generales sobre mecánica de partículas pero prefiera 530.475 o números afines en 530.4 para tratamiento de partículas en difusión dentro de los varios estados de la materia. También considere otros números apropiados en física moderna, ej., 539.725 para órbitas de partículas subatómicas. Use 531.16 solamente si está claro que el énfasis es sobre mecánica clásica. En caso de duda entre 530.475 y 531.16 o 530.12, prefiera 530.475.

El movimiento browniano usualmente se refiere al movimiento sin orden de las partículas microscópicas. Sin embargo, el concepto se extiende por analogía a una variedad de movimientos fortuitos, ej., de precios, de poblaciones biológicas, de grabaciones instrumentales. Use 530.475 para obras interdisciplinarias sobre el concepto y clasifique las analogías específicas con el tema. Observe que muchas de las obras sobre el movimiento browniano tienen un énfasis inusual de tales movimientos en los fluídos y se podrían clasificar en 530.425.

**536.4 vs.**
**530.474**  **Efectos del calor sobre la materia vs. Cambios de fase (Transformaciones de fase)**

La diferencia entre estudios de expansión, fundición, incandescencia, etc., en 536.4 y en 530.474 es esencialmente la misma que existe entre la física clásica y la física moderna o cuántica. Clasifique en 536.4 los efectos del calor que se pueden observar o medir ligeramente con simples instrumentos para la determinación de la temperatura, expansión, viscosidad, luminiscencia,etc. Clasifique en 530.474 el análisis de lo que le sucede a la materia en el nivel molecular y submolecular. En caso de duda, prefiera 536.4.

**544–545 vs.**
**543**  **[Análisis cualitativo y cuantitativo] vs. Química analítica**

La distinción entre el análisis cualitativo y cuantitativo ha resultado ampliamente obsoleta debido a la abundante sofisticación de las técnicas. Por lo tanto, prefiera los números en 543.08 sobre aquellos en 544 o 545 para técnicas específicas a menos que se haga énfasis específico en el uso cualitativo o cuantitativo.

**546 vs. 541**  **Química inorgánica vs. Química física y teórica**

La regla de que la química física y teórica de los elementos o compuestos específicos se clasifica en 546 no se aplica cuando uno o dos ejemplos extraidos de agrupaciones amplias tales como los metales (546.3) o los no metales (546.7) se usan básicamente para estudiar o explicar un tema específico en química física y teórica. En tales casos, use el número en 541, ej., la concentración del ion de hidrógeno 541.3728, no 546.2.

**546 vs. 549**  **Química inorgánica vs. Mineralogía**

La química y la mineralogía se consideran temas coordinados. Como resultado, muchos temas de la química física y teórica pertinentes a la estructura y el comportamiento de los sólidos cristalinos homogéneos no se clasificarán en 546. Use los números de 546 para obras generales sobre la química y la mineralogía de tipos químicos específicos, pero en caso de duda, prefiera 549.

**548 vs. 549**  **Cristalografía vs. Mineralogía**

La relación entre cristalografía y mineralogía es aproximadamente la misma que entre la química física y teórica (541) y la química inorgánica (546). La cristalografía de minerales específicos se clasifica en 549 a menos que se use para estudiar o explicar un tema en 548, ej., cuarzo, feldespato y cristales relacionados 549.68, pero un estudio de isomorfismo usando cuarzo, feldespato y cristales relacionados 548.3.

**549.1**  **Mineralogía determinativa**

Los temas indicados en las subdivisiones de 549.1 (diferentes de los meteoritos en 549.112 y minerología física en 549.12) se deberían interpretar en forma limitada, dentro del contexto de las técnicas de identificación y caracterización de los minerales. En caso de duda entre 549.1 y un número general en cualquier lugar de 540 y 550, prefiera el número general, ej., minerales en rocas metamórficas 552.4 (no 549.1144).

**550 vs. 910**     **Ciencias de la tierra vs. Geografía y viajes**

La geofísica (550) es el análisis de la estructura de la tierra y de las fuerzas que la conforman; geografía física (910.02) es la descripción del paisaje resultante. Las descripciones de los resultados de una fuerza o proceso específicos se clasifican con el tema en 551; la operación de todas las fuerzas y procesos que combinados para crear una forma terrestre topográfica específica se clasifica con la forma de la tierra en 551.41–.45; la operación de todas las fuerzas y procesos tomados como un todo en un área específica, especialmente si hacen énfasis en la geología sólida, se clasifican con el área en 554–559. Sin embargo, cuando una obra trata el paisaje geográfico completo dejando en segundo lugar los procesos geofísicos, se clasifica en 910.02 o bajo el número de área específico en 913–919, usando la notación 02 de la tabla en 913–919. Por ejemplo, la descripción física de las características de la superficie de la tierra en Birmania 915.9102, los procesos geofísicos que operan en Birmania o la geología de Birmania 555.91, temblores en Birmania 551.2209591, las montañas en Birmania 551.43209501. En caso de duda, prefiera 550.

Las descripciones de las características de la superficie de la tierra para los viajeros, los cuales usualmente cubren las instalaciones de alojamiento en el lugar y el ambiente tanto como las características se clasifican también en 910, con el uso de la notación 04 de la tabla bajo 913–919 como resulte más apropiado, ej., las playas para turistas contemporáneos en Birmania 915.91045.

**551.302–.307**    **[Temas generales de procesos de superficie y exógenos] vs. Acción geológica**
**vs. 551.35**     **del agua**

Puesto que el agua ha sido el agente más importante en la erosión, transporte y depósito de los materiales geológicos, la regla normal de predominio no se aplica buscando entre 551.302–.304 y 551.352–.354. Use los últimos números solamente para obras que se limitan a la acción del agua o a materiales que son transportados por el agua; prefiera 551.302–.304 cuando el tratamiento le dé debido cubrimiento al trabajo del viento, los glaciares, o heladas, aún si agentes diferentes del agua ocupan una pequeña parte del texto.

El agua es además el agente más importante en la formación de suelos (551.305) y en el movimiento de masa (551.307). Sin embargo, la mayoría de las veces actúa conjuntamente con otros agentes para producir movimiento de suelos o de masas, ej., la acción de los disolventes químicos, cambios de temperatura, o vibraciones de los temblores de tierra. Aún así, la acción del agua en esos dos fenómenos se une con los de los otros agentes en 551.305 y 551.307.

**551.46 vs.**    **Hidrosfera   Oceanografía vs. Biología acuática   Biología marina**
**574.92**

Mientras 551.46 es el número para el tratamiento general de la oceanografía física y la biología marina, observe que la biología marina en 574.92 puede incluir consideración significativa a las aguas oceánicas como parte de la ecología de los organismos marinos. En caso de duda, prefiera 574.92.

**551.6 vs.** **Climatología y tiempo atmosférico vs. Meteorología**
**551.5**

La meteorología analiza y describe las propiedades y los fenómenos de la atmósfera y así explica el clima y el estado del tiempo. La meteorología es además el tema general que incluye la climatología y tiempo atmosférico. Desafortunadamente, sin embargo, algunas obras sobre el tema más amplio (meteorología) se pueden llamar "climatología", "clima y tiempo atmosférico" o simplemente "clima"o "tiempo atmosférico" pero se deben clasificar en 551.5 a pesar de las palabras usadas en los títulos. Los libros así titulados se clasifican en 551.6 solamente cuando las palabras se limitan a cuatro casos:

1. La descripción de los fenómenos de la atmósfera tomada como un todo, siendo el tiempo atmosférico la descripción a la que le corresponde el rango inferior y la descripción del clima el rango mayor.

2. La predicción del tiempo stmosférico, clima, o de los fenómenos meteorológicos específicos, i.e., las predicciónes y pronósticos del tiempo (551.63–.65).

3. El estudio del clima o de la meteorología en áreas pequeñas, ej., microclimatología o micrometeorología (551.66).

4. El esfuerzo para modificar el tiempo atmosférico o cualquier fenómeno meteorológico específico (551.68), que es realmente una tecnología.

Todos los demás elementos, incluyendo la descripción (informes del estado del tiempo) de fenómenos específicos, permanecen en 551.5, independientemente de los términos usados en la obra a mano. Por ejemplo, los informes de las lluvias se clasifican en 551.577, los pronósticos de un día lluvioso en Singapur en 551.655957, una descripción de las franjas lluviosas de Asia en 551.62, una discusión sobre cómo actúa el tiempo atmosférico 551.5.

**551.7** **Geología histórica**

No es anticipado decir que los períodos y las épocas dadas en el presente en 551.72–.79 se podrían subdividir adicionalmente; aún más, se pueden agregar subdivisiones comunes para épocas, etapas o formaciones específicas, ej., el período albiano (del bajo cretáceo) en Francia 551.770944. Sin embargo, las eras precámbricas se pueden dividir adicionalmente, de forma que las subdivisiones comunes se usen solamente para obras que se aproximan a la totalidad del tema de las áreas dadas.

**551.7 vs.** **Geología histórica vs. Paleontología Paleozoología**
**560**

Paleontología es el estudio de la vida en las edades geológicas anteriores mediante la interpretación de los fósiles. Esta utiliza el mismo material que la geología histórica, (i.e., el registro geológico), pero solamente como un registro de la vida y del medio ambiente en el que se desenvuelve la vida. La geología histórica hace énfasis en las rocas y sus estratos, usando los hechos paleontológicos para ayudar a determinar las fechas e interpretar la acumulación, movimiento y erosión. En caso de duda, prefiera 551.7.

**580–590     [Ciencias botánicas y zoológicas]**

La secuencia de los grupos taxonómicos de las plantas y animales se puede describir como siguiendo el curso de la letra U. Esta comienza en una punta de la U con las plantas altamente desarrolladas y complejas (dicotiledóneas entre las plantas con flores) y se mueve hacia la base de la U para los hongos, algas y bacterias. La secuencia entonces salta por encima al 590 para comenzar en el otro brazo de la U con los protozoos. Después de moverse a través de un número creciente de invertebrados complejos, llega hasta los vertebrados y finalmente al género humano, que constituye el animal más desarrollado.

**580–590 vs.     [Ciencias botánicas y zoológicas] vs. Agricultura y tecnologías relaciona-**
**630, 641.3     das vs. Alimentos**

### Números interdisciplinarios

Los números de 580–590 se usan para obras interdisciplinarias sobre plantas y animales. Sin embargo, muchas obras sobre especies conocidas principalmente en agricultura hacen énfasis en el crecimiento y la cosecha mientras dan alguna información biológica como antecedente. Clasifique estas obras en 630, ej., una obra sobre algodón que tiene información suficiente acerca de la fisiología del algodón como para explicar por qué éste podría ser cultivado en cierta forma 633.51, una obra sobre peces de acuario que dice dónde se encuentran en la naturaleza pero que se concentra en cómo cultivarlos se clasifica en 639.34.

Una consideración compleja es que el número intedisciplinario para alimentos es 641.3. Por lo tanto, las obras sobre la utilización y valor alimenticio, así como sobre la agricultura y la biología de plantas y animales comestibles se clasifican en 641.3, no en 580–590.

### Fisiología y Patología

La clasificación de fisiología y anatomía difiere entre las plantas agrícolas y animales. La fisiología y la anatomía de las plantas se clasifica en botánica (581.1, 581.4 y números relacionados); la de los animales, en agricultura (636.0891–.0892 y números relacionados).

La clasificación de patología y de enfermedades es la misma para plantas agrícolas y animales; se clasifican en agricultura. El número para patología y enfermedades de las plantas (y para obras generales sobre patología y enfermedades de las plantas y de los animales) es 632; para patología y enfermedades de los animales es 636.0896. (*Sin embargo, véase además 591 vs. 610 para obras experimentales en medicina*).

**581     Botánica**

Use 581 con precaución, ya que muchas obras sobre "plantas" de hecho se limitan a las espermatofitas (582), angioespermas (obras generales en 582.13), o dicotiledóneas (583). Un tratamiento sustancial de plantas no espermatofíticas debe estar presente para justificar el uso de 581.

Las notas para las subdivisiones de 574 se aplican aquí para los números afines.

**582.1 vs. 635.9**  **Agrupaciones no taxonómicas [de plantas con semilla] vs. Flores y plantas ornamentales [en agricultura]**

Las agrupaciones no taxonómicas de plantas clasificadas en 582.1 son similares a algunas agrupaciones encontradas en floricultura. Clasifique en 635.9 (con frecuencia en 635.97 jardinería de otras agrupaciones) si el énfasis se hace sobre plantas que van a ser cultivadas o apreciadas en entornos hechos por el hombre, en 582.1 si el énfasis es sobre las plantas en la naturaleza o sobre su biología. En caso de duda, prefiera 635.9.

*Véase además 580–590 vs. 630, 641.3.*

**583–584**  **Angioespermas (Plantas con flores)**

El orden de las agrupaciones taxonómicas más grandes de dicotiledóneas (583) y de monocotiledóneas (584) se hace aproximadamente de acuerdo con el sistema de clasificación Engler–Prantl. Sin embargo, bajo las agrupaciones más grandes, los órdenes y familias se definen de acuerdo con *Las Familias de Plantas con Flores* de John Hutchinson, 1959. Cuando a una familia formalmente provista bajo un orden se le asigna un orden diferente por Hutchinson, ésta no se reubica en este esquema. Una referencia cruzada envía del orden de Hutchinson al número en este esquema.

Tenga precaución al identificar los órdenes y familias de las plantas con flores por nombres comunes; muchos nombres se usan para plantas en grupos taxonómicos no relacionados. Las notas en el esquema que unen los nombres comunes no son exhaustivas.

**591**  **Zoología**

En zoología es a menudo difícil aplicar la regla de que un proceso o sistema biológicos se clasifican con el tipo de organismo en el cual es estudiado. Con frecuencia el tipo de animal no está establecido, o para cada compilación de estudios usa una especie diferente. Cuando el interés expresado es médico y en ausencia de pistas contrarias obvias, dé el beneficio de duda al 599 y sus subdivisiones de cero, los números generales para vertebrados de sangre caliente. El 599 se puede usar cuando predomina esta clase de animales, aunque haya un poco de material disperso sobre otros animales. Sin embargo, observe que las obras sobre enfermedades del género humano se clasifican en 616–618; las enfermedades de los animales útiles en 636–639 aún si se estudian experimentalmente en animales de laboratorio, no en 599.02 y números afines.

Las notas para las subdivisiones de 574 se aplican aquí para números afines.

**591 vs. 610**  **Zoología vs. Ciencias médicas   Medicina**

Los resultados de la investigación anatómica y fisiológica con modelos de animales se clasifican en zoología en 591–599, pero los resultados de la investigación farmacológica, terapéutica y patológica con animales y plantas se clasifican en 615–619 si se establece o deja implícita la relevancia médica para los humanos.

**591.29 vs.** **Inmunidad [en animales] vs. Inmunidad (Inmunología) [en ciencias médicas]**
**616.079**

Clasifique en 616.079 y números afines en 616–618 las obras que hacen énfasis en la inmunología en relación con las enfermedades y problemas en los seres humanos. En caso de duda entre un número en 590 y uno en 616–618, prefiera 616–618.

**598.81–.88** **Passeriformes (Paserinos, Aves de percha)**

No todas las familias de los paserinos están provistas en 598.81–.88; use 598.8 para aquellas que no están mencionadas. Sea cuidadoso al identificar por sus nombres comunes las familias de los pájaros paserinos; muchos de tales nombres se usan para pájaros de diferentes familias. Las notas de precaución en el esquema no son exhaustivas.

**599.03** **[Desarrollo y maduración de los mamíferos]**

El uso para embarazo, lactancia, placentas y otros conceptos se incluye en 612.63–.68 (las subdivisiones de desarrollo y maduración humana) no incluídos bajo 574.3.

**608 vs. 609** **Inventos y patentes vs. Tratamiento histórico, geográfico, de personas [de la tecnología]**

Use 608 para obras sobre inventos que son ante todo descriptivas (y que usualmente se odenan por temas); 609 para obras que destacan los factores históricos que dieron comienzo a los inventos o que ordenan los inventos cronológicamente. En caso de duda, prefiera 608.

**610.69** **Personal médico**

Tenga cuidado de no confundir la naturaleza de los deberes desempeñados por el personal con la tecnología de las operaciones usadas para cumplir estos deberes, ej., la tecnología de los servicios de los técnicos médicos 610.737, no 610.6953; de cirujanos 617, no 617.0232.

**610.73** **Enfermería y servicios de técnicos y asistentes médicos**

Clasifique aquí solamente las obras que destacan lo que hacen las enfermeras. En cuanto la profesión de enfermera continúa ampliando sus responsabilidades y ganando reconocimiento, más y más las obras por y para enfermeras se relacionan con los temas de las ciencias médicas en un contexto más amplio que el expresado aquí. Clasifique tales obras en otros números para medicina, ej, una encuesta de las ciencias médicas para enfermeras 610, no 610.73; una obra que trata los problemas y las técnicas de la cirugía escrita para ayudar a las enfermeras a entender el contexto de sus responsabilidades 617, no 610.73677, aún si se llamara enfermería quirúrgica. Si las obras más extensas contienen muchas instrucciones especiales para enfermeras que los lectores comunes no considerarían de utilidad, agregue la notación 024613 de la Tabla 1 (el tema para enfermeras), ej., una obra general acerca de cirugía que contenga muchas instrucciones especiales para enfermeras 617.0024613.

_Véase además T1–024._

**610.9        Tratamiento histórico, geográfico, de personas [de las ciencias médicas, de la medicina]**

Clasifique en 610.9 la historia de tres o más ciencias médicas. Clasifique la historia de una ciencia médica en particular con la ciencia, ej., la historia de la enfermería 610.7309, de la cirugía 617.09, de la medicina interna 616.009. Clasifique las historias de las enfermedades más importantes y su propagación en 614.42, las historias del servicio médico y el resultante bienestar social médico de las personas en 362.109. En caso de duda, prefiera 362.109.

Clasifique las obras sobre las primeras prácticas médicas que destacan la terapia en 615.88 Remedios empíricos y tradicionales, 615.882 Medicina popular o 615.899 Remedios antiguos y medievales.

**611 vs. 612    Anatomía humana, citología (biología celular), histología (biología tisular) vs. Fisiología humana**

La anatomía se refiere a la forma y estructura de los órganos en contraste con la fisiología que se relaciona con la forma como éstos trabajan. Algunas veces obras que llevan los nombres de los órganos hacen énfasis en su fisiología o tratan tanto la fisiología como la anatomía; clasifique estas obras en 612, a menos que se limiten al nivel citológico e histológico. Clasifique el tratamiento de la anatomía, fisiología y patología a nivel citológico e histológico en 611.018.

**612 vs. 616    Fisiología humana vs. Enfermedades**

Clasifique en 612 las obras generales sobre fisiología y fisiología patológica (612 más 616.07). Clasifique en 616 las obras generales sobre enfermedades que van desde una discusión de fisiología a una consideración más general de las causas de la enfermedad, complicaciones, prevención y terapia. Por ejemplo, clasifique las condiciones normales y patológicas del sistema circulatorio en 612.1, pero la fisiología, patología y terapéutica del sistema circulatorio en 616.1. En caso de duda, prefiera 616.

**612.1–8      Funciones, sistemas, órganos específicos**

Aquí se encuentra la división básica del cuerpo humano en sistemas fisiológicos. Las subdivisiones paralelas 1–8 aparecen en otras partes en forma resumida o levemente alteradas: bajo anatomía humana en 611.1–.8; bajo farmacodinámica en 615.71–.78; bajo enfermedades en 616.1–.8; bajo cirugía por sistema en 617.41–.48; y en números comparables en fisiología, anatomía y enfermedades en biología 574–599.

En caso de duda sobre donde se clasifica un órgano o función no provistos en ninguno de los paralelos, use 621.1–.8 como guía. Por ejemplo, use 615.74 Medicamentos que afectan los sistemas linfático y glandular para farmacodinámica de la glándula pituitaria. Este es comparable a 612.4 Secreción, excreción, funciones relacionadas, en donde se menciona esta glándula en 612.492. De la misma manera, use 615.73 Medicamentos que afectan el sistema digestivo y el metabolismo para farmacodinámica del páncreas. Este es comparable a 612.3 Digestión, donde se menciona el páncreas en 612.34. Sin embargo, clasifique farmacodinámica de los riñones en 615.761, en donde se provee el sistema urinario, aunque la fisiología del riñón va en 612.463 bajo secreciones.

**612.3923  vs. [Metabolismo del] Agua vs. [Bioquímica de los] Fluídos**
**612.01522**

Solamente el agua se puede considerar en 612.3923. Clasifique el metabolismo de los fluídos en el sentido de todos los procesos bioquímicos y metabólicos que tienen lugar en los fluídos celulares e intersticiales en 612.01522. Además clasifique el balance hídrico y el balance electrolítico en 612.01522.

**613  vs.     Promoción de la salud vs. Terapias específicas y clases de terapias**
**615.8**

Observe que muchos de los temas en 613 aparecen también en 615.8, ej., respiración 613.192 y 615.836, dieta 613.2 y 615.854, ejercicio 613.71 y 615.82. En cada caso el número 613 se refiere a los aspectos de la prevención o al "estar saludable", mientras que el número 615.8 se refiere a aspectos terapéuticos o de "recuperación de la salud". Clasifique las obras generales en 613.

**613.2 vs.     Dietética vs. Alimentos vs. Abastecimiento de alimentos**
**641.3,**
**363.8**

Clasifique las obras generales sobre los aspectos personales de nutrición en 613.2. Sin embargo, clasifique las obras interdisciplinarias sobre alimentos en 641.3, sobre nutrición en 363.8. El objetivo esencial del 613.2 es ayudar a los individuos a encontrar los requisitos dietéticos y a mantener el balance óptimo de absorción sin ganar o perder peso. Además se incluye material para dietistas que planean dietas individuales. En contraste, el énfasis en 641.3 se hace sobre los alimentos en sí mismos, y en 363.8 se hace sobre el hallazgo y mantenimiento de las necesidades de la sociedad en general y de varios grupos sociales.

**613.62  vs.     Salud industrial y ocupacional vs. Riesgos ocupacionales e industriales**
**363.11**

Use 613.62 para obras que destacan las medidas técnicas que se deben tomar para promover la salud industrial y ocupacional. Use 363.11 para obras que destacan las medidas sociales e institucionales. En caso de duda, prefiera 363.11.

**613.71 vs.     Ejercicios y actividades deportivas [para aptitud física] vs. [Acicalarse para]**
**646.75,        Físico y forma vs. Deportes y juegos atléticos y al aire libre [como recrea-**
**796            ción]**

El ejercicio y las actividades deportivas sirven como medios para mejorar la aptitud física se clasifican en 613.71, como medios para mejorar la apariencia del cuerpo en 646.75, como recreación en 796. Por ejemplo, levantamiento de pesas para aptitud física se clasifica en 613.713, competencias en físicoculturismo en 646.75079, el levantamiento de pesas como deporte (i.e., competencias para determinar quien alza el mayor peso) en 796.41. En caso de duda entre 613.71, 646.75 y 796, prefiera 613.71.

**614.4–.5 vs.** [Incidencia de y medidas públicas para prevenir enfermedades] vs. Proble-
**362.1–.4** mas de y servicios a personas enfermas e impedidas

Los estudios de epidemias y de la incidencia de las enfermedades físicas (incluyendo el retardo mental y los impedimentos físicos) se clasifican en 614 cuando se tratan solamente desde el punto de vista médico. Las obras que destacan las enfermedades como problemas sociales se clasifican en 362.1.

Las obras sobre la provisión social de servicios a los enfermos físicos se clasifican en 362.1. Sin embargo, las obras sobre medidas preventivas, se clasifican en 614.4–.5, independientemente de si el énfasis es médico o social. Así, las obras sobre la provisión social de servicios de inmunización se clasifican en 614.47, puesto que son obras sobre aspectos médicos de inmunización. Observe que las medidas públicas clasificadas en 614.4–.5 están estrictamente limitadas a la prevención. Por ejemplo, clasifique los programas de orientación y fluorización que indican a la gente como evitar la caries dental en 614.5996, pero clasifique los programas para identificar y tratar a las personas con caries en 362.19767.

Las obras sobre la incidencia y prevención de las enfermedades mentales, enfermos mentales como un problema social, y la provisión social de servicios al enfermo mental, todas se clasifican en 362.2.

**614.4** Incidencia de y medidas públicas para prevenir enfermedades

El término "epidemiología" se refiere algunas veces a la técnica de investigación con aplicación fuera del 614, ej., para determinar las etiologías, tales como el fumar como una causa del cáncer 616.994071; para determinar la dimensión de los requerimientos de servicio social, tales como los límites de los problemas del retardo mental 362.32; la exploración de la posible efectividad de las medidas preventivas propuestas, tales como en la reducción de los accidentes de tráfico 363.1257.

**614.5** Incidencia de y medidas públicas para prevenir enfermedades específicas y clases de enfermedades

Cuando se agregue la notación de la Tabla 1 a los números formados por medio del uso de las notas de adición en 614.526–.598 dirigiendo la adición de dígitos del 616, observe que se necesitan dos ceros para la mayoría de las enfermedades –aquellas que tienen un asterisco en 616– mientras que se necesita un cero para enfermedades y grupos de enfermedades no marcadas con el asterisco.

**614.5939 vs.** [Incidencia de y medidas públicas necesarias para prevenir enfermedades
**363.82** nutricionales] vs. [Incidencia, extensión, severidad de los problemas de abastecimiento de alimentos]

Clasifique las encuestas sobre nutrición en 363.82. Algunas veces las encuestas mencionan la prevalencia de la malnutrición como un indicador de los niveles nutricionales. Solamente si el énfasis es sobre los problemas de malnutrición *per se* la encuesta se podría clasificar en 614.5939.

**615**   Farmacología y terapeútica

Observe que el 615 se usa rara vez por sí mismo puesto que farmacología (615.1) y terapeútica (615.5) se tratan separadamente o con preponderancia de la una sobre la otra.

**615.1 vs. 615.7**   Medicamentos (Materia médica) vs. Farmacodinámica

"Farmacología" se usa con frecuencia en los títulos de las obras limitadas principalmente a la farmacodinámica. Si la tabla de contenido está ordenada por sistemas fisiológicos (como en 615.7), es muy probable que la obra haga énfasis en la acción fisiológica y terapeútica de los medicamentos, haciendo que el 615.7 sea el número apropiado. En caso de duda, prefiera 615.1.

**615.2–.3**   Medicamentos específicos y grupos de medicamentos

Observe que la mayoría de los medicamentos son orgánicos (615.3). Clasifique las obras generales sobre medicamentos en 615.1, aún si hay un fuerte predominio de los medicamentos orgánicos en la medida en que el cubrimiento de los medicamentos inorgánicos esté en proporción con su importancia. Sin embargo, clasifique en 615.32 obras generales sobre medicamentos en crudo y simples (productos que sirven como medicamentos con un procesamiento mínimo, ej., tés medicinales, bicarbonato de soda, jalea real).

**615.2–.3 vs. 615.7**   Medicamentos específicos y grupos de medicamentos vs. Farmacodinámica

La nota en el esquema en 615.2–.3 que ordena clasificar un medicamento específico o un grupo de medicamentos que afectan un sistema específico en 615.7 significa que los números 615.2–.3 no se usan para medicamentos conocidos principalmente por su efecto sobre un solo sistema. Por ejemplo, los digitales se clasifican en 615.711. Estimulantes cardíacos (o 616.129061 medicamento terapeútico para insuficiencia cardíaca), no en 615.32381 medicamentos derivados del orden Personales (botánica); alcohol en 615.7828, no 615.32.

**615.4**   Farmacia práctica

Este número cubre solamente un aspecto limitado de farmacia: colocación de medicamentos en forma que se puedan usar por los seres humanos. Clasifique las obras en el sentido amplio del significado de farmacia en 615.1, ej., administración de una farmacia 615.1068. Siga el mismo procedimiento que cuando agregue los números 615 en otras disciplinas, ej., economía de la industria farmacéutica 338.476151.

**615.53**   Sistemas terapeúticos generales

Use este número y sus subdivisiones solamente cuando la discusión es histórica o teórica, ej., una discusión de la aplicación de la teoría de la naturopatía 615.535. Cuando se tratan esos sistemas y su aplicación a la terapia, clasifíquelos en un número para terapia, ej., la aplicación de la quiropráctica 615.82. Cuando las terapias se aplican a condiciones específicas, clasifique en 616–618, ej., la quiropráctica en las enfermedades musculoesqueléticas 616.7062.

Sea cuidadoso acerca de la biografía. Los fundadores de los sistemas se clasifican usualmente con los respectivos sistemas, ej., la biografía de Andrew Taylor Still, el creador de la osteopatía, 615.533092. Otros practicantes de un sistema específico se clasifican usualmente en 610.92. *Véase además 615.534 para quiropráctica.*

**615.534**  **Quiropráctica**

Muchos quiroprácticos limitan su práctica a la manipulación terapeútica (615.82) o a la manipulación para enfermedades del sistema musculoesquelético (616.7062). Para estas personas, el mejor número de biografía es el que hace énfasis en su sistema terapeútico especial: 615.534092. Para biografías de quiroprácticos que no limitan su práctica, use 610.92.

**615.7 vs.**  **Farmacodinámica vs. Toxicología**
**615.9**

Clasifique los efectos tóxicos y las interaciones de los medicamentos de interés principalmente farmacodinámico en 615.704 o con el sistema afectado en 615.71–.78. Sin embargo, una droga de interés principalmente farmacodinámico puede considerarse un veneno tan tóxico que una única ingestión inadvertida puede causar serias complicaciones o la muerte, ej., la farcodinámica de la atropina (belladona) 615.7 (no está en ninguna subdivisión específica porque afecta varios sistemas), pero la toxicología de la belladona 615.952379. En caso de duda, prefiera 615.7.

**615.7 vs.**  **Farmacodinámica vs. [Enfermedades, cirugía, otras ramas de la medicina]**
**616–618**

Clasifique en 615.7 solamente las obras generales sobre la acción farmacodinámica de los medicamentos y sus efectos en el cuerpo humano. Clasifique el uso de un droga en un tratamiento en 616–618, agregando la subdivisión 061 de las diversas tablas bajo éstos números. En caso de duda, prefiera 616–618.

**615.8**  **Terapias específicas y clases de terapias**

Muchas terapias mencionadas en 615.8 se aplican usualmente solamente para ciertos tipos específicos de trastornos y las obras sobre las terapias dan por sentada tal aplicación, sin mencionarlo en el título. Observe el énfasis implícito y clasifique de conformidad, ej., la radioterapia que hace énfasis en el tratamiento del cáncer 616.9940642, no 615.842, la terapia musical que hace énfasis en los usos psiquiátricos 616.891654, no 615.85154.

**615.854**  **Dietoterapia**

Use éste número con precaución; cuando se hace énfasis en un solo elemento alimenticio, la dietoterapia se puede convertir en farmacoterapia, ej., una dieta que se distingue ampliamente por el uso de enzimas en 615.35, por el uso de jalea real en 615.36.

**615.8809**   [Tratamiento histórico, geográfico, de personas, de remedios empíricos y tradicionales]

Este número se limita a la terapia. Si también se hace énfasis en las creencias patológicas o etiológicas, ej., si es sobre la teoría de los cuatro humores o la influencia de los malos aires, la obra se puede clasificar en 610.9.

Clasifique aquí las discusiones de remedios antiguos de un área geográfica específica que no está limitada por los términos de la medicina popular 615.882 o medicamentos antiguos y medievales en 615.889. En caso de duda, sobre si clasificar el tratamiento geográfico en 615.8809, o en 615.88209 o en 615.89909, prefiera 615.8809.

**615.882**   **Medicina popular**

Clasifique una obra de literatura médica popular en 398.27 si el énfasis se hace sobre cuentos narrados; una obra sobre la sociología de la medicina popular en 398.353 si el énfasis es sobre las leyendas como fenómenos culturales y sociales. Clasifique la obra en 615.882 solamente si el énfasis es sobre la práctica médica.

Observe que 615.882 se encuentra bajo terapia. Si una obra ofrece más que señales de consideración por las teorías populares sobre las causas de la enfermedad, se debe clasificar en 610, ej., las etiologías y terapias populares de la India 610.954 (o 616.00954 cuando el material está ordenado por clase de enfermedad como en 616.1–.9).

*Véase además 615.8809.*

**616 vs. 610**   **Enfermedades vs. Ciencias médicas    Medicina**

Clasifique en 616 las obras generales sobre las enfermedades mencionadas en 616–618. Sin embargo, si una obra contiene un tratamiento separado de salud, farmacología y terapéutica, así como de las enfermedades, clasifíquela en 610.

Cuando el contexto general de la medicina se pone de manifiesto para servir de soporte a los conceptos de las enfermedades en un tratado único que discute las enfermedades grupo tras grupo clasifique la obra en 616. La tabla de contenido usualmente proporciona una guía. Si se lee como un resumen único de temas se clasifica en 610.73–.98, clasifique la obra en 610; si se lee como un resumen de temas en 616.01–.99 o en 616–618, clasifique la obra en 616.

Use la notación de la Tabla 1 con precaución bajo 616 excepto para medicina interna u obras claramente limitadas a los conceptos de enfermedades. Prefiera 610.3 para diccionarios médicos, 610.711 para escuelas de medicina, 610.92 para médicos que no tienen una especialidad.

**616 vs.**   **Enfermedades vs. Diagnóstico y pronóstico**
**616.075**

La "Medicina clínica" tiene dos significados. En un sentido se aproxima a 616, ej., la aplicación de todas las ramas de la medicina al tratamiento de varias enfermedades. Sin embargo, como a menudo ésta se queda corta para el trabajo de laboratorio de diagnóstico clínico, se clasifica con propiedad en 616.075.

**616.01**       **Microbiología médica**

No confunda 616.01 con 576.165 Microorganismos perjudiciales y números afines para la biología de microorganismos en 576, 589 y 593.1. En caso de duda entre un número para biología y los números en 610 para microorganismos, prefiera el número en biología.

**616.01 vs.**   **Microbiología médica vs. Otras enfermedades [Enfermedades**
**616.9**        **transmisibles]**

No confunda microbiología médica con las clases de enfermedades transmisibles en 619.91–.96 causadas por varios tipos de microorganismos. El énfasis en 616.01 se hace sobre el organismo, usualmente como la causa de la enfermedad, mientras que en 616.9 el énfasis se hace sobre el total de la enfermedad y su curso, curación y prevención. Cada uno es exhaustivo a su manera, 616.01 como el número interdisciplinario para organismos patógenos que afectan a los seres humanos y a los animales domésticos y 616.9 para las enfermedades resultantes. En caso de duda, prefiera 616.9.

**616.0757**     **Diagnóstico radiológico**

Los que diagnostican usan el término "radiología" con significados de diferente alcance; con el resultado de que tres diferentes obras sobre diagnóstico radiológico se pueden clasificar en tres lugares diferentes. Clasifique una obra limitada al uso de los Rayos X en 616.07572; una obra acerca del uso de los Rayos X, materiales radiactivos, otras radiaciones de ionización en 616.0757; y una obra acerca del uso de toda clase de radiación, tanto ionización como no ionización en 616.0754.

**616.1–.9**     **Enfermedades específicas**

**Tabla de adición**

071 vs. 01    [Etiología] vs. [Microbiología]

Cuando el agente etiológico se conoce por tener un tipo único de microorganismo, use 01 para la obra sin subdivisiones adicionales, a menos que se haga énfasis en factores de predisposición y contribución, ej., los microorganismos que causan las enfermedades venéreas en 616.95101, los factores de predisposición dominante en la severidad de la enfermedad venérea en 616.951071.

**616.1–.8**     **Enfermedades de sistemas y órganos específicos**

Cuando una enfermedad de un sistema afecta tan fuertemente a otro sistema que es el segundo sistema el que puede ser el centro de interés y tratamiento, clasifique la obra con el sistema afectado, ej., las complicaciones de la diabetes en la retina 617.73 Enfermedades de los nervios ópticos y retina, no 616.462 Diabetes mellitus.

**616.123028**   **[Cuidados intensivos en las enfermedades coronarias]**

Tenga cuidado con el uso de la frase "cuidado coronario". A menudo se extiende al cuidado intensivo para cualquier enfermedad seria del corazón y en este caso, se clasifica en 616.12028.

**616.932 vs.    Cólera vs. Enfermedades del estómago**
**616.33**

"Cólera" fue normalmente un término no específico para una variedad de desórdenes gastrointestinales. El Cólera–morbo y otros cóleras a los que se les aplica el significado anterior de "cólera" se clasifican en 616.33. Hoy, el "cólera" se limita al tipo de enfermedad viral anteriormente llamada Cólera asiática y se clasifica en 616.932. En caso de duda, clasifique en 616.932.

**616.992 vs.    Tumores (Neoplasmas y enfermedades neoplásticas) vs. Cánceres**
**616.994    (Tumores malignos [neoplasmas)]**

Muchas obras sobre neoplasmas, tumores y oncología discuten solamente o predominantemente el cáncer (616.994).En este caso, antes de usar 616.992, verifique si los tumores son benignos (616.993) y están representados en forma significativa. En caso de duda, prefiera 616.994.

**616.995    Tuberculosis**

Muchos de los autores que escriben acerca de la tuberculosis se concentran totalmente en la tuberculosis pulmonar (616.99524); ellos no hacen mención de este hecho porque las otras formas de tuberculosis son mucho menos comunes. Verifique de entrada los signos que muestran un foco implícito de la enfermedad en los pulmones. Si tales signos no se encuentran, clasifique la obra en 616.995.

**617    Varias ramas de la medicina    Cirugía**

**Tabla de adición**

059    Cirugía

Para los números 617 cuyo significado se limita a la cirugía, use 059 solamente para cirugía hecha por instrumento o técnica específica, ej., criocirugía, diálisis y cirugías de *bypass*; y 0592 para cirugía plástica, transplantes de órganos, implante de órganos artificiales.

El 059 se limita a cirugías operatorias, Clasifique otros procedimientos físicos (incluídos en el concepto más amplio de la cirugía) en 06.

06    Terapia

No se use 06 por sí mismo bajo números cuyo significado se limita a la cirugía, puesto que la cirugía es una terapia. Las subdivisiones de 06 se agregan a los números de cirugía para terapias físicas específicas usadas en la preparación o rehabilitación de la cirugía operatoria, o para ramas de la cirugía en las que la operación no es una elección, ej., baños de remolino para esguinces en 617.170653. El 06 se usa con libertad bajo los números no limitados a cirugía, ej., terapia oftalmológica 617.706.

**617 vs. 616    Varias ramas de la medicina    Cirugía vs. Enfermedades**

El 617 contiene una mezcla determinada de especialidades no quirúrgicas y quirúrgicas. Si existe una provisión en ambos 616 y 617 para un órgano que define una especialidad, use 617 solamente para cirugía. *Véase además 617.5.*

Clasifique las obras generales sobre tratamiento médico de los impedidos en 617 a menos que el término se use claramente para cubrir todas las enfermedades incapacitantes, en cuyo caso, clasifique en 616. En caso de duda si se clasifica una obra sobre los impedidos en 616 o 617, prefiera 617.

**617.3 vs.**  **Ortopedia vs. Enfermedades del sistema musculoesquelético vs. Medicina**
**616.7,**    **regional    Cirugía regional**
**617.5**

Use 617.3 solamente para obras que cubren la ortopedia en general y sus subdivisiones solamente para obras que hacen énfasis en las deformidades. En caso de duda sobre si clasificar una obra sobre ortopedia en 617.3 o en 616.7 Enfermedades del sistema musculoesquelético, prefiera 616.7. En caso de duda entre 617.3 y 617.5 medicina regional, prefiera 617.5.

**617.307 vs.**  **Aparatos ortopédicos vs. Cirugía operatoria y campos especiales de la**
**617.9**      **cirugía**

En caso de duda sobre si clasificar una obra sobre aparatos con aparatos ortopédicos en 617.307 o con equipo protésico o aplicaciones quirúrgicas, ambos en 617.9, prefiera 617.9.

**617.4 vs.**  **Cirugía por sistemas vs. Enfermedades**
**616**

El 617.4 se limita básicamente a cirugía operatoria de los sistemas. Las terapias no operatorias se clasifican usualmente en 616, ej., manipulaciones terapéuticas de los músculos 616.74062, no 617.473062. Las terapias no operatorias se clasifican en 617.4 solamente si tienen alguna conexión con la cirugía operatoria, ej., electroterapia por medio del marcapasos del corazón 617.4120645, dado que el marcapasos se debe implantar quirúrgicamente (617.412059).

**617.5**      **Medicina regional    Cirugía regional**

Dos conceptos completamente diferentes se juntan aquí: (1) regiones, que incorporan partes de varios sistemas fisiológicos, ej., la región abdominal 617.55; y (2) órganos, que son partes de sistemas individuales, ej., el estómago 617.553. Puesto que los números para regiones se usan también para medicina regional y para cirugía regional, la notación 059 de la tabla de adición bajo 617 se debe usar para cirugía regional, ej., cirugía abdominal 617.55059. Sin embargo, puesto que el tratamiento no quirúrgico de órganos específicos está provisto dentro del sistema en 616.1–.8, los números para órganos específicos en 617.5 se usan solamente para cirugía y la subdivisión 059 por sí misma no se usa excepto para cirugía en la que se utilizan instrumentos o técnicas específicos, ej., la cirugía del estómago 617.553. La notación 0592 permanece válida con los números para los órganos para cirugía plástica, transplante de tejidos y órganos, implante de órganos artificiales. En el caso de las regiones, resuelva las dudas a favor de los números del 617.5. En el caso de los órganos, resuelva las dudas en favor de los números del 616 o los números en 617.6–.8 para dientes, ojos y oídos.

**617.522 vs.**  **[Cirugía de la] Región oral vs. Cirugía [en odontología]**
**617.605**

"Cirugía oral" es un término muy usado en la profesión odontológica. No clasifique una obra así identificada en 617.522 a menos que ésta cubra

telecomunicaciones y la ingeniería de comunicaciones de datos además de los procesos de interfase y comunicaciones en ciencia de los computadores. Para las obras que no hacen énfasis en la ingeniería, véase 004.6 vs. 005.71; 384.3 vs. 004.6.

**621.3822 vs. 003.54**    **Procesamiento de señales [en ingeniería de comunicaciones] vs. Teoría de la información**

La teoría de la información se desarrolló originalmente en el contexto de la ingeniería de comunicaciones, y luego se aplicó también en otras disciplinas. Clasifique en 003.54 solamente las obras interdisciplinarias. Clasifique la teoría de la información en ingeniería de comunicaciones en 621.3822 o con la clase específica de comunicación, ej., radio en 621.384 (sin usar la notación 01154 de la Tabla 1 en ningún caso). Clasifique la teoría de la información en cualquier otro tema específico con el tema, usando la notación 01154 de la Tabla 1, ej., teoría de la información en economía 330.01154.

**621.38416 vs. 621.38454**    **Radioaficionados vs. Banda ciudadana (BC) de radio**

Tanto los radioaficionados como la banda ciudadana son sistemas de doble vía para no profesionales que involucran banda ancha reservada no disponible para las estaciones comerciales. Sin embargo, la palabra "aficionado" por tradición se ha reservado para la comunicación a larga distancia (usualmente de onda corta) reglamentada por tratados internacionales, con requerimientos estrictos de licencia para los operadores. En contraste, la banda ciudadana es local (ca. 10 millas o 15 kilómetros), con requerimientos más fáciles o sin licencia. En caso de duda, prefiera 621.38416.

**621.3845 vs. 621.38782**    **Radiotelefonía vs. Sistemas de larga distancia [en transmisión telefónica]**

La radiotelefonía clasificada en 621.3845 se refiere al uso de las terminales que reciben y envían mensajes por radio. El uso de la retransmisión por radio (ya sea con base en tierra o por satélite) como parte integral de lo que aparece para los usuarios como un sistema telefónico por cable se clasifica con los sistemas de transmisión telefónica en 621.38782. En caso de duda, prefiera 621.3845.

**622.7, 622.22 vs. 669, 662.6**    **Beneficio de las menas [y] proceso in-situ vs. Metalurgia [e Ingeniería química de] Combustibles**

El beneficio de las menas que se refiere a los medios físicos empleados para separar los metales más útiles de los materiales de bajo grado que son extraídos de la tierra, se clasifica en 622.7. Cuando se aplican medios que efectúan cambios químicos sustanciales, el proceso normalmente se convierte en ingeniería química (usualmente metalurgia, 669). Por ejemplo, la separación magnética de mena de hierro se clasifica en 622.77, pero la electrodeposición del hierro extraído de las menas se clasifica en 669.14.

Dado que el uso de altas temperaturas causa cambios químicos drásticos, se considera como ingeniería química, ej., la pirometalurgia 669.0282.

El proceso in-situ implica usar técnicas químicas para extraer de la tierra el material buscado (o los compuestos que contienen los materiales que se buscan). Este proceso de extraído de la tierra usualmente se considera como minería y se clasifica en 622.22 o con el material específico en 622.3, ej., minería en solución del uranio 622.34932. Sin embargo, el proceso in-situ de combustibles fósiles usualmente transforma el combustible en otra forma química. Cuando ocurre una transformación como ésta, clasifique el proceso en el número de ingeniería química para el material producido, ej., gasificación del carbón 665.772.

**624.1 vs.**
**624**

**Ingeniería estructural y construcción subterránea vs. Ingeniería civil**

La ingeniería estructural se puede considerar como el encabezamiento de "tema general" para ingeniería civil. Comprende las subdisciplinas específicas de la ingeniería civil que se aplican en forma general a toda clase de estructuras. Dado que un ingeniero civil está normalmente entrenado en todas las ramas de la ingeniería estructural, los textos básicos sobre ingeniería civil hacen énfasis en la materia. Use 624.1 solamente para obras que den un enfoque muy escaso a la ingeniería estructural, esto es que no discuten sobre los diversos tipos de estructuras a los cuales se aplica la ingeniería. En caso de duda, prefiera 624.

**628.44042**
**vs.**
**363.7288,**
**628.445**

**[Tecnología de] Clases específicas de desechos sólidos vs. [Problemas y servicios relacionados] Clases específicas de desechos [y Tecnología de] Tratamiento y eliminación**

Use 628.44042 con cuidado, ya que la mayoría de las obras sobre clases específicas de desechos sólidos hacen énfasis en el contexto de los problemas y servicios de desechos y de contaminación, o en programas de incentivos para el reciclaje de materiales y se clasifican en 363.7288. De las obras de tecnología sobre clases específicas de desechos sólidos, muchos se concentran en reciclaje o en otras tecnologías de tratamiento y eliminación, y se clasificarán en 628.445 o con la tecnología específica que origina o utiliza los desechos, ej., tecnología del reciclaje de botellas de vidrio en 666.192. Clasifique en 628.44042 solamente las pocas obras que son básicamente tecnológicas y hacen énfasis tanto en recolección como en el tratamiento y eliminación. En caso de duda, prefiera el 363.7288.

**628.7**

**Ingeniería sanitaria para áreas rurales y escasamente pobladas**

El 628 toma precedencia sobre 628.1–.4. Mientras que la meta aquí es la misma que en los números principales para el tema, la población servida es tan dispersa que es difícil usar todos los métodos aplicados en los asentamientos urbanos

**629.046**
**vs. 388**

**Equipo de transporte vs. Transporte** **Transporte terrestre**

Las siguientes directrices ayudan a diferenciar entre los números para vehículos clasificados en 385–388 y aquellos en 623.74, 623.82, 625.2, 629 y 688.6.

Clasifique en 385–388:

1. Los servicios provistos por el vehículo, ej., transporte de pasajeros por tren 385.22.

2.  Operación (general) del vehículo, ej., obligaciones del capitán de barco 387.54044.

3.  Los aspectos económicos y sociales del vehículo, ej., un registro de los aviones de propiedad de una compañía 387.73340216.

Clasifique en 629.046 y números relacionados en los 600's:

1.  La descripción del vehículo, ej., locomotoras a vapor de los años 30, 625.26109043.

2.  Tecnología del vehículo, ej., pruebas de diseño para barcos 623.819.

3.  Operación (técnica) del vehículo, ej., el pilotaje de una nave espacial 629.4582.

4.  Mantenimiento y reparación del vehículo, ej., la reparación de motocicletas 629.28775.

En caso de duda, prefiera 629.046 y números relacionados en los 600.

**629.226 vs. 643.2, 690.879, 728.79**

**Casas móviles, camperos, vehículos de remolque (caravanas) vs. Clases especiales de vivienda [y construcción de casas móviles] y [Arquitectura de] Casas móviles**

Use los números para vivienda (no 629.226) para lo que son esencialmente casas sobre ruedas, i.e., casas móviles que se pueden remolcar. Use 629.226 (que está enumerado bajo tipos de vehículos terrestres motorizados) para lo que son esencialmente automóviles con comodidades de vivienda, dispositivos de vivienda desarmables para usar con tractores o vehículos de remolque, que aunque con algunas acomodaciones para vivienda, no servirían como hogares permanentes. Use los números para vivienda, en caso de duda, y use 643.2 para obras interdisciplinarias sobre casas móviles.

**631.47 vs. 631.49**

**Reconocimientos de suelos y uso de la tierra vs. Tratamiento histórico, geográfico, de personas [de ciencia del suelo]**

Los reconocimientos de suelos usualmente incluyen pequeñas áreas (del tamaño de un condado de los Estados Unidos o menos), son muy detallados en su totalidad y se acompañan de numerosos mapas detallados. Los estudios geográficos de los suelos normalmente cubren áreas más grandes y no son detallados. En caso de duda, use 631.49 para áreas grandes, 631.47 para áreas pequeñas.

**631.558 vs. 338.1**

**Rendimientos [de cosechas] [en agricultura] vs. [Economía de la] Agricultura**

Usualmente las obras sobre rendimientos de cosechas son compilaciones que dan el total de la producción de un área y se clasifican en 338.1. Las obras sobre rendimientos por unidad de área se clasifican en 338.16 si se toman como indicadores de eficiencia de la producción, ya sea de los sistemas agrícolas que usan varios métodos (ej., rotación de la cosecha) o de sistemas agrícolas que prevalecen en varias áreas. Si los estudios de rendimientos por unidad de área se usan en pruebas técnicas de variedades o técnicas de producción específicas, entonces se clasifican con el tema en agricultura, ej., pruebas de rendimiento con el uso de fertilizantes en 631.80287. El uso de 631.558 se limita a obras que tienen muy poca o ninguna implicación económica o de pruebas, ej., listas de registros de rendimientos de varias cosechas. En caso de duda, clasifique en 338.1.

**633–635    Cultivos vegetales específicos**

Ciertas plantas son importantes para dos o más cultivos completamente diferentes y se les pueden asignar números diferentes para cada una. Las diferencias más importantes son:

**Cereales de grano versus pastos cerealeros (633.1 vs. 633.25)**

Clasifique en 633.1 si es cultivo para grano (aún si el forraje es un subproducto importante), en 633.25 si la planta es para ser consumida totalmente (aún si al grano se le permite madurar).

**Leguminosas (633.3 vs. 635.65)**

Clasifique en 633.3 si el cultivo es para frutos maduros o forraje, en 635.65 si la vaina se puede tomar verde o no madura para el consumo humano.

**Otros cultivos**

Para los cultivos que se mencionan solamente en un número use este número si la diferencia en la cosecha producida por el agricultor es menor, ej., cultivo de papa para alimentos, alimentos para perros, o féculas son todos casi lo mismo y por eso, se clasifican en 635.21. Sin embargo, un cultivo de abetos para madera es completamente diferente a cuando se embarca un cultivo de abetos para ser empleado en embellecer el paisaje, así el primero se clasifica en 634.9753 y el segundo en 635.97752. Si el cultivo descrito en una obra que no se ajusta a los números existentes en donde se nombra la planta, clasifique la obra en el número cercano más adecuado, ej., un cultivo de leguminosas para fibras duras en 633.58. En caso de duda, prefiera el número existente que aparece de primero en el esquema.

**635.3 vs.**
**635.4,**
**635.5**

**Hojas, flores, tallos comestibles vs. Verduras para cocinar y ruibarbo vs. Verduras para ensalada**

No hay una diferencia notoria en general, entre las verduras para cocinar, las verduras para ensalada y las hojas comestibles. Clasifique todas las obras sobre cultivo de los vegetales de hojas mencionados en 635.3–.5 en el número en el cual se nombran independientemente de cualquier énfasis en su uso, ej., cultivo de coles para cocinar 635.347 (no en 635.4).

**636.088    Animales para propósitos específicos**

Algunos de los términos usados en las subdivisiones del 636.088 se aplican básicamente a una o a unas pocas clases de animales provistos en 636.1–.8. Tales términos se mencionan aquí básicamente para el propósito de la formación del número. Por ejemplo, los números para la cría de vacas para leche y cría de aves de corral para huevos, se derivan ambos del número para huevos y leche 636.08842. El 42 al final se agrega al 636.21 (ganado para propósitos específicos) lo cual da 636.2142 para hatos; el 636.51 (aves de corral para propósitos específicos) da como resultado 636.5142 para producción de huevos. En vista de que hay pocas obras sobre producción tanto de leche como de huevos o sobre producción de leche de varias clases de animales, y dado que la producción de huevos de varias clases de aves se clasifica en el número para aves de corral, 636.08842 se usará rara vez. En caso de duda entre una subdivisión de 636.088 y una subdivisión derivada bajo una clase específica de animal, prefiera la última.

**636.72–.76　Razas específicas y grupos de perros**

La agrupación usada es la reconocida por el *American Kennel Club* en *The Complete Dog Book,* 1985. Clasifique las razas con linajes reconocidos en otras naciones que se ajustan dentro de una agrupación del AKC con la agrupación, ej., la raza gundog europeo con 636.752. En caso de duda acerca de una raza no reconocida por el AKC, use 636.7.

**643.1** **Vivienda [en economía doméstica] vs. Vivienda [en servicios sociales]**
**vs. 363.5**

Con frecuencia se hace una distinción entre "vivienda" y "casas". El término "vivienda" normalmente se refiere a la provisión de albergue considerado en abstracto, mientras el término "casas" normalmente se refiere a la construcción considerada como objeto concreto. El 643.1 se usa para aspectos de economía doméstica ya sea de vivienda o de casas. Es también el número para obras interdisciplinarias sobre *casas* y su uso. Sin embargo, debido a que las obras sobre vivienda tratan con frecuencia los aspectos sociales del albergue, las obras interdisciplinarias sobre *vivienda* se clasifican en 363.5.

**643.7** **Renovación, mejoramiento, remodelación [en economía doméstica] vs.**
**vs. 690** **[Construcción de] Edificios**

La nota de alcance en 643 que se lee "obras para propietarios ocupantes o inquilinos sobre las actividades por miembros de la casa" indica que 643.7 y otros números en 643 se usan para una amplia gama de material dirigido a los entusiastas por el "hágalo usted mismo". Las obras sobre renovación y remodelación del hogar por constructores profesionales se clasifica en 690.80286 u otros números en 690. (La notación de la subdivisión común especial 0286 se usa en 690 solamente con los números tomados del 725–728, en las demás partes del 690 no se usa subdivisión común). En caso de duda, prefiera 690.

**647 vs.** **Manejo de vivienda institucional vs. Administración [de vivienda**
**647.068,** **institucional] vs. Administración de planta [y notación de la Tabla 1 para]**
**858.2,** **Administración de planta**
**T1—0682**

Use la notación para administración de la Tabla 1 con precaución en 647.068 y en las subdivisiones de 647.9, debido a que el término "administración"con frecuencia se refiere a las técnicas básicas de operación en un establecimiento, i.e., para los temas que se encuentran en 642–646 y 648 tomados como un todo, cuando se aplican a instalaciones públicas. Use 647.068 (o 647.94068, 647.95068, etc.) solamente cuando la referencia se hace para los temas de administración que se encuentran en 658.1–658.2 y 658.4–658.8, ej., administración financiera y mercadeo. (La administración de personal no forma parte de T1–068 en 647.)

La administración de planta cubre algunos de los mismos temas del manejo de vivienda institucional, ej., servicios públicos, equipo, mantenimiento. El énfasis en 647 (o en otros números del 640 para aspectos específicos) es sobre como hacer el trabajo, mientras el énfasis en 658.2 es sobre como asegurarse que el trabajo se haga. Por ejemplo, clasifique una obra sobre cómo hacer para manejar los servicios públicos para restaurantes en 644, sobre limpieza de los hospitales en 648.5; pero clasifique una obra sobre administración de servicios públicos en restaurantes en 647.950682, sobre la administración del servicio de limpieza de un hospital en 362.110682.

**650 vs. 330**  **Administración y servicios auxiliares vs. Economía**

Las obras sobre negocios se pueden clasificar en varios lugares. Con frecuencia se escoge entre 330 y 650. Use 330 si la obra proporciona información general sobre condiciones económicas o información financiera (tales como tasas de interés) e informes sobre lo que están haciendo ciertas compañías. Use 650 cuando la obra proporciona solamente información práctica de administración que cubre 651 Servicios de Oficina tanto como 658 Administración general. Si la obra se limita a la administración general, use 658. Clasifique las obras generales sobre 330 y 650 en 330.

**651.7 vs.**  **Comunicación   Creación y transmisión de registros [como un servicio**
**808.06665,**  **de oficina] vs. [Redacción de negocios] vs. Comunicación [en**
**658.45**  **administración]**

Clasifique en 651.7 temas tales como el uso del teléfono, las técnicas de dictado, cómo usar los programas de soporte lógico (*software*) para formatos de cartas, las técnicas de manejo de correo, en síntesis, las mecánicas de la comunicación. No clasifique en 651.7 las obras que hacen énfasis en el estilo de redacción de negocios efectiva.

Clasifique en 808.06665 manuales de estilo para redacción de negocios y obras sobre cómo hacer redacción de negocios efectiva, bien sea para las secretarias o para los ejecutivos. Clasifique en 808.066651 las obras sobre cómo redactar un tipo específico de comunicación (ej., cartas comerciales) y colecciones de modelos de un tipo específico que intenta ilustrar el estilo correcto de redactar. En caso de duda entre 651.7 y 808.06665, prefiera 808.06665.

Clasifique en 658.45 las obras que se centran en el uso de la comunicación para lograr metas administrativas. Con frecuencia estas obras hacen énfasis en los aspectos de las relaciones personales de comunicación en la administración.

**657 vs.**  **Contabilidad vs. Contabilidad gerencial [y] Uso de informes**
**658.1511,**
**658.1512**  Cómo hacer contabilidad se clasifica en 657, el uso de la información contable por la administración en 658.1511. Cómo preparar un estado financiero se clasifica en 657.32, el uso del estado financiero por la administración para mejorar la ejecución de los negocios en 658.1512. El diseño de los sistemas contables y para la presentación de informes externos se clasifica en 657.1. El diseño de los sistemas contables con énfasis específico en el incremento del flujo interno de la información para administración se clasifica en 658.1511. En caso de duda, prefiera 657.

**658 y**          **Administración general [y notación de la Tabla 1 para]Administración [en**
**T1—068**        **campos específicos]**

La administración incluye la dirección de todo tipo de empresas excepto las agencias del gobierno que por sí mismas no proveen servicios directos. (*Véase 350–354 vs. 658, T1–068*). La administración no se limita a "empresas de negocios".

Para su administración las organizaciones se pueden dividir de tres formas. Primero está la división por tamaño o alcance de la empresa, que se clasifica en 658.02. La segunda es por la forma legal de la empresa, ej., corporaciones, sociedades, etc., que se clasifica en 658.04. La tercera y la más importante, es la división por la clase de trabajo que la organización hace: venta de libros, manufactura de bombillos, porte de carga, cuidados a los enfermos, etc. La administración de empresas que hace clases específicas de trabajo se clasifica con la clase de trabajo que hace, usando la notación 068 de la Tabla 1. El 658 y sus subdivisiones se reservan para discusiones de administración, aplicables a cualquier tipo de empresa. Las obras generales sobre administración de empresas públicas se clasifican en 351.0092.

Para un campo de trabajo de una empresa, seleccione si es posible un número concreto para hacer un producto o prestar un servicio. Por ejemplo, clasifique las obras sobre la administración de la manufactura de automóviles en 629.222068, no en 338.7629222068, porque 338.7629222 es para los aspectos económicos de la manufactura de automóviles.

Para la administración de una clase particular de un almacén al por menor, use una subdivisión del 658.87 si no hace énfasis en una clase específica de producto. Por ejemplo, clasifique la administración de almacenes de cadena al por menor en 658.8702, no en 381.12068, puesto que los almacenes de cadena son una forma de organización administrativa. El 381.12 es para los aspectos económicos de una organización como ésta. Sin embargo, clasifique un almacén al por menor que mercadea un producto específico en 381.4 más la notación para el producto, ej., administración de una librería 381.45002068. La misma regla sirve para las otras subdivisiones de 658.87, ej., administración de una franquicia de venta de carros 381.45629222068.

Observe que los campos específicos de administración se presentan también en esta forma, ej., la administración financiera de la manufactura de automóviles en 629.2220681, de almacenes de cadena 658.87020681, de librerías 381.450020681.

*Véase además 363.1; 658, T1–068 vs. 302.35.*

**658,**           **Administración general [y notación de la Tabla 1 para] Administración**
**T1—068**        **[en campos específicos] vs. [Interacción social] en grupos (complejos)**
**vs. 302.35**    **organizados jerárquicamente**

Clasifique en 658 y T1–068 las obras que hacen énfasis en cómo administrar. Clasifique en 302.35 las obras que analizan y describen la dinámica social de cómo se comporta y trabaja la gente en las organizaciones. En caso de duda, prefiera 302.35.

**658.15 y**
**T1—0681**

**Administración financiera [y notación de la Tabla 1 para] Organización y administración financiera [en campos específicos]**

La administración financiera trata con el dinero: cómo conseguir fondos para iniciar o expandir una organización, cómo invertir capital en bienes de capital o en títulos valores de otras organizaciones, cómo asignar fondos a las diversas operaciones (presupuesto) y cómo controlar los gastos y los costos. Estos aspectos de la administración financiera no varían notablemente de empresa a empresa, excepto en relación con las fuentes de donde se adquieren fondos. Los siguientes son algunos ejemplos:

Administración financiera de las aerolíneas: 387.70681.

Administración financiera de los bancos comerciales: 332.120681.

Observe que el *trabajo* de los bancos es las finanzas. La notación 0681 de la Tabla 1 se puede aplicar solamente a las finanzas internas: consecución de fondos para iniciar el banco; utilización de dinero para financiar sus operaciones internas, tales como pago de empleados y las cuentas de la luz; la reducción de los costos de operación. Los servicios financieros que los bancos prestan al público forman parte de la administración de la producción, lo cual se discute y clasifica en 658.5 y T1–0685.

Administración financiera de hoteles: 647.940681.

Administración financiera de escuelas: 371.206.

Administración financiera de bibliotecas: 025.11

Se debería observar que 658.15 y T1–0681 no incluyen la teneduría de libros o contabilidad para tipos específicos de organizaciones. Clasifique las obras sobre estos temas en 657.8.

**658.2 y**
**T1—0682**

**Administración de planta [y notación de la tabla 1 para] Administración de planta [en campos específicos]**

La administración de planta trata con el medio ambiente físico y las herramientas necesarias para la ejecución del trabajo de organización. Este incluye terreno, edificios, servicios públicos (luz, calefacción, etc.), y el equipo específico (tal como vehículos, maquinaria, muebles) necesario para la realización del trabajo. La adquisición de terrenos, edificios y equipos de importancia se clasifican en 658.15242, ya que estos se consideran como bienes de capital. Su mantenimiento se clasifica con la administración de planta, como es el uso de la tierra, las construcciones e instalaciones. El uso del equipo de producción se clasifica con la administración de la producción. Los siguientes son algunos ejemplos:

Administración de planta para aerolíneas: 387.73068.

Observe que como 387.77 implica la planta en su totalidad (como quedará claro después de examinar las subdivisiones), la notación de la Tabla 1 es T1–068, y así el dos resulta redundante.

Administración de planta para bancos comerciales: 332.120682.

Administración de planta para hoteles: 647.940682.

Administración de planta para escuelas: 371.6.

Administración de planta para bibliotecas: 022

*Véase además 647.96–.99 vs. 658.2, T1–0682*

**658.3 y**     **Administración de personal [ y notación de la Tabla 1 para]**
**T1—0683**     **Administración de personal [en campos específicos]**

La administración de personal trata con las personas: cómo reclutarlas, seleccionarlas, ubicarlas, entrenarlas y motivarlas para la realización del trabajo en la organización. Esto incluye tanto pago, horas, licencias, jubilación y pensiones, como también temas sobre disciplina y despidos. Los siguientes son algunos ejemplos:

Administración de personal en aerolíneas: 387.70683.

Administración de personal en bancos comerciales: 332.120683.

Administración de personal en hoteles: 647.2.

Administración de personal en bibliotecas: 023.9.

**658.3 vs.**     **Administración de personal vs. Economía laboral**
**331**

Muchos de los temas en 658.3 existen paralelos en 331. Clasifique en 658.3 las obras escritas desde el punto de vista de la administración, en 331 las obras escritas desde el punto de vista del empleado (el trabajador). Clasifique además en 331 las obras escritas desde un punto de vista neutral, que simplemente describen los fenómenos y las obras generales que incluyen puntos de vista tanto de la administración como del empleado.

**658.402 vs.**     **Organización interna vs. Administración de empresas de formas específi-**
**658.04,**     **cas [y] Formas de organización de la propiedad**
**658.114**

En 658.402 "organización" significa la organización de manejo interno de una empresa, no la parte legal ni la pertenencia de la organización. La organización interna se relaciona con la forma como la autoridad y la responsabilidad son distribuidas. Por ejemplo, en una organización en línea un administrador único ejerce la autoridad final, bien directamente sobre la producción o bien sobre los diversos supervisores quienes a su turno supervisan a los trabajadores. Clasifique la organización de acuerdo con su forma legal y de pertenencia, (ej., de corporaciones, sociedades) en 658.04 y 658.114.

**658.42 y**     **Alta gerencia [y] mandos medios**
**658.43**

Clasifique las obras en estos números solamente si hacen un énfasis verdadero en la alta gerencia y los mandos medios, por oposición a la administración ejecutiva en general. En caso de duda, prefiera 658.4

**658.455 vs.**     **[Administración de] Programas informativos vs. Administración de la**
**658.4038**     **información**

La comunicación de la información por parte de la administración con el objeto de mantener el control de las personas y procesos se clasifica en 658.455. La recolección de la información por la administración y su uso en la toma de decisiones se clasifica en 658.4038. En caso de duda, prefiera 658.4038.

**658.5 vs.** **Administración de la producción [y notación de la Tabla 1 para] Adminis-**
**T1—0658** **tración de la producción [en campos específicos]**

La administración de la producción es la administración del trabajo para cuya ejecución existe la organización. Tiene que ver con la organización del flujo de trabajo y los métodos que se usan en la ejecución de las operaciones individuales. También trata con la calidad y la exactitud de las operaciones y de sus resultados. Se relaciona, pero no es lo mismo que, la tecnología involucrada en las operaciones. Esta difiere radicalmente de una organización a otra. Los siguientes son algunos ejemplos:

Administración de la producción de una fábrica 658.5.

Esta es la organización y dirección de los procesos por los cuales las materias primas, las partes y los subconjuntos se combinan y procesan mediante la operación de las personas y de las máquinas para producir objetos concretos tales como automóviles, pan, juguetes, etc. Esto es lo que se conoce como logística.

El 658.5 se ajusta a la naturaleza de las operaciones de una fábrica mejor que la administración de la producción de otras clases de empresas porque ésta refleja un estado inicial del arte de administrar cuando los libros sobre administración se preocupaban principalmente por la administración industrial. Por lo tanto, 658.5 se usa para la administración de la producción en fábricas en general, más que 670.

Administración de la producción para aerolíneas : 387.70685.

Observe que la presencia de elementos de la administración de la producción en las subdivisiones de 387.7, ej., la planificación de las rutas en las aerolíneas 387.72; asignación de aviones a las rutas y establecimiento de horarios 387.740420685; planificación, organización y supervisión de los servicios de comidas, de equipaje y de reservación 387.7420685.

Administración de la producción para librerías: 381.450020685.

Administración de la producción para bancos comerciales: 332.120685.

Esto incluye los servicios de planificación, organización y de la supervisión de servicios al cliente, de mantenimiento de cuantas corrientes y de ahorro, servicios de bóveda y seguros, servicios de fideicomisos, etc.

Administración de la producción para hoteles: 647.940685.

Esta consiste en el manejo de las operaciones relacionadas con el suministro de alimentos, entretenimiento, habitaciones e instalaciones limpias y atractivas para los huéspedes.

Administración de la producción para escuelas: 371.2.

Esta es la administración de las actividades que abarcan el impartir conocimientos y aptitudes a los estudiantes, incluye aspectos como horarios de clases y agrupación de estudiantes para la instrucción.

Administración de la producción para bibliotecas: 025.1.

669.3. Si el principal constituyente no es fácilmente identificable, clasifique la obra con el metal que aparece de primero en el esquema, como excepción clasifique todas las aleaciones de acero en 669.142.

**670.285 vs.** **Procesamiento de datos   Aplicaciones de computador [en**
**670.427** **manufactura] vs. Mecanización y automatización de operaciones**
**fabriles**

Las obras sobre sistemas flexibles de manufactura se clasifican en 670.427 si se limitan a la manufactura asistida por computador; se clasifican en 670.285 si incluyen también otras aplicaciones de computador en la manufactura, tales como diseño asistido por computador o las aplicaciones de computador en la administración de la manufactura.

**671–679 vs.** **Manufactura de productos de materiales específicos vs. Manufactura de**
**680** **productos para usos específicos**

La distinción entre el 671–679 y el 680 no se puede esbozar de forma consistente porque algunas manufacturas por material aparecen en 680, ej., artículos de cuero y piel 685; y algunos productos para usos específicos aparecen en 671–679, ej., platos y tazas de papel 676.34. En general 671–679 son principalmente para productos primarios en contraste con los productos finales de un material dado que se clasifican en 680, ej., textiles 677, vestuario 687; pero la distinción no es relevante en muchos casos específicos, ej., cepillos 679.6, peinillas 688.5. En caso de duda, prefiera 671–679.

**676 vs.** **Tecnología de la pulpa y del papel vs. Pulpa vs. Conversión de pulpa a**
**676.1,** **papel, y tipos específicos de papel y productos de papel**
**676.2**

Use 676 para el proceso total de la manufactura de papel fuera de los troncos de madera u otras fuentes de la pulpa. Use 676.1 para los procesos de la manufactura de la pulpa, mediante la decoloración de ésta. Use 676.2 para obras acerca de la conversión de pulpa a papel o productos de papel, comenzando con la trilla y refinación de la pulpa.

**680** **Manufactura de productos para usos específicos**

El orden de las subdivisiones de 680 se toma del 670; el 680 representa usualmente un tipo de producto final relacionado de manera general con el material en el número comparable de 670:

| | | |
|---|---|---|
| 672 | 682 | Metales ferrosos [vs.] Trabajo de forja pequeña |
| 673 | 683 | Metales no ferrosos [vs.] Ferretería y aparatos de la casa |
| 674 | 684 | Madera aserrada, corcho, madera [vs.] Muebles y talleres de hogar |
| 675 | 685 | Cuero y piel [vs.] Artículos de cuero y piel |
| 676 | 686 | Pulpa y papel [vs.] Imprenta |
| 677 | 687 | Textiles [vs.] Vestuario |

**690 vs. 624** **Construcción vs. Ingeniería civil**

Por ser clasificadas en 690, las obras deben limitar su discusión a estructuras habitables (edificios). Si se discuten otras estructuras, la obra se clasifica en 624. Las obras acerca de "construcción" en el sentido de la construcción de todo tipo de estructuras, se clasifican en 624, no en 690. En caso de duda, prefiera 624.

La palabra "construcción" en el título generalmente implica que una obra cubre más que las estructuras habitables. Sin embargo, en algunas ocasiones esta se usa vagamente para construcción del 690– tipo de construcciones.

# 700    Las artes    Bellas artes y artes decorativas

Generalmente la palabra "artes" usada sin ningún calificativo, es señal de que el área que cubre es más amplia que las bellas artes y artes decorativas. La literatura, la música y las artes de la actuación son las otras clases de artes que se incluyen con más frecuencia. A fin de establecer el área que cubren, se debe hacer una verificación rápida cada vez que se usen "arte" o "artes".

"El arte por computador" usualmente se refiere a dos diferentes usos de los computadores en las artes. El computador puede ser un dispositivo empleado para la creación de una obra de arte final, como cuando el computador sirve de ayuda para componer música para ser tocada con instrumentos tradicionales o como ayuda para diseñar o grabar las planchas para elaborar otros grabados tradicionales. Alternativamente, el computador puede servir como el instrumento sobre el cual se ejecuta la música, como en música por computador o como el medio para presentar arte visual, como cuando se hacen trabajos de gráficas por computador para su presentación en un monitor de computador. El computador como un dispositivo se clasifica con otros dispositivos usando la notación 0285 de la Tabla 1 o provisiones específicas en el esquema, ej., los computadores y las artes 700.285, los computadores en las artes gráficas 760.0285, la composición de música por computador 781.34. El computador como un instrumento o medio de presentación se clasifica con el tipo de arte, ej., la historia del arte por computador 709.04, las artes gráficas por computador 760, la música por computador 786.76.

## 700.74    Museos, colecciones, exposiciones [en las artes]

Cuando se trata de las obras de más de un artista, se puede agregar la notación 074 de la Tabla 1 a la notación 09 de la Tabla 1 cuando la última se ha usado para denotar el período histórico o lugar de origen, ej., una exposición en la ciudad de Nueva York del desnudo en el arte francés se clasifica en 704.942109440747471. Sin embargo, no agregue la notación 074 de la Tabla 1 si el período o lugar de origen no se aproxima al período total o área expresada por la notación usada para el tema de la exposición.

## 700.92    Personas [en las artes]

Las instrucciones para la clasificación de artistas varía en cada área principal. Aún dentro de una división, los 730, el tratamiento varía: 730.92 para un escultor, 739.2272 para un orfebre, 730.092 para un escultor que ha trabajado también en una o más de otras artes plásticas.

Las obras de un artista o artistas se designan en una de dos maneras, ya sea por la notación 092 de la Tabla 1 como en escultura, o por la notación para período o lugar como en dibujo en 741.92–.99.

**704.9**　　　**Iconografía**

La iconografía toma precedencia sobre el tratamiento histórico y geográfico, ej., una obra general sobre el arte románico 709.0216, arte románico de Normandía 709.44209021, pero la Virgen María y el Niño en arte románico de Normandía 704.948550944209021. Sin embargo, se debe tener cuidado con la clasificación de escuelas y estilos que usualmente se limitan en cuanto a la materia del tema, tales como las escuelas tempranas cristiana, bizantina y románica, que generalmente tratan temas religiosos. Clasifíquelas en 704.9 solamente si se considera que la iconografía o alguno de sus aspectos es el centro de la obra.

Generalmente en cualquier uso de los números para íconografía, las subdivisiones comunes se agregan aún si el tema no se aproxima a la totalidad del encabezamiento. Existen tres excepciones: el 704.9432 Animales, 704.9434 Plantas y la notación de la Tabla 2. Por ejemplo, si una obra cubre solamente perros en el arte, no se podría agregar una subdivisión común.

La notación 09 de la Tabla 1 más la notación 3–9 de la Tabla 2 se agregan para mostrar la nacionalidad o localidad de los artistas más que la localización del tema, ej., los retratos canadienses de los niños de la familia real británica 704.94250971. No agregue la notación 074 de la Tabla 1 a menos que el área cubierta por la obra que se está clasificando se aproxime a la totalidad del tema del área indicada por la notación de la Tabla 2.

**709.012–.05**　**Períodos de desarrollo [de las bellas artes y artes decorativas] vs. Trata-**
**vs.**　　　　**miento por continentes, países, localidades específicas [de las bellas artes**
**709.3–.9**　　**y artes decorativas]**

Clasifique las obras producidas por una escuela artística o en un estilo particular como sigue:

　　1. De la misma localidad, con la localidad en 709.3–.9.

　　2. De varias localidades dentro de un país específico, con el país en 709.3–9.

　　3. De dos países, con el país que aparece de primero en la Tabla 2 en 709.3–9.

　　4. De tres o más países europeos, con el período de florecimiento de la escuela o estilo en 709.012–.05.

　　5. De tres o más países no europeos dentro del mismo continente, con el continente en 709.3–.9.

　　6. De tres o mas países que no estén dentro del mismo continente, con el período de florecimiento de la escuela o estilo en 709.012–.05

En caso de duda entre clasificar la obra con un país o localidad, prefiera el país; si está entre 709.012–.05 ó 709.3–.9, prefiera 709.012–.05.

**709.2**　　　**Personas [asociadas con las bellas artes y artes decorativas] vs. [Perso-**
**vs.**　　　　**nas asociadas con el comercio del arte]**
**380.1457092**

Las obras acerca de los vendedores de arte que se centran en la parte económica del comercio del arte se clasifican en 380.1457092. Las obras que se centran en los vendedores como una parte del mundo del arte, ej., los artistas que los vendedores de arte conocieron y las obras de arte que ellos manejaron, se clasifican 709.2. En caso de duda, clasifique en 709.2.

**711 vs. 307.12**
### Planificación del espacio (Urbanismo) vs. Planificación [Comunidades]

Las obras que se centran en la presentación y análisis de los planes físicos, aún si se incluyen algunos materiales históricos y sociales, se clasifican en 711. Las obras que se centran en los aspectos históricos o sociales se clasifican en 307.12. En caso de duda, clasifique en 307.12.

**721**
### Estructura arquitectónica

La nota "Clasifique aquí obras interdisciplinarias sobre diseño y construcción" no significa ampliar el alcance de 721 para incluir todos los aspectos de la arquitectura. Las obras que se clasifican aquí están relacionadas con los elementos incluidos en 721.04 y 721.1–.8. Las obras acerca de la arquitectura de edificios como un todo se clasifican en 720.

**721 vs. 690**
### Estructura arquitectónica vs. Construcción

Los detalles descriptivos de construcciones erigidas en el pasado o planeadas para el futuro se clasifican en 721. Los principios del diseño y construcción en ingeniería ó instrucción actual (ej., para el constructor) sobre cómo juntar los elementos estructurales, formas y materiales se clasifican en 690. En caso de duda, prefiera 721.

**726.1**
### [Arquitectura de] Templos y santuarios

Sea tan específico como sea posible en la formación del número, ej., un templo budista theravada en Tailandia 726.1439109593. Si no se encuentran la rama o secta, agregue de 292–299 solamente hasta donde haya respaldo en la información, entonces agregue la notación de la Tabla 1, ej., los templos budistas en Java (secta no especificada) 726.143095982; las formas de los templos en el sur de la India (religión no identificada) 726.1409548.

**729**
### Diseño y decoración de estructuras y accesorios

Es mayor el material que se saca del 729 por medio de las notas que el que se deja dentro. Clasifique en 729 solamente aquellas obras generales en las cuales el enfoque es específicamente el diseño arquitectónico. El diseño y construcción tratados conjuntamente se clasifican en 721. La construcción sola se clasifica en 690. La decoración se clasifica en 729 solamente cuando el tema se ha tratado como un aspecto de decoración arquitectónica más que como un objeto de arte en sí mismo. Por ejemplo, las obras generales sobre murales se clasifican en 751.73; sin embargo, el uso de murales como decoración arquitectónica se clasifica en 729.4.

**736–739 vs. 731–735**
### Otras artes plásticas vs. Escultura

Los productos y las técnicas de las artes plásticas en 736–739 son a menudo difícil de separar de la escultura; en caso de duda, prefiera 731–735. Por ejemplo, las figuras de bronce se clasifican en escultura, pero una figura de bronce se clasifica en 739.512 si ésta fuera parte (tal como un remate o aplique) de un trabajo decorativo más grande.

**745.1    Antigüedades**

Si existe un número provisto, clasifique un tipo específico de antigüedad con el tema en arte, ej., monedas de oro 737.43, muebles antiguos de Nueva Inglaterra 749.214.

Si no hay un número disponible en 700–799, use el número apropiado en 600–699, ej., automóviles de pasajeros antiguos en 629.222. Si hay un número de tecnología separado para el uso del objeto en cuestión opuesto al número para la manufactura del objeto, prefiera el número de uso, ej., dedales 646.19 mejor que 687.8.

Si las antigüedades y los objetos coleccionables no se adecúan a los números de arte ni de tecnología, clasifique la obra con el tema con el cual se asocia más estrechamente, ej., los objetos coleccionables de Shirley Temple 791.43028092.

**745.5 vs.    Artesanías [Artísticas] vs. Manufactura de productos para usos**
**680    específicos**

Las artesanías cuando se limitan al trabajo artístico se clasifican en 745.5. En el uso general del término "artes manuales" u "oficios" se refiere a artesanías locales del país, y a la industria y comercio relacionado con las cabañas, tal como la de los herreros, toneleros y trastejadores de paja. Las "artes manuales" en este sentido y en el sentido de artesanías como una forma rutinaria de manufactura de  productos finales y secundarios se clasifican en 680. En caso de duda, prefiera 680.

**745.5928    Modelos y miniaturas [Hechos a mano]**

Clasifique miniaturas y modelos hechos a mano como sigue:

Clasifique en 700:

1. Si hay un número específico para el modelo, ej., aeroplanos de papel en 745.592.

2. Si hay un número específico para el tema ilustrado por el modelo, ej., miniaturas de muebles hechos a mano en 749.0228. (Observe: la notación 0228 de la Tabla 1 se usa para indicar el modelo o miniatura).

3. Si no hay un número para el modelo o el tema ilustrado en 600. En este caso se escoge el número más específico posible.

Clasifique en 600 si no hay un número específico en 700–799 *y* si ninguna de las siguientes condiciones se presenta:

1. Si hay un número específico en 600–699 para el modelo, ej., de modelos de aeroplanos hechos a mano 629.133134

2. Si hay un número específico para el tema ilustrado por el modelo, ej., miniaturas de máquinas a vapor de movimiento alternativo hechas a mano 621.1640228. (Observe: la notación 0228 de la Tabla 1 se usa para indicar el modelo o miniatura).

**745.67    Iluminación de manuscritos y libros**

La iluminación incluye no solamente los manuscritos y libros producidos en la Europa medieval, sino reliquias de la antigüedad egipcia y romana.

Además, las iluminaciones de Persia, Mongolia e India con frecuencia denominadas "mininiaturas" se consideran ilustraciones o iluminaciones pintadas y se clasifican aquí mejor que en 751.77.

**753–758    Iconografía**

La iconografía toma precedencia sobre el tratamiento histórico y geográfico, ej., una obra general sobre la pintura románica 759.0216, la pintura románica de Normandía en 759.4209021, pero la Virgen María y el Niño en pintura románica de Normandía 755.550944209021. Sin embargo, se debe tener cuidado al clasificar escuelas y estilos que usualmente se limitan a la materia del tema, tales como las escuelas antiguas cristiana, bizantina y románica que generalemente tratan temas religiosos. Clasifíquelas en 753–758 solamente si se considera que la iconografía o uno de sus aspectos es el centro de la obra.

Generalmente en cualquier uso de los números para iconografía, las subdivisiones comunes se agregan aún si el tema no se aproxima a la totalidad del tema del encabezamiento. Existen tres excepciones: 758.3 Animales, 758.5 Plantas y la notación de la Tabla 2. Por ejemplo, si una obra cubre solamente perros en la pintura, en cuyo caso no se podría agregar una subdivisión común.

La notación 09 de la Tabla 1 más la notación 3–9 de la Tabla 2 se agregan para mostrar la nacionalidad o localidad de los artistas más que la localización del tema, ej., los retratos canadienses de los niños de la familia real británica 757.50971. No agregue la notación 074 de la Tabla 1 a menos que el área cubierta por la obra por clasificar se aproxime a la totalidad del tema del área indicada por la notación de la Tabla 2.

**769.92    [Grabadores]**

Los grabadores que copian a otros artistas o los artistas mismos que son copiados (si se trata solamente de los grabados) se clasifican aquí, ej., los grabados de Gainsborough 769.92. Los grabados producidos por un taller o taller de grabado se clasifican en 769.93–.99.

**778.3 vs.    Clases especiales de fotografía vs. Fotografía tecnológica y foto-óptica**
**621.367**

Las técnicas de producción de fotografías como un fin en si mismas se clasifican en 778.3. La tecnología de ingeniería que fundamenta la fotografía y las aplicaciones científicas se clasifican en 621.367. Las aplicaciones a un campo específico de la ciencia se clasifican con el campo, ej., para astronomía 522.63. En caso de duda, prefiera 778.3.

**779    Fotografías**

La notación 092 de la Tabla 1 se puede agregar al 779 y a sus subdivisiones para colecciones de obras individuales. Clasifique los biografías y las evaluaciones críticas, que pueden también contener algunas fotografías en 770.92. Para colecciones de fotografías de varios artistas de la misma área, agregue la notación 09 de la Tabla 1 y la notación 1–9 de la Tabla 2 para mostrar el área de donde son originarios los fotógrafos.

## 780    Música

El esquema de música completamente revisado sigue el plan general y muchos de los detalles del esquema que se encuentran en la publicación de 1980 de la Forest Press *Proposed Revision of 780 Music* (Propuesta de revisión del 780 Música) preparada bajo la dirección de Russell Sweeney y John Clews. (Véase la página 897 para una comparación de la Revisión Propuesta y la clase 780 en la Edición 20.)

### Estructura general

| | |
|---|---|
| 780.0001–.0999 | Relación de la música con otros temas |
| 780.1–.9 | Subdivisiones comunes, regulares y modificadas |
| 781 | Principios generales y formas musicales |
| 781.1 | Principios básicos |
| 781.2 | Elementos de la música |
| 781.3 | Composición |
| 781.4 | Técnicas de la música |
| 781.5 | Clases de música (ej., para ocasiones específicas) |
| 781.6 | Tradiciones de la música (ej., folclórica, popular) |
| 781.7 | Música sacra |
| 781.8 | Formas musicales [generales] |
| 782–788 | Voces e instrumentos |
| 782–783 | Voces y música vocal |
| 782 | Música vocal |
| 783 | Música para voces individuales    La voz |
| 784–788 | Instrumentos y su música |
| 784 | Instrumentos y conjuntos instrumentales y su música |
| 785 | Conjuntos con un solo instrumento por parte |
| 786–788 | Instrumentos específicos y su música |
| 786 | Instrumentos de teclado, mecánicos, electrofónicos, de percusión |
| 787 | Instrumentos de cuerda |
| 788 | Instrumentos de viento |

### Orden de cita

El orden de cita es:

| | |
|---|---|
| Voces e instrumentos | 782–788 |
| Formas musicales | 781.8 |
| Música sacra | 781.7 |
| Tradiciones de la música | 781.6 |
| Clases de música | 781.5 |
| Técnicas de la música | 781.4 |

| | |
|---|---|
| Composición | 781.3 |
| Elementos de la música | 781.2 |
| Principios básicos de la música | 781.1 |
| Subdivisiones comunes | 780.1–.9 |

Observe que la faceta principal, el compositor, no se indica en el número de clasificación (a menos que la opción en 789 se use para literatura acerca de la música). Una clave de autor (número de Cutter) u otro recurso alfabético podría representar el papel del compositor indicado. La notación 092 de la Tabla 1 se usa para indicar una biografía, una crítica general al compositor, un análisis de una contribución del compositor al desarrollo de algún aspecto de la música (tal como, el papel de Haydn en el desarrollo del formato de concierto), y las obras críticas sobre el conjunto de la obra de un compositor (tales como una crítica de la música de Ravel para piano). La crítica de una obra individual por un compositor no acepta la notación 092 con el objeto de que una pieza musical y la crítica a ésta vayan en el mismo número de clasificación. Así mismo, una colección de análisis de piezas individuales de música no acepta T1–092.

El orden de cita requiere que la crítica general de las obras de un compositor en una forma específica y la crítica de un aspecto individual de las obras estén separadas porque el aspecto se muestra por la adición del 781. Por ejemplo, la crítica general de las sinfonías de Brahms se clasifica en 784.2184092, mientras que la crítica de la armonía en las sinfonías de Brahms se clasifica en 784.2184125. Sin embargo, si la biblioteca desea resumir todas las críticas de obras en el mismo número, es opcional no agregar del 781, ej., crítica de las sinfonías de Brahms y de la armonía en las sinfonías de Brahms, ambas en 784.2184092.

A lo largo de la mayor parte del esquema es posible mostrar varios de los elementos en la lista anterior para la formación de los números. En donde se dan instrucciones para la formación de los números, el clasificador puede agregar una parte del esquema a otra, usando los dígitos de 0 o 1 para mostrar que una faceta nueva ha sido introducida. Esto permite la expresión de todas las facetas relevantes para una grabación de música folclórica española por un guitarrista o de una partitura para una polonesa para piano. Si una biblioteca usa el esquema solamente para tratados y no para partituras y grabaciones, la necesidad de formar números no será muy grande. La combinación de elementos se puede ver en lo siguiente:

| | |
|---|---|
| Música de Navidad rock and roll | 781.723166 |
| Día de Navidad | 781.723 |
| Indicador de faceta | 1 |
| Rock and roll | 66 (de 781.66) |

El 1 es el indicador de faceta que informa al usuario que un elemento de cualquier otra parte del esquema se ha introducido.

"Voces" se refiere a la voz humana, "instrumentos" al artefacto que hace el sonido. Tanto las voces como los instrumentos se refieren a ejecutantes, i.e., aquellos que hacen el sonido.

El 781.2 Elementos de la música que contienen la construcción de los segmentos de sonido y tiempo utilizados para componer la música. Algunos de los elementos mejor localizados con las técnicas de la composición se han localizado en 781.3. En 781.4 se encuentra la ejecución, grabación y otras destrezas necesarias para la interpretación de la música. La música se ejecuta en cualquier momento, lugar o por cualquier razón. Estas condiciones se encuentran en el rango 781.5–.7. En 781.5, por ejemplo, se encuentran música del mar, música patriótica, música para televisión y música para estrenos.

En 781.6 se encuentran las tradiciones de la música, tales como el folclor, el jazz y la música clásica. Las bibliotecas que prefieren hacer énfasis en una tradición, ej., música artística no occidental, pueden clasificarla solamente en 780–788 y clasificar todas las demás tradiciones en las subdivisiones de 789.

En 781.7 se encuentra la música sacra en general.

En 781.8 Formas musicales se encuentran categorías generales tales como el rondó, tema y variaciones, y el ostinato. Se usan solamente cuando el item no especifica una voz o un instrumento. Las formas musicales específicas para voces se encuentran en 782.1–.4, específicas para instrumentos en 784.18.

Observe que la música vocal e instrumental que representa las categorías encontradas en 781 se clasifican con el ejecutante en 782–788, ej., música sacra para órgano se clasifica con el órgano.

### Literatura acerca de música vs. partituras y grabaciones

La principal diferencia entre la música y otros temas en todo el campo del conocimiento es la necesidad de distinguir la literatura acerca de la música como objetos bibliográficos en forma de partituras y grabaciones.

La Edición 19 provee números de clasificación separados para literatura acerca de música y para la música en sí misma. La Edición 20 no provee números separados, pero las bibliotecas pueden hacer la distinción usando otros recursos en la signatura topográfica (*véase la tercera nota en 780 en los esquemas*).

### Subdivisiones comunes

Se introdujeron varias subdivisiones comunes ampliadas; una, 026 Tratados sobre partituras musicales, grabaciones, textos, puede causar dificultad. Observe que el significado de 026 se aplica en forma diferente cuando se usa dentro de 780–788 y cuando se usa con los números 780–788 agregados a otros números en la Clasificación. Dentro de 780, 026 se usa solamente para tratados sobre partituras y grabaciones. La Clasificación no distingue entre partituras, grabaciones y tratados acerca de la música. Una biblioteca que usa la CDD tiene que hacer la distinción entre aplicar la provisión opcional o algún otro elemento de la notación si se desea separar el material sobre música. Cuando se usa con los números 780–788 agregados a otros números en la Clasificación, 026 se usa para partituras, grabaciones y tratados acerca de éstas. Esta distinción se hace con el fin de separar las partituras, las grabaciones y los tratados acerca de éstas de los tratados acerca de la música. Por ejemplo:

| Número | Se usa para |
|--------|-------------|
| 787.2 | Un tratado sobre música para violín, Y |
| 787.2 | Partituras para violín, Y |
| 787.2 | Grabaciones de música para violín |
| 787.2026 | Un tratado sobre partituras para violín |
| 787.20266 | Un tratado sobre grabaciones de música para violín |

PERO

| 016.7872 | Una bibliografía de tratados sobre música para violín |
| 016.7872026 | Una bibliografía de partituras para violín, Y |
| 016.7872026 | Una bibliografía de tratados sobre partituras para violín |
| 016.78720266 | Una discografía de grabaciones de música para violín, Y |
| 016.78720266 | Una bibliografía de tratados sobre grabaciones de música para violín. |

A diferencia de la Edición 19, la Edición 20 no hace distinción entre la música de un lugar y la música en un lugar, ej.; la ópera parisina y la ópera en París se clasifican ambas en 782.1094436, la música vienesa y la música interpretada en Viena se clasifican ambas en 780.943613.

## 782–783 Voces y música vocal

La característica básica de ordenación en la Edición 19 fue la del *carácter*. Esto es, la música vocal era dramática (782) o no dramática (783 y 784); la no dramática era sacra (783) o seglar (784). Las distinciones se mantienen en la Edición 20: la Música vocal es dramática (782.1) o no dramática (782.2–.4); la no dramática es sacra (782.2–.3) o seglar (782.4). Aquí termina la similitud entre las dos ediciones. (Observe que la música dramática teatral ahora se clasifica en 792.5).

En la música vocal 782–783 el que un ítem sea una partitura, un tratado, o una grabación determina cómo se debe clasificar la obra. El siguiente diagrama se flujo se ofrece como una ayuda para determinar la sección correcta de la música vocal.

Diagrama de flujo para buscar la sección correcta dentro de la música vocal

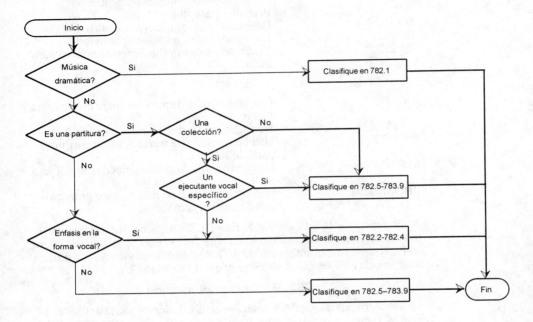

Ejemplos (aplicación del diagrama de flujo):

| | |
|---|---|
| Arias de soprano de la ópera [partituras] | 782.1 |
| Arias de soprano pero no de la ópera [partituras] | 783.66 |
| Canciones sacras por sopranos [grabaciones] | 782.25 |
| Voces de mujeres sopranos [tratados] | 783.66 |

### Partituras vocales

Cuando se trata con partituras se debe tener en cuenta la clase y el alcance de las voces. La diferencia entre 782.5–.9 y 783 se hace sobre el número de voces por parte. Esto es, en 782.5–.9 van las obras que tratan la música que tiene varias voces por parte (lo que usualmente significa música coral). En 783 van las obras que tratan la música que tiene una voz por parte (partes de canciones y solos). El orden de cita para partituras y partes de música vocal no dramática es:

Tamaño del grupo vocal (incluyendo solistas)

Tipo de voz, ej., masculina, alta, soprano, de niño

Formas vocales

El tamaño del conjunto vocal es análogo a la división básica en la porción para el instrumento dentro del esquema. La música coral es análoga a la música orquestal (más de una voz/instrumento por parte en algunas partes); voces individuales en combinación son análogas a la música de cámara (una sola voz/instrumento por parte); y música para voz solista es análoga a música para un instrumento solista.

El tipo de voz es también análogo a la parte para el instrumento dentro del esquema y la especificación del sexo y del rango de la voz es similar a la especificación de la clase y tipo de instrumento. Diferentes clases de voces se distinguen primero por el sexo y edad (mujeres, niños, hombres) y segundo por el rango. Se verá que en este esquema se dan más detalles que en la Edición 19.

Por ejemplo:

| | |
|---|---|
| Canción seglar para coro de voces masculinas | 782.842 |
| Coro para voces masculinas | 782.8 |
| Canción seglar | 42 (del 782.42) |
| Villancicos para voces individuales en combinación | 783.11928 |
| Voces individuales en combinación | 783.1 |
| Indicador de faceta | 19 |
| Villancicos | 28 (de 782.28) |

### 784–788 Instrumentos y su música

Los instrumentos y su música están localizados en el rango 784–788, el cual en grado sustancial mantiene un orden de mayor a menor que procede de los conjuntos orquestales (más de un instrumento para una parte) a través de la música de cámara (solo un instrumento por parte) hasta los instrumentos individuales.

Debido a la intención de los que desarrollaron la CDD para internacionalizar la Clasificación haciéndola menos limitada a una visión norteamericana o aún del mundo occidental y haciéndola aplicable al conocimiento modificado por culturas diferentes de la occidental, era imperativo que el nuevo esquema para música fuese mejor anfitrión con la música de todas las culturas. Por lo tanto, era esencial encontrar una base libre de valores para la clasificación de instrumentos. A primera vista la orientación del nuevo esquema parece ser europea, ya que los instrumentos más importantes mencionados o dados como ejemplos en el esquema son familiares a los occidentales; sin embargo, la clasificación es aplicable a todos los instrumentos de cualquier cultura, basándose en el ordenamiento acústico único encontrado en la obra "*Sistematik der Musikinstrumente; ein Versuch*" (Organización sistemática de los instrumentos de música; un ensayo) de E.M. von Hornbostel y C. Sachs, que se publicó por primera vez en *Zeitschrift fur Ethnologie* 4–5, 1914; y consultado en la traducción de A. Baines y K.P. Wachsmann en el *Galpin Society Journal* 14:3–29, 1961. (Observe que en el Indice Relativo se encuentran muchos de los instrumentos no occidentales, ej., gaitas, hichirikis, santirs, surunais y tulums).

El esquema 780 intenta reconciliar la clasificación cuádruple Sachs–Hornbostel con las divisiones de la clasificación occidental tradicional con la cual hay una gran sinonimia: percusión (idiófonos y membranófonos), instrumentos de cuerda (cordófonos), de viento (aerófonos). El esquema provee las divisiones funcionales requeridas por la aplicación de la tecnología occidental a los instrumentos musicales, haciendo instrumentos de teclado y mecánicos, como quiera que el sonido se produzca, dentro de las clases primarias y agregando una quinta categoría acústica la de los electrófonos, a la clasificación instrumental. El orden en el esquema es como sigue:

Categorías funcionales de instrumentos

> Instrumentos en combinación (música orquestal y de cámara)
>
> Instrumentos de teclado
>
> Instrumentos mecánicos y eólicos

Categorías acústicas de los instrumentos

> Electrófonos (productores de sonido eléctrico)
>
> Idiófonos (sólidos sonoros) [Percusión]
>
> Membranófonos (tambores) [Percusión]
>
> Cordófonos (instrumentos de cuerda)
>
> Aerófonos (instrumentos de viento)

Las dos principales características dentro de la música instrumental son el número de instrumentos por parte (el tamaño), ej., orquesta sinfónica completa, grupos de cámara e instrumentos solistas; y agrupaciones instrumentales, ej., orquesta con instrumento solista, conjunto de instrumentos de viento de madera. Las dos características aparecen enumeradas en el esquema, en la mayoría de los casos sin necesidad de formar un número. Sin embargo, en el caso de que ciertos instrumentos particulares se involucren en la composición, resulta necesario identificarlos dentro de otras partes del esquema, ej.:

785.8<u>32</u>        Conjuntos de flauta (del 788.32)

785.9<u>62</u>        Conjuntos de clarinete (del 788.62)

Las subdivisiones de 784.1 se usarán ampliamente porque allí se proveen los números para formas musicales específicas para instrumentos específicos, para ejecución en instrumentos específicos y para los instrumentos mismos. Por ejemplo:

| | |
|---|---|
| Técnicas de respiración para interpretar el clarinete | 788.621932 |
| Clarinete | 788.62 |
| Indicador de faceta | 1 |
| Técnica de respiración | 932 (del 784.1932) |

| | |
|---|---|
| Fugas para órgano | 786.51872 |
| Organo | 786.5 |
| Indicador de faceta | 1 |
| Fugas | 872 (del 784.1872) |

### 789 Compositores y tradiciones de la música

El número opcional 789 se puede usar tanto para compositores como para tradiciones de la música. Las órdenes de cita y las instrucciones provistas en 780–788 se aplican aquí cuando se sigue la opción.

## Comparación de la Propuesta de Revisión de 1980 del 780 Música y la clase 780 en la Edición 20

Los cambios principales entre la Propuesta de revisión de 1980 y el presente esquema son:

La lista de compositores se eliminó. Los compositores no se indican en la notación (a menos que se use la nueva Opción A en 789).

La habilidad para especificar el instrumento original o la voz se agrega al 781.38 Arreglos.

781.52–.58 Música para varios momentos, ambientes, medios específicos, se redujo a 781.52–.54.

781.62 Tradiciones de la música se ampliaron al 781.62–69. El 781.62 es ahora música folclórica.

781.63 Música sacra pasó al 781.7.

781.64 –.69 Clases específicas de música pasaron al 781.55–.59.

781.7 Formas musicales que son tanto instrumentales como vocales pasaron al 781.82.

781.8–.9 Formas instrumentales pasaron al 784.183–.189.

En 782.5–.9 Acompañamiento ya no es una faceta usada en el arreglo de la música vocal. La presencia del acompañamiento ahora se indica agregando el 147 (del 781.47).

En 782.5–.9 Tratados acerca de y las grabaciones de formas vocales para conjuntos vocales específicos y para clases específicas de conjuntos de voces individuales, pasaron al 782.1–.4.

787.8 Laúdes y guitarras se reordenaron.

788.79 Gaitas se pasaron al 788.49.

### Ejemplos del 780 Música

#### Obras acerca de la música

| | |
|---|---|
| Vocabulario de la música nueva: una guía a los signos notacionales | 780.148 |
| Notación musical | 780.148 |
| Estructura del sonido en la música | 781.234 |
| El timbre | 781.234 |
| Nueva vida en la música *country* | 781.642 |
| Música popular del "oeste" | |
| Country | 781.642 |
| Wagner como hombre y artista | 782.1092 |
| Opera | 782.1 |
| Biografía y crítica generales | 092 (de la Tabla 1) |
| Producción de la voz en técnica coral | 782.5143 |
| Música coral | 782.5 |
| Indicador de faceta | 1 |
| Técnica de ejecución | 43 (del 781.43) |

| | |
|---|---|
| Música orquestal de Bartok [crítica en general] | 784.2092 |
| Orquesta | 784.2 |
| Compositor | 092 (de la Tabla 1) |
| Música orquestal de Bartok [crítica de cinco piezas] | 784.2 |
| Orquesta | 784.2 |
| Partituras para banda de bronces | 784.9138 |
| Banda de bronces | 784.9 |
| Indicador de faceta | 1 |
| Arreglo | 38 (del 781.38) |
| Cuartetos de cuerda de Beethoven [crítica] | 785.7194 |
| Grupo de cámara–cuerdas | 785.7 |
| Indicador de faceta | 19 |
| Cuarteto | 4 (del 785.14) |
| La fuga en la música para piano de Beethoven | 786.21872 |
| Piano | 786.2 |
| Indicador de faceta | 1 |
| Fuga | 872 (del 784.1872) |
| Afinación y servicio científico para piano | 786.21928 |
| Piano | 786.2 |
| Indicador de faceta | 1 |
| Afinación | 928 (del 784.1928) |
| Los orígenes del arco | 787.1939909 |
| Instrumentos de cuerda de arco | 787 |
| Indicador de faceta | 1 |
| Arco | 9369 (del 784.19369) |
| Historia | 09 (de la Tabla 1) |
| Pablo Casals; una biografía | 787.4092 |
| Violonchelo | 787.4 |
| Ejecutantes | 092 (del 780.92) |
| Discografía para música de cítara | 016.78770266 |
| Bibliografía por tema | 016 |
| Cítara | 787.7 |
| Grabaciones | 0266 (del 780.266) |
| Los órganos de Londres | 786.519421 |
| Organos | 786.5 |
| Indicador de faceta | 19 |
| Londres | 421 (de la Tabla 2) |
| El cuento de "*Silent Night*" (Silencio en la noche) | 782.281723 |
| Villancicos | 782.28 |
| Indicador de faceta | 1 |
| Música de Navidad | 723 (del 781.723) |

*Partituras*

| | |
|---|---|
| Himnos para coros, arreglos para voces mixtas y órgano por David Willcocks. | 782.527 |
| Música coral para voces mixtas | 782.5 |
| Himnos | 27 (del 782.27) |
| | |
| Lees. Suspira en mí, álito de Dios; himno para coro de voces femeninas en 3 partes sin acompañamiento | 782.6265 |
| Música coral–voces de mujeres | 782.6 |
| Antífonas | 265 (del 782.265) |
| | |
| Ciclos de canciones de Schubert | 783.247 |
| Voz de solo | 783.2 |
| Ciclo de canciones | 47 (del 782.47) |
| | |
| Brahms. Variaciones sobre la Coral de San Antonio | 784.21825 |
| Orquesta | 784.2 |
| Indicador de Faceta | 1 |
| Variaciones | 825 (del 784.1825) |
| | |
| Berlioz. Romeo y Julieta; una sinfonía dramática | 784.22184 |
| Orquesta con partes vocales | 784.22 |
| Indicador de faceta | 1 |
| Forma de sinfonía | 84 (del 784.184) |
| | |
| Schuller. Trío: oboe, trompa, viola | 785.42193 |
| Conjuntos de viento de madera, metal, cuerdas | 785.42 |
| Indicador de faceta | 19 |
| Trios | 3 (del 785.13) |
| | |
| Chopin. Mazurca, piano | 786.21884 |
| Piano | 786.2 |
| Indicador de faceta | 1 |
| Forma de mazurca | 884 (del 784.1884) |

**780.079 vs. 790.2**    **[Música y las artes de la actuación] vs. Las artes de la actuación en general**

El 780.079 se usa para obras que se centran en la música en relación con las otras artes de la actuación, mientras 790.2 se usa para obras sobre el arte de la actuación como un todo. En caso de duda, prefiera 780.079.

**780.268**    **Palabras y otros sonidos vocales para ser cantados o recitados con música**

Use esta subdivisión solamente para la formación de otros números; nunca la use por sí misma. En la mayoría de los casos se usará en 782–783, ej., lírica de las canciones 782.420268; sin embargo, se pueden usar en 784–788 cuando la voz es solamente un elemento en una obra predominantemente instrumental, ej., los textos de sinfonías corales 784.221840268.

**780.269**    **Narraciones, tramas, sinopsis**

Use esta subdivisión solamente para la formación de otros números; nunca la use por sí misma. En la mayoría de los casos se usará en 782–783, ej., tramas de óperas 782.10269; sin embargo, se puede usar en 784–788 cuando la voz es solamente un elemento en una obra predominantemente instrumental, ej., sinópsis de sinfonías corales 784.221840269.

**780.89 vs. 781.62**   **La música en relación con grupos raciales, étnicos, nacionales específicos vs. Música folclórica**

Las obras que discuten un grupo racial, étnico o nacional en relación con la música en general se clasifican en 780.89, ej., una obra acerca de los compositores, cantantes de ópera, directores de jazz afroamericanos se clasifica en 780.8996073. Las obras que tratan sobre la música indígena para el grupo se clasifica en 781.62, ej., música afroamericana 781.6296073. En caso de duda, clasifique en 781.62.

**781.382– .388**   **[Arreglos] Por voz original, instrumento, conjunto**

Use estas subdivisiones solamente para la formación de otros números; nunca las use por sí mismas. Estas subdivisiones se agregan al número para la voz, instrumento o conjunto para el cual la música fue arreglada con el objeto de indicar la voz original, instrumento o conjunto. Por ejemplo, un arreglo de música de violín, para piano se clasificará en 786.213872, 786.2 (música para piano) más 13872 (arreglos de música de violín). Arreglos en general ya sea de o para una voz, instrumento o conjunto se clasifican en 782–788. Por ejemplo, clasifique en 787.2138 tanto música para violín arreglada para varios instrumentos como la música de varios instrumentos arreglada para violín.

**781.47**   **Acompañamiento**

Cuando 147 acompañamiento (del 781.47) se agrega a los tratados, indica cómo acompañar la obra.

(Opción: Con partituras. agregue 147 para indicar la presencia de acompañamiento. Por ejemplo, para tratados, 787.2147 significa cómo acompañar la música para violín; para partituras, 787.2147 significa música para violín con acompañamiento y 787.2 significa música para violín sin acompañamiento).

**784–788**   **Instrumentos y su música**

**Tabla de adición**

092   [Personas asociadas con los instrumentos y su música]

Clasifique músicos asociados con un instrumento y su música, o con la música para el instrumento, en el número para el instrumento y su música más la notación 092 de la Tabla 1, ej., Isaac Stern (un violinista) 787.2092. Para músicos asociados con una tradición específica de la música diferente de la música artística occidental, agregue la notación de 781.6, ej., un violinista de música *country* 787.21642092. Si el músico trabajó en más de una tradición, no agregue para mostrar la tradición.

Clasifique las personas interesadas solamente en el instrumento como tal en el número para el instrumento sólo más la notación 092 de la Tabla 1, ej., Antonio Stradivari (un fabricante del violín) 787.219092.

## 790     Artes recreativas y de la actuación

El encabezamiento original para 790 era Diversiones. Hay dos formas de estar divertido: Una puede ser entretenido por otros (791 y 792) o uno puede entretenerse a sí mismo (793–799). Los ambientes donde uno se puede divertir son dos: bajo techo (793–795) y al aire libre (796–799). Dado que Dewey hizo el primer número de cada rango como el número general para la actividad (i.e., 791,793, 796), el clasificador usualmente espera encontrar en estos números un amplio espectro de formas de entretenimiento o diversión.

Durante el siglo pasado las diversiones de participación llegaron a ser también entretenimiento. Donde alguna vez los golfistas estuvieron acompañados solamente por algunos individuos que deseaban presenciar esta nueva recreación, ahora millones los ven personalmente o por televisión. Lo mismo sucede con la mayoría de los deportes. Y algunas diversiones al aire libre, tal como el fútbol americano, ahora se juega ocasionalmente bajo techo. En consecuencia, los valores tecnológicos y sociales han sido alterados de tal manera durante el siglo pasado que mientras la localización de un tema dentro del 790 es predecible y razonable en relación con la estructura original de la clasificación, ahora no es razonable ni predecible a la luz de las prácticas y conceptos modernos.

## 791.092     Personas [asociadas con representaciones públicas]

Clasifique la biografía de un ejecutante con la actividad con la cual la carrera de la persona se identifica principalmente, ej., la biografía de un cantante de ópera 782.1092. Si la profesión de la persona involucra más de una clase de representación pública sin ningún predominio particular, clasifique la biografía con la actividad que aparezca primero en la siguiente tabla de precedencia:

| | |
|---|---|
| música | 780 |
| danza | 792.9 |
| representaciones escénicas | 792 |
| películas | 791.43 |
| televisión | 791.45 |
| radio | 791.44 |

Por ejemplo, clasifique la biografía de un actor de teatro quien también ha trabajado considerablemente en televisión en 792.028092. Las actividades mencionadas en la tabla anterior toman precedencia sobre todas las demás actividades enumeradas en 791.

## 791.437 y 791.447, 791.457, 792.9     Programas de filmes [y Radio] y Programas de [ Televisión] [y] Producciones escénicas

El texto de una obra de teatro se clasifica en el número apropiado en literatura, ej., el texto de *Nuestro Pueblo* de Thornton Wilder 812.52. Un libreto de producción se clasifica ya sea en 791 o 792, ej., un libreto de producción para una producción escénica de *Nuestro Pueblo* 792.92. Un libreto de producción se diferencia de un texto literario en que contiene una variedad de direcciones, ej., dónde se va a ubicar el mobiliario, dónde deben permanecer los actores.

Una producción grabada en un medio diferente al de la producción original se clasifica con la grabación, no con la producción. Por ejemplo, una ópera escenificada grabada para televisión se clasificaría con televisión en 791.4572, no con ópera escenificada en 792.542.

**792.5 vs.** **Opera [escenificada] vs. [Aspectos musicales de] Formas vocales**
**782.1** **dramáticas**

Clasifique en 782.1 las obras que tratan sobre las formas vocales dramáticas como un tipo de música vocal, incluyendo temas como tiempo, tramas, cantantes, dirección. Clasifique en 792.5 las obras que tratan las formas vocales dramáticas como un tipo de representación escénica, en que se incluyen temas tales como, trajes, locación, dirección. Las obras acerca de un teatro para ópera y sus producciones se clasifican en 792.509, ej., una historia de La Scala, Milán 792.5094521. En caso de duda, clasifique en 782.1.

**792.8 vs.** **Ballet y danza moderna vs. Danzas sociales, folclóricas, nacionales**
**793.3**

Una danza social, folclórica o nacional se puede presentar en el teatro, justamente como una danza teatral puede llegar a ser una danza social. Una danza se clasifica ya sea en 792.8 o en 793.3 dependiendo del enfoque de la obra. Por ejemplo, el vals usualmente se trata como un baile de salón y se clasifica en 793.33; pero los valses como una parte integral de los *Valses de Vienna* de Balanchine, que es un ballet, se clasifican en 792.842.

**793.932 vs.** **Juegos de aventuras por computador    Juegos de fantasía por**
**794.822** **computador vs. Juegos de galería (arcade)**

Los juegos de aventuras por computador le dan al jugador una situación y un objetivo (u objetivos). Estos objetivos pueden ser la resolución de un misterio o un problema y la acumulación de puntos. El jugador debe pensar al contrario en acciones reflejas y se proyecta en una historia interactiva. Ejemplos de este tipo son *Witness*© y *King's Quest*©. Clasifique este tipo de juego en 793.932.

Los juegos de fantasía son juegos de roles e incluyen el alcanzar un objetivo mediante la resolución de problemas intelectuales. Sin embargo, se necesitan acciones reflejas en acciones de combates o atléticas. Los resultados se deciden por el computador. Ejemplos de este tipo son *Exodus: Ultima II*© y *Wizardry: Proving Grounds of the Mad Overload*©. También clasifique este tipo de juego en 793.932.

Los juegos de galería (arcade) se refieren a un tipo de juego, no sólo a los que se juegan en galerías de video. Hacen énfasis en reflejos rápidos, por oposición a decisiones intelectuales. Entre estos juegos están los de combate, vuelos espaciales, tiro, *pinball*, laberintos y estrategia. Los ejemplos son Robo Cop© y Pac Man©. Clasifique este tipo de juego en 794.822.

En caso de duda, prefiera 793.932.

**794.82** **Géneros específicos de juegos por computador**

El uso de 794.82 (introducido en el DC& 4:3) para obras generales sobre juegos por computador está descontinuado; clasifique en 794.8.

**795.015192**
**vs. 519.2**

**Probabilidades [aplicadas a juegos de suerte] vs. Probabilidades**

"Juegos de suerte" en el sentido de recreación son cualquiera de los juegos en los que la suerte, no la destreza, es el factor más importante para determinar el resultado, ej., dados, poker, solitario. Las obras que discuten las probabilidades, o diferencias al ganar estos juegos se clasifican en 795.015192. En el sentido matemático, los "juegos de suerte" se limitan a juegos por un jugador individual para determinar la política óptima o estrategia para ganar. Puesto que estos juegos son una parte de la teoría del control de probabilidades, se clasifican en 519.2. En caso de duda, prefiera 795.015192.

**796**

**Deportes y juegos atléticos y al aire libre**

La notación 068 de la Tabla 1 algunas veces se usa bajo 796–798 para la descripción de terrenos de juego o instalaciones similares. El uso de la instalación se clasifica con el uso. Por ejemplo, la descripción de la grama de un campo de golf se clasifica en 796.352068; sin embargo, cómo el lodo de la grama afecta el puntaje se clasifica en 796.35235.

Es la práctica de la División de Clasificación Decimal clasificar la biografía del personal de deportes en el número general para el deporte específico independientemente de la posición jugada o del tipo de juego. Por ejemplo, un zaguero profesional de fútbol americano se clasifica por la División en 796.332092, no 796.33225092 ó 796.33264092.

**796.08 vs.**
**796.04**

**Historia y descripción de los deportes y de los juegos en relación con clases de personas vs. Clases generales de deportes y de juegos**

Si los deportes o los juegos no se modifican para permitir la participación de una clase específica de personas, clasifíquelos con la clase ya sea en 796.08 o con el deporte o juego específico con el uso de la notación 08 de la Tabla 1. Si los deportes o juegos se modificaron, clasifique ya sea en 796.04 o con la versión modificada. (Las versiones modificadas de un deporte usualmente se dan en las subdivisiones de "tipos específicos" o "variantes" del deporte, ej., béisbol 796.357, la Pequeña Liga de Béisbol 796.35762, béisbol bajo techo 796.3578. Si no se proveen estas subdivisiones, clasifique en el número para el tipo de deporte como un todo.) En caso de duda, clasifique en 796.08 o en el número para el deporte o juego específico con el uso de la notación 08 de la Tabla 1. Por ejemplo, una persona que ha perdido una pierna, usualmente puede jugar golf sin cambios mayores en las reglas del golf. Así, obras para esa persona sobre cómo jugar golf se clasifican en 796.3520873. Sin embargo, para participar en otros deportes, la persona que ha perdido una pierna usualmente requiere una silla de ruedas. Las obras generales sobre deportes en silla de ruedas se clasifican en 796.0456. La versión de silla de ruedas de un deporte específico se clasifica con las variantes del deporte, ej., baloncesto en silla de ruedas 796.3238.

El nombre de una variante de un deporte puede dar la impresión de que ésta es solamente para una clase de persona cuando en realidad cualquiera lo puede jugar. Por ejemplo, el baloncesto para mujeres antes de 1971 era una variante del baloncesto en el que hay seis jugadores por equipo y tres juegan en la parte delantera. Esta variante que puede ser jugada por hombres o por mujeres se clasifica en 796.3238, no 796.323082.

Algunos deportes y juegos tienen nombres similares pero las reglas son tan diferentes que crean deportes y juegos separados, aunque relacionados. Por ejemplo, el fútbol americano, el fútbol canadiense y el fútbol con reglas australianas son deportes similares pero cada uno de ellos tiene sus propias reglas separadas y se clasifican en 796.332, 796.335, y 796.336, respectivamente.

### 798.2    Equitación

La referencia cruzada en 798.2 *"Para carreras de caballos, véase 798.4"* significa que las carreras de caballos se consideran una parte del 798.2. Por lo tanto, solamente las obras que tratan tanto de montar como de carreras de caballos se clasifican aquí. Muchas obras que tienen la palabra "equitación"en sus títulos no cubren las carreras; éstas se clasifican en 798.23.

# 800    Literatura (Belles-lettres) y retórica

En la siguiente discusión, siempre que se habla de la aplicación de los principios a varias literaturas, es necesario mencionar, la notación de la Tabla 3. Por ejemplo, "T3–1" se usa para discusiones sobre poesía en literaturas específicas más que en "811, 841, etc". El número "T3–1"se refiere tanto a T3A–1 de la Tabla 3–A (autores individuales) como a T3B–1 de la Tabla 3–B (más de un autor). Se presentan dificultades con la notación en T3–8 Escritos varios porque el período literario interviene entre T3–8 y sus diversas subdivisiones. Cuando se hace referencia a este género, se expresa como T3–8 + la notación para la subdivisión, ej., diarios T3–8 + 03.

### Selección entre literatura y tema no literario

De acuerdo con Horacio, los objetivos de la literatura son dos: enseñar y deleitar. La Clasificación Decimal Dewey respeta este concepto. Las obras de la imaginación que intentan recrear se clasifican en 800, pero las obras esencialmente informativas se clasifican de acuerdo con el tema en otra parte del esquema. La disciplina de literatura se restringe a: (1) obras de la imaginación que se escriben en diversas formas literarias, ej., novelística, poesía ; (2) crítica literaria y descripción; (3) historia y biografía literarias. La exclusión de las obras informativas del reino de las *belles–lettres* se conserva independientemente del género literario de una obra. Por lo tanto, la obra de Jonathan Swift *The Drapier's Letters*, no se clasifica como una colección de las cartas del autor, sino mejor como una obra sobre política monetaria en 332.49415.

Los ensayos, discursos, cartas y diarios se usan comúnmente para propósitos no literarios. En caso de duda sobre si clasificar uno de esos géneros en 800 con literatura o con el tema en cualquier parte del esquema, clasifíquelos con el tema.

La novela que no es ficción es un problema para los clasificadores. Esta clase de novela usa las técnicas de escritura de ficción para contar la historia de la gente y de eventos de la vida real. Clasifique un relato de eventos verdaderos o series de eventos, usando los nombres de las personas involucradas, sin inventar caracteres o distorsionar los hechos para buscar un efecto artístico, sin ir más allá de la información disponible para el autor de la investigación y sus entrevistados, en la disciplina apropiada para los hechos descritos. A la obra *In Cold Blood* de Truman Capote, un relato verdadero de un asesinato múltiple, no se le ha asignado un número de ficción, pero se clasifica en 364.1523, el número de criminología para asesinato. Sin embargo, si el autor va más allá de lo que él conoció de la investigación y de las entrevistas en la descripción de conversaciones, sentimientos, pensamientos o estados de la mente de las personas sobre las cuales él está escribiendo, entonces él las está tratando como personas ficticias y la obra se puede clasificar como ficción, ej., *The Executioner's Song* de Norman Mailer 813.54. En caso de duda, clasifíquela como ficción.

Otras clases de novelística, poesía y teatro se usan algunas veces como vehículos para transmitir información verdadera. Hay biografías que han sido escritas en verso y novelas que se han empleado en la enseñanza de los fundamentos de las matemáticas. Prefiera 800 para poesía, teatro y novelística a menos que la forma sea puramente incidental en la explicación de un tema específico, ej., *Circulation of the Blood* de Harvey (escrita en verso latino) 612.13, no 871.04.

Se hizo una excepción a la regla para ciertas obras antiguas que por largo tiempo se han clasificado como literatura independientemente de su contenido. Por ejemplo, *Los Trabajos y los Días* de Hesiodo se clasifica en 881.01, no en 630, aunque tenga que ver con la agricultura práctica. Estas obras antiguas se continúan clasificando como literatura, pero las obras nuevas cuyo propósito primordial es informar se clasifican con el tema tratado.

Un estudio literario de obras no literarias se clasifica en 809, ej., la Biblia como literatura 809.93522.

## Lengua

La literatura siempre incluye el uso de la lengua, y la lengua es la faceta básica para la formación de los números en 800.

Clasifique las obras literarias por lengua, no por país de origen.* Una excepción importante a ésta regla es que las obras en inglés que se originan en países del Hemisferio Occidental se clasifican en 810, no en 820 con literatura inglesa del Hemisferio Oriental y obras generales sobre literatura inglesa.

Clasifique las obras literarias en la lengua en la cual fueron escritas originalmente. Una traducción inglesa de una obra originalmente escrita en español se clasifica con literatura española en 860; no con literatura inglesa en 820.

*La literatura de dos o más lenguas.* Las obras que tratan de dos o más lenguas son usualmente colecciones u obras de crítica. Si se involucran

*En ciertos casos el país de origen se puede indicar mediante el uso de la tabla 3–C. *Véase* T3C—93–99

dos lenguas, clasifique la obra en el número que aparece de primero en 820–890, excepto Griego y Latín que se deben clasificar en 880, no en 870. Si se involucran más de dos lenguas, clasifique la obra en el número más específico que las contenga a todas.Por ejemplo, clasifique una obra que incluye inglés, alemán y holandés en 830 ya que éstas son lenguas germánicas. Clasifique una obra que incluya inglés, francés y ruso en 808 para colecciones o 809 para crítica. Si una lengua es predominante, clasifique con esta lengua.

### Género literario

La segunda faceta que se debe aplicar en literatura es el género. En literatura existen dos modelos básicos de expresión: la poesía y la prosa. El teatro, ya sea en poesía o en prosa, se clasifica con teatro en T3–2. El epigrama se clasifica con escritos varios en T3–8 + 02, independientemente del modo. Las obras en otros géneros se clasifican con poesía en T3–1 si están escritas en verso. Solamente las obras en prosa se clasifican en T3–3 Novelística, T3–4 Ensayos, T3–5 Oratoria, T3–6 Cartas y (excepto para epigramas en verso) T3–8 Escritos varios. La subdivisión para literatura en prosa, T3–8 + 08, se usa solamente para obras en prosa en más de un género literario; las obras en prosa en un género específico se clasifican con el género.

Aunque sátira y humor tienen el número T3B–7 en el rango para géneros específicos, ellas no son sin embargo, ni géneros ni modos, más bien son categorías de escritos marcados en el caso de sátira por el ridículo y la mofa, en el caso del humor por una forma de expresión que hace un aspecto divertido. Las obras literarias en un género particular (T3–1–6 y T3–8 ) que muestren sátira o humor se clasifican con el género. La Tabla 3–A para autores individuales no tiene notación paralela en T3–7;

una colección de obras por un autor individual en más de un género que muestren sátira y humor se clasifican en T3A–8 + 09.

### Clases, alcances, medios

Para obras por más de un autor, los géneros principales se pueden subdividir. La poesía, teatro, novelística y oratoria se pueden dividir por clase, ej., la poesía lírica y narrativa, la ciencia ficción y la novela histórica. El teatro y la novelística también se pueden dividir por alcance, ej., las obras de teatro en un sólo acto y los cuentos cortos. El teatro se puede dividir de acuerdo con el medio, ej., las obras de teatro escritas para televisión.

### Período literario

La tercera faceta en literatura es el período literario. Las tablas de períodos se suministran bajo la literatura de cada lengua en donde se recomienda su uso. Se usan para la literatura de la lengua y para la literatura de la tierra natal de la lengua. Por ejemplo, la poesía en lengua francesa de finales del siglo XIX del mundo entero y, la poesía en lengua francesa de finales del siglo XIX de Francia se clasifican ambas en 841.8. Los mismos períodos se usan para literaturas afiliadas (literaturas en la misma lengua, pero de países diferentes al de la tierra natal de la lengua) si la literatura afiliada proviene del mismo continente. Así, los poemas en lengua francesa de Suiza y de

Bélgica posteriores al siglo XIX también se clasifican en 841.8. *Los períodos de la Gran Bretaña se usan para la literatura en lengua inglesa de Irlanda, y los períodos estadounidenses para la literatura en lengua inglesa de Puerto Rico. Para la literatura en lengua inglesa del Canadá, sin embargo, se usan los períodos canadienses, no los períodos estadounidenses. El período se omite usualmente si la literatura proviene de un país en otro continente, ej., la poesía en lengua francesa del siglo XIX del Canadá en 841. *(Los períodos opcionales se proveen algunas veces para ser usados con un país si se emplea un recurso especial para establecer dicha literatura aparte de la literatura en general. Las opciones se describen en el esquema en 810–890).

### Otros elementos

Para obras por o acerca de más de un autor, comunmente se agregan dos elementos claves a la Tabla 3–B: T3B–08 y números afines para colecciones, T3B–09 y números afines para historia, descripción y evaluación crítica. Esta notación también sirve como vínculo con la Tabla 3–C, la tabla que permite la expresión de características adicionales. Estas características son temas o materias literarios, elementos literarios (ej., el diálogo), cualidades literarias (ej., el romanticismo), y las clases específicas de personas para quienes o por quienes se escribe la literatura.

### Crítica literaria

El término "crítica literaria" como se usa aquí, incluye crítica textual.

La regla general que se debe observar en la clasificación de la crítica literaria es que siempre se clasifica con la literatura criticada.

La crítica de una obra específica se clasifica con la obra, ej., un análisis crítico de *Por quien doblan las campanas* de Hemingway se clasifica en 813.52; el mismo número que se usa para la obra en sí misma. La crítica de la obra de un autor en general se clasifica en el número general para el autor en cuestión, ej., la crítica de Heminway 813.52.

El 809 y la notación 09 de la Tabla 3–B y números afines bajo géneros específicos de literatura se usan para críticas de toda clase de la literatura excepto para las obras de autores individuales. La crítica de varias literaturas como un todo se clasifica en 809, la crítica de la novelística de varias literaturas en 809.3. La crítica de la literatura de los Estados Unidos en general se clasifica en 810.9, la crítica de la novelística de los Estados Unidos en general en 813.009, la crítica de la novelística norteamericana de principios del siglo XX en 813.5209.

Clasifique la crítica de la literatura en un género específico de más de una literatura en 809.1–.7. Clasifique en 801.95 la teoría y técnica de la crítica literaria. Clasifique también en estos números las obras de crítica en las cuales se hace énfasis en las varias formas de literatura como tal y no en los varios autores y literaturas que se pueden usar como ejemplos. En caso de duda entre 801.95 y 809.1–.7, prefiera 809.1–.7.

La apreciación de la literatura se clasifica como otra crítica.

*En ciertos casos el país de origen se puede indicar mediante el uso de la tabla 3–C. *Véase* T3C—93–99

La crítica de la crítica se clasifica con la crítica que se está criticando y en consecuencia con el tema original sometido a crítica. La crítica de Hemingway se clasifica en 813.52. Si una tercera persona escribe una crítica de la crítica de Hemingway, ésta también se clasifica en 813.52.

Las obras acerca de los críticos se tratan de la misma manera que las obras acerca de otros autores, i.e., la crítica se clasifica con la clase de literatura que se critica ampliamente. Así, un hombre que dedicó la mayor parte de su vida a criticar las obras de Hemingway se clasifica en 813.52. Una crítica de la literatura española se clasifica en 860.9

Se debería observar que la crítica y los críticos se clasifican con la lengua de la literatura que están criticando, no con la lengua en la que se escribe la crítica. Por ejemplo, un crítico francés que escribe en francés pero criticando la literatura norteamericana se clasifica en 810.9.

### Adaptaciones

Una adaptación puede alterar el género de una obra o modificar el contenido en la lengua, alcance o nivel de presentación a tal punto que no puede considerarse como una versión del original. Una adaptación se clasifica en el número apropiado para la adaptación, ej., *Los Cuentos de Shakespeare* por Lamb 823.7. *Para traducciones, véase 800: Lenguas.*

Observe, sin embargo, que una traducción en prosa de una poesía (la cual es ante todo un cambio de modo) no se trata como una adaptación, ej., *La Divina Comedia* de Dante traducida en prosa al alemán 851.1.

### Excerptas

Trate una colección de excerptas como tal. Sin embargo, si la colección es un medio que sirve de modelo para estudiar otra disciplina, clasifíquela con la disciplina ilustrada. Por ejemplo, clasifique en 307 una colección que sirve como medio para explicar lo que es una comunidad.

**800 vs. 398.2** · **Literatura (Belles- lettres) y retórica vs. Literatura folclórica**

La literatura folclórica consiste de obras breves de la tradición oral y se clasifica en 398.2. Cualquier individualidad literaria que la literatura folclórica haya tenido alguna vez y que se ha perdido en el anonimato con el paso del tiempo. Los anónimos clásicos, sin embargo, no se consideran literatura folclórica. A pesar de que su autoría se desconoce, tales obras tiene un mérito literario reconocido, casi siempre son extensas y forman parte del cánon literario. Por lo tanto, se clasifican en 800, ej., *Chanson de Roland* 841.1, *El Cantar del Mio Cid* en 861.1, *Kalevala* 894.54111.

Algunos eventos o temas legendarios o históricos, tales como la búsqueda del Grial o la batalla de Rolando con los sarracenos, aparece como la base para obras originales de muchas literaturas, períodos y formas, que las obras medievales involucran y con frecuencia aparecen como anónimas. Aunque el tema más que la literatura es el hilo que los une, lo que se lee es una obra literaria. En consecuencia, clasifique cada recuento del evento o tema con la literatura, género y período en que fue escrita, ej., la trilogía de Azor de Mary Stewart 832.914. Clasifique las obras acerca de un tema específico tratado en varias literaturas en 809.933.

En caso de duda, prefiera 800.

**800 vs. 591.**
**636,**
**398.245**

**Literatura (Belles-lettres) y retórica vs. Zoología vs. Producción animal (Zootecnia) vs. [Literatura folclórica de] Animales**

Las obras acerca de los animales que intentan contribuír con otras disciplinas diferentes de la literatura se clasifican en la disciplina relevante. Clasifique los cuentos de los animales en los cuales el autor hace énfasis en los hábitos y comportamiento de los animales en 591, en el cuidado y adiestramiento de los animales en 636. Clasifique la literatura folclórica de animales en 398.245.

Los relatos literarios de los animales se clasifican con el género apropiado en literatura, ej., poesía. Dichos relatos pueden ser ficticios o verdaderos. Un libro acerca de animales es lógicamente ficción si contiene conversaciones o pensamientos de los animales. Los relatos literarios de animales reales están a menudo en forma de anécdotas o reminiscencias personales. Dichos relatos se acomodan usualmente en T3–8 Escritos varios. Estos se deben clasificar en forma apropiada, en T3–8 + 02 para anécdotas, en T3–8 + 03 para diarios personales, cuadernos de notas, reminiscencias; o en T3–8 + 07 para obras sin género literario identificable.

**800 vs.**
**741.6**

**Literatura (Belles-lettres) y retórica vs. Diseño gráfico, ilustración, arte comercial**

Clasifique ilustración en general en 741.6. Clasifique un tipo específico de ilustración con la forma artística que representa si se destaca el tipo, ej., el aguafuerte. Si las ilustraciones simplemente acompañan o amplían al texto literario, clasifíquelas con el texto en literatura.

**808.001–.7**
**vs. 070.52**

**[Retórica] vs. Relaciones de los [Editores] con los autores**

Tres elementos se combinan para producir la pieza escrita terminada: composición, preparación del manuscrito y publicación:

1. Composición

   General 808

   Cómo escribir para los periódicos 808.06607

   Cómo escribir sobre derecho 808.06634

   Cómo escribir obras de teatro 808.2

2. Preparación del manuscrito

   General 808.02

   Para periódicos 808.06607

   Para obras acerca de derecho 808.06634

   Para obras de teatro 808.2

3. Publicación 070.52

   Clasifique en 070.52 las obras que se limitan a la consecusión de agentes, presentación de manuscritos, las relaciones de autores y editores.

Las obras que combinan (2) y (3) se clasifican en los números que existen para la preparación del manuscrito (en 808.02, etc.) a menos que estén muy enfocados hacia el fin de la publicación:

Cómo hacer dinero como escritor independiente (*free-lance*) 808.02

Dónde mercadear su manuscrito 070.52

**808.0427**  **Estudio de la retórica mediante la lectura crítica**

Los libros de lectura usados para el estudio de la composición se clasifican aquí. Los libros de lectura que se limitan a un género literario en particular se clasifican en el número de retórica por el género, ej., cuentos cortos en 808.31. Los libros de lecturas académicos en un tema se clasifican con el tema.

**808.1 vs.**  **Retórica de la poesía vs. Características suprasegmentales [en**
**414.6**      **lingüística]**

Debido a que muchos estudios de prosodia se relacionan con cómo escribir la poesía, los estudios generales de prosodia literaria se clasifican en 808.1. Sin embargo, las obras sobre la prosodia de una literatura específica se clasifican como crítica de la literatura, ej., un estudio del uso de la lengua por poetas norteamericanos en 811.009, un estudio del ritmo de la prosa de los ensayistas franceses de finales del siglo XIX se clasifica en 844.8.

Los estudios de prosodia de una lengua particular como un todo desde el punto de vista de los lingüistas se clasifican con la entonación para la lengua específica, usando la notación 16 de la Tabla 4, ej., 451.6 para estudios de prosodia de la lengua italiana. Los estudios lingüísticos de prosodia a través de varias lenguas y desde el punto de vista lingüístico se clasifican en 414.6.

**808.8**  **Colecciones de textos literarios de más de una literatura**

Aquí, se dan ejemplos que ilustran el orden de precedencia para colecciones de textos en más de un género literaro de más de una literatura. El orden de precedencia es el mismo para la crítica (809).

1. Temas y materias específicos, ej., 808.80382 (religión)

2. Elementos específicos, ej., 808.8024 (tramas)

3. Cualidades específicas, ej., 808.8013 (idealismo)

4. Por y para clases específicas de personas, ej., 808.899282 (niños)

5. Período, ej., 808.80033 (siglo XVIII).

*Véase además la Tabla 3–B: Orden de precedencia*

# 900  Geografía, historia y disciplinas auxiliares

La historia es un registro de eventos, sus causas y efectos y de las condiciones contemporáneas que los clarifican y enriquecen. Cuando una obra es la historia de eventos que han trascendido o un recuento de las condiciones que han prevalecido en un lugar o región en particular, se clasifica en 900. Cuando es la historia de un tema específico, se clasifica en la disciplina apropiada, ej., una historia de los desarrollos políticos (tales como los desarrollos internos en el gobierno) sin tener en cuenta su efecto sobre la sociedad en general y el lugar donde ocurren 320.9; de eventos económicos en Francia 330.944; de la guerra 355.0209; de los relojes 681.11309.

La historia política es un fuerte componente de la historia porque afecta el total de una sociedad particular. Pero la historia de los desarrollos políticos que afectan la actividad interna de los partidos o de otros grupos políticos se clasifica en 320.9 o en los números de 324 que son para partidos, campañas e historia electoral.

La historia incluye el presente (situación y condiciones), pero no el futuro (eventos proyectados). Clasifique los eventos proyectados en 303.49.

Observe que la posición en el mapa más que la afiliación política usualmente determina el número asignado a la historia o a la geografía de un lugar en particular, pues mientras que la afiliación política puede cambiar, la posición sobre la superficie de la tierra no.

### Orden de cita

El orden de cita en 900 es como sigue:

Historia: 9 + lugar + período + subdivisión común, ej., una publicación periódica sobre la historia del estado de Jalisco (México) durante el siglo XX: 972.350805.

Geografía y viajes: 91 + lugar + geografía física, viajes, o geografía regional + subdivisión común, ej., una enciclopedia de viajes en la Italia de hoy: 914.50492803, una publicación periódica acerca de las montañas en Italia 914.5094305.

### Eventos históricos vs. eventos no históricos

Dependiendo de su impacto, los eventos se clasifican en 900 o en disciplinas específicas en 001–899. Los eventos que son lo suficientemente importantes como para afectar la vida social general y la historia del lugar se clasifican con la historia del lugar independientemente de cualquier disciplina involucrada. Por ejemplo, el hundimiento del Lusitania se clasifica en 940.4514, el asesinato de Abraham Lincoln en 973.7092, el sismo de San Francisco en 979.461051.

Otros eventos específicos se clasifican con la historia de la disciplina con la cual están relacionados. Por ejemplo, la historia de un crimen se clasifica en 364, ej., los crímenes de la Capilla Blanca cometidos por Jack el Destripador 364.1523. Un accidente deportivo se clasifica en 796–799, ej., un accidente fatal durante una carrera automovilística 796.72.

En la aplicación de lo anterior, el clasificador debe tener en cuenta el propósito o punto de vista del autor. Por ejemplo, una obra sobre el asesinato de John F. Kennedy que se centra en la forma como se llevó a cabo el crimen, el trabajo del detective involucrado en resolverlo, o ambos, se clasifica en 364.1524092, no en 973.922092.

Las obras acerca de eventos que son más aptos para destacar los aspectos sociales que los aspectos tecnológicos y que usualmente se clasifican en 300 mejor que en 600. Si los factores de seguridad son importantes, la obra se clasifica en 363, no con ninguna otra disciplina involucrada. Por ejemplo, un estudio del naufragio del Andrea Doria para determinar cuáles fueron las causas del accidente, qué medidas preventivas se deberían ordenar como un resultado del incidente, se clasifica en 363.12365.

Los relatos colectivos de eventos se tratan de la misma manera, con la condición de que todos pertenezcan a una disciplina, ej., viajes científicos 508. Clasifique la colección de eventos sin dicho enfoque en 904.

**910 vs. 909, 930–990**    **Geografía y viajes vs. Historia universal [e] Historia del mundo antiguo; de continentes, países, localidades específicos**

Si una obra trata sobre geografía y civilización o viajes y civilización, clasifíquela en 909 o 930–990; sin embargo, si predomina el tratamiento geográfico o de viajes, clasifíquela en 910. En caso de duda, prefiera 909 o 930–990.

Si la obra trata solamente de la descripción de la tierra física, clasifíquela en 910.02 o en 930–913, usando la notación 02 de la tabla bajo 913–919.

**913–919**    **Geografía y viajes en el mundo antiguo y continentes, países, localidades específicos en el mundo moderno; mundos extraterrestres**

### Sitios y edificios históricos

Excepto como se explica a continuación, clasifique aquí obras que describen sitios y edificios históricos (y sus partes) preparadas para el uso de visitantes a los sitios aunque sean o no llamadas específicamente guías. No se use la subdivisión 04 de la tabla de adición a menos que el área cubierta por las guías se aproxime a la totalidad del tema del área designada por la notación de la Tabla 2. Por ejemplo, una guía contemporánea de las casas históricas de Inglaterra se clasifica en 914.204858.

Clasifique edificios históricos que se han convertido en museos o monumentos en una de las siguientes formas:

1. Si el museo o monumento está asociado con la vida de un individuo, clasifíquelo con el número para biografía de esta persona, ej., la casa de Thomas Wolfe en Asheville, Carolina del Norte 813.52.

2. Si el museo o monumento está asociado con la historia de un lugar, clasifique con el número apropiado en 930–990, usando la notación de la Tabla 1 si es aplicable, ej., un museo de la historia canadiense en Windsor, Ontario 971.007471332.

3. Si el edificio está aún en uso para un propósito específico, clasifique con el propósito, ej., una guía para el edificio de la Bolsa de Nueva York 332.64273. Los edificios para propósitos religiosos y relacionados no siguen ésta regla pero se clasifican en 726.

Clasifique las historias de edificios y casas históricas en 930–990, la arquitectura en 720, la decoración de interiores en 747.

*Véase además 333.7–.9 vs. 508. 913–919, 930–990*

### Tabla de adición

El siguiente diagrama de flujo se ofrece como una ayuda para la formación de números y como suplemento a las instrucciones detalladas en 913–919.

## Diagrama de flujo para geografía y viajes

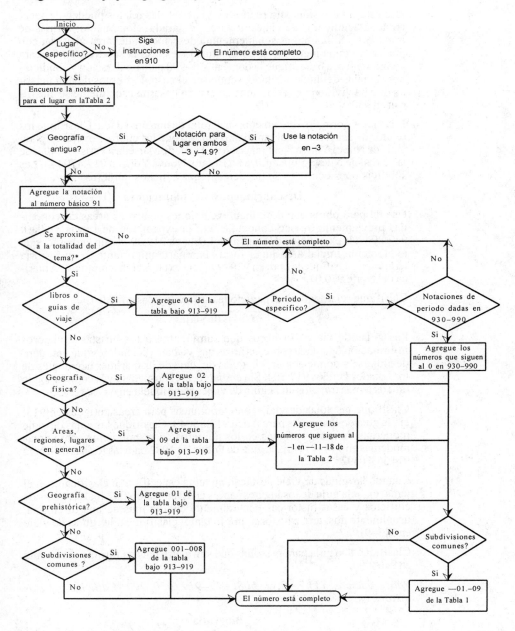

*Véase además "Aproximarse a la totalidad del tema" de las notas del Manual en la Tabla 1

04          Viajes

Use esta subdivisión para relatos de viajes. Tales relatos pueden destacar en acontecimientos de viajes, lugares de parada, alojamiento, formas de transporte. Si la obra es solamente una descripción del área visitada, con poca o ninguna mención de estas situaciones, use la subdivisión 02 para geografía física o clasifique la obra en 930–990 para civilización y condiciones sociales del lugar visitado, según sea el caso. Las obras de una persona que ha vivido por varios años en el área descrita usualmente se clasifican en 930–990.

Los viajes normalmente no cubren el total de una área dada. Clasifique los relatos de acuerdo con el rango más amplio que los cubre. Por ejemplo, un viaje de Nueva York a San Francisco 917.304, de Marsella a París 914.404, de la ciudad de Nueva York en 1981 a Búfalo, Nueva York en 917.470443. Las subdivisiones comunes se pueden agregar a dichos números.

### Descubrimientos y exploraciones

Use 04 para obras que describen excursiones dentro de áreas desconocidas previamente o poco conocidas, ej., la expedición de Lewis y Clark 917.8042, la expedición de Byrd al Polo Sur en 919.8904. Sin embargo, si la exploración inicial a un lugar forma una parte importante de su historia temprana, clasifique la obra en 930–990, ej., exploración temprana a América del Norte 970.01.

Clasifique relatos sobre expediciones arqueológicas en 930.1.

### Guías de viajes

Las guías de viaje son libros que suministran a los turistas y viajeros información detallada sobre las áreas que visitan, diciéndoles qué ver, dónde alojarse y dónde comer, ej., guías de viaje de los parques nacionales de los Estados Unidos 917.304. Sin embargo, si el hospedaje y la comida son lo únicos temas tratados en la guía de viaje, clasifíquela en 647.94–.95.

Clasifique las guías de viaje contemporáneas para áreas antiguas en 913, ej., la guía de Pausanias para Atica 913.85049. Clasifique las guías de viaje modernas de áreas antiguas en los números correspondientes para áreas modernas en 914–919, ej., la guía de Fodor de 1982 para las Ruinas de Roma 914.563204928.

Cuando las guías de viaje destacan un tema específico se clasifican con el tema, ej., una guía de los lugares santos en España 263.04246. Las guías de edificios y casas históricas generalmente cubren más de una disciplina, usualmente dos, arte e historia; por lo tanto, clasifique tales guías de viaje en 913–919.

Clasifique una guía para personas que van a otro país en forma permanente en 940–990.

*Véase además 333.7–.9 vs. 508, 913–919, 930–990: Edificios y casas históricos.*

### Biografía

La notación 092 de la Tabla 1 se agrega a las subdivisiones 041–049 para biografías de descubridores, exploradores y viajeros, pero no para geógrafos en general ni para relatos de viajes en primera persona. Clasifique las biografías de geógrafos en general en el número básico del área sin subdivisión adicional. Use las subdivisiones 041–049 para los relatos de viajes en primera persona, pero no agregue la notación 092.

**929.1    Genealogía**

Este es el número general para obras que proveen información acerca de genealogía en sí misma: lo que es, dónde ir a encontrar los registros genealógicos, qué buscar, qué fuentes usar, cómo obtener estas fuentes, cómo trazar los árboles genealógicos. Las fuentes en sí mismas se clasifican en 929.3.

**929.2    Historias de familias**

Dado que muchas familias se dispersan de su lugar de origen, el número de áreas seleccionada para una historia de familia no puede ser demasiado específico. La División de Clasificación Decimal agrega números de áreas solamente para el país en donde vive la familia, no para el estado, provincia o área más pequeña. Por ejemplo, la División clasifica la historia de una familia de la Florida en 929.20973, no en 929.209759.

Clasifique una historia de familia con el país en donde la familia vive actualmente, no con el país de donde vienen los ancestros de la familia. Por ejemplo, los Duponts, una familia de Estados Unidos de origen francés en 929.0973, no 929.0944.

Las historias de familias que dan información histórica acerca del área en la cual está ubicada la familia, se clasifican con la historia del área, ej., familias prominentes en la ciudad de Nueva York 974.71.

**929.2    Historias de familias vs. Casas reales, pares, nobleza, órdenes de**
**vs. 929.7    caballería**

Las historias de familias de la nobleza real y de gentes de cuna se clasifican usualmente en 929.2. Las historias de familias que hacen destacan el linaje o la descendencia de los pares ode la nobleza se clasifican en 929.7, ej., *Burke's Peerage* (la nobleza de los Burke) 929.72, *Virginians of Gentle Birth* (los Virginianos de noble nacimiento) 929.709755. En caso de duda, prefiera 929.2.

**930–990    Historia del mundo antiguo; de continentes, países, localidades específicos;**
**de mundos extraterrestres**

### Guerras

En la mayoría de los casos, la historia de una guerra se clasifica con la historia del país o región en el cual tienen lugar la mayoría de los combates, ej., la Guerra de Vietnam 959.7043, las Guerras Napoleónicas 940.27, la Guerra de las Islas Malvinas (1982) 997.11. Sin embargo, algunas guerras se asignan arbitrariamente a la historia de uno de los principales participantes o a la región donde se inició la guerra. Por ejemplo, la Guerra Hispano-norteamericana se clasifica con la historia de los Estados Unidos en 973.89. La Segunda Guerra Mundial se clasifica con la historia de Europa (el área donde se inició la guerra) en 940.53, y no en historia universal en 909.824.

Independientemente del área que se asigna a una guerra, las batallas o acciones específicas de una guerra se clasifican en el número para la guerra y no con el número del lugar donde ocurrió la acción. Por ejemplo, una batalla que ocurre en las Filipinas durante la Guerra Hispano–norteamericana se clasifica en 973.8937, no en 959.9031; las invasiones aéreas a Tokio en la Segunda Guerra Mundial en 940.5425, no en 952.135033.

Existen dos clases de historia para los tiempos de guerra que no se clasifican en los números para la guerra (a menos que el área que los cubre coincida con el área para la guerra). La historia de rutina de los eventos cotidianos de un área, aún durante el tiempo de guerra, se clasifica con los números para el área, no con la guerra, ej., la historia de Maryland durante la Guerra Civil 975.203, no 973.709752. El efecto de la acción militar sobre la vida diaria y la civilización de un lugar se clasifica con la historia del lugar, ej., el efecto de las acciones militares de la Guerra Civil sobre Maryland en 975.203, no 973.709752. Estas dos clases de historia se deben distinguir cuidadosamente de la participación de un área en la guerra debido a que la participación de área en la guerra, se clasifica con la guerra, ej., la participación de Maryland en la Guerra Civil en 973.709752, no 975.203. Usualmente, las historias nacionales que cubren un período de tiempo de la guerra hacen énfasis en la participación del país y se clasifican con la guerra; si no existe tal énfasis, la historia se clasificaría en el número apropiado para la historia nacional. Por ejemplo, la participación británica en la Segunda Guerra Mundial 940.5341, historia británica durante el reinado de Jorge VI en 941.084.

*Véase además 337.7–.9 vs. 508, 913–919, 930–990; 355.009 vs. 930–990.*

### Países ocupados

La historia de la ocupación de un país durante el tiempo de guerra se clasifica con la guerra, ej., la ocupación de los países en la Segunda Guerra Mundial 940.5336. La administración militar del gobierno de un país ocupado durante o después de la guerra se clasifica en 355.49. El derecho internacional en relación con la ocupación se clasifica en 341.66.

### Unidades específicas en una guerra

La historia de las unidades militares específicas en una guerra, se clasifica con los números para unidades militares bajo la historia de la guerra en particular, ej., las unidades militares de la Primera Guerra Mundial en 940.412–.413. Si no existe un número específico para las unidades militares, una obra sobre unidades militares se clasifica en el número para operaciones militares, ej., las unidades militares en la Guerra de Vietnam 959.70434.

Clasifique las obras generales sobre unidades militares específicas y unidades militares en tiempo de paz en 355.3 o en números afines en 355–359.

### Relatos personales

Los relatos personales de los participantes en una guerra se clasifican en la subdivisión apropiada de los números de historia para la guerra específica, ej., los relatos personales de los soldados norteamericanos en la segunda Guerra Mundial en 940.548173. Los relatos que se centran en una campaña, batalla u otro tema específicos se clasifican con el tema, ej., un relato personal de la Batalla de Berlín 940.5421092, de las operaciones de inteligencia de

Axis en la Segunda Guerra Mundial 940.548743092.

El relato de las experiencias de una persona durante el tiempo de guerra, si no están enfocadas en la guerra como tal, se clasifican como biografía y no en el número para la guerra. Por ejemplo, las experiencias personales de un actor que actuaba en Escocia durante los años de 1940–1942 se clasifican en 792.092, no en 940.5315792092.

## Preservación histórica

Las obras generales sobre preservación histórica y listas de proyectos de preservación por desarrollar en 363.69. Sin embargo, si tal lista intenta básicamente inventariar o describir los sitios, clasifique la lista en el número apropiado en 930–990, o, si es básicamente una descripción de edificios en un sitio, clasifíquela en 720.

Clasifique los informes administrativos anuales de agencias que promueven la preservación de sitios históricos en 351.859 y números afines en 352–354.

Clasifique la preservación histórica en un contexto arquitectónico en 720.288 y números afines en 721–729.

*Véase además 333.7–.9 vs. 508, 913–919, 930–990.*

## Biografía

La notación 092 de la Tabla 1 se agrega a las subdivisiones 01–09 para biografías de personas que han vivido durante el período histórico y de historiadores e historiógrafos de ese período, ej., las biografías de Abraham Lincoln y de Bruce Catton, historiador de la Guerra Civil, 973.7092. Aún si el lapso de la vida de la persona o el tiempo durante el cual la persona influyó en la historia del país o localidad no se aproxima a la totalidad del tema del período, se puede agregar la notación 092, ej., biografía de Rajiv Gandhi 954.052092. La subdivisión 0099 (la cual se limita al tratamiento colectivo) se usa <u>solamente</u> para obras que no se limitan a un período específico, ej., biografías de los reyes y reinas de la Gran Bretaña 941.0099. Si en el esquema no se dan las subdivisiones 01–09 para períodos históricos, no agregue la subdivisión 0099 ya sea para biografías colectivas limitadas a un período específico o para biografías individuales, ej., biografías de príncipes y princesas de Mónaco en el siglo XX y una biografía de Grace, Princesa de Mónaco 944.949, no 944.9490099; sin embargo, la subdivisión 0099 se agrega para colecciones biográficas que <u>no</u> se limitan a un período específico, ej., las biografías de los príncipes y princesas de Mónaco en 944.9490099. La subdivisión 007202 se usa para biografías de historiadores e historiógrafos cuyas obras no se limitan a un período específico, ej., las biografías de historiadores de la historia británica 941.007202.

### Tabla de adición

El siguiente diagrama de flujo se ofrece como una ayuda para la formación de los números y como un suplemento a las instrucciones detalladas en 930–990.

Diagrama de flujo para historia

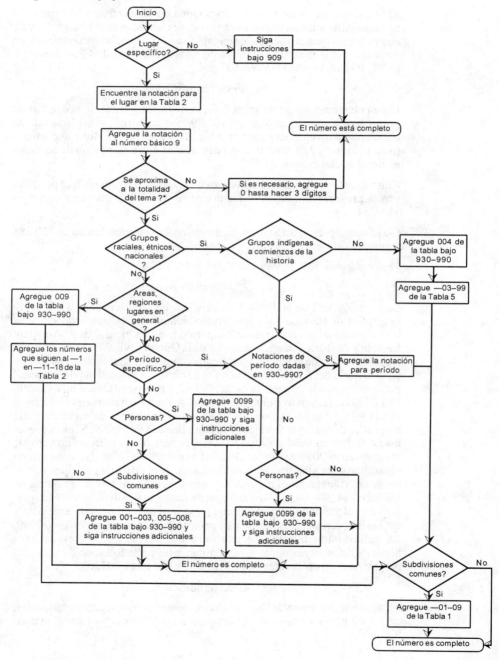

\*Véase además "Aproximarse a la totalidad del tema" de las notas del Manual en la Tabla 1

01–09    Períodos Históricos

La historia del área se subdivide usualmente en períodos definidos por los eventos que afectan el área. Los eventos, ya sean implícitos o explícitos en el encabezamiento, rara vez ocurren ya sea en Enero 1 o Diciembre 31. Así, el año durante el cual el evento ocurrió normalmente se dará en dos notaciones diferentes. Por ejemplo, 1861, el año en que Kansas llegó a ser un Estado, aparece tanto en 798.102 Período territorial 1803–1861 como en 978.103 Período de admisión como Estado, 1861–. De la misma manera, 1945, el año en que se terminó la Segunda Guerra Mundial aparece tanto en 978.1032 1918–1945 como en 978.1033 1945–.

La historia del área también se puede subdividir por períodos de tiempo, tales como siglos o décadas. Como estos empiezan en Enero 1 y terminan en Diciembre 31, el año en que empieza o termina el período aparecerá solamente en una notación. Por ejemplo, en el desarrollo de la historia del Occidente de Estados Unidos en 978.02 1800–1899 y 978.03 1900–. (La CDD usa la convención de que un siglo comienza con el año 0 y termina con el año 99.) El nombre para un siglo particular se dá solamente si el rango de años en el encabezamiento es menor de 75 años. Por ejemplo, el siglo XV en la historia de Alemania se dá en una nota de "clasifique aquí" en 943.028 Reinados de Alberto II y Federico III, 1438–1493. El siglo XVII en la historia de Alemania no se dá en 943.04 1618–1705.

Cuando se agrega la subdivisión común a los períodos históricos, use la notación 01–09 de la Tabla 1, no 001–009 de la tabla bajo 930–990. Sin embargo, los números T1–089 y T1–091 no se usan puesto que las instrucciones dadas para ellos en 004 y 0091–0098 en la tabla bajo 930–990 toman precedencia sobre las instrucciones para períodos históricos.

941    **[Historia de las] Islas Británicas**

Clasifique aquí las obras sobre el Reino Unido (Inglaterra, Gales, Escocia e Irlanda del Norte), una entidad política y sobre la Gran Bretaña (Inglaterra, Gales y Escocia), una entidad geográfica. Clasifique en 942 solamente las obras que tratan con Inglaterra sola, o con Inglaterra y Gales. Las historias desde 1603 (o incluyendo este período) raramente tendrían que ver con Inglaterra o con Inglaterra y Gales solos. Las historias de los períodos antes de 1603 podrían tratar con Inglaterra o Inglaterra y Gales solos. Los libros sobre la civilización de esta área pueden relacionarse con cualquier combinación. Las siguientes combinaciones de dos áreas se clasificarán en 941: Inglaterra y Escocia, Inglaterra e Irlanda, Irlanda y Gales.

968    **Africa del Sur    República de Sudáfrica**

La notación de período para un país o región se agrega a cada subdivisión geográfica del país no provisto con sus propios períodos, independientemente de las consideraciones de soberanía. Así, los períodos históricos de las provincias de la República de Sudáfrica también se aplican a las tierras natales en el área de cada provincia. Por ejemplo, los períodos históricos de Natal se aplican tambien a KwaZulu, ej., la historia de KwaZulu durante el reinado de Shaka 968.491039, durante el período como primer ministro de P.W. Botha 968.491063.

**970.004** **[Historia general de América del Norte] Grupos raciales, étnicos, nacionales**

El hecho principal que se debe tener en mente para asignar los números de clasificación a las obras de varios pueblos nativos norteamericanos es que ellos se han desplazado en el transcurso del tiempo de un lugar a otro y que éstos lugares con frecuencia están considerablemente distantes.

Por lo tanto, en forma general, una obra sobre pueblos específicos se clasifica en 970.00497, sin intentar asignar una localización más específica. Por ejemplo, las obras generales sobre los Cherokees se clasifican en 970.004975.

Si, sin embargo, el enfoque de la obra, se hace claramente sobre los pueblos nativos en un lugar específico, use el número para el lugar más la notación 00497 de la tabla bajo 930–990. Por ejemplo, las razas nativas de Canadá, 971.00497, los Cherokees en Carolina del Norte 975.6004975.

# Apéndice

## Políticas y procedimientos de la
## División de Clasificación Decimal de la
## Biblioteca del Congreso de los Estados Unidos

### Segmentación en los registros de la catalogación centralizada

Una ayuda para reducir el número completo de la CDD es la segmentación provista en los números de la CDD por los servicios de catalogación centralizados, tales como la División de Clasificación Decimal de la Biblioteca del Congreso, la Biblioteca Británica y la Biblioteca Nacional del Canadá. La segmentación está indicada por medio de una marca de acento ( ´ ), una marca de barra ( / ), u otros indicadores comparables.

La segmentación provista por la División de Clasificación Decimal se aplica de acuerdo con dos principios diferentes. Una marca de segmentación puede indicar el final de un número abreviado (según se encuentra en la Edición Abreviada de la CDD, o el comienzo de una subdivisión común. Así, un número en la CDD puede ser de uno, dos o tres segmentos. Por ejemplo:

324.6´23´092      Una biografía de Susan B. Anthony

324.6      Sistemas y procedimientos de elección; sufragio (el número encontrado en la Edición Abreviada)

     23      El sufragio de las mujeres (lo que queda del número de los Esquemas de la Edición Completa)

       092      Personas (de la Tabla 1 Edición Completa)

323´.025´73      Directorio de los líderes de derechos civiles y organización de los Estados Unidos

323      Derechos civiles y políticos (el número encontrado en la Edición Abreviada)

     .025      Directorios (subdivisión común aplicable de la Tabla 1 de la Edición Abreviada)

       73      Estados Unidos (área de notación de la Tabla 2 que se puede agregar a los números de los directorios [025] en la Tabla 1 Edición Completa)

### Número de la CDD entre corchetes en los Registros Bibliográficos de la Biblioteca del Congreso

Las bibliotecas que usan los datos de catalogación provistos por la Biblioteca del Congreso observarán que algunas veces hay dos o más números en la CDD o notación no numérica en el campo de la CDD. En las tarjetas impresas de la biblioteca del Congreso, todos a excepción del primer número de la CDD se dan entre corchetes ([ ]). Los siguientes ejemplos (omitiendo las marcas de segmentación descritas arriba) explican las prácticas de la División de Clasificación Decimal en relación con los números de la CDD entre corchetes:

### Obras no juveniles

A. Para obras pertenecientes a una serie monográfica clasificadas como un conjunto pero analizadas totalmente o en parte de acuerdo con las decisiones de la División de Catalogación por Materias de la Biblioteca del Congreso, la División de Clasificación Decimal asigna dos números:

081s es el número para el ítem si las series se guardan juntas en un número de clasificación

[327.7] es el número para el ítem específico en las series

B. Para biografías y obras principalmente biográficas, la División asigna un número y la letra [B] :

780.92 es el número si el ítem se agrega a la colección clasificada

[B] es la letra si el ítem se agrega a la colección de biografía

C. Los corchetes para una monografía en una serie y para biografía pueden ambos estar presentes:

780.92s es el número para la serie

[787.66092] [B] es el número y la letra para una monografía en una serie

D. Para Derecho, la División hace la única excepción a su práctica de evitar números opcionales. Esta suministra tanto el número preferido como el número de la opción B:

345.7308 es el número preferido

[347.3048] es el número de la opción B

E. Cuando las obras sobre Derecho pertenecen a los grupos de monografías, se suministran cuatro números. En las tarjetas catalográficas de la Biblioteca del Congreso, estos van usualmente impresos de dos en dos, con los números preferidos de la CDD en el renglón superior y los números opcionales en el renglón inferior:

343.41052s [343.410523]
344.10352s [344.103523]

### Obras juveniles

Para las obras juveniles, los números entre corchetes y los códigos alfabéticos (diferentes al [B]) se asignan para la sección de literatura infantil de la Biblioteca del Congreso.

A. Libros básicos (Easy books)

1. A los libros básicos sin un tema claramente definido en un campo de estudio reconocido se les asigna [E], ej., Tommy hace su primer viaje al almacén [E].

2. A los libros básicos con un tema discernible en un campo de estudio reconocido se les asigna tanto una [E] como el número de la CDD, ej., Tommy hace su primer viaje a Londres 914.2 [E].

3. A la novelística básica, para niños K–3 (hasta los ocho años de edad) se les asigna [E].

B. A la novelística dirigida a los grados 4–6, o edades 9–11, se les asigna [Fic]. Novelística para adultos que ha sido considerada apropiada como literatura juvenil y para las clases de literatura infantil que tienen una audiencia adulta permanente se les asignará [Fic], así como su número de clasificación, ej., la Isla del Tesoro 823.8 [Fic].

C.    Biografía

    1.    Sin asociaciones temáticas o disciplinarias

        Una persona      [92]

        Varias personas    [920]

    2.  Con asociación temática o disciplinaria

        Una persona     509.2    [B]   [92]

        Varias personas   509.22  [B]   [920]

## La Clasificación de Libros para Niños en la División de Clasificación Decimal

La División de Clasificación Decimal clasifica la mayoría de la literatura infantil procesada por la Sección de Literatura Infantil de la Biblioteca del Congreso, excepto aquellas obras designadas como [Fic] o [E] que normalmente son enviadas sin clasificación adicional.